Project Kids Adventure

青少年项目奇遇系列

终极树屋项目

The Ultimate
Tree House Project

〔加拿大〕加里·M. 纳尔逊（Gary M. Nelson） 著

刘叙 译 高屹 审

中国电力出版社
CHINA ELECTRIC POWER PRESS

图书在版编目（CIP）数据

青少年项目奇遇系列. 1，终极树屋项目 /（加）加里·M.纳尔逊（Gary M.Nelson）著；刘叙译. —北京：中国电力出版社，2021.9

书名原文：Project Kids Adventure. The Ultimate Tree House Project

ISBN 978-7-5198-5877-3

Ⅰ. ①青…　Ⅱ. ①加… ②刘…　Ⅲ. ①项目管理－青少年读物　Ⅳ. ① F224.5-49

中国版本图书馆 CIP 数据核字（2021）第 153310 号

This book was first published in English in 2013, Copyright © by Gary M. Nelson.

本书英文版于 2013 年首次出版，版权归加里·M.纳尔逊所有。

京权图字：01-2021-0583

出版发行：中国电力出版社

地　　址：北京市东城区北京站西街 19 号（邮政编码 100005）

网　　址：http://www.cepp.sgcc.com.cn

责任编辑：李　静（1103194425@qq.com）

责任校对：黄　蓓　于　维

装帧设计：九五互通　知行兆远

责任印制：钱兴根

印　　刷：三河市航远印刷有限公司

版　　次：2021 年 9 月第一版

印　　次：2021 年 9 月北京第一次印刷

开　　本：880 毫米 ×1230 毫米　32 开本

印　　张：44.125

字　　数：673 千字

定　　价：258.00 元（全 5 册）

推荐序

拥有自己的魔法杖

要是在真实的世界中也有魔法学校，要是我们能够拥有可以快乐地把自己想要做的事情做成的魔法杖该有多好啊！

但是，这样的魔法杖有吗？

有的，这样的魔法杖就是项目管理。

如果我们周边的小伙伴们不见得比我们聪明，但是他们比我们成绩好；如果我们周边的小伙伴们不见得比我们有能力，但是他们做成的事比我们多；如果我们周边的小朋友不见得比我们更善良，但他们比我们更受同学欢迎……那一定是他们无意中运用了项目管理这个魔法杖。

不懂项目管理的人总是强调勤奋刻苦、总是相信勤能补拙，他们不知道是我们的做事方式错了因此效果不

理想，他们不知道只有掌握了项目管理才能够做到事半功倍否则只会事倍功半。

我们在看其他故事书时，会被要求总结这些书的中心思想，会被要求把其中的优美段落背下来。这些对增长我们的知识是必要的，但这些都是别人的思想，都是别人的生活。这套书中讲述的项目管理故事却能够让我们一步一步地实现自己的目标，它的前提条件就是我们有正常的智商。当然，我们的知识越丰富，我们的其他技能越强，我们能够利用项目管理做成的事就越有价值。

本套书可以自己偷偷看，就像看一本魔法秘籍；也可以和爸爸妈妈一起看，毕竟有他们的帮助你的功力会增加得更快，而且你的魔法也会反过来帮助爸爸妈妈做成事情呢；更可以和朋友们一起看，大家可以组成团队来检验自己手中魔法杖的功效。

本套书就像一个魔法学校，第一本到第五本有不同的魔力等级，也有不同作用的魔法杖。魔法是需要一级一级修炼的。

对了，忘了告诉大家什么是项目管理了。项目就是我们想做成的一件事情，管理就是怎么和大家一起去定

目标、做计划、开展合作直到把这件事情做成。

对，就这么简单。让我们现在就进入这个项目管理的魔法学校去找到自己的魔法杖吧！

丁荣贵

山东大学教授

《项目管理评论》主编

译者序

　　看到《终极树屋项目》封面，我就觉得这会是一本有趣的书。树屋本身就是一种非常有趣的建筑形式。虽然做了二十多年的建筑师，看过不少树屋的实例，但是我还从来没亲手盖过树屋呢。

　　一页页地开始翻译之后，我慢慢地被故事所吸引。一群小学生，一群互相视为"讨厌鬼"的男孩儿和女孩儿，为了证明自己的实力，更为了赢过对方，展开了一系列激烈而有趣的竞争。

　　随着故事的展开，眼前的文字渐渐变成了生动的画面，我自己仿佛身临其境。男孩儿们挥汗如雨地搭建树屋平台；女孩儿们用自己的"秘密武器"稳步推进；那个最想当"头儿"的男生突然意外受伤；为了共同的目标，水火不容的男孩儿和女孩儿们选择了并肩作战；还有你永远也想不到的最恶心的"强力胶水";为了买钉子,孩子们不得不自筹资金;等等。我还是就此打住,留给各位读者朋友自己慢慢读吧。

孩子们在搭建树屋的过程中初次了解和学习到了项目管理的基本知识。我也在翻译的同时重温了自己在运行项目中学到的经验教训。"温故而知新",最基本的知识也是最重要的。作者以孩子的视角,通过轻松和引人入胜的故事告诉孩子们:项目管理知识的学习会在生活的各个方面助你成功。

也许我们没有机会真的去建造一个梦想中的树屋,但是《终极树屋项目》里的小伙伴们会告诉你,怎样更好地去实现你自己心中的那些梦想!

刘叙

中、美、加注册建筑师,项目总监

美国科罗拉多州丹佛Lantz-Biggio建筑事务所

赞 誉

我们总说孩子是我们的未来，项目是我们的经济的未来。作者把项目管理和孩子这两个主题结合起来，给现在的孩子（将来的项目经理）提供了娱乐性和教育性的平台。

——彼得·泰勒，懒惰的项目经理

我喜欢这本书。如果我要盖树屋的话，我会让我的项目经理爸爸成为团队的一员，这样我们可以把事情做得到位。

——斯科特·泰勒（10岁），懒惰的项目经理的儿子

在这本书里，加里用孩子的眼睛讲述了项目管理，

使得孩子们能接触到项目管理的概念。在读书中理解到如何使一个项目达到最终结果，这对那些想让自己的孩子理解计划的重要性的家长非常有帮助——即使是对任何成年人，想让自己的孩子尝试他们的项目是怎么进行的，也是很有帮助的。爬上树屋，用孩子的眼睛看看项目管理的乐趣吧。

——里奇·马尔茨曼，项目管理专业人士（PMP），《绿色项目管理》（*Green Project Management*）的合著者，2011年（美国）项目管理协会（PMI）克莱兰文学奖获得者

这是一个非常吸引孩子的故事，它用基本的项目管理概念向孩子们展示了如何计划和实施一个项目以获得成功。不论是孩子还是成年人，对于有兴趣学习项目管理知识并将其作为一项有用的生活技能的人，我都会推荐这本书。

——阿格涅什·克罗古莱，（美国）项目管理协会（PMI）波兰分会

作为家长和一个项目经理，我很享受这本书。看着我的女儿沉浸在故事中，看到她意识到团队合作和个人

长处的价值，对我来说这是一种很特别的感觉。书写得非常好！

——托尼·亚当斯，项目管理硕士（MPM），43岁

我喜欢这本书，从一开始我就被吸引住了。很酷的人物和故事情节很吸引我。我也更能理解我爸爸的工作。谢谢加里，我等不及要看下一本书了。

——塔莉亚·亚当斯，10岁

这本书非常优秀！它告诉我们这些孩子凭自己的能力可以完成一个项目。我非常喜欢这本书，并且期待着下一本书的问世。

——索菲亚·翠安娜，10岁

献 词

本书献给我的两个小孩子，里安姆和丹尼尔。谢谢他们帮我挑选书的题材和帮我尝试各种故事。他们的意见帮我写出了一本更好的书，比如他们告诉我："爸爸，你不能开篇就开始探险故事，你得先介绍一下各个人物。"

本书也献给我的妻子罗娜，她一直鼓励我写一本给孩子们的书。

致 谢

感谢插画师马修·弗若斯顿和拉斐尔·席尔瓦，他们是非常有才华的艺术家。

感谢普克塔哈小学的罗宾·米尔斯、娜塔莉·琼斯和亚历克斯·格里菲斯，谢谢你们在我刚开始写作时候的帮助。我在书中采用了你们的各种建议。

我还想感谢给我鼓励的读者：凯瑟琳·霍尔和克里斯·彭伯顿。

我还要特别感谢圣安德森童子军的孩子们一直听我的故事。你们其中的一些孩子开始在夏天建造自己的树屋，还有一些孩子学会了做绳梯。

加里·纳尔逊

项目管理专业人士（PMP）

新西兰汉密尔顿

2013年3月

Gary.Nelson@gazzasguides.com

关于插画师

　　我的名字是马修·弗若斯顿。我喜欢画画和打游戏，所以这两件事占用了大部分的业余时间。不过，我不干这两件事的时候，我会睡觉、吃饭和坐在那儿度过一天干另外一件恐怖的事儿——上学。我写这段话的时候住在新西兰，一个非常绿色的国家，尤其以友好的本地人和濒临灭绝的国鸟——奇异鸟（鹬鸵）而著名（很可惜奇异鸟不会飞）。不过我不是一直住在新西兰的，我出生在南非，在那里住了四年，所有我干的事情是其他小宝宝都干的：吃东西、哭、睡觉和给家长送礼物——脏尿布。

我叫拉斐尔·席尔瓦，葡萄牙人。小时候，我发现表达自己是件非常困难的事情，这也是我开始画画的原因，这样大家可以理解我。即使在表达能力正常之后，画画也没有离开我——实际上，我觉得我画画的水平提高了很多！好吧，我不是最好的也不是最差的，但是我画得还不错，而且我也很喜欢。我也喜欢看电影，最喜欢的电影毫无疑问是《魔戒》。我与父母和妹妹住在里斯本。我在一所高中学习设计。我还有很多想说的……但是没有时间了，我得去画画了！

项目小伙伴

詹姆斯·卡特莱特

年龄：10岁

身高：56英寸（142厘米）

眼睛：棕色

头发：深金黄色

喜欢：漫画书，电子游戏，盖东西

厌恶：咬人的狗，新鞋

技能/优点：跑步，攀岩，游泳，建造东西

本·琼斯

年龄：10岁

身高：57英寸（145厘米）

眼睛：棕色

头发：深棕色

喜欢：当头儿

厌恶：姐姐，做计划

技能/优点：领导能力

蒂姆·奥瑞利

年龄：10岁

身高：55英寸（140厘米）

眼睛：绿色

头发：红色（卷发）

喜欢：画画

厌恶：学校欺凌

技能 / 优点：组织团队筹款活动，有毅力

汤姆·奥瑞利

年龄：10岁

身高：55英寸（140厘米）

眼睛：绿色

头发：红色（卷发）

喜欢：电子游戏

厌恶：木刺

技能 / 优点：团队合作，力气大，有毅力

阿曼达·琼斯

年龄：11岁

身高：59英寸（150厘米）

眼睛：绿色

头发：深棕色

喜欢：和她的朋友一起合作，女孩儿俱乐部

厌恶：张扬跋扈的人，有秘密的弟弟

技能 / 优点：做计划，设定目标，领导能力，
　　　　　　给绳子打结

苏珊·卡特莱特

年龄：11岁

身高：58英寸（147厘米）

眼睛：蓝色

头发：金黄色

喜欢：大自然，徒步

厌恶：弟弟，蜜蜂

技能 / 优点：搬重东西，使用指南针

贝琪·佩彻夫

年龄：11岁

身高：56英寸（142厘米）

眼睛：棕色

头发：棕色

喜欢：詹姆斯（有点儿），做绳梯

厌恶：撒谎的人，哀怨和吓人的人

技能／优点：攀登，给绳子打结，测量

爱丽丝·吴

年龄：10岁

身高：55英寸（140厘米）

眼睛：棕色

头发：黑色

喜欢：和别人合作，画画，和朋友一起玩儿

厌恶：乱七八糟，蜘蛛

技能／优点：画画和画草图，组织能力

目 录

1

春假结束了！

"在学校要开心呦！"詹姆斯出门前，妈妈在身后冲他说道。

"开心？这是什么好事儿吗？"詹姆斯心里想。春假结束了，又要去上学，还有没完没了的作业！他叹了口气，一边踢着一块小石子，一边穿过家门前安静的街道。

詹姆斯慢慢悠悠地穿过公园往学校方向走去。他总是从公园的儿童游乐园抄近道去学校，但是今天，他一点儿也不着急。"春假就不能再长点儿吗？"詹姆斯心里想着。

天气刚刚开始变好，最近一次下的雪已经在几周前融化了。一些小野花正要从草丛中探出头来。妈妈说那是番红花。詹姆斯试了试秋千，他想去学校之前再找点儿乐子。因为昨晚刚下了雨，秋千的椅子还有点儿湿。

他无可奈何地耸了耸肩，继续往学校走去。詹姆斯叹着气，离开公园穿过马路到了学校：沃特森小学。

詹姆斯的新鞋在学校院子的石子路上发出很大的吱吱声。妈妈说他又长个子了，旧鞋已经太小了。可詹姆斯不喜欢新鞋。新鞋总是太亮太扎眼，而且其他小孩儿会因为你穿了新鞋而捉弄你。那帮讨厌的家伙总是故意踩你的脚！詹姆斯心不在焉地把新鞋顶进石子路里，想把它们弄得旧一些，希望别人没有注意到他的新鞋。

詹姆斯停在教室的窗户前，他看了看玻璃上映出的自己的影子。他棕色的眼睛和暗黄色的头发很匹配。妈妈今天帮他梳了头，还用水把头发抚平了。昨天她特意带詹姆斯去剪了头发。"詹姆斯·卡特莱特，你得有个男孩子样。"妈妈说，"不能让头发长得和你姐姐的一样长！"

姐姐苏珊比他大一岁，她让詹姆斯简直要烦死了！和妈妈一样，苏珊长着一头金发，还有蓝色的眼睛。苏珊和詹姆斯在一所学校，而且她总爱捉弄詹姆斯。明年苏珊会转到另一所学校上学，詹姆斯真是等不及了！

苏珊总是和她最好的朋友阿曼达·琼斯、贝琪·佩彻夫，还有爱丽丝·吴一起玩儿。除非想拿詹姆斯开心，一般她们都会躲着詹姆斯。阿曼达爱管闲事而且很烦人。她有着长长的深棕色头发、绿色的眼睛和棕色的皮肤。她比詹姆斯高一点儿，而且总是一副不太友好的样子。贝琪和爱丽丝还算好相处，她们闲话不多，至少不像苏珊和阿曼达那样给詹姆斯起外号儿。贝琪长着一头棕色的卷发，棕色的眼睛配着些小雀斑。虽然贝琪和阿曼达都比詹姆斯大一岁，但是贝琪和詹姆斯一样高。爱丽丝身上有一股草莓的味道，她的头发是黑色的，有一双深棕色的眼睛。她和詹姆斯在一个班，有的时候还会分糖果给詹姆斯吃，上个学期她和詹姆斯还在同一个学习小组里。

詹姆斯看了看自己映在玻璃上的影子，把头发捋了两把，又朝玻璃看了看，觉得头发足够乱了，才满意地往自己的班里走去。

对詹姆斯来说，这个学校还行，最主要是因为他在班里有几个很酷的朋友。本·琼斯疯得恰到好处，而且他总会有些"大"想法。他有棕色的头发、棕色的眼睛和与他姐姐阿曼达一样的棕色皮肤。本比詹姆斯稍微高一点儿，他总是能想出一些在课间休息和午饭时间玩的游戏，有时候这些游戏还真的挺好玩的。即使有时候这些游戏玩不下去了，但是尝试新的玩法总是很有意思的。玩到最后，他们总是滚在地上大笑成一团。

比如本想出的"大象足球"这个游戏就挺有意思，你必须一边跑一边把一条胳膊垂在地上，这条垂着的胳膊就是大象的鼻子。你不能用脚，只能用"大象的鼻子"来踢球。

"倒着跑篮球"这个游戏就没那么好玩了。詹姆斯倒着跑的时候不但把一个三年级的孩子撞倒了，他的鼻子还流了血。那个三年级的学生哭哭啼啼地跑去了老师办公室，结果詹姆斯被罚面壁思过。真倒霉！

詹姆斯还有两个最好的朋友，蒂姆·奥瑞利和汤姆·奥瑞利。蒂姆和汤姆是双胞胎。有的时候他们会一起说完一个句子。刚开始的时候你可能会觉得挺奇怪，但是过一段时间也就习惯了。除了这点，和这两个人一起玩还是很酷的。他们都有着和他们的爸爸一样的红色的卷发和绿色的眼睛。

詹姆斯一边打着哈欠，一边慢慢地走进奥利弗老师的五年级教室。他把自己的书包挂在标着他名字的挂钩上，还不忘往嘴里塞了把课间休息的零食，这才坐到自己的学习小组的桌子旁边。

他坐到蒂姆和汤姆两人中间的椅子上。

"我真不敢相信这么快春假就已经结束了！"詹姆斯嘴里嚼着奥利奥饼干，吐字不清地说道。

蒂姆应和着："可不是！我发现……"

"……春假从来都不够长！"汤姆接上了蒂姆的下半句。

"下一个假期还远着呢！"詹姆斯嘟囔着。

蒂姆和汤姆互相看了看，赞同地点了点头。

这时，本冲进了教室，他看起来很兴奋。他本来是要把书包挂在钩子上的，结果没挂好，书包掉在了地上。不过本根本就没注意到这些，他一蹦一跳地冲到詹姆斯、蒂姆和汤姆跟前。

"嘿，哥们儿，你们猜我在春假的时候发现了什么？"本叫道。

"我怎么知道，发现了什么？"詹姆斯还在打着哈欠。

这时候，早课的铃声响了起来，奥利弗老师拿着一摞纸走进了教室。她很漂亮，长着一头棕色的卷发。

"早上好，孩子们，请坐在你们的位子上。我相信你们度过了一个愉快的春假，现在已经准备好回到学校了，对吗？"她微笑着说道。

所有的孩子都撇着嘴嘟嘟囔囔的。本赶快在桌子旁边坐了下来。

"好啦，没那么糟糕啦。请把你们的笔记本翻到新的一页，我有些新的家庭作业要布置给你们，你们今天上午有时间的时候看一看。"

下面又传来一阵哼哼唧唧。奥利弗小姐是个很好的老师，但是不知道为什么，她很喜欢留作业！

四个好朋友互相交换了一下腻烦的眼神，然后拿出了各自的课本。"课间休息的时候我再告诉你们！"本小声说道，然后赶紧打开了自己的课本。奥利弗老师正往他这边看。

詹姆斯朝着本挑了挑眉毛，然后打开了自己的课本。

课间休息的时候，詹姆斯、蒂姆、汤姆和本聚拢到操场旁边。本压低声音，语速特别快地说道："我的发现绝对特别棒！本来我们全家去树林里散步，我和我爸妈还有我姐阿曼达。我爸妈总是趁这个时候教育我，烦死了！我姐非要跟着一起去，她都已经十一岁了，可是我妈还是说她不能自己一个人在家待着，所以不论去哪儿都让她跟着，什么事儿都被她祸害了。反正呢，我们一边儿走，我妈一边给我们讲路边儿各种不一样的植物。其实那些东西在我看来跟野草没什么区别，无聊死了！然后——我就看见了……"本突然停了下来，顿了顿，差点儿没喘上气来。

三个人一起挤到本的身边。

"你到底看到什么啦？"詹姆斯问。

"告诉我们，告诉我们！"蒂姆和汤姆叫着。

本喘了一口气，继续说道："那绝对是你们见过的最棒的、最牛的一棵树！肯定有你家房子的五倍高，树枝巨粗，比我的脑袋还大！我跳起来才刚刚摸到最低的树枝。简直太完美了！"

"什么太完美了？"詹姆斯没明白。

"用来做终极树屋啊！"本笑着回答道。

詹姆斯、蒂姆和汤姆互相看了看然后转向本。

"这是……"蒂姆说。

"……我们的秘密！"汤姆接上说道。

"不带女生玩儿！"詹姆斯坚定地说。

"尤其是不能带阿曼达。"本表示同意。

"一放学我们就去看看这棵树。"詹姆斯有些迫不及待了。

"树特别大。我们能做三层甚至五层的树屋。"本也很兴奋。

"应该带一个秘密入口！"蒂姆小声补充道。

"还有绳梯和望远镜，还有旗子和……"詹姆斯开了头儿。

"……得有个秘密的地方放咱们的漫画书！"蒂姆打断了他。

"你们这帮小屁孩儿在说什么呢？"阿曼达问道。不知道什么时候她在四个男孩子说话的时候从他们背后走过来了。

"没说什么！"本赶紧掩饰着，"我们男生的事儿，你不会感兴趣的。走吧，阿曼达！"

"听着像你们在说上个星期我们和爸妈出去散步的时候看见的那棵大树啊。"阿曼达说道，"你们又有什么鬼点子了？"

"没有！什么也没有！"本坚决地摇着头。

"这是我们的秘密！"詹姆斯在边上小声嘟囔着。

　　"噢,是秘密啊!我早晚会发现你们这个秘密是什么的!"阿曼达笑着朝她的朋友们跑了过去。

　　"我们必须要小心!"本说道。

　　"而且要……"蒂姆说。

　　"……小点儿声说话!"汤姆马上接上了话。

2

那棵树

这天的最后一节课，男孩儿们一直在看墙上的钟。时间过得特别特别慢。老师叫詹姆斯的时候他都没注意，差点儿惹上麻烦。

"嗯？什么？奥利弗老师？"他问。

"我再说一遍，阿根廷的首都是哪儿？"奥利弗老师问道。

詹姆斯挠了挠头。他真不知道答案，因为他根本就没听课！"嗯，是……"

这个时候下课铃响了。谢天谢地，铃声及时地救了他！他一屁股坐在了座位上，可以放学了！

孩子们忙着往教室外跑的时候，奥利弗老师冲着他们喊道："别忘了读第六章，周五的时候有小测验！"

詹姆斯抓起自己的书包就冲出了教室。本已经在外面的水泥台阶上等着他了。蒂姆和汤姆很快跟上他们也跑出了教室，两个人居然同时都把书包甩在了肩上，真是一对儿奇怪的双胞胎！

四个好朋友穿过学校的院子，脚下的石子路被他们踩得吱吱作响。他们穿过马路走到了公园，到了树林离学校最近的这边。推开树枝，踩着那些突出地面的，能把人绊倒的树根，男孩儿们走进了树林。这里简直就是热带丛林啊！

从树林这边过去，穿过一排灌木和一些遮挡的小树，也就一百多步的距离，就到了本说的那棵大树了。繁密的树枝从树干延展出去，树枝和地面几乎平行，每层树枝之间都有很大的距离，差不多有一人高。每一层有很多树枝，足够支撑盖树屋需要的木板。

"树真大啊！"詹姆斯感叹道。

"那些树枝看起来空荡荡的——我敢打赌从来没有人试着在这棵树上盖个树屋。"本发表着自己的意见。

"我们就是盖树屋的先锋！"蒂姆说。

"而且不带女生玩儿！"汤姆补充道。

几个人绕着树走了几圈，他们观察着树干，试着跳起来去抓最低的树枝。不是很容易就能抓到的，嗯，不错，绳梯肯定是必要的。

大家都同意用这棵树用来盖树屋很完美。"这不是普通的树屋，是终极树屋！"本强调道。

几个人恋恋不舍地离开了树林各自回家，晚饭前还得把作业做完啊！明天他们打算商量一下，怎么盖树屋。

晚饭的时候，妈妈把土豆递给本，问他返校的第一天过得怎么样。

"还行吧。"本一边嘴里嚼着土豆泥，一边嘟囔着。

"本他们说起我们看见的那棵树来着。"阿曼达在边儿上说道。

"哦？是吗？"本的爸爸点点头问，"你们说什么了？"

"没说什么。"本含糊地应付着。

"你跟你那帮哥们儿今天放学去哪儿了？"阿曼达

追问道。

"没去哪儿啊，我们就是随便走走……你能不能离我远点儿！"本继续嘟囔着。

"本有个秘密……"阿曼达又开始了。

本盯着阿曼达，似乎要用眼睛在她头上钻一个洞似的。她假装没看见继续在那儿切香肠吃。

"有个姐姐可真烦！"本心里想着，"绝对不能让她进我们盖好的树屋！"

那天晚上，本想象着他和他的朋友们将要搭建的美妙的树屋。"四层，不，五层，有一个秘密实验室、一个漫画屋、一个零食屋、保龄球道、陷阱门……嗯，那绝对是最棒的树屋！"想着想着，本慢慢地坠入了梦乡。

3

万事皆有可能！

第二天早上，四个好朋友都提前到了学校。詹姆斯从公园的游乐场抄近道去学校，都顾不上去坐一下秋千，因为他有更重要的事情要做！詹姆斯左右看了看公园边的马路上没车，便跑了过去。他一蹦一跳地穿过学校院子里的石子路的时候，地上的小石子都被他踢了起来。

蒂姆、汤姆和本已经在教室外面等着詹姆斯了。他们一起走到操场边，在这儿说话不容易被别人听见。

"我们的树屋肯定是最棒的！"詹姆斯说道。

"应该是什么样子呢？"蒂姆问。

"万事皆有可能！"本回答道，"我们想盖成什么样就盖成什么样。我爸把家里的旧围栏拆了，修了个新的，所以我们家有很多木材，足够盖个宫殿了！"

"我家有很多钉子和几个锤子。"詹姆斯说道。

"我可以搞到一些绳子和几把锯。"汤姆说。

"咱们不用先画个平面图什么的吗？"蒂姆问。

"不用，我们可以一边盖一边设计，"本回应道，"那样更好。"

蒂姆看起来有点儿不太确定，但是没再说什么。

"我们放学后就开始干！"詹姆斯满脸都是兴奋。

"先在我家集合，"本说，"然后把一些木板搬过去就可以开始了。汤姆，你和蒂姆带些绳子来，这样我们可以开始先做绳梯。"

他们一直在聊着自己的树屋会多么棒，一直到上课铃响了起来。孩子们赶紧赶在第二遍上课铃响之前跑进了奥利弗老师的教室。今天他们谁都不想在课后因为迟到而被罚站！

放学了，每个男孩儿都先回了趟家。詹姆斯的家就在公园的马路对面，路过秋千的时候他随手拽了一下。今天没时间玩秋千啦！

他从车库的侧门进去，没解鞋带直接就把鞋子脱了下来。妈妈总是说："先解鞋带，要不然会把鞋弄坏的！"他一点儿都不在乎——这双新鞋还是太扎眼，如果把鞋撑大点儿，没准儿还能显得旧点儿。

临出门去树林之前，詹姆斯去厨房抓了把零食。盖树屋会很累的，他需要能量！

妈妈正在厨房里，跟他打了个招呼："宝贝儿，今天在学校怎么样？"

"挺好的！嗯，我是说在学校还行。"詹姆斯一边打开柜橱门一边回答。他从里面拿出个装满了蓝莓松饼的盒子，打开了盖子。他拿了一个塞进嘴里，顺手扣上了盖子，然后把盒子放回架子上，关上了柜橱的门。

"今天在学校学什么了？"妈妈问道。

"嗯……"詹姆斯满嘴都是松饼，咽了一口说道，"我想去跟蒂姆、汤姆和本玩一会儿，行吗？"

"去吧，记得晚饭前要回家哦。别忘了睡觉前把作业做完。"妈妈说。

"没问题，妈妈！"詹姆斯一边跑进车库一边扭头跟妈妈答应着。他在爸爸的工作台旁边的柜子里翻了一气，找到了一些想要的东西。

中间的柜子里有五包新的钉子，詹姆斯抓了最大的一包，揣进自己的口袋。他把脚塞进刚才就没解鞋带的鞋子里，然后出门朝着本住的地方跑去。本的家跟詹姆斯的家在一条街上，中间只隔了五座房子。

等詹姆斯赶到的时候，他的朋友们都已经在那里等他了。男孩子一起转到房子后面堆木料的地方。

"我爸说我们想用多少就用多少。"本一边说一边拿起最上面的一块木板，"原来木板上的钉子不是已经拔掉了就是敲到木头里面了，所以不会扎到我们。"

尺寸不同的木板整整齐齐地码放着，那些又长又厚的是围栏的柱子，又长又窄的是围栏的上下栏杆，还有一些比詹姆斯还要高但是宽而薄的木板是旧围栏的栏板。

"太棒了！"蒂姆叫道，"这些木板足够我们盖一个巨大的树屋了！"汤姆回应着。

"你带绳子来了吗？"本问。

"当然带了！"蒂姆回答道。他从口袋里掏出一大堆绕在一起的细绳子。

"我爸说我们可以用这些绳子，不过得先把它们解开。"汤姆说。

"我带了钉子。"詹姆斯从他口袋里掏出一个重重的袋子，"不过我忘了带锤子了。"

"没事儿，我们可以走了！"本说，"咱们每人都搬几块木板到树那边去。"

他们试着搬几个旧围栏的柱子，但是太重了。蒂姆和汤姆两人合力搬了一块旧栏杆，本和詹姆斯搬了三块围栏栏板，他们一人搬一头儿。大家离开了本家的后院，穿过院门，确定左右没有车，便穿过了马路。

男孩儿们抬着木板到公园边上的时候停了下来。本四处望了望，确定四周没人，这才让大家继续走进了树林。他们不想让任何人发现他们的大树！

等大家都走到大树那里的时候，四个男孩儿都累得不行了。那一大袋钉子一直顶在詹姆斯的肚子上。

"我手疼死了！"蒂姆抱怨着。

"我觉得我手里扎了个刺儿。"詹姆斯应和着。

"这些木板太重了！"汤姆也怨声连连。

"别抱怨了，"本不太高兴，"要不我们永远都没法盖树屋了！"

他们把木板扔在树下，差点儿砸在汤姆的脚上。詹姆斯把那袋钉子放在木板旁边的地上。他真不想再带着这么重的钉子到处跑了！

蒂姆把那一堆绕在一起的绳子扔在了钉子旁边。

男孩儿们回到本家的后院又搬了一次木板。之后他们又搬了两趟，直到本的妈妈叫他回家吃晚饭。

詹姆斯听见妈妈在叫他。"哎呀，我得走了！"詹姆斯跟大伙儿打了个招呼。

"我们也得走了！"蒂姆和汤姆也跟着说。他们就住在路口拐弯的房子里。

"明天见！"本一边冲朋友们喊着一边走向了自己的家。

"简直太棒了！"詹姆斯抑制不住喜悦的心情，笑呵呵地往家里跑去。

4

各就各位，预备，开始盖！

第二天，四个小伙伴儿在课间休息和午饭时间都聚在一起讨论树屋的事情。他们躲到操场最远的角落，对于树屋到底应该有哪些房间，先盖哪个房间，每个人都有不同的意见。

"漫画屋！"本叫道。

"我们应该先装个陷阱门！"詹姆斯一直坚持着。

"我们应该先盖个瞭望塔，这样就能监视周围有什么人来了。"汤姆郑重其事地说道。

"我觉得……"蒂姆刚张了张嘴。

"你们这些男生在这嚷嚷什么呢？"苏珊不知从哪儿冒了出来。她、阿曼达、贝琪和爱丽丝在四个男孩儿争论不休的时候，已经悄悄地跑到他们的背后了。

四个男孩儿马上不吱声了。

"嘿，得了，你们肯定有什么特别重要的事儿。"爱丽丝不怀好意地笑着。

"我敢打赌是他们的那个秘密。"阿曼达狡黠地说。

"告诉我们吧！"苏珊也不甘示弱。

贝琪站在她的朋友身后没说话。

"不关你们的事儿！"詹姆斯说道。

"这是我们男生的事儿！"本嘟囔着。

"我们不带女生玩儿！"蒂姆和汤姆先后说着，好像有回音一样。

"哼！"苏珊一脸的不屑。

"我们走着瞧！"爱丽丝毫不示弱，硬气地回应道。

"我们早晚会知道你们的秘密的！"阿曼达笑着和其他女孩儿一起走到了操场的中间。

"女生真烦！"本嘟囔着。

"是啊……"蒂姆说。

"……女生真烦！"汤姆也接上了茬儿。

詹姆斯看着女孩儿们慢慢走远了。詹姆斯不太确定，不过他觉得贝琪离开之前似乎对他笑了笑。

她什么意思啊？

放学后，男孩儿们都先回自己家取了工具，然后在本家集合。

"这回我没忘了带锤子！"詹姆斯说。

"我带来了一把锯。"汤姆说。

"我带来了一些铅笔和纸。"蒂姆说。

其他几个孩子都转过头来看着蒂姆。

"你带铅笔和纸干吗？"本问。

蒂姆不太确定地嘟囔着："……嗯，画个平面图？"

"我们用不着画图！"本大声说道。

"男生建造！"詹姆斯郑重地声明。

"我们是实干家！"汤姆使劲儿应和着。

蒂姆偷偷地把兜里的纸揉成了一团。

男孩儿们想再搬一些木板到树下。

"这回只搬木板吧。"本建议道。

汤姆把锯放在木板中间，这样搬木板的时候比较容易掌握平衡。詹姆斯先把锤子塞进外套兜里，然后搬起了一块木板。

"走吧！"本招呼了一声。男孩儿们两人一组搬起木板向树林走去。

孩子们把木板搬到了树下，本宣布他们已经准备好，可以开始盖树屋了。"先从最重要的事情开始！我们中间要有个人先爬到树上，这样就可以把木板传上去了。"

蒂姆和汤姆互相瞅了瞅。"我们都抓不着最低的树杈。"汤姆说。

"那就先试着爬到树干上吧！"本说道，"詹姆斯，你先来试试。"

詹姆斯走到粗大的树干旁，试着想找个地方能搭住手。树干光溜溜的，而且有点儿滑。从地面开始到超过詹姆斯头顶的高度，连一个能手扒、脚踩的树疙瘩或者树洞都没有！他跳起来想试着抓上面的树皮，也抓不着。

"我爬不上去！"詹姆斯叫着，"太滑了！"

"我们本来可以好好计划一下的……"蒂姆声音小得像是在自言自语。

"你什么意思啊？"本使劲儿地瞪了蒂姆一眼。

"没什么，"蒂姆说，"我只是想，如果我们爬不上去也跳不上去，没准儿等我们再长高一点儿的时候再来吧。"

"真是个好主意！"本瞪了他一眼，"蒂姆、汤姆，你们其中一个站到另外一个人的肩膀上去，这样应该就能抓着了。"

蒂姆蹲下身子来，让汤姆爬到他的肩膀上，然后试着站了起来。"你可真沉！别晃悠！"

蒂姆试图在地上站稳了脚，汤姆努力在他的肩膀上保持平衡。

"我觉得我能抓到树杈了！"汤姆喊道，"你往树杈这边靠近点儿。"

蒂姆往树杈这边挪了挪，汤姆继续在他肩膀上保持着平衡。现在树杈在汤姆胸部的高度了。汤姆两只手一起抓住树杈，把身子悠了上去。蒂姆马上觉得肩头轻松了很多。他来回晃悠着肩膀让肌肉放松下来。

"把木板递给我吧！"汤姆喊道。

本和詹姆斯抬起一块围栏栏板，将一头靠在树杈上，朝上推过去。汤姆接住了木板的另外一头，把木板拉上了树杈。他把木板的一头搭到另外一根树杈上，木板的长度正好可以搭在两个树杈之间，每头儿还有些富余。

成功！他们的树屋终于有了雏形。

"再来一块！"汤姆喊道。本和詹姆斯搬起了另外一块木板递给了汤姆，之后又运了好几块上去。很快汤姆已经在两个树杈之间铺上了四块木板，并且开始往别的树干上扩展。

"我是这个世界的主宰！"汤姆站直身子叫了起来。

"该我了，该我了！"本和詹姆斯一边兴奋地跳着一边叫着。

汤姆趴在木板上把手伸下来。本抓住了汤姆的手，但是汤姆没有那么大力气能把本拽上去。

"蒂姆！你趴在地上，这样我可以踩着你的肩膀上去。"本命令道。

蒂姆摇摇头，他的肩膀到现在还酸着呢。

"好吧，詹姆斯，让我踩着你的肩膀上去吧。"

詹姆斯也很不情愿，但还是俯下身子，让本踩在他的肩膀上。詹姆斯很费劲地站了起来，然后蹭到树杈旁。等他稳住了之后，本也撑上了树杈。本站在刚搭起木板的平台上，木板之间有些滑动。

"我们得把木板钉在一起，这样就可以固定住了。"本说道，"詹姆斯，把锤子和钉子递给我。"

"这是我的锤子！"詹姆斯不情愿地嘟囔着。

"但是我现在在树上啊。你现在上来不安全。我们得把木板用钉子先固定住，这样才结实。"本解释道。

詹姆斯犹豫着把锤子递了上去，然后又把装钉子的袋子也递到了本和汤姆的手里。

蒂姆只是站在那儿，一边看着一边揉着自己的肩膀。

经过一阵乒乒乓乓的敲打，本的大拇指都淤青了。"固定住了，龙卷风都别想吹动木板！"本一本正经地宣布。

"来，汤姆，你到我这边来，我们一起把詹姆斯和蒂姆一个一个拉上来。"本一副命令的口气。

汤姆和本两个人都趴在木板上，把手臂伸下来。两个人各抓住詹姆斯的一只手，可怜詹姆斯的肚子，一路蹭着木板的边儿，被拽上了平台。

"下一个是你！"本冲着蒂姆喊道。

蒂姆把两只胳膊使劲往上伸，汤姆和詹姆斯也把他拉上了平台。

四个人骄傲地站在平台上互相笑着。

"嗷，嗷，嗷！"汤姆叫着。

"耶，耶，耶！"詹姆斯也拉高了嗓门。

"全世界的主宰！"本吼着。

"我怎么觉得我听见木板裂开的声音了。"蒂姆满脸焦虑地说道。

"好了，现在我们要解决一下下次怎么上来的问题了。"本说道，"你们谁带绳子了？"

蒂姆和汤姆互相看了看，然后又看了看扔在树旁的一团乱七八糟的绳子。

"真糟糕！"本皱着眉，"你们怎么没把绳子带上来啊？"

"你也没跟我说呀。"蒂姆觉得很无辜。

"我先上来的，不能赖我。"汤姆也觉得不怨自己。

"那又不是我的绳子。"詹姆斯更觉得跟自己没关系。

男孩儿们一起站在平台上朝下看着地上的绳子。

"你们知道我们需要什么吗？"本问。

"……先好好计划一下？"蒂姆小心地看着本。

本瞟了他一眼，扭过头看着远处。"我们需要一个领导，就是我！"

汤姆和詹姆斯互相看了看，耸了耸肩。蒂姆翻了翻白眼。本毛遂自荐一点儿都不出意料之外——不过，这可不行！

这时远处传来了本的妈妈叫本吃晚饭的声音。

"天哪！都已经这么晚了！"詹姆斯叫道。

"明天见！"本一边喊着一边跳下了树，都没等等他的朋友们，就往自己家跑去了。

詹姆斯坐在木板平台的边缘，然后也跳到了地上。落地的时候他感觉自己的脚被扎了一下。

蒂姆和汤姆跳下来的时候，詹姆斯在他俩落地的瞬间扶住了他们。三个朋友一起从已经暗下来的树林走了出去，沿着公园的外围往家跑。他们穿过马路的时候，路灯正好亮了起来。三个朋友一起安静地走着，直到蒂姆和汤姆与詹姆斯分开朝右边的岔道走去，他俩的家在那个方向。

"明天见！"詹姆斯朝他们喊着。

"明天……"蒂姆说。

"……见！"汤姆把话补全了。

5

灾难！

第二天放学以后，几个男生又在本家集合了。

"作为你们的领导，"本郑重其事地说道，"我们的首要任务就是做一个绳梯，这样每天上上下下就方便了。"本朝大家看了看。

"嗯……你们有谁知道怎么做绳梯吗？"本问。

其他三个男孩儿互相看了看，都摇了摇头。

"我在电视上见过。"汤姆说。

"我也在电视上见过！"詹姆斯紧接着答道。

"天啊！"蒂姆叹了口气，又摇了摇头。

"好吧，总会有办法的。不过应该不会太难，我们肯定能搞定，男生都很聪明的！"本又恢复了信心。

这时，阿曼达正站在她房间的窗帘后面看着几个男生。她的房间在楼上，因为窗户都开着，她能很清楚地听见男孩子们在说什么。

"……我们最好现在就开始，"本继续说着，"赶紧去树屋那儿，不过要确定没人看见我们去树林里。"

"原来他们是要去树林里，"阿曼达想，"我早该猜到的。"

男孩儿们带着工具往树林走去，其中一个一边走一边吹着口哨。从阿曼达的房间望出去，她看不出来是谁在吹口哨。她又等了三十秒左右才跟着他们离开了家。她躲在角落里，看着男孩子们的身影消失在树林里。"他们就是要去那儿！"阿曼达心里想着。

她很快穿过安静的马路，沿着公园的外围走进了树林。"男生们肯定在树林里的某个地方，看起来他们好像是直着走的。"阿曼达心里想着。她从兜里掏出了女孩儿用的指南针，对着男孩子们走的路线看了看方向。她把指南针的红色指针对准北边，然后沿着指南针的方向眯着眼睛，朝着她认为的方向看去。"明白了！"阿曼达一边想着，一边慢慢地走进了树林。她小心地绕着灌木和大树走着，同时一直看着指南针的方向。

———————————

当阿曼达到了那棵大树跟前的时候，男孩子们正吵得不可开交，以至于一开始都没发现她。

"我得先上去！"詹姆斯叫着。

"我是头儿！"本坚持着，"我得第一个上去！"

"我最应该先上去，上次就是我先上去的！"汤姆也毫不退让。

蒂姆看着他们三个吵成一团，又抬头看了看搭平台的木板。"看着真薄啊。"他心里想。

这时，背后传来树枝被踩得吱吱响的声音，蒂姆循声转过了头。

"女生来了！"蒂姆一脸惊慌地喊起来。

三个男孩儿马上停止了争吵，一起把头转向了蒂姆和阿曼达。

"你来这儿干吗？"本粗声粗气地问道。

"只是散散步。"阿曼达说得轻描淡写。

"你就编吧。你是跟踪我们来的！"本嚷嚷着，他真的生气了。

"才不是呢，这片树林谁都能来！"阿曼达也冲本嚷道。

"我们不带女生玩儿！"詹姆斯在边上说。

"你赶紧回家吧！"本一点儿也不客气。

"就不！你凭什么不让我在这儿啊。"阿曼达也较上了劲儿。

"你要是再往前走我就……"本瞪起眼睛。

"你要干吗？"阿曼达毫不示弱，她还故意挺直了腰板儿，好像在提醒本，谁才是老大。

"我不能跟女生打架，而且她还会去妈妈那儿告状……"本心里想着。"神经病！我们就假装她不在这儿吧。"本跟其他三个男孩儿嘟囔着。

男生们慢慢悠悠地转过身，朝他们的树屋走去。

阿曼达站在那儿看着男孩子们，然后靠着那棵大树对面的一棵小树坐了下来。

她看着本和詹姆斯费劲地爬上了平台，看着蒂姆和汤姆试着把一团糟的绳子解开。"唉！真不能指望男生，"她想，"太不靠谱了！"

终于，蒂姆和汤姆把绳子都解开，铺在了地上。

"那么现在我们怎么做绳梯呢？"汤姆问道。

"把绳子的一头儿扔上来。"本命令着。

汤姆把绳子扔上了树杈。

"现在，詹姆斯，你把这头儿绑在树杈上。"本叫着詹姆斯。詹姆斯在"谁先上来"的争执中赢了，所以第一个爬上了木板平台。他坚持说昨天他的肚子是被树枝划伤的，所以今天他应该第一个上来。"这是斗争的伤疤。"他指着自己肚子上的划痕。

"我不知道怎么打结！"詹姆斯回头对本说。

阿曼达笑了起来。"我知道怎么……"她刚一张嘴，马上就被本打断了。

"这儿不带女生玩儿！"他一本正经地声明道。

"但是我知道怎么……"阿曼达又开始说。

"闭嘴！我们不需要你在这儿。赶紧走！"本叫了起来。

阿曼达很沮丧，站起来转身往家走去。

"但是我知道怎么做绳梯！"她叫着，然后跺着脚走出了树林。

"我们不带女生玩儿！"所有的男孩儿齐声在她身后喊起来。

"臭男生！"阿曼达心里想着，生气地往家走。"臭男生！"

"这回糟糕了！"本唉了口气，"她现在知道我们的秘密了，她肯定把什么事儿都给搅和了！"

6

战争开始了！

阿曼达一到家，就直接冲到厨房去跟妈妈告状，结果发现爸爸正在厨房接水喝。

"妈妈呢？"阿曼达问。

"她去商店买些做饭用的调料，家里没有了。"爸爸答道，"怎么了，孩子？你看起来很生气啊。"

"男生都是傻瓜！"阿曼达气哼哼地说。

爸爸挑了挑眉毛："所有的男生？也包括我吗？"

阿曼达看了爸爸一眼："哎呀，不是！你当然不算，爸爸。你知道我的意思，我是说那些讨厌的男孩子们，尤其是本！"

"哦，哦，男孩子啊！有什么问题吗？"爸爸笑呵呵地问道。

“他们，他们就是……嗯，嗯，嗯！反正他们有的时候特别烦人！”阿曼达辩解着，“我知道怎么解决他们的问题，但是他们就是不让我帮忙，就因为我是个女生！”

“他们要干吗呢？”爸爸问。

“他们要盖一个树屋。我是说他们实际上要先做一个绳梯。我知道应该怎么做绳梯，我从《女孩儿手册》里面学过的。可他们就是不听我的，他们那帮傻小子。他们还说不带女生玩儿，气死我了！”阿曼达噘起了嘴。

“这样啊，那你想没想过也盖一个你自己的树屋呢？”爸爸认真地看着阿曼达。

“我……什么？”她愣了一下，看着爸爸，“您什么意思？”

“嗯，看起来那些傻男生不知道的事情，你知道该怎么干，如果是那样的话，你为什么不盖一个属于自己的树屋呢？”爸爸的脸上露出一丝狡黠的笑容，“后院还有很多从旧围栏拆下来的木板，如果你想盖树屋，那些木板你也可以随便用。”

阿曼达慢慢明白了爸爸的意思，她兴奋得脸上直放光。"真的吗？我也可以？你说女孩儿们？我们也可以？"她的嘴都快闭不上了！

"当然啊，女孩子和男孩子一样有本事。再加上你还有秘密武器！"爸爸说。

"什么秘密武器？"阿曼达好奇地问。

"我啊！"爸爸冲她挤了挤眼。

"噢？"她认真地看着爸爸，"您什么意思？"

"你想不想像你弟弟他们一样也盖个树屋？"爸爸问她。

"当然啊，我是说，男孩儿盖的树屋看着可傻了。我想盖一个比他们的更好的树屋。"她把胳膊交叉在胸前仰起头肯定地说，"我想盖一个比本和他哥们儿盖的好一万倍的树屋。"

"哦，是吗？"爸爸笑了，"你想投入多少？"

"多少钱吗？"阿曼达突然犹豫起来，"我的零用钱没剩多少了。这还没到周六呢。"

爸爸笑了："我不是指你的钱，阿曼达。你的钱可以继续留着。我说的投入指的是你想花多少时间来学习盖树屋的正确方法。"

"什么是正确的方法？"阿曼达问。她感觉有些困惑。

"把盖树屋当成一个项目来做。"爸爸明确地解释道。

"哦，爸爸，别说工作的事儿好吗！"阿曼达抱怨着。她爸爸是当地一个建筑公司的项目经理。"工作的事儿多无聊啊！"

"你先听我说，"爸爸继续说道，"你需要学一些关于工作上的无聊的知识来帮助你盖一个比本的更好的树屋。"

他停了一下，发现女儿皱了皱眉头。"我不光想教你怎么能盖一个比本的更好的树屋，我还想告诉你怎么能比他更轻松地盖树屋。你有兴趣吗？"

"更好？还更轻松？"阿曼达琢磨着爸爸的话。她喜欢这个主意。"当然了爸爸，告诉我怎么做！"

"第一，阿曼达，我需要给你画几张图。"爸爸说，"你去我书房拿几张白纸和一把尺子，我在厨房的餐桌那里等你。"

阿曼达穿过客厅，走到爸爸的书房。她打开打印机装纸的抽屉，拿了五张白纸。等她关好打印机回到厨房的时候，爸爸已经在桌子那里坐好了。

"坐下，阿曼达。"爸爸说，"不，不用坐在你吃饭的位置上。坐到我身边来，这样你能看见我画的东西。"

阿曼达转到桌子另外一边，坐在了爸爸身边。

阿曼达的爸爸从衣服兜里掏出一支自动铅笔，用尺子比着在纸上画了一些线还写了些注释。

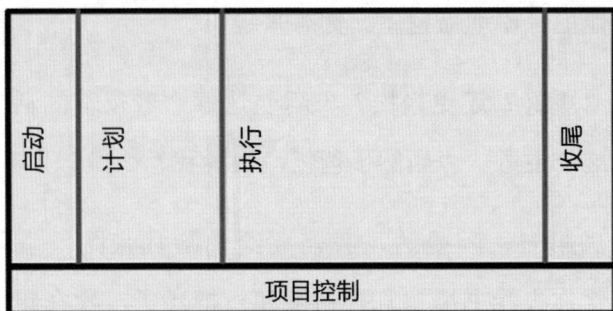

"每个项目都有四个步骤，"爸爸的口气很正式，"启动、计划、执行和收尾。如果算上控制的话，就是五个步骤了。几乎每个项目都如此。"

阿曼达看了看纸上写的，说道："启动？什么意思？还有枪毙（英文中"执行"这个词可以指法庭执行的死刑）——跟你一起做项目的人不会被枪毙吧？会吗，爸爸？"

爸爸看了看纸上写的，想了一会儿，说道："启动是指事情刚刚开始的时候。还有，宝贝儿，我们可不杀人。我觉得可能要用一些你们更能理解的词儿，让我试试。"

他把纸翻了过来，比着尺子画了另外一个示意图。

想法	计划	实施	完成
领导、检查和纠错			

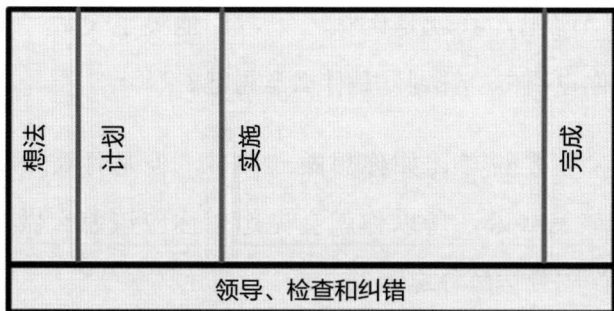

"好吧，看看这个怎么样：想法、计划、实施和完成。"他问。

"这样听着明白多了，谢谢爸爸。"阿曼达笑了。

"与其用'控制'，不如我们把它换成'领导、检查和纠错'。"爸爸建议。

"好吧，我想……"阿曼达在椅子上晃着身子，"您先给我解释解释吧，然后我再告诉你要不要换成别的词儿。"

"好吧，宝贝儿，没问题。你知道什么是一个想法，对吧？"爸爸朝她眨了一下眼睛，问道。

阿曼达挺直了背伸了伸舌头："我当然知道想法是什么意思了，爸爸！快接着往下说。"

"好吧，我就是确认一下。"他笑了笑，"这么说，你也明白'计划'是什么意思吧？"

"就是说，比如你想做一件事，但是你又不太确定应该怎么做，所以你就会先想想你应该怎么做，对吗？"阿曼达解释道。

"对，基本就是这个意思。在工作上，即使我们很确定应该做什么，我们还是会花时间讨论一下，看看我们是用以前的老办法做，还是我们可以试试用新的办法。"爸爸回答说。

"还有'实施'，你明白吗？"爸爸问，"这个简单，不太难，对不对？"

"这个不难理解，爸爸，你知道我都已经十一岁了……"她眯着眼睛看着爸爸。

"对啊，当然了，你已经十一岁了。"爸爸在纸上写下最后一个词。

"所以'完成'也是很容易理解的，对吧？"爸爸问。

"没错，爸爸。我们老师总是跟我们说要抓紧时间完成家庭作业。"阿曼达叫道，"对不起爸爸，到现在为止听着还是挺无聊的，我已经不是个小孩儿啦，到底是什么秘密武器啊？"

"马上就说到那儿了，我快点儿说吧。最后面的部分是最重要的。当然了，所有的部分都很重要，但是前面的部分在我的工作中占了很大一部分，至少我是这么觉得的。"爸爸停了一下，揉了揉眼睛。

"好吧，爸爸，告诉我……"阿曼达催促着。

"好，'控制'步骤，或者我给你写的'领导、检查和纠错'都是非常重要的，因为做到这些你才能保证你正在做的是按照计划进行的，并且你最后才能得到你最初计划的结果。"

"是不是就像我们在学校小测验的时候，老师总是跟我们说在交卷前要检查？"阿曼达问。

"差不多就是这个意思吧。"爸爸点点头。

"好吧，爸爸，太棒啦，谢谢！"阿曼达起身从桌子旁边站了起来。

"别着急，宝贝儿，今天晚上我还想再多说点儿。我想趁晚饭前再解释一些事情。"爸爸让阿曼达坐回去。

阿曼达又坐了下来。

爸爸问："你今天看见你弟弟和他的朋友们盖树屋的时候发生了什么吗？"

"他们在那儿为一些事情吵起来了。他们看起来自己都不知道自己在干吗。"阿曼达说，"他们每个人好像都有自己的主意，但是其他人根本就不想听。"

"嗯……"爸爸点了点头，"我猜大概有什么事儿吧。"

他拿过了一张新的纸又在上面画了另外一个示意图。

想法	实施

"我觉得他们从'想法'直接跳到了'实施'。"爸爸沉思了一下,"这样往往会把饭做煳了。"

"他们没在那儿做饭,爸爸,他们想盖个树屋。"阿曼达纠正着爸爸。

"没错,宝贝儿,你说得对。我的意思是,他们忽略了做计划而直接干了起来。好多人都会选择这么干,但是一般都没有好的结果。他们通常都会失败。"爸爸揉了揉太阳穴。

"失败?就像在学校考试没及格吗?"阿曼达好奇地问。

"不太一样。这种失败一般是有些人不能胜任他们的工作,而其他的人有可能会因此受到伤害。"爸爸叹了口气继续说道,"或者是他们浪费了很多钱和时间,但是却没有达到计划的目的,所以他们需要重头做一遍,把事情做对。"

"好吧,爸爸,你刚才说马上就要说到秘密武器了……"阿曼达又坐不住了。

"好吧,你看看你弟弟和他的伙伴们现在的情形,根据我们刚刚讨论的，他们是不是缺了什么步骤？"爸爸问。

"他们没有做计划，对吗，爸爸？"阿曼达说。

"对，做计划就是秘密武器！虽然每个步骤都很重要，但是到现在为止最重要的就是计划这部分。"爸爸咳嗽了一声，喝了口水继续说道，"我再给你画一张图，然后我们今天就可以告一段落了。你学得很努力！"

"学？"阿曼达心想，"我是在学习吗？"

爸爸拿过一把尺子，又把纸翻到背面。他把尺子放好又画了另外一个示意图。

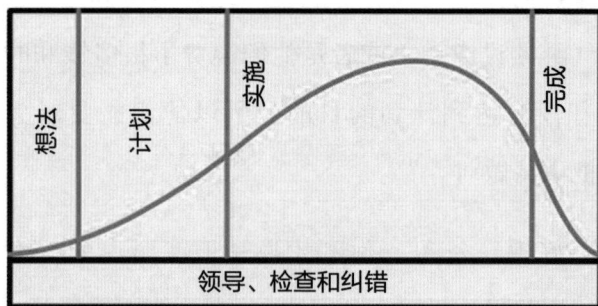

"看见这条曲线了吗？它表示一个项目的每个阶段

你应该花的时间和精力。根据项目的不同，这条曲线的弧度可能有所不同，但是你注意到没有，在计划这个阶段占的比例很大吗？"爸爸问。

"嗯……好像是吧？"阿曼达开始打哈欠了。

"所以，在你开始真正做你的项目之前，你需要花很多精力在做计划上。"爸爸看着阿曼达开始犯困的眼睛。她的眼皮已经开始打架了。他听见大门被打开又关上的声音，是阿曼达的妈妈回来了，她要开始准备晚饭了。

"今天你学的够多的了，宝贝儿。这些笔记和示意图你拿着，去做会儿作业，然后收拾收拾来帮妈妈做饭，好吗？"爸爸笑着对阿曼达说。

"好的，爸爸。"阿曼达答道。她站起来伸了个懒腰，向自己的房间走去。

"她还有很多东西要学，"阿曼达的爸爸心想，"不过看起来这像是个很有意思的挑战，男生和女生竞争（……还有爸爸）！"

7

想法，计划，然后呢?

第二天早上阿曼达起得很早，并很快换好了衣服。她去厨房的时候，爸爸正在往吐司上抹黄油。他已经看了一会儿报纸，杯子里的咖啡只剩下一半儿了。这时候，本还没起床。本一般能起多晚就起多晚。妈妈去屋里把窗帘打开叫他起床的时候，他还经常假装睡觉，至少还会在床上赖十五分钟。

阿曼达在桌子边坐下，往自己碗里倒了些麦片。妈妈总是在头一天晚上就把第二天的早餐准备好。"这样就能为早上节约点儿时间。"妈妈总是这么说。阿曼达又往自己碗里多倒了些麦片，然后把盒子放回桌子中间。她又倒了些牛奶，然后把牛奶罐也放回了原位。

"早上好，爸爸。"阿曼达说道。

"哦，早上好，宝贝儿。早上怎么样？昨天晚上睡得好吗？"爸爸问，可他的眼睛还瞄着报纸。

"还行吧。一开始没能马上睡着。"她答道。

"是吗？"爸爸边问，边把报纸折起来放在了一边，"为什么半天没睡着啊？"

"我一直在想你画的那些图和你说的话。我觉得都很有道理，不过我还是不太明白为什么'计划'就是秘密武器呢？是不是还有别的什么，对不对，爸爸？"她眼里充满着希望地看着爸爸。

"嗯，是，还有很多重要的方面，不过我们昨天晚上讨论的那些已经足够让你们开始了。等你准备好的时候，我们可以再讨论一下更多的细节。"

"我现在就准备好了，爸爸！"阿曼达一边坚定地说着，一边往嘴里又塞了一大勺麦片，并且大嚼起来。"我……嗯准……备好了。"她满嘴都是麦片地嘟囔着。

爸爸叹了一口气："真可惜，宝贝儿，我还没有准备好呢。我今天要早点儿去上班，现在的项目遇到了些问题，我需要和我的团队一起商量一下该怎么解决。而且我还需一些时间准备一下我们下次讨论的内容。"

阿曼达把嘴里的麦片咽了下去。"今天给我讲不行吗，爸爸？"她求着爸爸，"我特别想打赢本。"

爸爸又叹了口气："那就今天晚上等我下班吧。我不知道我能不能准备好，不过我们可以试试。"

阿曼达笑了："谢谢爸爸。"

爸爸从桌旁站起身来，亲了亲阿曼达的额头。"祝你今天过得开心，宝贝儿。别太在意本。"

"也祝你今天过得开心，爸爸！"阿曼达看着爸爸往车库走去，她又往嘴里塞了一勺麦片。

正在这个时候，本穿着睡衣走进了厨房。他一边伸着懒腰一边打着哈欠。"你刚才跟爸爸在说什么？"本好奇地问。

"跟你没关系，女孩儿的事儿！"阿曼达答道。

"哼。"本哼了一声，坐到桌旁去拿麦片。他给自己倒了满满一碗麦片，然后开始倒牛奶。当勺子伸进碗里去舀的时候，一些麦片都被挤出来撒在了桌子上。"她肯定有什么事儿。"本心里想着。

课间休息的时候，本和他树屋修建组的伙伴们又聚在操场边上的老地方。

"我不知道究竟是什么，不过阿曼达肯定在计划什么事情。"本嘟囔着，"我估计她打算干什么坏事儿来搅黄我们。"

自从那天阿曼达从树林离开之后，四个男孩儿就开始担心了。现在他们的树屋的秘密被发现了，阿曼达会把这件事儿告诉谁呢？他们都还不知道。

"好吧，现在咱们的树屋已经被发现了，咱们得想想对策。"本说道。

"要不然咱们先不做绳梯了，有了绳梯，别人更容易上去了。"汤姆建议道。

"好主意。"蒂姆很赞同。"反正我们根本也不知道怎么做绳梯。"他自己心里想着。

詹姆斯把上衣撩起来，看了看肚子上那些新的疤痕，都是昨天被拉上树屋平台的时候在树杈上蹭出来的。"我不知道……"他嘟囔着，"有个绳梯还是比较方便的。也许我们可以把绳梯藏在平台上。这样就没人能看见了。"

"你姐姐比你高，笨蛋！"本叫着，"不要绳梯了。我们知难而上。我们能扛！我们是男生啊！"

几个男孩儿犹豫着同意了本的想法。不能让敌人那么轻易地插进来！

上课铃响了，孩子们赶紧从操场跑回了教室。

"我们放学之后就开始建造防御工事。"当奥利弗老师走进教室的时候，本做了个决定。

放学回家之后，阿曼达尽量不让院子里男生说话的声音打扰自己。他们又在那儿准备把一些木头搬到树林里去。她把MP3的音量调大，又将耳机调了调，把整个耳朵都盖住了。终于男生们的声音消失在公园那边。阿曼达又把音乐的声音调低了些，以便能聚精会神地做作业，这样她就可以在爸爸回家之前把作业做完，她还有很多的问题要问爸爸。

终于，阿曼达听见车库门打开的声音，也听见爸爸的车开进了车库。她从床上跳了起来走进了厨房。她已经准备好了一沓白纸和尺子。昨天爸爸画的示意图也整齐地摆在旁边。

爸爸走进了屋子，他看起来有些疲倦。

"今天很辛苦吗，爸爸？"阿曼达问。

"有点儿。"爸爸答道。他注意到桌子上摆着的纸和尺子，也看见女儿眼睛里期待的目光。"给我一点儿时间，宝贝儿。我需要把文件包整理一下，然后我想稍微打个盹儿。"

阿曼达虽然有些失望，不过她知道这是爸爸的习惯。通常爸爸回家的时候如果因为工作很疲倦的话，他都会在沙发上睡个二十分钟。一般打完盹儿之后他就没事儿了，精力也更加充沛。她一直不明白，只有小小孩儿才在白天睡觉啊。好吧，也只能这样了。阿曼达去厨房的柜子里拿了个零食，又给自己倒了杯牛奶。她在一张白纸的一角乱画着，直到爸爸走进了厨房。

他一边揉着眼睛一边伸着懒腰。"感觉好多了！"他说，"现在我能集中精力了。"

爸爸从橱柜里拿了个玻璃杯，在水龙头下接满水。他一边喝水一边在阿曼达身边坐下。

"好吧，你想先知道什么？"他问。

"什么都想知道！怎么盖树屋！怎么能赢本！怎么能比他做得更好……打败本！"她大声说道。

"哇！"爸爸把身体靠在椅子背上，"一件一件来。今天早上你说你想多了解一些关于做计划的事儿——至少知道应该怎么盖个类似城堡的东西。"

"是树屋，爸爸。"阿曼达纠正道。

"对，是树屋。好吧，我们先从这个想法开始，好不好？"

"我们昨天已经说过这个了，爸爸。"阿曼达提醒道。

"是，我们是提到了一些。不过耐心点儿，你有什么想法吗？"爸爸问。

"盖一个树屋，很棒的树屋。"阿曼达一副就事论事的口气。

"好吧，你已经知道你想要做什么了，盖一个比你弟弟的更好的树屋。不过这个树屋长什么样子呢？"他问。

"我不知道，我们从来没有盖过！"阿曼达有些委屈和沮丧。

"这样啊，可是如果你不知道想盖什么样的树屋，那你怎么开始盖呢？就算你开始盖的话，你怎么知道已经完成了呢？"爸爸喝了一口水继续说道，"有这样一句话，'没有方向，等于处处是方向'。"

阿曼达扭过来看着爸爸："什么意思？"

"我想说的是，"爸爸解释道，"首先你需要在脑子里有个树屋的形象，或者你能想象出你的树屋盖好的时候是个什么样子。要不然你可能陷入跟本现在一样的境况。"

阿曼达想了想："我可不想像他现在这样。"

"当然了，你不是必须很准确地知道你的树屋完成的时候是什么样子，尤其是树屋，这里面会有很多变更。"

阿曼达打断了爸爸："变……变什么？"

"哦，对不起，我又用起工作上的术语了。"爸爸抱歉地说，"我的意思是有很多东西你在开始盖树屋之前是不会考虑到的。不过这里最关键的是，你对你的树屋将是什么样子要有个概念，要知道什么是最基本的要素，比如，树屋盖几层，几面墙，多少门，要不要绳梯这些细节。"

"哦，我明白了。我不一定要画出来，但是心里要能想象出来，对吗？"她问。

"至少作为一个开始是这样的。如果你是一个人做这件事，脑子里对树屋有个雏形没准就可以了，除非你很容易忘事儿。但是如果你和你的朋友一起做，最好还是在纸上画一下。"爸爸打了个哈欠，甩了甩头又喝了口水，"尤其是当你开始实施的时候，你的想法写得越详细越好，这样跟你的团队沟通起来就更方便。"

"这样就不会出现到最后门装反了这样的事情发生了？"她笑着说。

"没错，或者门太多了，或者本来应该是门的地方结果是墙，或者一部分的地板没装，总之会变得很混乱。"爸爸说道。

阿曼达笑了："明白了，那么爸爸，下一步是什么呢？"

爸爸从一沓纸里拿出一张白纸，说道："先从简单的事情开始。你想盖几层的树屋？"

"我不知道，那得看树屋有多大，有多结实了，我想一层或者两层吧。"阿曼达两眼望着天花板说道。

"好吧。"爸爸说道，"一层或者两层。"他在纸上写了下来。"你打算怎么上到树屋里去呢？"

她稍微伸了伸舌头，说道："绳梯，爸爸，我告诉过你，我知道怎么做绳梯。"

"好的，绳梯。"爸爸又写了下来，"你打算用些什么材料来盖树屋呢？"

"嗯，一些木头……做绳梯的绳子，还有一些钉子。"她说。

爸爸把阿曼达说的这些也都写下来了，不过写在了纸的另一边。"你觉得你可能会需要些什么工具呢？"

"锤子、锯子，另外，要是有什么工具能在木板上打洞的话，做绳梯就比较方便了。对了，我能借你的电钻吗，爸爸？"她问。

"可以，我可以借给你，不过我要先确定你知道怎么安全地使用电钻，而且只能在家里用。"

阿曼达知道爸爸很在意他的工具，所以她说道："我会很小心的，爸爸。我能把电钻带到树林那边用吗？"

爸爸笑了笑："电钻在树林里估计没法用，除非你的那棵树旁边有能发电的灌木。"

"什么意思？"阿曼达一头雾水。

"是个蹩脚的笑话啦。"爸爸说，"我是说从家到树林的距离太远了，我的电线没那么长。"

"哦，明白了。"阿曼达说，"没事儿，我可以在家里给木板打洞。"

"我还有几个关键的问题要问你。"爸爸继续说道，"第一，你有没有想过需要别人的帮助呢？第二，你知道你要在哪棵树上盖树屋吗？"

"嗯，我想我的朋友们会帮忙的，你认识她们的，苏珊、贝琪，还有爱丽丝。"她看起来很有想法的样子。

"……哪棵树呢？"爸爸问。

"哦，嗯，这个我还不知道呢。我想我们得先去看看。离本的树越远越好。"她嘟囔着，"我可不想离他的树屋那么近。他特别讨厌！"

"还有一个问题，你打算什么时候盖好树屋呢？"爸爸问。

"我想在学期结束的时候盖好树屋，如果可能的话。最好在夏天的时候能在树屋里玩儿了。"阿曼达回答道。

"好的，这就是你的目标完成时间——也就是你想什么时候完成项目。"爸爸又在纸上写了点儿东西，然后拿给阿曼达看。

树屋的设计要求：

- 一到两层
- 绳梯
- 远离男生

目标完成时间：

- 夏天开始之前完成

资源：

- 绳子
- 木材
- 钉子
- 锤子
- 锯子
- 电钻

团队成员：

- 苏珊
- 贝琪

- 爱丽丝

- 阿曼达

技能要求：

- 打结

- 测量

- 锯木板

- 木板上打洞

- 安全第一！

"这些都是最基本的要求，有些是你的项目需要的材料和工具，还有一些是完成项目必需的技能和需要完成的任务。"爸爸一边解释一边指着对应的笔记。

"现在，我要在纸上再画些东西，不过要用另外一种办法了。"爸爸把写满笔记的纸放在一边，又拿起另外一张白纸。

```
                    ┌──────┐
                    │  树  │
                    └──┬───┘
         ┌─────────────┼─────────────┐
    ┌────┴────┐   ┌────┴────┐   ┌────┴────┐
    │  绳梯   │   │ 第一层  │   │ 第二层  │
    └─────────┘   └─────────┘   └─────────┘
```

"这张示意图告诉你想干什么，也就是你想盖什么东西。排在第二行的是具体的任务，你需要完成这些具体的任务来实现目标。"爸爸解释着他画的示意图。

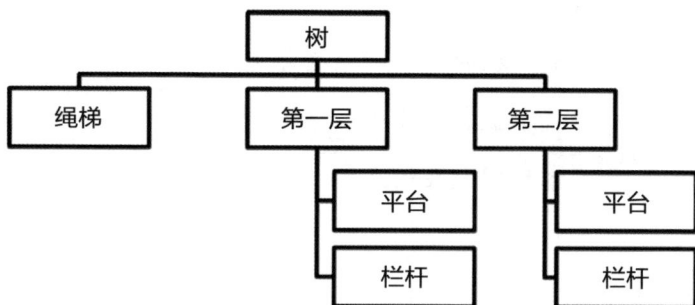

```
                          树
        ┌─────────────────┼─────────────────┐
      绳梯             第一层             第二层
                          ├── 平台            ├── 平台
                          └── 栏杆            └── 栏杆
```

"你还可以加入更多的细节，比如每层的平台和栏杆，因为这两部分你都需要盖的。"他又在纸上写了另外一个单子。

任务：

- 找到一棵合适的树
  - 去树林里找
  - 查看树的尺寸和树杈的情况
  - 确定是哪一棵树
- 做绳梯
  - 测量高度
  - 木板上打洞
  - 把绳子固定在树上（打结）

- 把木头踏板穿在绳子上
- 打结固定

- 盖第一层
  - 检查树杈的情况
  - 测量木板的尺寸
  - 把木板固定在树上
  - 加栏杆

- 盖第二层
  - 检查树杈的情况
  - 测量木板的尺寸
  - 把木板固定在树上
  - 加栏杆
  - 其他事项

"有些事情是你必须要做的——我们叫它任务。你每完成一个任务，就离你盖树屋的目标走近一步。"

"好，谢谢爸爸！我现在就可以开始了！"阿曼达起身要站起来。

"等一下，宝贝儿。要先做最重要的事情。实际上我是想先让你看看这个东西。"爸爸停了一下，继续开始画。

爸爸在纸上画了一排圆圈。

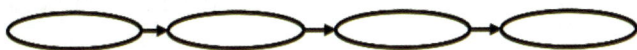

"首先做最重要的事情，意思是说有一些事情你必须要先完成，然后才能进行下一项任务。我们把这种情况叫作依赖关系，这有助于我们确定任务的先后顺序。"爸爸又喝了一口水，然后把杯子放回到桌子上。

他又画了另外一排圆圈。

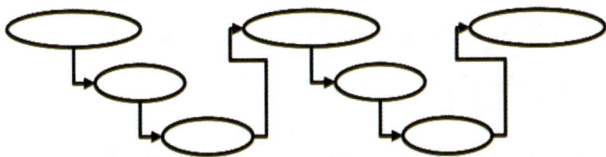

"大一些的圆圈可以分解成几个小圆圈，也就是我们说的任务。比如说，盖第一层要依赖于完成绳梯，又比如说只有盖好了第一层才能盖第二层。第一层依赖于绳梯能不能先做好，而盖第二层取决于第一层要先盖好。"

"爸爸，听着越来越复杂了。"

"是吗？那我换个例子给你解释吧。比如说今天的晚饭，你是在做饭前就能吃吗？"

"当然不能啊，爸爸，除非我们只吃生蔬菜沙拉。"

"你是在吃饭前洗手还是吃饭后洗手呢？"

"你和妈妈都说，如果我们不洗手就不能吃饭……"

"你是晚饭前吃甜点还是晚饭后吃呢？"

"能吗？能先吃甜点吗，爸爸？能不能？"阿曼达的眼睛亮起来了。

"不行，不能先吃甜点。不过你能看出来事情的逻辑顺序了，前后顺序搞清楚了才会让事情变得顺理成章。"

"我觉得晚饭前吃甜点挺合适的，爸爸……"阿曼达露出一丝狡猾的样子。

"得了吧。"爸爸笑了。

阿曼达噘着嘴：“爸爸，行不行啊……”

爸爸摇了摇头。

“现在我想帮你迈出第一步，你觉得什么是最重要的第一件事？”

“嗯……绳梯？”阿曼达回答道。

“你觉得是不是应该先找一棵树？”

“嗯，呃……”她想。“好吧，好吧，我们先找到一棵树，然后再开始做绳梯，这样我们就可以开始了。这样盖树屋就比较容易了。”

“只做绳梯吗？要多长时间能做好绳梯？你需要多少绳子？”爸爸问。

“我还不知道呢，绳子总得足够长能伸到地面吧。”

“那是多长？”

阿曼达开始觉得有些灰心了。“除非我们先找到树，要不然我也不知道。”

"现在你能看出来前后顺序是怎么回事了吧？"

"是的，爸爸，这样看起来真的有很多事情要做。本到现在才开始一点儿也不奇怪。"阿曼达把身子靠在椅子背上。

"是的，工作量很大。"爸爸点点头。

他又在纸上画了一些圈圈，在里面写上了字，还在一个圈上画了一根竖线。"你如果安排任务的时候像这样画一系列的圈圈，就能比较容易地看出来什么事情需要先完成，也能看出任务之间的顺序。如果你知道你想什么时候完成最后的目标，这个示意图也能帮助你分析出每个任务需要多长时间。如果有些任务花的时间比较长，你就要注意他们能不能按时完成，或者不得不对你的计划做出一些调整。"

找到树 → 建绳梯 → 建第一层 | → 建第二层

"那你说的那个秘密武器到底是什么啊？"阿曼达抱怨着。

"啊……秘密是，如果你计划做得越早，你的项目就会进行得越顺利，你会犯比较少的错误或者少返工，挫折感也会减少，你也非常有可能达到你的初始目标。"爸爸笑着说。

"爸爸，我现在不知道我是不是还想盖个树屋了，听起来好难啊。"

"这样啊，这取决于你的意愿了，宝贝儿。如果你不想盖树屋的话，也可以不盖。不过……"他停顿了一下。

"什么？"她问。

"……本就会有个树屋而你就没有了，本就会赢了。我本来不想告诉你的，不过还有一个秘密武器。"

"爸爸……"

"真的，这可是个超级武器！"爸爸笑着说。

阿曼达叹了一口气："好吧，爸爸，告诉我……"

"如果你有个好的团队，你就能做得更好。"

阿曼达觉得肚子咕咕叫了。"嗯，呃，我们快结束了吗，爸爸？"

"是的，宝贝儿。我打算把今天跟你说的再简单概括一下。"他开始在纸上写道：

- 你最终想达到什么目的？

- 你能不能把任务分解？

- 你想什么时候完成你的目标？

- 哪些是你需要完成的任务？

- 你需要哪些人力和物力工具来完成这些任务？

- 哪些任务需要先完成，其他任务才能跟进？

阿曼达打着哈欠："我们可以结束了吗，爸爸？"

"是，对今天来说已经足够了。这些笔记给你，你可能会需要它们。"

"啊，额。"她嘴里哼唧着站了起来，然后把那些笔记拿回自己屋，塞进了抽屉里面。

"盖树屋现在看起来一点儿也不好玩儿，有那么多事情要做，"阿曼达心里想，"就让本自己盖个无聊的树屋算了，好像我多关心似的。"

8

计划

第二天上午课间休息的时候，阿曼达看见男生还像往常一样聚在操场旁边。她假装没看见，径直走到苏珊、贝琪和爱丽丝站的秋千旁边。

"男生真傻！"阿曼达直截了当地说道。

"就是，所有的男生都傻，"苏珊表示同意，"尤其是自己家里的弟弟。"

贝琪看了看游乐场那边的詹姆斯和他的朋友们。"所有的男生？也不是所有的吧。"

"也许不是所有吧，但是那边那四个绝对是。"阿曼达一脸的厌烦。

爱丽丝一边把左脚的大拇指塞进石子地里一边问道："本现在在干吗？"

"盖无聊的树屋呢，我两天前发现的，他们那会儿在吵着要做一个绳梯。我本来想帮忙的，结果他们把我轰走了。他们真讨厌！"阿曼达很生气。

"然后呢？"贝琪问。

"记得去年秋天的露营活动吗？我们学了怎么做绳梯。"阿曼达说，"但是男生不让我帮忙，就因为我是女生。"

另外三个女孩儿互相看了看，点点头，异口同声地说道："臭男生！"

"我跟我爸说了，然后他说为什么我们女生不盖一个我们自己的树屋。"阿曼达继续说道，"他说他有秘密武器，能让我们盖一个比男生们的更好的树屋。"

爱丽丝好奇地问："他是怎么说的？是什么秘密武器？"

"爸爸说是做计划，就像他在公司做的那样。他给我画了些草图还写了些要干的活儿，但是看起来太难了。他说之后就会容易些了，但是首先必须要把那些具体的活儿干了。听他说的好像要好几百年才能做好。"阿曼达皱起了眉头。

"那你打算怎么办？"爱丽丝问。

"我不知道。我跟爸爸说我觉得太难了，可是他说我不干的话本就赢了。"

苏珊马上表态："我们比那些傻男生聪明多了。我们绝对会比他们做得更好，尤其是比咱们的弟弟们做得更好。"

"我可以帮忙。"贝琪说。

"我也可以！"爱丽丝也不甘落后。

"我们可以放学之后都到你家去。"苏珊信心十足地说道，"我们可以商量一下，盖一个比那些男生的树屋更棒的！"

放学之后，女孩儿们都到阿曼达家来了，阿曼达让大家都到厨房里。

"你们自己随意拿饼干吃吧。"阿曼达的妈妈对孩子们说，"我今天刚烤的，冰箱里还有牛奶。"

"哦,巧克力饼干!"爱丽丝笑了,"谢谢,琼斯太太!"

其他女孩儿都不约而同地说着"谢谢"和"真好吃"。

等大家吃完了,苏珊问阿曼达:"你爸爸给你画的示意图和笔记在哪儿?"

"在我屋里,我现在去拿。"阿曼达答道。

她从屋里拿来了爸爸画的示意图,还有一些白纸和铅笔。女孩儿们围坐在桌子旁边。

"开始吧,"苏珊说,"跟我们说说你爸爸教你什么了。"

阿曼达把纸一张一张拿给女孩儿们看,根据自己的记忆,给她们解释了一遍。

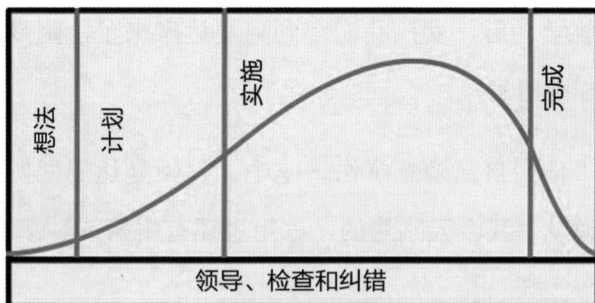

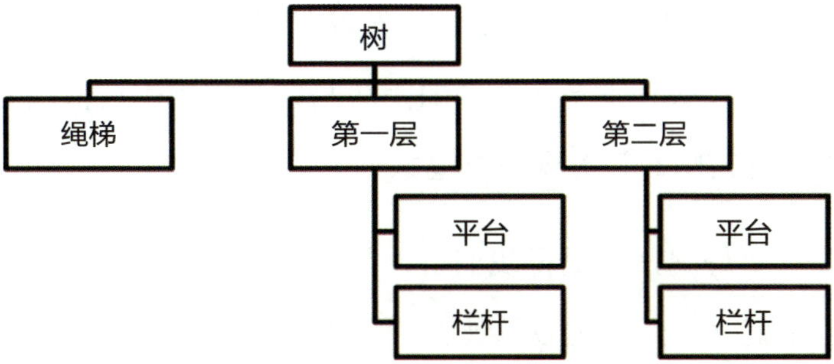
树
绳梯
第一层
第二层
平台
栏杆
平台
栏杆

“这样哈，让我来说，你们看看我是不是理解对了。”苏珊说道，“想法、计划、实施、完成。先搞清你到底想干什么，然后分解成小任务，再来搞清哪些任务需要比其他的任务先完成，然后就开始动手干！”

“没错，你说得对……”阿曼达点点头。

“这有什么难的呢？”苏珊问道。她的眉毛往上挑了挑。

“理解起来确实没有那么难，但是为了达到最后的目的，那些所有需要做的准备工作想想就很难。”阿曼达噘着嘴说。

“听起来也没那么难。”贝琪抽了抽鼻子。

“我们能做到这些的，没问题。”爱丽丝也同意。

"我们可以一起做啊。你爸爸说的另外一个秘密武器是什么？不是一个好的团队吗？我们女生很抱团儿的，你忘啦！"苏珊补充道。

"好吧，我觉得我们可以做到。我特别不想让本赢了咱们。"阿曼达皱了皱眉。

"这样吧。咱们用你爸爸画的示意图当样板来画咱们自己的吧。我们可以做得更好——因为我们是女生！"贝琪笑着说。

女孩子们把纸在桌子上铺开，开始画图和做记录。很快，阿曼达从爸爸书房的打印机上又拿了更多的白纸来给大家用。

过了一会儿，阿曼达的爸爸回来了。他看见四个女孩儿在兴奋地讨论着，还在桌子上一边写一边画。

"姑娘们，你们在干吗？"

"盖树屋！"大家异口同声答道。

爸爸去了客厅，脸上露出一丝微笑。

吃晚饭的时候，本坐在餐桌旁，自鸣得意地笑着。阿曼达看着他，他笑得似乎更厉害了。

"你最近在干吗，本？"阿曼达问。

"没干什么，我们男生的事儿……不过你要是到我们的树屋这边来你就能看见我们在干吗。"他笑着说。

"我才不关心你们的树屋呢，我们女生也要盖个我们自己的树屋，而且会比你们的强一百倍！"阿曼达信心满满。

"谁信啊！"本回应道。

"我们行！咱们走着瞧！"她的嗓门更大了。

"孩子们，孩子们，声音小点儿！"爸爸的脸上显出严厉的表情，"饭桌上不许吵架。"

本和阿曼达互相看了看都安静了。

"我们行！走着瞧！"阿曼达心里暗暗对自己说。

晚饭后，阿曼达冲了个澡，穿着睡衣走进了客厅，本早已经洗了澡在客厅里了。看见阿曼达进来，他朝她伸了伸舌头。

"嗯，爸爸……"阿曼达开口叫道。

"嗯？什么事，宝贝儿？"爸爸在报纸后面回应着。

"你能不能帮我看一下我们今天放学后做的计划？我想确认一下我们做得对不对。看起来只要我们准备好开始正式干之后，事情就没有那么复杂了，我想让你帮我们检查一下。"阿曼达把右手伸过来，手里是一卷纸。

"没问题，宝贝儿。我们到餐桌这儿来吧。"爸爸把报纸合上放在了沙发上。

"就很快地看一下行不行，爸爸，我不想让本看见。"阿曼达央求着。

"好啊。让我看看你们写了些什么。"

阿曼达把纸在桌子上摊开。"我们分开写了想法和计划。这张纸上是我们的想法，另外一张纸上是我们的计划。"

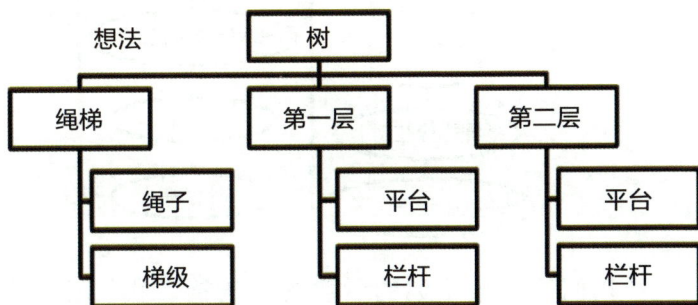

```
想法        ┌─────┐
            │  树  │
            └─────┘
  ┌──────┐  ┌──────┐  ┌──────┐
  │ 绳梯 │  │第一层│  │第二层│
  └──────┘  └──────┘  └──────┘
    ┌──────┐  ┌──────┐  ┌──────┐
    │ 绳子 │  │ 平台 │  │ 平台 │
    └──────┘  └──────┘  └──────┘
    ┌──────┐  ┌──────┐  ┌──────┐
    │ 梯级 │  │ 栏杆 │  │ 栏杆 │
    └──────┘  └──────┘  └──────┘
```

"圈圈里面要写的内容太多了，所以我们就分开写了。"她指着纸上的内容说。

"嗯……"爸爸把所有的内容都看了一遍，又把每张纸上的内容分别看了一遍。"这开头的准备工作不错嘛。"

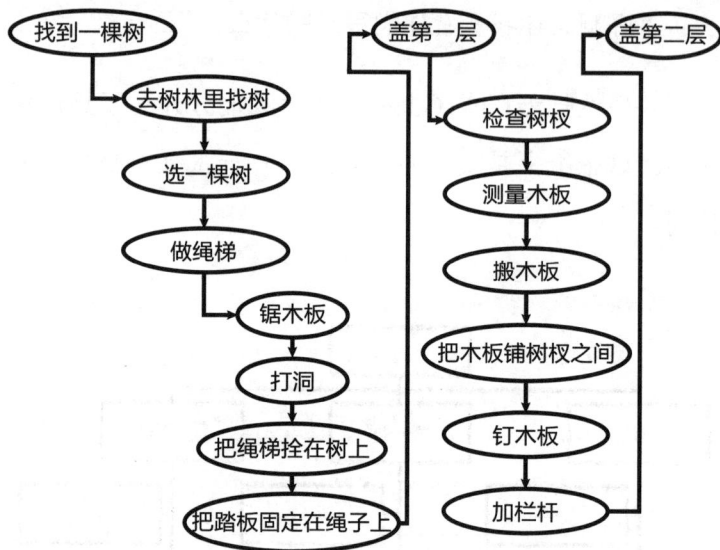

"我们还修改了你的示意图，爸爸，我们都觉得'思考—计划—实施—完成'比'想法—计划—实施—完成'要更好，因为每一步都是一个实际的行动。"

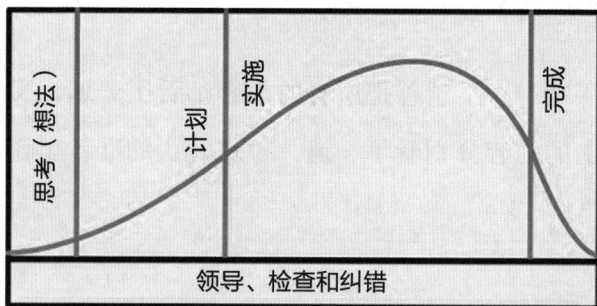

"你觉得怎么样，爸爸？你觉得我们做得对吗？"

阿曼达一脸不太确定的样子。

"不错，你们这个起步做得非常好。我只是有几个问题。"他指着"挑选一棵树"说道，"你们怎么知道哪棵树是你们想要的呢？"

阿曼达把手指放到嘴唇上小声说道："我不知道，爸爸。我们需要多大的一棵树啊？"

"树枝至少得有你们的大腿那么粗才行，"爸爸回答，"不过越粗越好，你们如果两只胳膊吊在树干上悠，树枝得不能晃才行，要不然这树就太小了。"

阿曼达在纸上把爸爸的建议写了下来。"谢谢爸爸。"

爸爸笑了笑，指着"测量木板"问："你们打算怎么测量木板？"

这回阿曼达已经准备好答案了："我们可以先拿一块木板到选好的树那里去，试试能不能搭在树杈之间。"

"这个主意不错。不过你要确定木板的两头儿都要有足够的长度伸出树杈以外。如果你打算盖一个比较大的平台，你可能还需要一些加固措施。"

爸爸又看了看女孩儿们画的示意图和计划，她们在昨天讨论的内容上又增加了几条。

"非常好，宝贝儿。这个计划看着很不错。记住，你们一边干，一边可以随时给你们的计划增加更多的细节。"爸爸微笑着，"如果需要帮忙，就直接跟我说。"

阿曼达喜出望外。"谢谢爸爸！我们明天就开始找树。我们有整整一天的时间，因为明天是周六！"

9

猎树

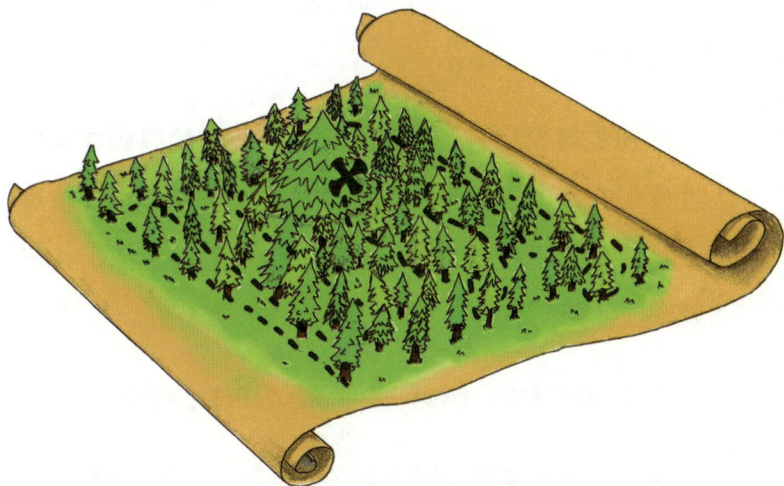

　　第二天早上，女孩儿们在阿曼达家集合。她们都穿着适合走路的鞋，充分准备好去"猎树"，这是贝琪起的名字。她们穿的都是上次出去野营穿的鞋。每个女孩儿都背了一个小背包，带了水、简单的午饭和一些零食。阿曼达带了她的相机、指南针、笔记本和笔。她还带了妈妈的手机"以防万一你们迷路了好用"。这是她妈妈的建议。

　　"别走得太远了，宝贝儿！"阿曼达的妈妈在楼梯上冲她们喊，"沿着学校边的树林走。记住，不要趟过小河，这几天下雨水位会比较高。你们不要走散了，记得晚饭前要回家。"

　　"我们知道啦，妈妈！"阿曼达冲楼上喊道。

　　四个女孩儿穿过马路走到公园那边，走进了树林。

　　实际上这片树林并不是很大，三十年前修建学校和社区的时候留下的这片树林。很多树是后来种的，一个方向大概有两个街区长，另外一个方向大概有一个街区那么宽。长的一边和公园交界，另外一边在小河边。虽然不是很大，但是也足够发现很多新鲜的东西了。

"好了，姑娘们！查看一下你们的指南针，确定一下我们是朝着一个方向前行。"阿曼达说道。她们打算查看一下树林里所有的树。在树林两端之间来回走直线，所以指南针非常有用。（当然了，只能是尽量走直线，因为你总得绕着树走。）

几个女孩儿一起，她们从树林的一头儿开始，慢慢地走着，观察着每一棵树。

走了大概十五分钟，她们能看见树林另一头的小河了。到现在为止，好运气还没有降临。所有的树都太小了。她们往另外一个方向走了三十步左右，在指南针的指引下，开始调头往她们开始的方向走回去。

一个小时之后，她们已经在公园和小河之间来回走了好几趟。她们很快就要走到男孩子们的那棵树附近了，那棵树基本上是在树林的中间。在公园的边上，女孩儿们停下来休息了一下，喝了点儿水又吃了些零食。

"所有的树都太小了。"爱丽丝抱怨着。

"没有一棵适合用来盖树屋的树。"苏珊叹了一口气。

"我们一会儿从树林的另外一边开始吧。"阿曼达说，"我们总不想离男生的树屋太近吧。"

贝琪表示同意："总能找到另外一棵大树的，是吧？"

阿曼达开始有些着急。树林看着没有想象的那么大，她们现在才真的有点儿概念了。"我们该继续走了！"她说着，站起身来调了调背上的书包。

其他几个女孩儿也都把书包拉链拉上站了起来。她们先走到了树林的另一边，也就是靠着学校的那边。她们站在一起，重新校正了指南针，又按照她们计划的路线走了起来。

一定会找到另外一棵大树的！阿曼达充满着希望。

大概又过了一个小时，女孩儿们走到了靠近男孩儿们的那棵树下。

"没有一棵咱们能用的树。"爱丽丝嘟囔着。

"一棵都没有！"苏珊应和着。

"难道我们要放弃了吗？"贝琪哼唧着。

"让我想想，让我想想，"阿曼达说道，"我们不能就这样轻易地让男生赢了。"

阿曼达在地上转着圈儿，看着周围的树，希望有一棵完美的树能神奇地出现在她们面前。好几次她甚至试着闭上了自己的眼睛，然后再很快地睁开，但是什么特别的也没看见。

这树林里就只有这一棵树适合盖树屋，结果还被男孩子先占了！

本就这样要赢了！

阿曼达停下脚步转向其他几个女孩儿。她刚张开嘴想说什么，但是突然停住了。她转头看了看那棵巨大的树，刚刚能从几棵小树的缝隙中看见。

"树林是大家的……"她想。

"这个树林是大家的！"她叫起来，"而且这是一棵非常大的树！"她转回身冲着女孩儿们说道，她的脸上放出了光。"这棵树这么大……而且男生们只可能在树的一边盖树屋！"

其他几个女孩儿看着她，觉得她开始胡说八道。

"你什么意思啊？"苏珊说，"男孩儿先占的这棵树，所以就变成他们的树了。"

"是吗？实际上也不是属于他们的树，他们只是用这棵树而已。而且他们也没先问啊。再说了，他们也只用了树的一边儿。我爸说我可以用我们家的那些木板，所以一半的木板是我的。男生们就只有一半的木板可以用，这样他们的树屋不会大到要用整棵树。这棵树那么大，他们没准儿只会用到树的四分之一，或者更少。"阿曼达脸上露出了胜利的笑容。

贝琪看起来很不确定的样子："我不知道行不行得

通。要是男生们说不行呢？"

爱丽丝附和着："那可是一帮男生，他们肯定说不行。"

"那我们怎么办呢？"苏珊问。

"我们要聪明点儿。我们就跟男生说他们必须得和我们分享这棵大树，要不然我们就去告诉家长。所有的小孩儿都不想让家长插手小孩子之间的事儿。如果男生说我们只是吓唬吓唬他们，我们就可以真的去跟家长说，那样我们肯定能赢。如果男生比较讲道理的话就会干脆同意让我们用树的另外一边。不管怎么样，我们都能在这棵大树的另外一边盖我们的树屋。"阿曼达坚定地说。

"最好是不要告诉家长！"苏珊笑了。

"好主意！"爱丽丝也同意。

贝琪看起来还不是很确定，但是她也开始觉得有些希望了。

　　四个女孩儿走到那棵大树附近，站在男孩儿们盖的树屋的相反的一边，又讨论了起来。她们开始检查树和树枝的情况。过了几分钟，树另一边的几个男生才发现这边有动静。汤姆已经上了树，蒂姆、詹姆斯和本走到女孩儿这边来，发现她们在写着什么。

　　"你们在这儿干吗？"本严肃地问。

　　"规划我们的树屋。"阿曼达语气坚定地说道，还挺直了身体。

　　"你们不能在这儿盖！这是我们的树！"本坚持着，脸开始涨红了。

　　"不对，这不是你们的树……这是大家的树林！"阿曼达反驳着。然后她跟男孩子们说了她们的条件，跟他们解释为什么男孩儿应该同意让女孩儿用树的另外一边，省得惹麻烦。

　　"你们，你们，你们这是敲诈！"詹姆斯不情愿地叫道。

"不，才不是敲诈呢，这样才公平。爸爸说我可以用一半的木板来盖我们的树屋。这棵树是整个树林里——没准儿是整个镇上最大的一棵适合盖树屋的树，而且这棵树也不是在谁家的后院里。你们没有理由不让我们一起用这棵树，它这么大，从你们的树屋那边你都不一定能看见我们的树屋！"阿曼达说了一大堆理由。

本想了想。他知道爸爸妈妈特别强调要公平，而且他知道如果他不让阿曼达一起用这个大树她肯定去告诉爸爸。爸爸没准儿就不让他用那些木料了，那样他们的树屋就没戏了。

"好吧，就这样。不过我们要把后院的木料分清楚，各用一半——分清女生用的木料和男生用的木料。你们盖的树屋要离我们的越远越好。"本嘟囔着。

汤姆跳下树看着正在发生的一切。所有的男孩儿看起来都挺不高兴的——不过他们都不想没有木板用，更不愿意家长插手进来。男孩儿们往他们的树屋那边走，走过差不多中间的时候，本用脚后跟在地上划了一根线，又把线往树的另外一边延长划过去，这样以树为中心就把空地分成了两部分，和女生的那边划清了界线。

"看清楚了，你们女生的地盘儿在树的那一边。你们要是运木头，不能穿过我们这边的空地。"本说着，狡黠地一笑，然后转身跺着脚走回男生的树屋。

"所以这些女生就得绕道走了，这样就更费劲了。"本小声地跟其他几个男孩儿解释，"另外，你觉得她们真的会盖树屋吗？搬木板就得把她们累趴下。"

本又压低了声音，其他几个男孩儿不得不靠得更近了。"如果她们把木头搬过来之后就放弃了……那木头就都是我们的了，还省得咱们搬了！"

听本这么一说，四个男孩儿都笑了。搬木头可是个累人的活儿，让女孩儿来干多合适啊！这样她们很快就会放弃了！

10

我们有足够的木头吗?

　　第二天，女孩儿们聚在后院，打算把木板分成四份，这样男孩儿和女孩儿们就都有各自的栏板和栏杆了。本打算站在那儿看着女孩儿们干活儿，确保她们分得公平合理。他可没想过去帮忙搬木板——是女生们提议要把木板分开的。

　　"你们已经搬了多少木板去盖树屋了？"阿曼达问本。

　　本想了想。他本来想故意少说一些，但最终还是决定照实说。因为如果女生们去树屋那里的话，很容易就能数出他们到底用了多少木板。"三十块栏板和六块长木板，我们还没用到围栏的柱子。"

　　"哦，是因为太重了吗？"阿曼达嘲弄地笑了笑。

　　本的脸红了起来："不是，当然不是因为这个了！我们只是觉得我们现在还不需要。你们要是想要就搬走吧，如果你们搬得动的话。"

　　一直到晚饭前，女孩儿们基本上都在后院分木头。她们干完的时候，原来一大堆的木头体积小了不少。围栏的柱子还在那儿，因为没必要搬动。所有的木头在院子里铺开来。各自一半的木头看起来并不像他们一开始想象的那么多。

女孩儿的木材是：

- 60块围栏栏板

- 10块围栏的栏杆

男孩儿的木材是：

- 30块围栏栏板

- 4块围栏的栏杆

　　另外一边是九根长短不一的围栏柱子。柱子的根部原来是用混凝土固定在土地里的，后来连着混凝土一起都被挖出来了。爸爸用锯子把木柱子从根部锯了下来，然后把剩下的混凝土块倒进了小推车里。

　　苏珊看起来有些担心。"一开始看起来木头挺多的，但是现在看可能还不够呢。你觉得我们的木头够用吗？"

阿曼达答道："我们得计划着用。"

本看着男孩儿那堆木头。他们的这堆比女孩儿的少了三十六块，因为他们已经用那些木板拿去盖树屋了。"可能我们有点儿轻率了，"他想着，"没准儿我们盖不了本来计划的那么大的树屋了。"

贝琪有些疑惑地看着阿曼达，说道："咱们怎么能确定木头够不够用呢？"

阿曼达很快地瞟了一眼本，摇着头小声说："不能在这儿说，本会听见的。我们去屋里洗洗手然后再讨论。"

本还站在院子，看着那堆已经变得很小的，属于男孩儿们的木头，想着怎么跟其他几个朋友说。他摇摇头又开始数了起来："一，二，三……"

四个女孩儿进屋先洗了手，然后坐在厨房桌子旁边喝牛奶。"对了，你怎么能保证我们有足够的木头呢？"贝琪问阿曼达。

阿曼达刚要开始说就被爱丽丝打断了："我们会有足够的木头……因为……因为我们会计划着用!"她说,"我们先确定我们有多少块木头,量木头的尺寸,看看怎么用在树上最合适。或者我们也可以先量一下树杈之间的尺寸,然后看看手里的木头怎么用。"

苏珊想了想,说:"阿曼达的爸爸说我们需要先做一个计划,并且在开始盖树屋之前把细节搞明白。咱们先看看我们的计划,然后再决定怎么用这些木头来实现咱们的想法。"

阿曼达的妈妈走进厨房,开始摆桌子准备晚饭。"宝贝儿,你能帮我摆桌子吗?晚饭时间了,你的朋友们也差不多要回家了。"

"好的,妈妈。"

"咱们明天开始吧。"阿曼达转过身小声地对她的朋友们说道,"你们都回家看看还有什么可以用的材料——绳子、钉子、工具,还有其他什么家长让咱们用的东西,列一个清单然后明天早上我们再在我家集合讨论。哦,对了,记得带个卷尺和水平仪。"

第二天一早男孩儿们就在本家集合了。本给他们看了属于男孩儿的木头。他们盯着木头看着，有些垂头丧气。

"咱们还没开始盖漫画屋呢。"本叹了一口气。

"瞭望塔也没盖呢。"汤姆说。

"保龄道也没开始呢。"詹姆斯一边嘟囔着，一边羡慕地看着属于女孩儿的那堆木头，比男孩儿多不少。"这不公平啊！"

"我数了好几次了，她们拿了一半，就像爸爸说的，男孩儿女孩儿平分。"本说。

"我们应该还能做陷阱门和一些其他的东西。"蒂姆建议道。

"谁有合页吗？"本问道。

"嗯，没有，我们没有……"蒂姆刚开始说，就被本泄气地直接打断了。"那咱们连陷阱门也做不了了，就更别提咱们的终极树屋了，都被这帮臭女生给搅黄了！"

其他三个男孩儿也都恨恨地表示同意。

"咱们只能先临时凑合着来了，先盖完再说。我们还是可以赢了女生的！"詹姆斯叫着，"如果我们努力干，她们肯定赶不上我们的。"

其他男孩儿也都觉得可行。

"咱们再搬些木板继续干吧！"本命令道。

男孩儿们分成两人一组，搬了些木头朝树林方向走去，他们似乎又有了动力。

"我们还是可以赢的！"詹姆斯心里想着。

女孩儿们背着背包出现在树林里的时候，男孩儿们已经干了快一个小时了。女孩儿们只搬了一块栏杆板和一块围栏板。"她们居然都没多搬几块木头过来！照她们这个搬法，离她们开始盖树屋还早着呢！"詹姆斯想。

其他男孩儿转头看了看女孩儿们，都笑了起来。"你们连木头都搬不动，怎么盖树屋啊！"汤姆叫着。

"咱们走着瞧！"苏珊顶了他一句。

女孩儿们绕着本之前在地上画的分界线，走到她们自己的那边开始干起来。从男孩儿这边很难看见女孩儿在树的另一边干什么，除非他们绕过树干去看。"这样也不错——因为女孩儿就不会烦我们了，她们也看不见我们在干什么。"可是本又一想，"她们在干吗？"他实在没法找到个能看见女生在干什么但是又不让她们发现他在偷看的地方。

只有在女孩儿们偶尔走动的时候，男孩儿们才能瞥见一点儿。她们一会儿四散开来，一会儿又聚在一起。

"她们到底在干吗？"

在树的另外一边，女孩儿们一直在忙着测量、画图和记录。贝琪带来了卷尺，她一直在一边测量一边记录。苏珊拿着块木板在树杈间比画着，看看哪些地方的树杈之间距离最近，哪些树杈高度差不多。苏珊举着木板的时候，阿曼达把水平仪放在木板上面，在一个小本子上做记录。

爱丽丝坐在地上，一边抬头看着树，一边把树杈画下来。贝琪告诉她长度后，她就把数字标在每根树杈旁边。爱丽丝也把苏珊和阿曼达测量的树杈之间的距离记录下来。阿曼达跳起来，用胳膊挂在树杈上晃悠，看看有多结实。阿曼达时不时把自己的笔记给爱丽丝看，爱丽丝看了之后在自己画的草图上做些修改或者再添加点儿内容。

就在女孩儿干得起劲的时候，男孩儿们拌嘴的声音、偶尔"噢"的声音也从树的那一边传了过来。

阿曼达把女孩儿们集合在一起的时候，爱丽丝已经画了好几张草图，也做了很多笔记。"我觉得我们进行得很顺利，"阿曼达说道，"我们可以先在我家吃午饭然后再把事情干完。"

女孩儿们从树间的空地往回走的时候，男生们还在卖力地干着。"你们把木板搬到哪儿去？"蒂姆满头是汗地问。他看到女孩儿们把之前搬过来的栏板和栏杆往回搬。"你们不相信我们？你怎么不把树屋也搬回家去啊？"

"得了吧，我们也不要你们的木板，那些木板上都有女孩儿细菌！"本说。

女孩儿们一边走一边冲男孩儿伸舌头。"这是秘——密！"苏珊转过身嘲弄地说道。然后女孩儿们就消失在了一些小树的后面。

蒂姆站在空地上往树的另一边看。女孩儿们到底在干吗？看起来她们什么也没干啊！

午饭后，女孩儿们各自拿出了在树林里做的记录，爱丽丝拿出她画的图。早上在女孩儿来之前，阿曼达就已经数了一共有几块木板和每种木板有多长，这样做给大家节约了很多时间。

阿曼达的爸爸正在客厅里看电视。阿曼达问他能不能借他书房里的计算器用一下。"当然了，宝贝儿，别忘了用完之后放回原处。你们的树屋进行得怎么样？"

"很顺利，爸爸。"阿曼达答道。

就在这时，本走进厨房来吃妈妈留给他的三明治。三明治的边儿都开始变干了。"树屋？"本哼了一声，"她们什么也没干呢。她们把木头又搬回家了。"

其他几个女孩儿悄悄地走到一起，挡着本，不让他看见餐桌上的一堆笔记。爸爸的眉毛一挑，看着阿曼达问道："是吗，宝贝儿？"

"是的，爸爸，"她说，"就像我们计划的那样。"

爸爸朝她微微一笑："非常好，宝贝儿。我相信你们会盖一个很棒的树屋。"

本看了看爸爸，转过来看了看阿曼达，又转回去看看爸爸。"你们两个胡说什么呢？"他哼了一下，"我们男生们可是真的在盖树屋，绝对是最棒的树屋。你们女生什么都没盖呢。"他喝了一大口水，抓起剩下的三明治朝门口走去。"没时间跟你们这些女生在这儿站着闲聊，我们还要盖树屋呢。"

门在本身后一关上，阿曼达朝爸爸眨了眨眼睛，然后转过来冲着女孩儿们说道："我们也一样，开始干活儿吧！"

本走了之后，女孩儿们很快把图纸在餐桌上铺开。她们把工具和材料清单放在左边，把她们写的计划放在中间。阿曼达准备了一叠白纸准备用来做笔记。

"画得真好，爱丽丝！"阿曼达夸赞道，"看起来我们有足够的资料来开始做一个好的计划了。"

她指着材料清单。"我们有十根栏杆、六十块围栏栏板——如果我们想用的话，还有九根围栏的柱子。苏珊，你觉得这些木料怎么用最合适？"

苏珊向桌子边靠了靠，指着一张图说道："情况是这样的，没有多少树杈高度差不多的，而且这些树杈之间的距离都比围栏的栏板要大，所以我们得把围栏栏杆固定在地上，在树杈之间增加支撑点。我们把栏板钉在固定在地上的栏杆就可以了。我们有大概十二根栏杆。栏杆要支撑在每块栏板的中间的位置，因为这些栏板看起来很薄——这样的话大概要用三根栏杆。"

阿曼达想了想："好主意,苏珊。最好还是多用些木板加固以防万一。好,贝琪,你负责计算绳梯的长度进行得怎么样?"

贝琪指着另外一张图说道："如果我们按照一般家里楼梯每个踏步之间的距离来做绳梯的话,应该不难爬着绳梯上树。我们应该把绳梯固定在比平台更高的树杈上。这样看,我觉得我们需要大概八块木板来做踏步。围栏栏板太薄了,所以我们得用围栏的栏杆来做踏板。如果我们把一根栏杆切成六块,然后再从另一根栏杆上切两块下来就够了。下一步是在栏杆两端打洞用来穿绳子。绳梯也不能太重。"

阿曼达笑了。"做得好!我们来看看到现在我们需要用多少材料。"她开始在一张白纸上写:

需要用:

• 4根加上1/3根围栏杆

• 12块围栏栏板

剩下的材料：

- 5根加上2/3根围栏栏杆

- 48块围栏栏板

- 9根围栏柱子

阿曼达把铅笔放下，说道："嗯……很快我们就没有栏板用了，但是我们其他的木料盖一层的树屋又有富余——没准儿我们可以用围栏柱子。爱丽丝，你怎么想？"

爱丽丝仔细看了看图，摸了摸自己的下巴说道："我觉得不错——这样看起来我们能盖一个不错的平台，大到足够我们都能站下。不过我觉得我们应该不要让男生很容易就上来。绳梯最好能收上来，尤其是咱们不在的时候。我爸爸把家里的晾衣绳拆了，晾衣绳是固定在楼上和围栏之间的，不过爸爸还留着滑轮和铁丝。我回去问他我们能不能用。"她指着草图中间一根树杈说，"没准儿我们能把一个滑轮放这儿，就在绳梯正上面，不用绳梯的时候就可以用铁丝在这儿打个结，然后……"她拉长了声音，若有所思。

"然后怎么样?"阿曼达问。

"嗯,我是想我们得有两个滑轮。绳梯只需要一个滑轮,而且也不是所有的时候都要用。如果我们可以把两个滑轮的位置设计好的话,就能用来帮我们把东西搬上平台。"爱丽丝看了看其他女孩儿,想知道她们对这个主意有什么意见。

"太妙了!"贝琪笑着说,"这办法绝对能帮咱们省不少力气。阿曼达的爸爸真聪明,让咱们先花时间好好做计划。这样真干起来的时候就会容易多了,树屋也会盖得更快!"

"我们可以在铁丝的两端都装上钩子。这样我们就可以把东西系在一起,用钩子钩住绳子。"阿曼达补充道。

"做计划的感觉真是太好了!"苏珊表示同意。

"各位!"阿曼达说,"我们来庆祝一下吧!妈妈,我们能吃饼干吗?"她冲客厅那边喊道。

"没问题,宝贝儿——每人一块,吃完了要收拾干净。"妈妈回答道。

阿曼达打开了饼干筒，让每个女孩儿挑了一块饼干。她给每个人的杯子里倒了些牛奶，然后把牛奶放好。阿曼达举起了杯子说道："祝我们成功！"

其他三个女孩儿也举起了杯子。"为我们的树屋干杯。"她们一起应和着。

客厅里，阿曼达的爸爸手拿报纸，默默地笑了。

11

意外

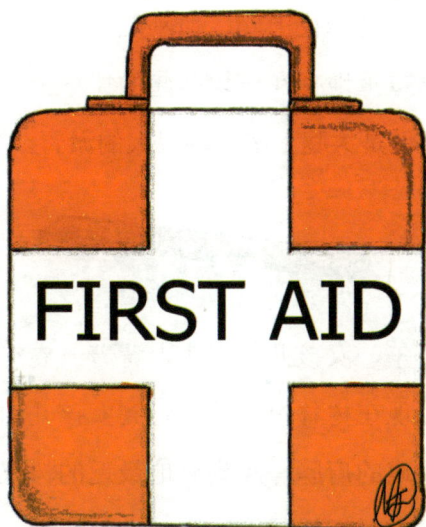

接下来的周六，男孩儿们把所有能用的时间都花在了盖树屋上。他们搬了不少木板过去，连敲带锯的，但是他们还没有绳梯。虽然现在不再担心女孩儿们会到他们的树屋上去，但是他们还是不知道怎么做绳梯。他们试过了好几次，可是每次绳子都散开了。詹姆斯把绳子系在树杈上让汤姆往上爬。他刚爬了一半绳子就突然松脱了。汤姆重重地摔在一块凸起的树根上。他还可以继续盖树屋，但是大腿上多了块很大的淤青。

这天下午，女孩儿们肩头上背着一卷绳子和一些很短的木板出现在树林里。她们走到女孩儿的这边，爱丽丝爬上了贝琪的肩膀，爬到离地最近的树杈上。她解开一根绳子，然后把绳子绕过头顶上的树杈，打了个结实的节。爱丽丝往旁边挪了一下，大概是一块短木板的距离，然后又把另外一根绳子也同样绕过树杈，打了结实的节。

阿曼达从地上的木板堆里拿起了一块木板，把绳子从木板上一边的洞里穿过去。她们来之前就在家用爸爸的电钻在木板的两头都打了洞。同样地，她把另一根绳子从木板的另一头的洞里穿了过去。

阿曼达使劲把木板推到她能推到的最高的地方，爱丽丝将木板下面的绳子紧紧地打了个结。阿曼达帮爱丽丝看着，她把木板的另外一头往上抬。"再高一点儿！"阿曼达冲爱丽丝喊道。爱丽丝抬高了一点儿，然后又打了个结。这样绳梯最上面的踏板就做好了，也足够水平。苏珊跳起来抓在木板上试了试，绳子和木板在一起拴得很结实。

贝琪帮着苏珊把下一块木板拴在绳子上，阿曼达往远处站了站，帮她们看高度和木板平不平。像第一块木板那样，爱丽丝把绳子打结，将木板拴住。苏珊和贝琪现在还达不到第二块踏板的高度。贝琪和苏珊把剩下的木板都穿上绳子，然后打结拴住木板，直到最后一步踏板比地面刚刚高一点儿。她们只用了大概二十分钟就做好了绳梯。

"干得漂亮！"阿曼达喊道，"贝琪，把秘密装置拿出来给爱丽丝，帮她装起来！"

贝琪把她的背包背上然后麻利地踩上绳梯，苏珊帮她把绳梯稳住。爱丽丝帮助贝琪跳到她自己站的树枝上。爱丽丝站在绳梯旁，贝琪走到距离爱丽丝大概两个胳膊长度的地方。她把自己的背包打开拿出了两个滑轮和两根短绳子。贝琪把一个滑轮和一根绳子递给了爱丽丝，她和爱丽丝一起把一个滑轮牢牢地固定在一根高树杈上，为了保险起见，又多打了几个绳结。贝琪又拉开她的背包，拿出来两卷包着塑料皮的铁丝。每一卷铁丝的两头都固定着一个被打磨过的铁钩。她把一卷铁丝递给了爱丽丝。她们找到了铁丝细的这一头，将它穿在滑轮的最上面，然后朝远离身体的方向绕下来。她们把铁丝细的一端朝向地面，保持有钩子的一端比她们的脚低一些，但是苏珊在地面上站着也能抓到。

"都装好了吗？"阿曼达问。

"装好啦！"爱丽丝回答道。

"都很结实。"贝琪说。

苏珊拉着从滑轮上垂下来的绳子,喊道:"准备好了!"

爱丽丝和贝琪先后从绳梯上爬了下来。苏珊把有钩子的两头拉下来,挂在了绳梯中间的踏板上,然后她轻轻地收紧了铁丝,这样所有的踏板就收到了一起。绳梯开始被往上拉起,她小心地拽着两根铁丝,直到绳梯升到她头顶的高度。

接下来,她小心地把铁丝收在一起,把它们系在另外一根小树枝上。苏珊找了一根她能抓到的最高的树杈。

"搞定!"苏珊宣布。

"该休息一会儿了!"阿曼达说道。四个女孩儿一起向阿曼达家走去。等她们的身影消失在树林里,四个男孩儿走到树这边,看看女孩儿们到底干了些什么。从那边他们基本上什么也看不清——更别说绳梯了。

这些女孩儿到底在干什么?

回到阿曼达家之后，女孩儿们喝了点儿水。阿曼达拿出铅笔，还有一张叠成四方形的纸。

"绳梯，完成！"她在计划上打了个钩。

"秘密装置，完成！"她在滑轮那一项也打了个钩。

"好了，再下来是第一步的三块栏板和十块围栏，第二步是栏板，第三步是围栏。现在，我们来看看工具。贝琪、爱丽丝，你们带锤子来了吗？"阿曼达问。

"带了！"贝琪答道。

"我也带了！"爱丽丝应和着。

"苏珊，带钉子了吗？"

"带了！"苏珊答道。

"绳子呢？"

"我带了。"爱丽丝笑着说。

"我还带了卷尺，后面会用到。"阿曼达说，"好了，我们可以出发了！"

女孩儿们把栏杆按长短分开，两人抬一根长的，一个人拿一根短的。她们穿过公园和树林来到树屋的时候，听见男孩儿们又争执起来了。

女孩儿们从空地绕到她们的这一边。苏珊伸手去抓铁丝把绳梯放下来，贝琪、阿曼达和爱丽丝把三块木板正面朝着树杈放了下来。当绳梯从铁丝钩上松开后，爱丽丝爬上了梯子。苏珊、阿曼达和贝琪把第一块木板的一头儿搭上树杈。她们把木板抬起来，然后向树杈上推去。爱丽丝在一旁帮她们看着，调整着位置。她们用同样的方法又往树上运了另外两块木板。三块木板都搬上树杈之后，贝琪也爬上了绳梯。四个女孩儿开始用钉子把木板固定在她们坐着的树杈上。然后她们小心地扶着头顶上的树杈走到木板的另一头，坐下来开始钉木板，她们用两根钉子固定一块木板。

"好了！"贝琪说。

两个女孩儿爬下了绳梯。苏珊把绳梯收起来，然后把铁丝又挂回了小树枝上。

女孩儿们走回了阿曼达家，十分钟之后她们又搬了些木板回到树林。每两个女孩儿一组，搬了六块围栏栏板，另外还多搬了一块。

苏珊又把绳梯放下来，其他的女孩儿用绳子把十三块木板拴在一起。等她们把木板都用绳子结实地捆好之后，爱丽丝和贝琪爬上绳梯，苏珊和阿曼达把钩子挂在绳结和木板之间。然后她们每人抓住铁丝的一端往下拉，这样木板就慢慢升到了贝琪和爱丽丝所站的树枝那里。等木板超过树杈的高度的时候，爱丽丝和贝琪抓住了木板把它们拖到之前搭好的栏杆上，然后把木板从绳子和铁丝上解下来。

她们一起把十二块木板平均地分布在所有的栏杆之间。苏珊和阿曼达轮流爬上绳梯站在平台上。苏珊打开她的背包拿出来一袋钉子。她和阿曼达把钉子一个一个递给爱丽丝和贝琪，她们把十二块木板钉固定在地上的栏杆上。很快，平台就完成了。因为阿曼达和苏珊一直帮着扶着栏杆保持垂直，木板之间的空隙都很小。等她们都完成之后，平台充分地用了围栏栏板的长度。

　　四个女孩儿站在平台上笑出了声儿来。贝琪看起来像是要兴奋地大叫，苏珊马上制止了她。"嘘！我们可不想让男生知道我们在干什么！"她小声地说道。

　　"我们可以开始第四步啦！"阿曼达说。她从背包里拿出了卷尺。像上次一样，爱丽丝坐下来开始画图——不过这回她是坐在树屋的平台上画了。贝琪和阿曼达开始测量的时候，苏珊把自己的身体吊在上一层的树杈上，看看它们有多结实。

　　树的另一边，男孩儿们也打算开始盖他们的第二层。他们把栏杆和围栏板乱七八糟地铺在树枝之间，看起来像迷宫似的。有些地方，他们只把一块或者两块木板钉在了树杈上，木板的另外一头刚好搭上两个树杈。他们在木板的两头多钉了不少钉子来确保木板能固定住。

　　汤姆、詹姆斯和本在树上，蒂姆在地上站着，把木板一块一块递上去。蒂姆能听见女孩儿们互相开始报数了，不过听起来并不清楚。

"她们又开始互相报数了。"蒂姆说。

"什么？"本嘶哑着嗓子问。

"我是说，女孩儿又开始互相报数了。"蒂姆回答道。

"这样吧，你去看看她们在干什么——看看她们是不是真在干活儿。"本哼唧着。

蒂姆绕到树的另一边，这样他能看见女孩儿这边。蒂姆能很清楚地听见女孩儿们的声音——但是看不见她们——唯一能看见的是绳梯。

蒂姆很快地走回男孩儿这边小声地对本说："我觉得她们在树上。"

"行，你再过去看看，"本嘟囔着，"看看她们到底在干什么。"

蒂姆走到划在地上的分界线旁边。他觉得有些紧张，仿佛他会被闪电或者什么东西劈着似的，蒂姆小心翼翼地迈过了分界线，把脚轻轻地放在地上。

"没有闪电，"他想，"至少今天没有。"

蒂姆尽量轻轻地走到绳梯旁往上看去。他看见的东西让他惊讶得下巴几乎都要掉下来了！他赶紧跑回男孩儿这边冲着本喊道："她们在树上呢，她们有个绳梯，她们已经盖起了个树屋，而且看起来挺好的也挺结实的！"他滔滔不绝地说着，都快喘不上气了。

"什么！？"本叫道，"不，不可能，她们不可能！女生都傻乎乎的，她们怎么可能悄悄地就超过我们了呢？"

本一边叫着，一边在一块薄木板上跺着脚跳着。他站的木板搭在距离比较大的树杈之间，而且只有不多的几块木板搭在树杈之间。他跺在两块木板的中间，突然那两块木板断开了。"啊啊啊啊啊！"本叫着，一下子掉了下来。他的一只脚绊在断了的木板中间，整个人翻了过来倒着摔到了地上。他掉下来的姿势很奇怪，蒂姆还听见了另一种断裂的声音。他往上看了看，想看看是不是又有一块木板断了。

"哇哇啊啊！"本尖叫着昏了过去。

蒂姆赶紧转到本掉下来的地方，只见他的左腿很奇怪地扭曲着。

"快来人帮忙啊，快来人啊，快来人啊！"蒂姆使劲地喊着。詹姆斯和汤姆赶紧从树上跳下来跑到本身边。本一动不动地躺在地上。女孩儿们也赶快从树上爬了下来，没人顾得上地上的分界线了，她们赶紧跑到男孩儿这边来。

"发生什么事儿了？怎么……"阿曼达刚一张嘴，就看见弟弟躺在地上。"这是怎么回事啊？"

"本掉下来了！"蒂姆带着哭音儿说，"他听说你们女孩儿突然就盖了一个很酷的树屋就特别生气，又叫又跳，结果木板就断了，他就掉下来了……"蒂姆上气不接下气地说，"他死了吗？"

爱丽丝蹲下来摸了一下本。他的皮肤已经变得很苍白，但是胸部还在上下起伏。"他没死，但是我们得赶紧找人帮忙——贝琪，你和苏珊赶紧去阿曼达家把她爸爸或者妈妈叫来。阿曼达和我在这儿跟男生一起看着本。"

"……本？"阿曼达浑身发抖，她跪在本旁边小声地叫着他。本昏昏沉沉地呻吟着，但是没有什么反应。

爱丽丝没有挪动本，但是四处检查着他的情况。"没有出血的情况——这是好事儿。"她想。她们还没有拿到自己的急救证书，不过学到的知识还用得上。本虽然看起来很苍白，但是呼吸似乎还正常，可能稍微有点儿快。她不知道这意味着什么，但是她希望本没什么事儿。

蒂姆、汤姆和詹姆斯看起来害怕得很。

"我们能帮什么忙吗？"詹姆斯问。

爱丽丝摇摇头，眼睛里充满了泪水。"我不知道，我不知道我们还能干什么。"她开始哭起来。几分钟之后，贝琪、苏珊和阿曼达的爸爸一起跑来了。

他很快地瞟了一眼树屋，然后看见了地上躺着的本和周围七个孩子。

他跪在本身边开始检查他的情况，轻轻地用手试探，看看除了明显的腿骨折以外，还有没有别的问题。他轻轻地摸了摸本的脸："嘿，小伙子，你能听见我说话吗？"

本呻吟着。

"我们要把你抬起来，不过我们会很小心的。"爸爸说道。他看了看树周围地上的那几块围栏栏板和锯子。"詹姆斯，你去拿一块围栏栏板过来。汤姆和蒂姆，你们其中的一个去把锯子拿过来。"

孩子们听见他这么说都要疯了。"不要锯本的腿！"阿曼达哀号着。

爸爸哭笑不得地摇着头。"不，我不是要锯本的腿。但是我需要什么东西来固定住他的腿，保证我们到医院之前他的腿不会乱动。我们得赶紧把他送到医院去，他看起来伤得很厉害。你们谁有绳子？"他朝孩子们看着。

"我们有。"贝琪说着打开了她的背包拿出两根短绳子，递给了阿曼达的爸爸。

"好极了，这样最好。小伙子们，我要你们把围栏栏板切到这么长。"他用两只手比画着，大概是本小腿的长度。蒂姆和汤姆把住了木板，詹姆斯开始锯。弄好之后他们把木板拿了过来。

"好，现在我需要你们来帮我。我需要两个人把本翻过来一点儿，然后扶住他，这样我能看见他的整条腿。然后我会很小心地把他的腿抬起来，这个时候你们其中的一个人要把木板放到他的腿下面，接下来要又快又小心地把两根绳子放在木板的下面。"他抬头看了一下孩子们。爱丽丝、詹姆斯和贝琪跪在本的身后。蒂姆和汤姆各自拿好绳子准备好。阿曼达手里拿着已经切短的木板。

"好，都准备好了？慢慢地、慢慢地把本翻到朝向你的这边，"阿曼达的爸爸指挥着，"抓住他这儿，这儿，还有这儿。爱丽丝、贝琪和詹姆斯你们轻轻地扶着本的肩膀，胳臂和没有受伤的腿，然后慢慢地把本翻到朝他们这边。"

"好，现在停下来固定在这个位置上。我现在要把他的腿抬起来——很小心地。"他爸爸非常轻地扶着本骨折部分的两边。本呻吟着，嘴里嘟囔着什么。"阿曼达，你准备好了吗？"他转过肩膀看了一下他的女儿。阿曼达看起来很紧张。

"准备好了，爸爸。"

"好，现在慢慢地把木板塞到他腿下面。"他指导着。阿曼达把木板塞到那个位置。爸爸很慢地把本的腿放到木板上，然后把木板抬起了一点点，足够把绳子放到木板下的距离。

"现在，把绳子从木板下面穿过去。"两个男孩儿照着做了。"现在把绳子的一半都拽过来。"

男孩儿们按照本的爸爸说的做了。

本的爸爸把木板放在两根绳子上，然后把身上的夹克脱下来，来回叠了几下。他把夹克放在本的腿上，小心地不去碰骨折的地方。接下来他把绳子系在夹克上，不是很紧但是能固定住腿。本还是在呻吟着，他的眼皮抖动着。他看起来还是很苍白。

把本的腿固定好之后，本的爸爸跟孩子们说："好了，现在他的腿固定住了，就可以把他抬到我车上去了。但是我需要有人帮我，以便穿过树林的时候不要让树枝打到他的腿。我背着本出去的时候，孩子们你们能帮我把树枝推开吗？"

孩子们都点了点头。

　　本的爸爸小心地把他的左手放到本的腿下面，用右手抱住本的肩膀。他慢慢地站起来。"你现在变重了，小伙子。"他说道。本嘴里嘟囔着什么，不过他的眼睛还是闭着的。

　　孩子们走在前面，看见有树枝挡在路上，就把树枝推开，直到本的爸爸过去，然后再跑到前面去推开挡路的树枝。他们很快就走出了树林到了公园。本的爸爸可以走得稍微快一点儿了。孩子们在后面紧跟着。他们朝着本家里走过去，直奔车库。

　　"阿曼达，把车钥匙从我左边兜里拿出来，然后把后车门打开。"阿曼达从爸爸兜里拿出车钥匙，用遥控器开了车，打开了靠近本这边的后车门。"现在你到另外一边去开开后车门，然后进到车里。我需要你帮助我把本放在后座上，但是尽量不要让他撞到任何东西。"

　　阿曼达转到车的另一边打开了后车门。她坐在靠她这边的座位上，把手朝爸爸那边递过去。爸爸先把本的头送进了车里，阿曼达帮助他把本挪到靠近她的这边，抬着本的头和肩膀，这样让他躺在后座上。爸爸调整了一下本的姿势让他能觉得更舒服些，然后关上了车门。

本的头靠在阿曼达的腿上，她小心地用手理了理他的头发。爸爸绕到阿曼达这边也关上了车门。"系好安全带，宝贝儿。"他说。阿曼达自己系好了安全带。

其他的孩子都站在车旁边，他们看起来都很焦虑。本的爸爸打开驾驶座这边的车门，在上车前看了看孩子们说道："本会没事儿的。看起来他只是腿骨折了，但是我们要尽快送他去医院，这样大夫可以好好检查一下。"他停了一下，"我对你们今天给我的帮助感到很骄傲，不过等我们从医院回家之后，我需要和你们的家长讨论一下树屋的事情。"

孩子们的脸都耷拉下来了，刚才的焦虑变成了紧张。"他要跟家长说……"坐在后座上的阿曼达的心里乱成了一团麻。"树屋这就不能盖了，"她想着，"我们才刚刚开始。"她低头看躺在后座上的本，他的头躺在自己的腿上。阿曼达突然觉得自己很自私和自责。要不是因为我也想盖个树屋，本也不会把腿摔折。

爸爸启动了汽车，从自家车道上倒了出来。他们上了主路然后朝医院开去。

　　其他孩子看着车消失在街道拐角，他们都希望本会没事儿。爱丽丝跟苏珊抱了一下。贝琪往前迈了一步，很快地抱了一下詹姆斯小声说："你很勇敢！"然后退了回来。蒂姆和汤姆往树林方向看了看，一起说道："我们得去把工具都取回来。"

　　孩子们慢慢地朝公园的方向走去。

12

安全检查

　　第二天本从医院回来了。他在后座上把身子侧着扭过来，但还是需要一些帮助才能从车里出来。他的左腿上打着石膏，从脚趾一直到膝盖上面。阿曼达从车上下来走到他这边，帮他拿着一副拐杖。妈妈扶着本帮他从车里出来，然后架着拐站稳。

　　他们往大门走的时候，苏珊、爱丽丝、蒂姆和汤姆见他们到家了，也都往这边走来。今天没有人去树屋那儿干活——仿佛树屋被什么诅咒了似的。

　　"你没事儿吧，本？"蒂姆问。

　　"我觉得还可以。就是石膏特别重。大夫说我要一直裹六周，而且有三周我不能去上学。"

　　"那也还不算太糟糕，你可以看电视或者打游戏什么的。"汤姆出主意。

"是啊，不过我妈说我还得在家做作业。"本伤心地看着他们，"但是，但是，最糟糕的是，我爸说大夫把石膏取下来之后的至少两周之内我都不能爬树。"

蒂姆和汤姆互相看了看。这样的话，两个月都不能盖树屋了。

"可怜的本。"苏珊嘟囔着。

本原来想瞪苏珊一眼，可是他太累了，而且腿也疼。他最后也就做了个小鬼脸儿。

"本得进屋去休息了。"妈妈说，"你们先去玩儿吧，明天放学以后可以过来看他。"

"好的，琼斯夫人。"爱丽丝答道。

本的爸爸严肃地看着孩子们："今天早上我给你们的家长都打电话了。我们都同意谁都不许去树屋那边，直到我们完成安全检查。"

"可是，可是……"汤姆刚一张嘴，就被本的爸爸打断了。

"没有什么商量的。我们不想再发生骨折或者更糟糕的情况。"他摇了摇头,坚定地说。

孩子们垂头丧气地朝公园那边走去。

这周剩下的几天,孩子们在上学和放学的路上都有意绕开了树林那边,但是路过的时候还是往里面望一下,希望能看见一点儿大树的影子。树林看起来变得越来越黑,越来越让人害怕了。

周六的早上,所有的孩子和他们的家长都到本家里来了。几个家长带来了工具——锤子和撬棍。他们看起来好像是要去抓怪兽的小分队,就差背着干草叉子了。等着本的爸爸出来的时候,孩子们都不自在地来回换着脚站着。"没准儿那棵大树真的是个怪兽——它把本的腿都弄折了。"汤姆心里想着。

本的爸爸从车库走出来,他腰上系着能插工具的皮带,一些工具从几个小袋子里露了出来。"来吧,我们看看去,得确定那棵树对咱们的孩子来说是安全的。"

家长们一起穿过马路往公园那边走去，孩子们跟在后面。突然他们害怕起来了——是害怕那棵树，还是害怕他们的家长会做什么决定呢？

"我不想去。"詹姆斯小声说。

贝琪轻轻地拉着他的手捏了捏："我们一起去。"贝琪本来要把手放开的，但是詹姆斯继续握着她的手。"他也许是真的害怕了。"她想，"本把腿摔折的时候真是挺吓人的。"

蒂姆和汤姆跟在贝琪和詹姆斯的后面也走进了树林。詹姆斯似乎有了一点点信心。

能看见那棵大树了，大树的树冠在其他的树冠之上。站在树影斑驳的空地上，孩子们心里的阴云似乎烟消云散了，他们一点儿也不觉得害怕了。

家长们开始分头检查大树和树屋。一些家长在男孩儿这边的树屋，另外一些家长在检查女孩儿的树屋。女孩儿们也跟着，但是站在家长的后面，保持着一定的距离。贝琪的爸爸看了看平台，然后又看了看吊在最低的树枝上的绳梯。他用手抓住绳梯，然后把全身的重量都压在绳梯上。他往后退了几步，走到女孩儿这边问道：
"这绳梯是你们自己做的吗？"说话的时候他的眉毛还
挑了挑。

苏珊向前一步说道："是，叔叔，是我们做的。"

"这个绳梯没问题。你们干得很好，你们挑的树枝
也很结实。"他笑着说，"在我这儿通过了。"

家长们又走到男孩儿这边。蒂姆、汤姆和詹姆斯
站在那儿，这几个孩子听着一下一下锤子敲击的声音，
嘴唇发抖，使劲不让眼泪流出来。地上堆的木板越来越
多，都是从树屋上拆下来的。

"这些，这儿，支撑不够——这些树杈之间的距离
太远了。"阿曼达的爸爸指着说。钉子被撬棍从木板和
树杈里拔出来的时候发出刺耳的声音。詹姆斯的妈妈和
爸爸从树上把一些木板拆下来。他们从钉子尖这边把钉
子从木板里敲出来，再把钉子拔出来，然后把木板堆在
一起。拆下来的钉子在他们脚下堆成一堆，估计一会儿
再收起来。

一个小时以后，男孩儿们所谓盛极一时的树屋只剩

下零星的一些木板还搭在比较靠近的树杈之间。曾经是他们的终极树屋的一大半木板现在都堆在地上，旁边是一大堆变弯了的，不能再用的钉子。

"都好了，剩下的部分还可以留在上面。"阿曼达的爸爸说道。他转过去看着三个男孩儿："你们的树屋支撑不够，要不是我们检查一下，还会有更多类似本的事故发生。"他的脸沉了下来，"这就是为什么我们要把这些木板拆下来的原因。它们都很危险。我们会把这些木板留在这里给你们以后重新盖树屋用，不过这一次你们只能在距离近的树杈之间搭木板，或者用更长一些的木板做交叉支撑。"

"还盖什么啊？"詹姆斯再也忍不住了，他叫着，眼泪在脸上哗哗地流下来，他穿过树林往家跑去。

蒂姆和汤姆看着地上这一大堆的木板，又互相看了看。他们的肩膀佝偻着。这一下子突然有一大堆工作要从头做了，特别是现在本也不能帮忙。

其他的家长把工具都收拾好，詹姆斯的爸爸把弯钉子都捡了起来，他又在地上仔细地看了一遍，捡起来几个亮闪闪的钉子，放进了自己的口袋。其他家长和孩子们都离开空地往回走了，只有阿曼达和她的爸爸留了下来。"咱们再去看看你们的树屋。"

阿曼达突然紧张起来。贝琪的爸爸已经说她们的树屋没事儿了——但是为什么我爸爸要再去看看？她怀疑地看着爸爸手里还拿着的锤子。

他们穿过了男孩儿和女孩儿的分界线。分界线基本上看不出来了，被大家来回走的脚印模糊掉了。爸爸走到树屋下面，敲敲这儿，拉拉那儿，还在几个地方轻轻地拿锤子敲了敲。每次他把锤子举起来的时候，阿曼达的心都要跳出来了。

"嗯，不错嘛，确实不错。"爸爸很满意，"我觉得能支撑两个大人都没有问题，没准儿三个也行。不过我觉得你可能得把滑轮上这几个金属的钩子换成别的什么东西。"他转过来问阿曼达："你觉得你们是怎么做到刚开始干就把树屋盖得这么好的？"

阿曼达看了看树屋，转过来又看着爸爸。她不太确定，不过觉得爸爸好像是在对她进行考试似的。"嗯，我们先量了树杈之间的距离，还量了木板的长度。我们在家的时候就把木板的数量都数好，然后……"她停顿了一下，"实际上，爸爸，我觉得我们就是按照你教我们的方法做的。我们先想好了我们想盖什么，然后搞清楚我们能用手里的材料干些什么，之后我们开始了设计，最后我们按照计划盖的树屋。"

爸爸满脸笑容地说："也就是说你们是先做计划后盖的树屋。做得很好！"他转过去指着树的远处，男孩儿们的那一堆拆下来堆在地上的木板从这边看得很清楚。"你觉得如果不做计划会发生什么呢？"

阿曼达看着男孩儿那边，突然为他们感到有些伤心。"你就得重新开始？"她小声地说。

"不只是这个——有些人还会受伤——就像你弟弟。在我工作的行业，如果人们不做计划而导致犯错误，有的时候会有人受重伤甚至导致死亡。"

阿曼达想起来了，去年她在报纸上读到的，有个爸爸认识的人因为新建的房子的墙倒塌而受了重伤。爸爸当时很生气，起因就是某个人犯了个错误。

　　"好了，现在木已成舟。本还算幸运的，只是腿骨折，现在男孩儿那边算是安全了。你们女孩儿盖的这部分没问题——继续你们的计划、继续盖树屋，不过要一直记住，保证其他的地方都要足够的支撑，就像你们盖的这个平台一样。"他用手掌拍了一下平台的边缘，"谁知道呢，没准儿有一天你会像你爸爸一样成为一个建筑师。"

　　阿曼达和爸爸一起，转身往家走去。

13

女孩儿做主

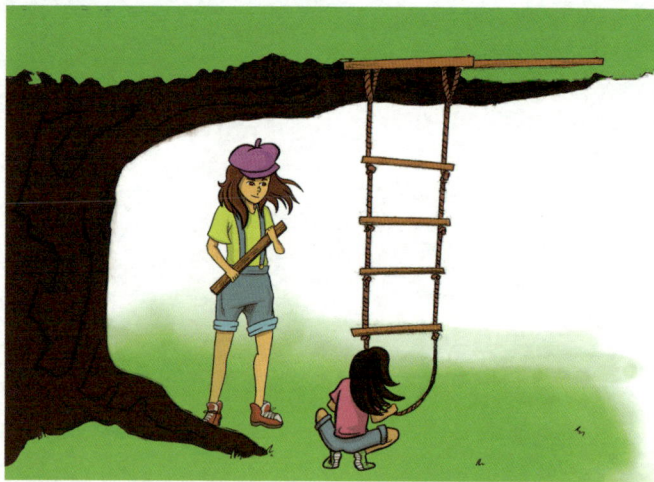

好几天过去了，詹姆斯还是很生气，也没有到树屋那里去干活。前几天，在学校课间休息的时候贝琪还来找过詹姆斯，问他是不是没事儿。詹姆斯嘴里一边说着"啊，没事儿"，一边用眼睛盯着地，用左脚的脚尖撵着地上的小石子儿。

"你难道不想把树屋盖完吗？"贝琪语气温和地问他。

詹姆斯鼻子哼了一声："那是什么树屋啊，都被拆坏了。有什么理由还要继续盖呢。"

"但是你们可以重新开始啊……"贝琪建议道。

詹姆斯的手在空中挥了挥："本来是个杰作的，现在都被家长们给毁了。我们都不知道再从哪儿开始了。有什么必要还要盖？"他转身离开了贝琪，一边走一边摇着头。

接下来的周五，女孩儿们继续有条不紊地完成她们的树屋，测量、画图，然后做笔记，之后回到阿曼达家搬运接下来需要的木头。现在她们的树屋已经有三层了，第二层和第三层比第一层小一些，在第一层的两边高一些的树杈间。

女孩儿们本来打算研究一下她们是不是需要在每层之间加木头梯子，以及怎么样在平台上装栏杆，这时她们听见两个男孩儿在树的另外一边说话。家长们的安全检查之后，蒂姆和汤姆每天都来树屋这里干活儿，但是因为只有他们两个人，所以他们的进度很慢。地上的那堆木头还是很多。

本一直在家里休息养腿伤。阿曼达每天把家庭作业从学校帮他带回来。本说他希望过大概一个多星期就能拄拐回到学校，不过这还要看腿伤的情况才能确定。这也意味着本很长时间都不会被允许去树林，以防他的腿磕碰到树上或者被树根绊倒。还在医院的时候医生就一再强调这一点，妈妈也坚决同意医生的意见。"夏天之前绝对不能去树屋。"

本伸着下巴仰着头恳求妈妈："啊，妈妈！"但妈妈还是摇了摇头："对不起，本，不行。这太危险了。医生说了，如果你再把腿摔断，你的腿就会变短，这样你以后就跛脚了。"本只能叹着气闭上了眼睛。

女孩儿们下午的工作差不多要完成了，眼看要到晚饭的时间了。她们往家走的时候没有绕着分界线，而是直接穿过了空地到了蒂姆和汤姆这边。安全检查的时候地上那条划分男孩儿和女孩儿边界的线已经被大大小小的脚印踩踏得一片模糊，几乎看不出来了。谁也没心思再重新划一条新的界线。

"干得怎么样了？"苏珊一边问着，一边朝男孩儿仅存的树屋瞄了一眼。自从上次的事故和家长的安全检查之后，女孩儿都为男孩儿们感到有些遗憾。

汤姆嘟囔着："慢着呢。真的很难在树这边找到相互之间距离足够近的树杈。"他拿起一块栏板搭在两根树杈上。栏板的两头仅超过树杈一点点，跟把本的腿摔断的那块木板的情况一样。他耸了耸肩把木板抽了下来。"你明白我说的意思了吧？"

"我觉得你应该能找到更适合的树杈的。"爱丽斯虽然给他鼓劲儿，但是她自己看起来都有些怀疑。仔细观察一下就能发现，这边的树杈相互之间距离真的都比较远。也许跟朝向、阳光或者别的什么因素有关系，她也不太确定。

"你们现在回家吃晚饭吗？"阿曼达问。

"差不多马上就结束了。"蒂姆说道，"再钉一颗钉子。"他拿锤子敲着一个钉子，可时不时锤子就敲空了。看起来他也并不是全心全意地在干。

"那明天学校见。"贝琪说着，把自己的领子抻了抻，和女孩儿们一起走出了树林。开始起风了。她们走到公园的草地上的时候，阿曼达回头向那棵大树的方向看了看，大树已经被一排小树挡住了。她也拉了拉领口，一阵强风把她的头发吹到了脸上。阿曼达把头发用手梳到后面，她看见树顶都被风吹得弯了下来，似乎在慢慢地挥手说着再见。女孩儿们很快走过了公园，穿过马路，她们使劲把夹克衫往身上裹了裹。

阿曼达到家的时候，妈妈正打开门往公园的方向看那些被风吹动的树枝。"天气预报说这个周末有暴风雨，看来离咱们这儿不远了。"

阿曼达从妈妈身边走过，脱掉了夹克衫。她哆嗦了一下，脱了靴子去楼上洗手，准备吃晚饭。外面，风刮得更猛了，整个房子都发出了低沉的呻吟声。

14

暴风雨

　　"看来这场暴风雨小不了！"周六早上的时候，阿曼达的爸爸说道。已经是上午十点了，但是外面还是很黑，大风吹在窗户框上发出呜呜的嚎叫声。"我们只要待在屋里就没问题，不过，还是应该把蜡烛和打火机找出来，以防停电。"阿曼达朝走廊的柜橱走去，家里应急的东西都放在那儿。她拿出了两个塑料盒子放在厨房的桌子上。

　　电视里的天气预报正在说这是从沿海进入内陆的一个非常强大的低气压系统。这是两天前飓风在内陆登陆后已经减弱下来形成的天气。预报说这股气流仍然有很强的能量，预计在阿曼达住的城市和附近地区会有强风和大量的降雨。阿曼达和爸爸妈妈一起到院子里，把零星的东西都搬到车库里去了。车在车库里停着很安全，他们甚至把玻璃台面的户外桌子也搬进了车库。"这桌子好重啊！"阿曼达说。爸爸妈妈把桌子从车库侧门搬进去的时候，阿曼达觉得风能把桌子刮动有点不可思议。

"如果你知道强风能造成什么后果，你会非常惊讶的。"爸爸说道，"如果风足够强，连房子都可以掀起来！"

阿曼达抬头看了下家里的房子，两层高的房子外墙是木板的。房子看起来很结实，很难想象能被风刮起来。"就像《绿野仙踪》里似的。"她想。

"别担心，宝贝儿，得特别特别强的风才能把咱们家的房子弄坏。不过院子里散放的东西有可能被吹起来砸坏其他东西，以防万一，所以我们要把它们都收起来。"爸爸笑着说。

她帮爸爸妈妈把最后一些东西从院子里搬进屋来，包括一些玩具和一个足球。他们关上了门，进屋喝了些热巧克力。本这个时候正坐在沙发上一边看动画片一边在妈妈的平板电脑上玩儿游戏。他的左脚放在一个小脚凳上。"你怎么样，儿子？"爸爸问。

"嗯……"本喃喃自语。在家里待着想看多久电视

158

就看多久电视的新鲜劲儿开始过去了。

爸爸拍拍他的头问道："本，你要不要热巧克力？"

"帮我来一杯吧，爸爸。"

厨房里传来了水壶的哨子声。水开了，阿曼达和妈妈在做热巧克力，在每个杯子里加奶和棉花糖。她们把杯子端进客厅陪着本一起坐着，大家一起喝着热乎乎的巧克力。

本有些走神儿。他盯着窗户外面，看着狂风抽打着公园那边的树顶。"我希望我们的树屋没事儿。"他嘟囔着。

那天晚上，本和阿曼达很久都没有睡着。风刮得更厉害了，外面狂风呼啸的声音很大，他们也能听见社区里树的枝杈被风吹得打在房子围墙上发出的砰砰的声音。偶尔轰隆的一声，让他俩要从床上跳起来了。本终于慢慢地沉入了不安稳的梦乡，他梦见好几棵树在树林里追他，树枝在空中挥舞着互相交织在一起。

阿曼达醒的时候，一缕阳光从窗帘的缝隙中照了进来。她下了床，揉了揉眼睛把窗帘拉到了一边。只见院子里的地上有很多被风刮断的树枝，邻居家的围栏有些也坏了。"幸亏我们把东西都搬进屋里了。"她想，"不过至少没有谁家的房子被刮走！"

阿曼达的卧室在房子的背面，所以她要去客厅那儿才能看见公园。本已经在厨房吃早饭了，他的拐杖靠在椅子边上。

阿曼达走到客厅窗户旁，往公园的方向看去。公园地上也有很多断了的树枝，几棵树几乎被连根拔了起来。估计树林里也有树被吹倒了。

树屋！她突然紧张起来。"妈妈，我们要到树屋那里去，看看有什么问题。"

妈妈正坐在餐桌旁往吐司上抹黄油。"现在还不能去，宝贝儿。先吃早饭，再说你还没换衣服呢。"她把一块吐司放下，喝了一口咖啡。"另外，你爸爸想再去做一次检查。一些树昨天被吹倒了，他想确定一下你们用来盖树屋的那棵是不是安全。"

检查！阿曼达开始担心起来。要是暴风雨把那棵树或者她们的树屋破坏了，家长决定把树屋拆了可怎么办啊？她突然一点儿也不觉得饿了，可是妈妈还在看着她呢，所以她只好在桌子旁坐下，给自己碗里倒了些麦圈开始吃起来。

一小时之后（但是感觉已经过了很长时间），阿曼达穿上靴子和爸爸一起去检查树的情况。她问爸爸能不能给其他的几个小孩儿打电话，看他们是不是愿意一起去，而这时候他们都已经在外面集合好了，等着阿曼达和她的爸爸。詹姆斯也来了，他们一起穿过公园，跨过地上小的树枝，碰到落在地上的大树杈，他们只能绕着走了。

几棵被风连根拔起的小树倒在地上，挡住了平时去树屋的路，他们都要绕道而行。绕过了更多地上断了的树枝，他们总算到了那棵大树跟前。蒂姆和汤姆看见大树的状况都一起倒吸了一口气。

"噢……不！！！"

一棵中等大小的树从贴近地面的部位断了，倒在了大树的树杈上。大树本身看起来好像没怎么被破坏，但是男孩儿们的树屋就是另外一回事儿了。倒下来的那棵树正好砸在主平台上。

"我那天才把木头都钉好！"蒂姆带着哭声叫道。

"都被破坏了，所有的都坏了！"汤姆也哭了起来。

詹姆斯什么也没说，只是直勾勾地看着眼前的一片狼藉。

"好了孩子们，我们一会儿再回来看。现在我们先去看看女生那边。"阿曼达的爸爸说道。

阿曼达很怕过去看。他们往树的另一边走的时候她把眼睛眯起来，只看着脚下，好让自己不被树根绊倒。

"哦！"爸爸发出了惊叹声。

贝琪拽着阿曼达的胳膊："快看！"

"我不想看！"阿曼达小声说道，"没事儿吧？"

"你自己看。"爱丽丝说。

阿曼达睁开了眼睛朝上看去。

除了地上一些散乱的小树枝，女孩儿们这边的树屋一点儿也没被破坏。爸爸已经上到平台上开始检查了。"没有松动的木板，我也没有看见断裂的树杈。看起来你们女孩儿很幸运啊，在树的这边盖的树屋。"

"好吧，现在让我们回到另外一边再仔细看看。"阿曼达的爸爸说道。他们慢慢地走到男孩儿这边。上个星期拆下来的一堆木头还在地上，也没有断的树枝倒在上面，但是剩下的树屋都被砸乱了。除了几个小地方，这棵树已经把大部分的木板都撕碎了。"我们得把断了的木板拆下来，摇晃的木板要用钉子钉好确保安全，其他的就只能先这样了。不知道市政服务机构什么时候能抽出时间来清理倒掉的树。昨天有很多树都被吹断了，有些还倒在了房子上。"

他看了看孩子们的脸，他们在他面前站成了一个半圆。"现在谁都不能在这边继续盖树屋，你们明白吗？太危险了。"

男孩儿们看起来很受伤。"再也没有树屋了……"詹姆斯打破了沉寂。

"所有咱们干的活儿啊！"蒂姆叫道。

"……都白费了！"汤姆跟着加上了一句。

"谁去告诉本？"詹姆斯问。他转过去看着阿曼达。

阿曼达看着詹姆斯："我不想去跟他说，他肯定觉得我在撒谎，还会觉得我很刻薄。"

阿曼达的爸爸把手放在她的肩头叹了一口气："我去跟本说吧。"

爱丽丝看起来若有所思，她说道："你们还算幸运的，上次家长们把树屋拆了一部分。"六个孩子转过去看着她，以为她在说胡话。"我的意思是，如果家长们没做安全检查拆下来一些木板的话，所有的那些木板都会被昨天的暴风雨毁了。现在你们男孩儿的大部分木板都还好好的。"她指了指地上的一堆木板。

詹姆斯看了看地上的一堆木板，一点儿都没有被倒下来的树砸到，他又看了看女孩儿的树屋。"有没有可能……就只是个可能。"他想。

他们穿过树林往公园方向走的时候，詹姆斯轻轻戳了一下蒂姆和汤姆的肩膀。"我有个主意。"他小声说道，"一会儿你们到我家来。"蒂姆和汤姆两个人同时挑了挑眉毛。"真是奇怪。他想干吗？"蒂姆有些疑惑。

15

没有钉子了！

本完全没有准备听见坏消息。他坚持说每个人都在撒谎——包括他的爸爸。更糟的是，他还不能自己亲自去树林里看。"你们太坏了！我恨你们！"本拄着拐杖，一瘸一拐地走回自己的卧室，然后把门摔上了。他把自己的小音响开开，从本的屋子传出来很吵的音乐声。

阿曼达拿出了她们的树屋计划和图纸，在餐桌上铺开。还有些栏杆的细节需要搞清楚，再有就是她们需不需要在每层之间加绳梯或者木头梯子。她嘴里横着叼着一支铅笔沉思起来，这个时候门铃响了。

阿曼达走下台阶从门镜里往外看。蒂姆、汤姆和詹姆斯站在门外。

"本现在心情很差，他觉得我们都跟他撒谎说树屋的事儿。"阿曼达说，"我觉得他现在不想有人找他。"

詹姆斯往前走了一步。"嗯……我们现在不是来找本的。实际上，我们想……嗯……跟……你说点儿事儿。"

"还包括其他几个女孩儿。"蒂姆加了一句。

"我们有个想法。"汤姆终于把话说完整了。

阿曼达扬了扬眉毛，说道："哦，是吗？那你们先进来吧，我给其他女孩儿打电话。把鞋脱了，妈妈说大家都要脱鞋才能进来。"

四个孩子上了楼梯，进了厨房。蒂姆注意到餐桌上的几张纸，就想走近了看看。"嗯，嗯，"阿曼达拦住了他，"这是女孩儿的东西。你们男孩儿到客厅去坐吧。我给贝琪、爱丽丝和苏珊打电话，看她们现在能不能过来。"

阿曼达去厨房打电话的时候，男孩儿们走到客厅坐在沙发上。

十五分钟后，所有七个孩子都在客厅集合了。本还是闷闷不乐地在自己屋里待着，而且把音乐开得很响。

"好吧，你们的想法是什么，跟我们有什么关系？"阿曼达问，不过她实际上有点儿知道男孩儿们要什么。

詹姆斯看起来有些别扭。"嗯，实际上，你看……"

阿曼达开始不耐烦了："你要说什么？"

詹姆斯一下子就都说出来了："我们——想——和——你们——一起——盖——树——屋，求——你——了？"

四个女孩儿看起来都有些惊讶。

"但是我们已经有自己的树屋了。"苏珊说。她有些不以为意地看着自己的弟弟："不过你们没有。"

贝琪瞪了苏珊一眼。就因为詹姆斯是苏珊的弟弟，苏珊才把话说得那么不留情面。"为什么你们想跟我们一起盖树屋？"

"因为……"蒂姆抬起头，"你们看起来知道你们想干什么，而且你们做得很好。"

汤姆拿胳膊肘碰了蒂姆的肋骨一下，还给他个警告的眼神——你在夸女生？

汤姆补充道："还因为我们没法在我们那边干了——而你们的是唯一幸存下来的。""而且也没有别的树可以用来建树屋了。"蒂姆也加了一句。

阿曼达往后靠了一下，两个胳膊交叉在胸前。她也可以像苏珊那样挖苦一下男孩儿们，不过她另有主意。"那得看情况了。"

"看什么情况？"詹姆斯充满希望地看着她问道。

阿曼达身子又往前挪了挪，看起来很严肃地说道："如果你想跟我们一起盖树屋，你们就得付出点儿什么。我们女孩儿……"她把身子往后一靠，淡淡地笑了一下。

蒂姆和汤姆交换了一下眼神。他们不太喜欢女孩儿说话的口气。

"而且你们的木头都要给我们用。"爱丽丝加了一句。

"……嗯，我们要给你们什么东西呢？"

"你会知道的。不过不是钱。你们到底想不想跟我们一起盖树屋？"

"我们当然想！"蒂姆答道。

汤姆看了他弟弟一眼："是，我觉得我们想。"

詹姆斯感激地说道："是，带我们一起盖吧。"

阿曼达朝其他女生看了看，她们都慢慢地点头回应。阿曼达转回来对男生说道："那这样吧，我们可以开始了，夏天也不远了。不过先说最重要的事儿，你们是给我们帮忙的。我们会一起盖树屋——我们七个，不过你们男孩儿要听我指挥。"

男孩儿们很快地互相看了看。"哦，不！不会又是另一个本吧……"汤姆想。阿曼达带着他们走到餐桌边，整理了一下笔记。男孩儿们慢慢地跟了进来，七个孩子都坐到了桌子旁边。

实际上"听阿曼达指挥"跟本的指手画脚完全不是一回事儿。她给男孩儿解释了爸爸教给她的：思考——计划——实施——完成（女孩儿们还做了改进），首先要筹划，然后考虑计划想干什么、具体如何去干和保证你按照计划去做。其他女孩儿又说了些她们怎么在阿曼达爸爸的想法上改进的细节。

"我们还继续在计划和实施中，不过每次都只做一小部分。"她解释着，"我们计划每一部分的树屋，画下来我们的想法，然后大家讨论，一起去测量。我们只把每一部分需要的木头和工具带过去。这样我们很快就能完成那一小部分的任务。"

蒂姆点点头。他喜欢这个想法。他本来想试着画个设计图的，结果其他男孩儿都觉得他傻。"现在看看到底谁傻。"他心想。

汤姆皱起了眉头，詹姆斯抓了抓自己的脑袋，努力地想跟上。"你会明白的，专心听，还有就是看我们是怎么做的。"贝琪拍了拍詹姆斯的肩膀，鼓励地对他说道，"另外，你们可能也有些好的想法吧，我们现在有些停滞在怎么做平台的栏杆上了……"

下一个周六，七个树屋建造者们聚集在公园旁边，他们有些扛着木板，另一些人拿着工具。不过他们都同意了这周的计划和怎么盖下一部分的树屋——栏杆的做法也讨论好了。现在他们有更多的木头可以用了，也有更多的机会盖他们想要的东西了。

"哦，糟了，我忘带钉子了。"詹姆斯说道，"我现在就跑回去取。"女孩儿的钉子快不够用了——她们只有大概二十个了。詹姆斯答应拿更多的钉子来，也算是和平协议的一部分。他往自己家跑去。

詹姆斯到家后，直接去了车库。他看见他爸爸正在收拾工作台上的工具，柜子的门是打开的。詹姆斯一下停住了。"我决定我现在最好开始我春天的计划，要不天气就太热了。"詹姆斯的爸爸说道。他坐在高凳上看着詹姆斯。

"不过我发现我开始不了了，你知道为什么吗？"

詹姆斯正盯着敞开的橱柜——那里只剩一包钉子躺

在中间的架子上。他强迫自己看着爸爸那不高兴的眼光答道："嗯，我不知道……"

"我想你应该清楚。你知道吗，我和其他家长把你们的树屋拆掉一部分的时候，我还想你们用的钉子还真不错。我当时还想哪个家长那么好心让你们拿那么好的钉子盖树屋。"

詹姆斯不自在地拧了拧身子。

"你想想我今天有多惊讶，我把我的工具都准备好了，打算周末开始做我的计划，结果发现没有钉子了！"他生气地看着詹姆斯，"你能给我解释一下你们的钉子是哪儿来的吗？"

詹姆斯费劲地咽了下唾沫，说："嗯，是这样的，我，嗯……算我借的行吗？"

詹姆斯的爸爸把手砸在工具台上，说："借！詹姆斯，我很失望。如果你要是问我，我可能会给你一两包钉子用来盖树屋，或者买一些给你们用的。但是你没问就直接拿了，现在我浪费了一个早上的时间，因为我还要去买钉子才能开始我的活儿。更别提这些都不是什么便宜的钉子。"

詹姆斯突然觉得很不安。"那么，嗯，我是不是不能再要点儿钉子了？"

"不，不行。你不够诚实，你得付出点儿代价才行。多浪费啊——我们把好多弯了的钉子从树屋上拆下来，都只能扔了。"他摇摇头，"你和你的朋友得想办法从别的地方弄钉子了。我现在要去商店——我想我以后得把柜子锁上了。我对你很失望。"

詹姆斯跌跌撞撞地跑出车库，空着手回到了公园。"发生什么事儿了？钉子呢？"阿曼达问。

詹姆斯耸耸肩，把刚才发生的事情说了一遍。"你偷了钉子？"贝琪惊讶地问。她转过头去背对着詹姆斯对其他人说道："我们其他人都是问家长了的，都是家长同意了的。"

詹姆斯垂头丧气地站在那儿。

阿曼达从兜里拿出一小卷纸。她看了一会儿，然后宣布："这样，我们还是可以马上接着干的。同时呢……"她转过来看了詹姆斯一眼，"你得想办法怎么能弄到钉子，不过必须要得到家长的同意。"

他们一起向公园边缘走去，走进了树林。詹姆斯吸了吸鼻子。

孩子们把材料放在了女孩儿树屋这边的树下，蒂姆、汤姆和爱丽丝去男孩儿那边的木料堆找了些尺寸适合的木板，以便接下来盖树屋用。詹姆斯站在那儿发呆，他看着大家在那儿干活儿，然后又朝树上瞅了瞅。他对自己干的好事儿感到惭愧。他开始有点儿流鼻涕，鼻子呼气的时候还吹出了一个小的鼻涕泡。詹姆斯使劲往回吸鼻涕。有点儿黏糊，乱糟糟的。是……黏糊！

"我有个主意！"詹姆斯叫道，"我们没准儿用不着钉子了。"

其他的孩子聚到他身边，看起来都有些怀疑。他们不知道是不是可以相信詹姆斯说的。"你们知道电视广告上的超级胶水吧，那东西可以把任何东西都粘起来？"他四顾看着其他孩子的脸说道，"没准儿我们能做出来我们自己的超级胶水！"

"用什么做？"爱丽丝问。贝琪这个时候一点儿都不想跟詹姆斯说话，只是用眼睛瞟着他。

"你想啊，你知道什么东西如果特别黏的话没准儿就能行。"詹姆斯看了看大家，大家也看着他，但还是不明白他在说什么。"什么东西特别黏，我们能自己做的？"孩子们还是一头雾水地看着詹姆斯。

"像纸浆，咱们上课的时候做手工用的？"苏珊问。

詹姆斯摇了摇头："得是我们现在就有，在这儿就有的。"

大家四下看了看。他们能看到的所有东西就是树、土地、一堆木料和他们自己。"到底是什么？"

"我想我得演示给你们看，麻烦先给我两块木头。"詹姆斯说道。

蒂姆和汤姆把两块木头递到詹姆斯面前。"好，这儿……"詹姆斯把手指尽量伸进鼻孔里然后哼了一声。当他把手指拿出来的时候，上面都是绿乎乎的鼻涕。

"鼻涕啊！"蒂姆叫了起来。汤姆都不知道该说什么了。

"哦，太恶心了！"阿曼达惊叫着。

爱丽丝简直要吐出来了："真恶心！"

苏珊狠狠地盯着弟弟："你等着我去告诉妈妈你都干了些什么！"

贝琪先看了下木板，然后看了看詹姆斯沾满鼻涕的手指，感觉起了一身鸡皮疙瘩，她赶紧转开了头。

"快点儿，把木板举起来。"詹姆斯命令着。

蒂姆举起了一块木板，詹姆斯就把鼻涕抹在了木板上。"好，现在把另一块木板放在上面，然后使劲压紧。"双胞胎照着做了。

"要按多长时间？"蒂姆问。

"我也不知道，这是我第一次试这个办法。"詹姆斯答道，"我爸的一瓶粘木头用的胶水说要十到十五分钟才能好。"

蒂姆和汤姆小心地把两块木板放在地上，多一下也不想碰。他们不想那么长时间地举着木板——特别是木板上还都是鼻涕。

"也许，没准儿像水泥一样。"詹姆斯解释着，"你得把两部分都先弄湿，然后让它们一点儿一点儿干起来。麻烦再拿两块木板来。"蒂姆和汤姆又去拿了两块木板过来。詹姆斯把他的手指伸进鼻孔里，然后用力擤。有些鼻涕顺着手指滴在了他的鞋上。

"我现在觉得没让你们男孩儿来帮我们绝对是有理由的！"爱丽丝觉得浑身难受，"你们可真恶心！"

这时，詹姆斯小心地把一半儿的鼻涕在一块木板上涂匀，然后又在另外一块木板上做了同样的事儿。"好了，现在我们就等着让它们干几分钟。"

他们站在那儿看着地上的两组沾满鼻涕的木板。詹姆斯数到一百，说："好，现在咱们把两头儿放一起，然后站在上面。有时候我爸爸还会用锤子锤两下。"蒂姆把一组木板拿起来放在另一组上面，然后汤姆站在了上面。女孩儿们站在稍远的地方看着他们。

"这个主意太傻了。"贝琪小声说。

汤姆看了看那些木板，然后告诉蒂姆他可以下来了。"好吧，现在看看怎么样。"他拿起了一块木板，另一块木板马上就分开了，只是能看见挂在两块木板之间的鼻涕。"现在看看另外两块。"詹姆斯有些不死心。他拿起了另一块木板，两块木板根本没粘在一起，这次连粘在两边的鼻涕都没有了。"可恶！"他失望地说道，"我很确定这个办法可以的。"

阿曼达面无表情地说道："你把四块木板都毁了。我们绝对不会用这几块木板来盖我们的树屋的。你们把这几块木板跟倒下的树放一块儿吧，不要跟干净的木板混在一起。"詹姆斯拿起了两块木板扔到了倾倒的树杈那边，然后又拿走了另外两块。没人想帮他拿沾满了鼻涕的木板。

"简直太恶心啦！"阿曼达气乎乎地说，"好了，现在接着干活儿。詹姆斯你得想个别的办法——不能用什么口水、鼻涕或者任何跟身体有关的液体！"

16

柠檬水要不要，先生？

　　詹姆斯帮着其他人一起把新的木板搬到了树上。他们只有足够钉五块木板的钉子，所以早上十点的时候就干完了。孩子们把其余的木板整齐地堆在主平台的中间，他们尽量把木板归在一起，这样可以避免有谁会被绊倒。大家轮流从绳梯上爬下来，男孩子下来得有些慢，一边爬一边欣赏着好用的绳梯。

　　等所有人都下到地面上，阿曼达一个个看看大家，然后又看着詹姆斯。"好吧，你还有什么其他主意吗？"她严肃地看着他，"……还有要记住我跟你说的，不能是什么恶心的东西！"

　　詹姆斯摇了摇头。所有他能想出来的办法对女生来说估计都是奇怪的或者恶心的。

　　贝琪挑头说："我们可以凑点儿钱，这样就可以去买更多的钉子了。"

"好主意——谁有什么建议怎么能尽快挣到钱吗？"阿曼达问。

"我们可以在车库摆摊儿卖东西。"汤姆建议道。

"咱们烤饼干卖吧。"詹姆斯说。

苏珊哼了一下："你是说吃饼干吧。"

詹姆斯冲他姐姐伸了伸舌头。

蒂姆一边用脚刮着地面一边儿在那儿想。"咱们卖柠檬水怎么样？现在天气很热，天气热的时候大家都喜欢柠檬水。做柠檬水也不用很长时间，而且可以马上开始卖。"

"真是个好主意！"阿曼达点点头，"我家有几把草坪椅、一张小桌子和一把大的遮阳伞。你们每个人回家去问家长，看能不能让你们带点儿卖柠檬水需要的东西——柠檬粉、水瓶、水罐、冰、勺子、冷冻盒子、塑料杯子什么的。大家都来我家集合，这样我们就可以开始了。但是……"她皱着眉看着詹姆斯，"这回一定要征求家长的同意！"

三十分钟后，大家都在阿曼达家外面集合了。蒂姆还带了几块硬纸板和一支记号笔，做了一个"招牌"。"好主意，蒂姆！"阿曼达赞同地点了点头。

其他人开始泡柠檬水。"我们应该卖多少钱？"蒂姆问。

"一包钉子多少钱？"爱丽丝反问道。

"我不知道，也许十美元？"詹姆斯说。

"好吧，就算一美元一杯吧，这样我们只要卖十杯柠檬水就够买一包钉子了。如果我们能卖得更多，我们就把钱存起来下次再买钉子的时候用，因为我们有可能会需要更多的钉子呢。"爱丽丝说。

蒂姆在招牌上写道：

清凉柠檬水：1美元

他绕到桌子前面，把纸板斜靠在桌子腿上，这样从马路和游乐场都能比较容易看到。二十几个小孩儿正在附近玩儿呢。

不一会儿，两个男孩儿从游乐场那边溜达过来了。"柠檬水多少钱？"其中一个男孩儿问。

贝琪指着招牌说："一美元一杯。"

第一个男孩儿摇摇头："太贵了。我在家可没那么多钱。"

贝琪坚持着："就是一美元一杯。"

两个男孩儿空着手走回了游乐场。

又过了一会儿，三个小女孩儿走了过来，她们看了一下招牌就离开了。"太贵了。"她们连头都没回。

天气开始渐渐变热了，连柠檬水的温度也升高了。他们得马上卖出去，没有谁会想买热柠檬水。

"赶紧改价钱，快点儿！"阿曼达说，"改成五十美分。"

蒂姆绕到桌子前面改了价钱。正在这个时候，两个小孩儿从公园那边儿走了过来。现在招牌上写着：

清凉柠檬水：五十美分

两人看了一下招牌，就开始从兜里掏钱。他们每个人掏出了五十美分递给了贝琪。贝琪负责管钱，她把自己的空储蓄罐都带来了。

很快，好多小孩儿都过来买柠檬水。有好几个都是先跑回家拿了钱再跑回来。贝琪的存钱罐开始变重了。其他人都忙着用水罐泡柠檬水，然后倒在杯子里给口渴的孩子们。

不到一个小时，冰桶里面的冰都用完了，水瓶里面的水也空了。还剩下半水罐的柠檬水，贝琪均匀地分成了七杯，大家也都尝了一下。

贝琪把最后一个硬币塞进了存钱罐儿。

等大家都喝完了，阿曼达笑着对大家说："干得好！现在看看我们挣了多少钱吧。"

贝琪把存钱罐下面的盖子打开，把钱都倒在了桌子上。所有的孩子把硬币一摞一摞堆成一样高的，这样比较好数。爱丽丝开始数有多少摞硬币。她数完之后抬起头："我们有十二美元五十美分。"

贝琪也刚刚数了一遍，紧跟着说道："对，是十二美元五十美分。"

"但愿这些钱够买一包尺寸合适的钉子。"阿曼达说道，"我们去看看吧。"她走进屋里，问妈妈他们能不能一起去五金商店。

"只要你们保证大家都待在一起——不过你的朋友们问他们的家长了吗？"妈妈问。

阿曼达出来了。"你们赶紧回家问问，我们能不能一起去五金商店买钉子。如果我们赶快的话，还有机会能干完今天开头的活儿。"

孩子们都四散回家了，把从家里带来的卖柠檬水的东西也都带了回去。阿曼达把大遮阳伞收起来拿进屋里，又把小桌子和草坪椅也搬了进去。等她都收拾好的时候，爱丽丝、蒂姆和汤姆已经在外面等着了。又过了几分钟，其他的孩子也回来了。苏珊脸上带着笑。"我爸给我们零花钱了。"她说，"我跟他说咱们卖柠檬水挣钱来买钉子。他说我们做得好，不过可能我们还需要些帮助。看这儿。"苏珊把手里的钱给了贝琪，"爸爸给了我两美元。"

詹姆斯把手从兜里掏了出来。"爸爸这周只给了我一美元。"他说着，也把钱递给了贝琪。

"你这周还能有钱就不错了。"苏珊皱着眉头说道。

结果是，蒂姆和汤姆也得到了零花钱。他们把卖柠檬水的钱和他们的零用钱加在一起之后，一共有十八美元五十美分。

"咱们去买钉子吧。"贝琪说。

七个树屋建设者们顺着马路朝五金商店走去。

大约一个小时后，孩子们带着两包钉子和一些零钱回到了树屋。"没想到今天正好钉子特价。"蒂姆说，

"咱们今天太走运啦！"

　　当孩子们兴奋地叽叽喳喳的时候，苏珊已经把绳梯放了下来，大家都爬上了平台，开始继续干活。

17

画龙点睛

　　接下来的几周，树屋的小建设者们渐渐地有了他们的例行时间表。周一到周五他们都尽可能快地做完作业，然后尽早在晚饭前到阿曼达家集合。他们会商量一下周末工作的计划细节。有的时候大家意见不同，不过孩子们觉得他们的最终计划都很不错，比男孩儿或女孩儿最初提出来的想法更完善。"团队的力量！"阿曼达经常激励大家。

　　有了更多的木头，有了足够用的钉子，还有现在的七个小建设者们，他们每次都能完成很多的事情。女孩儿们甚至也对男孩儿的一些想法表示赞同——比如漫画屋就很有理由盖，望远镜用来瞭望的主意也很酷，但是他们对在树上做保龄球道就不太确定了。孩子们打算晚些的时候试验一下这个想法，比如可以用网球和小树棍在现有的平台上试试。

大家还一致同意了蒂姆的建议。他建议每周六暂停盖树屋一个小时用来卖柠檬水。"挣点儿钱总归方便使用，另外我们也会渴的，而且咱们也都喜欢柠檬水。"

阿曼达在做笔记的纸上加了一项，用来记录他们卖柠檬水挣的钱，以及他们花在买钉子和一些别的东西上面的钱。她爸爸管这个叫"收入和支出"。

在一起干了三周之后，树屋看起来已经很棒了。在四个不同的高度上，现在已经有了八个不同尺寸的平台。有一两个平台只能容下一个或者两个人。大部分平台都有栏杆——一些栏杆是木头做的，也有些是用绳子系在木头柱子上的。为了在不同高度的平台间上下方便些，他们在平台之间又做了几个绳梯，不过这些绳梯的两头都是固定住的。

他们试了试保龄球道的想法，也做了些测量。在平台边缘加些侧板，挡住不让球掉到地上是没问题，但保龄球道的长度是个问题。现在只有几块围栏板了。他们还需要一些树杈能连成一排，而且还得基本上都在一个高度——问题是他们根本就找不到这么合适的树杈。发现条件不允许，蒂姆看起来有些伤心，不过爱丽丝让大家又都兴奋了起来："咱们还是可以修个保龄球道的，想多长就多长！"

蒂姆和汤姆扭过头看着她，有些糊涂。"可是……咱们都量过了，不太可能在树上修个合适的保龄球道。这不可能啊！"汤姆说。

"没错，在树上是不可能了，不过谁说必须要在树上了？树下的地也很棒，而且也很平，另外咱们所有的栏杆柱子都还没用呢。可以用那些来做保龄球道两边的挡板。"爱丽丝笑着说。

"不过那些木头很重，"蒂姆抱怨道，"咱们怎么能搬动呢？我们原来试过的。"

爱丽丝还是很坚持："你们当初多少人一起抬围栏柱子来着？"

"嗯，就我们两个人，我记得。"蒂姆回答道。

"……那我们现在一共有多少人？"爱丽丝又问。

蒂姆若有所思："七个，不过你觉得我们能抬得动吗？"

"只有一个办法能告诉我们能不能抬得动，"苏珊打断了蒂姆，"我们现在就去试试！"

他们一起来到后院。后院里已经没剩下多少木板了，但是所有的围栏柱子都还在那儿堆着。不管怎样，他们的树屋项目就快要结束了，材料快用完了。

"嗯，现在我们怎么干？"汤姆问。

"男孩儿站那边，女孩儿站这边。"苏珊指挥着。男孩儿们站到女孩儿对面。"好，现在弯腰用两只手抓着最上面这根柱子，数到3一起抬起来，准备好了吗？"

其他孩子点点头。"好，1……2……3……起！"

他们一起很轻松地抬起了柱子。蒂姆都笑出声了。"真轻啊！"他困惑地看着围栏柱子，"你们确定这些柱子都是一样的吗？"

苏珊点点头，说道："这就是团队能做到的。我妈妈常说'众人拾柴火焰高'。我觉得她说的就是这个意思。"

他们小心地把围栏柱子放回到木料堆上，所有的孩子都露出了微笑。

周六早上，大家把工具和木板带到了树屋那儿，开始盖第九个，也是最后一个平台。还剩下一些围栏栏板，不过已经不够再做一个平台了。他们还没决定怎么用这些剩下的栏板。

"没准儿还能再做些栏杆，或者就放在那儿。"詹姆斯想。

两个小时之后，孩子们做好了最后一个平台。他们固定好栏杆，还做了一个到这个平台的绳梯。这层是树屋的顶层，在第五层。"好了，我们大家可以喝点儿柠檬水和吃午饭了——之后我们就可以搭保龄球道了。"大家都同意最后做保龄球道，作为这个项目最后的点睛之笔。

树屋建设者团队的小伙伴们一起说笑着穿过了公园。在游乐场玩儿的孩子们抬起头跟他们挥挥手。这已经变成惯例了——一些小孩儿挥舞着手里的五十美分硬币，一些忘了带钱的小孩儿很快地跑回家去取五十美分。

等七个孩子把卖柠檬水的桌子摆好，把第一罐柠檬水做好，长长的队已经排起来了，都是笑嘻嘻但是口渴的孩子们，手里都攥着硬币。

午饭后，孩子们聚在后院的木料堆旁。跟上次一样，男孩儿站一边，女孩儿站一边。这个时候本从他屋里的窗户看着他们。上周五的时候，他腿上的石膏已经被取下来了，不过他还得很小心。本还没被允许去树屋，因为他左腿的肌肉还需要恢复力量。爱丽丝向他挥了挥手。本把窗帘拉上了。爱丽丝自己摇了摇头。

苏珊已经准备好了。"好，都准备好了？像上次一样，数到3。1⋯⋯2⋯⋯3⋯⋯起！"

七个孩子抬着围栏柱子穿过了栅栏门，过了马路之后从公园穿过。他们走过了那些被暴风雨刮倒在地上的

　　他们把树屋的开幕式安排在本拆掉石膏的两周之后。实际上，大家发现有很多事情需要做。贝琪从每个人那里收集来了漫画书，还在得到妈妈的准许之后拿了家里的塑料密封盒子用来确保书的干燥。阿曼达带着蒂姆、汤姆和爱丽丝彻底检查了树屋，以保证没有钉子露在外面，保证所有的绳梯都被牢牢地固定住了，还有就是所有的栏板都结结实实的。树杈似乎总被风吹得晃动，搞得他们觉得每周都要检查一遍。

　　苏珊、詹姆斯和贝琪在地面上干活儿，收拾好剩下的一些木料，把它们整齐地堆在树干旁边。几个小伙伴甚至开始收拾树的"另外一边"——那些当初被暴风雨吹倒的小树还靠在大树的树杈上呢。

　　大部分木板都已经被拆下来了，完整的木板已经被重新使用，但是还有些残破的木板在倾倒的树旁边散落着。他们把这些破损的木板堆在了一起。詹姆斯甚至还捡起了四块"鼻涕木板",把它们放在了要扔掉的一堆东西里。没人相信他说的那些木板现在已经干净了!那就只能扔了吧!

他们现在已经不再提"男孩儿这边的树"了,因为听起来觉得有些怪怪的。树屋已经是他们的了,男孩儿和女孩儿各占一半。如果他们想的话,树屋上所有的平台已经足够大,能分成男孩儿这边和女孩儿这边。不过他们已经在漫画屋里一起玩儿过很多次了,可以借书也可以还书,所以现在大家基本上都只用"树屋"这个词。

他们各自花了些时间做开幕式的邀请卡。孩子们的父母和兄弟姐妹们都收到了邀请。

开幕式当天,树屋建设团队领着他们的爸爸妈妈们来到了大树这里,本也来了。他已经恢复得很不错了,不过妈妈还是紧挨着他一起走,怕万一他还需要好有人扶一把。

大家都聚集在保龄球道旁边，苏珊把绳梯放了下来。家长们（还有本）环顾了一下保龄球道，又抬头看了看树上。他们估计能占满三层或者四层的平台。

苏珊把绳梯放下来之后，从兜里掏出一根丝带，分别系在了绳梯的两边。她走到阿曼达身边，递给她一把小的安全剪刀。蒂姆、汤姆、詹姆斯、爱丽丝、贝琪和苏珊都站在阿曼达身后，一起朝着他们父母站着。本有些尴尬地站在妈妈身旁。阿曼达向他挥挥手，"过来啊！"她小声叫着。本于是也走过去，跟他的姐姐和朋友们面向家长站在一起。

"树屋建设团队欢迎大家来到……"阿曼达特别地停顿了一下作为强调，"……终极树屋的剪彩仪式！"

她举起剪刀小心地剪断了小小的绸带。"树屋现在对参观者开放啦！"家长们都使劲地鼓掌，孩子们都露出了微笑。

"谁想第一个上去？"阿曼达问。

所有的家长都举起了手。

本叹了一口气，低下了头，看着地。"本先来！"

阿曼达说，"本先来，本先来！"其他孩子也一起叫了起来。本抬头看了看姐姐，他的脸颊因为受到大家的关注而开始泛起了红晕。阿曼达笑了："来吧，爬上来看看。我们还特地给你做了一个平台呢。"

本看着阿曼达，好像在说，这是真的吗？不过他没说话，而是抓住了绳梯开始往上爬。他一爬到平台上，阿曼达就随后也爬了上去。她才上到一半，大家就都听见本在喊："哇——这也太酷啦！"

他们带着本在树屋走了一圈之后，家长们也上来了，每次一个家长。每个家长都特别夸赞了树屋的几个特点。很多人都提到了望远镜。还有很多对绳梯和栏杆的表扬。"安全第一！"苏珊认真地说。

等轮到阿曼达爸爸参观的时候，她自己带着他在树屋走了一圈。爸爸耐心地一边听阿曼达介绍，一边检查着树屋的质量。阿曼达跟他讲了他们是怎么一起设计的平台和绳梯，还有其他的一些细节。爸爸一边点头，一边继续着他的检查。他们走到绳梯旁边的主平台的时候，阿曼达的爸爸转过来拍拍她的肩膀："太好了！你们这些孩子盖的树屋的确非常好。干得漂亮！"

阿曼达神采奕奕地说道："这是我们团队集体的努力，爸爸，还有我们一起做的计划。而且还得特别感谢我们的秘密武器！"她说着给了爸爸一个大大的拥抱。

19

请出示门票

之后的每周六，孩子们都在树屋放松，现在所有的工作都已经完成了。他们大部分都在各个平台上散开了读着漫画书。蒂姆正在漫画屋里把刚刚读完的一本书放回盒子。这时他听见了一点儿动静。不，不是一点儿动静，是特别大的动静。而且不是什么噪声，是人说话的声音。

他赶紧跑到瞭望镜那里朝外边看去。眼前的情形让蒂姆大吸了一口气。只见一群孩子正穿过树林向他们的树屋走来。不是一个两个，而是一大堆小孩儿，可能有十五个或者二十个。"嘿，兄弟们！"他尽量压低声音，但是尽量让每个人都能听见，"有人来了！"

"怎么了？"詹姆斯问道，他从蒂姆身边站了起来。"看！"蒂姆还是小声说着。

詹姆斯从瞭望镜往外看去。实际上根本就不用透过玻璃看，他自己已经能看见一大堆孩子朝着他们这边走过来了！不过，嘿——如果你已经有瞭望镜了，为什么不用呢，多酷啊……

他的思路被蒂姆打断了："我们怎么办？"

苏珊出现在他们旁边。"我会告诉你我们应该怎么办——准备好驱逐强行登陆的家伙！"

阿曼达也下到平台上来了。他们知道那层平台能禁得住五个人，但是孩子们不想搞得太极端。"我下去看看他们想干什么。"

她爬下绳梯迎向这些来访者。看起来所有那些在游乐场玩的小孩儿都来了。"你们想干什么？"她问道。

"柠檬水！"那帮孩子叫起来，在空中挥舞着手里的硬币。

"对不起，我们不再做柠檬水了，我们已经做完了。"

"做完了什么？"萨姆问，他刚刚过了五岁生日。

"他们的树屋，笨蛋。"萨姆七岁的哥哥罗宾说道。

"我能看吗？"萨姆问。

"不行，这是我们的树屋，再说你们也太小了。"阿曼达回答道。

萨姆的下嘴唇微微抖着，看起来一副要哭的样子："可是，我真的想看看！"

"我们付钱参观树屋行吗？"罗宾问。

爱丽丝也爬下绳梯，站在阿曼达身边。"这主意有意思。"她说道。她对阿曼达耳语了几句。阿曼达的眼睛突然睁大了，脸上露出了笑容。

"五十美分，由我们陪着参观一次怎么样？"阿曼达给出了建议。

"好啊，好啊！"孩子们叫着，挥舞着手里的硬币。阿曼达叹了一口气："好吧，不过一次只能上两个人，如果你们太小的话，你们的哥哥姐姐要陪着一起上来。而且必须跟着我们走，还要抓牢——爬到最上面还要挺长的一段距离，我们可不想有谁掉下来。"

萨姆笑了，他递给阿曼达五十美分，然后拉着罗宾的手。"准备好了！"罗宾把他的五十美分也递到阿曼达手里，他也笑了。

"这边来！"爱丽丝一边说一边扶住了绳梯，帮着萨姆和罗宾踏上绳梯，罗宾跟着萨姆上去之后，爱丽丝又在下面帮了他们一把。

当萨姆和罗宾爬到主平台上，下面的孩子们都听见他们喊着："哇塞，哇塞！"

游乐园玩的小孩儿们都兴奋地举起了手，手里的硬币闪闪发光。"该我了，该我了！"

阿曼达往瞭望镜平台看了看，叫道："蒂姆，我们需要一个新的标识牌！"

20

比萨！

八个小伙伴们算了算他们手里卖柠檬水剩下的钱加上树屋参观的钱，已经够买四个比萨和几本漫画书了。他们决定下周六在阿曼达家开一个比萨聚会。他们还打算一起计划一下暑假，离暑假就只有一两周了。

孩子们围坐在餐桌旁，嘴里塞满了比萨。这时候阿曼达的爸爸走进了厨房，"嘿，孩子们！"他说道。

"你好，琼斯先生！"大家一起打了招呼。

"树屋怎么样？"他问。

"非常好！"詹姆斯回答。

"很酷！"蒂姆和汤姆一起叫道。

"特别酷！"贝琪也很兴奋。

阿曼达的爸爸笑了："我在想我能不能跟你们说几

分钟？"他挑了挑了眉毛。阿曼达点点头，她一嘴的比萨，已经顾不上说话了。

"好吧，我不会说很长时间。当每个项目完成之后，我们通常会一起吃东西，然后说一说项目。"他扫了一眼桌子上几乎空的比萨盒子，"我们会花一些时间来说说哪些事情我们觉得做得好，哪些做得不好。我们管这个叫'吃一堑长一智'。这样可以帮助我们把下个项目做得更好。"

他环顾了一下桌子周围。孩子们都在注视着他，听他说话。"你们能想出哪些地方你们做得非常好，哪些地方做得不太好吗？"

"女孩儿做的绳梯很酷。"詹姆斯说。

"木板有可能会断裂。"本做了个鬼脸。

"我们一起干活儿的时候能把很多事情搞定。"苏珊补充道。

"男孩儿们有不少特别好的主意。"贝琪说。

"女孩儿也是。"蒂姆笑了。

"如果你不做计划，你就可能要返工从头来。"汤姆小声说。他脑子里都是安全检查时候的情形。

"如果我们先做计划，事情做起来感觉就简单很多。"阿曼达发表了意见。

"我们一起干的时候比我们分开干要好玩儿得多。"爱丽丝最后说道。

阿曼达的爸爸笑了。"说得都不错。这些都是非常好的经验，而且我对你们的树屋非常满意。你们吃完之后，没准儿可以把这些经验教训都写下来，这样以后就不会忘了。"

他转身朝客厅那边走去，能听见客厅电视的声音。

"我还有一个问题想问你们"，他转回身子，看着桌子旁边每个孩子，"现在你们完成了一个非常成功的项目，看起来你们是一个非常好的团队。那你们的下一个项目是什么呢？"

孩子们惊讶地互相看着对方。

……他们的下一个项目是什么呢？

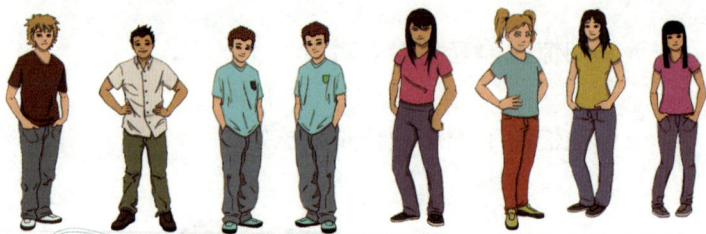

下一本：《可怕的鬼屋项目》

　　项目小伙伴们在长长的暑假之后回到了学校，整个夏天他们都很享受自己盖的树屋。阿曼达、贝琪和苏珊现在在温斯基中学了，就在以前她们的小学旁边。今年，两个学校的校长决定联手组织一个万圣节竞赛——看看由两个学校的学生组成的团队哪个能赢得万圣节最佳项目。八个项目小伙伴——贝琪、爱丽丝、阿曼达、苏珊、本、詹姆斯、蒂姆和汤姆将开始他们最勇敢的冒险——有史以来最吓人的鬼屋。孩子们开始了项目之后意识到不是只有鬼屋才吓人！

家长和老师注意：

孩子们完成了一个成功的项目，他们把学到的项目管理知识用在了其他的项目尝试上。在继续巩固从终极树屋项目中学到的技能和教训的同时，下一本书将向孩子们介绍预算的概念，以及如何管理变更和需求。

词 汇 表

收尾阶段（完成）——指项目的最后阶段，确定想做的事情已经都完成了。

控制阶段（领导、检查和纠错）——这是指确定团队是不是按照计划开展工作，调整团队的注意力避免散漫或分心。确保团队成员获得他们完成任务所需要的工具和资源，还要保证大家合作顺利。项目经理会花很多时间在这些任务上。

依赖关系——当一项活动B（或者任务）只能在另一项活动A（或者任务）完成之后才能开始的时候，B就有依赖性。"B→A"表示A不能在B完成之前开始，因为B对A有依赖性。

执行阶段（实施）——这是指项目"真正的"任务开

始的时候，也就是大部分实际建造/执行活动开始的时候。

支出——你所花的钱。孩子们买钉子、比萨饼和一些其他东西花的钱。

收入——你挣的钱。到你手里的钱。孩子们卖柠檬水挣到的钱就是收入。

初始阶段（思考/想法）——在项目的初始阶段，我们有一个想要完成什么的想法，也就是我们想做什么（来一起盖个树屋吧。）

经验教训总结会——在项目的尾声（如果是很长的项目的话，在项目进行期间也要做），团队成员在一起讨论一下哪些部分完成得好，哪些完成得不够好，还要讨论一下下次怎么能做得更好。

计划阶段（计划）——在项目的计划阶段，我们应该详细地明确哪些事情需要做，还要决定我们打算怎么做这些事情（我们想盖什么样的树屋，还有我们打算怎么盖）。

项目——项目是指一个暂时的活动，包括一个确定的目标，还有开始时间和结束时间。

项目管理——项目管理指把应用知识、技能、工具和技术用于项目活动，来完成一个项目的所有要求。

需求——我们希望项目会有一个什么样的结果。例如：有多少层？有多少绳梯？它们应该是什么样子？……

资源——材料、工具、人力或者完成项目所需要的钱。孩子们的项目组有八个人，他们用木头来盖树屋，他们使用了工具，他们还用挣来的钱买了钉子：这些都是资源的一部分。

顺序——事情发生的先后顺序。比如，字母表里A在B之前，B在C之前——这就是顺序（A→B→C）。

技能——如何完成一项任务的知识，比如爬树、打结等。

目标截止日期——指某项任务的完成日期，或者是整个项目的完成日期。孩子们想在学期结束的时候完成树屋，这样整个夏天他们都可以在树屋玩儿。

任务——完成项目特定部分的任务或活动，比如在木头上钻孔或者安装绳梯。

变量——这是指我们需要计划的那些不确定的事情，比如绳梯的长度，或者树能支撑几层的树屋。在项目刚开始的时候，我们并不知道确切的答案，随着项目的进行这些事情有可能会变化。

愿景——对你想做的事情的远景描述，是盖一个树屋，还是画一幅画，或者做其他什么事。

项目管理概念

这本书向孩子们介绍了一些基本的项目管理的概念（或者可以说，简化的项目概念）。

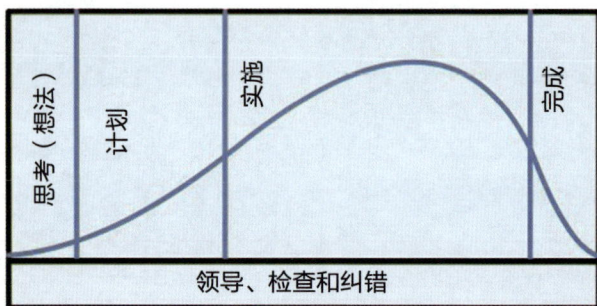

阿曼达的爸爸引导她理解每个成功的项目都会经历的基本的阶段，虽然使用的术语不同，但是概念是相同的。

- 初始阶段（思考/想法）
  - ✓春假结束了！（男孩儿们）

✓那棵树（男孩儿们）

✓万事皆有可能（男孩儿们）

✓战争开始了！（女孩儿们）

- 做计划（计划）

  ✓想法，计划，然后呢？（女孩儿们）

  ✓计划（女孩儿们）

  ✓猎树（女孩儿们）

  ✓我们有足够的木头吗？（女孩儿们）

  ✓没有钉子了！（所有孩子）

  ✓画龙点睛（所有孩子）

- 执行（实施）

  ✓各就各位，预备，开始盖！（男孩儿们）

  ✓灾难！（男孩儿们）

  ✓我们有足够的木头吗？（女孩儿们）

  ✓女孩儿做主（所有孩子）

✓画龙点睛（所有孩子）

- 收尾（完成）

✓隆重开幕（所有孩子）

✓比萨！（所有孩子）

- 项目控制（领导、检查和纠错）

✓意外（男孩儿们）

✓安全检查（所有孩子）

✓暴风雨（所有孩子）

✓没有钉子了！（所有孩子）

请注意，男孩儿们直接就开始了（男孩儿们一般都是这样），直接就跳到开始做这一步而没有做任何计划和准备。这就是一个需要吸取的教训——"忽略一个项目的步骤而直接开始进行"——正如"11.意外"和"12.安全检查"。

不少其他的项目概念也在书中直接或者间接地有所提及：

- 需求（想法，计划，然后呢？/计划/猎树）

- 估算/测量（我们有足够的木头吗？）

- 成本/预算（没有钉子了/柠檬水要不要，先生？/请出示门票）

- 资源管理（没有钉子了/我们有足够的木头吗？）

- 团队合作/人力资源管理（女孩儿做主/没有钉子了！/柠檬水要不要，先生？/画龙点睛/隆重开幕/比萨！）

- 变更管理（暴风雨/没有钉子了！/柠檬水要不要，先生？）

- 风险管理（意外/安全检查）

女孩儿们的项目方法

有很多项目管理方法，不过在教孩子的时候（实际上对成年人也一样），从最简单的概念开始是最好的办法。虽然项目阶段是一个基本的结构体系，但是具体到各种项目结构体系可能因为各种情况而迥然不同。比如，某个项目可以按简单的"思考—计划—实施"顺序进行，所有的计划发生在最开始，然后是所有的实施按部就班进行。

某些其他的项目，比如建造树屋，需要分解成几个小的阶段，每个阶段都遵循"思考—计划—实施"的顺序。当有很多不确定因素的时候，更行得通的办法是有一个大的设想和高层次的要求，然后每次计划和实施一小部分，评估每一步的情况，然后把学到的经验教训融入之后的阶段。

女孩儿们建造树屋的时候，她们只能测量第一层的树枝（因为她们只能接触到第一层！），所以她们并不能一次性地详细规划整个树屋。她们第一步只计划和实施了第一层的树屋，从每层树屋的建造过程中，她们学到了每个部分怎样能盖得更好更快。

注意：这种方法和敏捷项目管理方法有很多类似之处。前期的计划伴随之后一系列的活动来完成一项任务，然后进行下一项任务重复计划和实施的步骤。

Project Kids Adventure

青少年项目奇遇系列

可怕的鬼屋项目

The Scariest Haunted House Project – Ever!

〔加拿大〕加里·M. 纳尔逊（Gary M. Nelson） 著

刘叙 译 高屹 审

中国电力出版社

CHINA ELECTRIC POWER PRESS

图书在版编目（CIP）数据

青少年项目奇遇系列. 2，可怕的鬼屋项目／（加）加里·M. 纳尔逊（Gary
M.Nelson）著；刘叙译. —北京：中国电力出版社，2021.9
书名原文：Project Kids Adventure. The Scariest Haunted House Project-Ever!
ISBN 978-7-5198-5877-3

Ⅰ. ①青… Ⅱ. ①加… ②刘… Ⅲ. ①项目管理－青少年读物
Ⅳ. ① F224.5-49

中国版本图书馆 CIP 数据核字（2021）第 153305 号

This book was first published in English in 2014, Copyright © by Gary M. Nel-
son.

本书英文版于 2014 年首次出版，版权归加里·M. 纳尔逊所有。

京权图字：01-2021-0583

出版发行：中国电力出版社
地　　址：北京市东城区北京站西街 19 号（邮政编码 100005）
网　　址：http://www. cepp. sgcc. com. cn
责任编辑：李　静（1103194425@qq.com）
责任校对：黄　蓓　马　宁
装帧设计：九五互通　知行兆远
责任印制：钱兴根

印　　刷：三河市航远印刷有限公司
版　　次：2021 年 9 月第一版
印　　次：2021 年 9 月北京第一次印刷
开　　本：880 毫米×1230 毫米　32 开本
印　　张：44.125
字　　数：673 千字
定　　价：258.00 元（全 5 册）

推荐序

拥有自己的魔法杖

要是在真实的世界中也有魔法学校，要是我们能够拥有可以快乐地把自己想要做的事情做成的魔法杖该有多好啊！

但是，这样的魔法杖有吗？

有的，这样的魔法杖就是项目管理。

如果我们周边的小伙伴们不见得比我们聪明，但是他们比我们成绩好；如果我们周边的小伙伴们不见得比我们有能力，但是他们做成的事比我们多；如果我们周边的小朋友不见得比我们更善良，但他们比我们更受同学欢迎……那一定是他们无意中运用了项目管理这个魔法杖。

不懂项目管理的人总是强调勤奋刻苦、总是相信勤能补拙，他们不知道是我们的做事方式错了因此效果不

理想，他们不知道只有掌握了项目管理才能够做到事半功倍否则只会事倍功半。

我们在看其他故事书时，会被要求总结这些书的中心思想，会被要求把其中的优美段落背下来。这些对增长我们的知识是必要的，但这些都是别人的思想，都是别人的生活。这套书中讲述的项目管理故事却能够让我们一步一步地实现自己的目标，它的前提条件就是我们有正常的智商。当然，我们的知识越丰富，我们的其他技能越强，我们能够利用项目管理做成的事就越有价值。

本套书可以自己偷偷看，就像看一本魔法秘籍；也可以和爸爸妈妈一起看，毕竟有他们的帮助你的功力会增加得更快，而且你的魔法也会反过来帮助爸爸妈妈做成事情呢；更可以和朋友们一起看，大家可以组成团队来检验自己手中魔法杖的功效。

本套书就像一个魔法学校，第一本到第五本有不同的魔力等级，也有不同作用的魔法杖。魔法是需要一级一级修炼的。

对了，忘了告诉大家什么是项目管理了。项目就是我们想做成的一件事情，管理就是怎么和大家一起去定

目标、做计划、开展合作直到把这件事情做成。

对，就这么简单。让我们现在就进入这个项目管理的魔法学校去找到自己的魔法杖吧！

丁荣贵

山东大学教授

《项目管理评论》主编

按照我们中国的传统，鬼节是每年的阴历七月十五日。这一天是大家祭拜故去的亲人、祖先的日子，是个庄重肃穆的节日。而西方的鬼节——万圣节，却透着一股欢乐的节日的味道。到了这一天，最高兴的是孩子们，他们穿着奇奇怪怪的衣服，打着小灯笼，挨家挨户要糖吃，并且声称"不给糖就捣乱"！

在这样一个特别的日子里，我们的项目小伙伴又遇到了新的挑战：要搭建一个史上最吓人的鬼屋！因为有了搭建树屋的成功经验，男孩儿和女孩儿们很自然地又结成了一个团队，他们摩拳擦掌，准备大干一场。可怜的本在树屋项目里不幸摔断了腿，错过了和女孩儿们一起合作的经历，再加上对自己的姐姐阿曼达的偏见，决定脱离团队，另起炉灶。本着敌人的敌人就是朋友的原则，他和姐姐的死对头结成了盟友，成了小伙伴们最强劲的对手。

读者朋友们，什么能把你们吓得连连怪叫呢？僵尸、墓地、怪兽，还是长着尖牙的吸血鬼呢？孩子们脑洞大开，他们不但把这些常规的恐怖元素全部布置进了鬼屋，而且居然还搬来了最让我害怕的人——牙医！因为我从小牙齿就不太好，牙医是我童年的噩梦！看到这里，我已经决定把最恐怖的鬼屋奖颁给项目小伙伴啦！

虽然孩子们学会了工作分解，但他们却遇到了更多的问题：没有钱，没有时间，想法太多，而且还有一条捣乱的狗！这一次他们又学会了什么新的项目管理工具吗？他们能按时完成鬼屋的布置任务吗？他们在最吓人的鬼屋评选中能获胜吗？那个没人看好的牙医，真的成了鬼屋的败笔吗？还有那位新来的校长，她到底是不是吸血鬼？所有这些问题我已经知道答案了，你们不想尽快知道吗？那就赶紧打开书，和小伙伴们一起，开始一场最恐怖的鬼屋之旅吧！

刘叙

中、美、加注册建筑师，项目总监

美国科罗拉多州丹佛Lantz-Biggio建筑事务所

赞 誉

本书讲项目小伙伴的有趣的探险，看他们如何应对这个可怕的项目，不过证明了只要一步一个脚印，项目管理不是什么可怕的东西。

——彼得·泰勒，懒惰的项目经理

这本书太棒了，我没法停下来，一口气就读完了。

——阿达若·伯恩斯，9岁

选一个恐怖的鬼屋主题非常合适，也非常吸引小读者，而且能激发他们的积极的情绪和好奇心。非常感谢在书中使用项目术语和对工具的描述，建造鬼屋的每一步都非常有启发性和直观性，活灵活现。

——沃尔特·基尼弗瑞，项目

管理专业人士（PMP），项目集管理专业人士（PgMP），敏捷管理专业人士（PMI-ACP），（美国）项目管理协会（PMI）意大利北部分会主席，"未来的项目"课程的设计者和推广者

我真的非常喜欢这本书！阿曼达仍然是我最喜欢的角色。我非常高兴又读到关于她的书。我也喜欢慢慢认识莫尔迪瓦校长——最怪异的老师！这个故事很有趣，我也很喜欢和爸爸一起读。我们一起很开心地讨论了做计划的部分，直到理解了每个含义。就像第一本书一样，这个故事帮助我更好地了解我爸爸的工作。谢谢加里！

——塔莉亚·亚当斯，11岁

这不是一个简单的睡前故事，而是一个真正需要孩子们一起学习和讨论的故事。我真的希望读过这本书的孩子们受到启发，能在班级里一起讨论。对于教师和家长来说，这本书非常有帮助；对于我来说，这本书有持久的价值。再次感谢这本书让我和我的女儿一起分享。

——托尼·亚当斯，项目管理专业人士（PMP），项目管理硕士（MPM）

对孩子来说这是一本寓教于乐的好书。它把项目管理的实用性转换成有形的方式，这样有助于孩子们循序渐进地理解。这本书为课堂的项目管理知识教学提供了非常有用的资源。不论是想读一本有趣的书或者是教他们的孩子有价值的项目管理知识，我都会推荐这本书。

——娜塔莉·史密斯，普克塔哈学校六年级

和七年级老师

献 词

　　本书献给我的妻子罗娜，还有我的孩子马克、里安姆和丹尼尔——谢谢你们在我写书的过程中付出的爱、耐心和洞察力。我非常高兴我们一起走过了这段旅程。

致 谢

　　致我的插画师马修和拉斐尔，画得非常好。再次感谢你们了不起的洞察力，把模糊的文字描述转化为图画艺术品。

　　我也想借此感谢克里斯·彭伯顿为这本书提供决策咨询，为这本书的写作过程增添了很多乐趣。

　　我还要感谢黛安，她是第一个鼓励我给孩子们写关于项目管理的书的人。这段旅程刚刚开始！

加里·纳尔逊

项目管理专业人士（PMP）

新西兰汉密尔顿

2014年3月

Gary.Nelson@gazzasguides.com

关于插画师

我的名字是马修·弗若斯顿。我喜欢画画和打游戏，所以这两件事占用了大部分的业余时间。不过，我不干这两件事的时候，我会睡觉、吃饭和坐在那儿度过一天干另外一件恐怖的事儿——上学。我写这段话的时候住在新西兰，一个非常绿色的国家，尤其以友好的本地人和濒临灭绝的国鸟——奇异鸟（鹬鸵）而著名（很可惜奇异鸟不会飞）。不过我不是一直住在新西兰的，我出生在南非，在那里住了四年，所有我干的事情是其他小宝宝都干的：吃东西、哭、睡觉和给家长送礼物——脏尿布。

我叫拉斐尔·席尔瓦，葡萄牙人。小时候，我发现表达自己是件非常困难的事情，这也是我开始画画的原因，这样大家可以理解我。即使在表达能力正常之后，画画也没有离开我——实际上，我觉得我画画的水平提高了很多！好吧，我不是最好的也不是最差的，但是我画得还不错，而且我也很喜欢。我也喜欢看电影，最喜欢的电影毫无疑问是《魔戒》。我与父母和妹妹住在里斯本。我在一所高中学习设计。我还有很多想说的……但是没有时间了，我得去画画了！

项目小伙伴

詹姆斯·卡特莱特

年龄：11岁

身高：57 英寸（145 厘米）

眼睛：棕色

头发：深金黄色

喜欢：漫画书，电子游戏，盖东西

厌恶：新鞋，蜘蛛

技能/优点：跑步，攀岩，游泳，做墓地，
制作特效

本·琼斯

年龄：11岁

身高：59 英寸（150 厘米）

眼睛：棕色

头发：深棕色

喜欢：当头儿

厌恶：姐姐

技能/优点：领导能力，制作灯光效果

蒂姆 · 奥瑞利

年龄：11岁

身高：56英寸（142厘米）

眼睛：绿色

头发：红色（卷发）

喜欢：画画

厌恶：恐怖的谷仓，吸血鬼

技能/优点：团队协作，做计划，设计棺材

汤姆 · 奥瑞利

年龄：11岁

身高：56英寸（142厘米）

眼睛：绿色

头发：红色（卷发）

喜欢：电子游戏，酷但是恶心的东西，古老的谷仓

厌恶：蜘蛛网

技能/优点：团队协作，做地下洞穴，爬树

阿曼达·琼斯

年龄：12岁

身高：60 英寸（152 厘米）

眼睛：绿色

头发：深棕色

喜欢：过山车，女孩儿俱乐部，和她的朋友一起合作

厌恶：张扬跋扈的人，反复改计划

技能／优点：做计划，设定目标，领导能力

苏珊·卡特莱特

年龄：12岁

身高：59 英寸（149 厘米）

眼睛：蓝色

头发：金黄色

喜欢：牙医，怪异的僵尸，做完美的面具

厌恶：虫牙

技能／优点：制作面具，收集糖果，设计和做计划

贝琪·佩彻夫

年龄：11岁

身高：58英寸（147厘米）

眼睛：棕色

头发：棕色

喜欢：詹姆斯（有点儿），帮助其他人

厌恶：撒谎的人，哀怨和吓人的人，动物的牙齿

技能／优点：攀登，做假人

爱丽丝·吴

年龄：11岁

身高：56英寸（142厘米）

眼睛：棕色

头发：黑色

喜欢：和他人合作，画画，和她的朋友们玩儿

厌恶：乱七八糟的状况，蜘蛛，死的动物

技能／优点：画画和画草图，组织能力，思维活跃

目 录

1

困境

"啊啊啊！！"阿曼达用两只手抓住自己的后脑勺。她迅速从座位上转过身来看谁在抓她的头发。

"怎么了？"奥利弗·温斯顿笑着靠在学校的椅子上，椅子前面的两条腿离开地面翘了起来。他是想保证自己离阿曼达足够远，这样即使她想抓住他也够不着。

"你干吗揪我头发？"阿曼达一边用手揉着自己的后脑勺，一边生气地说。

"我干吗了？"奥利弗脸上的笑容马上消失了。在一头金发的衬托下，他脸上写满了无辜。阿曼达才不会被骗呢——奥利弗闪着狡黠的眼神跟他一脸的无辜一点儿都对不上。

"你们后面那儿有什么事儿吗？"劳伦斯老师问。他是七年级的数学老师。劳伦斯老师又高又瘦，有着白色的卷发，又长又窄的鼻梁上架着银色镜框的眼镜。他经常微笑着，不过现在看起来有些恼火。他不喜欢在上课的时候被打断。

奥利弗很快地站起来，他椅子前面的两条腿落在了地面上。"没有，劳伦斯老师。"

阿曼达扭头瞪了奥利弗一眼，嘴里嘟囔着"你就编吧！"然后转过脸对老师说："没事儿，老师。"

"那就好，请保持安静和注意听讲。"劳伦斯老师转过身去面对黑板，他正在黑板上写一道数学题让学生们来解答。

阿曼达把自己长长的棕色头发塞进领口，确定不让奥利弗很容易就抓到。她拿起铅笔把黑板上的数学题抄在自己的笔记本上，不过她的心思一点儿都没在数学课上。

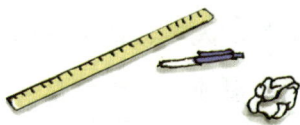

初中似乎什么事情都有点儿困难。阿曼达在小学的时候算是高个儿的孩子，但是现在到了初中她又变成

"小孩儿"了，这让她有点儿不爽。

夏天之后阿曼达就开始在温科斯中学上学了。她的两个好朋友，贝琪·佩彻夫和苏珊·卡特莱特，也跟她一起在这个学校。她们不在一起上数学课，所以阿曼达在班里没有什么朋友，至少现在还没有。班里有很多从其他小学来的学生，阿曼达才刚刚开始跟其中一些孩子熟悉起来。

爱丽丝·吴是阿曼达另外一个好朋友。她比阿曼达小一岁，所以还在沃特森小学上学。虽然两所学校是挨着的，但还是感觉爱丽丝在另外一个世界似的。不过至少阿曼达还能在女孩儿俱乐部碰见爱丽丝。

阿曼达的弟弟本和爱丽丝一样还在小学上六年级。本的三个好朋友也还在上小学。阿曼达觉得自己不和那几个男孩儿在一个学校还是挺好的。蒂姆·奥瑞利和汤姆·奥瑞利是双胞胎，大多数情况下他们两个还行，不过阿曼达觉得詹姆斯很烦。詹姆斯是苏珊的弟弟，所以阿曼达至少表面上还得对詹姆斯礼貌一些。

好吧……这些男孩儿好像也没有原来那么烦了。

去年的时候男孩儿和女孩儿们一起盖起了那个很棒的树屋，还正好赶在夏天之前完成了。他们好好享受了一夏天。"九个平台，五层……"她叹了一口气，"没错，也许男孩儿们真的没有以前那么烦人了，而且他们确实也有些好主意。"

"感觉盖树屋是很久以前的事儿似的。"阿曼达一边想着一边用左手理了理自己的头发。她右手转着铅笔，开始做练习册上的数学题。

阿曼达试着努力不去想其他的事儿。"现在不是烦人的男生的问题，现在才九月份。"她下意识地挠了挠后脑勺继续做题。

2

山巅之王

本使劲儿地晃着腿，这样就能把秋千荡得更高。他一直想象能绕着圈儿地荡秋千，一圈儿一圈儿地——不过他今年只有一次荡到了跟秋千的横梁一样高。"下次吧。"

本随着秋千慢慢地减速，然后用脚后跟停住了秋千。他的新鞋明显变旧，已经磨破了。本从秋千上站了起来，微笑着朝操场四周看了看。

今年本挺喜欢学校的。

实际上，让他喜欢的也许不是学校本身，比如所有的课程或者是学习，以及其他的东西，但是现在他是小学里最高年级的"大孩子"这件事儿让他感觉很开心。过去的几个月里本也长了不少，这样他在所有的"小孩儿"里面看起来显得更高了。他深棕色的头发向上竖着，跟浅棕色的皮肤相称起来让别人感觉他似乎还要更

高些，这让本感觉很好。

没错，现在的日子非常好！

本和蒂姆、汤姆还有爱丽丝在一个班里。詹姆斯今年跟本不在一个班了，所以大部分时间他们都不在一起上课。当然课间休息和午饭时间本还是有机会可以看见詹姆斯的，不过他还是很怀念原来和詹姆斯在一个班里上课的日子。"看起来也不是所有的变化都是好的。"本叹了一口气。

另外一件事儿就是四个小伙伴决定加入男孩儿童子军，这样他们就可以有更多的时间在一起了：一起去露营，在火上烤棉花糖或者一起干其他好玩儿的事情。万圣节过后两周，他们就会第一次一起去露营了。

本的姐姐阿曼达和她的好朋友在去年加入了女孩儿俱乐部。她们在那儿学了不少很酷的东西，盖终极树屋的时候派上了不少用场，所以一起参加个组织估计是个不错的决定。

本和他的朋友们还准备考个急救证书。上次本把腿摔断之后，大家都觉得有必要学习些急救知识。

本朝教室走的时候上课铃正好响起来。他看见蒂姆和汤姆走进教室去了。本在门口停了一下，回头朝操场又扫了一眼。"没错，山巅之王！"他走进教室刚刚坐在蒂姆旁边，第二遍上课铃就响了。

蒂姆和汤姆已经把他们的练习册拿了出来，准备好了铅笔。本冲着双胞胎咧嘴笑了一下，也把自己的练习册拿了出来。老师已经开始在黑板上写起来了。

3

疯狂的想法

"詹姆斯，你在听吗？"老师叫他的时候，詹姆斯正望着窗外，他的思绪不知在什么地方游荡。

"嗯，您说什么，常老师？"

"我正在说明天我们有个特殊的集会。詹金斯校长有件特别的事情要宣布。"常老师皱了皱眉。他花白的头发有些谢顶。他留着一点儿黑色的胡子，说话的时候长而稀疏的胡子会跟着一起颤动。

詹姆斯一边把身子转过来朝着老师，一边把手伸进他那像墩布一样浓密的黄头发里——他并不是要梳理一下头发，只是想把头发都竖起来，他喜欢自己头发乱乱的样子。看见自己在玻璃中的倒影太整洁了。"不能这样！"他想。

老师还在继续讲课。詹姆斯叹了一口气，拿铅笔敲着自己的书桌。

第二天，全校学生都在体育馆里集合了。孩子们盘腿朝着主席台的方向坐在地上，讲台上有一个麦克风。阿尔特沃西夫人是学校的老秘书，她在那儿试麦克风想确认有没有问题。她敲着麦克风，刺耳的声音从喇叭里传了出来。

阿尔特沃西夫人走到讲台后面，把麦克风往下拉了拉，靠近她的嘴。她很矮，坐在离主席台最近的孩子们只能看见她盘起的白发。"詹金斯校长有个特别的事情要宣布——而且还有一位特别的客人。"阿尔特沃西夫人站到一边从主席台上走了下来。这时候詹金斯校长从主席台的另外一边走上来，站在了讲台的后面。他中等身高，身体比较魁梧，有着深色的皮肤和开始变得花白的黑发。

"孩子们早上好。"校长环顾着体育馆笑着说。每个人都喜欢詹金斯校长。

短暂的停顿之后，孩子们齐声说道："詹金斯校长早上好。"詹姆斯打了个哈欠。

"像阿尔特沃西夫人说的，今天我们有一位特别的客人，我还有一件特别的事情要宣布。"詹金斯校长开始讲话，他的身体向前倾斜着。一个高个子穿着黑色长外套正装的女士走上了主席台。她走到詹金斯校长身边站住。这位女士有着浅色的皮肤、瘦长的脸，长长的黑发在她的脑后盘着。

蒂姆盯着她看。"有点儿像吸血鬼。"他心里想着。

"这是威尔金斯中学的莫尔迪瓦校长。她去年从罗马尼亚来的。你们都知道，威尔金斯中学就在我们学校旁边，你们其中一些人的哥哥姐姐们就在那里上学。"

"他们在那儿上学最好不过了。"本嘟囔着。想着他姐姐一到中学里就是"小孩儿"这件事，他不禁笑了

起来。

詹金斯校长继续说道："莫尔迪瓦校长和我讨论了一些想法，关于怎么能让你们为未来做好准备。我们觉得你们会喜欢我们的意见的。"他站到一边，示意莫尔迪瓦校长上前讲话。

莫尔迪瓦校长用两只手扶在讲台边上，她的浅色皮肤的手涂着红色的指甲油。蒂姆的身子往后缩了缩。他碰了一下汤姆，"特兰西瓦尼亚是不是在罗马尼亚？"他小声问道。（特兰西瓦尼亚是传说中有吸血鬼的地方，在罗马尼亚。）

汤姆把手指放在嘴唇中间，让蒂姆安静。

"你们互相都认识的。"莫尔迪瓦校长带着口音开始讲话，"低年级的孩子和高年级的孩子组队。这个互助组的形式是由高年级的学生来带领低年级的学生，帮助低年级的学生为明年做准备。"她停顿了一下，看了看体育馆里的学生们。她的脸上露出了一个灿烂的笑容。

"她的牙看着真尖。"蒂姆心里想。他不太自在地缩了缩身子。"她正在看我吗？"

"詹金斯校长和我大概讨论了几周，我们想举行一个活动来促进中学和小学之间的合作。"

很多小孩儿都哼唧起来，他们本来都挺高兴的，好不容易不和哥哥姐姐们在一个学校了。

"但是，我们想把这个活动办得更有趣。所以，我们有一个特别的事情在这里宣布。"她站到讲台旁，示意詹金斯校长继续说。

莫尔迪瓦校长站到一边去的时候，蒂姆稍微松了一口气。她看起来有些吓人，而且感觉她说话的时候一直在盯着自己看。

詹金斯校长清了清嗓子，说道："我们将举行一个竞赛，每个组都由中学和小学的学生共同组成。每个队至少有两名学生——每个学校一名。你也可以有更多的人组成一个团队，但是每个学校的人数要相同。如果你不认识中学的学生，我们会帮助你们组队。"

孩子们都看着主席台，等着詹金斯校长继续往下说。

"下周就是十月份了，我们觉得搞一个万圣节最佳展示是个非常好的主题。"校长继续说道。

孩子们都互相看了看，笑了起来。"这个听着挺有意思。"詹姆斯心想。他坐直了身体，这样能更清楚地看见主席台。

"获奖者会得到奖励。前三名的每个学生都会得到……"詹金斯校长停了一下。孩子们都很专注地听着。"……一袋巧克力。除了巧克力之外，第二名还可以在学校食堂吃到特别的午餐。"

"哦，算了吧，周五的神秘午餐可不怎么样！"汤姆想。

"获奖的团队还有机会在比萨宫殿餐馆聚餐。"

体育馆里瞬时响起了孩子的欢呼声，大家都很兴奋。"我会赢的！"本叫起来。蒂姆和汤姆交换了一下眼神。"本还是没变。"

"报名表会贴在办公室外面的走廊里。"詹金斯校长大声说。他的声音几乎被淹没在孩子们兴奋的喧嚣中。他本来还想再说点儿什么，但最后还是改了主意。

他笑着挥了挥手离开了主席台。

莫尔迪瓦校长跟着詹金斯校长一起离开了主席台。走到主席台边上的时候她停了一下转过身来又看了看孩子们。蒂姆发现自己正直直地盯着她的眼睛。他身体抖了一下。莫尔迪瓦校长慢慢地眨了一下眼睛，转过头迅速地跟上詹金斯校长从旁门出去了。

蒂姆看着她走出去，她黑色的长外套（是不是斗篷啊？）在身后飘着。"真的是吸血鬼，也许……希望她不是！"他身子又抖了一下，然后向着詹姆斯走过去。

4

算我一个！

十月

周日	周一	周二	周三	周四	周五	周六
24	25	26	27	28	29	30
1	2	3	4	5	6	7
8	9	10	11	12	13	14
15	16	17	18	19	20	21
22	23	24	25	26	27	28
29	30	31	1	2	3	4

剩余天数：

35

"她真的很吓人。"大家一起走回教室的时候爱丽丝说道。

蒂姆点点头："我觉得她是一个吸血鬼。"

"别傻了，她只是个子高，还瘦，黑色头发还有浅色的皮肤……还有细长的手指和红指甲……又尖又白的牙……还有长的黑外套……"本停了一下，"好吧，没准儿她是看起来像吸血鬼，但这并不表明她就是吸血

019

鬼。"

"你不想想为什么她想让咱们做万圣节展示？吸血鬼都喜欢万圣节，他们都不用藏起来！"爱丽丝补充道，"为什么不是圣诞节项目，或者感恩节什么的？"

汤姆耸了耸肩："她是不是吸血鬼都无所谓啦。我们只要想想能怎么赢这个比赛就好了。我想得第一名或者第三名——我可不想再吃什么神秘午餐！"

"别忘了我们要和中学的组队。"爱丽丝提醒道，"我已经想好人选了。"

"不要！"本马上反对道，"不，不，不！我不想跟我姐在一起！"

蒂姆轻轻拍了拍本的肩膀："行了，也不是那么糟啦。盖树屋的时候她表现得挺酷的嘛。"

本摇了摇头："也就你这么想，我可是跟她住在一起。她特别烦，老是告诉我该干这个该干那个，就好像她总是对的似的。"

"蒂姆，你记得吗，因为出了事故，本实际上没跟咱们一起盖树屋，所以他真的不像咱们那么了解阿曼达是怎么回事儿。"汤姆提醒道。

"没盖……没盖……没盖树屋？！"本喷着唾沫，他的脸涨得通红，"是我开始盖树屋的！我找到的树！那本来是我的主意！"

"是，没错，你先开始盖的那个旧树屋，但是我们后来放弃了。我们说的是那个真的盖好的树屋，是和女孩儿们一起盖的那个。"汤姆纠正道。

"你记得吧，整个夏天我们都在那儿玩儿来着。"蒂姆说。

本看起来好像要马上爆炸一样。"可那是我的主意！"他跺着脚走到他的课桌旁坐下来，这个时候老师正好走进了教室。"她一定把你们都洗脑了。"本愁眉苦脸地低声说。

他把练习册拿出来甩在桌子上。老师回过头来皱着眉看着他。"我可不想听她的！"本自言自语地嘟囔着。

中午的时候，蒂姆、汤姆和爱丽丝一起坐在操场旁边的野餐桌旁。他们想在吃午饭的时候一起讨论一下万圣节展览的想法。詹姆斯走过来和他们坐在了一起。

"本在哪儿？"他问道。

"在那儿呢。"汤姆指着操场的另外一边，本一个人在那边坐着。

"他在那儿干吗？"詹姆斯皱着眉头问。

"郁闷着呢。"爱丽丝说，"他不想跟他姐姐一起做万圣节的项目。"

"这样啊，"詹姆斯摇了摇头，"他为什么不……哦，对了，我老是忘了他没跟我们一起把树屋盖完。"

"他对这件事可不高兴了。"蒂姆说，"他说整个盖树屋的主意一开始就是他的想法。"

"别傻了！每个小孩儿都想盖树屋，他只不过找到了一棵树而已。"詹姆斯想了一会儿，叹了口气，"也是，我觉得盖树屋确实是他的想法。你们想让我去跟他谈谈吗？"

"你要是觉得有用的话。"爱丽丝答道。

詹姆斯把自己的饭盒扣上，向本那边走去。他走到本前面停下来。"你现在能悠到最上面的横杠了吗？"詹姆斯问。他知道本一直想把秋千悠成一个圈儿。

"还没呢，"本嘟囔着，"不过已经接近了。"

"你今天干吗在这儿吃午饭啊？"詹姆斯问。他坐在本旁边的草地上，打开了自己的饭盒，从里面拿出一个三明治和一盒果汁。

"我不想跟你们在那边吃饭。"本皱着眉，"我不想跟阿曼达有什么瓜葛。"

詹姆斯往四周看了看，有点儿糊涂。"阿曼达不在这儿啊，她在中学呢。"

"是，不过她没准儿也会来。"本指了指野餐桌那边，"如果他们那么想跟她一起做项目，那就随便他们吧。不过我可不想。我有一些好主意，我可以自己做。"

詹姆斯把吸管的塑料包装扯开，插进了果汁盒子

里。他侧过脸看着本，吸了一口，说道："你得跟中学的孩子一起组队，记得吧？"

本耸了耸肩："没问题，我会找到人的。实际上，我已经有了一个好主意。阿曼达老是说起她班里的几个小孩儿，所以我可以问问他们其中的一个。"他朝着詹姆斯狡黠地笑了笑。

詹姆斯挑了挑眉毛。本咬了一口三明治，摇了摇头。詹姆斯也咬了一口自己的三明治，然后低下头研究着他脚下的小草。"本到底要干吗？"

5

这个不可怕

十月

周日	周一	周二	周三	周四	周五	周六
~~24~~	~~25~~	~~26~~	~~27~~	~~28~~	~~29~~	30
1	2	3	4	5	6	7
8	9	10	11	12	13	14
15	16	17	18	19	20	21
22	23	24	25	26	27	28
29	30	㉛	1	2	3	4

剩余天数:

32

　　周六的早上，阿曼达很快地吃完了早饭并且刷完了牙齿。她把餐桌清理干净，然后在桌子上摆了一些纸和铅笔。门铃响的时候，她正坐在客厅里看卡通片。"我去开门！"阿曼达叫着。

　　阿曼达打开门。蒂姆、汤姆、詹姆斯、贝琪、爱丽丝和苏珊都在门口站着。"进来吧！"阿曼达示意大家，"请把鞋脱了。"

　　詹姆斯笑着摇了摇头，他没解鞋带就把鞋从脚上脱了下来。"我们记得，我们都来过你家好几次了。"

"学校真不错，让我们能一起做这个项目——校长同意组里多一个小学的学生。"爱丽丝说。他们走进厨房坐在桌子旁边。

蒂姆和汤姆都点了点头。

"本在哪儿？"詹姆斯问道。

阿曼达扭头指着走廊的方向："还在他屋里呢。他很奇怪，今天起得很早，早饭也吃得很早。我觉得他昨天下午就把自己屋子收拾干净了。"

"要是本愿意跟我们一起就好了。"贝琪有些伤心，"我们重新在一起做多好啊。"

"我不知道他们能不能让咱们组里多两个小学的学生，"蒂姆说，"要不然咱们就得再加一个中学的学生。"

"要是本不想加入咱们这儿来的话，咱们也不能强迫他。"汤姆摇摇头。

"我们真没什么好办法，"阿曼达同意，"本很固

执的。"

就在这个时候门铃响了。七个孩子互相看了看，有些惊讶。"谁还会来呢？"蒂姆问。

"我去开门！"本叫着，从走廊跑到了门口。本穿着一件整洁的、没有任何破洞的T恤衫，而且看起来他今天还洗了脸和梳了头发。他跑下楼梯把门完全打开。"请进！"本隆重地邀请着，"请把鞋脱了。"

本先走进厨房，然后站到一边来介绍他的客人："这是我七年级的万圣节项目合作伙伴，他的名字是……"

"奥利弗·温斯顿！"阿曼达尖叫起来。

本和奥利弗一起走向他的房间的时候，笑得嘴都合不拢了。

"谁都行就不能是他！"本把他屋子的门关上之后，阿曼达很不高兴地说道，"谁都行就不能是他！"

　　苏珊把手放在阿曼达的肩膀上："本就是想让你觉得烦。"

　　"没错，我确实很烦。"阿曼达皱着眉头嘟囔着。

　　"没关系啦，"贝琪安慰地说道，"我们只要专心做我们的项目就好。我们七个人肯定能做出比他们两个人更好的项目来。"

　　"我觉得也是。"阿曼达耸耸肩，"都知道本吧，他估计又是直接就开始干，然后把事情搞砸。"

　　"好吧，我们来回顾一下我们应该干什么。盖树屋已经是几个月之前的事情了。我们来温习一下项目的基本要素吧。"

　　阿曼达拿过几张有些皱的纸在桌子上铺平。"好，一个项目的基本步骤是思考、计划、实施和完成。想想我们想做什么，计划一下我们应该怎么做，然后实施，最后完成，还要确定我们是按照计划来实施的。"

　　她又指着其他几张纸说道："我们需要了解这个项目的情况，包括：项目要求，截止日期，资源，有哪些队员，我们需要掌握哪些技能，等等。"

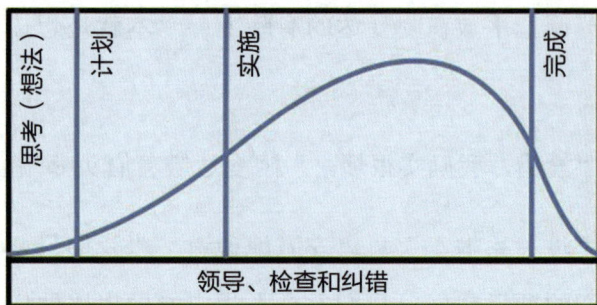

思考（想法）　计划　实施　完成

领导、检查和纠错

树屋要求：

- 一层或者两层
- 绳梯

目标完成日期：

- 夏天之前

资源：

- 绳子
- 木料
- 钉子
- 锤子
- 锯
- 电钻

团队：

- 苏珊

- 贝琪

- 爱丽丝

- 阿曼达

- 蒂姆

- 汤姆

- 本（受伤）

- 詹姆斯

需要的技能：

- 打结

- 测量

- 锯木料

- 钻孔

- 安全第一！

"下一步，我们需要把任务具体化，这样比较容易做：这些是我们需要完成的事情。这些是我们当时盖树屋的时候一开始做的事情。"

```
想法        树
   ┌────────┼────────────┐
  绳梯      第一层        第二层
   ├─绳子   ├─平台        ├─平台
   └─踏板   └─栏杆        └─栏杆
```

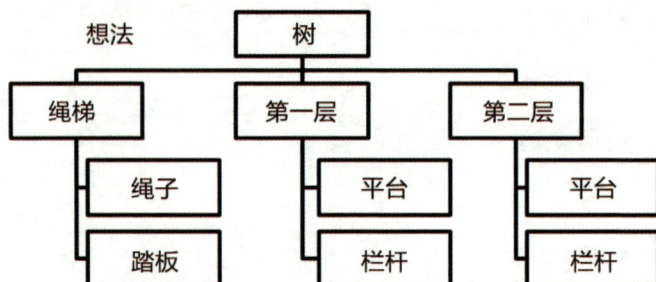

"然后我们明确哪些任务是我们必须做的。"

任务：

- 找到一棵树
  - 去树林里找树
  - 检查树的尺寸和树杈的情况
  - 选一棵树

- 做绳梯
  - 测量高度
  - 打孔
  - 把绳子固定在树上（打结）
  - 把踏板固定在绳子之间
  - 打结

- 盖第一层
  - 检查树杈
  - 测量木板

- 固定木板
- 加栏杆
- 盖第二层
  - 检查树杈
  - 测量木板
  - 预装木板
  - 固定木板
  - 加栏杆

……

她又拿出另外几张纸："然后，我们需要把任务按部就班地组织好。"

阿曼达盯着几张纸看了一会儿，抬起头看着她的朋友们："这次的项目我们也应该做类似的计划。"

"嗯，我们想做什么呢？"她问。

有好一阵没有人说话。大家都盯着桌子上的几张纸在看。詹姆斯抓了抓头。

最后爱丽丝先开了口："我觉得我们没有一步一步来。"她把桌子上的几张纸都翻过去，正面朝下。

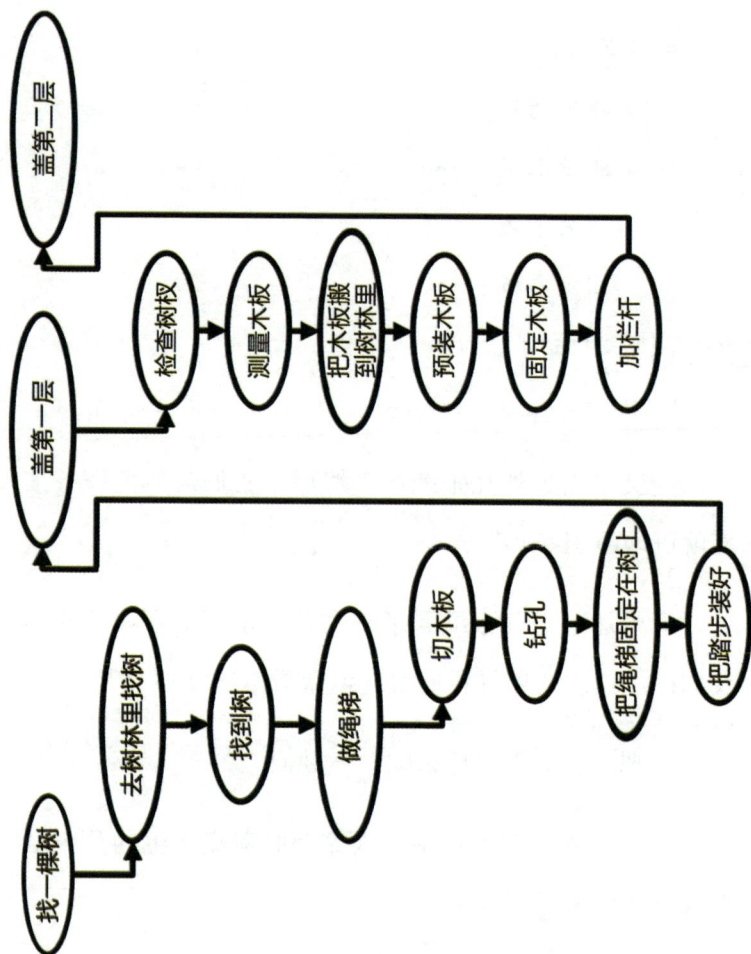

　　"计划的细节我们可以以后再讨论。现在，先来想想什么是最好的万圣节作品。"爱丽丝拿过一张白纸和铅笔，"像咱们在课堂上做过的一样，先来个头脑风暴吧。我把大家的想法都写下来，然后我们再来讨论。谁先来？"

　　"鬼怪！"詹姆斯首先建议。

　　"盗墓者！"汤姆叫道。

　　"妖怪！"蒂姆也加了一句。

　　"骷髅！"苏珊笑着说。

　　瞬间，一大堆想法都出现了。

　　"满月！"

　　"墓地！"

　　"蜘蛛！"

　　"蝙蝠！"

　　"狼人！"

　　"吸血鬼！"

"莫尔迪瓦！"

"什么？"贝琪打断了大家。

蒂姆看起来有些尴尬："嗯……她有点儿吓人，而且她没准儿真是个吸血鬼。"

"别傻了，莫尔迪瓦校长挺和蔼的。"苏珊说道。

爱丽丝有些不耐烦："别打断咱们的头脑风暴，请继续。"

"无头人马！"

"棺材！"

"科学怪人！"

"南瓜！"

"浓雾！"

"僵尸！"

"糖果苹果！"

"木乃伊！"

"巧克力！"

"牙医！"

"牙医？那有什么可怕的！"贝琪又打断了大家。

爱丽丝翻了翻白眼，不耐烦地拿铅笔在纸上敲着。

"我觉得牙医绝对不喜欢有那么多糖果的万圣节，牙医的一些工具真的很讨厌。"苏珊解释道，"我觉得牙医们可能会在万圣节的时候很生气，这会让他们看起来很可怕。"

"你是说狼人牙医吧？"汤姆偷偷笑着。苏珊瞪了他一眼。

"还有没有别的主意？"爱丽丝问。她环顾了一下坐在桌子旁边的孩子们。所有的孩子都摇了摇头。

"那好吧，现在来看看所有这些想法，看哪些是我们喜欢的。要选一个特别酷和别出心裁的想法。我们不想跟别人选一样的主题，除非我们能比别人做得更好。"

"牙医绝对是很特别的想法。"苏珊坚持着，"我

敢打赌没有人会选这个。肯定有很多人会选木乃伊或者科学怪人和鬼怪。每个人都会想到这些。"

"还会有很多选吸血鬼的。"蒂姆觉得不寒而栗。

"没准儿我们可以把一些主题组合起来，比如一个僵尸吸血鬼牙医或者什么别的？"汤姆建议道。

苏珊朝着蒂姆伸了伸舌头："别拿我开心啦！牙医的钻头听着真挺吓人的。我上次去洗牙的时候听见牙医给另外一个人用来着。"

"你听见谁尖叫了吗？"贝琪问。

"那倒没有……只是听见钻头的声音。"苏珊回答。

"那样的话就没那么可怕了，是吧？"贝琪确定地说。

"实际上你应该更害怕巧克力和糖果。"阿曼达继续开着玩笑，"你要是不吃糖就不会去牙医那里补牙了。"

"但是万圣节就得有糖果和巧克力啊，说的就是这个！"苏珊看起来有些沮丧。

"我挺喜欢我的牙医。"贝琪继续说道，"他很亲切，而且每次洗牙的时候都不疼。"

"女生们，女生们！"詹姆斯央求道，"我们能不能专心在我们的项目上？我们要选一个好的主题！"

孩子们用了一个半小时讨论了每一个想法，但是他们没有统一的意见。大家开始觉得沮丧了。每个人都有自己喜欢的主题，苏珊一点儿也不想改变她的牙医的提议。她坚持这是个独创的想法，而且可以做出一个很棒的项目。

"没人会理解这个的。他们会觉得这个主意很没劲的。"贝琪反驳道。

"什么很没劲？"本问。他和奥利弗走进了厨房。孩子们争辩得很激烈也很大声，根本没有听见这两个人走进来。"我是说，除了我姐姐没劲之外。"

七个孩子马上停止了说话，都盯着本。

"你们有很多好的想法哈！"本狡黠地说，"你们还在这儿争论的时候，我和奥利弗已经把所有的事情都搞清楚了。"

"因为我腿摔断了，所以我确实没跟你们一起盖树屋，不过这不代表我聋啊。我听见你们每周都在做计划，我也学了一点儿。'想法—计划—实施—完成'，也没有那么难嘛。"本指了指桌子上的纸，然后用大拇指指着他的客人。

"奥利弗和我已经想好了我们要做什么了，而且我们已经做好了计划。我们知道要做什么，也搞清楚了应该怎么做和什么时候做。我们甚至明确了需要什么和谁干什么。我们的项目会非常棒，而且我们会赢得第一名！"

"而你们，"他指了指桌子旁的孩子们，"你们都还决定不了你们做什么主题呢！"本一边大笑着，一边和奥利弗下楼走到大门旁。奥利弗穿上鞋，本打开了大门。"下周见，奥利弗！"本说完关上了门。他走上楼梯走进厨房，脸上满是胜利者的微笑。他嘴里一边吹着皇后乐队的《我们是冠军》，一边走进了自己的房间，关上了门。

七个孩子张着嘴坐在桌子旁，互相瞪着。他们都不知道该说什么了。"刚刚发生了什么？"

"……这个人是谁，他跟本都计划了什么？"

6

我都想要

即使听到本的惊人的宣言，一个小时之后七个孩子还是不能达成统一的意见。

"这太可笑了，"爱丽丝说，"我们连意见都不能统一。"

詹姆斯把手举了起来："没准我们的问题是……我们只想有一个问题。"

阿曼达看着他，一脸的困惑："……只想有一个问题？你什么意思？"

詹姆斯不舒服地在他的座位上扭了扭。他们已经坐了很久了，一直在厨房的木凳子上坐着，他的屁股都开始觉得有些酸了。"我的意思是说，我们没准儿看问题的方法不对。我们一起盖树屋的时候，每次只需要顾及一件或者两件主要的事情——平台、栏杆、绳梯或者别的什么。可这回不一样了，我们有很多的想法，而且不只是一个好想法。"

"得了，这才是问题，福尔摩斯。"贝琪抱怨着，她累了，也饿了。已经过了午饭的时间。

詹姆斯坚持道："为什么我们就不能有多个好的想法呢？我们有很多人，为什么我们不能把几个不一样的想法放到一起来干呢？"

"你是说，所有的想法我们都用？"汤姆问。

"也许吧，或者至少大部分的，"詹姆斯建议道，"但是我们也可以在一开始的时候考虑所有的想法，之后再砍掉几个。"

"我……都……想……干！"汤姆说着，还特意模

仿着吸血鬼的声音，他的两只手像爪子一样伸向空中，
"哈哈哈哈！"

"嗯，我觉得也是。我们上次一起做了很多事情，
这次应该也行。"阿曼达若有所思地说。

"那好吧，让我们来看看需要些什么——服装道
具、材料、用品或者其他什么东西。每个人负责两个或
者三个主题，列出来我们需要做什么。现在，谁想负责
哪个主题？"

"我来做牙医这个！"苏珊赶紧自荐。

"当然是你了。"阿曼达笑了，把这个写了下来。

当他们分派完所有的任务之后，单子是这样的：

蒂姆：吸血鬼、僵尸、棺材

汤姆：鬼怪、盗墓者、妖怪

阿曼达：骷髅、蜘蛛、南瓜

苏珊：牙医、糖果苹果、无头人马

贝琪：蝙蝠、狼人

爱丽丝：满月、墓地、浓雾

詹姆斯：科学怪人、木乃伊

"这个头儿开得不错，"阿曼达看着自己列出的单子说道，"我们周三下学后还在这里碰头，看看每个人都完成了些什么。"

孩子们都从厨房飞跑出去穿鞋。阿曼达打开了门，朝离开的孩子们挥了挥手："下周一见！"

周三放学后孩子们在阿曼达家集合了。本不在家——他去奥利弗家做他们的项目了。

剩余天数：

28

十月

周日	周一	周二	周三	周四	周五	周六
~~24~~	~~25~~	~~26~~	~~27~~	~~28~~	~~29~~	~~30~~
~~1~~	~~2~~	~~3~~	4	5	6	7
8	9	10	11	12	13	14
15	16	17	18	19	20	21
22	23	24	25	26	27	28
29	30	(31)	1	2	3	4

　　阿曼达示意她的朋友们上楼去厨房。桌子上的盘子里准备好了刚出炉的饼干，台子上还有一罐牛奶。大家都各自倒了一小杯牛奶，挑了些饼干，然后坐到了桌子旁边。阿曼达把牛奶放回冰箱后坐在了桌子最前端。

　　"好吧，看看我们现在有些什么了。"阿曼达说道。她手里拿着上次做的分配万圣节任务的那张纸，面前还摆着另外一沓白纸。

　　爱丽丝从兜里拿出一张纸，把它打开来。她用两只手把纸抹平，然后开始读了起来。"如果我们足够幸运的话能正好碰到满月——我查过了日历，今年万圣节那天的月亮会很接近满月。墓地嘛，我们需要一些假的墓碑，或者类似的东西。我们可以做出浓雾来，不过需要一些特殊的机器——干冰也行，所以需要家长帮忙。"

阿曼达点点头："太棒了，下一个是谁？"

詹姆斯咳嗽了一下："我负责科学怪人和木乃伊。如果我们自己想扮演怪物的话就需要一些道具，或者可以给一些假人穿上衣服，戴上面具，再贴一些绷带在上面。我从网上找到了一个材料的单子打印出来了。"

接下来说话的是汤姆："鬼怪和妖怪实际上差不多，用床单就行了，或者鬼怪的装饰更酷一些。可以让这些东西摇晃起来，再制造些响声，还可以把几个妖怪用铁丝挂起来。我觉得需要几个面具，没准还需要一个或者两个假人来做妖怪。"

阿曼达做完笔记，抬起头来说道："真不错！你怎么样，贝琪？"

贝琪把她做笔记的纸打开。"我们可以搞到各种塑料的蝙蝠，然后挂起来。还有狼人面具，多毛的道具胳膊或者别的什么。对了，狼人喜欢满月，所以时机正合适！"她朝着爱丽丝笑着说道。

这个时候蒂姆正盯着桌子，一副若有所思的样子。

"下一个我来说吧！"苏珊抢过了话头。詹姆斯翻了翻白眼。"做糖果苹果很简单，我下载了一个菜谱和步骤要求。不过我们得去找特殊的道具来做无头人马，因为我觉得没人会愿意做这个没有头的志愿者。"她朝桌子四周看了看，每个人都在摇头，汤姆用两只手抱着自己的脑袋。"所以最后……"苏珊笑了，"牙医！我找了很多关于牙科的很酷的信息，牙医曾经做过很多看起来恶心的东西。很久以前还有很多看起来很奇怪的牙医工具。我叔叔收集了一些很古老的牙科工具，他说如果我们很小心的话，他可以都借给我们。他甚至还有一把很老旧的牙医的椅子，我们也可以用！"苏珊笑着把两个胳膊交叉在身前，"肯定棒极了！"

阿曼达把她的笔记拿出来，说道："我写了一个骷髅、蜘蛛和南瓜需要的材料单子。南瓜最简单，蜘蛛——我觉得我们不会真想要活的蜘蛛，所以可以从商店里买那些假的蜘蛛网什么的。我做了些调查，我们不能用真的骷髅，所以得用那种塑料的。"

"所有人都说过了吗？"阿曼达问。

蒂姆的目光从桌子上移向了大家："就剩我了。这是我的单子。"他把纸推到阿曼达坐的桌子那边，"不过我在想，尽管我们的这些想法都很好，但是需要把它们都组织起来。有没有一个地方能容纳所有这些东西呢？"他一边问一边看着坐在桌子周围的孩子们。

有几个人耸了耸肩，还有几个在嘟囔："……牙医估计搁哪儿都不合适……"

蒂姆一边摇着头一边说道："就算牙医也能有地方放，有一个地方能把所有这些东西都搁下，你们知道那是什么吗？"更多的孩子开始摇头和耸肩。蒂姆继续说道："一幢鬼屋！用我们这些绝好的想法，我们能盖一个史上最棒的鬼屋！"他看着苏珊，"这样我们甚至还可以用上牙医的椅子。我们可以做成像迷宫一样，从一个主题到另一个主题，所以如果这些主题都不一样也无所谓。"

"好主意！"詹姆斯第一个表示赞同。

"我们去哪儿找这个地方呢？"苏珊问，"我们需要一个大的地方——比如车库，或者地下室，或者两个地方都得要。我们家的车库里都是我爸的工具什么

的。"

爱丽丝举起手："我家的车库基本是空的，地下室也能腾出些空间，后院也有些地方。我可以问问我爸妈能不能用。"

"那好吧——大家都同意吗？我们用这些鬼怪和其他的东西一起做一个鬼屋？"阿曼达问。

所有的孩子都点了点头。他们开始变得兴奋起来了——这是个好主意，肯定比本和奥利弗正在做的要酷得多。

"好吧，现在我们把从计划怎么盖树屋学到的东西用在做鬼屋上吧。"阿曼达说道，"我们知道主要的要求是什么了，也都知道截止日期是10月31日，还知道谁在我们的团队里，接下来需要做的准备就是资源和每个人的技能。"

鬼屋的要求：

- 必须是最可怕的！
- 需要足够大，能容纳下不同的主题
- 有很多鬼怪

- 必须要有墓地
- 要包括"牙医"这个主题

目标截止日期：

- 必须在10月31日之前完成！！

资源：

- 地点（车库、地下室、后院）
- 满月
- 雾（？）
- 鬼怪（木乃伊、科学怪人、僵尸、鬼怪、妖精、狼人、无头人马）
- 道具
- 面具
- 蝙蝠
- 蜘蛛和蜘蛛网
- 骷髅
- 装饰
- 墓碑
- 假人
- 南瓜
- 糖苹果

- 牙医椅子

团队：

- 苏珊

- 贝琪

- 爱丽丝

- 阿曼达

- 蒂姆

- 汤姆

- 詹姆斯

需要的技能：

- 设计迷宫

- 做墓碑

- 画可怕的东西

- 刷墙

- 装饰

- 刻南瓜

- 做糖苹果

- 做其他需要的东西

- 安全第一！

"好吧，现在我们来看看这些然后细分一下。"阿曼达说。她拿起一支铅笔和一把尺子开始在一张白纸上画起来。她一边问问题一边画着："苏珊，我们一定要糖苹果吗？"

"嗯，糖苹果挺好吃的，不过我觉得和鬼屋不是很搭配，而且还要单独花时间做，所以我们可以把糖苹果去掉。"苏珊一边用手指敲着桌子一边说，"不过没准儿我可以让我妈妈给咱们做一点儿。"

阿曼达朝苏珊眨了眨眼睛："好主意。我把糖苹果从咱们的单子里去掉，不过你得去问问你妈妈。"

几分钟后，示意图画好了。"瞧这个！"阿曼达宣布，"这是咱们的工作分解结构，列出了我们对鬼屋的所有想法，这样我们就能更清楚地知道我们需要做什么和怎么把这些想法都搞在一起了。"

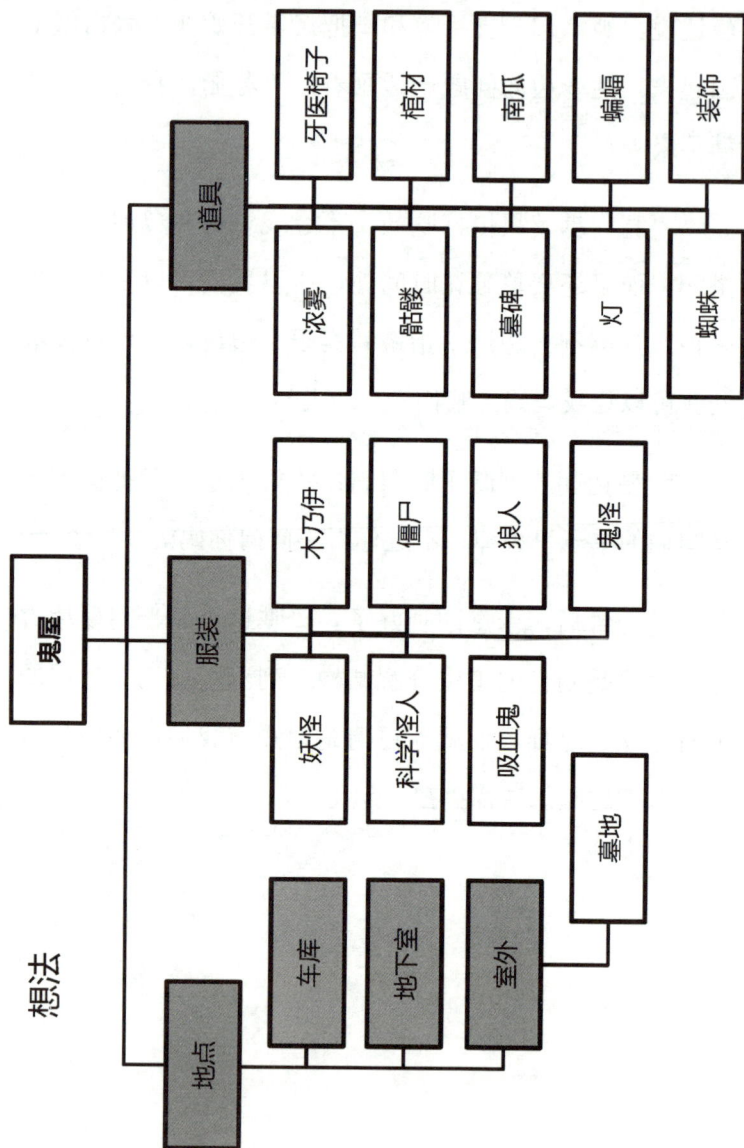

"现在，我们来把这些任务的顺序排出来，这样我们就能看出来它们彼此之间的依赖关系，还有我们应该从哪里先开始。"阿曼达画了另一个示意图。

然后阿曼达又重新读了读每个人的笔记，在购物清单上又加了一些东西。

服装：

- 木乃伊
- 妖怪
- 科学怪人
- 僵尸
- 狼人

道具：

- 蜘蛛网
- 蜘蛛
- 骷髅
- 蝙蝠
- 墓碑
- 棺材
- 灯

- 造雾机器？

用品：

- 油漆

- 创可贴

"看这儿！"阿曼达宣布，"这是个很好的开端，一个简单明了的计划。好，我们去问问家长，看能不能周六的时候去商场买我们需要的东西，然后就可以开始盖我们的鬼屋了。"

阿曼达跟伙伴们一起走到前门，大家穿鞋和外套的时候，她又很快地看了看计划。"周六见！别忘了带你们的零花钱！"阿曼达打开门，一边向大家致谢，一边在大家身后喊着。

7

一美元店的忧伤

一美元店

周六上午大概11点半的时候，孩子们在阿曼达家外集合，等着去商场。他们来得比较晚，是因为蒂姆和汤姆的外公外婆来他们家了。双胞胎要在外公和外婆回农场之前和他们见面。

本已经在两个半小时之前就和奥利弗、奥利弗的爸爸一起出去了。

"早上好，吴太太。"阿曼达走出来，然后关上了

身后的门。

"早上好，阿曼达。"爱丽丝的妈妈笑着说。她主动提出带孩子们一起到商场去，商场在几个街区之外。"爱丽丝问我，你们能不能用我们的车库和地下室。没问题，不过你们用之前和之后都要收拾干净。"

"谢谢，吴太太。"阿曼达答道。

"准备好了吗，孩子们？"吴太太边问边数着看是不是所有的孩子都到了。大家都点点头。看人都齐了，她转身朝商场走去。孩子们都赶紧跟上去，因为爱丽丝的妈妈走得很快。

等他们到了商场的时候，停车场几乎都满了。商场里面更糟——到处都是孩子和家长们。看起来好像两个学校的孩子和家长都在那儿，还有一些其他的人。

"我觉得我们应该早点儿来。"阿曼达嘟囔着。她看着蒂姆和汤姆，两个人耸了耸肩。父母一放他俩走，他们就马上来了。

"好吧，我们都准备好了。我们有清单，很清楚我们需要什么，还能难到哪儿去？"阿曼达笑着说。不过听起来她并没有那么自信。

"第一站先去万圣节商店，去找找面具和服装！"

他们走到商场另一头，那里有临时开在服装和电子商店之间的万圣节商店。万圣节店非常棒——你能想到的所有可怕的和吓人的东西那儿都有，不过价钱也很吓人——没有什么东西是孩子们能买得起的。

七个失望的孩子从商店里走出来站到爱丽丝妈妈身边，她一直在商店外面等他们。"虽然我们什么也没买，不过我们又有了很多好主意——光看看又不花钱！"苏珊试着鼓励大家。

他们又去了下一个商店，希望能找到些单子上的东西。他们去了专柜商店的那些卖应季商品的地方。那些地方卖的东西都不像万圣节专卖店的那么有趣，不过倒是有些各种各样的好玩意儿，而且还不太贵。

不幸的是，当他们去到专门卖万圣节物品的部分时，大多数货架都快空了。有几个包装都被打开了的装饰品，但不是坏了就是东西不全。詹姆斯搜到两个骷髅灯，不过缺了几条腿。

他们去的下一个专柜商店情况也差不多——所有的好东西都没有了，只剩下了一些给小小孩儿的玩意儿。贝琪总算找到三个挂在线上的塑料蝙蝠，还在一盒假的狗屎盒子后面发现了几包尼龙的蜘蛛网。她把这些都放进了她的购物筐里。

贝琪交了钱之后，孩子们又在商店外面和爱丽丝的妈妈聚在一起。"我们运气不好！"蒂姆抱怨着，"做了那么多计划和安排——结果都被其他人抢先了！"

"别忘了还可以去一美元店啊，"阿曼达提醒大家，"那个地方以前可从来没让我们失望过。"

一美元店是商场里孩子们最喜欢去的地方了，不只是因为价钱便宜，孩子们能买得起大部分的东西，更是因为他们那里总是有些新鲜和有趣的东西，比如很酷的玩具、游戏和服装道具。质量当然不是最好的，经常是没玩儿多久玩具就坏了，不过孩子们把那儿当成一个再去光顾一美元店的借口，好再去看看其他的东西。

七个孩子被唤醒了希望，信心满满地走进了一美元店。阿曼达左手拿着清单，她手里的笔已经准备好划掉能买到的东西了。

三分钟后，七个非常沮丧的孩子两手空空地离开了一美元店。

"简直不敢相信！"爱丽丝抱怨道。

"所有东西都卖完了——连一点儿万圣节的东西都没剩下。"汤姆哼唧着。

"没准儿就是因为比赛的原因。"蒂姆给出了自己的解释。

"原因都不重要——但是我们现在真的有问题了。现在距万圣节不到四周的时间了，说实在的我们现在连材料都没有！"阿曼达用手遮住脸，摇摇头。

正在这个时候，本和奥利弗从旁边走了过来。"你们是要做隐形人吗？"本狡黠地说道，"如果你们真是买了什么万圣节的东西的话，我还真看不见！"

贝琪和詹姆斯尽量把他们的空袋子藏起来。

"你们运气不好啊，"奥利弗说，"我们需要的所有东西都找到了！"他朝孩子们展示了三个大袋子，满

满的都是万圣节的东西。

本举起另外两个袋子眨了眨眼："我们现在就去奥利弗家开始干了。回见啦！"他们俩穿过商场，奥利弗的爸爸跟在后面。本又开始吹起了口哨。

"我们是冠军……"（皇后乐队的歌曲《我们是冠军》。）

8

问题怪兽

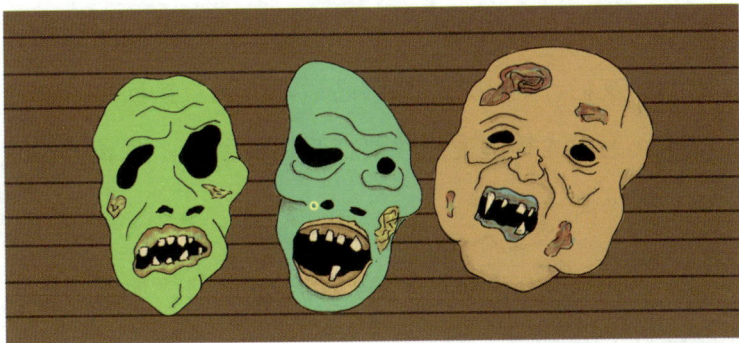

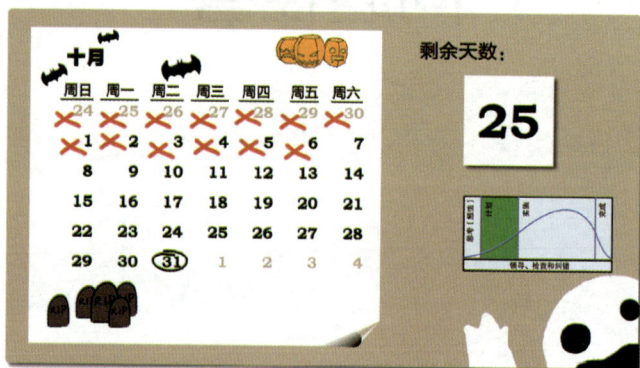

"该用我们的B计划了。"阿曼达看了看坐在桌旁她的朋友们。购物之行惨败之后，他们直接回了阿曼达的家。吴太太提醒爱丽丝要在晚饭前回家，就和孩子们挥了挥手离开了。

"什么是B计划？"詹姆斯不解地问。他不记得哪张纸写了B计划。

"我们现在要想出一个来。"阿曼达叹了一口气。

"我还是觉得整个想法还是很不错的，"汤姆说道，"不过现在的问题是怎么用几个蜘蛛网、几个塑料蝙蝠和一个……"詹姆斯打开了他的袋子，给大家看里面的东西，"……和几串坏了的灯来做鬼屋?"

"我们还有牙医椅子。"苏珊补充道。

詹姆斯伸了伸舌头："我们还得有些别的东西。另外，如果你是牙医的话才够吓人！"

贝琪抢在苏珊回答她弟弟之前先说话了："谁规定所有的东西都得从商店买了？我们可能没有那么多钱买所有需要的东西。我们要用自己的想象力来做些东西。我们有很多旧纸盒子，家里还有一些旧衣服，而且还可以问问家长有没有什么他们不要的旧的服装道具，这样的话我们就可以只买几样东西了，比如油漆和气球。"

"气球？干吗用的?"爱丽丝问。

"嗯，我以前在电视上见过把纸浆涂在气球上面来做面具。"贝琪解释道。

"有意思。"阿曼达说着，把清单拿出来铺在桌子上，"如果这个可行的话，我们就可以自己做很多面具

了，然后用旧衣服来做服装。我们还是要想想怎么来做假人，不过没准儿可以往旧衣服里面填旧布什么的，这取决于我们需要做多少了。"

孩子们开始互相交流各种想法，他们很快就从购物的失望中恢复过来了。两个小时后，大家的热情又高涨起来，也有了新的计划。阿曼达把新计划叫作"B计划"，还把"B计划"这几个字写在每张写着新计划纸的最上面。"希望我们不会需要C计划。"阿曼达一边说，一边和团队成员们开始检查这个新的计划。

"我们现在有一个新的工作分解结构，和以前的那个不相同。不过我觉得现在这个更好。"阿曼达指着示意图说道。

"这样一来我们需要干的事情就清楚多了。鬼怪、服装、布景、效果和道具——这样来分配谁干什么也容易多了。"

阿曼达又拿出B计划的顺序示意图。

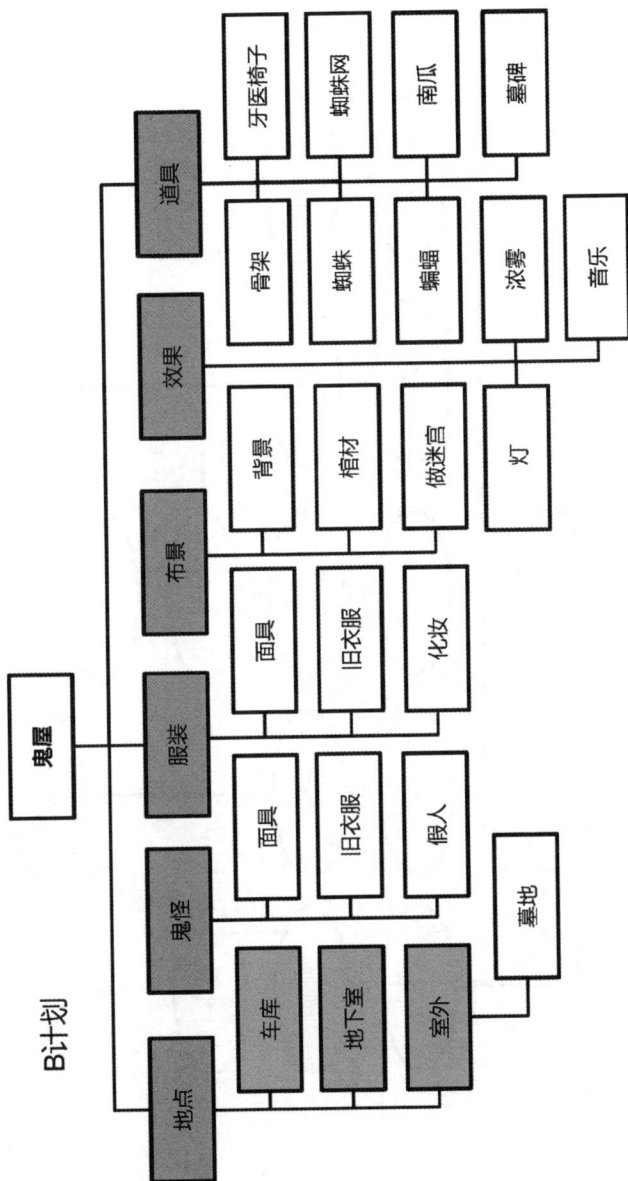

B计划

鬼屋

- 地点
  - 车库
  - 地下室
  - 室外
    - 墓地
- 鬼怪
  - 面具
  - 旧衣服
  - 假人
- 服装
  - 面具
  - 旧衣服
  - 化妆
- 布景
  - 背景
  - 棺材
  - 做迷宫
  - 灯
- 效果
  - 骨架
  - 蜘蛛
  - 蝙蝠
  - 浓雾
  - 音乐
- 道具
  - 牙医椅子
  - 蜘蛛网
  - 南瓜
  - 墓碑

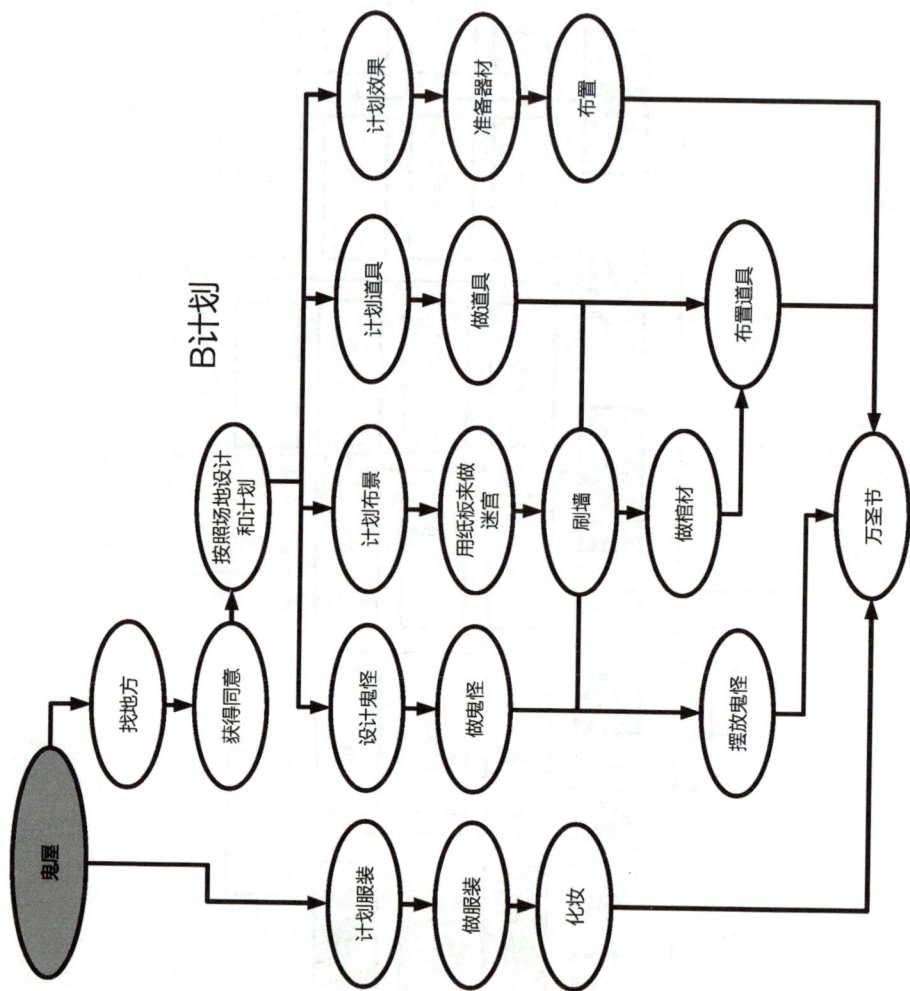

B计划

阿曼达又用了点儿时间研究了一下顺序示意图里表示每项活动的"气泡"和箭头，然后说道："我们可以用爱丽丝家的车库、地下室和后院，所以现在就可以规划鬼屋应该有多大，而且也可以开始设计布局了，这样我们就可以知道能做几个主题和需要做多少鬼怪了。我们得同时进行不同的任务，完成迷宫之后才能做最后的布置。迷宫布置好和涂好漆以后才能摆放鬼怪和道具。"她停顿了一下又看了看示意图，"虽然棺材是个道具，不过这是个大的工作，所以我们把它归在布景之下。"

"现在来分配任务——蒂姆和汤姆，你们愿不愿意做背景、道具、主要的装饰，还要把我们需要的东西组装在一起？"

蒂姆和汤姆一起点了点头："我们会先做墙，然后做道具。我们可以一起做这些事情。"

"嗯……让我修改一下顺序。"阿曼达说着，拿出了一块橡皮，修改了几条线和"气泡"。

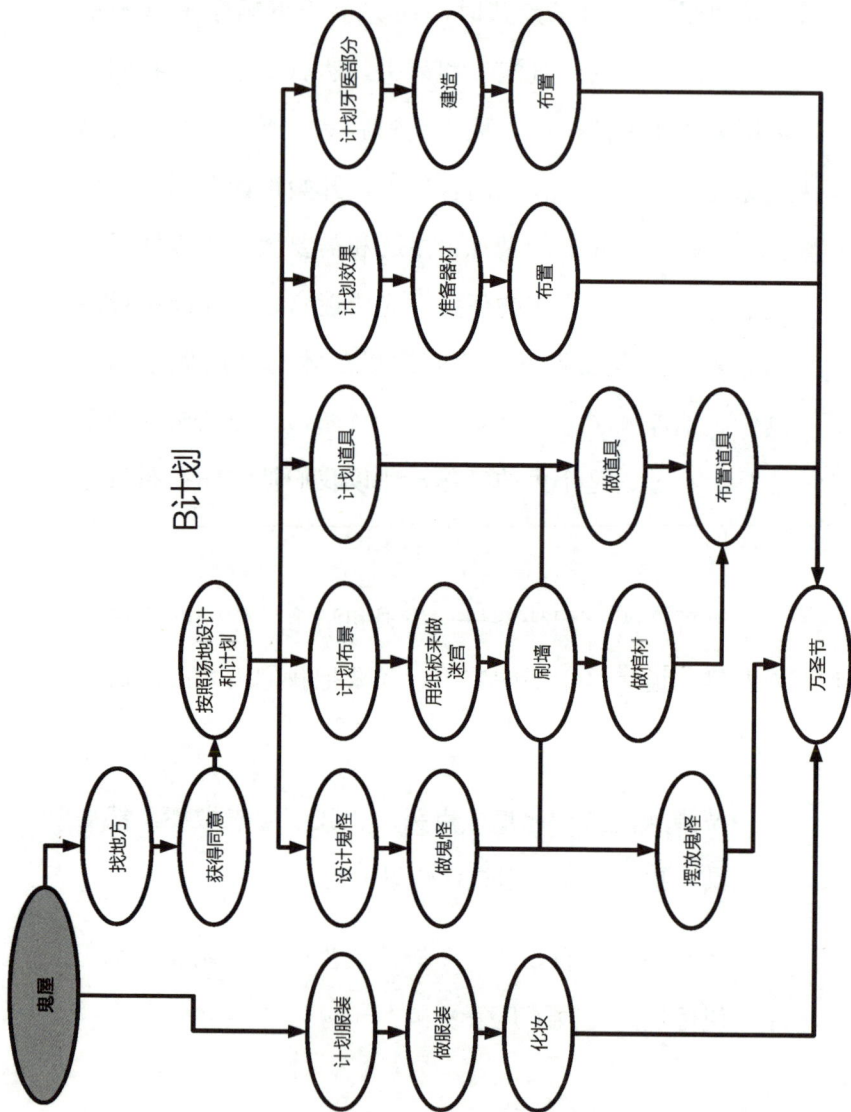

"爱丽丝和贝琪，如果詹姆斯来做特效，包括小的装饰和音乐的话，你们两个能不能做鬼怪和服装呢？"

三个人都点了点头。

"我负责所有人的化妆，并且确保每个人都有他们需要的东西。"阿曼达笑着说。

"最后，苏珊……"阿曼达转过身来眨眨眼睛，"……你负责这个痛苦的任务，怎么把牙医这个主题融入鬼屋里来，我们需要每个人的通力合作来完成这个主题，来赢得评委们最多的尖叫。"

一提到牙医，每个人都嘟囔起来。

"听着真恐怖！"蒂姆和汤姆一起抱怨起来。

"……比如拔牙。"苏珊笑着。

"别说了，别说了！"詹姆斯叫起来，还堵住了自己的耳朵。

阿曼达把责任分工的名单放在桌子中间，这样每个人都能看见。

鬼屋责任分工：

- 鬼怪——爱丽丝、贝琪
- 服装——爱丽丝、贝琪
- 画平面图——爱丽丝
- 背景——蒂姆、汤姆
- 道具——蒂姆、汤姆
- 特效——詹姆斯
- 牙医的东西——苏珊
- 化妆——阿曼达
- 协调/支持——阿曼达

"好了伙计们，我们都知道自己应该干什么和其他每个人应该干什么了，现在是时候开始工作啦！"阿曼达笑着说。

之后的几天里，孩子收集了很多旧的万圣节装饰品和衣服。有一天放学后，爱丽丝又去了一趟商场，在一美元店里买了气球、胶水、手工涂料和胶带。至少这些东西还没都卖光！

　　贝琪和阿曼达带了很多用来做面具的报纸和做小鬼的塑料袋。一些塑料袋被剪成长条，可以挂在天花板上。他们还找到了一些大块儿的泡沫塑料，可以切了用来做墓碑。

　　苏珊和詹姆斯带来了一堆压平了的大纸盒子。蒂姆和汤姆把较大的盒子拆开，用来做背景。等他们几乎把车库的墙都用纸板盖住以后，爱丽丝把布铺在地上，接着滴下来的涂料，这样可以避免把车库的地面搞脏。一切准备就绪，蒂姆和汤姆就可以开始刷漆了。

　　爱丽丝画了一个包括各个主题的鬼屋平面图。路线从车库的前面开始，在纸板墙之间回旋扭转，然后到达地下室。从地下室的楼梯走上去就到了后院（墓地）。出口设在房子侧面，车库靠马路的一边。

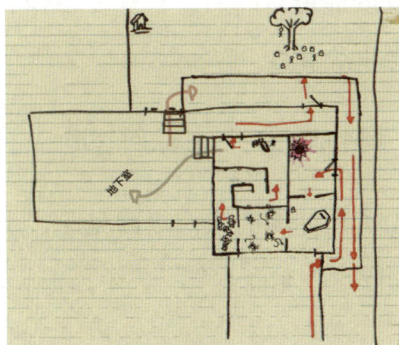

他们每天下学后就到爱丽丝家来干活儿，周末的时候还要多干些，以便赶上进度。孩子们都在担心本和奥利弗在做什么。

周日的下午，苏珊的叔叔用他的运货卡车把牙医的椅子送来了。孩子们把纸板墙挪开腾地方的时候，爱丽丝的爸爸出来帮忙把椅子从车上卸了下来。苏珊的叔叔和吴先生一起把椅子安置在车库后面的角落里，这将是去地下室之前最后的一个主题。

苏珊的叔叔回到卡车上，他从副驾驶的座位上拿出来一个虽然小但是很重的木盒子。他把盒子拿进车库放到了牙医椅子的旁边。打开盒子，里面是些古老的牙医工具。"从现在起，苏珊，你们要好好爱护这些东西。"他提醒着，"这些工具只能用来展示，绝对不是玩具。这里很多都是易碎的，有些还很锋利，所以你们摆放的时候要非常小心。"

"好的，鲍勃叔叔。"苏珊回答道。

他笑着拍了拍苏珊的头："回见了，小家伙。万圣节之后我再来取这些东西。"

　　他走出车库上了自己的卡车，临走的时候还不忘把车窗放下喊道："你们要好好吓唬吓唬别人！"

　　鲍勃叔叔挥挥手开车走了，孩子们回去继续做他们的鬼屋。

9

可怕的小房子

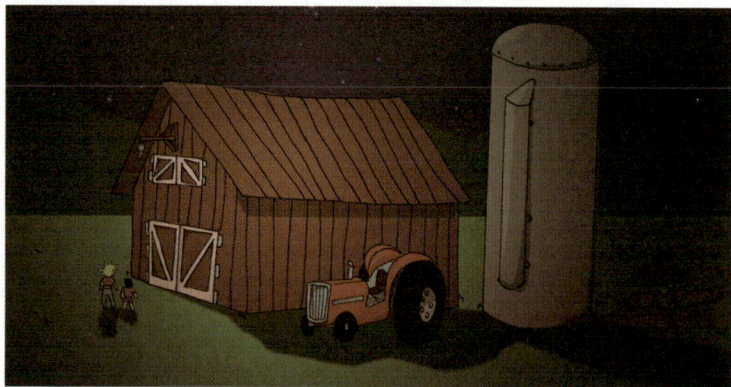

十月

周日	周一	周二	周三	周四	周五	周六
~~24~~	~~25~~	~~26~~	~~27~~	~~28~~	~~29~~	~~30~~
~~1~~	~~2~~	~~3~~	~~4~~	~~5~~	~~6~~	7
~~8~~	~~9~~	~~10~~	~~11~~	~~12~~	~~13~~	14
15	16	17	18	19	20	21
22	23	24	25	26	27	28
29	30	(31)	1	2	3	4

剩余天数：

18

　　接下来的一周，七个孩子保证每天放学后都跑去干活儿。他们一共做了十几个气球头面具了。四个填充的假人初显雏形，三分之一的纸板墙也已经涂上了吓人的背景颜色。

　　周六的时候蒂姆和汤姆没在爱丽丝家帮忙，他们要去外公外婆的农场。农场已经卖出去了，他们的外公外婆几周内就会搬到镇上的一个小一些的房子里。蒂姆和汤姆的爸爸妈妈还有他们的叔叔阿姨们这个周末也都要

去农场帮着清理，处理家里的一些家具和有纪念意义的东西。外公外婆的新房子没有那么多地方放下所有的家什。

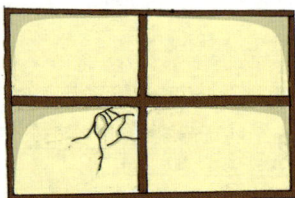

"我会想念这个地方的。"汤姆叹了口气。他和蒂姆在农场里面晃悠着。两人对家具、衣服和桌布什么的都不感兴趣，所以他们跑到外面来，想在太阳落山前再看一看这个地方。他们的表妹表弟们都还不到四岁，只有蒂姆和汤姆可以单独出来逛。

"每个夏天在农场探险的时候真的很酷啊。"蒂姆也感叹道。

他们跑到每个空着的粮仓里大叫然后听回声，接下来再跑进下一个粮仓。汤姆从一个粮仓的角落里抓起了一小把剩在那儿的小麦，放在嘴里嚼了起来。蒂姆也抓起了一些扔进嘴里。他们在那儿站了几分钟，仔细地嚼着。

"我不明白为什么外公喜欢嚼这个东西。他说就像嚼口香糖一样。没错儿，是挺有嚼劲儿的，不过什么味道也没有啊。"汤姆说着把嘴里的小麦吐在旁边的草里。

蒂姆点着头表示同意，也吐了出来。"我还是愿意吃口香糖。"

两个男孩儿在外面继续着他们的探险。他们发现了一个旧的棚子，里面有一些生锈的工具和报废的拖拉机。一些大型的农场工具从破烂的帆布底下露了出来。帆布上斑斑点点的都是土和油迹，破洞到处都是——有些地方被撕破了，有些地方像是被老鼠啃的。外公几年前就不再耕作了——他们把地租给了一个年轻的农民，他更有干劲儿也有更新的工具。

"过来看这儿，"汤姆在棚子的另外一边叫着，"这是外公的旧车！"

蒂姆从高高的野草和遗弃的工具之间穿过，走到他兄弟身边。那是一辆很大很旧的车——绿色的车身，有着白色顶篷，白色塑料和布料相间的座椅。车窗是关

着的，积了很多尘土。汤姆用自己的袖子把驾驶座这边的玻璃擦了擦好往里面看。车的方向盘又大又细，不过没有变速杆，只在仪表盘上有几个按钮写着"R-N-1-2-D"。

"真酷！"汤姆喃喃道。

"外公管它叫现代车，可是它已经这么老旧了。"蒂姆说，"而且所有的轮胎都瘪了。"

汤姆拉了拉门把手，门没开，不知道是锁住了还是年头太久门锈住了。

"这都被老鼠咬了，"蒂姆指着车座椅上几个地方被咬过的痕迹说，"我可不想坐在上面，老鼠没准儿会咬我的屁股。"

汤姆耸耸肩，小心地往后退了一步站到草地上。蒂姆也跟着他退了一步。

"到谷仓里看看吧。"汤姆说。

蒂姆摇摇头："外公说我们不能单独进去，有危险。"

"对小孩儿来说没准儿有危险，可是我们已经不是小孩儿了。"汤姆笑着，一边很有信心地往谷仓走去。

到了褪色的红色谷仓前他俩都停下了。谷仓有两扇很大的推拉门挂在外面，还有一个正常尺寸的门在左边。离地高处，还有一扇小的木门。所有的门都是关着的。

"来吧，咱们进去吧。"汤姆催促道。

"嗯，我不想进去。"蒂姆犹豫着。

"怎么，你害怕了？"汤姆嘲笑地说道。

"不是，我只是不想进去罢了，就这样。"蒂姆答道。

"好吧，我自己进去啦！"汤姆宣布道。他打开了那扇一人多高的门走了进去，身影随即消失在了阴影里。

蒂姆等了几秒钟，但是什么也没听见，而且也看不见汤姆。又等了几秒钟，蒂姆轻轻地叫着："汤姆？"

没有回答。蒂姆开始有些担心了，他小心地走近开

着的门，又小声地叫了声："汤姆？"

还是没有回答，只有谷仓发出低低的呜呜声，像是一阵风吹过门的声音。

蒂姆轻轻地走进谷仓。突然，汤姆从阴影里跳了出来。"嗨！"他嚷着。

"嘿，你吓死我啦！"蒂姆叫着，一边拍了他哥哥一下。

"看，你就是害怕了！"汤姆笑着。

"我才不怕呢！"蒂姆争辩道。

"你就是怕啦！"汤姆笑着，杵了一下蒂姆的肋骨。"行啦，我们已经在这儿了，不如就到处看看吧。"汤姆建议。

蒂姆回头瞥了一眼开着的门，然后犹豫地跟上了汤姆，两人消失在谷仓的深处。蒂姆慢慢地往前蹭着，听见自己脚下发出脆脆的声音。他低头一看，只见脚下有一小堆碎了的骨头。他往周围看了看，发现有十几只不知什么时候死去的老鼠散落在地上，骨头从它们干枯风化的皮肤里凸出来。这画面让蒂姆不寒而栗，他赶紧跟上了汤姆。

两个男孩儿完全没有意识到有十二三双眼睛正在黑暗中盯着他们。

10

可怕的动物标本

随着往谷仓深处走，他们的眼睛慢慢地适应了暗淡的光线。傍晚的阳光并没有穿过开着的门照进来。谷仓似乎像吸进了所有的空气之后被窒息了。两个男孩儿继续摸索前进，慢慢地、小心地往前走，以免被地上散落的东西绊倒。他们能看见旧的马厩的轮廓，用古老的木插销锁着。

汤姆踮着脚尖往一个马厩里看。满是灰尘的水泥地上有一些旧的稻草和一个破金属桶。空气里弥漫着很重的动物的气息，混杂着油腻和尘土的味道。他们走到下一个马厩旁。一束光线穿过墙缝照了进来，能看见地板的中间有一块暗色的斑点。"那是血迹吗？"汤姆有些怀疑。

一团缠绕在一起的粗绳子堆在墙角，一个马鞍在两个马厩之间的墙上放着。有一匹马曾经在这儿住过，蒂

姆想。"它现在在哪儿呢？"蒂姆想起来刚才在地上看见的老鼠骨头。"我希望最好不要看见那匹马。"他心里想着。

两个孩子小心地走过剩下的马厩。汤姆撞到了一个硬的东西，是谷仓中间的一个梯子。不像他们的爸爸在家里用的那种金属梯子，这个梯子是木头的，很粗的踏板，而且看起来是跟房子一起建起来的。汤姆往上看了看。梯子一直向上延伸，消失在他们头顶的黑暗中。汤姆抓住了两边的扶手就往上爬。

蒂姆小声地提醒道："你还是别上去了！"

"别担心，这不过就是个梯子。咱们到楼上看看有什么吧。"汤姆继续往上爬，站到上面一层的平台上。

"汤姆，你没事儿吧？"蒂姆轻轻地问。

"我没事儿，你也上来吧！来这儿看看！"

蒂姆往周围看了看。他有种感觉，仿佛有什么东西正在盯着他。他打了个冷战赶紧爬上了梯子，站到了谷仓上面的一层。木板吱吱地响。"在他的脚下晃动着。"外公说这些木板都已经腐朽了。"蒂姆心想。虽然光线很暗，但还是足够能让他们看见东西。阳光从外墙上零星的裂缝中照进了谷仓。

他小心地走到汤姆站的地方，边上是一大捆干草。干草旁是一些旧的木箱子，外面束着皮带和一把很大的金属锁，一些工具，一个老的玻璃灯罩，还有一些小的东西，因为光线太暗他们看不出来是什么。一个高高的箱子立在旁边，箱子是开着的，里面的东西都散在地板上，看起来大部分是些旧衣服。

"这些东西很酷啊，"汤姆小声地说，"而且都非常旧，也许比外公都要老。"

蒂姆点点头，确实很酷。没准儿可以问问外公能不能让他们拿一些用在他们的鬼屋里。

汤姆绕过一堆东西走回来。"咱们再看看谷仓里别的地方还有什么，"他说，"还有很多东西在这边。"

他们绕着一堆又一堆的干草走着，小心地踩在吱吱作响往下坠的木板上。蒂姆走到一堆干草旁边，窒息地尖叫起来："汤姆，看！这儿有个人！"他的声音都撕裂了。

汤姆朝蒂姆指的方向看过去，阴影里隐隐约约有个高大深色的人影。男孩儿们很快地躲到干草堆后面。

"你觉得他看见我们了吗？"蒂姆小声问。

汤姆从角落里偷偷看出去。"嘘！"他说，"我正在听着呢！"

汤姆悄悄地往干草堆边上慢慢地挪过去，尽量贴着地面。只能听见木板在他身下发出吱吱的声音。他继续往前挪……往前……

突然，一只鸽子从汤姆面前飞过，落在木头椽子上。

"到底是什么啊？"蒂姆压低了声音。

"嘘！就是只鸟。"汤姆小声答道。

"小心点儿！"蒂姆也压低了声音。

"嘘！"汤姆小声回应。他已经非常靠近那个人影了。突然，他站了起来说道："只是一件夹克衫和帽子挂在衣帽杆上！"

"这个地方让人觉得毛骨悚然，"蒂姆颤抖了一下，"咱们下去吧。"

兄弟俩一起顺着原路返回到梯子那里，很小心地躲开地板上的洞。四周开始变得很暗了。他们小心翼翼地顺着梯子爬下来，当两只脚终于站到地面上的时候，两个人都松了一口气。

他们继续在谷仓里探险。走过一辆很旧的生锈的拖拉机，有个很锋利的钩子挂在后面。他们又到了另一个地方，看见一些似乎很危险的工具、锯条和一些挂在墙上和天花板上的东西。有一块很大的圆形的木头躺在地上，一把样子很邪恶的斧头倚在旁边。木头上有很多深色的印迹。蒂姆闻了闻周围的空气，发霉的木头、老旧的金属、油腻的味道、尘土和其他奇怪的味道冲进了他的鼻子。

汤姆朝着圆形的木头走过去，正要打算去碰那把斧头。这时，一只有力的大手一把抓住了蒂姆的肩头，把他悠了起来！

"啊啊啊啊……"蒂姆尖叫着。

"你们两个在这儿干吗呢？"一个深沉的声音咆哮着。那只手还紧紧地抓着蒂姆的肩膀。

灯突然亮了。蒂姆和汤姆眨了眨眼睛，一瞬间什么也看不见了。他们的外公一只手抓着蒂姆的肩膀，另一只手在灯的开关上。他看起来很生气。

"我跟你们小孩儿说过几百遍了，要离这个谷仓远点儿。这个谷仓很老旧，比我都老。到处都是腐朽的木板，这个地方很危险。更不要说那些工具和农场设备，它们分分钟就能把你切开。这不是小孩儿玩儿的地方！"

"对不起，外公。"他们两个不约而同地一起说，头低垂着。

"只是……只是……"汤姆嘟囔着。

"只是什么？"外公严厉地问道。

"……这是我们最后一次看这个农场了！"蒂姆吸着鼻子，"所以我们想在走之前再都看一遍。"

他们的外公变得温和起来了："是啊，我可以理解你们的心情。我也会想念这个地方的。"他松开了手，轻轻地拍了拍蒂姆的头。

"嗯……我想你们到处看看也没什么关系。不过不能碰任何东西——这儿的这些东西可能看起来很旧，不过还是很锋利和危险的。如果你们被这些东西划伤了……"他拉长了声音。

"会怎么样？"蒂姆迫不及待地问。

"血液中毒，"外公做了个鬼脸，"古老的细菌、铁锈和其他的东西，都会进到你的血液里，在烂掉之前没准儿得赶紧切掉你的胳膊！"

蒂姆和汤姆盯着他们的外公，嘴张着，一脸的震惊。

"我整条胳膊吗？"蒂姆小声问，眼睛看着屋子里到处的工具和锯条。这些东西现在看起来更锋利了，也似乎更危险了。

"没错，你的整条胳臂，"外公点点头，"不过啦……我想那是以前的做法了。现在你只要去医生那里打个针，就能保住你的胳膊了。"他叹了口气，"听起

来不那么公平啊。我怀念过去的日子，即使缺胳膊什么的。那个时候，我最好的朋友叫矮墩子。"他挤了挤眼睛，"他老是会撞到旧的工具上。可怜的矮墩子，最后也没剩下什么了。"

蒂姆和汤姆困惑地互相交换了一下眼神。"他是在跟我们开玩笑吗？"

"好吧，我来带你们到处看看。"外公转过身朝着角落里走去。他低下身子从一根锯条下走过去，差点儿没躲开。

"这个木工台子，是我修理大部分工具的地方。没有什么抽屉，有些东西就是太大了，所以我们一般都挂在墙上或者天花板上。中间这儿是劈木头的木墩。冬天我会把它搬到屋里来，天气不好的时候在屋里劈木头比较好。哦，当然了，做晚饭也需要它——不过一般我们把它放在室外。"

"晚饭？"汤姆有些好奇。

"是啊，我们在地里和花园里种庄稼，不过我们也养动物。用麦子和蔬菜把它们喂大，等它们又大又肥的时候，就……"他做了个把手指划过脖子的动作，然后指了指那把斧子。

"不光是劈木头，我们也在木墩上解决鸡和小个儿的东西。就算没有了头，鸡和鹅也还能再跑一会儿。看着挺好笑的，不过它们要是来追你就没那么好玩儿了。"外公笑着，"有好几次，你们的外婆都被吓坏了，它们真的追着她跑。"

"大的动物处理起来不一样。我们在另外一个棚子里把肉吊在像这样的一个大的金属钩子上。晾肉的时候要看着不让狗接近，要不然它们会把肉都吃掉了。现在你们的外婆就只从超市买已经切好包装好的肉了。"

蒂姆和汤姆瞪着屋子的周围，眼睛睁得大大的。他们很庆幸灯是开着的。现在看着这个地方真的很吓人。

"你们把所有养在谷仓的动物都吃了？"蒂姆问，心里想着那些空着的马厩。

"也不是。很久之前我们把最后的一些动物卖给了邻居。我们自己也存了一些最好的用来做展品。你们想不想看看我最喜欢的？"他笑着问。

蒂姆和汤姆交换了一下眼神，谨慎地点了点头。

"跟我来。"外公一边说，一边勾了勾手指。

外公带着他们沿着谷仓的边，慢慢地朝关动物的地方走去。他一边走一边开灯或者是关灯。在外公找到下一个开关之前，他们都会跌进黑暗之中。这真是个让人毛骨悚然的可怕的地方，不过因为有外公在，他们觉得还比较安全。蒂姆一直紧紧地拉着外公的左手。

一盏灯关了之后他们绕到一个角落，在梯子附近停下来，等着外公找到灯的开关。"孩子们，你们准备好了吗？"

"嗯。"汤姆回应道，其实他也不知道要准备看见什么。阴影里十几个小的东西反射出一些光亮。

"啊！"外公一边开了灯一边发出可怕的声音。

十几个有着白色锋利牙齿的动物正一起瞪着他们！蒂姆尖叫着跑到外公身后。汤姆很快地用手遮住了自己的眼睛。

"对不起孩子们，我实在忍不住，特别是万圣节已经不远了。"他笑着轻轻地把蒂姆从身后拉过来，"没事儿，来看看，他们不会咬人的……不会使劲咬的。不过我是不会把手指放进它们嘴里的，以防万一。"

他们慢慢地走到跟前，看着这些墙上架子上的生物。它们的姿势都不大一样，有的是独立站在那儿的，有的是固定在一个木头的底座上的。有很多鸟、狐狸、土狼、雪貂和黄鼠狼，还有一些他们叫不上名字的动物。

"有些是我打猎的时候抓到的，有些，嗯，我觉得是它们跑到花园来的时候被抓住的，它们本不该到那儿去的。你外婆也打下过几只动物。"

外婆还能打猎？蒂姆简直不能相信。外婆比蒂姆高不了多少，而且总是看着很和蔼。他无法想象外婆举着来福枪的样子。

"之前大部分这些标本是放在家里的，但是你外婆让我把它们放到谷仓里来了。她跟我说这些东西让她觉得不舒服。"外公摇了摇头，"真糟糕啊，这些东西放谷仓里很快会坏的。"

蒂姆绝对能理解他外婆的意思。这些东西看起来真的很瘆人。他是绝对不可能让这些东西在自己家里放着的。

"这些东西看着很恶心啊！"汤姆又加了一句，"……能给我们吗？"

他们的外公惊讶地看着汤姆："为什么你想要这些破旧的死的动物？"

汤姆解释了他们在参加学校组织的鬼屋竞赛。"这些东西特别合适。在黑暗里它们看起来真的很可怕——特别是有锋利牙齿的这些东西，还有几个更可怕的鸟。"

外公摸着下巴，想了想，说道："嗯，我觉得也行。你们用完之后你们的妈妈不会让你们留着这些的，我们从农场搬走后，你们也不能把这些东西再放回这里了，所以估计需要找个博物馆什么的捐给他们，或者就只能扔了。"

"外公，你觉得我们能把这儿当我们的鬼屋吗？实在是太完美了。"汤姆问。

"对不起，我们在万圣节之前就要搬走了。新主人需要安顿下来。另外，这里也太危险了。"外公遗憾地摇了摇头。

蒂姆开口问道："这儿还有些很酷的和很吓人的东西，能都给我们用吗？"

外公想了想："好吧，我们可以一起看看。我觉得新买主估计也不会在意这些杂物的——还省得他们跑一趟扔掉这些东西。咱们走一圈看看还有什么可以在你们的鬼屋里用的。你们的妈妈小时候经常在干草堆里玩儿，我保证那儿有不少东西你们会感兴趣。"

他抚摸了一下一个土狼标本的皮毛。毛发开始掉落了，一些皮肤从毛发中间露了出来。

"……不过我有个条件。"爷爷补充道。

"什么条件？"蒂姆和汤姆一起问。

"你们的鬼屋做好之后得让我参观一下，"他笑着说，"我喜欢这些玩意儿！我小的时候自己也做过几个。"

11

牙齿和爪子

剩余天数：

十月

周日	周一	周二	周三	周四	周五	周六
~~24~~	~~25~~	~~26~~	~~27~~	~~28~~	~~29~~	~~30~~
~~1~~	~~2~~	~~3~~	~~4~~	~~5~~	~~6~~	~~7~~
~~8~~	~~9~~	~~10~~	~~11~~	~~12~~	~~13~~	14
15	16	17	18	19	20	21
22	23	24	25	26	27	28
29	30	㉛	1	2	3	4

17

蒂姆和汤姆到爱丽丝家的时候已经是周日的下午了。他们的爸爸把微型货车倒进停车道，以方便卸下他们的宝贝。

贝琪、爱丽丝、苏珊和詹姆斯都跑出来迎接他们，阿曼达在房子里忙杂事儿。

"去你外公外婆那儿怎么样？"爱丽丝问。

"挺棒的，不过也有些伤感。这是他们搬走之前我们最后一次去农场的机会了。"蒂姆叹了口气。

"不过外公给我们好多东西可以用在咱们的鬼屋里。"汤姆说，"大家来一起帮着搬吧，不过一定要非常小心。"

先从车里搬出来的是几个用黑色厚皮带捆着的大木头箱子。蒂姆和汤姆一人搬箱子的一头。他们的爸爸帮着把其他的箱子搬了出来。他们把箱子放在停车道的旁边，汤姆解开皮带打开了箱子盖。六七只死动物的玻璃眼珠盯着孩子们——它们中很多都有着白色锋利的牙齿，这些动物好像会随时攻击人似的，还有一些动物的舌头伸在外面，露出尖利的犬牙，其他动物的爪子伸在外面，看起来一副马上要猛扑过来的样子。

"这些都是真的吗？"贝琪很小声地问道，她下意识地往后退了好几步。

"没错，都是货真价实的死的动物！"汤姆自豪地笑着。

"外公说他们都是生物……标……标本。现在是大白天，你就觉得它们吓人，等到晚上的时候你再看看

吧！其他几个箱子还有好多。我们挑的都是最吓人的，有一些鸟我们可以挂起来，搞成像它们在飞的样子。"

"我可不想让这些东西放在我家。"爱丽丝战战兢兢地说道，"想想它们在我家里我就要做噩梦了！"

"别啊，我觉得它们太棒了！"苏珊回应道。她从几个女孩儿中间挤到前面来看了个仔细："它们绝对能让我们的鬼屋成为史上最可怕的鬼屋。"

汤姆拿起了一只狐狸，它的嘴张得大大的，露出低吼的样子，嘴里有很多尖尖的牙齿。"外公说它们不怎么……咬人。"他一边笑着，一边冲着女生们往前走了两步。

女孩儿们都赶紧往后一退。詹姆斯胆子大，他伸手摸了摸狐狸的牙齿。"是真的。"他肯定地说道。

"就把它们放在车库的最左边吧。"爱丽丝还是战战兢兢，"让它们离我远一点儿！"

等大家把东西从货车上都卸下来之后，苏珊一边将每样东西都大声地读出来，一边记在他们的库存清单上。

2只土狼

2只狐狸

6只黄鼠狼

1只獾

2只山猫

2只个野鸡

2只鹰

2只猫头鹰

4个大箱子

2根手工锯条（锈得很厉害）

2把木头把的镰刀

一大块圆形的木头

"……这个东西叫小矮墩，关于它有一个非常酷但是非常恶心的故事。"汤姆插嘴说道。

苏珊点了点头，可她根本没在听，继续读着她的清单。

1把大斧子

2条皮带似的东西

"外公说它们叫马嚼子，是用在马身上的。"蒂姆主动解释道。

第二次被打断搞得苏珊有点儿烦，她划掉了最后一行，改成"2个马嚼子"。

"……还有一大堆旧衣服，很多皮革做的东西和一些小的工具什么的。"苏珊总结道。

"这儿有很多吓人的东西哈。"本的声音突然响了起来，谁都没注意到他悄悄地走到了苏珊身后。

"你在这儿干吗？赶紧走！"苏珊朝他挥着手，让本退到车库门那边。

"我刚从奥利弗家回来，只是路过而已，碰巧听见你们在说话。你知道，就像当初阿曼达碰巧发现我们男生在盖树屋那样。"本的语气中充满了狡猾。

"我才不管呢，不许看！出去！"苏珊继续轰着本，直到他站到了停车道的外面。

"好吧，你们的东西只不过就是有些吓人而已，因为它们太低级啦！"本不屑地笑着，"奥利弗和我的才是真正酷的项目，我们都快做完了，而且比你们不知道做的什么东西要好得多！"他挥着手，指着所有车库里面的东西。

"你赶紧回家！"苏珊毫不示弱。在她身后，蒂姆、汤姆和詹姆斯略显尴尬地用脚蹭着地面。他们挺怀念当初和本一起干活儿的时候，不过他们现在也不能改变什么。

本只是耸耸肩，然后便头也不回地向自己家走去。

"差不多该把车库门关上了，"苏珊用命令的口气说道，"我觉得从现在开始，咱们干活儿的时候车库的门应该尽量都关上。我们可不想有什么不请自来的参观者，或者是间谍！"

12

地穴守护者

周日，当孩子们从车上卸那些动物标本的时候，阿曼达正在自己家里干家务活儿。一切搞好之后，她去找爸爸寻求帮助。阿曼达的爸爸是当地一个建筑公司的项目经理，当初就是他帮着女孩儿们给她们的树屋项目做计划。

不过跟树屋相比，鬼屋可是要复杂多了。看起来有很多事情会同时进行，阿曼达打算问问爸爸，他是怎么组织和跟踪他项目中每个任务的进度，从而保证事情都

能按时完成的。

阿曼达走进客厅，爸爸正在那里看足球比赛。"爸爸，你现在有时间吗？"

"什么事儿，宝贝儿？比赛还没结束呢，现在是平局，离半场还有五分钟。"他的眼睛还盯着电视上的比赛。

"嗯……是项目的事儿。这个项目比原来的树屋要难多了，我需要一些帮助。"阿曼达回答道。

爸爸抬头朝她看了一眼，笑着说："我当然可以帮你了。不过你能不能再等几分钟？这场比赛比分很接近，而且马上就到半场了，我中场休息的时候跟你说，好吗？"

"好的，爸爸。我先去把东西都准备好。我能不能借点儿纸？"从客厅往外走的时候阿曼达问。

"你知道纸在哪儿，别忘了把打印机的纸盒关好。"爸爸嘱咐了一句，扭头又继续看比赛了。

"好的，爸爸。"阿曼达答应着，她已经往爸爸的办公室走去拿纸了。

漫长的"五分钟"之后，阿曼达的爸爸终于走进了餐厅。他给自己倒了一杯水，然后坐在餐桌旁自己女儿的身边。

"好吧，离下半场比赛开始还有二十分钟，时间够吗？"他挑了下眉毛。

"我希望够了，爸爸。这是我们现在做的……"阿曼达开始简述他们正在做的鬼屋的事情，包括怎么分成不同的主题，以及不同的人负责不同的任务。

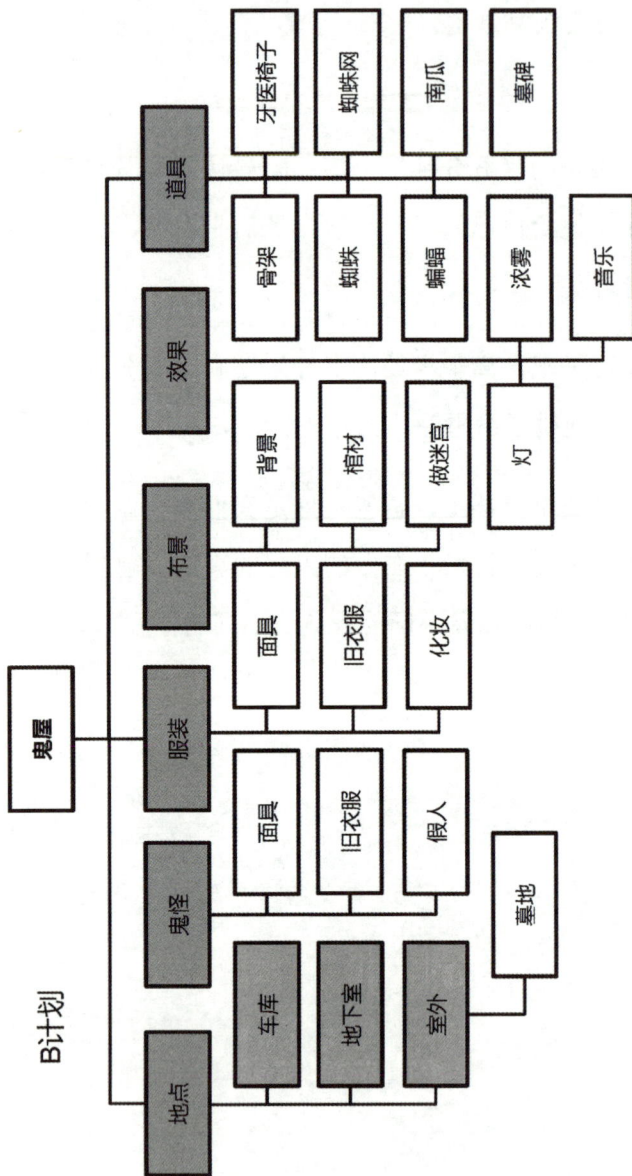

B计划

鬼屋

地点
- 车库
- 地下室
- 室外
  - 墓地

鬼怪
- 面具
- 旧衣服
- 假人

服装
- 面具
- 旧衣服
- 化妆

布景
- 背景
- 棺材
- 做迷宫

效果
- 骨架
- 蜘蛛
- 蝙蝠
- 浓雾
- 音乐
  - 灯

道具
- 牙医椅子
- 蜘蛛网
- 南瓜
- 墓碑

"这是我们的鬼屋的平面示意图。"阿曼达说。

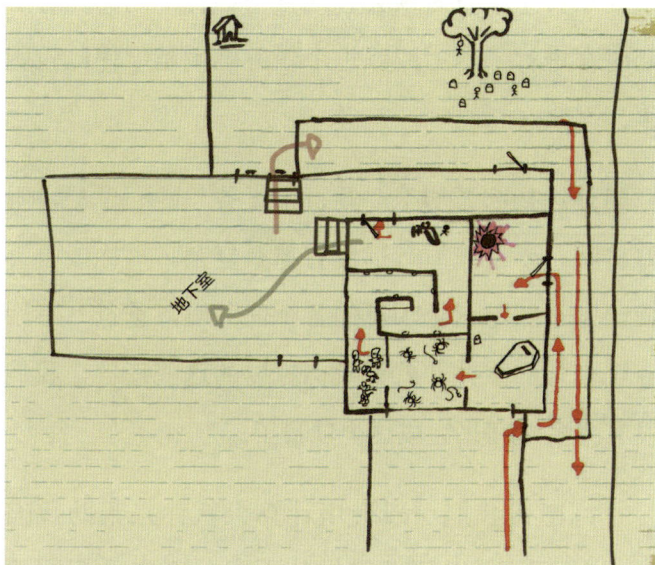

"非常好的开端,看起来安排得不错。每个人都知道他们应该干什么吗?"爸爸问。

"是,基本上都知道,不过我不太确定怎么来跟踪每一件事。看起来好像不只是一个项目,有很多不同的事情都在同时发生。"

爸爸看了看阿曼达铺在桌子上的纸,摸了摸自己的下巴。"这确实是一个项目,只是有很多不同的需要交付的成果。"他说道,"当执行更复杂的项目的时候,

通常会有很多任务和依赖关系存在于项目之中。在我工作中的项目里，有时候会有几百个各种不同的任务看起来同时在进行。尽力跟踪每个任务确实是一件比较困难的事。"

阿曼达扬起了眉毛。几百个任务？她心里想，听起来好多啊，幸亏鬼屋远远没有那么复杂。"你能告诉我们应该怎么跟踪这个项目的各个任务吗，爸爸？不用管几百个任务的事儿，就说我们鬼屋的这些任务，我们已经没有太多时间来完成这个项目了。"

"好吧，我们一般会用计算机软件来帮助我们管理项目，而且可以帮助我们从不同角度来看相同的信息。"爸爸说道。

"即使对我来说，所有的任务都要同时进行也是一件非常棘手的事情，所以即便是很多活动都要同时进行的情况，我也会尽量把事情简单化。你还有当初给树屋做的计划吗？"爸爸问。

阿曼达点点头，跑回自己屋里拿来了一叠纸。她把写着计划的纸递给爸爸。

爸爸理清了之后从里面拿出其中的两张纸，问道：
"你还记得我们是怎么把事情细分成更小的任务吗？"

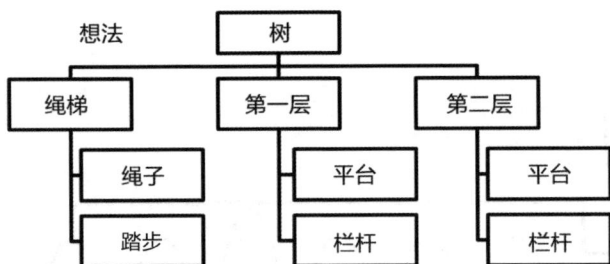

阿曼达点点头："我们做鬼屋项目的时候也是这样
开始的，但是渐渐地就乱了。"

"我们在这里用的术语是工作分解结构。"爸爸一
边说一边把第二张纸放在第一张纸上面。

阿曼达又点点头。

"你还记不记得我们是怎么给任务排顺序的，这样
我们就知道先做什么事情了？"

阿曼达再次点了点头："记得，我们这次也做了这
一步。"她抽出了鬼屋项目的任务顺序示意图。

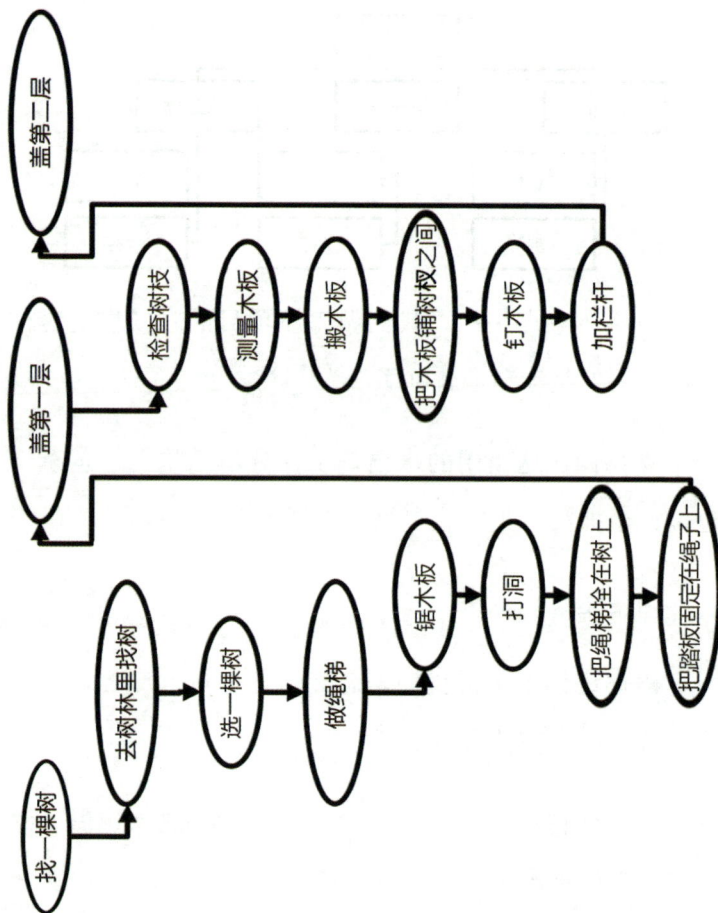

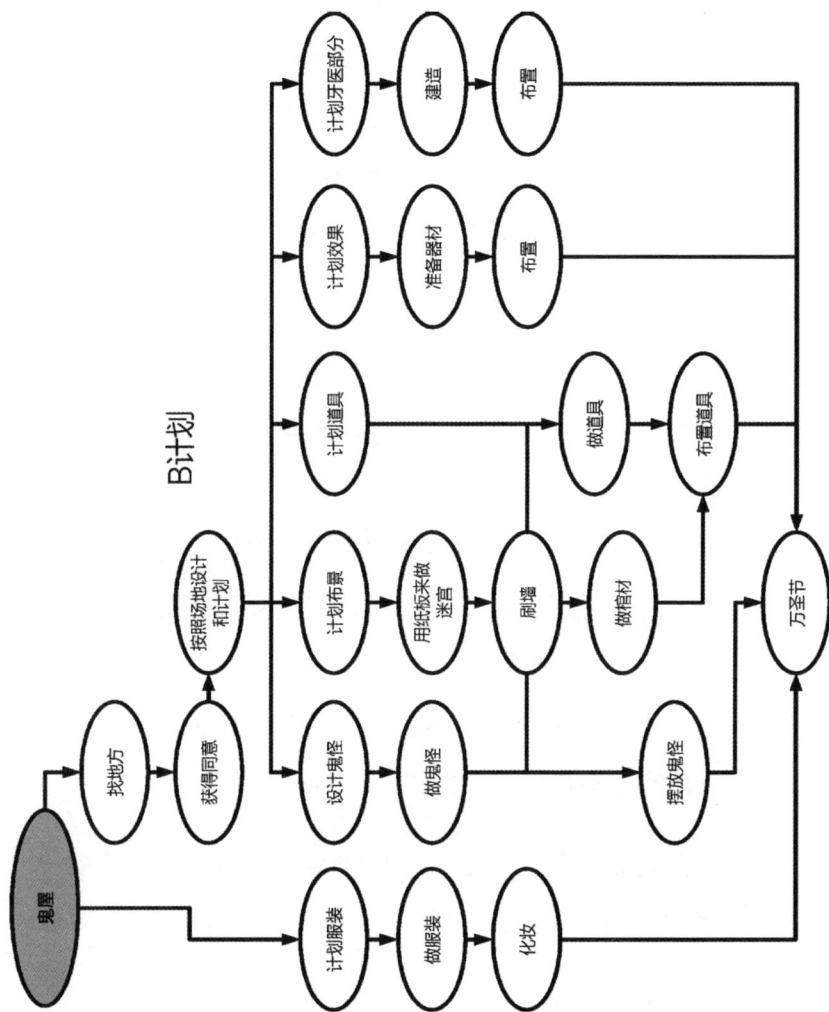

B计划

鬼屋 → 找地方 → 获得同意 → 按照场地设计和计划

计划牙医部分 → 建造 → 布置

计划效果 → 准备器材 → 布置

计划道具 → 做道具 → 布置道具

计划布景 → 用纸板来做迷宫 → 刷墙 → 做棺材

设计鬼怪 → 做鬼怪 → 摆放鬼怪

计划服装 → 做服装 → 化妆

万圣节

"嗯，我知道了。这次比上一次的项目复杂很多。盖树屋的时候，你基本上只有简单的任务顺序。没有很多事情需要同时进行，因为你需要先盖第一层然后才能装栏杆或者是开始盖下一层，这样的顺序。"爸爸抬起头看了看阿曼达，"每一层都能完成得比较快，是因为你有很多人一起帮忙，你也不太可能同时开始另外一项不同的任务，你必须要把第一阶段的任务完成了之后才能转移到下一个阶段。"

"鬼屋就很不同了——从某种程度上来说有点儿像我工作上的项目。虽然你可能有着和以前相同数量的团队成员，但是又有很多事情可以并且需要同时进行，这样才能按时完成项目。盖树屋的时候，夏天之前你们有几个月的时间来完成，即使你们晚一点儿也没多大关系。而现在你们有一个固定的截止日期——十月三十一日——还有很多事情需要完成，对不对？"

阿曼达认真地点点头。实际上她感觉有些不堪重负了。"那我们应该怎么办呢？"

爸爸看了看阿曼达，他瞟了一眼鬼屋的计划，然后走到冰箱旁边查看上面贴的日历，数了数到万圣节之前还有多少天。他深深地吸了一口气，然后慢慢地吹着口哨。"算起来只有十六天，确实没有很多的时间了。"他抓了抓自己的头。

客厅的电视里传来比赛继续开始的声音，中场休息结束了。爸爸渴望地往客厅方向看了一眼儿，然后转过头冲着自己的女儿。阿曼达看着爸爸，叹了口气，她的视线又落回桌子上摊开的纸上。

爸爸停顿了一会儿，陷入了沉思，然后他温柔地抚摸着阿曼达后背。阿曼达抬头看了看爸爸，开始抽泣。眼泪从她的眼窝里流了出来。

爸爸咧嘴笑了："以后还会有很多比赛可以看的。现在，我的小项目经理需要一些帮助。所以，咱们开始吧！"

阿曼达又抽泣起来，她给了爸爸一个很快的拥抱。爸爸捋了一下她的头发，然后把所有的纸都摊在桌子上，这样他能一次都看见。"好吧，一般我们在项目开始的时候做这种计划，不过有的时候我们也在项目中间重新计划。我们来一起看看能怎么解决这个问题！"

阿曼达和爸爸轮流画图和做笔记，也互相问了很多问题。两个人专注在他们的任务中，电视里的比赛继续进行着，直到最后结束了。他们没有听见电视体育播音员宣布最后的比分——37比28，也没有听见哪个队赢了，哪个队输了，不过这些都不重要了。父女俩在餐桌上忙着，一起做了一个不同的竞赛计划。

周一下学后，七个孩子在阿曼达家集合，一起来检查工作进度。

"还有两周的时间，不过我们还有很多事情要做。"阿曼达说，"有很多纸板需要涂颜色，一些要在人的头上晃悠的东西需要挂起来，比如蜘蛛网和蜘蛛，完成假人，完成面具，还有好多别的事情。"

"蒂姆和汤姆，你们从农场带回来的动物标本和其他的东西太棒了！爱丽丝说那些东西非常吓人，我都等不及要去亲自看了。不过，你们下一步的工作是什么？"

蒂姆先开口了："我们需要完成给纸板墙涂颜色——我们想把墙涂成和谷仓里面一样，因为那真的很吓人。然后我们可以负责把箱子和动物标本在屋里布置好。我们想把鸟挂起来，没准儿还可以把它们装在绳索上，让它们晃起来，这样看起来像它们在飞，随时准备袭击人类。我们还打算把小矮墩摆在中间，把斧子和其他的动物放在周围。可以让一个无头假人躺在木墩旁边，把假人的头放在一个篮子里。"

阿曼达不由得打了个冷战。"非常好。你们忙这些的时候，我们需要有人来做墓碑。"

"我可以干这个，"詹姆斯主动请战，"我有时间，而且我家有一桶灰色的油漆可以用。"

苏珊看了他一眼，扬起了一边的眉毛。

"好吧，我先问问我能不能用那桶油漆，还有刷

子。"他转头看了他姐姐一眼。

阿曼达点点头："好。还有服装、面具、装饰、这些进行得怎么样了？"

"我觉得还有四个假人、五个或者六个面具需要做。加上农场拿来的那些旧衣服，我们应该有足够的材料了。不过，那些旧衣服有点儿味儿。"贝琪苦着脸说道。

"外公说有味儿的衣服能让咱们的鬼屋增加真实感——就像所有旧的和发霉的东西一样。"汤姆耸耸肩。

"特效进行得怎么样了？"阿曼达转过头问詹姆斯。

"我借了几张万圣节音效的光盘，我自己有一个CD机。有谁还有CD机能借用一下吗？"詹姆斯朝桌子周围看了看。爱丽丝点了点头。

"谢谢。现在说灯光——嗯，灯光是个问题。虽然我们需要黑暗的背景，但是我们得有些灯光这样大家才能看见那些吓人的东西。我只有两盏有点儿坏了的骷髅灯。另外，车库周围和车库里面，地下室和墓地周围都需要灯。我们应该在前面也有些灯，这样大家才知道里面有东西可以看。"

"谁有什么灯可以带来用的吗？"阿曼达问。

有几个人有些犹豫地点点头。"确实有很多圣诞节的灯，但没那么多万圣节的灯。不过我会把所有能找到的都带过来。"贝琪主动提议。

桌边还有几个人也都点了点头，阿曼达记下来，大概能有六到八串灯。可实际上他们还需要更多的灯。"这样吧，没准儿有些商店能重新上货。先来看看咱们的预算还剩多少钱。"她抽出了另外一张纸，在纸的四周写满了"$$$$$$$$$$$$$$$$"，这样下次就比较好找了。

"这倒提醒我了，现在正好是发零花钱的时候，我们还能再凑多少钱？"阿曼达一边问，一边把身子往旁边斜着从兜里掏出2美元。其他的孩子也都在翻兜，每个人都从自己的零花钱里拿出一些硬币放在桌子上。阿曼达在纸的左边打了点儿草稿，然后算出了新的总数。"来看看，现在能用的钱是……42美元50美分。如果商店还有货的话，这些应该够我们去买点儿灯了。我会问

问我妈妈能不能明天下学带我去趟商场，看看能买点儿什么。"

"噢，我差点儿忘了吸血鬼的棺材了。蒂姆和汤姆，你们两个还能做那个吗？"阿曼达问。

"叫我们地穴守护者吧，"汤姆眨眨眼睛，"我爸说他能做一个，他有一些富余的胶合板和一些零碎的木头，他说我们可以一起帮他。等万圣节过了，他没准儿用这些棺材来埋葬那些动物标本。妈妈说这堆东西绝对不能放在我们家……对不起，爱丽丝。"他有些不好意思地看着坐在桌子另一边的爱丽丝。

爱丽丝耸了耸肩："实际上，我也开始习惯了。不过我不知道我们家的狗怎么样，它似乎不太喜欢那些动物标本。"

阿曼达又仔细地看了一遍桌子周围的人，确保没漏掉谁，然后拿出了一小叠纸。

"昨天我爸爸帮我又重新调整了计划，这样就比较容易来跟踪我们完成了哪些任务，以及还有哪些没有完成。"阿曼达拿出一张示意图铺在餐桌上。

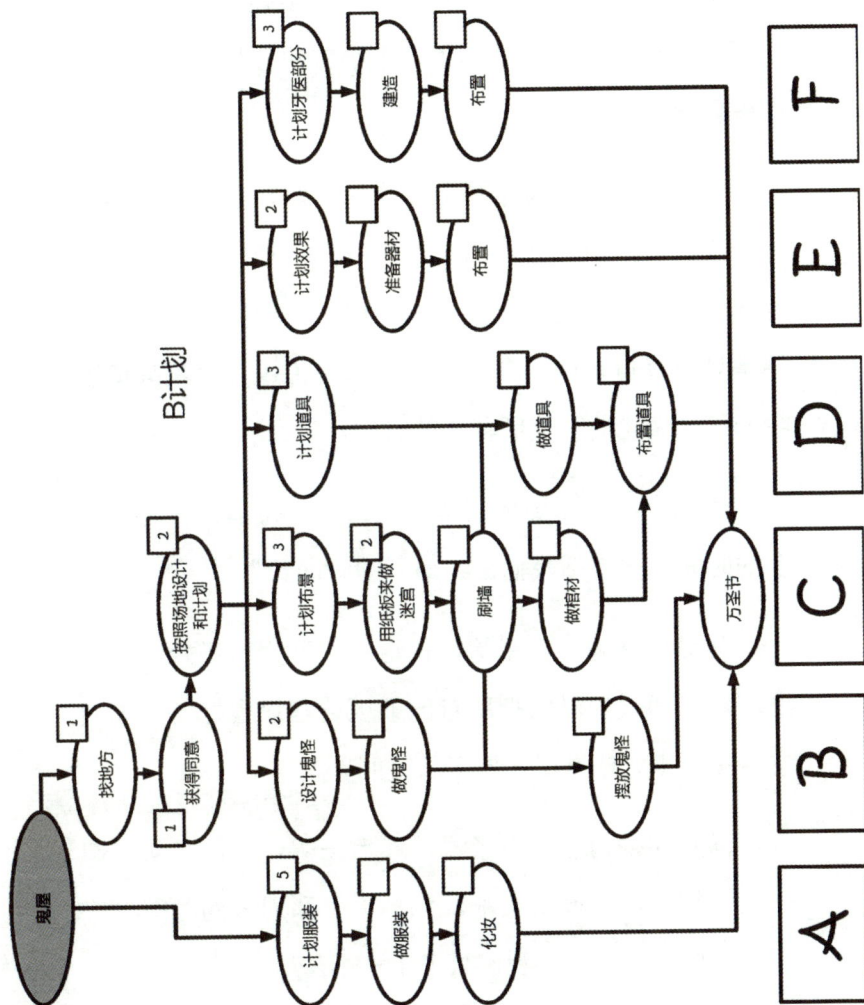

B计划

鬼屋

找地方 [1] → 获得同意 [1] → 按照场地设计和计划 [2]

计划牙医部分 [3] → 建造 → 布置

计划效果 [2] → 准备器材 → 布置

计划道具 [3] → 做道具 → 布置道具

计划布景 [3] → 用纸板来做迷宫 [2] → 刷墙 → 做棺材

设计鬼怪 [2] → 做鬼怪 → 摆放鬼怪

计划服装 [5] → 做服装 → 化妆

万圣节

A B C D E F

"这是咱们B计划的顺序示意图，列出了我们需要完成的任务和顺序，还有任务之间的依赖关系。我爸爸在每个'气泡'旁边都加了一个小方块。"她指着示意图解释道。

"他问我完成每个任务需要的时间，而且说我要估计出我们完成所有任务需要多少时间。他管这个叫任务时间估算。不过他说我要和团队成员一起完成估算，而不是只由我自己做。"她指着示意图说道，"我只填了我们已经做完的事情所花费的时间。"

"现在，我需要你们帮助我来估计每项任务完成需要的时间，要包括我们已经用了的时间。"

阿曼达拿起一支铅笔，说道："蒂姆、汤姆，你们之前用了两天的时间把所有的纸板迷宫设置好了。你们觉得接下来完成刷墙还要多长时间？"

汤姆和蒂姆互相看了看，然后汤姆说道："从我们开始干算起，大概十天吧，包括下学和周末的时间。有好多墙要涂漆，目前我们只干了一半。"

阿曼达在"刷墙"旁边的方块里写上"10"。

"好，那做鬼怪、道具和其他的呢？"阿曼达问。

"填充假人和做面具要花很长时间，所以算上晚上和周末，从我们开始的时间算估计要15天。"爱丽丝答道。

"完成所有的道具估计要10天。"汤姆补充道。

"好，那其他的呢？"阿曼达问。

孩子们开始讨论剩下的任务，短短几分钟之内，他们就帮助阿曼达在剩余的几个方块里填上了数字。

"好，太棒了！"阿曼达笑了，"很简单嘛，尤其是我们已经开始干了，所以大概知道每个任务的难易。现在，我们把数字按照我爸教我的方法都加起来。他说我们要找出来哪一系列的任务需要最多的时间。"

B计划

鬼屋

找地方 1
获得同意 1
按照场地设计和计划 2

设计鬼怪 2
做鬼怪 15

计划布景 3
用纸板来做迷宫 2
刷墙 10
做棺材 6

计划道具 3
做道具 10
布置道具 5

摆放鬼怪 5

计划效果 2
准备器材 5
布置 7

计划牙医部分 3
建造 15
布置 4

计划服装 5
做服装 15
化妆 1

万圣节

A   B   C   D   E   F

　　"像你们现在看见的,我爸在每列活动的下面都写了一个字母。他教给我怎么把方块里的数字加起来。A列、E列和F列简单,因为它们都是直线连接起来的任务。"她拿出了一张空白的纸,"除了A列,其他列都是从'找地方'——'获得同意'和'按照场地设计和计划',所以都是从四天后开始的。这些简单,就先把这些加起来吧。"

$$A = 5 + 15 + 1 = 21 天$$
$$E = 4 + (2 + 5 + 7) = 18 天$$
$$F = 4 + (3 + 15 + 4) = 26 天$$

　　阿曼达用手指在纸上一边画一边说道:"B列也是直线任务系列,所以我们也可以直接把数字加起来。"

$$B = 4 + (2 + 15 + 5) = 26 天$$

　　"不过,B列里面的'摆放鬼怪'也是依赖于C列里的'刷墙'。C列有点儿微妙,因为它不是直线任务,它有分支指向左边的B列和右边的D列。对于这样的情况我们计算的时候就不一样了。我爸教我怎么算这种C列和B列交织的情况,要沿着任务发生的顺序把所有方块里的数字都加起来。"

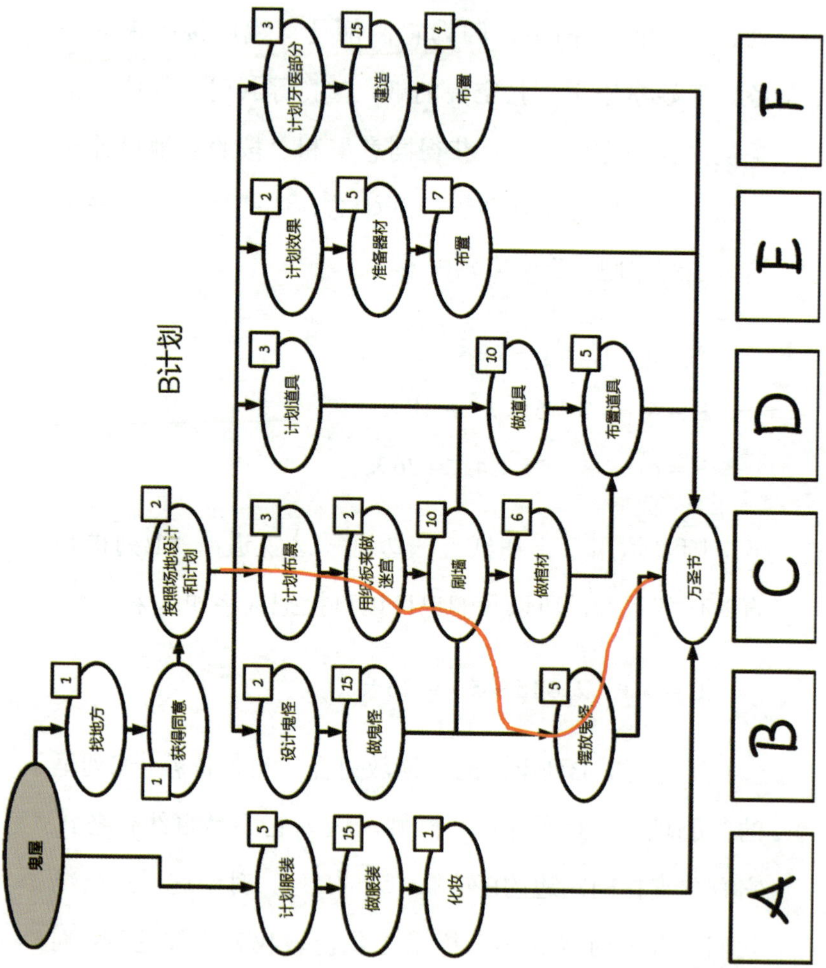
B计划
鬼屋
找地方
1
获得同意
1
按照场地设计和计划
2
设计鬼怪
2
做鬼怪
15
摆放鬼怪
5
计划布景
3
用纸板来做迷宫
2
刷墙
10
做棺材
6
计划道具
3
做道具
10
布置道具
5
计划效果
2
准备器材
5
布置
7
计划牙医部分
3
建造
15
布置
4
计划服装
5
做服装
15
化妆
1
万圣节
A
B
C
D
E
F

CB = 4 +（3 + 2 + 10）+ 5 = 24天

"路径CB从C列的'计划布景'开始，然后到'刷墙'，然后又进行到B列的'摆放鬼怪'。D列是直线任务，所以可以很快地算出来，然后我们再去算其他几个难一点儿的路径。"

D = 4 +（3 + 10 + 5）= 22天

"从C列到D列有两个图形，第一个是从C列的'刷墙'到D列的'做道具'，我们可以把这个路径叫作CD1。可以先把这条路径算出来。"

CD1 = 4 +（3 + 2 + 10）+（10 +5）= 34天

"另外一条路径是从C列的'做棺材'到D列的'布置道具'，我们可以把它称作CD2。"

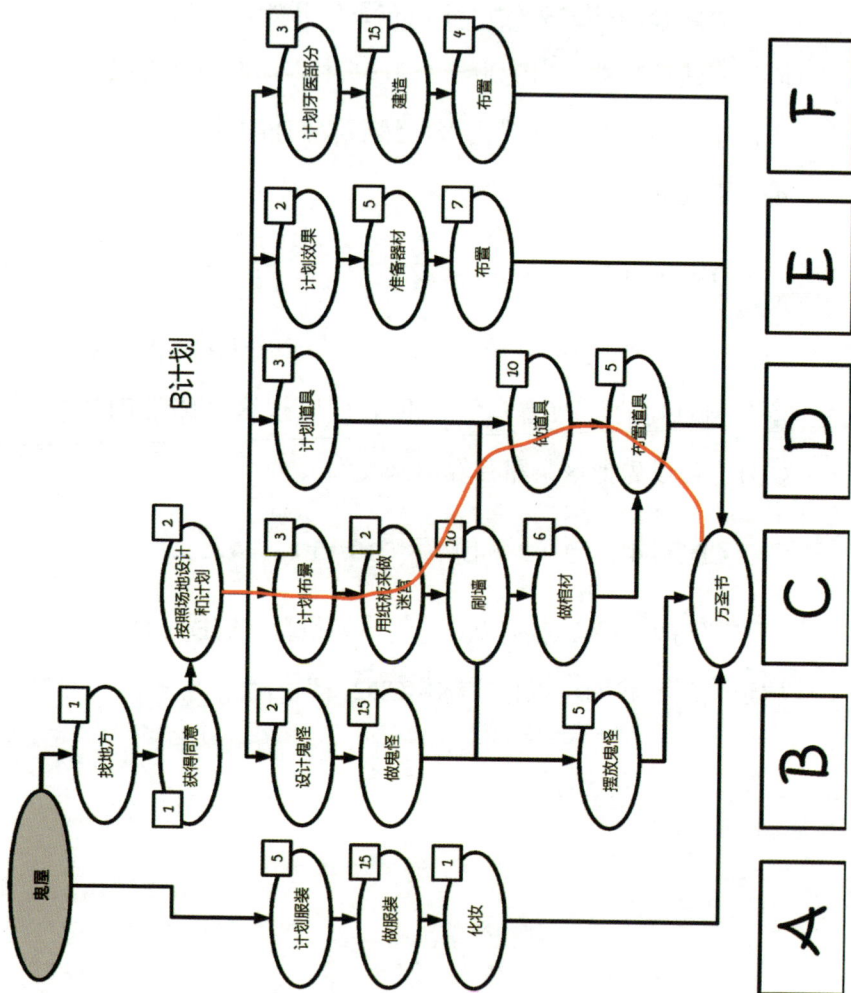

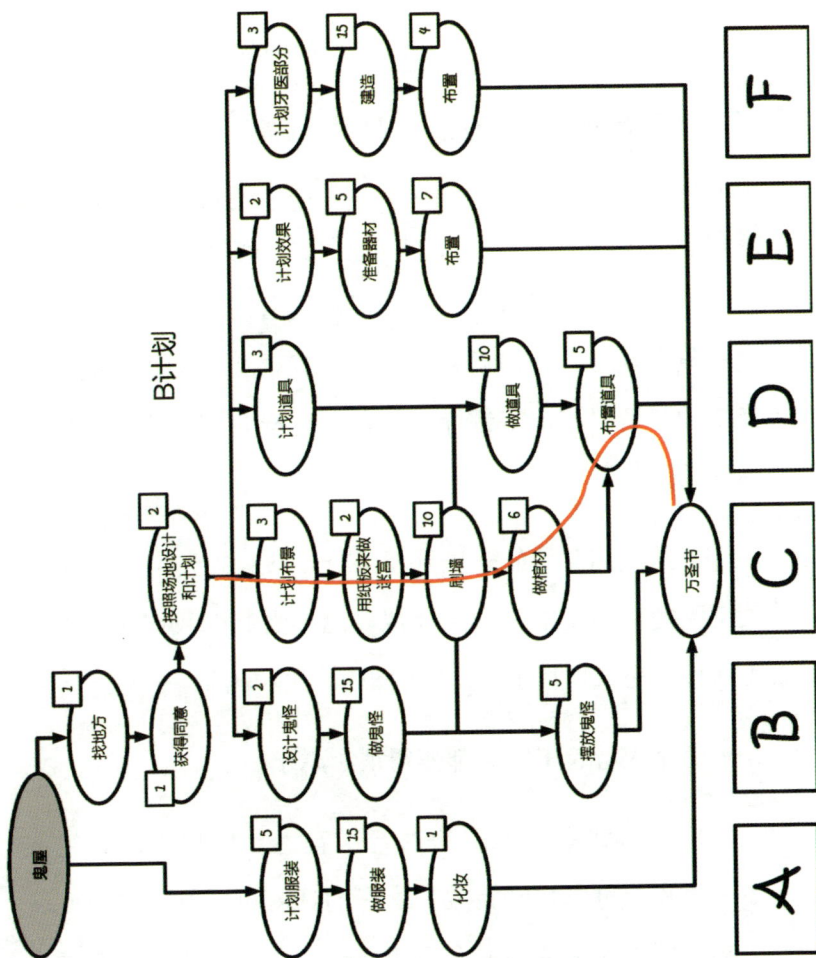

CD2 = 4 + (3 + 2 + 10 + 6) + 5 = 30天

"现在可以在每条路径的下面写上我们算出的总数，这样就能看出哪条任务路径下面的数字最大。"

"有着最大数字的路径是CD1，需要34天。爸爸说最大的数字表示最长的顺序，他把这个叫作关键路径。意思就是说如果这条路径上的任务有问题或者延迟的话，就会耽误项目最后按时完成。而且这个数字也代表完成整个项目一共需要多少时间。我现在把这条关键路径上的任务'气泡'都涂上颜色，这样我们就能比较容易地看清楚了。"

"从我们开始的时候到万圣节一共有32天，CD1 是关键路径，但是需要34天完成，这样看起来我们有可能无法按时完成项目了。"她的语气有些失落。

每个人看起来突然都变得很焦虑了。

阿曼达朝桌子周围的人看了看："别担心，有很多事情我们可以按时完成。这样的话就可以有双倍的人一起干剩下的事情，就会更快，或者同时完成更多的事情。"

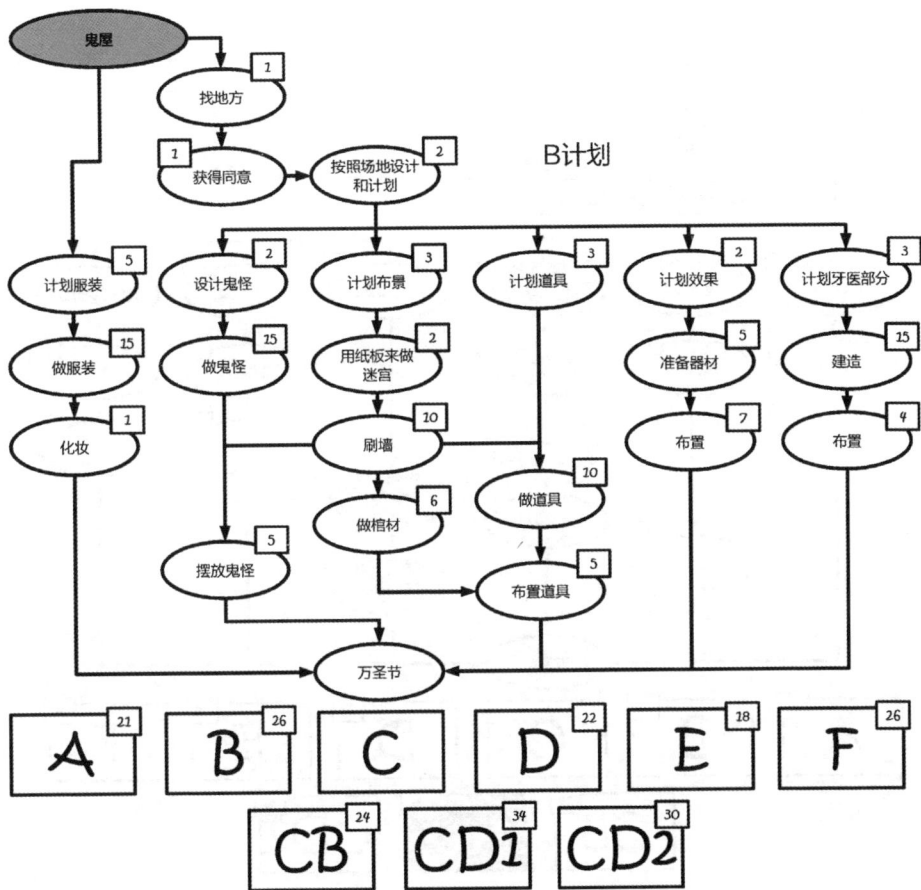

鬼屋

找地方 [1]

获得同意 [1]

按照场地设计和计划 [2]

B计划

计划服装 [5]

设计鬼怪 [2]

计划布景 [3]

计划道具 [3]

计划效果 [2]

计划牙医部分 [3]

做服装 [15]

做鬼怪 [15]

用纸板来做迷宫 [2]

准备器材 [5]

建造 [15]

化妆 [1]

刷墙 [10]

布置 [7]

布置 [4]

做棺材 [6]

做道具 [10]

摆放鬼怪 [5]

布置道具 [5]

万圣节

A [21]

B [26]

C [22]

D [22]

E [18]

F [26]

CB [24]

CD1 [34]

CD2 [30]

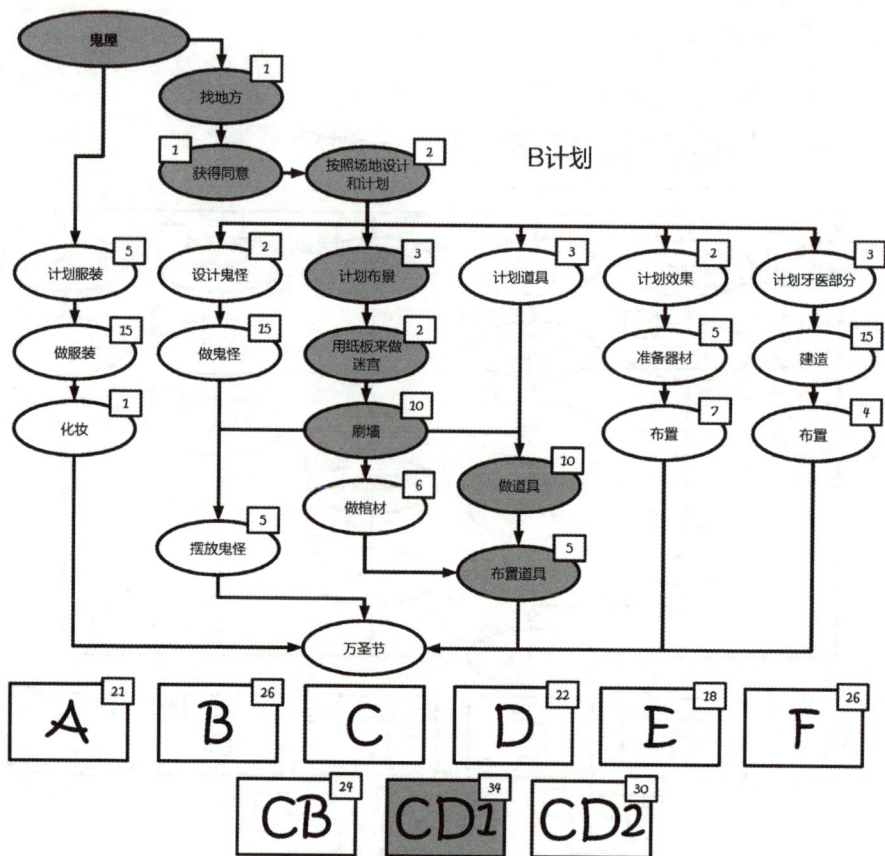

　　"蒂姆和汤姆，你们手里的任务有刷墙、道具还有棺材。你说你们要等到刷墙完成之后才能开始着手道具和棺材，这就会延迟我们的进度。"阿曼达说道。

　　蒂姆看了看汤姆："是，虽然我们会帮忙，不过棺材基本上是我爸爸来做的，因为需要用一些电动工具。不过我爸说他得到周末的时候才能开始干。"

　　阿曼达点点头："那应该没问题，我们来看看关键路径——墙和道具。有没有人能帮忙刷墙或者做道具。"

　　贝琪和爱丽丝摇摇头。"那些假人和面具要花好多时间来做，所以我们两个帮不上。"贝琪说道。

　　"我需要再多完成一些任务之后才能知道是不是会有时间，目前我还在构思阶段。"苏珊也摇摇头。

　　"我可以帮忙刷墙和做些道具，我的其他任务不会花费太多时间。我可以有两天来帮着刷墙，没准儿还有三天可以帮着做道具。"詹姆斯主动请缨。

　　阿曼达仔细地看了看纸上的示意图，擦掉了两个数字。"所以，如果詹姆斯能帮忙的话，刷墙就可以在8天之内完成，而不是10天，做道具也可能会在7天内完

成，而不是刚才说的10天。"

蒂姆和汤姆交换了一下眼神："有可能，应该可以的。"

阿曼达点点头："假设詹姆斯可以帮忙。根据这个变化，路径现在看起来是这样的：

CB = 4 + （3 + 2 + 8） + 5 = 22天；

CD1 = 4 + （3 + 2 + 8） + （7 + 5） = 29天；

CD2 = 4 + （3 + 2 + 8 + 5） + 5 = 27天；

D = 4 + （3 + 7 + 5） = 19天。"

"有了詹姆斯帮忙刷墙和做道具，我们就能按时完成了。如果我们还能再缩短一些任务完成的时间，就会有些富余的时间了。"阿曼达说道。她把纸上所有的数字都更新了一下。"CD1还是咱们的关键路径，因为它需要花费的时间最长，不过现在也不是特别长了。棺材需要按时完成，要不然它那条路径就会变成关键路径了。"

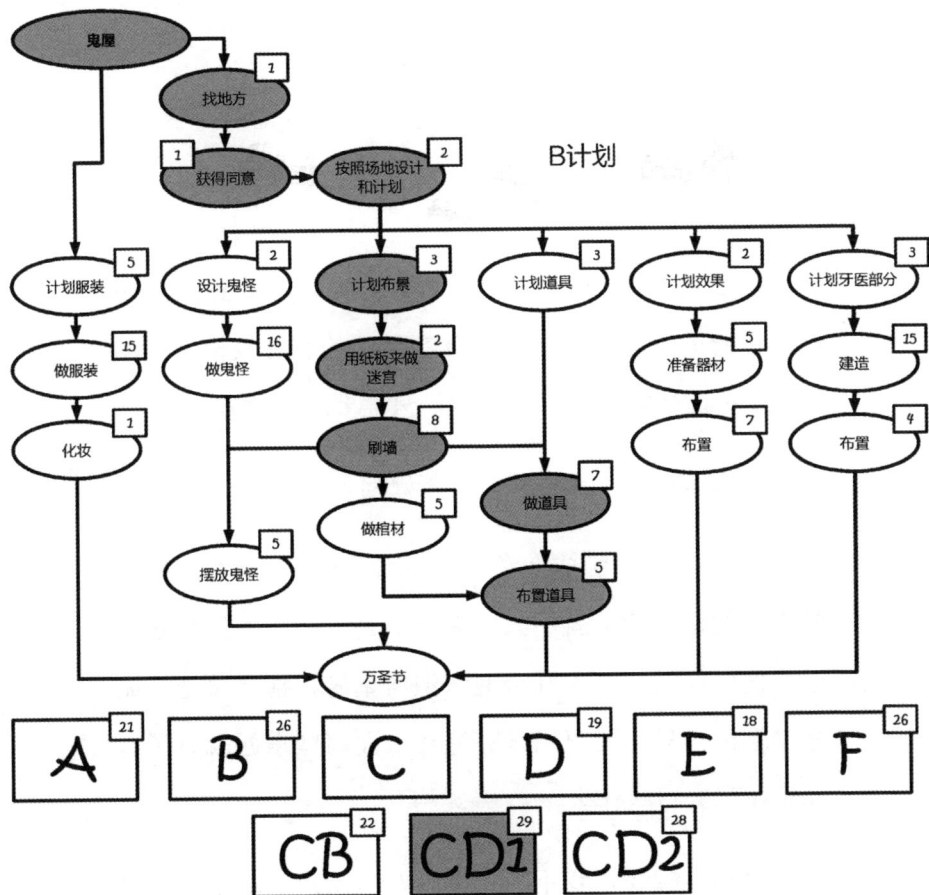

B计划

"爸爸说还有一些其他的管理工具，他可以在下一个项目上再教给我们。他说就现在这个鬼屋项目，工作分解结构和顺序示意图就已经足够我们用的了，尤其是考虑到我们并没有很多富余的时间。"

之后的几天过得很快。阿曼达从商店搞到六个串灯。汤姆的爸爸做好了一个真实尺寸的胶合板棺材，周五下午的时候就运过来了。他们只需要刷漆就好了。

"应该刷什么颜色呢？"蒂姆问。

"我们应该刷成灰色，就跟墓碑一个颜色。如果刷黑漆的话，晚上就不太容易看清楚了。"詹姆斯建议道。他已经做了二十几个泡沫塑料墓碑，摆在草地上刷好了颜色，只需要再用马克笔在上面写些东西就好了。他正在琢磨写些什么。

"别吵醒我，我不是死了吗？"汤姆一本正经地说道。

"嗯，有点儿傻——如果谁真的把他们叫醒了，然后他们都变成僵尸了呢？”苏珊一边想象着一边说道。

“那他们就可以跑到鬼屋里来吓唬更多的人啊！”蒂姆大笑。

“他们怎么进来？拿什么来当门票？用多余的手指头？”爱丽丝翻了翻白眼。

“看起来这儿没有几个男生有脑子的，僵尸都要被饿死了！”贝琪咯咯地笑起来。

詹姆斯朝贝琪伸了伸舌头。她突然停止了笑声，倒在她的椅子上，两只胳膊交叉在胸前，脸上满是愁云。

“我这回又干什么了？”詹姆斯心里暗暗想着。

“好了，每个人都回去写点儿想法，然后交给詹姆斯，由他来挑选最好的。”阿曼达说道，“现在，得回家早点儿睡觉了。明天是周六，我们还有很多事儿要干！”

13

黑色光

剩余天数：

11

　　周六的上午，爱丽丝打开自家的大门，听见门口的詹姆斯大声说："看看我爸爸给咱们找到什么了！"只见他手里托着一个旧纸盒子，里面都是电线和灯泡。苏珊站在詹姆斯的身后，手里拿着另一个纸盒子，里面装的是万圣节用的东西。

　　"都放到车库去吧。"爱丽丝说道。她侧身站到一边，让两个人进门。"其他人已经开始干活儿了。"

他们走进车库的时候，只见蒂姆和汤姆正在起劲儿地刷墙。他俩已经刷了半个谷仓，看起来非常不错。动物标本已经被堆到了远处的角落，这样不会沾上颜料。

贝琪在等着几个画好的面具晾干的空儿，正在缝另外一个假人。阿曼达开始在地下室里测量。

"把盒子跟别的东西一起放那儿吧。"爱丽丝用下巴指了指一个角落，然后坐在贝琪身边。

詹姆斯和苏珊把盒子放在地上，和其他六七个盒子放在一起。都是一些纸盒或者是塑料盒子，其中一个塑料盒子上贴着"鬼怪"的标签。

"看看那些盒子，那里应该有一些你可以用的灯。"爱丽丝冲詹姆斯说道。她转过身扶着一个假人的左胳膊，这样可以方便贝琪把袖子缝上去。

詹姆斯开始一个盒子一个盒子他看起来。他小心地把一些灯拿出来堆成一小堆，另外一些不太确定能用的灯被他放在另一边，那些他没准儿以后还会再看一遍。

詹姆斯把手伸进第三个盒子，他突然叫了起来："这是什么啊？"

"什么什么啊？"爱丽丝从地上站起来，冲詹姆斯问道。她拍拍自己牛仔裤上沾的线头，走到他这边。只见盒子里放着四个黑色长方形外壳的灯，里面是长长的紫色灯管。

"哦，这些是所谓的'黑灯'。"爱丽丝说道。

"黑灯？"詹姆斯问，"你是说这些灯是坏的？"

"不是，这些是聚会用的特别的灯。它能让东西在黑暗中发光。"爱丽丝回答道，"我来给你演示一下。"

她小心地把一个长方形的灯从盒子里拿出来，解开绕在灯上的电线，将插头插进插座，然后摸到灯侧面的开关，把灯打开。

"我没觉得有什么特别啊，看起来就是紫色的嘛。"詹姆斯抱怨着。

"等几分钟，"爱丽丝解释道，"别盯着灯看，爸爸说会伤着眼睛的。"

"谁能把灯关一下？"爱丽丝冲着车库里面喊着。

"好的！"蒂姆答应了一声。一瞬间，车库沉浸在黑暗之中。嗯，也不是完全黑了，还有那个暗淡的紫色的灯。

詹姆斯突然大笑起来："真酷，你的牙在发光！"

"你的鞋带和T恤也是。"苏珊也叫了起来。

"爸爸用这个灯让各种东西在黑暗里发光，"爱丽丝解释道，"车库的天花板上有挂这些灯的螺丝。"

"太酷啦，我也想试试。"詹姆斯兴奋地说道。

"蒂姆，麻烦你把车库的灯再开一下。"

灯又被打开了，四周突然变亮，孩子们都被晃得直眨眼睛。

"让我试试，给我几分钟时间。"詹姆斯小心地从盒子里又取出另外一个长方形的灯，拿到蒂姆和汤姆干活儿的地方。他把灯插上电源，然后把车库里的灯又关了。又是漆黑一片。

"哦，对不起，我忘了把这个灯打开了。"詹姆斯按了一下黑灯的开关，突然几百个发光的牙齿从房间的角落里露了出来。那些动物标本咆哮的样子和张开的大嘴在特殊的灯光下看起来更加恐怖。

"太棒了！"蒂姆和汤姆同时叫了起来，"我们这边能不能也挂一个这样的灯？"

"没问题，"詹姆斯答道，"盒子里还有几个呢。"

爱丽丝来到詹姆斯身后，拍了一下他的肩膀。"哇哇哇哇啊啊啊！"詹姆斯吓得大叫起来。

"对不起，"爱丽丝说道，"不过我想再给你看样东西。"她手里拿着几个透明的塑料罐子，每个都透着不同的颜色。"那个黑灯能让一些材料在黑暗中发光，不过你也可以用发光涂料或者荧光涂料涂在一些东西上面。黑灯能让颜色更加鲜亮，看起来更发光。我爸爸还有一些这样的漆，不过如果我们需要，我们也可以再去买一些。"

蒂姆从爱丽丝手里接过一个塑料罐子，来回转着看。靠近黑灯的这面总是更鲜亮更发光。"这个用来做背景肯定会很酷。我们可以再增加一些细节，可以让这

边更暗一点儿，只要能看见东西就行。要是只有几盏灯的话，普通的颜料基本上显不出来。"

"我们想在哪儿用这些灯和荧光颜料都行。"詹姆斯说，"这些东西真的很酷。"

詹姆斯把车库的灯又重新打开，关上了黑灯。他把电源拔下来，把黑灯放到了离车库比较远的另一边。他小心地把黑灯放回盒子里，把电线像爱丽丝之前那样绕好。詹姆斯又继续打开其他的盒子，拿出一些灯放在旁边，等以后用的时候再把电线解开。在最后的两个盒子里他又找到了三个黑灯。他把它们拿出来逐一接上电源开关，看看是不是都是好的。

"看起来我们有足够的黑灯能用在整个鬼屋里！"詹姆斯笑着说。他用手指着爱丽丝画的鬼屋示意图，数着每个区域。"嗯……四盏放车库，一盏在楼梯最上面，一盏放在地下室，然后外面的墓地再放一盏。肯定特别棒！"

　　孩子们聚在一起讨论在哪儿用那些特别的涂料。他们先做了几个小试验，发现用很少涂料就能达到很好的效果。他们在一个假人身上试了一点儿涂料，但是发现假人的衣服只能发出一点儿光。

　　"估计是因为棉布的原因。"爱丽丝说道。

　　他们在一个假人的眼睛上用了些绿色的发光涂料，效果非常怪异，所以大家决定把所有面具上的眼睛和牙齿都用发光涂料涂一遍。他们在纸板的背景上也刷了一些涂料。

　　孩子们都各自继续干活儿。蒂姆和汤姆在已经画完的地方用荧光涂料描边儿，随意地加了些眼睛，还用红色的发光涂料画了"血滴"。每半个小时左右，他们中的某一个就会喊一声"关灯！"这样可以检查一下自己的成果。

这天结束的时候，大部分画好的纸板背景都用发光涂料或者荧光涂料修饰过，也用黑灯试验过了。

"干得好，伙计们！"阿曼达说道，"晚饭时间了，大家都回去吧。明天上午见！"

14

死得透透的

　　周日早上，爱丽丝在家前门迎接着她的朋友们。她的眼睛红红的，还在使劲儿吸鼻子，但是她看起来不是伤心，而是很生气。

　　"怎么了？"阿曼达问。

　　"狗！该死的狗！"爱丽丝哭了起来，拿纸巾擤着鼻子。她抬起头，眼泪顺着她的脸颊流下来。"都被它给毁了！"

"把什么毁了？它干吗了？"蒂姆感觉有点儿不对，他警觉地问道。

"昨天咱们干完了之后我把车库通往屋里的门关上了，对吧？我肯定是没把门都带上，因为今天早上我发现门是大开着的，而且……而且……"爱丽丝吸着鼻子，"……而且那该死的狗在里面，什么被咬了！都被毁了！"

其他的孩子都大张着嘴看着她，大家震惊了。所有的东西都被毁了！

"进来看看吧，我都不知道该怎么办了！"爱丽丝哀号着，"我把狗关进后院了，可是已经太晚了！"

孩子们赶紧跟着爱丽丝走进车库。她打开了灯，孩子们一片怪叫。

车库里已经乱了套。中间的所有迷宫墙都被撞倒了，其中的一些已经被扯烂了。三个假人被撕破了，胳膊和腿四处散布在车库里。一些面具被咬成了两半。

很明显，狗也在蒂姆和汤姆干活儿的角落里待了不少时间。羽毛和皮毛到处都是。两个野鸡的头已经被

咬了下来，几个小的动物被嚼成了几块，标本肚子里填充的棉花散得满地都是。大部分大的动物和鸟类倒是没被动过，包括鹰和几只猫头鹰。很明显，这些动物足够大，吓得狗也没敢袭击它们。

"它把这些标本都弄死了！"蒂姆哭了起来。

"它们本来就是死的了，傻瓜。"汤姆说道。

"狗把它们又杀了一遍！现在绝对是死透透的了！"蒂姆执拗地呜咽着。

苏珊翻了翻白眼，说道："至少你不用把它们再拼回去了。"

"大家都过来，都过来。"阿曼达站在车库中间说道。她盘腿坐在地板上，其他的孩子也走过来跟她坐在一起。爱丽丝的眼睛还是红红的。蒂姆还在低声吼着"该死的狗！"

阿曼达先是深吸了一口气，数到五，然后使劲地把气吐出来。"包括今天，我们还有十天时间。我们来看看什么已经完成了，什么还没有完成。"

贝琪看着阿曼达，好像她脑子坏了似的。"你疯了吗？所有咱们干完的事都在一夜之间被那条傻狗给清零了。"

"咱们的项目已经彻底死定了。"詹姆斯叹着气。

"哦，我倒不觉得。"苏珊突然会意地一笑。

爱丽丝吸了吸鼻子，又拿纸巾擦了一下。"你笑什么？"

"那条狗帮了咱们。"苏珊完全没有开玩笑的样子，她把胳臂交叉在胸前。

现在所有其他的孩子们都瞪大眼睛看着她。

"苏珊真是疯了。"蒂姆和汤姆一起说道。

"这狗把所有东西都毁了，到底是怎么帮咱们了？"阿曼达问。

"嗯，这个烂摊子倒是给了我一个主意。我们可以把几个主题合在一起——把僵尸和野生动物组合在一起。看这儿，我来给你演示我是什么意思。"苏珊站起身，捡起了几个假人的残肢断臂，把它们和几个僵尸面

具扔在一堆。她又走到蒂姆和汤姆的角落拿回几个动物标本，几个被撕裂的和几个还完好的。她用了几分钟把假人的残肢断臂和动物标本摆了摆，往后退了几步端详着。

"就这样！"苏珊宣布道。

一个僵尸的两条胳膊展开着，每只手有一半被撕掉了，看起来就像被硬生生拉下来的样子。另外一个僵尸瘫靠在墙上，一只土狼站在旁边，牙齿中间咬着僵尸的胳膊。

"这看起来真的不错。苏珊，你干这种恶心事儿真是不比男生差。"蒂姆赞同地点点头。

"不差？"贝琪反问道，"要我说苏珊干恶心事儿的本事比你们男生还厉害。"

"哦，是吗？"汤姆有点儿挑战的意思，"咱们来看看谁能做一个最吓人的场景——男孩儿，还是女孩儿？"

这么说着，竞赛就开始了！大家把中间的墙重新立起来，然后用强力胶带贴在纸板后面，很快地修好了被撕破的部分。男孩儿拿了一些假人和面具去了车库的一边，女孩儿借用了几个动物标本。一会儿，苏珊拿起一只狐狸往屋里走去。

"你要干吗？"爱丽丝问。

"去后院，我需要另外一个被咬坏的动物。"苏珊回答道。

爱丽丝耸耸肩，回头继续专注地做她的僵尸。

几分钟以后，苏珊手里拿着一只被撕得稀烂的狐狸回来了。"行了，这是最后一个了。你爸妈冲我吼来着，说我把狗教坏了。他们扔了两个球转移了狗的注意力，我才把狐狸拿回来。"

苏珊把一个僵尸和狐狸摆成一个对抗的场景——狐狸的牙齿咬进僵尸的脖子里，而这同时僵尸正要把狐狸的头拽下来。

"非常，非常恶心和恐怖！"阿曼达肯定地说道。

在墙的另外一边，男孩儿们把假人和动物互相移植。一个假人长着土狼的头，而土狼的身体上接着一个

妖精的头。

一个假人的两只手被换成了黄鼠狼的头，从两只袖子里伸出来，手指也变成了黄鼠狼嘴里的利齿。

当大家都完成之后，孩子们在车库中间集中起来，然后绕着走了一圈，来看各方做的场景，不过他们实在不能决定哪个是最恐怖的。"我去叫爸爸来。"爱丽丝说道。

几分钟后爱丽丝和爸爸一起回来了。他们引导着爱丽丝的爸爸在迷宫里走，这样他能够看见不同的布景。当他都看完之后，爱丽丝问："嗯，爸爸，你觉得哪个最好？"

爸爸摇了摇头："我哪个都不喜欢。都太吓人了！我敢发誓，你们这些孩子要让我晚上做噩梦了！"

爱丽丝的爸爸回房间了，孩子们咯咯地笑起来。"我们就算是平手吧，"阿曼达宣布道，"不过听起来咱们的鬼屋会赢的！"

15

麻烦的牙齿

剩余天数：

7

十月

周日	周一	周二	周三	周四	周五	周六
24	25	26	27	28	29	30
1	2	3	4	5	6	7
8	9	10	11	12	13	14
15	16	17	18	19	20	21
22	23	24	25	26	27	28
29	30	31	1	2	3	4

"我怎么也做不对！"苏珊一边说着，一边放下了她一直在做的面具，"这些面具太难做了。我怎么也不能把牙齿做对。"

阿曼达走过来，她想看看发生了什么。其他的孩子正在按部就班地在车库的另一边做面具。詹姆斯来回跑着在挂更多的灯。"怎么啦？"

"这些牙齿太大了，怎么做牙医的患者啊？"苏

160

珊指着地上躺着的一排七个纸浆做的面具。她一直在往
面具上加牙齿，但是牙齿太大也不均衡，总是从不同的
角度呲出来。"我是说，我一直在努力尝试，但就是不
行。没准儿还得再多做几个气球面具，可是我没有那么
多的时间了。"

"没事儿，现在才周三，而且它们也不用做得那么
完美吧。"阿曼达皱着眉说道。这几个面具看起来的确
很狰狞。"没准儿你把其中几个做好就行了？"

苏珊转过来瞪着阿曼达："我可不是这么计划的！
我想要做到完美！"

"肯定没问题，你看，"阿曼达轻拍着苏珊的肩
膀，"迄今为止你的主意最可怕了，而且估计一直会是
所有项目里面最恐怖的。"

苏珊耸耸肩，拿起了一个面具开始继续干。那个面
具还缺一半的牙齿。

"也许你不一定非要把所有的牙齿都加上去，"阿
曼达建议，"没准儿有些牙已经烂掉了。"

苏珊扫视着这些"失败的"面具，一边考虑着阿曼

达的话。"烂掉的……因为吃了太多万圣节的糖果！"
她冲阿曼达挤挤眼睛，咧开嘴笑了，"真聪明！谢谢，
阿曼达。好啦，开始干活儿！"

蒂姆和汤姆差不多完成了"移植"任务，还把这些
动物巧妙地布置在车库里。詹姆斯拿着盒子跟在它们后
面，一起在每个部分都挂起灯来。他们把四盏黑灯挂在
天花板上原来吴先生已经装好的挂钩上。每个主题有一
盏灯。

爱丽丝和贝琪已经完成了做假人的任务，正在墙上
把蜘蛛网展开挂好。她们把几个蜘蛛网放在摆放吸血鬼
棺材的"地窖"里。汤姆把一根黑色的细绳子固定在棺
材盖的右边，然后穿过天花板上的一个小铁圈，这样
他们可以躲在墙后面来控制打开或者关上棺材盖。另
外有一个黑绳子穿进棺材一端，和里面的一个铰接的
面板连接在一起，这样棺材盖打开的时候，吸血鬼会
跟着站起来。这第二根绳子也从天花板上的一个小铁

圈里穿过去。

在车库里第一个区域，女孩儿们把撕成条的黑垃圾袋从天花板上垂下来，可以碰到参观者的头发。这些塑料条也挡住了远处墙上一个很大的、涂了荧光的蜘蛛网，网的正中间趴着一只巨大的蜘蛛。她们把电池放进那只蜘蛛的身体里测试，蜘蛛身体里有个小的运动感应器，当有人接近的时候，它就会尖叫和震动起来。

詹姆斯做好了一堆泡沫塑料的墓碑，被堆在角落里，准备好到万圣节当天在摆到外面去。因为狗有可能又去咬，所以没必要现在就摆好。"那样会很糟糕的，"爱丽丝说，"爸爸说狗有可能因为吃了泡沫塑料而窒息。"

大家准备回家吃晚饭的时候，苏珊用手按着一边的脸。"你怎么了？"阿曼达问。

"我不知道，我觉得牙疼。"苏珊回答道。

"没准儿只是你脑袋里这么想，你一直在想关于牙医的东西。"贝琪猜测道。

"肯定是在她脑袋里——是牙啊！"汤姆叫着。

"贝琪的意思是这可能是幻觉产生的牙疼——就像你说服自己你牙疼似的。"蒂姆解释道。

"幻觉产生的疼？"爱丽丝咯咯笑着，"就像鬼怪牙疼？我在想鬼怪们要不要去看牙医。"

苏珊没有笑，看起来她是真的牙疼了。

"好吧，我希望你的牙疼很快就好了。"阿曼达一边说一边走出了爱丽丝家，"明天学校见！"

第二天早上，苏珊没去学校。阿曼达和贝琪在课间休息的时候在她们最喜欢的角落集合，但是苏珊没出现。苏珊的妈妈在午饭前才把苏珊送到学校。

"你去哪儿了？"阿曼达问。

"我不……"苏珊口齿不清地说着什么。

"不好意思，你说什么？"贝琪问。

苏珊一边的嘴角朝下垂着，又说道："我是说，我……牙医。"

"牙医把你怎么了？你都不能正常说话了！"贝琪叫着。

"我不啊……不舒服，牙被冻了。"苏珊耸耸肩。

午休过半的时候，苏珊终于能正常说话了："是冷冻的关系，我的舌头变得很奇怪。"

贝琪怀疑地看着她："到底怎么了？"

"我妈今天早上带我去看牙医了。牙疼得我都没法吃晚饭，昨天晚上也没睡好。"苏珊说。

"可怜的苏珊。"阿曼达关切地看着她。

"我现在没事儿了，实际上感觉挺好的。牙医给我补了牙。"苏珊回答道。

"补牙疼吗？"贝琪皱着眉问。至今为止，所有

的女孩儿都还算幸运，还没有谁要补牙——也就到今天为止。

"她用针打药冻住我的嘴的时候，我觉得有点儿被掐着的感觉，不过不觉得疼。她特别温柔，动作也很轻。因为表现好，补牙之后我可以挑一个小玩具。"

苏珊看着秋千上的孩子们，停了一下。过了一会儿，她转向她的朋友们，脸上充满着焦虑说："不过我有一个大问题。"

"什么问题？"贝琪问。她突然显得很惊奇。她认真地凑近看着苏珊，想看看什么东西没有了。

"我不能再继续做那个恐怖牙医的布景了。"苏珊叹了口气。

"为什么不行？"阿曼达问。

"因为牙医很重要啊，她们很亲切，帮助病人。我不想让小孩子害怕牙医！牙医给我看了一些照片，告诉我如果不好好保护牙齿或者你不定期去做牙科检查会有什么后果。那些照片真的很可怕。"

"嗯……"阿曼达若有所思，"我们再一起想想。今天晚上一起来干吧。"

————————————

当天下午，大家都在爱丽丝家集合。苏珊向大家解释了她的难题，和为什么她不想再把牙医渲染得很可怕。另一个问题是，苏珊的叔叔出门了，在万圣节之后才能回来把牙医椅子取走。不管愿不愿意，牙医的椅子都要成为鬼屋的一部分了。

大家一起盯着牙医布景，试着想出另外一个新主意来诠释这把椅子。过了半个小时，大家还是没有想出什么可行的办法。贝琪突然对着苏珊耳语起来。

"太棒了！"苏珊微笑着，"咱们开工吧！"

苏珊招呼所有的孩子聚在一起，来解释贝琪的主意。汤姆看起来有些迟疑，不过其他孩子都点头表示同意。"好吧，一起干起来吧！"

16

鬼怪的机会

周六早上，阿曼达吃完早饭，收拾好餐具后，把他们做计划的纸在厨房桌子上铺开。随着项目的进行，她一直在更新着单子里的内容，包括完成了服装和灯光装饰，以及其他已经搞定的部分。她把已经完成的任务打上了红钩，然后站起来伸了个懒腰。她皱着眉看着桌子上铺开的纸，截至目前她们还没完成足够多的任务。阿曼达瞟了一眼冰箱上的日历，"万圣节是周二……还剩4天时间，"她想，"根本没有足够的时间把所有的事

情都干完——一点儿机会都没有了！"

她确实需要些帮助，而且她清楚地知道应该去问谁。

"……爸爸！"

当阿曼达到爱丽丝家的时候，其他孩子已经开始在车库里干活儿了。他们一边等着阿曼达，一边在完成一些细节，比如调整调整蜘蛛网，在这儿或者那儿补画一些东西。阿曼达来到车库的时候，蒂姆和汤姆抬起头来看着她。

"早上好，阿曼达。"蒂姆打着招呼，他手里正举着一把小油漆刷，上面沾满了橘黄色的荧光颜料。一滴颜料从刷子的边上滴下来，溅在地上铺着的盖布上。

"早上好，蒂姆。"阿曼达答应着。"大家早上好。"她朝车库里所有人说道，"大家能不能过来集中一下？"

孩子们都慢慢集中到阿曼达身边。詹姆斯还在挂几盏灯，所以是最后一个过来的。

"爱丽丝，我们能不能用你家的餐桌？"阿曼达问，"我想把纸摊开在桌子上和大家一起讨论，这儿有点儿太挤了。"

"没问题。"爱丽丝答道，她领着大家走进了屋子。

阿曼达在桌子上把他们做计划的纸摊开，孩子们则在桌子旁边围坐下来。"我们遇到个问题。"阿曼达开门见山地说道。

"又有问题了啊。"汤姆叹了口气。

"过了今天我们就只有两天的时间了，接下来就是万圣节。我捋了一遍咱们的计划，还有很多事情需要完成。"

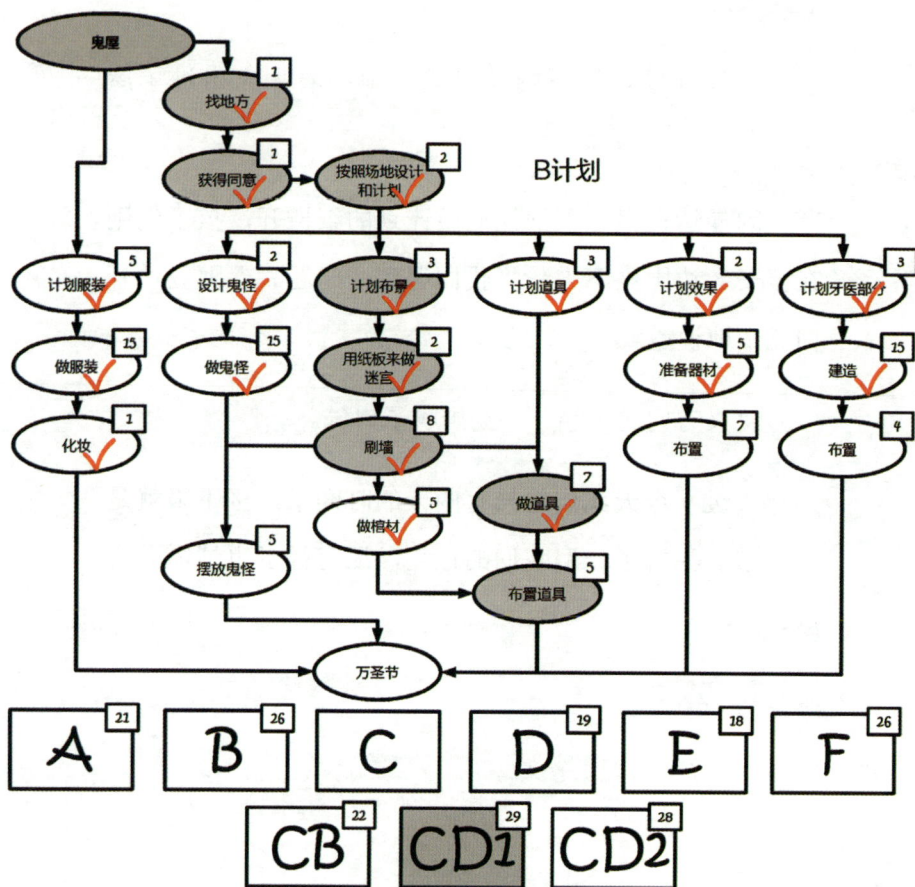

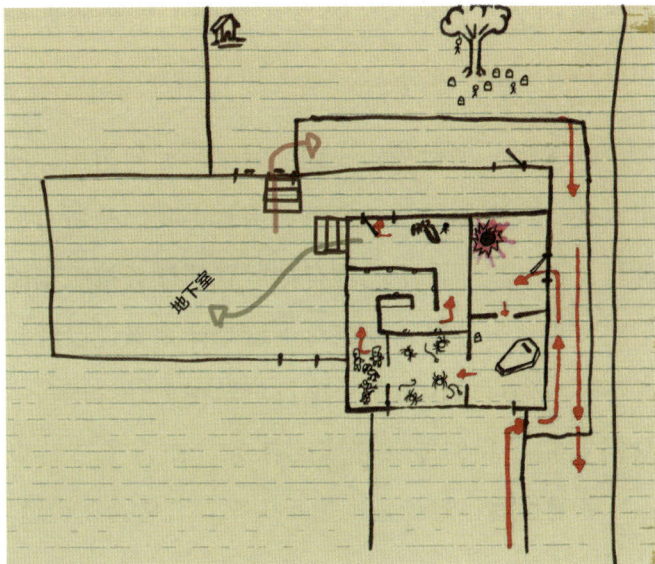

阿曼达指着一开始做的平面图，说道："我们在很多地方都做了很好的推进，不过我们都还没有开始做地下室。车库里还有一些地方需要完成收尾工作，再就是万圣节那天要把房子前面布置好。詹姆斯已经把所有的墓地里的墓碑准备好了，但是我们也就做了这些。我们需要在墓地里面加些东西好让它足够恐怖，另外我们还不知道怎么来做浓雾的效果。"

孩子们盯着桌子上的纸。确实还有很多任务都没有被勾掉。

"咱们怎么把地下室给落下了呢？"詹姆斯问，"那可是好大的一部分。"

"爸爸说，当你开始计划的时候，如何组织你的计划可以让管理更加容易或者更加困难。我们把所有的任务都写在计划里了，不过没有把所有的任务按照车库、地下室和墓地来分组。现在对于这个计划来说已经太晚了，不过我们可以在下一个项目里做得更好。现在，我们只需要完成我们能够完成的任务，在万圣节结束项目。"阿曼达看了看计划，抬起头来看着詹姆斯说道。

爱丽丝看着纸，她的肩膀紧缩起来。"我们不可能把这些事情都按时完成！"她哭叫起来。

"这不可能！"汤姆也嚷嚷起来，"那我们该怎么办啊？我们不能放弃！"

阿曼达把B计划的工作分解结构放在桌子上，开始在小方块上画钩。

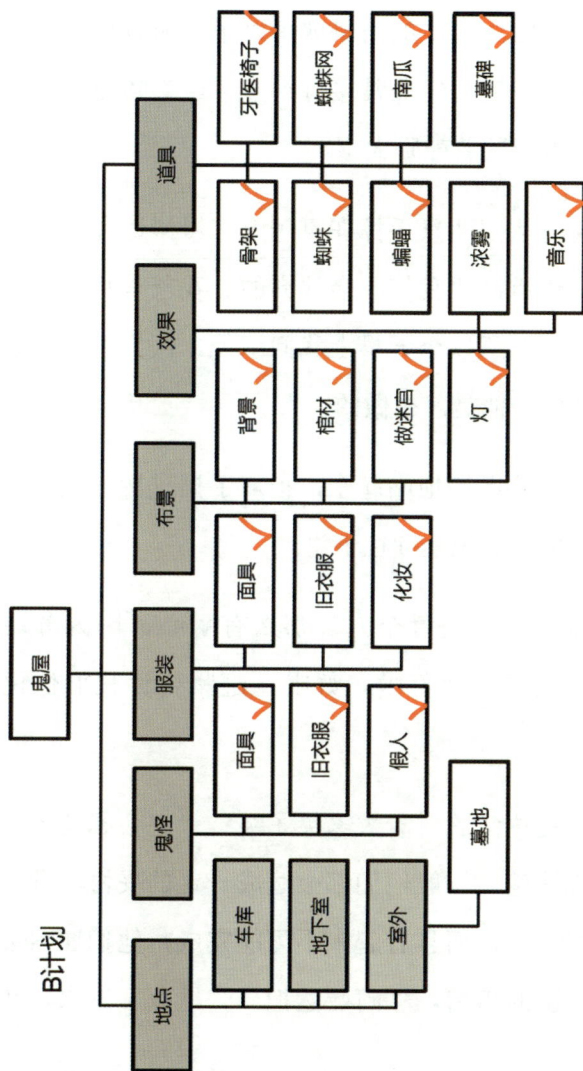

B计划

鬼屋

地点
- 车库
- 地下室
- 室外
  - 墓地

鬼怪
- 面具
- 旧衣服
- 假人

服装
- 面具
- 旧衣服
- 化妆

布景
- 背景
- 棺材
- 做迷宫
- 灯

效果
- 骨架
- 蜘蛛
- 蝙蝠
- 浓雾
- 音乐

道具
- 牙医椅子
- 蜘蛛网
- 南瓜
- 墓碑

"这么来看的话，我们已经搞定了很多事情，接下来只需要完成鬼屋的布景就可以了。所以情况也不是那么糟糕，我们已经非常接近终点了。"阿曼达的态度很坚决，她想试着鼓励大家。

阿曼达把两只手撑在桌子上，慢慢地环视着她的朋友们，说道："我们不会放弃的。我爸爸从来没有放弃他的项目，所以今天早上我问了他，假如事情看起来不可能完成，他是怎么做的。"

阿曼达慢慢地站起来，把双手插进裤兜里。六双眼睛耐心地等着她继续往下说。

显然，不是每个人都那么有耐心，因为苏珊已经脱口而出了："好啦，好啦，赶紧告诉我们他说了什么！"

阿曼达侧脸对着大家笑了笑："他会和他的团队和顾客说清楚，一般他们都会达成一定的妥协。项目如果进行得不好，而且看起来不可能完成，他们通常会讨论四件主要的事情。"阿曼达把一张纸翻了过来，在背面写道。

1.能不能修改进度

2.能不能修改费用

3.能不能修改规模

4.能不能修改质量

"为了能完成所有的任务，有时候你可以推迟最初的计划截止日期。"

她摸了摸自己的下巴，说道："如果不能修改截止日期的话，有时候你可以增加人力或者花费更多的资金来促使任务工作完成得快一些。我们不可能让万圣节改日子，所以无法推迟项目的截止日期。我们必须得按时完成，要不然我们就错过了。"

她把四周写满"$$$$$$"的专门记录预算的那张纸抽出来，看了看他们还剩下多少钱，然后说道："我们还剩下4美元20美分。虽然没多少钱了，但实际上钱多也不能帮我们完成得更快。所以我们现在其他的选择就是增加帮手——但是我们不能问其他的小孩儿能不能帮我们。大家都要做自己的项目，况且这是一个比赛。"

她吸了吸鼻子，说道："就算本说他和奥利弗已经

做完了，我也不打算问他能不能帮助咱们。"

"这样我们就得看下一个选择了——范围。"

"范围？这个是什么——你是说像显微镜？"詹姆斯打断她说道。（注：英语中，显微镜和范围两个词的词根相同。）

"不是，'范围'是指你决定你需要做好哪些任务来完成你的项目——就是你想在项目完成的时候达到什么，类似你要求的那些东西。"阿曼达解释道。

她叹了一口气说："爸爸说如果你不能修改时间，也不能修改预算和增加人力的话，能修改的就只剩范围了。换句话说，就是放弃一些你想做的事情，通过减少任务来保证按时完成项目。"

阿曼达停顿了一下，给大家一些消化的时间。

"所以……哪些东西我们必须要放弃了？"蒂姆问。

"我的牙医椅子不行。"苏珊态度很坚决。

"也不能是我们的僵尸对野生动物布景！"贝琪马上跟着说道。

"也不能是我们的动物标本。"汤姆有点儿着急了。

阿曼达挥挥手让大家安静下来:"不是,不是这些我们已经都要做好的。如果只差一点儿就可以完成的,当然应该继续完成它们,或者就此收手,这样我们可以把时间花在别的部分让它们看起来'足够好'。"

她指着鬼屋的平面图说道:"我们几乎把车库里所有的东西都做完了,还做了一些后院的墓地,但是我们基本上没怎么碰地下室的部分。也许可以把我们已经做好的组合起来,省略掉鬼屋的一部分。"

"这部分本来是要布置小鬼儿和狼人的。我们已经做了几个假人和很多面具。没准儿我们可以把它们布置在墓地?"苏珊指着平面图上的地下室部分说道。

爱丽丝用手指着迷宫的路,参观的人会从车库的旁门开始,走过车库里不同的主题布景区域,最后穿过牙医布景,朝向去地下室的楼梯。"我们可以把地下室挡住,然后参观的人直接下楼到洗衣房,从那儿就可以走到室外的墓地。"

贝琪表示同意,不过还是有些迟疑:"是,我想这

样也许可行，不过还是不太一样。"

"跟什么比不一样？如果我们不能完成地下室的话，那儿只有一个空空的屋子和几个满是尘土的兔子，以及戴着面具的假人，根本就没有什么可看的，也不恐怖——这也太不给面子啦！这次最好还是忽略掉地下室吧。"

孩子们挨个都点了点头。阿曼达小心翼翼地在平面图地下室的部分划了一个"×"。"一致同意——我们忽略掉地下室。"

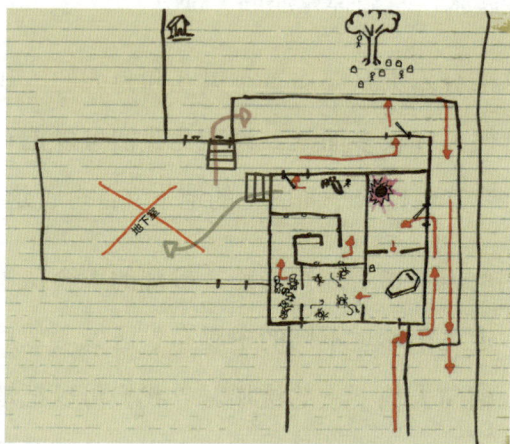

"我觉得我们可以把剩下的都做完。现在让我们来看看怎么能更高效地完成剩下的任务……"

17

绳套松了

剩余天数：

1

"别拽得太使劲儿了！不然又要掉下来啦！"詹姆斯冲着正在拉着绳子一头儿的蒂姆喊着。爱丽丝家后院有一棵树，绳子是从树上一根高高的树杈上绕过去的。汤姆爬在树上，调整绳子。他已经爬了五次树了，就为了把绳子垂下来递给詹姆斯。这次他决定就待在树上直到把绳子系好。上一次他爬上爬下的时候，手里就扎进了好几根木刺。

蒂姆把绳子又拽了下来，绳子的另外一端系在一个假人的脖子上。假人本来都已经被拉起到离地一半的距离了，结果又掉了下来，正好落在计划做墓地的地方。被掉下来的假人砸了几次之后，他们把墓碑都先挪开了，打算把假人挂好之后再把墓碑摆回去。

"我抓着了！"汤姆叫着，在绳子从树杈上滑下去之前抓住了绳子的一头儿。前五次绳子都是已经搭在树杈上，结果又掉回到地上了。前几次汤姆每回都要再爬到树上，这次终于抓住了绳子，省得再爬上爬下了，这让他挺高兴。

"打个结真费劲！"詹姆斯泄气地嘟囔着。

"现在你该学会了吧。"贝琪从詹姆斯身后走过来说道。

"我们在男童子军没学过打这种结。"詹姆斯摇着头说，"再说了，我们今年才开始学。"

"我不知道童子军教不教怎么打吊人的套索结。"贝琪耸耸肩，"你们忙活这大半天的，在我看来这就不算是结。结应该是不会松开的——除非你想让它松开。"

詹姆斯转过脸来看着贝琪，左边的眉毛挑起来露出个审视的样子："这么说，你知道怎么打吊人的套索？"

贝琪笑着摇了摇头："我也不会，但是我会打那种不会开松的结，那个行吗？"

詹姆斯看着蒂姆想征求他的意见。蒂姆朝着他把大拇指伸出来。汤姆在树上冲下喊道："我在这儿已经很累啦。只要能赶紧干完怎么都行。"

蒂姆把绳子递给汤姆，汤姆把绳子绕过树杈再递给贝琪。贝琪身子凑近假人，把绳子在假人脖子上绕了一圈。"绕一圈，然后打两个半结，然后再打几个，这样才保险。这跟在木头上打结不大一样，假人是软的所以有可能会松开，所以我多加了几个结。"她说道。贝琪看了看又加了几个半结以防万一。

"拉一下试试！"贝琪朝着蒂姆喊。

蒂姆拉起绳子，直到假人的脚离开了地面。

"现在摇摇绳子看看。"贝琪指挥着。

　　汤姆从树上揪了揪绳子。假人一边上下抽搐着一边前后晃悠着。绳结很结实，于是蒂姆继续往上拉，直到假人的脚刚刚高过贝琪的头。"你能不能帮我把绳子绑上？"蒂姆问。

　　贝琪绕到蒂姆这边帮助他把绳子绑在较低的树枝上。他们又走到房子旁边靠近院子边缘的地方往回看设置好的场景。一片混杂的墓碑站在草丛中，墓碑上假人轻轻地在风中摇晃。詹姆斯正忙着把剩下的墓碑放回草丛，摆放在风中摇曳的假人下面。蒂姆帮着詹姆斯在墓碑中间又放了几个鬼怪假人。

　　詹姆斯从墓地走出来的时候，汤姆正从树上爬下来一起来帮忙。

　　詹姆斯一边把手在牛仔裤上擦着，一边巡视着他们的手工活儿。"不错嘛！"他笑了。

　　"晚上看会更可怕，黑灯会打开，它们的眼睛会在黑暗中发光。"汤姆也很满意。

　　"很快我们就知道效果怎么样啦。"蒂姆说道。天开始变暗了，第一批不给糖就捣蛋的小孩儿很快就要来了。

他们绕到房子前面。爱丽丝正站在梯子上帮着爸爸再挂一些灯。

阿曼达站在车道上，左手里拿着一个写字板。她正在检查顺序示意图上的任务。

她在"化妆"一项上打了最后一个钩，然后抬起了头。"我们都干完啦！准备好迎接第一位客人吧——时间也正合适！"

大街上，一些年龄小的不给糖就捣蛋的孩子们已经跟着他们的家长上街了。天还没有完全黑，不过对四五岁的小孩儿来说也无所谓了，最主要的是要糖。小孩儿们觉得打扮起来就很好玩儿，至少看起来是这样。

他们不是很担心这些小孩儿会被吓着——蒂姆已经做了一个很大的牌子挂在车库门外面了。

恐怖鬼屋——仅限9岁及以上人群！

阿曼达看着那个牌子笑了。现在是时候结束工作开始换服装了——他们每个人在鬼屋里都有要扮演的角色。差不多再有半个小时左右，应该能看见第一批孩子进来参观了——希望他们都会尖叫！

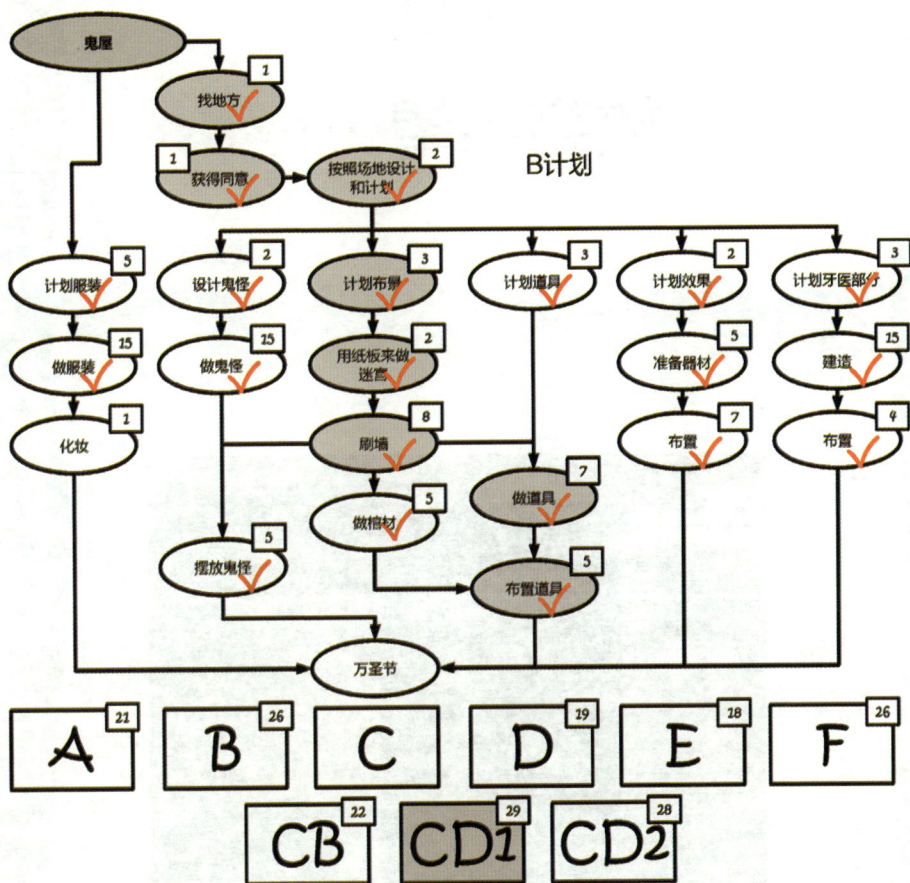

鬼屋

找地方 [1] ✓

获得同意 [1] ✓

按照场地设计和计划 [2] ✓

B计划

计划服装 [5] ✓

设计鬼怪 [2] ✓

计划布景 [3] ✓

计划道具 [3] ✓

计划效果 [2] ✓

计划牙医部分 [3]

做服装 [15] ✓

做鬼怪 [15] ✓

用纸板来做迷宫 [2] ✓

准备器材 [5] ✓

建造 [15] ✓

化妆 [1]

刷墙 [8] ✓

做道具 [7] ✓

布置 [7] ✓

布置 [4] ✓

摆放鬼怪 [5] ✓

做棺材 [5] ✓

布置道具 [5] ✓

万圣节

A [21]　　B [26]　　C [19]　　D [19]　　E [18]　　F [26]

CB [22]　　CD1 [29]　　CD2 [28]

18

放弃希望……

阿曼达看见他们的时候，一轮满月正从马路对面一棵高大的橡树树枝中透射过来。只见两个人从远处的街道上慢慢地走着。他们走路时发出沉闷的"咔嗒——咔嗒——咔嗒"声，潮湿的地面漫起的迷雾刚刚盖过脚踝。两个人穿着黑色的衣服，每次走在两个路灯之间的时候都在地上拖出长长的影子。迷雾在他们的脚上缠绕，然后又平滑地积聚在灰色的地面上。

阿曼达看着两个人在灯光和黑暗的交替中慢慢走近。"咔嗒——咔嗒——咔嗒。"灯光照在他们身上，然后又陷入黑暗。

街上现在几乎空无一人，小孩子已经结束了不给糖就捣蛋的把戏回家去了，天却还没有完全变黑，那些大孩子们愿意等到外面完全黑下来再出门。

阿曼达转过头去看月亮，月亮依旧清晰地照在树

上，安抚着天空。今天晚上是属于万圣节的——不过这轮满月诠释了夜晚的意义。

咔嗒——咔嗒——咔嗒。

阿曼达又回过头去看街道。已经看不见那两个人影了。她往最近的路灯看去，迷雾还在慢慢地弥漫着。他们去哪儿了？

咔嗒——咔嗒——咔嗒。

咔嗒——咔嗒——咔嗒。

咔嗒——

"哇啊啊啊啊！"阿曼达喊起来，她发现那两个人正站在自己的面前！

"晚上好，阿曼达。"一个低低的声音从科学怪人的面具后面传出来。

"你怎么知道我的名字？"阿曼达尖叫着，颤抖着抱拢双臂保护着自己的身体。

那个人把面具推到额头上笑了："是我，詹金斯校长，你去年在我的学校，记得吗？"

阿曼达放下了她的胳膊凑近看了看那个人的脸，说道："对不起，詹金斯先生，你可吓死我了！"

詹金斯先生笑了："这是给你的万圣节礼物，实际上，我们倒是希望你能吓到我们。"

"我们？"阿曼达凑近看了看第二个人，很高，很瘦，还穿着一件很高领的长黑色斗篷。阿曼达认不出那个人的脸。

第二个人把前面的高领翻了下来，露出了莫尔迪瓦小姐的脸。她的脸看着比平时更苍白，而她的嘴唇却是鲜红的。"我们来检查一下你的鬼屋。"莫尔迪瓦小姐说道。"参加竞赛的鬼屋。"她又补充了一句。

阿曼达马上反应过来了："哦，当然，当然啦！请进！……我的意思是，欢迎到我们的鬼屋来！"她把胳膊朝车库方向一伸，引着他们去了旁边的门。一串小塑料骷髅灯环绕在门框旁边像是个拱门。塑料蝙蝠固定在门上面的墙上。

阿曼达深深地吸了一口气，然后领着他们走了进去。

他们走进了室内，屋里满是闪光的蜘蛛网，有的从天花板上垂吊下来，有的画在墙上，各种大小的蜘蛛似乎在蜘蛛网上爬着。莫尔迪瓦校长往前走的时候，觉得有什么冷冰冰湿乎乎的东西在刷着她的脸和头发。"啊啊啊啊！"她叫了起来。

莫尔迪瓦校长很快地掸掉扫在她脸上的塑料条和尼龙网。莫尔迪瓦校长衣服领子的边缘在黑灯的照射下开始发光，连她的牙齿也变亮了。阿曼达注意到了她尖尖的牙齿。詹金斯校长的服装和他深色的皮肤完全没有发光，别人能看见的只有像鬼怪似的笑容悬在空中，他的牙齿像笑脸猫一样在闪亮。

悬在半空的笑容向着发光的蜘蛛网移动过去。"非常不错。"詹金斯校长评价着。他伸出手去摸那些蜘蛛，但是马上就被蜇着了似的，他尖叫了起来。

"啊啊啊啊啊！"詹金斯校长往后跳了一步，悬在半空的笑容变得更大了。

这一边的莫尔迪瓦校长什么话也没说。她冷冷的苍白的脸看起来没有任何表情。她的红嘴唇现在似乎是黑色的。

他们慢慢地走过一些晃来晃去的鬼怪，然后转过弯到了地穴的边上。纸板墙上画着粗糙的石块和有棱角的圆柱，感觉像是到了一个非常古老的陵墓里。墙上画着小的壁龛，里面摆放着用蝙蝠翅膀装饰的小瓮。每个小瓮上面都写着一个著名吸血鬼的名字。

灰色的棺材摆在屋子的正中，几乎被黑暗湮没了。突然，棺材盖打开了。棺材里面，一块平板朝着两位校长立了起来，是……

什么也没有！

"詹姆斯！"阿曼达叫起来。

"怎么啦？"詹姆斯的脑袋从板子后面露出来，他正躲在后面操作着绳子。棺材盖"砰"的一声关上了。

"假人哪儿去了？"阿曼达质问道。

"什么？哦……什么？"他绕到前面打开了空棺材的盖子，"哎呀！"

阿曼达摇摇头。她按照单子把每样任务都检查了一

遍，但是忘了打开看里面了。

"赶紧去拿假人，快！"她小声说道。

正在这个时候，莫尔迪瓦校长走上前用她那冰冷的瘦而骨感的手搭在詹姆斯的肩膀上："等一下，还不到时候。看起来尺寸正合适。"

詹姆斯觉得肩膀冰凉。他转过去看着莫尔迪瓦校长。

"能不能请你帮我把棺材盖打开？"她一边问，一边放开了放在詹姆斯肩膀上的手。

詹姆斯顺从地绕到墙后面去拉绳子。棺材盖子打开了。

莫尔迪瓦校长站进棺材里，小心地躺下，双手在胸前交叉。"正合适！请把棺材盖关上，然后再试试。"

按照中学校长的指示，棺材盖慢慢地关上了。几秒钟之后，棺材里传来轻轻的敲击声。詹姆斯打开了棺材。莫尔迪瓦校长慢慢地坐起身来，露出了她尖尖的白牙齿笑了。

正巧，蒂姆在这个时候从身体错位布景那边走过来看看这里发生了什么事情。

当蒂姆看见苍白却在发光的莫尔迪瓦校长从棺材里坐起来，他的脸变得煞白，一边尖叫一边跑了出去。"吸血鬼！吸血鬼！吸血鬼！吸血······"他从洗衣间穿过走廊一直跑到外面的墓地，他的声音也渐渐消失了。

詹金斯校长笑了起来，不过莫尔迪瓦校长看起来有些担心。"我可不是故意把他吓成这样的，"她辩解道，"我应该去把他找回来跟他解释一下。"

阿曼达笑着摇了摇头。"我觉得这不是个好主意，我们会跟他解释的。汤姆！"她叫着。

汤姆从角落里走出来，身上黏着些毛。他是身体错位布景的一部分。爱丽丝正跟在汤姆后面，手里拿着一个安全别针，帮着把一些剩下的被撕裂的动物用别针别在他的衣服上。

阿曼达看了看汤姆然后又看了看爱丽丝。"没事儿啦，汤姆——你回去接着做好准备吧。爱丽丝，你能不能去看看蒂姆，看他是不是没事儿？"

爱丽丝点点头转身消失在转角处。阿曼达朝两位校长转过身来："对不起这儿有点儿混乱了。"

詹金斯校长笑了："不用担心，这一点儿也不会影响你的评分的。"

莫尔迪瓦校长也点点头："是我应该道歉。接着给我们看其他部分吧。"

阿曼达慢慢地领着他们绕着墙走到身体错位的部分。一大堆怪异的动物顶着奇怪的面具头，而假人们有着动物的头。它们的手脚都从通路的两边伸出来，伸向走过来的三个人。汤姆刚刚躺下，看起来像个死人一样。等到三个人靠近的时候，他突然跳了起来，低吼着，咆哮着。

"非常好，非常好。"詹金斯校长笑着说。

"按理说你不应该冲他笑的。"阿曼达小声提醒道。

校长的脸马上变得严肃了："我的意思是太恐怖了。"

汤姆露齿一笑，马上又躺在地上，准备好去吓唬下一个人。

莫尔迪瓦校长用她长长的指甲小心地碰了碰一个身体错位的动物的牙齿，然后慢慢地收回手。"是真的啊？"她问。

阿曼达点点头："是真的，真的动物标本。"

詹金斯校长抬起了眉毛，仔细去看一个假人肩上的狐狸头。

"嗯……"

阿曼达领着他们绕着纸板墙走到僵尸和野生动物对阵的部分。这部分的四周被画成了谷仓的场景。

两个僵尸正被鹰和猫头鹰从头顶袭击。一个僵尸向着天空伸着手臂，想把自己的头从鸟的嘴里抢回来。另一个僵尸在地上躺着，正在和一群黄鼠狼争斗。

在黄鼠狼群的左边，一把斧头稳稳地砍在屋子中间的木墩上。一个无头的僵尸靠在木墩的右边，僵尸的头从左边的竹篮子里向外望着。一只獾和一只黄鼠狼盯着

竹篮子。

詹金斯校长身体颤抖了一下，快步走过了这部分的布景。莫尔迪瓦校长对这个布景非常有兴趣。

之后阿曼达又引着他们绕过墙到了车库里的最后一个布景——苏珊的秘密项目。

"哇！"詹金斯校长惊呼起来。

"有意思。"莫尔迪瓦校长点点头，她的右手食指碰了碰自己白色发亮的牙齿，"确实非常吓人。"

他们面前的墙上挂着很多面具。每个面具上大又厚的牙齿都从嘴里咧出来。有些是又亮又发光，另外一个很暗而且看起来已经烂了。很多面具的牙都缺了不少。

两位校长走上前，身体前倾地看着。每个面具都有一个题注在旁边的墙上贴着。这些面具似乎一个比一个更怪异。

"别刷牙！"

"多吃糖！"

"多喝饮料！"

"别去看牙医！"

"永远不要用牙线！"

"牙龈炎！"

面具和题注在墙上扭转着。

这三个人慢慢地绕过了小迷宫，直到站在了一处开阔的地方，正中间是一把牙医椅子。

一束明亮的光照在躺在椅子上的人形身上。椅子旁边，静静地站着一个穿着医用白大褂和戴着白口罩的人。白大褂和口罩在黑灯的照射下发着光。

"欢迎！欢迎！"苏珊说着，示意参观者站到椅子旁边来。一个带着纸浆面具的假人躺在椅子上。面具头有着几乎完美的牙齿。牙齿不大不小，看起来又干净又

光亮，没有一颗牙齿是缺失的。

"保护你的牙齿！刷牙和用牙线——还要去看牙医……"苏珊停了一下。

"要不然！"苏珊叫了起来，一边按了一下开关。牙医椅子后面的墙上露出了一个非常的大面具，有着腐烂和松动的牙齿，牙龈流着血，还有几个牙已经不见了。

面具的旁边是一张画着牙刷的画和一张糖果的画。下面写着：选择。

"你想要牙刷吗？"苏珊问，她端出一个装着包装好的塑料牙刷的小桶。

"谢谢，留着这些牙刷给孩子们吧。"詹金斯校长说道。

"没关系。我有很多呢。我妈妈去了牙医诊所。牙医给了她一大盒，我可以发给小孩儿。"

莫尔迪瓦校长挑起了眉毛，伸手拿了一个盒子里的牙刷。"谢谢你，宝贝儿，"她说，"这是个非常有意思的布景。"

苏珊笑了。

阿曼达领着两位校长穿过走廊到了外面的墓地。

后院里鬼怪的音乐在脚踝深的迷雾里飘荡着。时不时地就能听见一声尖叫。后院里还能听见很大的"扑通——扑通——扑通"的声音，像是心跳。

灰色的墓碑从迷雾里探出来，看起来像一排排矮墩墩腐烂的牙齿。一些鬼怪们站在墓碑中间，都向前伸着它们的胳膊。

扑通——扑通——扑通。

高高在上的是慢悠悠旋转着的人形，它们的脖子都被吊在了树上。

扑通——扑通——扑通。

三个人抬头往上看的时候，两个鬼怪的阴影突然从迷雾里跳出来。

"呜呜呜呜！"贝琪和爱丽丝一起叫起来，她们的身上披着白色的床单。

"啊啊啊啊！"詹金斯校长喊叫起来，身子往后退去。他笑了笑说道："非常好！"

"蒂姆去哪儿了？"莫尔迪瓦校长问，并朝着后院四周望着。

"哦，他在那儿呢。"爱丽丝拉下头上的床单指着说。

蒂姆正在高高的树上，朝下盯着他们看。

"他说除非吸血鬼走了，要不他就不下来。"贝琪说，"你知道他是什么意思吗？"

莫尔迪瓦校长抬起头来看了看蒂姆，说道："非常抱歉，我们吓着你了，小伙子，我们现在走了。"

回到车道上，詹金斯校长感谢阿曼达带着他们走了一圈。"非常不错……而且不一样，"他说道，"非常不一样。"

莫尔迪瓦校长用她冰冷的手指握了握阿曼达的手，说道："我最喜欢的是那个棺材，让我觉得我也是其中的一部分。"

阿曼达朝他们笑着，不过当他们离开之后，她的肩膀紧缩了一下。不错，他们说不错，而且说不一样。我本来是希望他们说觉得非常恐怖的。

"行吧，"她对自己说，"至少算过去了。现在我们可以放松一下好好玩儿了。"

阿曼达走回车库边上的时候，第一批孩子们已经在那里等着要进去了。

阿曼达示意最先来的两个孩子可以去鬼屋里。

她等了一会儿，静静地听着。

当第一声尖叫和哭喊声穿过夜空，一丝微笑浮现在阿曼达的嘴边。

19

谁拿了我的巧克力？

　　几个小时之后，源源不断的不给糖就捣乱的小孩儿开始变得稀稀拉拉了。蒂姆和汤姆的外公外婆大概在中间的时候来参观了，他们是带着满意的微笑离开的。几分钟之后，孩子们从墓地走到车库的旁边，尖叫着，咯咯咯地笑着。今天晚上每个人都被吓得很满意。

　　"好啦！"阿曼达宣布着，她把室外灯的插头拔了下来。蒂姆和汤姆把两扇车库门前的牌子拿了下来，这样大家都知道鬼屋现在结束了。几分钟之后，房子前面

就恢复了平时的样子。

詹姆斯在后院和贝琪一起收拾着墓碑，把它们都堆在车库里。爱丽丝和苏珊把假人从外面一个一个搬进来。蒂姆和汤姆也过来帮忙，很快他们就都搬完了，只剩下那个孤单的假人还在迷雾中吊在树上晃着。

贝琪走到树下把绳子解开，假人"噗通"一声落在了雾里。她把绳子在自己胳膊上绕圈缠好，然后把假人拖到院子旁边，詹姆斯帮着她把假人抬进了车库。

爱丽丝确定后院的门锁好之后，走进屋把狗放了出来。狗从推拉门后跃进了后院，因为又有了自由而非常兴奋。狗在院子里徘徊着，在之前放过墓碑的地方到处闻着。雾还是很浓，只能看得见狗的头和耳朵。

狗一会儿跳出来一会儿又消失在迷雾里，看起来很好笑，几乎像是鱼在水里跳起来的样子——或者像是鲸鱼在海里腾跃着前进。

爱丽丝笑着摇摇头，关上了身后的门。她穿过走廊走到车库里，朋友们都在那儿等着呢。

"你必须得看看这个！"贝琪说道，她示意爱丽丝走近些。

詹姆斯坐在牙医椅子旁边，咧着嘴笑着。

蒂姆和汤姆互相交换着眼神微笑着。

"你还记得你说因为我们要忙着鬼屋的事儿，也不能去玩儿，所以担心我们今天不会拿到多少糖果吗？"阿曼达开口说道。

爱丽丝点了点头。

"……看，苏珊帮咱们解决了这个问题。"阿曼达朝着苏珊点点头，"当然了，并不是特意的。"

苏珊站到纸板墙旁边。在牙刷和糖果的图片正下方是"选择"两个字。两个字下面是一大堆的糖。

"很显然，苏珊的牙医场景是最吓人的了，因为吓得小孩儿都不敢拿糖了！"阿曼达笑着说。

"真糟糕！"爱丽丝皱起了眉，"我们应该把糖还给他们。"

"我们不知道给谁啊，大部分小孩儿都戴着面具来

的。"苏珊辩解着，"再说了，你没看见，大部分小孩儿都选的是牙刷？"她举起了几乎空了的盒子，只有八把牙刷躺在里面。

"……还有两个小孩儿每人拿了两把牙刷。"阿曼达挑起了一边的眉毛。

"……这些小孩儿都放弃了拿糖果。"苏珊强调着。

爱丽丝耸耸肩，说道："好吧，我看咱们最好把糖分一分，各自带回家吧。"

七个孩子开始把糖果分成大概七等份。爱丽丝跑进屋里，拿了几个塑料袋出来给大家装糖果用。

袋子很快就被装满了。蒂姆最后一个站起身来，一边伸着懒腰一边打着哈欠，他这一晚上真够累的。

"我们明天放学之后再回来继续收拾和整理东西吧。"阿曼达说。

六个孩子走进房子，这样他们可以从前门回家。苏珊站在门口手里拿着一个纸盒子。

"别忘了拿你们的牙刷！"她笑着，颠着纸盒子。

"我多拿一个给本。"阿曼达说着伸手拿了两把牙刷——一个黄色的和一个绿色的。

"他终究是我的弟弟，我可不想让他的牙坏成那样！"她说着，伸手指了指墙上那些腐烂的牙齿的图片。

20

不给糖就……捣乱？

"第一名是……"

詹金斯校长站在中学礼堂的讲台后面，在给两个学校的学生一起讲话。站在他旁边的是莫尔迪瓦校长，不过好像有什么事情不对劲。

詹金斯校长穿着黑色的衣服，还戴着一个魔鬼的面具。莫尔迪瓦校长也穿着黑色的衣服，高高的领子衬托着她苍白的脸和红色的嘴唇。她的嘴唇正下方看起来

好像有个小圆点。蒂姆盯着她，觉得那个小圆点越来越大，她的脸似乎也越来越近。

不对，是蒂姆自己离莫尔迪瓦校长越来越近，被她冰冷的直勾勾的黑色眼睛吸引得越来越近。他从人群间飘过去，离主席台越来越近。莫尔迪瓦校长嘴唇下的圆点变成一个长长的血滴。

蒂姆飘得越来越近……越来越近。

等等，他真的是在飘，浮在人群的上面，朝着莫尔迪瓦校长的方向飘过去。他已经很接近主席台了，莫尔迪瓦校长张大了她的嘴，露出了她所有尖利的牙齿。一滴血从她的脸颊落到地面上溅开来，形成了一个蝙蝠的图案。

她朝着蒂姆伸出了她长而骨感的胳膊——"欢迎，欢迎……"直到……

"嘿，醒醒！该去上学啦！"汤姆叫着，一边摇着他的弟弟，一边还不忘赶紧往后退了一步，省得被他弟弟拍着。蒂姆平时都举止温和，但是早上的时候却有可能像大灰熊那样吓人。

"哇啊啊啊啊！"蒂姆叫着，刚开始醒过来。他眨了三次眼睛，屋里的景象才渐渐清晰。汤姆正站在他们卧室的门那里。礼堂、詹金斯校长和莫尔迪瓦校长随着他的梦消失了。"原来是个梦啊！"他想。

蒂姆爬下床，打着哈欠走进餐厅。汤姆已经给自己的碗里倒好了麦片，正把盒子递给蒂姆。汤姆开始吃的时候，蒂姆慢慢地在自己的碗里倒了些麦片。

蒂姆在脑海里回放着自己的梦。他放下了勺子，碗里的麦片才吃了一半。"妈妈，我觉得不舒服。"

妈妈从桌子另一边绕过来，把她的手背放在蒂姆的额头上。她又摸了摸蒂姆下巴后面的淋巴。"你不发烧，淋巴也不肿。我觉得你没生病。大概是你昨天晚上玩儿的太厉害了，觉没睡够。"

"不过妈妈，我觉得不舒服，我不想去学校。"蒂姆一边说，一边还在想着他梦的结尾。莫尔迪瓦校长尖尖的滴血的牙齿，长而骨感的胳膊朝他伸过来，就要碰到他了……

"别瞎说了，你完全可以去上学，你必须得去学

校。再说了，你跟我说今天会宣布谁赢了万圣节比赛。你们这些孩子做得很努力，你可不想错过了宣布结果吧！"妈妈说得有理有据，一副不可辩驳的口气。

蒂姆吃完早饭，尽量拖拖拉拉着穿好了衣服。刷牙的时候，他特意在镜子里看了看牙齿是不是刷干净了。一瞬间，他似乎看见莫尔迪瓦校长在他房间里，站在他身后。他眨了眨眼睛——一切都消失了——卫生间里只有他一个人。

没办法，最终他还是和汤姆去了学校。妈妈在他们的额头上亲了亲："祝你们今天好运，我希望你们能赢！"

"也许吧。"蒂姆想，不过他有点儿担心会是什么"奖品"。

上午上课的时候蒂姆一点儿也不能集中精力。他发现自己一直盯着教室里的钟看，希望时间能慢下来。

可正相反,时间似乎走得更快了,时针不停地走着,直到……

"到时候啦!"汤姆小声儿说着,铃声响了起来。

"好了孩子们,大家排成一排。我们要到中学的礼堂去,会有一个特别的集会。"汤普金老师说。他一边搓着手一边笑着。"我都等不及要知道到底是哪些孩子赢了万圣节比赛。我得说我昨天晚上玩儿得很好——有那么多非常非常吓人的布景!"

大家都开始离开教室的时候,蒂姆磨蹭着最后一个才走。他一点儿也不着急——现在他宁可去任何一个地方,只要不是去中学就行。

"开始吧,报数!1,2,3,4……"汤普金老师看着学生们走出了教室。"……25,26,都在这儿了!"他把蒂姆数进去之后,跟在队伍的最后,一起向中学礼堂走去。

离老师这么近让蒂姆觉得比较有安全感。"也许莫尔迪瓦校长会吃汤普金老师而不是我,"蒂姆推断着,"汤普金老师肯定比小孩儿的血多。"

他们到达中学礼堂的时候，中学的学生们已经在礼堂四周的坐席上坐好了。中间的空地是留给小学的"小孩儿"的。蒂姆的班级排好队坐下了。他数着自己离主席台有多远。蒂姆坐在从主席台数第六排的位置。还是太近了，这让他觉得不舒服。他往后面蹭着，直到碰到了后面学生的膝盖。

"嘿！"查太叫了一声，他是一个五年级个子高高的、有着棕色卷发的学生。

"对不起。"蒂姆嘟囔着，又稍稍往前挪了一点点。

詹金斯校长和莫尔迪瓦校长从左边的门走进礼堂，走上了主席台。詹金斯校长穿着炭黑色的西装，系着蓝条领带。莫尔迪瓦校长穿着浅蓝色的西装，戴着黄色围巾，她的头发向上梳成了一个发髻。莫尔迪瓦校长先走上了主席台，手里还拿着一卷纸。

詹金斯校长轻轻拍了拍麦克风，听见喇叭里传来的回声，他点了点头。

"早上好，孩子们。"詹金斯校长说道。

"早——上——好——詹金斯——莫尔迪瓦——校长。"孩子们回应着。蒂姆没说话，他一直认真地看着莫尔迪瓦校长，但是又不想一直盯着她。

"我想你们昨天晚上都玩得很好吧？"他问道。

欢呼声、叫喊声和口哨声在高高的天花板上回荡着。詹金斯校长笑了。"我必须得说，昨天晚上对我来说是久违的、最好玩儿的万圣节了。有那么多非常棒的布景！你们都很努力，我们也都看到了成果。我必须要说，我为所有你们的优秀的工作表示骄傲！"他一边向身边的莫尔迪瓦校长示意。

莫尔迪瓦校长向前走了一步，把纸放在了台子上。"没错，我也为所有的孩子感到非常骄傲，为一个非常精彩的夜晚和大家的努力工作感到骄傲。不过不是所有的人都能赢，做这个决定非常困难，詹金斯校长和我选出了最棒的前三名。"

她打开了夹子拿出了一张纸。

"第三名，杰西卡、詹姆森和汤玛斯·珀金斯的美妙的南瓜雕刻。做得好！"她鼓掌的时候，杰西卡和汤玛斯走上前领他们的奖品。所有的孩子们都在鼓掌，蒂姆的两只手紧紧地攥着自己的鞋。两个学生领了他们的糖果和证书，然后从主席台上走回他们的位置。

"第二名，他们的布景非常打动我。七个非常有才能的孩子创造了最特别的鬼屋——请到前面来，阿曼达、贝琪、苏珊、詹姆斯、爱丽丝、汤姆……和蒂姆！"莫尔迪瓦校长兴奋地宣布。礼堂里爆发出了一阵欢呼。

蒂姆坐在那儿一动不动，直盯着主席台。汤姆抓着他的手把他拉了起来。蒂姆在汤姆后面，跌跌撞撞地跟着，脑子里几乎一片空白。他吓坏了。

七个好朋友在台阶旁集合，然后排队走上了主席台，蒂姆走在最后面。他们每个人都得到了一包糖果、一张证书和一张学校周五的午餐券。詹金斯校长和莫尔迪瓦校长跟每个孩子都握了手。

蒂姆握了握詹金斯校长的手，软软的温暖的手。

他在两个校长之间停顿了一下，不知道应该怎么办。莫尔迪瓦校长又长又细的手指伸向了蒂姆，使劲握了握。她身子倾向蒂姆，在他耳边悄悄地说了什么。她直起身子来，大声地向人群宣布："请向我们的第二名表示祝贺！"

孩子们从主席台往回走的时候，礼堂里又爆发出了叫喊和欢呼声。看起来大部分的孩子昨天晚上都去过了他们的鬼屋。

蒂姆和汤姆回去和自己班的同学坐在一起。蒂姆脸上挂着一丝微笑。"她跟你说什么了？"汤姆耳语道。

蒂姆只是摇摇头，给了汤姆一个眼神，意思是一会儿再说。

主席台上，莫尔迪瓦校长把一张纸递给了詹金斯校长。

"第一名，精彩的灯光编排、万圣节音响效果和恐怖的墓碑——属于本杰明·琼斯和奥利弗·温斯顿的闹鬼的墓地！"他的宣布伴随着雷鸣般的掌声。

当本和奥利弗走上舞台领奖时，汤姆慢慢地鼓掌。

蒂姆陷入了沉思，嘴角浮现出一丝微笑。

"我真不敢相信本赢了。"汤姆小声嘟囔着，"我们那么努力做咱们的鬼屋——那才是最棒的！"

蒂姆抬头看了看他哥哥，耸了耸肩说道："无所谓啦。我都已经不在乎吃不吃周五的神秘午餐了。"

汤姆抬起了眉毛等着他接着说。

蒂姆摇了摇头："再说吧。"

颁奖之后，詹金斯校长和莫尔迪瓦校长跟集合在一起的孩子们又讨论了几件事情。他们说学校之间成功的合作，建立了高年级和低年级孩子之间沟通的桥梁，等等。蒂姆盯着天花板开始走神儿了。

突然，礼堂的一边发出一些骚动。中学的秘书从刚才校长们进来的那扇门走了进来。有个人跟她一起来的，秘书走上主席台的时候，那个人却在门外等着。秘书看起来有些慌乱。

秘书朝着莫尔迪瓦校长耳语了一番。莫尔迪瓦校长挑起了眉毛，向着秘书点了点头。秘书离开了主席台站到半开的门那边等着。礼堂里的孩子们都伸着脖子，想看看到底发生了什么，想看看谁是那个神秘的来访者。

莫尔迪瓦校长回到了主席台，她脸上带着惊讶的表情。"我们有一位意想不到的来宾。"她朝着门那边示意，一个又高又瘦，有着银色头发，戴着眼镜的人走上了台阶，站在主席台上。

"这是威斯尔先生，咱们市里商业改善局的局长。"她点点头，然后站到一旁，让威斯尔先生站到麦克风近前。

威斯尔先生清了清嗓子，看了看礼堂里所有的学生。他面对着人群露出一丝紧张，然后开始说话。"昨天晚上我陪着我的小孙女有幸看到了几乎所有的万圣节布景。我必须得说，我觉得很有意思，所有的布景都给我留下了很深的印象。"他笑着对孩子们说道。

接下来，他轻轻地摇了摇头："一般情况下万圣节让我觉得有点儿伤心，不过今年不一样。"

他从夹克衫里面的兜里掏出了一个信封，放在了主席台上。"今年不一样。我昨天看见了一个非常不寻常的布景，实际上是最不寻常的。"

他向观众扫视着，寻找着。

"不幸的是，我不知道他们的名字，所以这件事可能不太容易。如果允许的话，我今天准备了一份特别的奖品。"他朝着两位校长望去，两个人都点了点头。

"有一位年轻的女士和她的六个朋友昨天晚上做了一个非常有意思的鬼屋，你们能不能到前面来？"他朝着人群望下去。

礼堂里突然安静了。大家的眼光都落在蒂姆、汤姆、爱丽丝、苏珊、贝琪、詹姆斯和阿曼达身上。七个人朝大家看了看，慢慢地站起身朝着主席台走过去。

七个孩子往前走的时候，威斯尔先生又再一次看着他们。七个人在威斯尔先生左边排成一排。"我必须要告诉你们，我不光是商业改善局的局长，我也是地方牙医协会的一员。"

苏珊听到这儿挺直了身子。阿曼达从侧面看了她一眼，挑起了眉毛。

"我有很多年一直是牙医，我可以告诉你们，每年我最不喜欢的一天就是10月31日，"他停顿了一下，"嗯，实际上，是之后的几周，那个时候我的牙医诊所就充满了因为吃了太多的糖又没有好好刷牙的孩子，他们都需要来补牙。"

"昨天晚上，我看见了一件真正可怕的事情。我看见十几张有着腐烂的牙齿和缺失牙齿的脸。我一边走一边读了所有的标注，"他摇了摇头，看了一眼身边的七个孩子，"然后我看见了一个小姑娘，她想努力改变现实。"

"她向大家发放牙刷。大多数孩子都拿了一把牙刷，还有一些孩子把糖果留下了。"他点点头，脸上露出了一丝微笑。

"这是很多年以来我看到的印象最深刻的宣传牙齿健康的布景，我给你们每个人都准备了一份特殊的奖品。请到前面来。"他示意着。

大家往主席台前走的时候，阿曼达轻轻地推了一下

苏珊。

威斯尔先生从他的棕色花呢外套里拿出了一大把牙刷。苏珊奇怪地看着他："说了这么半天，就是给我们牙刷啊？"

"你们每个人都会得到一把牙刷。好吧，因为我是牙医，对不对？"他眨了眨眼睛，"但是你们还会得到一个特别的奖励。"

他拿起了之前放在主席台上的信封，把它拆开了。威斯尔先生很快地数了数有几个孩子，然后从信封里抽出了七张纸，七张闪光的彩色的票。

"你们每个人都会得到一张超级游乐园周末的通票，就在城外不远的地方。"

每个人都瞪大了眼睛。每个孩子都从威斯尔先生手里拿到了一张闪亮的通票——和一把牙刷。

蒂姆笑着将身体倾向汤姆。他正要开始说话的时候，礼堂里爆发出一阵掌声。

"什么？"汤姆大叫着，试图透过鼓掌声听见蒂姆在说什么。

"我说,"蒂姆嚷着,"我会告诉你莫尔迪瓦校长到底跟我说了什么。"

掌声突然减弱的时候,蒂姆还在嚷嚷:"莫尔迪瓦校长不是个吸血鬼,她是个素食主义者。"

整个礼堂突然非常安静,所有的孩子都张大了嘴盯着蒂姆。蒂姆只能听见血在自己的耳朵里撞击的声音,紧跟着他的脸涨红了,像樱桃一样红。蒂姆使劲挤着自己的眼睛,非常努力地想赶紧消失。

他听见脚步声走近,然后感觉到一个细细的胳膊搭在自己的肩膀上。蒂姆抬头看见了莫尔迪瓦校长的脸。她朝着他眨了眨眼睛,露出了一丝微笑——带着尖尖牙齿的微笑。

"让我们给获得特别奖品的同学们表示祝贺!"莫尔迪瓦校长开始带头鼓起掌来。

礼堂里再一次充满了欢呼,叫喊和鼓掌声。

"我确实是一个素食主义者,你知道。"莫尔迪瓦

校长说着，拍了拍蒂姆的肩膀，然后让孩子们回到自己的位置上。

从主席台上下来的时候蒂姆完全松了一口气。

……而且特别，特别高兴，因为莫尔迪瓦校长真的不是一个吸血鬼！

21

皆大欢喜

"我真不敢相信我们只得了第二名。"詹姆斯站在梯子的第三层踏板上嘟囔着，他正去拿天花板上挂着的黑灯。他小心地来回挪着长方形的灯直到灯从天花板的螺丝上脱离下来。詹姆斯把电线绕在灯上，然后递给了贝琪。贝琪小心地把灯和另外两个一起放在纸盒子里。

"是啊，不过特殊的奖品算是补偿了，对不对？"贝琪解释着。

詹姆斯哼唧着。他从梯子上下来然后把梯子搬到另外一个角落。贝琪托着纸盒子跟在他后面。

七个孩子放学以后来到爱丽丝家，一起收拾剩下的鬼屋。蒂姆和汤姆负责收拾身体置换和僵尸对野兽的部分，把动物标本都收起来。那些保持完整的标本都被装进了木头箱子，撕碎的都放在木板棺材里。

阿曼达和爱丽丝把假人拆掉了。抹布和旧衣服堆在她们身边。纸面具被苏珊从墙上摘下来，放进一个塑料回收桶里。她把一些用过的工具小心地放在牙医椅子上的一个木盒子里。她叔叔还要来取这些东西。

詹姆斯把最后一个黑灯也摘下来了。他绕着车库的四周走着，把一些串灯也摘了下来。蒂姆和汤姆把墙上剩下的装饰物拿下来，蜘蛛网和塑料条都被揪了下来，那些挂得比较高的需要它们使劲跳起来去拿。

不到一个小时，车库就变得空空荡荡的了，只有那些纸板墙还在那儿立着。他们两个人一组把纸板墙都叠起来堆在车库的角落里。爱丽丝的爸爸周末的时候会把这些东西拿去处理。

229

孩子们集中在现在完全不一样的车库中间——现在看起来又是一个普通的车库了，唯一不一样的是还放在车库里的一些盒子，一堆叠平了的纸板，牙医的椅子，一堆泡沫塑料的墓碑，以及一堆还需要被拆掉的假人。

"我们花了那么多时间和精力做的，拆起来却这么快。"阿曼达叹了一口气，怀疑地看了看周围。

其他孩子也点点头。鬼屋现在只是一个回忆了。

"我想问问我爸爸妈妈我能不能这个周末去游乐园。"阿曼达说，"天气应该不错，你们也应该问问你们的家长，看我们能不能一起去。"

"不过我们得先把这儿收拾完。"爱丽丝说道，她走到一排假人旁边，开始把布从假人的胳膊上拆下来。

其他的孩子也跟着干起来，很快他们就开始比赛，看谁拆假人拆得最快。

几分钟后，拆下来的旧布和旧衣服都堆到他们的腰部了。

"苏珊赢了。"爱丽丝宣布。她看了看周围的朋友们，大家都有点儿喘不上气。"不过这些旧布什么的怎么办？"

周六早上天气不错，七个孩子和他们的家长们一起去了超级游乐世界游乐园。本在家帮妈妈干活儿。他想说服爸爸带他一起去的，但是没成功。

"但是，爸爸……"本嘟囔着。

爸爸摇了摇头："你和奥利弗的万圣节布景赢得了第一名，这非常好，但是去游乐园是阿曼达和她的朋友独享的特殊奖励。"

"但是他们也是我的朋友啊。"本争辩着，拉着爸爸的胳膊。

“是，我知道，但是你这次不能一起去。没准儿下次咱们家一起去玩儿的时候可以。”爸爸说着轻轻地把本的手从自己的胳膊上拉下来。

“那为什么今天不行啊？”本噘着嘴。

爸爸又摇了摇头，打开了前门。阿曼达从爸爸的胳膊下钻过去站到了门廊上。“你妈妈今天需要你帮忙干点儿事儿。”

门在阿曼达和爸爸的身后“啪嗒”一声关上了。本又在原地站了一会儿，等着。他听见汽车启动然后开走的声音。本的肩膀沉沉地落下来，拖着腿走进了厨房。妈妈正在清理早饭之后的东西。

“过一天妈妈和儿子的日子多好啊。”妈妈摸着本的头发说，“等咱们打扫和吸尘之后，没准儿我们可以出去吃冰激凌，怎么样？”

本听见打扫卫生叹了口气，不过如果能特别快干完的话，也许他们可以在午饭前去吃冰激凌！他从台子上抓过一个掸子跑向前厅，一边跑一边沿着踢脚线拖着掸子。掸子在地上跳上跳下，也掸下来了一些尘土。

"慢点儿！你得好好干！"妈妈在身后叫着，"要不然你还得再重新干一遍！"

本稍微放慢了速度，让掸子跟踢脚线接触得更好一些，直到他到了前厅的转角处。一转过去，他马上又恢复了之前的速度。

在游乐园，阿曼达的爸爸给自己买了一张票。阿曼达自豪地给检票员看了自己的免费票，然后穿过大门走到正在等着她的朋友们和家长那里。

"对不起，我们有点儿晚了。"阿曼达的爸爸先开口说道，"我们走的时候有些小麻烦。"他看着七个孩子，每个都心里痒痒要去玩儿了。他们朝游乐园里看了看，能看到一些旋转的游戏。最兴奋的尖叫声估计是从过山车那边传来的。

"如果你们没意见的话，在孩子们去玩儿之前我想先和他们花分钟时间聊聊，欢迎你们也一起听。"阿曼

达的爸爸看着其他家长。家长们都点了点头。"我们在树屋项目结束之后有过一个短时间的讨论，我想把这作为一个传统。"

"啊，爸爸。"阿曼达看着她身后的倾斜旋转轮，表示有异议。

"我会给你们每个人买热巧克力的……"阿曼达的爸爸保证道，"而且最多就五分钟。"

阿曼达耸耸肩说："好吧，我想我们可以再等五分钟。"她使劲盯着爸爸，想确定只有五分钟。"热巧克力上能有棉花糖吗？"

"当然。"爸爸笑了，"我们去咖啡馆找张桌子坐下来，我去给你们买热巧克力。"他看了看其他家长，"要咖啡吗？我请客。"

有四个家长点了点头。爱丽丝的妈妈说："我要茶，谢谢！"

几分钟后，孩子们都坐在桌子旁边，喝着热巧克力。阿曼达的爸爸右手举着杯咖啡站在那儿。

"记得上次我们讨论过的一点儿经验教训吗？"阿曼达的爸爸开门见山地说道。七个孩子都点了点头。苏珊抬起头看着他，脸上多了副热巧克力的胡子，她正用舌头舔着上嘴唇。

"好，我想知道你们对这个项目的进展有什么想法？这个项目和树屋的项目有什么不同？"他把咖啡放在桌子上，从外套里掏出一个小便签本和一支笔。"这次我会写下来的，因为我知道你们都想赶紧去玩儿。"

说到玩儿，七个孩子们都抬起头透过窗户渴望地看着游乐园那边。阿曼达的爸爸咳嗽了一声，把孩子们的注意力带回到屋子里来。"好，这个项目哪些地方进行得好，哪些地方进行得不好，哪些地方你觉得下一次会用不同的办法处理？"

阿曼达先说了："即使你做了计划，有时候有些事情并不会像你计划那样，所以你不得不再做一个新计划。"

爱丽丝举起了手："你需要保证项目场地的安全，以预防灾难的发生……不能让门开着让狗跑进去了。"

苏珊笑了笑说道："不过狗还帮了咱们呢，记得吗？它帮我们把鬼屋变得更加恐怖了。"

汤姆嘬了一口热巧克力，补充道："苏珊牙医的主意非常好——是有点儿奇怪和特别，不过，瞧，我们赢了。"

蒂姆点点头，说："如果你买不到你需要的东西的话，你需要根据你有什么来弄清楚你能干什么。"

"或者大家一起干，我们一起想出了很多好主意。"爱丽丝说。

"任务顺序图里面把所有任务的总时间算出来，让我们了解哪些任务需要花费最长的时间，这个方法对跟踪项目进展很有帮助——阿曼达管那个叫关键路径，"贝琪说，"这样我们就知道需要更努力的工作来保证让一些关键任务按时完成，或者提前完成。"

"有的时候你运气好的话能找到一些特别酷的东西，比如那些动物标本。"汤姆补充道。

"每个人都有分工，不过大家一起互相帮助的时候能干完更多事情。"贝琪加上一句。她擦了擦嘴唇上的巧克力。

"当你不能把所有的事情都按时完成的时候，你必须要做出困难的决定。"阿曼达说，"比如我们就放弃了地下室的部分。"

"对，你得关注范围、预算、时间和质量，还要和团队一起决定哪些是最重要的，哪些能修改，哪些不能修改。"詹姆斯补充道。

"你有时候还会惊讶于其他人从项目里学到的知识——特别是这个人是你弟弟。"苏珊挑起眉毛，看着詹姆斯说道。

"我们每个人都学到了不同的跟踪项目进展的方法——下一次我们会更多地使用这些方法。"阿曼达说。

"不过你大概不希望做下个项目的时候跟这次做得一模一样吧。"爱丽丝建议道，"别在你还没有想法的时候就做计划！"

"到头来，你需要和大家一起合作解决任何的问题，这样才能完成项目。"汤姆补充道。

"不过下一次——请不要再有棺材或者吸血鬼了！"蒂姆还有些心有余悸。

阿曼达的爸爸笑了笑，然后把笔插回了他的兜里。"都是非常好的经验教训，我都记下来了——现在，如果你们喝完了热巧克力，你们就可以去玩儿啦！"

两分钟之后，所有七个孩子都在过山车前面排队了。检查身高的时候他们每个人都向检票员出示了自己手腕上的纸环，爱丽丝和詹姆斯的身高刚刚够，而其他的孩子早就超出了最低身高的要求。

刚刚走进旋转栅栏门，蒂姆觉得好像谁在看着他。他迅速地转过头去看身后，但是没有人在那儿，只有一棵高高的树在公园的中央。他耸了耸肩走回到等着上过山车的队伍里。

七个孩子都没有看见，一只巨大的蝙蝠眨了两次眼睛，然后静静地离开了树。它黑色的翅膀有力地挥动着，迅速地飞向城市的方向。早上的太阳照在蝙蝠有着红色指甲的爪子上，一会儿就看不见它的踪迹了。

孩子们坐上了过山车，两个人一排。蒂姆和汤姆一起坐在第二排，苏珊和爱丽丝在一起坐在他们后面。阿曼达自己坐在最前面，准备好了惊悚之旅。

詹姆斯帮着贝琪坐进后面的位子。詹姆斯坐下，把安全金属杆拉下来固定住了他们两个人的腿。

"你知道吗？过山车开始慢慢加速，就在开始了漫长而崎岖的爬坡的时候。"贝琪问。

咔嗒——咔嗒——咔嗒——咔嗒——咔嗒——咔嗒。

"什么？"詹姆斯喊着，想盖过过山车的链条拉着他们爬坡的噪声。

咔嗒——咔嗒——咔嗒——咔嗒——咔嗒。

"鬼屋里没有什么东西真的让我觉得害怕。"贝琪叫道。

咔嗒——咔嗒——咔嗒——咔嗒。

詹姆斯点点头。

咔嗒——咔嗒——咔嗒。

"不过你知道我最害怕什么东西吗？"贝琪喊着。

咔嗒——咔嗒。

"不知道，什么？"詹姆斯喊着回答。

咔嗒——

"我恐高！"贝琪尖叫起来。他们开始下坡的时候她紧紧地抓住了詹姆斯的手。

阿曼达把她的手高举在空中，她的位子远远低于所有后面的位子。"耶！"

蒂姆和汤姆抓着扶手，为保命一样地嚎叫着。过山车到达最低点又开始跟跄上坡的时候苏珊和爱丽丝一起尖叫起来。

詹姆斯叫得比所有人的声音都大，他的手被贝琪牢牢地抓着。

"噢噢噢噢噢噢噢噢！"

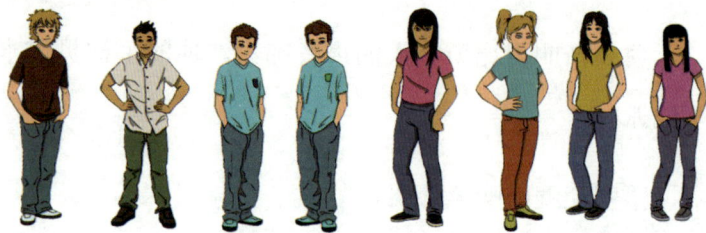

下一本：《妙趣横生的科技节项目》

阿曼达被吓坏了。没错，她和她的朋友们一起盖了一个巨大的树屋和非常棒的鬼屋——但是现在这个似乎远远超出了她的能力。原来做的项目都是做来玩儿的，但是这个是要被评分的！她和她的实验室团队要为学校的科技节做一个班级的项目——但是他们完全不知道从哪儿开头儿，甚至不知道做什么！他们最后成功了吗？

同时，男孩子们遇到了他们自己的问题，他们项目的成功与否将决定于他们的"生死"！好吧，不是真的死亡，但是整个周末……他们有可能会陷入冰冷、潮湿、饥饿和没有电子产品的境地。

来加入项目小伙伴们的第三次大探险吧，和他们一起解开老鼠、人类和棉花糖等的秘密！

家长和老师注意：

在下一次的探险中，项目小伙伴在前两次大项目中学到的知识得到了巩固和扩展。这次，男孩儿和女孩儿们分别做非常不同的项目。书中涵盖了一个科技节项目所包括的实际操作步骤，做计划的策略、研究、试验，以及成果汇报总结。

词 汇 表

收尾阶段（完成）——指项目的最后阶段，确定想做的事情已经都完成了。

并行任务——需要同时进行的任务。

控制阶段（领导、检查和纠错）——这是指确定团队是不是按照计划进行工作，调整团队的注意力避免散漫或分心。确保团队成员获得他们完成任务所需要的工具和资源，还要保证大家合作顺利。项目经理会花很多时间在这些任务上。

关键路径——你在计算每项任务需要时间的总和的时候，你的任务顺序图中需要最长时间的那条路径。

任务交付——指的是你的项目试图实现或者完成的

结果，即一项工作的成果。成果可小可大，但是必须是能看得见或者可以衡量的。当你完成一个关键任务时，这个时候的成果往往就是一个任务交付。任务交付的例子有喷墙、装饰、做墓碑等。

持续时间——指完成一项任务所需要的时间。如果这项任务还没有开始或者还没有完成，那就是估算的时间。如果这项任务已经完成了，你就知道实际花费的时间，即实际上完成这项任务所花费的时间。

依赖关系——当一项活动B（或者任务）只能在另一项活动A（或者任务）完成之后才能开始的时候，B就有依赖性。"A→B"表示A不能再B完成之前开始，因为B对A有依赖性。

执行阶段（实施）——这是指项目"真正的"任务开始的时候，也就是大部分实际建造/执行活动开始的时候。

估算时间——你认为完成一项任务将要需要的时间。

支出——你所花的钱。孩子们用在买气球、颜料、胶带和其他一些东西上的钱。

甘特图——同时在一张图表上显示项目计划的任务、日程、资源和依赖关系。这是一种被广泛运用和非常有效的，用于显示项目各项活动和时间关系的方法。

收入——你挣的钱。到你手里的钱。孩子们在做树屋的时候卖柠檬水挣到的钱，以及在做鬼屋的时候，每个人用各自的零花钱凑的钱。

初始阶段（思考/想法）——在项目的初始阶段，我们对想完成什么的想法，即我们想做什么（来一起盖个树屋吧。或者我们一起来做鬼屋吧）。

经验教训总结会——在项目的尾声（如果是很长的项目的话，在项目进行期间也要做），团队成员在一起讨论一下哪些部分完成得好，哪些完成得不够好，还要讨论一下下次怎么能做得更好。

计划阶段（计划）——在项目的计划阶段，我们应该详细地明确哪些事情需要做，还要决定我们打算怎么做这些事情（我们的鬼屋应该是什么样的，还有我们打算怎么做）。

项目——项目是指一个暂时的活动，包括一个确定的目标，还有开始时间和结束时间。

项目管理——项目管理指把应用知识、技能、工具和技术用于项目活动，来完成一个项目的所有要求。

需求——我们希望项目会有一个什么样的结果。例如，多少层？有多少绳梯？它们应该是什么样子？……

资源——材料、工具、人力或者完成项目所需要的钱。孩子们的项目组有七个人，他们用纸板和颜料来做背景，用碎布和旧衣服做假人，用气球、纸和胶水来做面具：这些都是资源的例子。

范围——这指的是完成一个项目所包括的所有部分，在工作分解结构里面所需要涵盖的所有内容。一开始你可以有一个比较概括的工作范围描述，比如"盖一个树屋"或者"盖一个鬼屋"，然后再进入细节。这样每个团队成员对于项目要完成的任务都有个清晰的认识，比如："盖一个能容纳八个人的带平台的多层树屋"，或者"做一个车库，地下室和后院能容纳的鬼屋。"

顺序——事情发生的前后顺序。比如，字母表里A

在B之前，B在C之前，这就是顺序（A→B→C）。

技能——如何完成一项任务的知识，比如爬树、打结等。

目标截止日期——指某项任务的完成日期，或者是整个项目的完成日期。孩子们需要在万圣节的时候完成他们的鬼屋，这样可以参加评选。

任务——完成项目特定部分的任务或活动，比如摆设迷宫、涂墙、做面具或者挂灯。

变量——这是指我们需要计划的那些不确定的事情，比如一个布景里能容纳下多少个假人，我们实际上需要多少颜料，等等。在一开始的时候，我们并不知道需要多少，随着项目的细化，这些需求会随着时间而变化。

愿景——对你想做的事情的远景描述，比如，是盖一个树屋，还是画一幅画，又或者是做一个鬼屋。

工作分解结构——树形结构示意图，用于呈现需要完成的任务（任务交付），把高层次的任务细分成小任务（有更多细节的）。

项目管理概念

　　这本书向孩子们介绍了一些基本的项目管理的概念（或者可以说，简化的项目概念）。

　　阿曼达的爸爸引导她理解每个成功的项目都会经历的基本的阶段，虽然使用的术语不同，但是概念是相同的。

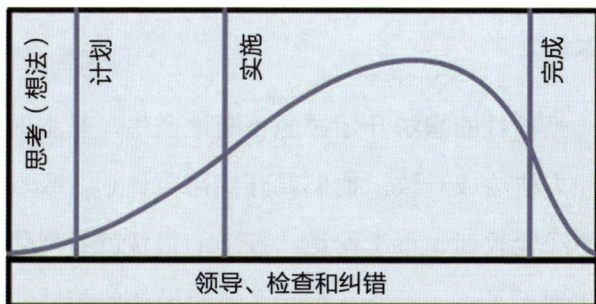

初始阶段（思考、想法）

● 做计划（计划）

- 实施（干活）

- 完成（结束）

- 项目控制（领导、检查和纠错）

这本书里，孩子们试着"就像他们以前做的那样"开始计划他们的万圣节项目，温习了盖树屋时候的图表。但是爱丽丝很快意识到直接做计划妨碍了他们继续向下进行；他们需要从"计划"退一步到"思考、想法"，进行头脑风暴来想想他们到底想做什么样的万圣节布景，而不是先集中注意力在他们应该怎么做项目的细节上。这是开始一个新项目经常会发生的常见问题——你需要先有一个头脑风暴的过程。一旦你有了一个想法，知道你们的项目要做什么，之后会有足够的时间来做计划。

一旦项目的想法开始源源不断地产生，基本的项目范围和方法达成一致，他们就开始落实计划，吸取上个项目的经验教训。不幸的是，孩子们很快就发现他们的计划实现不了——至少不能实现他们最初的想法。时间在流逝，大家不得不很快地调整计划，创造性地思考如何设计鬼屋，使项目回到正轨上。

阿曼达很快意识到这个项目远比树屋要复杂得多。很多不同的活动在同一个时间发生，不同的任务之间存在依赖关系。随着不可变的期限渐渐接近，她向她的爸爸请求帮助，又学习了更多的跟踪项目进度的技术，这些技术包括：在任务顺序图表中估计出完成每个任务需要的时间（网络示意图），由此来确定关键路径（影响项目的，需要最长时间完成的一系列相关活动）。这些新学到的方法对项目小伙伴们非常有帮助，让他们看到，除非做出一些调整，要不然没有办法按时完成项目。

伴随着其他不可预见的问题，他们最终陷入了严酷的事实——他们不可能按时完成所有鬼屋的各个布景。他们学到了平衡项目时间（日程）、费用、工作范围和质量的概念。未来成功地完成一个项目，哪些部分可以调整，而哪些部分不可调整。

这本书还在很多章节中引入了视觉时间表（一张日历显示出被划掉的过去的日子，倒计时和当前项目阶段）

可怕的鬼屋项目

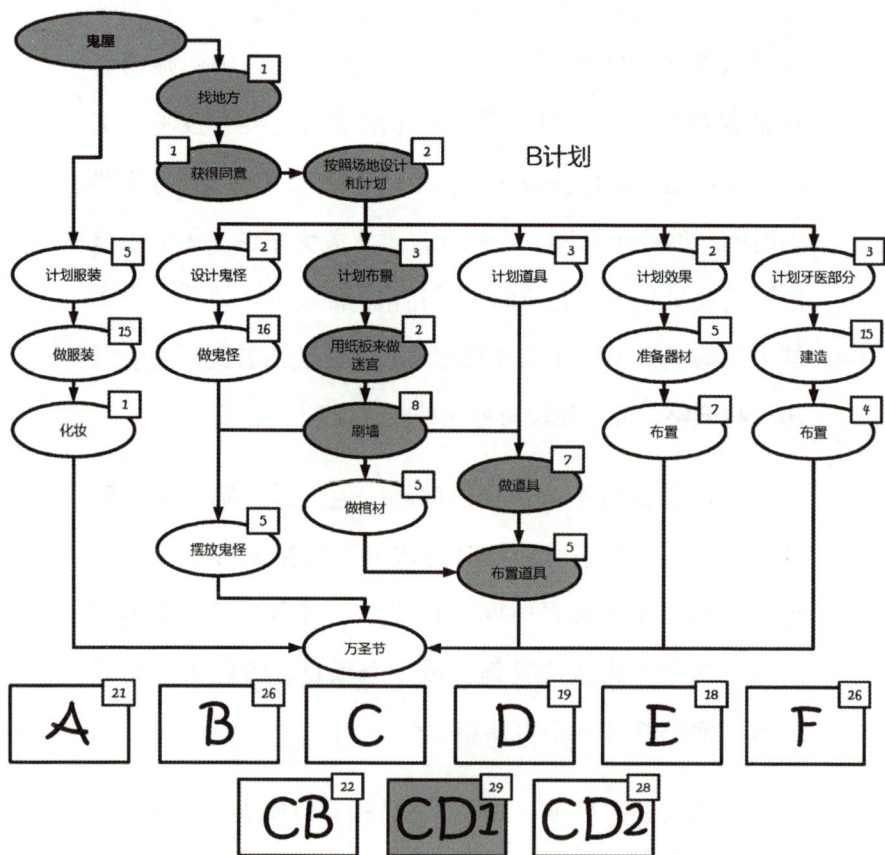

252

这个简单、熟悉的视觉形式是用于帮助孩子们增强时间随着项目进行而流逝的意识，并且有意地给孩子们增加一些截止时间的焦虑心情——"只剩下16天了！"不管对青少年还是成年人来说，一个截止日期和视觉上的时间表都能帮助每个人更好地完成工作。

故事中直接或者间接地涉及一些其他的项目管理概念，包括：

- 管理范围/要求（疯狂的想法/这个不可怕/我都想要/鬼怪的机会）

- 时间管理（地穴守护者/死得透透的/鬼怪的机会）

- 成本/预算（一美元店的忧伤/地穴守护者）

- 资源管理（我都想要/一美元店的忧伤/问题怪兽/可怕的动物标本/牙齿和爪子）

- 团队协作/人力资源管理（算我一个！/这个不可怕/我都想要/问题怪兽/鬼怪的机会/绳套松了）

- 变更管理（一美元店的忧伤/问题怪兽/死得透透的/鬼怪的机会）

- 风险管理（问题鬼怪/死得透透的/放弃希望）

- 质量管理（麻烦的牙齿/鬼怪的机会）

- 经验教训（这个不可怕/皆大欢喜）

最后一点——工作分解结构有的时候可以以"产品"和"交付成果"的细分结构出现，因此并不会使用到动词（比如，没有具体的任务或者活动，而用需要达到成果来表示）。

在B计划中，工作分解结构示意图更接近于使用交付任务的模式。

通常，在工作分解结构示意图中会同时运用高层次的交付成果（名词）和每个次级主要任务（动词，具体工作活动），这样有助于和各种水平的团队成员进行交流。

顺序示意图和甘特图通常都会混合使用在交付成果和任务中，每个项目可以自主决定是否在工作分解结构示意图中涵盖任务的细节。

对于孩子们的鬼屋项目来说，不同层次的任务细分示意图、甘特图和顺序示意图都很容易使用（也非常适合），不过因为考虑到书籍的易读性，有些细节做了一些适当的调整。书中包含了所有的概念，不过所举的例子只含有高层次的细节。你可以在网站上（http://projectkidsadventures.com/resources）获得更多复杂的示意图的例子。

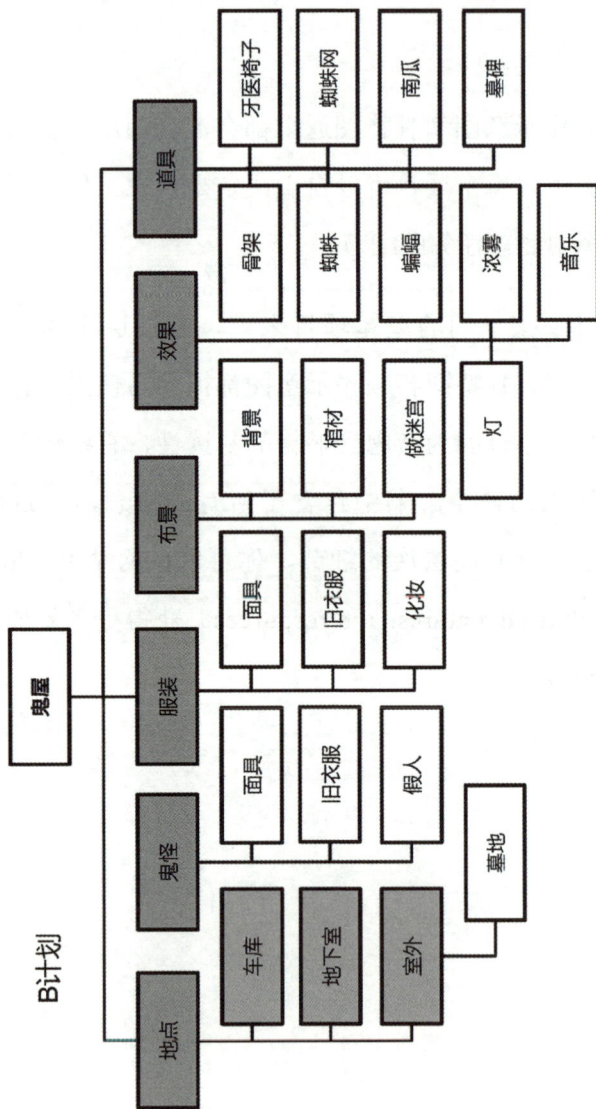

B计划

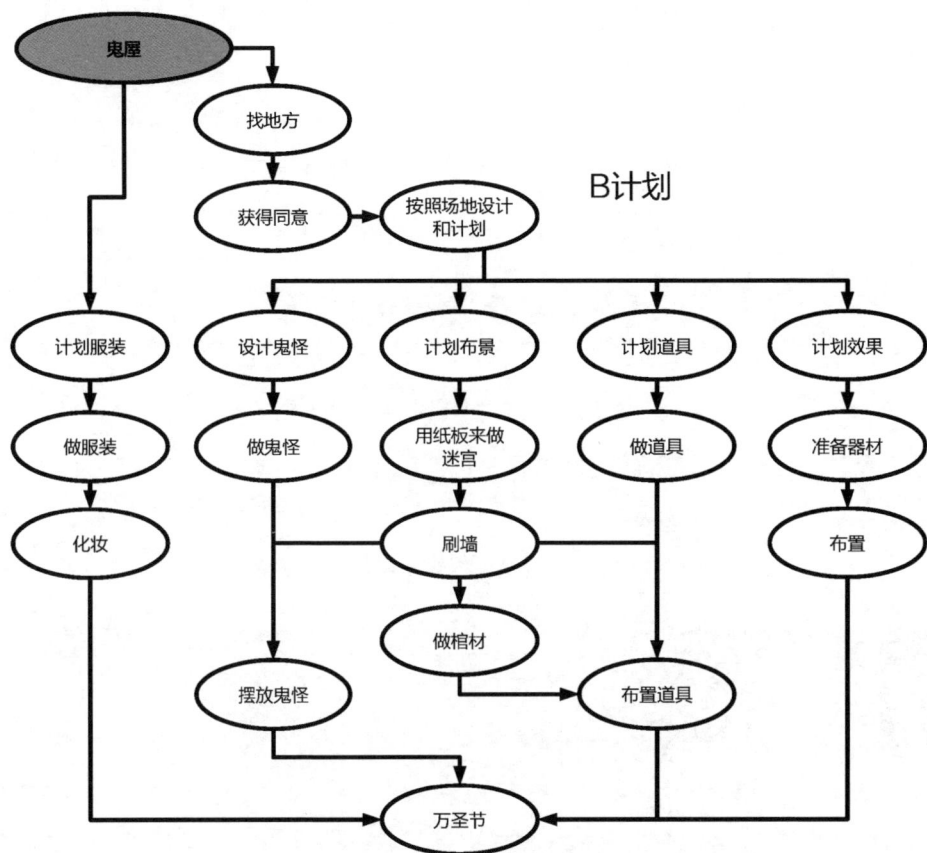

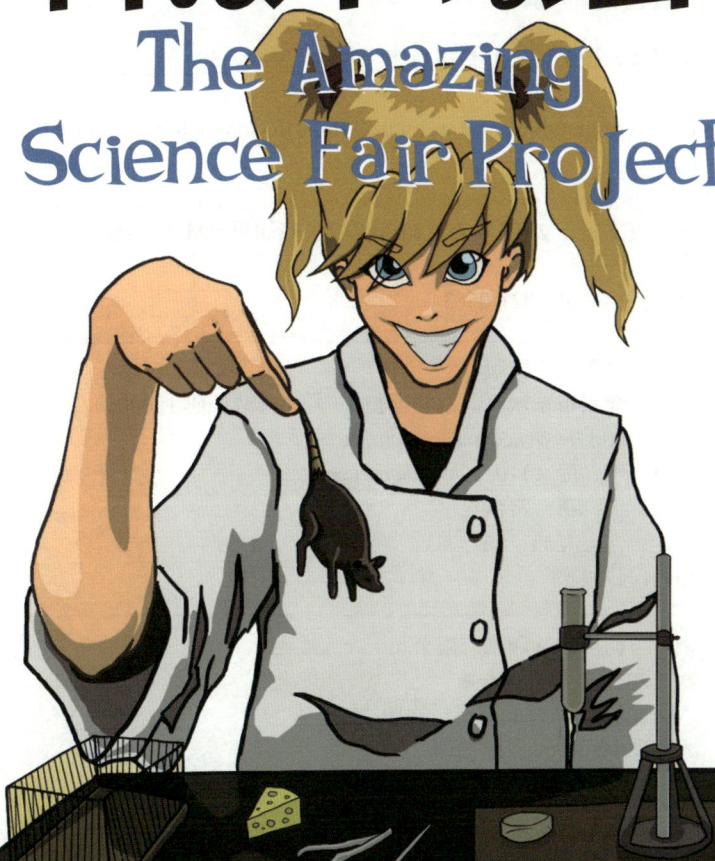

Project Kids Adventure
青少年项目奇遇系列

妙趣横生的
科技节项目

The Amazing
Science Fair Project

〔加拿大〕加里·M. 纳尔逊（Gary M. Nelson）　著

王逸鹤　黄亦芃　译　高屹　审

中国电力出版社
CHINA ELECTRIC POWER PRESS

图书在版编目（CIP）数据

青少年项目奇遇系列. 3，妙趣横生的科技节项目 /（加）加里·M.纳尔逊（Gary M.Nelson）著；王逸鹤，黄亦芃译. —北京：中国电力出版社，2021.9
书名原文：Project Kids Adventure. The Amazing Science Fair Project
ISBN 978-7-5198-5877-3

Ⅰ. ①青…　Ⅱ. ①加…②王…③黄…　Ⅲ. ①项目管理－青少年读物　Ⅳ. ① F224.5-49

中国版本图书馆 CIP 数据核字（2021）第 153306 号

This book was first published in English in 2015,Copyright © by Gary M. Nelson.

本书英文版于 2015 年首次出版，版权归加里·M.纳尔逊所有。

京权图字：01-2021-0583

出版发行：中国电力出版社
地　　址：北京市东城区北京站西街 19 号（邮政编码 100005）
网　　址：http://www.cepp.sgcc.com.cn
责任编辑：李　静（1103194425@qq.com）
责任校对：黄　蓓　常燕昆
装帧设计：九五互通　知行兆远
责任印制：钱兴根

印　　刷：三河市航远印刷有限公司
版　　次：2021 年 9 月第一版
印　　次：2021 年 9 月北京第一次印刷
开　　本：880 毫米×1230 毫米　32 开本
印　　张：44.125
字　　数：673 千字
定　　价：258.00 元（全 5 册）

推荐序

拥有自己的魔法杖

要是在真实的世界中也有魔法学校，要是我们能够拥有可以快乐地把自己想要做的事情做成的魔法杖该有多好啊！

但是，这样的魔法杖有吗？

有的，这样的魔法杖就是项目管理。

如果我们周边的小伙伴们不见得比我们聪明，但是他们比我们成绩好；如果我们周边的小伙伴们不见得比我们有能力，但是他们做成的事比我们多；如果我们周边的小朋友不见得比我们更善良，但他们比我们更受同学欢迎……那一定是他们无意中运用了项目管理这个魔法杖。

不懂项目管理的人总是强调勤奋刻苦、总是相信勤能补拙，他们不知道是我们的做事方式错了因此效果不

理想，他们不知道只有掌握了项目管理才能够做到事半功倍否则只会事倍功半。

我们在看其他故事书时，会被要求总结这些书的中心思想，会被要求把其中的优美段落背下来。这些对增长我们的知识是必要的，但这些都是别人的思想，都是别人的生活。这套书中讲述的项目管理故事却能够让我们一步一步地实现自己的目标，它的前提条件就是我们有正常的智商。当然，我们的知识越丰富，我们的其他技能越强，我们能够利用项目管理做成的事就越有价值。

本套书可以自己偷偷看，就像看一本魔法秘籍；也可以和爸爸妈妈一起看，毕竟有他们的帮助你的功力会增加得更快，而且你的魔法也会反过来帮助爸爸妈妈做成事情呢；更可以和朋友们一起看，大家可以组成团队来检验自己手中魔法杖的功效。

本套书就像一个魔法学校，第一本到第五本有不同的魔力等级，也有不同作用的魔法杖。魔法是需要一级一级修炼的。

对了，忘了告诉大家什么是项目管理了。项目就是我们想做成的一件事情，管理就是怎么和大家一起去定

目标、做计划、开展合作直到把这件事情做成。

　　对，就这么简单。让我们现在就进入这个项目管理的魔法学校去找到自己的魔法杖吧！

丁荣贵

山东大学教授

《项目管理评论》主编

有了成功建造树屋和鬼屋的经验，小伙伴们又出发了！这次的任务是参加中学的科技节，孩子们要面临的更大挑战就是创意！特别是科技节项目的评分结果还将直接和考试成绩挂钩，对于像阿曼达这样的"学霸"来说，还有什么比拿到好成绩更重要的事吗？绝对没有！

可惜，创意可不像装在桶里的饼干，随手就可以拿出来，这可真难坏了已经上中学的三个女孩子！当然，有创意的金点子最终还是被她们想出来了，不过这还真要感谢她们还在上小学的那位黑眼睛、黑头发的华裔小姑娘——爱丽丝·吴，因为只有她才认识那些神秘的"方块字"！

看到这儿，你是不是以为这次科技节项目是"女孩儿专场"？错啦，项目小伙伴团队怎么少得了那几位小伙子的参与呢！有了之前项目的锻炼，他们也都掌握了项目管理的基本思路，还在童子军露营活动中给"长官"上了一课！不过和之前的项目不太一样，在科技节项目里，男孩儿们的身份很特殊，他们都被编了代号，和一个奇怪的小机器人一样，变成了"实验对象"！这还不算什么，同属实验对象的，还有一只聪明的，居然不喜欢吃奶酪，而对酸黄瓜和花生酱情有独钟的小老鼠！

女孩儿们究竟想出了什么奇妙的点子？属于姐弟俩分享的小机器人究竟有什么特殊的本事？又惹出了什么风波？那只口味奇特的小老鼠为什么最终只留下了一张照片？关键时刻，一直不被阿曼达看好，甚至怕被"拉后腿"、影响成绩的贝琪有了什么惊艳的表现？赶快和项目小伙伴一起，开启妙趣横生的科技节项目吧！

王逸鹤

注册信息安全专业人员，网络安全工程师

中核核信信息技术有限公司

黄亦芃

博士后

清华大学软件学院

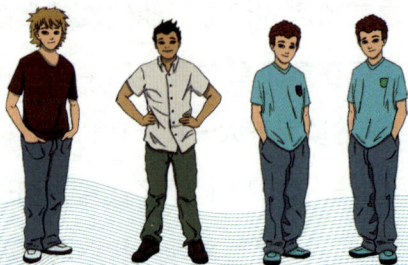

赞 誉

　　加里又一部面向青少年的项目管理作品。它以流畅、直观、有趣、生动的方式向我们展示了项目管理的概念和基本能力是如何简单有效地应用在学校或者日常生活的项目中。

　　这不仅仅是一本非常值得一读的读物，同时也是老师和家长向孩子们普及项目管理通用语言的参考和工具。

　　孩子、老师、校方乃至项目经理的必读之作。它将在（美国）项目管理协会的校园计划中被推广。

　　　　　　——伊莎贝拉娜·豪尔赫，项目管理专业人士

（PMP），（美国）项目管理协会（PMI）葡萄牙分会

我们太爱这本书了，尤其是男孩们提议让老鼠走女孩子的迷宫的部分。我们已经迫不及待想要读即将推出的《情人节灾难项目》了。

——奥利弗·霍格，9岁；杰克·霍格，5岁

真是一次奇妙的阅读体验！书中的孩子们有趣、聪明、井井有条，但他们仍然不失童趣。强烈推荐这本书给校方，因为它可以启发年轻的读者们对好成绩的价值的认同，并且真正努力地学习。

——詹妮尔·凯霍特，来自菲律宾

这本书太酷了。我最喜欢本这个人物了。

——巴斯琴·凯霍特，7岁

这是一本让人着迷的儿童读物，它展示了如何利用基本的项目管理概念来规划和执行一个项目以取得成功。我将把它推荐给任何一位有兴趣学习项目管理并把它作为一种有用的生活技能的人，无论是孩子还是成年人。

——阿格涅斯卡·克罗古莱茨，

（美国）项目管理协会（PMI）波兰分会

这本书太出色了！它教会了我们的孩子把任何事情都可以当作一个项目来完成。在阅读这本书的时候我十分享受，简直等不及想看下一本了。

——索菲亚·特里亚纳，10岁

这本书对年轻人（无论是生理年龄意义上的或心理年龄意义上的）来讲太棒了，它将无数简单易懂的项目管理方法融入生动的故事中。如果你是个项目新人，你不但可以和阿曼达及她的朋友们一起学到很多知识，同时也会得到很多欢乐！

如果你已经是个项目老手了，你也一定可以从不同的角度学到项目管理的新知识。

——乔治奥·本萨，项目管理专业人士（PMP），（美国）项目管理协会（PMI）意大利北部分会会员总监，2012年"花海中的项目"竞赛志愿者

献 词

　　谨以此书献给我的弟弟——埃里克，他总是以无限的热情和好奇心对待生活。

致 谢

再次感谢我的插画师——马修和拉斐尔，你们现在已经步入了广阔的世界。

感谢克里斯·彭伯顿对本书所做的校对工作，感谢其他来自世界各地的审阅者对本系列丛书的反馈意见。正如一句谚语所说——"养大一个孩子需要全村人的努力"，确保一本书的顺利出版也是相同的道理。

特别感谢许多家长，他们告诉了我这些书是如何真正影响他们孩子的生活的。承蒙大家的抬爱，我备受鼓舞。

加里·纳尔逊

项目管理专业人士（PMP）

新西兰汉密尔顿

2015年5月

Gary.Nelson@gazzasguides.com

关于插画师

我的名字是马修·弗若斯顿。我喜欢画画和打游戏，所以这两件事占用了大部分的业余时间。不过，我不干这两件事的时候，我会睡觉、吃饭和坐在那儿度过一天干另外一件恐怖的事儿——上学。我写这段话的时候住在新西兰，一个非常绿色的国家，尤其以友好的本地人和濒临灭绝的国鸟——奇异鸟（鹬鸵）而著名（很可惜奇异鸟不会飞）。不过我不是一直住在新西兰的，我出生在南非，在那里住了四年，所有我干的事情是其他小宝宝都干的：吃东西、哭、睡觉和给家长送礼物——脏尿布。

我叫拉斐尔·席尔瓦，葡萄牙人。小时候，我发现表达自己是件非常困难的事情，这也是我开始画画的原因，这样大家可以理解我。即使在表达能力正常之后，画画也没有离开我——实际上，我觉得我画画的水平提高了很多！好吧，我不是最好的也不是最差的，但是我画得还不错，而且我也很喜欢。我也喜欢看电影，最喜欢的电影毫无疑问是《魔戒》。我与父母和妹妹住在里斯本。我在一所高中学习设计。我还有很多想说的……但是没有时间了，我得去画画了！

项目小伙伴

詹姆斯·卡特莱特

年龄：11岁

身高：57英寸（145厘米）

眼睛：棕色

头发：深金黄色

喜欢：漫画书，电子游戏，建筑材料，营火

厌恶：新鞋，蜘蛛，湿靴子

技能/优点：跑步，攀岩，游泳，盖东西，搭帐篷和防水布

本·琼斯

年龄：11岁

身高：59英寸（150厘米）

眼睛：棕色

头发：深棕色

喜欢：当头儿，干燥的帐篷

厌恶：姐姐，湿衣服，沉重的背包

技能/优点：把好多东西收拾进背包，烧烤

蒂姆·奥瑞利

年龄：11岁

身高：56英寸（142厘米）

眼睛：绿色

头发：红色（卷发）

喜欢：画画，露营

厌恶：校园霸王

技能/优点：团队合作，做计划，铺防水布

汤姆·奥瑞利

年龄：11岁

身高：56英寸（142厘米）

眼睛：绿色

头发：红色（卷发）

喜欢：电子游戏，童子军活动

厌恶：木刺，湿靴子

技能/优点：负重，铺防水布

阿曼达·琼斯

年龄：12岁

身高：60英寸（152厘米）

眼睛：绿色

头发：深棕色

喜欢：和她的朋友一起合作，女孩儿俱乐部

厌恶：张扬跋扈的人，老鼠

技能/优点：做计划，设定目标，领导力，写
　　　　　字漂亮

苏珊·卡特莱特

年龄：12岁

身高：59英寸（149厘米）

眼睛：蓝色

头发：金黄色

喜欢：大自然，徒步

厌恶：弟弟，黑暗

技能/优点：操控机器人，与老鼠相处

贝琪·佩彻夫

年龄：12岁

身高：58英寸（147厘米）

眼睛：棕色

头发：棕色

喜欢：詹姆斯（有点儿），巧克力曲奇饼干

厌恶：老鼠，狡辩的人

技能 / 优点：演讲

爱丽丝·吴

年龄：11岁

身高：56英寸（142厘米）

眼睛：棕色

头发：黑色

喜欢：和别人合作，画画，和朋友一起玩儿

厌恶：乱七八糟，蜘蛛，老鼠

技能 / 优点：画画和画草图，组织能力

其他小伙伴

奥利弗·温斯顿

年龄：12岁

身高：60英寸（152厘米）

眼睛：蓝色

头发：棕色

喜欢：老鼠，电脑

厌恶：张扬跋扈的女孩儿

目 录

1

糖纸

"把它放回碗里，你今天已经吃了好多糖了！"

"哎呀，妈妈！"本抗议道，"就只剩两颗万圣节糖果了，求求您让我吃了吧。"

琼斯女士放下正在削皮的土豆转向她的儿子："不行就是不行。而且我正在准备一份特别的晚餐。我可不希望你因为吃太多糖果而浪费它。"

本抱着胳膊皱起了眉："这不公平。阿曼达他们赢得了主题乐园的门票，现在她又能品尝到今天的特别晚餐。奥利和我在万圣节比赛中得了第一名，可我却什么奖励也没有。"

"这份特别晚餐是为你们两个准备的，不要生气啦。"

"我没生气！"本把拳头揣进帽衫口袋里低声抗议道。

"真的吗？"妈妈笑着问。

本嘟嘟囔囔地走进了客厅。他拿起遥控器在各个频道之间切换着。然而周日下午电视上并没有什么好看的，至少没有本想看的节目。于是他关掉了电视，把遥控器往沙发上一扔。

房子突然变得很安静，只能听到妈妈在厨房切菜的声音。本慢慢晃到走廊，大声抱怨道："我好无聊啊！"

"你为什么不出去骑一会儿自行车？"妈妈给他提了个建议。

"没人陪我，"本特别委屈，"他们都和阿曼达一起去游乐园玩了。"

"你就出去玩一会儿吧。"

"可是……"本还想说些什么。

"求求你出去玩吧，让我安安静静地准备晚饭，否则今晚就不给你们吃甜点了。"妈妈的态度很坚决。

"好吧。"本叹了口气。他很喜欢妈妈做的甜点，那可比几块巧克力好吃多了。

本穿上了鞋子，从车库里取出了他的自行车和头

盔。在没把车推到马路上之前，本停下来准备戴头盔。在他努力地将头盔带子扣上的时候，深栗色的头发却挡住了他深棕色的眼睛。看来今天连头发和头盔卡扣都跟他过不去。

"啊！！！"本大叫着一把扯下头盔。他几乎想把头盔摔在地上。不过一想到妈妈做的甜点，他又停下了手中的动作。本决定再试一次。他深呼吸，将头发向后梳好，再次试着戴上头盔。这一次，本的头发乖乖地被头盔压住，绑带也顺利扣了起来。

"妈妈说我需要理发了或许是对的，不过我才不会跟她承认呢。"本心里想着。

本右脚跨上自行车，使劲一蹬，车子启动了。他顺着马路习惯性地向蒂姆和汤姆家骑去。

突然，本又皱起了眉，他想起蒂姆和汤姆那一对红发双胞胎现在正和阿曼达一起在游乐园玩儿呢。于是他调转车头骑向了街区的其他方向。不只是蒂姆和汤姆，爱丽丝、苏珊、贝琪，甚至是他最好的朋友詹姆斯都和阿曼达一起去了游乐园。他们几个一起在鬼屋项目上赢得了去主题乐园的门票。这里唯独没有本，因为他和奥利弗·温斯顿一起搭档参加的万圣节比赛，还得了第一名！

"我们赢了，可我一点都不开心。"本心里想。甚至从那次比赛之后，本就再也没见过奥利弗。或许作为一名像阿曼达一样的中学生，奥利弗不再想和本这样的小屁孩儿一起玩儿了。

"唉……"本叹了口气使劲蹬着自行车。他经过詹姆斯的家，准备绕着街区再骑一圈。本有点儿想念他的朋友们，但他又有一点点儿被背叛的感觉。坦白地讲，本也不明白这是一种什么感觉，但他知道，他讨厌孤独。

"要是当时……"

"嘿，本！"本突然听到詹姆斯在喊他。詹姆斯正在冲他挥手，挥舞的手中还拿着什么东西。"我们刚刚回来，看，我还给你带了礼物！"

本向詹姆斯的方向骑去，他在一辆车旁停下。苏珊和她的爸爸已经回家了。詹姆斯一只手背在身后，冲本

咧嘴笑着。或许是因为这趟旅程，他亚麻色的头发显得比平常更加凌乱和浓密。他的衬衫上有一个和他眼睛同样颜色的棕色污渍。本希望那只是热巧克力。

"今天玩得太开心了，你去了也一定会喜欢的。"詹姆斯抑制不住自己的兴奋，不过他很快注意到了本脸上的不快。"呃……好吧，其实也就那么回事。不过我们下次再一起去玩！好了，本，我给你带了礼物，我们可没忘了你。"

詹姆斯从背后拿出了一大袋棉花糖送给本。

本心里的不快荡然无存，心情也随之转晴。他接过粉色包装的大袋棉花糖说道："谢谢你，詹姆斯！"

"别客气。不过我要回家了。我妈妈从下车开始就一直在叫我们回家吃饭。"詹姆斯耸了耸肩，"那么明天见啦！"

"谢谢你，詹姆斯，明天学校见！"本边挥手边向自行车走去，他也打算回家了。

当本快到家的时候，他看到爸爸的车停在了房子的不远处。本把车骑进了车库，将它与其他人的自行车一起停在了妈妈的车后面。他渴望地看着手中的棉花糖。

就在本准备打开棉花糖包装的时候，他听到妈妈招呼大家一起吃晚饭。本只好快步跑上楼，将棉花糖往床上一扔，接着去卫生间洗手。

本是最后一个坐到餐桌旁的。爸爸将蘸料汁递给他，问道："今天过得怎么样？"

"嗯……还不错。"本叹了口气。

"我估计他是想姐姐了。"妈妈补充道，"这两天他都是自己在家，简直无所事事。"

本郁闷地用叉子搅弄着煮土豆，他想："我才不是想阿曼达呢。"

"好吧，"爸爸打开了话匣子，"我们去了个很大的游乐园。在两天里我们把所有的娱乐项目都玩了个遍，非常开心。下次我们一定要全家一起去，虽然还不确定什么时候。不过最近得让我先休息一阵，这两天太累了。"

本生气地瞟了一眼阿曼达。此时阿曼达正低头切着

一块烤牛肉。长长的棕色头发挡住了她的脸，本看不清她的表情，但他想阿曼达一定是在偷笑。

"好了好了，开学之前的冒险已经全部结束了，明天一切都将恢复如常。"妈妈微笑着说道。

"现在你们要把所有的蔬菜都吃掉，因为我为你们准备了一份特别的甜点。"

"好的，妈妈。"阿曼达答道。

本将一大块土豆放进嘴里，快速地嚼了起来。

2

相对而言

周一，本比平时提前了一点儿出门。并不是因为他多么喜欢上学，而是他想和朋友们在上课之前多玩一会儿。

本刚刚穿过马路走进公园，就听到蒂姆的声音："等等我们！"

"等会儿！"汤姆也喊着。

本在公园小木围栏前的草地上停了下来。蒂姆和汤姆向他跑来，三个人一同进入公园，向远处的秋千和学校走去。"我猜你们周末一定玩得很愉快，对吗？"本想起周末的事，有些酸溜溜地问兄弟俩。

"是啊，简直太棒了，你绝对应该去的，"汤姆回答道，"过山车可刺激了，还有好多别的好玩的……"

"其实也没那么好玩，因为你不在，"汤姆用手肘悄悄碰了碰弟弟的肋骨，"不过你应该去问问詹姆斯过山车上发生了什么，他尖叫得像只猪一样。"

本停下来看着蒂姆，扬了扬眉毛："他不是不恐高吗？"

汤姆眨了眨眼睛："他不恐高，不过他现在也许有点'恐'女生了……"

"好了汤姆，詹姆斯说那只是因为贝琪一直紧紧抓着他的手，下来之后他的手都被抓白了。"蒂姆无奈地说道。

"他们一直手握着手？"本的眉毛扬得更高了，"贝琪可是个乖乖女，怎么会这样……"

蒂姆耸了耸肩："谁知道呢。詹姆斯整个周末都把手揣在兜里。"

他们穿过另一条马路进入沃特森小学。鞋子踩在圆圆的鹅卵石上沙沙作响。

"我们比赛看谁先跑到秋千！"本边跑边兴奋地喊道。蒂姆和汤姆紧追不舍，但本在他们刚跑到操场上的

时候就已经坐到了秋千上。

"不公平!"汤姆气喘吁吁地赶到了。

"你没……没等……"蒂姆上气不接下气地说着。

汤姆同样喘着粗气抱怨道："你……还没等发令就跑了！"

本耸了耸肩向后奋力一蹬。瞬间,他的脚比秋千上面的横杆还要高。"我是这个世界的王！"本兴奋地大叫。

蒂姆和汤姆面面相觑,摇了摇头,一起叹了口气,说道："唉,本啊……"

第一节课的上课铃声响起,男孩们不情愿地从秋千上跳下来向教室走去。他们突然听到身后有沙沙的声音,于是几个人停下来回头看去。

是詹姆斯,他小跑着滑停在汤姆身边,弯着腰喘着粗气，小脸也红扑扑的。他平时就乱糟糟的头发显得更加凌乱了。"对不起，我起晚了。"詹姆斯气喘吁吁地说。

"我猜你一定是在游乐场玩得太嗨了。"本不太高兴。

"才不是，是因为我妈妈忘记上闹钟了。今天早上家里的每个人都很忙乱，但是至少我没迟到。不过爸爸出门已经晚了，苏珊也需要比我走更远的路，所以她很有可能因为迟到被罚。"詹姆斯调皮地眨了眨眼。

"你也就想想！"汤姆摇摇头。

"这么想可不太好。"蒂姆也跟着皱了皱眉。

汤姆耸了耸肩："我们昨天都没能打爆所有的气球赢得大奖。"

本的脸瞬间涨得通红："我可不想听关于你们去游乐园的任何事了。你们全都去了，只有我没去，太不公平了！"

詹姆斯赶紧打断了他："我送你的棉花糖怎么样？"

"你说什么？"本一时没反应过来，转向詹姆斯。

"你昨天晚上都吃了吗？"詹姆斯问。

"哦，你说棉花糖啊……没有。我本来想吃的，可是昨晚我妈妈准备了很特别的晚餐还有甜点，我吃得太饱了。不过……"本卸下书包，拉开最大的一个口袋，"我把它带来了，准备课间当零食吃。"

男孩们睁大了眼睛看着本把一大包粉色棉花糖从书包里拽出来一点儿。本快速左右张望了一下，又把棉花糖塞进了书包里，并拉上了拉链。"课间的时候我偷偷分给你们，你们可别告诉别人啊。"在学校，千万不要让别人看到你带棉花糖，否则你就会莫名其妙地多出很多"朋友"来和你分享。

詹姆斯点了点头，朝他自己的班级走去。他和本、蒂姆和汤姆不同班，不过就在隔壁。

蒂姆微笑着走进教室，把书包放到地上然后坐了下来。他的同桌——爱丽丝·吴，已经将书本和文具准备好了。

"蒂姆，你玩得怎么样？"她有礼貌地问道，"我最喜欢的是那个长长的过山车。"

蒂姆点了点头，之后转过身俯在爱丽丝耳旁悄悄地说："詹姆斯从主题乐园给本带了些棉花糖。课间你过来找我们，不过千万别告诉别人哦，这是个秘密。"

爱丽丝抿住双唇点了点头。

一传十、十传百……当本在课间打开那袋"秘密"带来的棉花糖时，身边已经排起了长队。

四个男孩儿放学一起回家。当他们在公园中央的小操场休息时，本向远处的森林望去。森林中有一棵比其他树都要高的参天大树。本提议："要不要去看看咱们的树屋？"

"不去了，我们还有作业要做……"蒂姆摇摇头。

"是的，而且妈妈说我们晚饭前必须要写完作业，因为我们周末就没做完作业。"汤姆补充道。

本转向詹姆斯："你呢？"

詹姆斯充满渴望地望向森林的边缘，然后叹了口

气，转头看向本："对不起，妈妈让我今天放学直接回家。她说我姑姥姥今天要来吃晚饭。"

本看着他的三个朋友们，叹了口气："那好吧，我们改天再去。"

"当然，我们可以周末去！"蒂姆提议。

他们走出公园穿过马路，蒂姆和汤姆向本和詹姆斯挥手道别："明天见！"

本和詹姆斯继续往前走，他们来到詹姆斯家的私人车道前，那里停着一辆又大又旧的汽车。"我得回家了，"詹姆斯有些不情愿地嘟囔着，"我根本不记得我姑姥姥，不过妈妈说我小的时候见过她。"

本耸了耸肩："别那么垂头丧气的。你妈妈做饭那么好吃，没准儿今晚会准备一份特别的晚餐。"

詹姆斯终于打起了精神："她也许会做熔岩布丁！"他舔了舔嘴唇跑上门前的台阶。

本一边偷笑着看詹姆斯消失在门口，一边冲他挥了挥手："明天见。"

3

乐趣与游戏

第二天早上，教室里，詹姆斯咧着嘴笑得很开心。

本过来坐到他的身边，问道："昨天晚上怎么样？"

"哈哈，昨天的晚餐特别好吃，而且我们真的吃了熔岩布丁！"詹姆斯兴奋地、滔滔不绝地说道，"我姑姥姥非常酷！我的意思是她很老，非常老，她亲我的时候脸上的绒毛还弄得我痒痒的。"

本挑起一边的眉毛，问道："然后呢？"

"不过没关系，"詹姆斯赶忙补充道，"她真的非常有趣，行为举止完全不显老。她曾经去过世界各地旅行，有很多很酷的经历。她去过印度、非洲、欧洲和南美，她还骑过大象和骆驼呢！"

"她一次去了那么多地方吗？"本问。

"不是，她有过很多次旅行。有一次她甚至还看到了北极熊！"

"哇！"本震惊地点了点头。

"她还给我们带了很多礼物。妈妈说礼物真是太多了，但是姑姥姥坚持要给我们，她说这是对错过的生日、圣诞节等的弥补。"

"她送给你什么了？"本问，"你今天带来了吗？"

"爸妈不让我带到学校来，但是放学了你可以来我家看。"詹姆斯说，"它实在是太棒了，但是你要耐心等到放学了。不过连我也还没有机会玩呢。"

整个上午詹姆斯都坐立不安。他实在等不及要向他的朋友们展示姑姥姥送给他的礼物了。

中午，四个好朋友一起坐在教室外的台阶上吃午餐。"你姑姥姥送给苏珊什么了？"汤姆边打开三明治包装边问。

"一台平板电脑。"詹姆斯耸了耸肩。

"哇！"蒂姆感叹道，"这礼物太棒了吧！"

"那么你到底收到了什么？"本迫不及待想知道。

詹姆斯微微一笑："耐心点儿。"

放学后，四个男孩儿几乎是一路飞奔到了詹姆斯家。他们飞快地在门口脱掉鞋子，扔下书包，以闪电般的速度爬上楼梯，穿过走廊。

"慢点儿！"客厅里的卡特莱特夫人喊道。不过詹姆斯一行人已经进入房间关上了房门。

"在哪儿呢？礼物在哪儿呢？"本问。

"就是就是，我们已经等了一整天了。"汤姆也有些迫不及待。

"是啊！赶紧给我们看看！"蒂姆附和道。

詹姆斯走向壁橱，从架子上取下一个箱子。他将箱子放到他的小书桌上，大家都凑近仔细研究了起来。盒子上印着一个挥舞着双臂的小男孩儿的卡通形象，但是上面一句英文也没有。

"这是什么啊？"本皱了皱眉。

"姑姥姥说这是她上次去日本旅行带回来的。"詹姆斯小心翼翼地将盒子里的东西抽出来，掀开白色泡沫塑料的盖子，取出一个塑料袋包裹着的小东西，看起来很有分量。詹姆斯将它放在桌子上，男孩儿们都屏住呼吸。

"哇，太酷了！"蒂姆叫了起来。

"可是……这到底是什么啊？"汤姆问。

"是个机器人。"詹姆斯骄傲地答道。

这个小机器人有四个轮子、两个小钳子和一个小脑袋。弯曲的像甲壳虫一般的身体是由金属和塑料组成的，它顶部的大部分则是被半透明的绿色外壳所覆盖。外壳上有两条亮红色的纹路，从前部一直延伸至背部。小小的蓝色斑点则分散覆盖了塑料壳的其他部分。

"太酷了！"汤姆和本深吸了一口气，异口同声地

叫了起来。

"但这个机器人能做什么呢？"蒂姆问。

"我想让它做什么它就能做什么。这是我的机器人，所以它听我的命令。"詹姆斯微笑着说道。

"快试试！"本迫不及待地将手伸向机器人。

本还没有碰到它，詹姆斯就一把从桌子上夺下了机器人。"这是我的，我应该第一个玩。"

"那么这个东西应该怎么玩呢？"汤姆挠了挠头问道。

"盒子里有电池，我们先把电池装上吧。说明书在哪儿？"詹姆斯问。

"在这里。"蒂姆说着将说明书从盒子下面拽了出来。

"我来读！"詹姆斯一把抢过蒂姆手中的说明书。他看了看封面，又迅速地翻阅起其他页。

"嘿！上面一句英文也没有！我们怎么把电池安上呢？我可不想把它弄坏了！"詹姆斯发出了哀号。

"这里有些图片。"蒂姆建议道。

詹姆斯重新将机器人放回桌子上。几个人一同研究起了说明书上的图片。几分钟后，他们就成功安装好了电池并找到了开关。詹姆斯打开开关，一个小灯开始在机器人的顶部闪烁，绿色的光从外壳纹路周围的小孔中透了出来。

"天啊！"本惊叫了一声。

"啊！"汤姆也发出了感叹。

"现在呢？"蒂姆问。

詹姆斯耸耸肩："我想应该由我们来告诉它做什么。"他把机器人转过来，面朝他自己。

他后退了一点，稍稍远离了桌子，直勾勾地看着机器人说道："醒醒！"

机器人也直勾勾地看着他，一动不动。

"来吧！动啊！动起来啊！"詹姆斯大喊着，不由得感到一丝沮丧。

"它身上有没有别的按钮啊？"汤姆问。

詹姆斯看了看机器人，又看了看说明书上的图片，说道："除了开关没别的按钮了。"

"好没用的玩具啊！"詹姆斯说着，用拳头重重地锤了锤桌子。

机器人跳了起来，身上的指示灯闪烁了一下，然后张开了一只钳子。

"瞧！它动了！"本叫道，"再来一次！"

詹姆斯捶了一下桌子，小机器人"哔哔"地响了起来。詹姆斯又捶了一下桌子，机器人身上的指示灯又闪了闪，并合上了钳子。

詹姆斯正准备第四次捶桌子的时候，卧室的门突然打开了。

"你们干什么呢？不是这么玩的。"苏珊喊道，"你们会弄坏它的！"

"那你说怎么玩啊，自作聪明的家伙？"詹姆斯沮丧地问，"破玩具！"

"等着，别再瞎捶了。"苏珊边警告边沿着走廊走向她的卧室。不一会儿，她手上拿着一个小平板电脑回来了。

"你们要用这个来操作。你昨天没听姑姥姥说吗？她说这之所以是个真正有意义的礼物，是因为我们可以一起分享它。"苏珊挑了挑眉，冲詹姆斯说道，"你有机器人，我有平板电脑，但是你必须用平板电脑上的应用程序来控制机器人。"

"天啊，那太糟糕了，"詹姆斯一脸的沮丧，"你永远都不会跟我分享的。"

"我会的，因为妈妈说我必须这么做。她说如果我们不分享和合作的话，她就要把两个礼物全都没收。"

詹姆斯翻了个白眼，将手插进口袋，无奈地说道："好吧，那快给我们演示一下怎么玩儿吧。"

苏珊耸了耸肩，按亮了平板电脑。"我也不知道，我之前一直在等你拆开你那部分的礼物。这里有些说明，但是没有英文的！"

"那也给我讲讲吧，"詹姆斯嘟囔着，"否则我们永远也弄不明白。"

就在这时，詹姆斯的妈妈叫詹姆斯和苏珊去吃晚饭了。"天啊，都已经是晚餐时间了！对不起啊朋友们，你们得等我搞明白机器人怎么玩儿以后再来了。"詹姆斯一脸的歉意。

詹姆斯拿起机器人，将他的朋友们送到门口。在朋友们穿鞋和收拾书包的时候，他一直斜眼看着机器人，并将它在手中翻来覆去地摆弄着。"真想知道你到底能做什么啊。"詹姆斯盯着机器人小小的绿色塑料脸心里想。

詹姆斯打开门，朋友们纷纷走出门准备各自回家吃晚饭。詹姆斯向他们挥手道别："我相信我们很快就能弄清楚的。明天学校见！"

4

布置作业

十一月

周日	周一	周二	周三	周四	周五	周六
✗5	✗6	✗7	8	9	10	11
12	13	14	15	16	17	18
19	20	21	22	23	24	25
26	27	28	29	30	1	2
3	④	5	6	7	8	9

詹姆斯在餐桌旁坐下，专注地盯着左手上拿着的说明书，右手则将盛满麦片的汤匙举在嘴边。

"你的麦片快泡烂了。"苏珊提醒他。

"唉，我知道，但我想把它弄明白。"詹姆斯抱怨着。他将糊状的麦片塞进嘴里，迅速吞了下去。终于，他把说明书放在桌上。"我真希望说明书是英文的，我现在什么都看不明白！"

"上面有些图片啊！"苏珊建议。

"是啊，但是这些图片帮不了什么忙。它们展示了机器人可以做什么，但是没说怎么做。我觉得我们干脆直接在平板电脑上试试，看看到底能让机器人做些什么吧。"詹姆斯耸了耸肩。

"没准我们可以放学后一起研究出来呢。"苏珊说道。

"呵呵……"詹姆斯充满怀疑地看了看自己的姐姐。

苏珊站起身来将自己的碗放进水槽里。"这会很有意思的，我们今天下午就开始。但是现在该去上学了。在我回家之前不要碰平板电脑。你得保证要等我一起研究！"

"行，行，行……"詹姆斯一边嘟囔着一边把喝剩下的牛奶倒进水槽里并冲了冲他的碗，"你可别太晚回来啊！"

苏珊和朋友们正在科学教室等待上课。贝琪问：
"苏珊，你把姑姥姥送你的礼物带来了吗？"

"快给我们看看！"阿曼达催促道。

"我没带，妈妈让我把它留在家里。"苏珊耸了耸
肩，"她说这个礼物很特别而且太贵重了，不能带到学
校来。"

"不会吧，太糟了。"贝琪叹了口气。

"你知道它具体是做什么用的吗？"阿曼达问。
"已经两天了，你应该知道它是怎么玩的了吧。"

苏珊一脸的无奈。"还不太明白。说明书是日语
的，只能看看那些图片。姑姥姥说平板电脑要配合詹姆
斯的玩具一起操作，不过它也可以用来做些别的。"

"爱丽丝也许能帮上忙。"贝琪建议道。

爱丽丝·吴是她们的另一个好朋友，不过她比苏珊
她们要小一岁，现在和本、詹姆斯、蒂姆和汤姆在同一
所小学。

"她是中国人，不是日本人。"苏珊回答道，"不

过我觉得问一问也无妨。放学后我去问问她要不要一块来。"

铃声响起，科学老师菲利普斯小姐走进了教室。她将右手拿着的一摞纸放在办公桌的角落上。

"对不起孩子们，我迟到了，"菲利普斯老师说道，"不过我刚刚得到了一个激动人心的消息。我在办公室给你们每个人都打印了一份详细的说明。"

阿曼达和贝琪互相对视了一下，挑了挑眉。

"我很开心地告诉大家，咱们学校将要参加地区的科技节竞赛。首先，我们会在校内举办一场科技节，其中表现最好的团队将继续去参加地区的比赛。"菲利普斯老师微笑着说道，"因此，我们这个学期的科学课的主题将会进行调整，为科技节做准备。大家可以在课上做科技节的项目。当然，如果你们想回家之后继续做也可以。"

阿曼达举手问道："菲利普斯老师，那么这学期还会有考试吗？"

"没有，这学期不考试。"菲利普斯老师答道。

教室里顿时传出了欢呼声。一些学生激动地站了起来和其他同学相互击掌。

菲利普斯老师举手示意，全班安静了下来。"如我所说，这学期没有考试。但是，你们还是要有成绩的。这学期会根据你们的科技节项目来给你们打分。"

阿曼达垂头丧气地坐回椅子上。她是今年班上的前几名，她很擅长考试，但是对科技节项目一无所知。"一个优秀的科技节项目是怎样的？它的评分标准是什么？如果做得不好怎么办？如果……"

菲利普斯老师将一沓纸放在阿曼达的桌子上，打断了她一连串的思考。"这份资料应该能解释所有的事情，包括项目将如何评分。科技节项目确实有很多要求，不过项目主题由你们自选。"菲利普斯老师继续往后面走，将手中的资料发给其他同学。

阿曼达充满疑惑地看着这几张装订好的纸。她用铅笔轻轻推着这几张纸数了起来。两页、三页……不对，四页。这四页纸将决定她的成绩是不是还能在班级中名列前茅。

贝琪举起手，问道："菲利普斯老师，请问项目是以个人形式还是以小组形式完成？"

菲利普斯老师转过头看着贝琪："这取决于你项目的规模。如果是很复杂的项目，你们可以两人到三人一起做；如果是小一点儿的项目，你们就需要独立完成了。"

贝琪向阿曼达看了一眼，微微一笑，向她竖起了大拇指。

阿曼达还没来得及回应，菲利普斯老师继续说道："当然，团队里的每一个人得分都是相同的。"

阿曼达有些泄气地靠在椅背上，两个胳膊抱在胸前。她想："我真的很想和贝琪一起完成项目，可是她的学习成绩一般般啊。"

苏珊用手肘从左边轻轻碰了碰阿曼达，说道："来嘛，我们很擅长做项目，一定没问题！"

阿曼达向苏珊苦笑了一下，说道："但愿如此。"

"就这么定了，"贝琪宣布，"你、我和苏珊一组，我们肯定会出色地完成！"

阿曼达看了苏珊和贝琪一眼，说道："好的，我猜是这样……呃，我的意思是一定会的，我们一定能出色完成。"她心里虽然有些不确定，但表面上仍然充满了信心。"我们要怎么做？以前我们一起做的项目都是为了玩，但是这次的项目可是要计分的！"

苏珊放学回到家的时候，詹姆斯已经坐在餐桌旁等她了，小机器人和说明书正放在面前的桌子上。"别担心，我没碰你的平板电脑。但是我已经在这儿等你十多分钟了。快快快，把你的东西拿过来。"

苏珊走进卧室，将书包放在地板上。她拿起平板电脑和架子上的说明书回到餐桌旁。"我之所以晚回家是因为我去给咱们找外援了。"

苏珊话音刚落，门铃响了起来。苏珊下楼打开门，笑着欢迎道："快进来，爱丽丝！"

爱丽丝跟着苏珊来到厨房。"我也不知道能帮上多少忙，我只能试试。"

"你好，爱丽丝，你打算怎么办？"詹姆斯问。

"她可以读说明书。"苏珊说着将说明书递给爱丽丝。

"但是这些玩具是从日本来的，爱丽丝是中国人，不是吗？"詹姆斯露出疑惑的神情。

爱丽丝把小册子放回桌子上。"苏珊问我能不能看一下。我跟她说过有一些文字在日文和中文里的读法不同但是写法相同。"

爱丽丝再次拿起说明书，一页一页慢慢翻动着。"中文和日文有的看上去很像，而且通常表达的意思也相近。当然，也不总是相同，但大多数意思差不多。"

她停下来看着詹姆斯和苏珊，说道："不过问题是我认识的汉字也不算多。爸爸妈妈曾经教过我一些，我每周也都会去上一次课，可是说明书里仍然有很多字我不认识。"

詹姆斯有些垂头丧气："我们永远也搞不清楚了。"

"我不是那个意思，"爱丽丝说，"我的意思是我能读懂其中一些，但是我还需要爸爸妈妈或者老师来帮忙看看我不懂的那些字。我能把这本说明书带回家吗？"

詹姆斯看了看苏珊然后耸了耸肩："当然了，反正我们留着也没什么用。"

苏珊也点点头表示同意。

"那太好了！"爱丽丝说道，"咱们先看看现在能弄明白些什么。"她拿起机器人的说明书，翻到第一张示意图。她眯着眼，右手食指指向一段小小的有些褪色的文字上。

"快说说，你们知不知道这个机器人的眼睛里装有摄像头，而且他的外壳可以像翅膀一样张开？"

"它能飞？"詹姆斯惊叫起来。他在椅子上坐直，拿起机器人左右摆弄，仔细观察起来。

爱丽丝用手指指着那段文字又读了一遍，说道："哦不，不好意思，这里写的是它可以做出类似飞行的样子，但是它不能真的飞起来。"

"不是吧。"詹姆斯叹了口气。他将机器人的头转向他，盯着机器人的小脸问："那摄像头呢？现在能拍到我吗？"

　　"如果你开机了的话，"爱丽丝解释道，"不过说明书上说需要用平板电脑来操作之类的。"

　　爱丽丝揉了揉眼睛，将说明书放下。"我把说明书拿回家继续看吧。读它实在是太累了，并且其中有一些词的意思我也拿不准，而且晚饭前我还有作业要做。"

　　"没问题，"詹姆斯笑着说，"今晚我也需要为童子军活动做好准备。"

　　苏珊和詹姆斯将爱丽丝送到门口。爱丽丝穿好鞋子，直起身来，詹姆斯把机器人和平板电脑的说明书交给她，苏珊则帮她打开了门。"爱丽丝，谢谢你帮我们。有了你的帮助，我想我们很快就可以弄清楚操作方法，简直太棒了！"

5

列队，注意！

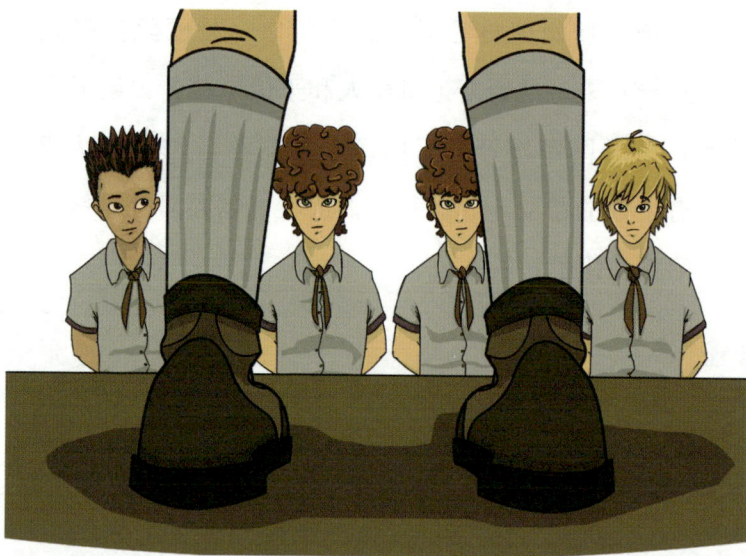

詹姆斯是最后一个抵达童子军会议的。他跑到蒂姆、汤姆和本所在的角落。猫头鹰小队长马克正在检查他们的制服，詹姆斯赶紧放下书包，和他的朋友们站在同一排。

"我们差点儿因为你的迟到扣分了，"马克吼道，"不过你的制服还算整齐，这次就先放过你吧。汤姆，你的鞋带开了，最好把它系紧。"

汤姆赶紧弯下腰系好鞋带，在领队过来巡视前站直身体。

"看起来不错，猫头鹰小队，你们和你们的小队长马克都做得不错，这周的制服得分满分。"童子军领队笑着说。他的名字叫富兰克林，不过在童子军中，大家都叫他"跳跳哥"（在英语发音里，富兰克林后半部分的发音和"跳跃"接近）。他是整个童子军团的领队。

"野营、生火、做饭和一些基础的急救，童子军团已经都做过了。现在是时候带新兵们出去露营了，你觉得呢？"富兰克林问马克。

"是的长官，这是个好主意。"马克回答道。

"你和其他的小队长需要选择我们这次去哪儿——一个童子军新兵容易上手的地方。我和其他的小队长已经有了一些想法，但还是让我们先听听你的主意吧。你可以在游戏期间考虑这件事情。地图在灰色塑料盒里，用完放回原处。"富兰克林长官说完继续走向下一个小队进行巡视。

"收到，跳跳哥！"马克回答道。然后，他转身看着小队成员。"这学期老鹰小队的积分现在依旧排在榜首，不过我们和他们的分数很接近。如果在这次露营中我们能得到一些额外的分数，我们就很有可能夺冠！"

在躲避球游戏结束后，童子军们盘腿坐在体育馆中

央的地板上。他们是按照小队坐的，猫头鹰小队在最左侧，老鹰小队坐在他们旁边，然后是乌鸦小队，最右边是泥母鸡队。

跳跳哥站在童子军团前方，他的手背在身后，双腿稍稍分开。"小队长们，你们决定好我们要去哪里了吗？"

"是的，跳跳哥，"老鹰小队的小队长亚当说道，"我们推荐孤独山或亡者平原。"

詹姆斯挑了挑眉，他不喜欢"亡者平原"的叫法。另一个听起来就好多了，至少"孤独"对于地名来说不算太坏。

"嗯……今年这个时间的亡者平原实在太过泥泞了，可能不太适合……不过孤独山对于第一次露营来说应该还可以。现在你来解释一下，你们为什么会选择这两个地点。"富兰克林长官问道。

泥母鸡队小队长埃里克解释道："童子军新兵们虽然已经做了一些背着帐篷的负重徒步训练，但是并不能坚持太久。而这两个地点都是在距离公路不远的地方就有营地，只需要徒步一小段距离便可到达。徒步过程

中我们会教他们如何正确地捆绑行李和保持平衡，下一次他们就知道怎样正确地操作了。另外，营地离停车地点近的话，我们也可以多带一些额外的用具，以备不时之需。"

"非常好，"富兰克林长官很满意，"那我们就决定下周末去露营，这样我们还可以利用今晚和下周碰面的时间来筹划和准备。我今晚带来了四顶帐篷，你们在真正的露营前可以先在体育馆里练习一下如何搭帐篷。没有什么比暴风雨来临前你还不会搭帐篷更糟的了！"

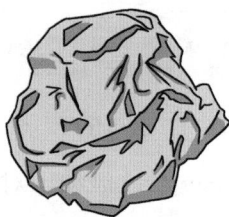

四个小队用了接下来的二十分钟练习如何搭帐篷。首先，小队长们向大家展示了如何搭起一顶帐篷，之后，剩下的童子军们两两一组练习。富兰克林长官满意地点了点头，然后，他掏出来表格和铅笔发给每位小队长。"好了，小队长们，你们知道应该做什么了。"

马克站起来，带领他的小队回到他们的集合地点坐好。他将表格和铅笔发放到每个人面前的地板上。

"好了，你们知道这是什么吗？"马克问。

本拿起表格仔细研究起来。表格分为很多不同的区域。

露营计划

我们去哪?	我们什么时间出发?
目的地名称: ＿＿＿＿＿＿＿＿ 地图点位: ＿＿＿＿＿＿＿＿	出发日期 ＿＿＿＿ 时间 ＿＿＿ 返回日期 ＿＿＿＿ 时间 ＿＿＿
我们怎么去?	我们需要带些什么?
□ 驾车（多少辆车?）＿＿＿ □ 登山/步行（多远?）＿＿＿ □ 骑单车（多远?）＿＿＿ □ 小船/皮划艇（多远?）＿＿＿ 规划说明: ＿＿＿＿＿＿＿＿＿＿＿＿＿ ＿＿＿＿＿＿＿＿＿＿＿＿＿ ＿＿＿＿＿＿＿＿＿＿＿＿＿	<u>小队</u>: □ 帐篷 □ 炉灶 □ 燃料瓶 □ 地图 □ 洗涤设备 <u>个人</u>: □ 换洗衣服＿＿＿套 □ 背包 □ 睡袋 □ 小背包 □ 盘子/餐具 □ 急救包 □ 绳子 其他:
我们吃些什么?	我们在营地做些什么?
午餐: ＿＿＿＿＿＿＿＿＿＿＿ 晚餐: ＿＿＿＿＿＿＿＿＿＿＿ 早餐: ＿＿＿＿＿＿＿＿＿＿＿ 午餐: ＿＿＿＿＿＿＿＿＿＿＿ 晚餐: ＿＿＿＿＿＿＿＿＿＿＿ 早餐: ＿＿＿＿＿＿＿＿＿＿＿ 午餐: ＿＿＿＿＿＿＿＿＿＿＿	1. ＿＿＿＿＿＿＿＿＿＿＿ 2. ＿＿＿＿＿＿＿＿＿＿＿ 3. ＿＿＿＿＿＿＿＿＿＿＿ 4. ＿＿＿＿＿＿＿＿＿＿＿ 5. ＿＿＿＿＿＿＿＿＿＿＿ 6. ＿＿＿＿＿＿＿＿＿＿＿ 7. ＿＿＿＿＿＿＿＿＿＿＿
我们想要获得哪些徽章?	紧急预案
1. ＿＿＿＿＿＿＿＿＿＿＿ 2. ＿＿＿＿＿＿＿＿＿＿＿ 3. ＿＿＿＿＿＿＿＿＿＿＿ 4. ＿＿＿＿＿＿＿＿＿＿＿	紧急联系人: ＿＿＿＿＿＿＿＿＿＿＿ 在以下日期未归需寻求帮助:

本灵光一闪："哦！我知道这是什么了！"

"好的，本，那么它是什么呢？"马克问。

"是个项目计划！"本大声说道。

"没错！正如本所说，它是……你说啥？"马克突然愣住了。

"这是个项目计划，或者项目计划的一部分。"本重复道。

"不对，它是个露营计划。"马克说。

"没错啊，我说的就是啊。"本一脸认真的样子。

"你说的是项目计划，而这是个露营计划，"马克重复道，"这两个可差远了。"

本只是笑了笑。蒂姆正一边认真地研究那张纸一边点着头。

"嗯，本是对的，马克也是对的。"蒂姆肯定地说道。

詹姆斯和汤姆两个人也看了看这张表格，也跟着点了点头。

本抓起一根铅笔，将纸翻过来，在空白的一面画了起来。"看这里，这个部分是我们今晚做的事情。隔一个周末后的下个周末，我们会去露营。"

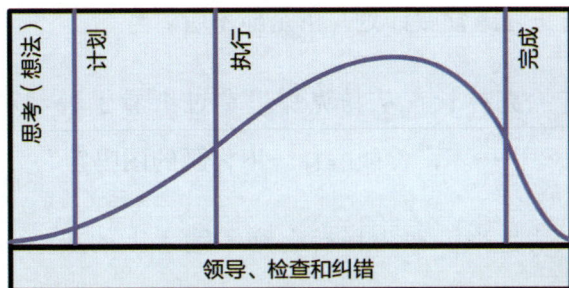

"领队们给出一个想法，并由此开始让我们进行**思考**——也就是'我们要去露营'。小队长们从这个想法出发，寻找一个对于第一次露营来说合适的地点。这就是**计划**的一部分。现在，我们要计划更为详细的内容：食物、装备和人员。等到我们去露营的时候，那将是**执行**阶段。而当我们露营结束回到家，项目就**完成**了。"本解释着，"这次的活动虽然叫'露营'，但它同时也是一个**项目**。"

马克开始反驳道："我才是小队长，你从来没去露营过，你什么都不知道。让我告诉你，这是**露营**，不是什么**项目**。"

富兰克林长官走了过来。"这里出什么事了？"

马克拿起本刚刚画的示意图在空中晃了晃。"跳跳哥，本在这里说我们是在做一个**项目**，我告诉他不是，我们是在为**露营**做计划，可是他不听。"

富兰克林长官从马克那里拿过纸看了看，对本说道："嗯……本，你能解释一下你画的图吗？"

本站起来，在牛仔裤上蹭了蹭手上的灰尘。"长官，就像我刚才和马克说的，我们现在做的就像一个项目一样。做项目的时候，你首先**思考**你要做什么，比如说去露营，然后**计划**你需要做什么，接着去**执行**。最后项目**完成**，回顾这次是怎样执行的，这样就知道下次如何做得更好了。"

"项目是各种各样的，从大项目到小项目，任何你计划去做但是之前没做过的事情都可以当作一个项目。"本接着说道，"每次露营都可以是一个项目，因为你并不能明确地知道会发生什么事。即使你去了相同的地点，但有可能是和不同的人去的，或者天气可能有变化，又或者你想尝试一下新的菜单。总之每次去露营都会有很多不同的事情。"

　　"每次露营都从**思考**一个想法开始，比如说去露营、远足或者独木舟漂流。之后，你**计划**你要带什么东西、怎样到达预定的地点、到了地方以后你要做什么，以及其他的一系列细节。当你真正去露营的时候，无论仅仅是度过一晚还是一整周，都属于'**执行**'这个环节。当露营结束的时候，就到了**完成**阶段，包括回家、收拾行李、将用过的东西清洗干净并整理好。你还可以和其他人讨论下次如何做得更好。整个过程就像做项目一样。"本认真地解释道。

　　"嗯……非常有趣！我从来没从这个角度思考过。"富兰克林长官点点头。

　　"但是，跳跳哥……"马克看起来有些不服气。

　　"猫头鹰队额外加两分！"富兰克林长官宣布，"本，做得不错，你今天教会了我很多新东西。"

　　"呃……"马克慢慢闭上了嘴，之后高声喊道，"距离老鹰队更近了！喔喔，太棒了！"他笑着拍了拍本的后背，"好了，队员们，我们现在最好继续计划我们的露营了，不，应该是露营项目！"

6

科学之光

"我感觉不太舒服。"阿曼达正坐在餐桌旁,吃了一半儿的早餐摆在她的面前。

妈妈绕过餐桌走到她身边,将手背放在阿曼达的额头上。"你好像有点儿发烧,"她说着,又温柔地用手贴了贴阿曼达的脖子和喉咙,"不过扁桃体没有发炎。你还有别的地方不舒服吗?"

阿曼达点了点头:"我的肚子也疼。"

"你想吐吗？"妈妈问道。

"呃……不想吐，只是疼。就是这里。"她指着自己的肚脐说道。

妈妈从碗柜里拿出体温计，用力地甩了三下后递给阿曼达。"把这个放到舌头下面，然后闭上嘴，含两分钟，不许说话。"

"你昨天在学校吃了什么奇怪的东西吗？"妈妈接着问。

阿曼达摇了摇头。

"学校有人生病了吗？"

阿曼达又摇了摇头。

"你是不是有什么心事？"

阿曼达慢慢转了转眼珠，点了点头。"唔唔……"

"怎么了？是不是有人欺负你了？你是不是被欺负了？"妈妈说到后面时提高了些音量，显得有些着急。她不喜欢任何形式的霸凌。

阿曼达还是摇了摇头。

"你确定吗？"

阿曼达点点头。

"嗯，好吧。把体温计拿出来看看吧。"妈妈慢慢转动着体温计看了一下温度，"体温挺正常的啊。你到底哪里出问题了？"

阿曼达动了动嘴和舌头，缓解了一下体温计带来的不适。"是科学课。"

"你不是非常喜欢科学吗？这是你学得最好的功课之一啊。"

阿曼达在厨房的椅子上不自在地扭了扭。"是啊，但是这学期我们要做一个项目而不是考试。然后我要跟苏珊和贝琪一组做项目。"

"你们这几个女孩儿很擅长做项目啊，所以问题出在哪里了呢？"

阿曼达从碗边拿起了汤匙。"之前那些项目都是做着玩儿的，而这次是要打分的……"她盯着那碗浸透了

的麦片，"而且我们得自己想项目的创意，我们只有四周时间来完成这个项目！"

妈妈一只手扶着阿曼达的肩膀说道："我还是看不出问题出在哪儿。你们都是非常聪明的姑娘，你们肯定会想出主意来的。"

"呵呵……我是说，好的，妈妈。"

"现在，你是想接着吃完早餐，还是想让我把它拿走？你知道，你需要一些能量才能想出主意的。"妈妈说着，一只手放在还剩一半麦片的碗边，好像要把它端走似的。

阿曼达迅速拿起汤匙，盛了一大勺塞进嘴里。"吃着呢！"

"你们会做得很好的，走着瞧吧。"妈妈微笑着说道，走回到水槽边。

阿曼达已经安排好了在午饭时间一起做项目计

划。她们在操场远处的黑莓丛边坐下。贝琪是最后一个
到的。

"你迟到了。"阿曼达看了她一眼。

"对不起，我刚才在跟我的数学老师谈话。他听
说我们在做一个科学项目，给了我一些建议。"贝琪回
应道。

"好吧。那他说什么了？"苏珊问。

"他说，项目的创意是什么并不重要，你们要更
着重说明你们是如何计划的、你们想取得什么成果，要
做一些量化评估并根据这些来做报告之类的。最重要的
是，我们得确保将这些东西都记录下来，并且清晰地展
示出来，"贝琪顿了顿，"他还提到，过去科技节的那
些最佳项目和大多数获胜的项目都是做的实验。"

"好，那我们也做实验。"阿曼达宣布。

"呃，好，行，但我们具体要做什么实验呢？"苏
珊有些疑惑。

"我不知道，就是做些很酷的、能赢的实验。"阿

曼达说道，"之前那些项目都做了什么？"

贝琪犹豫了一下："有化学实验、电子实验和很多不同的实验，但是普通实验的评分一般会很苛刻。老师说，你们最好能找到一个与众不同的实验去做，这样你们就有可能获得创意加分。"

"太好了！那我们就做一个原创的实验，这样我们就能有加分了。"阿曼达笑着说。

"可是……"苏珊认真地说道，"我们具体要做什么呢？我们还不知道我们要做什么。如果你想做一些特别的、创新的事情，那就代表我们要更加努力地思考！"

"或许我们可以做一个有关项目是如何运作的主题。"阿曼达建议。

"可是这不是实验，这只是展示如何完成一件事情的方法。我的数学老师说，实验是围绕一个中心问题的——一个原理或假设，一个你试着去证明正确或者不正确的东西，然后搭建实验场景、做测量和分析结果。即使有的时候实验证明你的理论是错的，这也是你呈现的事实。"贝琪解释道。

"嗯……"阿曼达点点头，"要不放学后咱们去我家头脑风暴和制订计划吧。之前咱们都是这么做的，很有效。"

上课铃声响了，三个女孩儿一起踩着碎石穿过了操场。

三个人走到操场边的枕木旁，贝琪向右转准备去上社会课。"那我们周末一起想一想有没有什么好点子，这样我们就可以着手开始做了！"

周六早上，阿曼达在家为她们的计划会议做准备。她把科学课上发的《科学项目指南》放在桌上，并在旁边准备了一些白纸、铅笔。在她摆放铅笔的时候，门铃响了。

"谁要吃巧克力饼干？"阿曼达给贝琪和苏珊开了门并问道。

"我要吃。"贝琪一边脱掉鞋子一边说道。

"我也要，谢谢。"苏珊接着说，"你妈妈做的巧

克力饼干最好吃了。"

她们走上台阶进到厨房里。阿曼达来到柜子前，拿起盛着饼干的盘子递给贝琪和苏珊。两人分别拿了两块饼干，坐到桌前。

阿曼达拿起一支铅笔，抽出一张白纸。"好了，我们要做的是一个项目，所以我们先来回顾一下我们要遵循的关键步骤吧。"

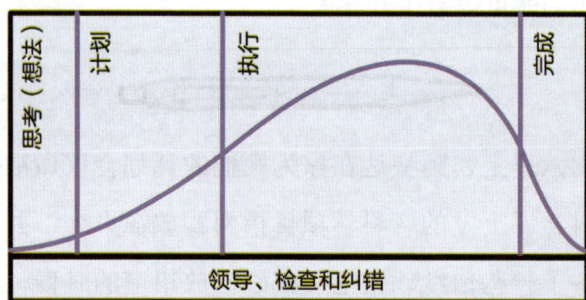

"首先，我们要想想这个项目要做什么——我们可以头脑风暴一下，想一些点子。"

"头脑风暴可以帮助我们确定一下需要纳入工作分解结构的工作项。这很像我们之前鬼屋项目时做过的那样，但又不完全一样。"阿曼达看着贝琪说道。

想法

```
                        鬼屋
        ┌────────────────┼────────────────────┐
      地点             服装                   道具
   ┌────┐        ┌─────┬─────┐        ┌─────┬──────┐
   车库          妖怪    木乃伊          浓雾    牙医椅子
   地下室        科学怪人  僵尸          骷髅    棺材
   室外          吸血鬼   狼人          墓碑    南瓜
     └─墓地              鬼怪           灯     蝙蝠
                                      蜘蛛    装饰
```

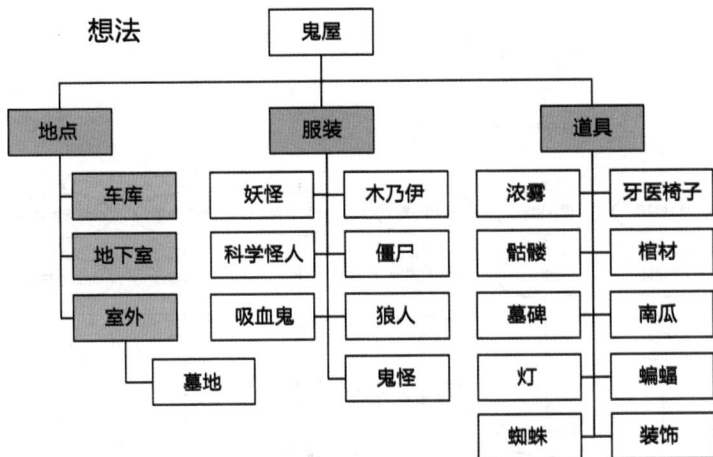

"然后我们要**计划**如何执行这个项目，以及各项工作的先后顺序，避免浪费时间。这就意味着我们需要想清楚哪些事情先做，哪些事情之后再做，等等。"阿曼达拿出另一张图表，"这就是我们之前为鬼屋项目制订的计划。"

"当计划确定了之后，我们只要照计划**执行**就好了。"

"当然了，这个项目的**收尾**阶段怎么做也是非常重要的，我的意思是说，成果展示之类的事情。我们是要得高分的。"

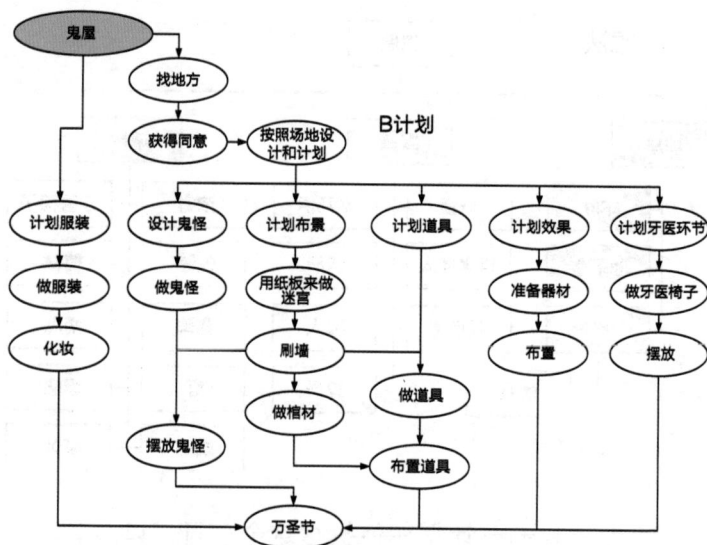

"但是，因为这次要做的是个实验，我们还需要在执行过程中时刻把握工作动向并做细致的记录。当做错了什么的时候，我们要改正过来，但同时也需要将这个过程记下来。这些都是项目里面的'**领导、检查和纠错**'方面的事情。"

阿曼达从那沓纸上面拿起《科学项目指南》慢慢翻阅着。

"这些是做这个科学项目需要遵循的规则。为了能拿到这部分的满分，我们要确保将这些规则都熟记于心。这些将是我们项目**需求**的一部分。"阿曼达说着，轻轻地将《科学项目指南》放在桌上。

贝琪点了点头："我们需要多重复几次实验，以便对比结果。"

"好的，但是我们得先为实验想出一个点子——也就是假设。所以我们该从哪里开始呢？"苏珊咬了一大口巧克力饼干，问道。

贝琪拿起《科学项目指南》浏览了前面几页。"指南上概述了一个我们可以使用的方法。"她指着指南上的一页说道。

1. 筹备项目。与组员一起想出一个主意并与老师讨论。

2. 调研感兴趣的主题。一个科学项目几乎可以涉及任何事情。

3. 提出一个假设。提出你们认为会在测试中发生的事情。

4. 为你们的实验做计划。哪些步骤会证明你们的假设是对的或者错的？列出你们要执行的程序及需要用到

的材料。

5. 布置实验环境。找一个不被打扰的地方，以便重复进行多次实验。

6. 做实验。执行你们计划好的程序。详细记录所有实验数据和结果。

7. 思考你们观察到的现象。着手开始起草你们的报告，并进行分析。

8. 完成项目。打印报告，制作海报，并准备一份供裁判评审的展品。

"这挺不错的，但我们的项目究竟要做什么呢？我们需要想出些点子来！"苏珊说道。

贝琪叹了口气："我真希望爱丽丝也在啊，她对头脑风暴这种事情特别在行。算了，我们开始吧——阿曼达，能递给我一支铅笔吗？"

阿曼达伸长了胳膊，从桌子另一边抓起一支铅笔递给贝琪。

贝琪在白纸顶端写下"想法"两个字，并画上一条下划线。"好了，我有一个想法了，其实是我们的鬼屋项目中的一些东西。你们还记得我们见到的'黑暗之光'吗？其中有一些在黑暗中发光，另一些在黑光灯的照射下会特别亮，但关了黑光灯又不亮了。这叫……"

"荧光涂料只能在黑光灯照射下发光，在黑暗中不能自己发光。在黑暗中能发光的涂料是磷光的，我在那次比赛后查了查相关的资料。"苏珊打断了贝琪。

"没错！"贝琪说着，将这些记在纸上，"我们可以对比荧光涂料和磷光涂料在不同灯光照射下的情况。"

"好想法啊贝琪，"阿曼达说道，"在光照方面有很多实验可以做，比如太阳能电池板，还有培养植物，还有防晒，还有……"

"我们可以测试一下对着植物呼气是否真的能让它们生长得更好！"苏珊这次打断了阿曼达。

阿曼达皱了皱眉看着苏珊，而贝琪却正忙于记录。"好，太好了，还有什么？"

"也许可以做一些跟水有关的事情——比如说植物

需要多少水才能最好地生长，研究一下多少水是过量的、多少水是不足的。"阿曼达说道。

"好的，但你知道水是可以往高处走的吗？"苏珊笑着说，"植物可以通过渗透作用做到这一点，我们可以做一个这方面的实验！"

"我们可以尝试如何培养出更大的蘑菇。"阿曼达又提出了一个新建议。

"你知道蘑菇是该长在哪里的，难道你想要在家里种吗？"苏珊捏着鼻子问道。

"我们现在只想创意，不做评判。"贝琪边写下"蘑菇"二字边提醒道。

阿曼达拿过记录用的纸仔细地检查，确认贝琪没有漏掉什么。"我们的想法都很棒。但你们知道我现在认为最棒的想法是什么吗？"

"是什么？"苏珊抬了抬眉毛。

"午餐！"阿曼达大声说道，"我太饿了。我妈妈说你们可以留下来吃午饭，但我现在要去给爱丽丝打个电话了，因为妈妈说她也可以过来吃！"

十分钟后，门铃响了，阿曼达去给爱丽丝开了门。
"我妈妈做了烤乳酪，你肯定会喜欢的。"

"嗯！是我最喜欢的食物之一。"爱丽丝脱了鞋微笑着，"你们仨最近在忙什么呢？"

"我们在思考学校科技节的项目。"阿曼达皱着眉，"但这一次是要打分的，所以我们得确保能做好这个项目。"

"听起来挺有意思的。"爱丽丝说着，走到了厨房边的走廊，"嗨贝琪！嗨苏珊！"

两个女孩儿向爱丽丝挥挥手打招呼。两人的嘴里都塞满了烤乳酪三明治。

"那你们想到什么主意了吗？"爱丽丝一边问，一边坐到了贝琪旁边。

贝琪把笔记递过去，爱丽丝飞快地看了一遍。"很不错的想法啊，每一个都能很好地实践。但你们知道你

们还能做些什么吗？"

"做什么？"阿曼达问。

"你们可以结合詹姆斯的机器人做一个项目，就是他一直在念叨的那个。"爱丽丝建议道。

"那个机器人有一半是我的，"苏珊纠正爱丽丝，"但我们都还没能把它玩明白呢，怎么用它做实验呢？"

"我周五上了中文课，我的中文老师给了我很多指导。用你的平板电脑可以让机器人做任何事情，而且我感觉我弄明白怎么使用了！"爱丽丝笑着说。

"那它都能做什么呢？"苏珊半信半疑地问。

"你可以在房子里或大屋子里的任何地方用平板电脑远程操控小机器人。它可以捡东西，也可以急转弯，而且它的速度很快。它可以通过身上的小摄像头在平板电脑的窗口里显示任何它看到的东西，而且它还有红外模式，所以你们甚至能在黑暗的环境下使用它！"爱丽丝说得眉飞色舞，"它还能做好多好多事情呢。"

"要我说，"阿曼达咬了一口苹果，"吃完午饭我们就去苏珊家试试这个机器人。如果我们能成功让它动起来的话，没准我们就可以在科学项目里的某个地方用到它。"

"你们知道我的中文老师还告诉我什么了吗？"爱丽丝脸上露出一丝兴奋，"他告诉了我这个机器人的名字。"她用铅笔在一张白纸上画了几个字符，接着说："这就是它名字的日文写法，就写在它的前盖上。"

少し竜

"这是什么意思？"苏珊眯眼看着这几个字符问。

"机器人的名字叫'小龙'。"爱丽丝笑着说。

7

准备好了！

　　周六的午后，蒂姆、汤姆和本三个人来到詹姆斯家的后院，练习搭建詹姆斯的新的圆顶帐篷。"往左一点儿。"詹姆斯站在帐篷的远端喊。包装盒上说这个帐篷能睡下四个人，他们准备提前试一试，以保证下周末的露营百无一失。如果能搭建成功的话，他们还准备今天直接在詹姆斯家的后院过夜。

　　"不对，我说的是向左一点儿，不是向右！是我的左边！"詹姆斯在本拖动帐篷一个边的时候喊道，"我们需要把帐篷底部紧紧固定成正方形，否则就搭得不对了。说明书上是这么写的！"

　　"行，行，行……"本一边拉紧帐篷的一角，一边抱怨着。蒂姆和汤姆站在本的身后，准备用地钉固定帐篷的一角。汤姆拿着锤子，蒂姆左手拿着一大把帐篷的地钉。

"我认为我们肯定能搭好帐篷的，"蒂姆胸有成竹，"我们小时候露营过几次，特别好玩儿。我想这次也会很有趣！"

汤姆走向装帐篷的袋子，开始从里面抽出帐篷支杆。"嘿，你们快看，这些支杆都是连接在一起的。太酷了！"

"我猜可能是为了防止弄丢吧，"汤姆说，"或者是为了让人知道哪些支杆是在一起的。这样做很聪明啊！"

詹姆斯开始将一根撑杆穿进帐篷顶的圆环里。他先把撑杆的一端插进一个小网兜，然后是另一端。"你们几个把另外两根撑杆分别穿到这根撑杆两端的洞里，然后把撑杆下面插进地上的布环里，帐篷就能撑住了。注意别把帐篷布给扯坏了，"詹姆斯警告道，"这可是个全新的帐篷！"

帐篷的中间部分撑起来后，詹姆斯指导其他男孩儿在两头的地上固定了一些桩子，然后将挂在帐篷上的短绳绕在地钉上扎起来。接下来，他们又放置了另外六个地钉，一边三个，将A形帐篷拉伸开。

"干得好，兄弟们！"詹姆斯喊道，"里面的空间可大着呢。"

"我们进去吧！"本说着就要准备去拉开帐篷门边的拉链。

"别，我们先把外帐盖上吧，然后就可以把所有零零碎碎的东西塞回帐篷包里了，这样可以避免丢东西。"詹姆斯摇着头说道。

男孩们将外帐铺在刚刚搭好的帐篷上，这时，身后传来一个声音。

"小伙子们，你们在干吗呢？"苏珊问，她正和阿曼达、贝琪和爱丽丝一起站在花园周围的水泥路上。

"我们在练习如何搭帐篷，为下周末做准备，"詹姆斯答道，"我们今晚会在这里过夜感受一下。"

"听起来不错啊。"贝琪说。

"我们想进屋试试机器人，爱丽丝感觉她搞明白了这个机器人是怎么工作的。"苏珊说，"我去拿机器人可以吗？"

詹姆斯正忙着把外帐的边缘和金属桩子系在一起，他边把外帐向下拉边提醒道："嗯嗯，当然。别弄坏了。"

"不会的！"阿曼达边喊边和其他几个女孩儿一起走进家门。

女孩儿们上楼来到苏珊的房间。"稍等一下，我去拿机器人。"苏珊说着走进弟弟的房间。

几分钟后，她小心翼翼地拿着那个小小的、闪闪发光的机器人回来了。她将机器人翻过来，打开开关，轻轻地放在地板上。然后，她走向架子，拿出平板电脑。她把平板电脑打开后递给爱丽丝："好啦，现在给我们看看它是如何工作的吧。"

爱丽丝从兜里拿出几张折起来的纸，稍微研究了一下。然后，她用手指轻轻滑动平板电脑的屏幕，直到找到她所寻找的东西。"啊哈，就是这个。你们看到这个小图标了吗？有点儿像一条龙的这个。然后看这里，这是它的名字，日文的。所有都是用日文写的。"爱丽丝解释道。

"是的，我注意到了，"苏珊有点心灰意冷，"我们什么都看不懂。"

"我想我还可以更改语言。"爱丽丝笑了笑。她找到"设置"图标并打开它，向下滚动列表，并移动了一个小滑块。然后，她将平板电脑转过来给苏珊展示。"看！现在平板电脑的语言被设置成英语了。"

"哇！"贝琪叫了起来，"这样读起来就容易太多了，谢谢你！现在快给我们看看它是怎么工作的！"

爱丽丝又全神贯注地读了几分钟她的笔记，并在平板电脑上进行了一些尝试。苏珊有些不耐烦了，就在她准备要拿回平板电脑的时候，机器人发出"呼呼"的声音，摇晃了一下，然后向前冲了出去。

"看！现在你可以在平板电脑上用这些箭头来控制它的移动。"爱丽丝边说边依次按了按每个箭头。机器人先是向前移动，然后左转，再向后移动，然后右转，最终停了下来。

"让我试试！"苏珊说着一把从爱丽丝的手上抢过平板电脑。

"好吧……"爱丽丝有些不开心地皱了皱眉。

接下来的几分钟，苏珊在地板上练习如何操控机器人移动。很快，她玩腻了，把平板电脑递给贝琪。

"好吧，我们可以控制它移动，也没比简单的遥控汽车强多少。"苏珊有点儿泄气。

"耐心点儿。"贝琪笑着说。她正在尝试屏幕上其他的一些按键。突然，苏珊左脚的画面出现在屏幕中央。"现在让我们看看遥控汽车能不能做到这个！"

贝琪在屏幕上动了动手指，机器人向苏珊的左脚冲去。它的右爪慢慢张开，接近苏珊的小脚趾。

"啊！它咬我！"苏珊惊叫了起来。

"不不不，其实是我。"贝琪咧嘴笑了。

"谁咬谁？"妈妈担心的声音从门口传来。

"没事的，妈妈，我们只是在和机器人玩儿。爱丽丝弄清楚它是怎么工作的了。"苏珊答道。

"好，希望你们好好玩儿。记住，它可是个需要分享的礼物。"卡特莱特夫人提醒着孩子们，她转身走回走廊。

"轮到我啦！让我们看看它还能做什么。"阿曼达说着伸出手来。

接下来的半个小时，女孩儿们一直在拿小机器人做实验，尝试着屏幕上的每一个按键。他们成功打开了机器人"脸部"的小LED闪光灯，点亮了翅膀并且做到了让翅膀一开一合。

苏珊将卧室的窗帘拉上，准备试试红外线摄像头，但是房间仍然太亮了。"我们得去地下室。"苏珊说。

苏珊拿起平板电脑和机器人，贝琪打开卧室的房门，几个女孩儿一起下楼向没有窗户的地下储物室走去。苏珊将机器人面向她们放在房间中央的地上。几个女孩陷入了黑暗，直到苏珊打开了平板电脑。屏幕发出

明亮的光，一个黑色的方块出现在屏幕中央。

"我要打开摄像模式。好了，快看……"苏珊说。

突然，六个发着红光的东西出现在屏幕上。"瞧，这是我们的腿！"爱丽丝叫了起来。

"还差我一个。"贝琪说着凑过来看着平板电脑。现在，屏幕中变成了八个散发着红光的东西。

"但是它能看到黑暗中所有的东西吗？"阿曼达问，"它能看到角落里的那些盒子吗？"

苏珊触碰操作按钮将机器人转了个圈，模糊的灰色竖线出现在屏幕中。"这些是盒子的轮廓，不过不算太亮。让我再试试这个。"苏珊说着按下另外一个按钮，一束明亮的光线照在那些盒子上，小屏幕则变成了白茫茫的一片。

"你不能同时使用闪光灯和红外线功能。"贝琪说完轻轻地从苏珊手中拿过平板电脑，关掉了红外线功能。

在LED灯的照射下，角落里的盒子清晰地呈现在屏幕上的小框里。苏珊开始控制机器人围着屋子移动，屏幕里的画面也随之变化。机器人钻进一排铁架子下面消失了，不过大家还是可以通过小屏幕看到它仍然在沿着墙边移动。突然，灯灭了，屏幕也随之黑了，架子下传来连续的哔哔声。

"怎么回事？出什么问题了？"贝琪有些紧张地问道。

"不知道！"爱丽丝也有点儿慌了。

"没电了，快看屏幕上的这个指示图标。"阿曼达说。

"快！快把它从架子底下弄出来！"苏珊喊道，"不然我们永远都弄不回来了！"她跑向门边重新把房间的灯打开。

在一连串的碰撞和丁零当啷声中，贝琪终于成功地在电池耗尽之前把小机器人从架子下弄了出来。

"好吧，这很有意思，不过我还是不太清楚我们怎么把它用在科技项目中。"阿曼达摇摇头。

"我们至少要先给它充电。"苏珊说着，弯腰捡起机器人，"与此同时，我们可以各自去试着想想更多的

点子。"

四个女孩儿从地下室上来，在楼梯口遇到苏珊的妈妈，她正好从厨房出来，便问道："到晚餐时间了，姑娘们，你们打算留下来和那些男孩子们一起吃饭吗？"

阿曼达和贝琪交换了一下眼神。"不了，谢谢您，卡特莱特大人。"贝琪答道，"我妈妈说今晚我们要家庭聚餐。"

"我也要走了，"阿曼达说，"本今晚在这里吃晚餐的话，我有可能会得到一份更大的甜点。"

"我也要回家了，我得回去写家庭作业。"爱丽丝说，"谢谢您邀请我吃晚餐。"

苏珊陪朋友们走到门口，等她们穿好鞋，她说道："谢谢你爱丽丝，如果不是你的话，我们不可能弄清楚机器人如何操作。"

"是啊，要是你也能和我们一起做科技节的项目就好了，真是太遗憾了。"贝琪说。

"嗯……也许我们可以想个办法。"阿曼达若有所思地说道。

8

决定了，这是个好主意！

十一月						
周日	周一	周二	周三	周四	周五	周六
~~5~~	~~6~~	~~7~~	~~8~~	~~9~~	~~10~~	~~11~~
~~12~~	13	14	15	16	17	18
19	20	21	22	23	24	25
26	27	28	29	30	1	2
3	4	5	6	7	8	9

剩余天数：

21

周一一早，贝琪在阿曼达旁边的座位坐下，开口说道："我想到了一个科技节项目的好主意！"她们的英语老师还没到，所以两个人还可以聊一会儿天。

"是什么？"阿曼达问。

"我在想我们怎么能利用上机器人。后来，我想到了周末我们都用它做了什么，以及它上面不同的摄像头，"贝琪笑着说，"我们可以用它做一个关于丢失物品的报告——有多少东西掉到了沙发后面之类的。我们可以先假设一下每个家庭平均有多少东西遗失在了不为人知的角落，然后再去用机器人验证！"

"这是个愚蠢的主意。"阿曼达一口回绝了贝琪。

"那你说说你有什么更好的主意？"贝琪有些不高兴地问。

"我还不知道，但是肯定比你这个要好，"阿曼达叹了口气，"我想要一个真正很酷的项目，一个能让我们取得好成绩的项目，而不只是找丢失的零钱的项目。"

贝琪望向前方，盯着黑板看了一会儿。她缓缓转过头看着阿曼达，说道："知道吗？你这样并不友好。至少我尝试去想点子了。课间休息的时候我要去问问苏珊，她没准儿会喜欢这个主意。然后我们可以投票。反正机器人是她的。"

阿曼达刚想回应，却被上课铃声打断了。

贝琪转过头看着前面，等待老师的到来。她要等到课间，然后去和对她的主意感兴趣的人说。

苏珊是最后一个到操场旁的野餐桌前的。贝琪抢先说道："我有个好主意！"

阿曼达皱了皱眉："你的主意没那么好。"

"嘘！让苏珊听完自己决定好不好。"贝琪挥手打断阿曼达。

"当然了，贝琪，你的想法是什么？"苏珊问，她探身将手肘支在野餐桌上。

贝琪大概描述了一下她的计划之后，接着说道："我们可以拍很多照片，包括之前我们在你家架子下面找到的那堆东西！"

苏珊想了想，说道："这确实是个很酷的主意，但是我在想它是不是个好的假设？"

贝琪顿了顿，说道："嗯……是个很酷的主意，这难道还不够吗？"

阿曼达大声说道："假设是指我们要证明正确或者不正确的东西。每个人都知道家具下面有被遗忘的废物。"

贝琪的肩头垂了下来。"但是，但是……应该有一些我们可以做的事吧……"

苏珊正在看一群大一点儿的孩子在操场的另一边的体育区干活。"他们在那边干什么呢？"

阿曼达扭过身看了一眼，说道："不知道，我感觉好像是在用绳子和杆子做些什么。"

"我们去看看！"贝琪说着站起身来。

其他的女孩儿们也站了起来，伸了个懒腰，跟着贝琪穿过操场。

"你们在干吗？"贝琪问离她最近的男孩儿。他的右手正拿着一卷绳子。

"我们正在做障碍越野的训练场。"男孩儿回答道，"稍后的体育课会用到。我们在地上放了一些杆子，在杆子之间系上绳子，形成不同的障碍物和路线。"

"你是新来的对吗？"他问贝琪，"我叫罗伯特，

不过我的朋友们都叫我博比。"

"我叫贝琪，这是我的朋友，阿曼达和苏珊。"贝琪回答道，"能说说障碍越野训练场到底是怎么回事吗？"

博比指了指体育场边上说："瞧，选手会从那边入场，他们必须沿着绳子围出的路线行进。途中他们需要越过或钻过不同的障碍。乔治和山姆正在那边放攀登墙。他们最终会在这里结束。"他又指了指面前的开阔场地。

"太有趣了，"苏珊用手指轻轻点着自己的下巴说道，"这给了我启发，谢谢你博比。"

"没事，有问题你可以随时找我。"博比挥了挥手，回去继续把手中的绳子系在一根杆子上。

几个女孩儿回到野餐桌旁坐下。"我有个好主意，"苏珊说，"障碍越野场地看起来很像一个充满各种关卡的迷宫。我们可以给机器人做一个迷宫，里面也设计各种障碍。"

"好啊，可是假设是什么呢？"阿曼达看着男孩儿们用锤子敲进更多的杆子，开口问道。

"呃……比如……机器人能否走出迷宫？"苏珊提议。

"这可不是一个能得高分的假设。"阿曼不太满意。

"我想到一个！"贝琪激动地举起了右手。

阿曼达转了转眼睛，问道："贝琪，这次又是什么？"

"你们想想，无论我们做什么实验，机器人永远是那个机器人，对不对？"贝琪提示道，"我的意思是，他永远只是个小小的玩具机器人……"

"是个很贵的玩具机器人。"苏珊打断了她。

"对，对，是个很贵的小玩具机器人。在用它做实验的时候，什么是可以改变的呢？"贝琪继续说道。

苏珊耸了耸肩："不知道……"

阿曼达也摇了摇头："那些障碍物吗？"

贝琪笑了："是'我们'啊！我们可以让它变得

不同。机器人需要人去操控它，所以无论我们拿它做什么，实际上都是在衡量我们在学习如何操控好它的过程中的不同——比如我们能多快地让机器人走出迷宫。"

苏珊考虑了一下，说道："这是个挺酷的主意。我们可以比赛看谁更快。"

"我们可以评估一下每个人通过重复练习能学到什么程度——我们的假设就是人们可以熟能生巧。"阿曼达说道。

贝琪笑了："然后当我们都练熟了以后，可以改变迷宫墙的位置，看看我们多长时间能再熟练地操控机器人走出一个新的迷宫！"

阿曼达点点头："现在这个项目看起来就很不错了。今天放学以后大家可以来我家一起规划一下。"

"不要。"苏珊抱着胳膊说道。

"啊？"阿曼达有些惊讶，"我以为你会喜欢这个主意的。"

"没错，我是很喜欢这个主意。"苏珊点点头，"但这一次，你们都来我家吧——反正都要在我家做实验的！"

她们放学后来到苏珊家碰头。阿曼达带来了一沓纸和几支铅笔，并把它们整齐地摆放在餐桌上。

"好的，我们现在都同意做一个迷宫实验，而且有了一个不错的假设。当我们开始做实验以后或许能想到更多的假设，然后做更多的观测。"阿曼达带头说道。

"我之前在想我们该怎么去搭建迷宫。"苏珊打断了她。

"现在看来，用绳子做迷宫应该不太行得通，所以我们得弄一些墙。"她继续说道。

贝琪点了点头。

"所以我们要建一个木头迷宫，比如说用一张胶合板做底，然后再在上面搭出墙和剩下的东西。但如果只做一个迷宫的话就太没劲了，你们说是不是？如果咱们能搭好几个迷宫就更好了，也能通过更多的实验观测得

到更好的成绩，对吧？"

阿曼达点点头："是啊，但我们并不想搭一堆迷宫出来，没那么多时间。"

苏珊笑了："其实我们想要搭几个就能搭几个，但我们只用搭一次。"

"那该怎么做？"阿曼达问。

苏珊兴高采烈地说道："用一些木杆和可以插拔的围墙来搭迷宫。我们在木杆的四面都挖出足够插进木板的凹槽，调整木杆的位置使它们两两之间的距离相同，然后切割木板，使它们的大小正好可以插在两根木杆之间。这样一来，我们想搭几个迷宫就能搭几个了！"

"有趣的主意，"贝琪说，"你说的这个东西大概长什么样？"

苏珊拿出一幅图，说道："我放学以后在你们来之前粗略地画了一下。"

"这些方块代表木杆，直线是墙。这张图只是一个迷宫的示例，可以用更多的木杆和围墙，这取决于底下的胶合板有多大。我们只需要确保机器人能有足够的空间进行转弯。"苏珊说。

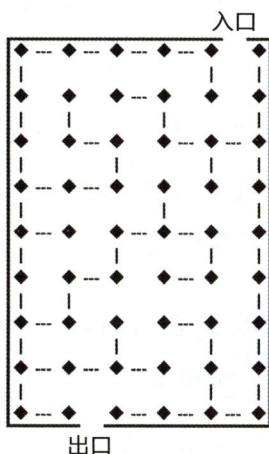

入口

出口

"干得好啊，苏珊。"贝琪叫了起来。

"没错，太好了苏珊。"阿曼达笑着说，"现在，我们来快速地头脑风暴一下这个迷宫科学实验吧。我们都需要做哪些事情或者需要进行哪方面的思考？"

"很显然，"苏珊说，"需要搭建迷宫。"

"别忘了做迷宫的设计，"贝琪提醒道，"虽然你已经设计好了。"

阿曼达点点头："说得好。那在设计和搭建之后还要做什么？"

"学校里教的知识可以很好地帮我们梳理下去。我们要进行实验、观测实验过程、记录结果、分析结果和展示项目。"苏珊掰着手指头说道。

"没错，这些都是我们需要做的。"阿曼达点了点头，"如果要进行实验的话，得有实验对象，现在来说，实验的对象就是我们三个人了。"

"由于之后会改变迷宫的构造，所以要把迷宫的搭建方式记录下来。"贝琪说。

"可以用我妈妈的相机来记录。"苏珊说，"我会去征得她同意的。"

"为了能取得好成绩，要把项目展示做得非常好看。需要准备一些照片和图表之类的东西来展示出我们的分析。"阿曼达边说边记录下来。

阿曼达看了看头脑风暴的笔记，说道："看起来我们有四组工作要做。"

她又抽出一张白纸画了起来。"主要工作有这四个方面。"她指着稿纸说道。

- 建造迷宫

- 实验

- 分析

- 展示

"剩下的都是在这四类工作下细分的可交付成果。"

阿曼达重新画了起来，时不时地核对一下之前头脑风暴的笔记。最终，她放下了铅笔并抬起头来。

"我觉得这样做我们的工作分解结构是没问题的。你们怎么看？"阿曼达问。

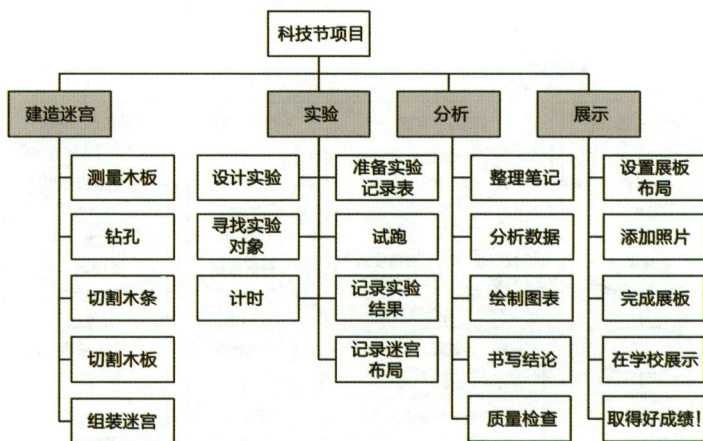

贝琪和苏珊看了看阿曼达画的图，都点头表示同意。

"嗯，看起来不错。"贝琪挺满意。

"我也觉得不错。"苏珊也表示同意。

阿曼达点了点头，又抽出了一张白纸。"好，那么这些就是我们的可交付成果。下面就要想清楚有哪些工作需要在先完成其他工作以后才能进行，还有哪些工作可以同时开展。"

"贝琪，你在这方面很在行。"阿曼达说着将纸和笔推到桌子另一边的贝琪面前。

贝琪研究了几分钟工作分解结构图，然后画出了一个气泡图。她检查了一下，将图纸放到桌子中间。

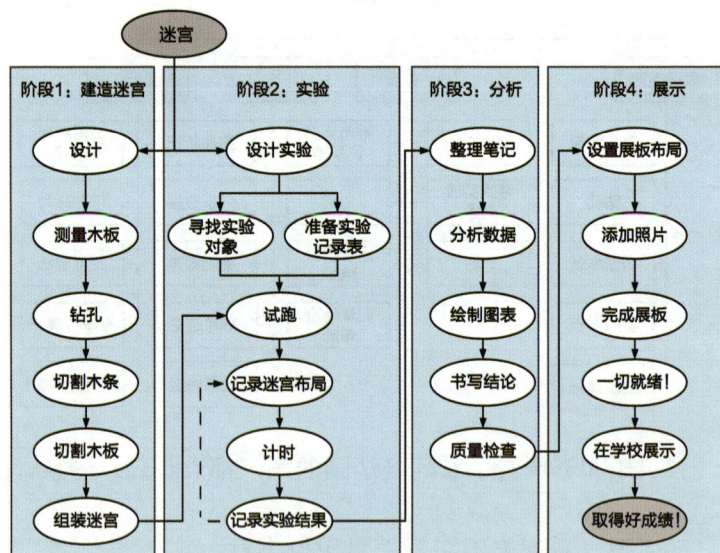

"是这样，我们必须在做其他事情之前先把迷宫

搭建好，所以要从这项工作开始做——迷宫的设计与搭建，这是第一阶段的任务。迷宫的搭建有很多个步骤，但是有关切割的工作可能需要苏珊和她的爸爸来做，所以这些步骤并不能同步推进。"贝琪解释道。

"还需要设计实验，这是第二阶段有关实验部分的工作，但可以在建造迷宫的同时开展这方面的活动。还需要选取一些实验对象——现在来说就是我们自己——然后开始进行迷宫实验。我们将要做大量的实验，这部分不太好画出来，所以我用虚线标明了一个小循环。"贝琪继续说道。

她用铅笔在纸上敲了敲。"到了第三阶段，所有的实验观测都已经完成，就可以分析实验数据并验证我们的假设。接下来要整理出实验结果，然后进行复查以保证质量，避免犯错。"贝琪说完抬起头看看阿曼达。

"是的，我们可不想因为马虎而失分。"阿曼达表示同意。

"最后，在第四阶段，要汇总以上的所有工作并把它展示出来。但在大多数情况下，所有工作都需要按顺序执行，像在树屋项目中那样的一个简单的工作序

列。"贝琪长出了一口气。

"干得漂亮，贝琪。"阿曼达把图纸拿到面前并在各个气泡旁加上了小方框。

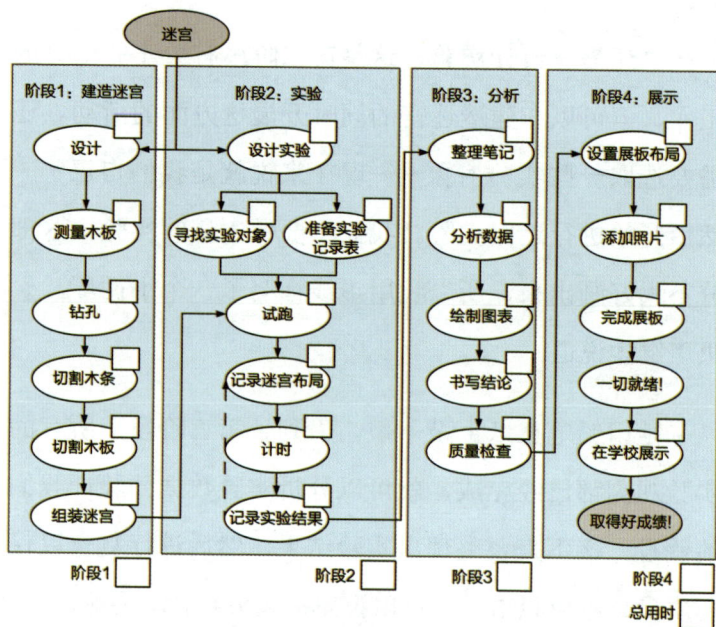

"下一步要做的就是预估每一项工作所需的时间，这样可以对是否能按时完成项目有个概念。"阿曼达说道。

接下来的几分钟，女孩儿们往这些小方框里填入了预估的时间。

　　"很难说每次测试具体需要多少时间，但我想我们可以在一个小时内做多次测试，而且可能会花好几周时间去持续做测试。"贝琪说。

　　她又挠了挠头："呃，把这些时间加起来可有点儿棘手。一部分是以小时为单位的，另一部分又是以天为单位的，这样吧……"

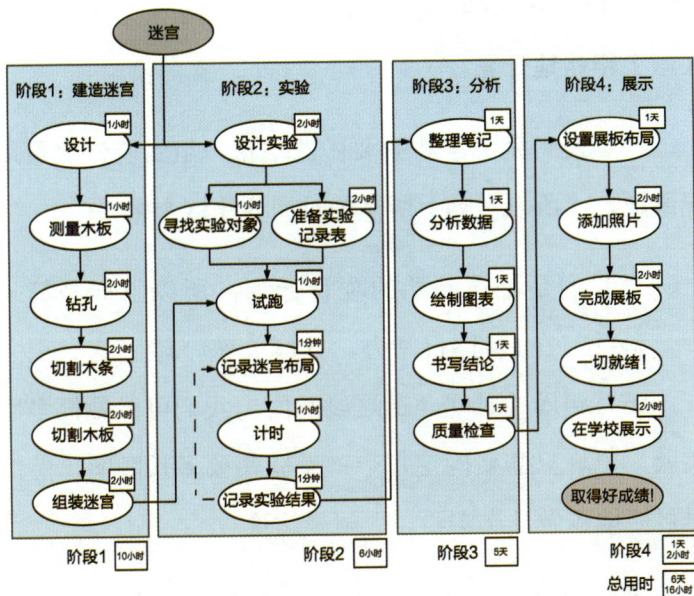

　　"嚯，6天加16小时？这可怎么算啊？"苏珊有点儿糊涂了。

"嗯……一天是24小时，所以……"阿曼达边说边在心里算着。

"停！"贝琪打断了阿曼达，"睡觉的时候是不能工作的，而且我们还要上学，所以你应该说，比如啊，一天工作4小时，另外周末可以工作更长时间？"

"好，嗯，行，那这样就是……你们看啊，16除以4得4，所以……6加4等于10天。"阿曼达一边说着一边在纸上粗略地计算。

"但是可别忘了我们要做的不止一组实验，"贝琪提醒道，"所以实际上所需的时间要比这个多。"

"我们是上周开始的项目计划，所以上周是第一周。科技节在12月4日举办，这样一来，除了这一周之外，还有两周的时间。在这段时间内我们可以做很多次实验。也许只需要确定每一次实验需要多长时间，然后尽可能地多做几次实验。"阿曼达说。

"听起来是个不错的主意。"苏珊跟着补充道，"开头和结尾的工作更容易预测一些，所以我们先把这部分预估好，然后再补充中间的内容。"

"而且，"阿曼达接着说，"再回过头看看这个
图表，其中一些预估是我们认为的做这件事需要多长时
间，或者说要付出多少努力。就像贝琪说的那样，每天
只有几个小时的工作时间，周末除外。所以，以天为单
位去思考完成工作所需的时间更合理——比如说，钻孔
和切割木板可能并不需要那么长时间，几个小时就够
了——但你不知道你爸爸哪几天有空能帮我们做，或者
这些工作是否能在同一天之内完成。所以像这样的事
情，合理的做法是通过预估它们的持续时间来计算出我
们能在哪个周期内完成它们。但是有些任务是可以组合
在一起的，以什么顺序完成它们并不重要，只要它们在
我们的估算时间之内完成就行。"

阿曼达若有所思地盯着图纸："我觉得现在也许是
使用我爸爸教给我的另一个工具的好时机。它有助于查
看所有的日程安排和任务，以及谁在做什么工作。我认
为在这个项目中使用它是非常有意义的。"

"他说这个工具叫甘特图，这个图表的名字取自
一位名叫甘特的人，他很热衷于做计划。"阿曼达一边
说，一边开始在纸上画一些图。

几分钟后，阿曼达将甘特图展示给苏珊和贝琪。

科技节迷宫项目

任务	责任人	天数
迷宫项目	所有人	27天
做计划	所有人	6天
阶段1：搭建迷宫		6天
设计	苏珊	1天
建造	苏珊	5天
钻孔		4天
切割木条	苏珊	4天
组装迷宫	所有人	1天
阶段2：实验		16天
设计实验	贝琪	1天
寻找实验对象	阿曼达	5天
准备实验记录表	贝琪	5天
试验	阿曼达	1天
进行实验		10天
记录迷宫布局	贝琪	10天
计时	贝琪	10天
记录实验结果	贝琪	10天
阶段3：分析		4天
整理笔记	贝琪	1天
分析数据	阿曼达，贝琪	2天
绘制图表	阿曼达	1天
书写结论	贝琪	1天
质量检查	苏珊	1天
阶段4：展示		2天
设置展览板布局	所有人	1天
添加照片	所有人	1天
完成展板	所有人	1天
一切就绪		0天
在学校展示	所有人	1天

第1周　第2周　第3周　第4周　第5周
周日 周一 周二 周三 周四 周五 周六

"大体上这就是我爸爸之前教给我的。通常他还会加上其他一些，比如起止日期和其他的东西。总的来说，这个图可以让我们同时看到很多有用的东西。"阿曼达解释道。

"就像你们看到的，'建造'这项工作可以最多花4天时间，只要在周六把一切组装好就行了。这就意味着苏珊和她爸爸可以在这周的任何时间完成钻孔和切割的工作。"阿曼达笑着说道。

"听起来很不错。"苏珊挺满意。

"贝琪有一整周的时间去完成测试的设计并准备测试记录表，这些工作是可以一起推进的。"阿曼达接着说道。

"我爸爸还说过，可以用连线来标明依赖关系，但如果把它们全标出来可能会很乱。"阿曼达喘了口气，"所以可以只把通过气泡图得出的几项关键依赖关系标出来，就像这样。"

科技节迷宫项目

任务	责任人	天数
迷宫项目		27天
做计划	所有人	6天
阶段1：建造迷宫		
设计	乔瑞	5天
画画	乔瑞	5天
钻孔	乔瑞	4天
切割木条	乔瑞	4天
切割木板	乔瑞	4天
组装部件	所有人	1天
阶段2：实验		16天
设计实验	贝琪	1天
寻找实验对象	阿曼达	1天
准备实验记录表	贝琪	5天
试验	阿曼达	1天
进行实验		10天
记录迷宫布局	贝琪	10天
计时	阿曼达	10天
记录实验结果	贝琪	10天
阶段3：分析		4天
整理笔记	贝琪	2天
分析数据	阿曼达、贝琪	2天
绘制图表	贝琪	1天
书写结论	阿曼达	1天
质量检查	乔瑞	1天
阶段4：展示		2天
设置展板布局	所有人	2天
添加照片	所有人	1天
完成画板	所有人	1天
一切就绪		0天
在学校展示	所有人	1天

第1周 第2周 第3周 第4周 第5周

"我们有近两周的时间去做实验，并且有几天的时间来做分析。然后有一个周末去完成项目展板并为科技节做好准备。"阿曼达抬头看着自己的小伙伴。

"我晚饭的时候会跟爸爸谈谈建迷宫的事情。"苏珊说。

"看起来我们有了一个很好的计划了！"贝琪开心地笑了。

9

鞋湿了，到处湿漉漉的

"你的东西都带齐了吗？"周六早上妈妈问正在将沉重的远足背包奋力举到汽车后座上的本。

"带齐了！"本在车内喊道。他站起来关上车门。"我照着清单检查了两次，都带齐了。"

"你带换洗衣服了吗？"妈妈问。

"带了，我带了三套换洗衣服。"本回答道，"我没问题的，您放心吧！"

"亲爱的宝贝，我绝对相信你不会有问题，注意安全，好好玩儿。别忘了带你的外套，看云彩好像要下雨的。"

"好的妈妈。"本说着从她身边跑上门前的楼梯，进到房间，摘下挂在墙上的外套，套在他绿色长袖T恤的外面。

"太棒了，快去吧，好好玩儿。别让爸爸等你了，他送完你还要去工具商店买东西。"妈妈笑着说。

本刚下了三阶台阶，妈妈突然叫住他："等一下！你忘了一件重要的东西。"

本快速检查了一遍衣服和口袋，似乎没什么遗漏的。"我忘了什么？"

"你差点忘了亲亲妈妈。"

"啊，妈妈……"本拖着沉重的脚步缓缓走上楼梯，一脸的不情愿。

妈妈快速地在本的脸颊上亲了一下，然后抱了抱他。"嘿，这是什么？"她在本的口袋里感觉到一个长方形的物体。

"没什么。"本有点儿慌。

"哦？"妈妈说着从本的口袋中掏出了一个游戏机，"这个周末不可以用电子产品。你是要去露营的，是要去和朋友一起感受大自然的。"妈妈皱了皱眉头，将这个违禁物品拿到背后。

"可是妈妈，我没打算用它……"本哼唧着试图从妈妈背后拿回游戏机。

妈妈摇了摇头："我先替你保管，周日你回来时再还给你。好了，爸爸在等了，你最好快一点儿。"

"那可真是没什么好玩的了。"本嘟囔着打开车门上了车。他关上车门，系好安全带，向妈妈挥了挥手。"这回我可真没什么事儿可干了！"本想。

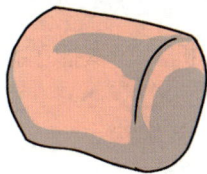

本和他的父亲是最后一个到达中学的停车场的。一个童子军团的领队走过来快速地和琼斯先生交流了一下。小队长马克也走了过来。

本正费力地把背包从汽车后座上拿出来，这时马克伸出右胳膊，伸进了双肩背包的一根肩带，说道："看来你需要一些帮助。"

马克单肩扛起背包，咕哝了一声："嘿，你这包里装了什么东西——莫非你扛了一个厨房的水槽过来？"

"哈哈。"本敷衍地哼哼了两句。他们走向一辆蓝色的皮卡货车，本的背包被塞到另外两个背包之间。马克把一块蓝色防水布扔到皮卡的车斗上。"来，帮我把这个绑起来。"马克边说边把一根长绳子扔给本。

本上车的时候，蒂姆、汤姆和詹姆斯已经在灰色面包车上坐好并系紧了安全带。"你怎么这么慢？"詹姆斯问。

"唉，妈妈本来在唠叨我不要忘记东西，结果她发现并拿走了我的游戏机。"本摇了摇头。

"我们也是，"蒂姆说，"妈妈不让我们带任何电子产品。"

"你们不需要电子产品。"马克一边说一边跳上面包车，关上车门。"你们到时候在营地会有很多事情要做。"他微笑着说。

他们刚刚开出停车场，天空就开始下雨，几滴雨点落在挡风玻璃上。雨刷左右摆动，来回清理着雨点。

雨越下越大，本闷闷不乐地盯着窗外。"哼，这下可有意思了。"

当他们到达营地的时候，雨已经停了，阳光从云层中照射出来。

"时间刚刚好。"马克从车上跳下来。他认真地观察了一下云层，点了点头。"在再次下雨之前，时间应该刚好够我们搭帐篷和收拾东西。"

汤姆跳下汽车，他的脚正好踩在一个水坑的中央。"我的脚都湿了。"他抱怨道。

"会干的。"马克看了他一眼，"来，帮我把背包和帐篷从车斗里卸下来，这样我们就可以很快把营地搭好了。"

所有的童子军成员一起将皮卡车和其他车辆后备厢里的行李卸下来。他们把行李放在事先铺在潮湿地面上的防水布上。小队长们聚集在富兰克林先生的周围，他们转身面向其他童子军成员。富兰克林先生——也就是"跳跳哥"说话了："好了，现在我们距离露营地还有一小段路要走，所以请大家互相帮助。我们可能需要搬

两次东西，所以要确保在回来之前把剩下的行李盖好，以防下雨。我们会在露营地留下一些童子军成员先开始搭建帐篷，而其他人回来取剩余的行李。"

童子军成员蹲下来，将胳膊伸进背包肩带，扛起了背包。差不多每个人都站起来了，除了本。本挣扎着站不起来。蒂姆和汤姆过来帮他，从两侧帮他拽着背包。"你到底带了些什么啊？"蒂姆问。

"就是清单上写的所有东西。"本嘟嚷着勉强站了起来，身体微微前倾。"我检查了两遍呢。"

"我觉得本可能每件东西带了两遍，"汤姆观察了一下，"这个包也太沉了。"

"我只是多带了些换洗衣服和其他我觉得可能用到的东西。"本有些不开心。

资深的童子军队长打断了他们："好了，我们要出发了，马上就要下雨了！"

沿着小路走了五分钟之后（虽然对于背着沉重背包艰难跋涉的本来说，这感觉像是几个小时），队伍进入了小路左侧的一块草地上。

"我们就在这里安营扎寨，"童子军队长说道，"童子军成员们，找个合适的地方，我们开始行动吧!"

"太好了，我们上周末提前用我的帐篷练习过。"詹姆斯说，"我觉得我们应该可以在下雨前快速将帐篷搭起来！"

几个男孩儿点了点头，开始认真地搭起帐篷来。这一次，他们没有像之前那样激烈的讨论，很快就将帐篷和防雨的外帐搭好了。詹姆斯拉开了帐门的拉链，四个好朋友钻进帐篷，放好了背包。这场搭帐篷比赛让他们汗流浃背。本脱下夹克放在了自己的背包上面。

"如果你们完成了就收拾好东西过来帮我布置营地的其他地方。"一个声音从帐篷外传进来。

男孩儿们一个接一个地钻出帐篷，他们看到马克正站在他们面前，手中拿着一块防水布和一些绳子。"我们需要一个干燥的地方做饭，所以要撑起一块防水布来挡雨。其他的小队都在树林的附近，这样他们可以在树木之间利用树枝绑防水布。而我们在空地的中央，所以我们需要用杆子来撑起防水布。防水布和绳子已经有了，但杆子在卡车上。我需要两名志愿者回去拿那些杆

子过来。"

"我去。"本最后一个从帐篷里钻出来说道。他整理了一下自己蓝色条纹T恤。

"我也去。"詹姆斯也说道。

本和詹姆斯两个人顺着小路跑回停车场，他们走向卡车，詹姆斯爬到了卡车的车斗里，开始从上面将一根根长木杆抛到地面上。有一根砸到了本的脚上。"啊！嘿，小心点儿！"

"对不起！"詹姆斯说着将最后一根木杆小心地扔了下来。本拿起三根木杆。詹姆斯从车上跳下来，弯腰捡起了另外三根。

这些杆子不太好拿，一会儿往后倒，一会儿向前倾，一会儿又会勾住路边的灌木丛。两个人走了没几步，詹姆斯示意本停下来并放下了木杆。詹姆斯将两人的杆子平行摆在地上，左右各三根。然后他叫本去前面，两个人一前一后站在杆子中间，弯下腰，左右开弓，每个胳膊下面各夹起三根杆子。

幸亏他们优化了方法，重量分配得更加平均，他们也走得更快了。雨又开始下了起来。詹姆斯和本一路小跑，穿过空地来到他们的露营地。小队的其他成员们正举着防水布在营地等他们回来。

詹姆斯和本将杆子放在地上，马克指挥蒂姆和汤姆两个人各拿一根杆子撑起防水布的两边，马克则用锤子在地上敲了几根木桩。他叫本和詹姆斯来帮忙系绳子。

"我湿透了！"本说着跑回帐篷。

过了一会儿，本换了一件橙色格子T恤从帐篷中钻出来，他跑过来继续帮忙搭防雨布。几分钟后，他们终于有了一片足够大的区域来避雨，不过本在这个过程当中又被淋湿了。

"去把你们做饭的工具和午餐的食材从背包里取来。"马克命令道。四个男孩儿回到帐篷，过了一会儿，四个人每人手里拎着一个袋子回来了。

马克打开其中一个煤气炉的包装，装上了燃气瓶。蒂姆和汤姆拿出了一些锅和碗，詹姆斯和本则打开了食物的包装。"衬衫不错啊。"詹姆斯看着本说道。

"黄色对于露营来说可不是什么好颜色，"马克摇

摇头，"黄色招蜜蜂。"

本耸了耸肩问："午餐吃什么？"

"计划菜单的时候你也参与了，你忘了吗？"蒂姆说。

"哦对！"本想起来了，"通心粉、芝士还有热狗，我的最爱！"

"饭后还有棉花糖！"汤姆说着朝装食物的袋子里看了看，"如果我们能找到它的话。"

"可能掉出去了，我回去找找。"本转身要往回走。

"找人陪你一起，"马克拦住了他，"离队的时候必须两个人或两个人以上一起行动。"

"走吧詹姆斯，我们一起。"本说着朝来时的小路走去。詹姆斯放下装食物的袋子追了过去。

"我们一定要找到棉花糖，"本真有点儿着急了，"那可是最棒的部分！"

"棉花糖是你带的，你还说你检查过两遍，所以肯定是在什么地方掉了。"詹姆斯有些抱怨地说道。

　　两个男孩儿在雨中沿着小路慢慢地走着，检查着小路和两边的灌木丛。当他们到达停车场的时候仍然没有发现棉花糖的踪影，两个人开始有些泄气了。

　　"嘿，棉花糖可能掉在车上了。"本说着爬上卡车的保险杠，但是事与愿违。他看着空荡荡的卡车车斗，耷拉着肩膀。"我确定我装在背包里了。"

　　"好了好了，"詹姆斯安慰道，"这没什么大不了的。"

　　本一路踩着水坑回到露营地。当他们到达的时候，扑面而来的是意大利面和热狗的香气。

　　"找到了吗？"马克问。

　　"没有，我们没找到。"本耸了耸肩。

　　"嘿，你湿透了，你的夹克呢？"马克问。

　　"在帐篷里。"本说，"我太热了，就把夹克脱了。"

　　"好吧，现在你太湿了。快去换一身干衣服，记得把夹克也穿上。"马克指了指本的帐篷。

　　"我没法换干衣服了。"本有些沮丧。

"为什么？你没有带换洗衣服吗？"

"我带了，带了三套呢！"本看起来有些懊恼。

"那你为什么不能换上一套呢？"

"因为所有衣服都湿了！"本大声地说，"一开始我太热了，浑身被汗浸湿了，所以我换了一套。之后我去拿木杆，又湿透了，我又换了一套。后来架防水布的时候衣服又被弄湿了，我又换了一套。你看，我其实带了好几套换洗的衣服呢。"

马克无奈地用手拍了一下额头，看着本。"你压根也没想过穿夹克可以挡雨……"

"穿夹克太热了啊！"本简直要崩溃了。

"那现在可没辙了。你不能穿着湿衣服在外面待着，你会生病的。要不你去借别人的换洗衣服，要不你就脱了衣服钻进睡袋里直到我们把你的衣服全都烘干——在这样的雨天这可不是一件容易的事！"马克说道，"我们甚至都生不起营火去烤衣服，雨会把它浇灭的。"

"詹姆斯，我能借你的衣服穿吗？"本问。

"那可不行，我只带了一套换洗衣服，我明天还得穿呢。"詹姆斯答道，"我身上这套衣服已经脏了。"

"蒂姆、汤姆，你们呢？你们谁能借我一套换洗衣服？"本接着问。

两人都摇摇头。"露营只有一晚，我们都只带了明天穿的换洗衣服，"蒂姆说，"我们现在穿的衣服都已经又湿又脏了。"

"啊啊啊啊啊！"本大声喊着，生气地跺了跺脚，钻进了帐篷。帐篷里隐约传出本的声音，他嘟嘟囔囔地脱掉了衣服，甩开睡袋钻了进去。"午饭怎么办？"本又从帐篷中探出头来大声问。

"我们一会儿给你拿来——但你得把头伸在帐篷外面吃，"詹姆斯说道，"不许弄脏我的新帐篷！"

"行行行！"本哼哼唧唧地答应着，从雨中缩回了脑袋。"这次露营一点儿意思都没有——最糟的是棉花糖还找不到了！"

10

雨打窗棂

"可怜的男孩子们，肯定在外面都湿透了。"贝琪感叹道。四个女孩儿此时正围坐在苏珊家的餐桌旁吃午餐。

"幸亏不是我在下雨天的时候在外面露营。"苏珊表示同意。

"他们不会有事儿的。"爱丽丝说。

"不好说。"阿曼达开口说道，"爸爸在汽车后

备厢里找到了一袋棉花糖，应该是从本的背包里掉出来的。本发现了以后肯定会难过的。"

"嗯……棉花糖。"爱丽丝舔了舔嘴唇，"我们能吃点吗？"

阿曼达摇了摇头："不行，爸爸说棉花糖是本和其他男孩儿们的，要等他回家后还给他。"

"那好吧……"爱丽丝叹了口气。

"妈妈说一会儿我们可以吃点儿饼干，喝点儿热巧克力。"苏珊说。

"好了，现在是时候开始我们的实验了！"阿曼达大声宣布，她把嘴唇上的面包屑抹到空盘子上。"苏珊，给机器人充满电了吗？"

"充满了，我给机器人和平板电脑都充了一晚上的电。"苏珊点了点头。

"太好了，"阿曼达满意地说道，"现在让我们看看到什么程度了，还有下一步应该做什么。你爸爸弄到胶合板了吗？有没有切割出迷宫需要用的柱子和墙体？"

　　"当然，"苏珊点点头，"不过他没有把它们组合起来。他说需要我们自己动手做。昨天晚上他已经和我一起量好尺寸并且打上孔了。"

　　"好的，那么我们的第一项任务就是组装迷宫。"阿曼达摩拳擦掌，"然后就可以试着做实验了！"

　　四个女孩儿在接下来的两个小时里都在组装迷宫。事实证明，组装迷宫很麻烦，她们必须把柱子从底部竖直地固定在胶合板上。最后，她们想到了一个好方法，就是把板子搭在几把椅子上，这样就可以有一个人钻到下面去拧螺丝，另一个人则在旁边扶着柱子，确保柱子是直的。

　　在女孩儿们拼迷宫的时候，贝琪做了笔记并拍了照。"用来做展示板的。"贝琪说，"没准展示如何建造迷宫的过程也可以获得加分，谁知道呢。"

入口

出口

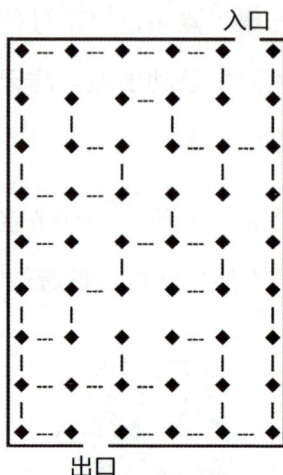

终于，她们拧紧了最后一颗螺丝。接着，女孩儿们将胶合板从椅子上拿下来，放到地上。苏珊把已经切割好的一摞摞短木板分给大家，这些短木板是用来插在柱子之间当迷宫墙的。她们先在底板外围用短木板围出围墙，再把剩下的木板随机插在木棍之间，她们的第一个迷宫完成了。

大家安插好木板后，苏珊用手指在入口处比画了一下，以保证小机器人进入迷宫后不会被困在死路里。她移动了其中一块木板的位置，然后笑着站起身来。

"一切准备就绪，谁想第一个试试？"

其他三个女孩都举起了手，不过苏珊摇了摇头。

"我认为第一个玩儿的人应该是爱丽丝，没有她就没有之后的这一切。如果不是她弄清楚了说明书上的内容，我们现在很有可能在做其他某个无聊的实验。"苏珊说着将平板电脑递给爱丽丝，"而且她也不是为了成绩，她只是单纯来帮助我们的！"

"朋友之间不就是应该这样吗？"爱丽丝笑着接过平板电脑。她蹲下身子拿起小机器人，打开机器人底部的开关。不一会儿，小机器人缓缓来到入口处。

贝琪准备好记录用的笔记本，一只手里拿着一块秒表。

"3——2——1，出发！"爱丽丝大声喊着并操控着小机器人进入了迷宫。

"向左！""啊不对，向右！""后退后退！"在一片慌乱的指挥声和几个女孩儿咯咯的笑声中，小机器人终于在几分钟后成功走出迷宫。

"3分23秒。"贝琪宣布爱丽丝的成绩并记在笔记本上。她在本子上画了一个表格。

比赛序号	操控者	迷宫编号	用时	备注
1	爱丽丝	1	3:23	第一轮
2	苏珊	1		
3	阿曼达	1		
4	贝琪	1		
5	爱丽丝			
6	苏珊			
7	阿曼达			
8	贝琪			
9	爱丽丝			
10	苏珊			
11	阿曼达			
12	贝琪			

贝琪认真地检查了一下入口，然后说道："下一个！"

每一个女孩儿都完成了一轮迷宫挑战，这时，楼上传来卡特莱特夫人的喊声："孩子们，晚餐时间到了，你们该回家吃饭了，欢迎你们明天再来。"

与此同时，在孤独山山坡空旷的草地上，一群童子军成员伴着云彩缝隙中透出的五彩光影望着夕阳。雨在半小时前终于停了，童子军成员们都从帐篷和遮雨棚里走了出来，开始动手做晚饭。

"我饿了。"本走到詹姆斯身后嘟囔着。

詹姆斯此时正忙着点炉子，他准备烧水冲一些热巧克力给大家暖暖身子。"我不明白你为什么饿，你之前几个小时一直在睡袋里躺着，也没干什么活啊。"

"要是当时有人能借我一身运动裤和T恤就好了。"本耸了耸肩，"最后还是别的小队的人借给我的。"

"我们已经告诉你了，我们没带多余的换洗衣服。"蒂姆解释道。

"好吧，至少我的夹克干了。"本叹了口气。

"那是因为你在该穿它的时候根本没有穿它！"马克有些气急败坏。

"现在无所谓啦，"本答道，"至少我有衣服穿了不是吗？而且雨也停了，我现在可以在外面晾衣服了。"

"大晚上晾衣服吗？"蒂姆问，"我感觉晚上可能晾不干。"

"试试呗，"本不在乎，"反正我们明天午餐后就要回家了，衣服稍微潮一点也没关系。"

蒂姆挑了挑眉，将注意力重新转回到切洋葱上。汤姆此时正忙着煎肉，锅里开始发出"嗞嗞"的声响。

他们要做汉堡，本坚持要在里面放一些洋葱，因为他家里都是这么做的。蒂姆倒是不介意吃洋葱，但是他发现好像不太值得这么做，因为洋葱把蒂姆熏得眼泪直流。他用袖口擦了擦泪水。

"你哭了吗？"本坏笑着问。

蒂姆将刀放在案板上。"我没有，是洋葱害的。你要是那么想吃的话你就自己切吧！"

本得意地笑了，蒂姆走到一旁，开始扒生菜、洗生菜，菜刀和刚切了两片的洋葱孤零零地躺在案板上。

过了几分钟，本叹了口气走到案板旁提起刀。这回轮到蒂姆笑着看本一把鼻涕一把泪地切着洋葱。

"你们那边搞定了吗？"汤姆问，"汉堡的肉饼已经快煎好啦！"

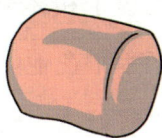

饭后，詹姆斯拍着肚皮打了个嗝。"汉堡真好吃！"

"嗯！"蒂姆和汤姆都表示同意。

"这是我吃过的最好吃的汉堡！"本很满意，"这次露营也并不都是那么糟糕嘛。"

"好吧，可能不是最好吃的，不过真的很不错。"马克插话道，"你们知道最好玩儿的部分是什么吗？"

"是什么？"詹姆斯吞下一大块汉堡问道。

"是某些人要去洗盘子！"马克说着看了看本。

本吃到一半停下来，环视着周围的人。"啊？为什么是我？"

　　"我觉得有好几个原因，"马克看着本，"不过，最重要的一点是因为你的衣服湿透了，所以一直躺在睡袋里，而其他人做了大部分的工作，比如布置营地、做饭。"

　　马克站起身将他的盘子和杯子放在洗碗用的桶中，然后走到本的身旁，把手搭在他的肩膀上。"好消息是雨停了，我们今晚可以好好生个营火了。我还可以拉一根绳子帮你烤衣服，这样明早你的衣服就能干了。现在你去洗盘子，我们来生火。等你把盘子洗好了以后，我们就能围坐在营火旁吃饼干唱歌了！"

11

这是我的玩具！

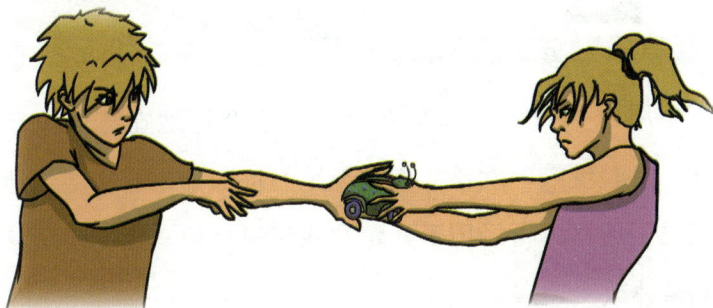

十一月

周日	周一	周二	周三	周四	周五	周六
✕5	✕6	✕7	✕8	✕9	✕10	✕11
✕12	✕13	✕14	✕15	✕16	✕17	✕18
19	20	21	22	23	24	25
26	27	28	29	30	1	2
3	④	5	6	7	8	9

剩余天数：

15

领导、检查和纠错

　　周日午餐后，几个女孩儿迫不及待地在苏珊家重聚。实验继续，女孩儿们发现她们每次都比上次更快地完成了迷宫。再经历了几轮实验和记录后，她们决定移动墙体改变迷宫。

　　在第二个迷宫中，大家第一次的成绩比首次尝试第一个迷宫时平均快了三十秒，但是比最后一次完成第一个迷宫时慢了很多。

　　贝琪对此感到很疑惑，直到爱丽丝指出这是因为首次实验中，大家不仅要走迷宫，同时还要适应机器人和平板电脑的操作。而这一次，她们的操作已经熟练了，只需专注于走迷宫即可。贝琪听罢在一张写着"观察报告"的纸上将这个发现记录了下来。

比赛序号	操控者	迷宫编号	用时	备注
1	爱丽丝	1	3:23	第一轮
2	苏珊	1	4:01	
3	阿曼达	1	3:53	
4	贝琪	1	3:15	
5	爱丽丝	1	3:01	第二轮，相同迷宫
6	苏珊	1	3:29	
7	阿曼达	1	3:22	
8	贝琪	1	2:46	
9	爱丽丝	2		
10	苏珊	2		
11	阿曼达	2		
12	贝琪	2		

　　在又改变了两次迷宫墙体后，女孩们感到有点无聊了。阿曼达建议换一种方式。她让大家背过身去，同

时她移动了几块墙体。接着，阿曼达将大家带到隔壁房间。

"我们应该试着在看不见迷宫的情况下走迷宫，看看我们完成得怎么样。当然，我的意思不是完全看不见，是指我们不能直接俯视迷宫，而只能通过摄像头以机器人的视角来看。"阿曼达解释道。

"好主意！"苏珊马上就同意了。

贝琪将新的结果记录在她的笔记本上。她发现换了新的方式之后，走出迷宫的耗时比原来长多了。"太难了……"当机器人再次撞上另一面墙的时候，阿曼达不由自主地哼唧着。又过了好几分钟，机器人才终于成功逃出了迷宫。

在相同的迷宫中，每个人又试了几次。她们每次都会比上一次快一些，但是与能从上面俯视时相比还是差了一大截。苏珊刚刚回到隔壁房间准备再次改变迷宫时，开门声从前门传来，接着是詹姆斯的一声大喊："我回来啦！终于到家了！"

苏珊并没有理会弟弟的叫声，她弯下腰更改了迷宫的布局。在她起身时，詹姆斯正站在面前盯着她。

"那个……你在这干吗呢？"詹姆斯边问边走近迷宫。

"哎呦！你臭死了！"苏珊皱着鼻子大声抱怨着。

詹姆斯没理她，走得更近了。

"退后！你会把它弄坏的！"苏珊说着挥手示意詹姆斯后退，"或者你有可能把它弄得和你一样臭气熏天！"

詹姆斯不管姐姐的嫌弃，坚持问道："可是这到底是啥？你们做了什么？"

"哎呀！退后！我们做了一个迷宫，是科技节项目要用的。"苏珊一脸嫌弃地说道。

"好吧，"詹姆斯还是不明白，"可是它是干吗用的？"

"我们在控制机器人走迷宫，"苏珊有点儿不耐烦，"我们会计时，看看每个人分别控制机器人逃出迷宫的速度。然后会移动墙体改变迷宫的布局，重复实验。"

"让我试试！"詹姆斯也来了兴趣。

"不行！我们正在做实验呢，你会毁了它的！"苏珊一口回绝了弟弟。

"这也是我的机器人，我也要玩儿！"詹姆斯的声音提高了。

"我才不管呢，你身上太臭了，不许你碰它！"苏珊叫着。就在姐弟俩吵架的时候，其他几个女孩儿也来到了门口。

"我要玩儿！现在就要！"詹姆斯涨红了脸喊道。

"不行！它是我的！不能给你，你真的真的太臭了！"苏珊冲弟弟吼着，甚至喷出了唾沫。

"让我来告诉你们它到底是谁的，"另一个声音出现了，"因为你们两个打架，现在它是我的了。"苏珊的妈妈说着弯下腰捡起小机器人。她直起身，皱着眉头看着两个孩子。"给我。"她指着苏珊左手拿着的平板电脑命令道。

苏珊的脸唰的一下白了。"但是妈妈，要是没有它们，我们就完不成实验了！"苏珊哀号，"我们的科技节实验会失败的！"

阿曼达感到她的胃都绷紧了。

卡特莱特夫人摇了摇头，小心地从女儿手中拿过平板电脑。"你的姑姥姥说过，这个礼物是需要分享的。我告诉过她这个礼物对于你们来说太贵重了，如果你们不能好好玩儿的话，那么你们谁也别想拥有它。"

"可是、可是……"苏珊的声音渐渐弱了下去。

卡特莱特夫人走出房门，她停在楼梯前，说道："我之后或许会还给你们，但是现在不行。快到晚餐时间了，你的朋友们也该回家了。"

妈妈走上楼梯后，苏珊转头狠狠地盯着詹姆斯。她的双手握紧拳头放在身体两侧，眼眶有些泛红。突然，她声嘶力竭地喊道："我恨你！我恨你！都怪你！你真是个讨厌的弟弟！"说完，她哭着跑上了楼。大家听到她跑过走廊，回到自己的房间，"砰"的一下摔上了房门。

剩下的女孩儿和詹姆斯面面相觑。

"我们走吧，"阿曼达叹了口气，"我想我们得另

想主意了。"

贝琪走向一脸茫然的詹姆斯，安慰道："没事的，我们会想别的办法的。"她正准备拍拍詹姆斯的肩膀，突然，她收回了手。"嘿，苏珊说的对，你身上确实不太好闻。"

"呃……这只是被营火熏的。"詹姆斯解释道。

"好吧，"贝琪摇了摇头，"也许是吧，但无论如何你确实该去洗个澡了。"

三个女孩儿慢慢走上楼，詹姆斯跟在他们后面。他把她们送到门口，看着她们换好鞋子。

"明天学校见。"爱丽丝说。

"帮我们和苏珊道别。"阿曼达冲詹姆斯说道。

詹姆斯点了点头。

"对不起，害得你机器人被没收了。"贝琪走出玄关时说。

"妈妈总会还给我们的，"詹姆斯有些无精打采，"但愿吧……"

12

完美救援计划

"真不敢相信你妈妈还没有把机器人还给你们，"周三上午课间休息的时候贝琪说道，"都已经整整两天了！"

"是啊，我们真的很需要它来完成科技节的项目，"阿曼达抱怨道，"如果你和你弟弟没有因为它吵架就好了。现在我们没法完成科技节项目了，我们完蛋了！"

134

"都是他的错！"苏珊嘟囔着，"当时咱们正在做实验呢，我本来想做完实验再给他玩儿的。"

阿曼达挑了挑眉毛，说道："当时可没听出来你要给他玩儿。"

贝琪看到一群男孩拿着球在玩传球游戏。两个高个子男生站在两边，其中一个将皮球扔给另一个，皮球从中间几个伸长胳膊的男生之间划过。在第三次投掷的时候，终于有一个中间的男生跳得足够高，成功在空中接到了球。于是他和扔球的高个男生换了位置，两个人都笑得很开心。

贝琪叹了口气，将手搭在苏珊的肩头。"无论如何你要想方设法说服你妈妈，让她把机器人和平板电脑还给我们，否则……你知道后果的……"

"唉，是啊，"苏珊抱怨道，"我必须当着妈妈的面向詹姆斯道歉。但是他从周日到现在都没和我说过话。"

"那你就去做那个更成熟的人啊。"阿曼达冲苏珊说道。

"我本来就比他成熟！"苏珊有些不服气，"他是我弟弟！"

"你明白阿曼达说的什么意思，"贝琪接着说道，"你要做那个跨出第一步的人。晚上放学回家后就去和詹姆斯道歉吧，修复你们的关系。"她顿了顿，"即使他不原谅你，没准儿妈妈也会因此同意只让你用，这样的话你就可以暂时不用和你弟弟分享它了。"

"没错，然后我们就可以继续做完我们的项目了！"阿曼达跟着点点头。

"不会有事的，试试看吧。"贝琪微笑着说道。

"千万别搞砸了，"阿曼达提醒道，"项目失败的后果我们可承受不起！"

当苏珊到家的时候，詹姆斯正坐在客厅的沙发上看电视，把腿搭在了茶几上。他已经穿好了童子军军装，准备去参加今晚的会议。

"嗨，詹姆斯！"苏珊露出了一个灿烂的微笑。

詹姆斯抬眼看了一下，将手臂抱在胸前，继续聚精会神地看电视。

"你今天过得好吗？"苏珊再次尝试和詹姆斯搭话。

詹姆斯没有回应，他听到姐姐说话的唯一表现是他的脸因为咬紧牙关而微微抽搐了一下。

"我发现你穿上童子军的军装了，祝你晚上开会顺利。"苏珊继续说道。

詹姆斯更加认真地盯着电视，他尝试着忽略他的姐姐。

"我想妈妈今晚做了你最爱吃的烘肉卷。"苏珊说着走到詹姆斯面前，挡住了电视。

詹姆斯扭过身子，视线绕过姐姐继续看电视。

"啊！算了！"苏珊喃喃自语着。她拖着沉重的脚步走出客厅，来到厨房，他们的妈妈正在那里准备晚餐。

"宝贝儿，怎么啦？"卡特莱特夫人问，"你今天在学校过得好吗？"

"挺好的。"苏珊回答道。

"在客厅里发生什么事了?"妈妈边问边用锅盖盖好炖菜,"你和詹姆斯又打架了?"

苏珊的脸涨红了:"没有,当然没有。我刚才正在试着向詹姆斯道歉,可是他根本不理我!"

卡特莱特夫人摘下防烫手套看着她的女儿:"嗯,你是真心感到抱歉吗?"

苏珊用力点了点头。

"詹姆斯,你能来厨房一下吗?"妈妈喊道。

詹姆斯缓慢地拖着步子走进厨房,来到妈妈的面前。

"你姐姐有话和你说。"妈妈冲詹姆斯说道。

詹姆斯闭紧嘴巴摇了摇头。

"你要和詹姆斯说什么?"妈妈说着点头示意苏珊。

"詹姆斯,呃……关于周日的事我……我……我真的很抱歉。我想说,玩具有一半是你的,我应该和你分享的。"苏珊看着弟弟说道。此时,詹姆斯正低头看着他的脚，双臂交叉抱在胸前。

"詹姆斯，你的姐姐在和你道歉。我知道她和她的朋友很需要这个机器人来完成科技节的项目。"卡特莱特夫人说着用一只手抬起儿子的下巴，看着他的眼睛说，"如果你什么都不说的话，我就要把机器人给姐姐和她的朋友们了，直到她们完成项目后你才可以玩儿。"

詹姆斯吓了一跳，慌乱地答道："不要！别这样！我的意思是，妈妈，我很抱歉。我也可以玩儿吗？"

妈妈摇了摇头："你难道没有什么要对姐姐说的吗？"

詹姆斯缓慢地转向苏珊，深呼了一口气，咬紧牙关。终于，他说道："对……不……起……"

卡特莱特夫人满意地点了点头："那么现在你们两个拥抱一下吧！"

詹姆斯和苏珊两个人僵在原地。

"你们如果不拥抱的话谁也别想拿到玩具。我在等着呢。"卡特莱特夫人用脚敲击着地面等待着。

苏珊犹豫地上前几步抱住了詹姆斯，詹姆斯举起一

只手拍了拍苏珊的肩膀。

"好吧，就这样吧。"卡特莱特夫人叹了口气，"你们真应该好好拥抱一下。要知道，你们可是彼此唯一的兄弟姐妹。"

詹姆斯和苏珊分开来，并排站在妈妈的面前，充满期待地看着妈妈。

"我现在有点儿忙，要等到晚饭之后才能把玩具还给你们。苏珊，在你弟弟去参加童子军活动的时候你可以先玩一会儿。等他回来后你们要一起想一个公平的办法来分享这个玩具。否则我只好把它收回，还给你们的姑姥姥了！"

詹姆斯转身准备回客厅。"小伙子，等一下，你可以帮忙摆桌子。"妈妈说。

苏珊幸灾乐祸地准备离开。

"你也等一下，一起帮忙。马上要吃晚餐了，你们两个一起去把桌子收拾好。"

两个孩子边叹气边走向橱柜。詹姆斯准备盘子和餐具，苏珊则将玻璃杯倒满水。

这将是个漫长的晚餐。

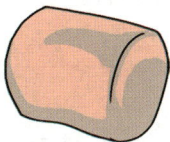

"妈妈把机器人还回来啦！"詹姆斯一边喊，一边跑着穿过体育馆，来到他们小队的位置。

"太好了！不过我有个更好的消息，"本说，"我带了棉花糖！上次它被落在汽车上了，我们今晚终于可以吃了。还有，妈妈还给我带了一些热巧克力。她还给我们准备了一些空杯子。"

蒂姆和汤姆舔了舔嘴唇，因为这些好消息笑了起来。

"你带的好吃的够每个人吃吗？"马克挑了挑眉问。

"当然！我带了好多热巧克力和一大袋棉花糖！"本咧着嘴开心地笑着。

"那太好了，"马克点了点头，"我们今晚做完露营回顾之后有很多东西可以吃了。"

"什么是露营回顾？"汤姆问。

"就是当你结束露营后，要谈一谈这次露营中什么做得好、什么做得不好、你忘了带什么、有什么是多余的等类似这样的事情。"马克解释道。

"哦，原来是经验教训总结会啊！"蒂姆睿智地点着头，"我们也经常吃着东西开经验教训总结会。"

"唉，你们四个总会时不时地冒出些奇奇怪怪的词汇。只是个露营回顾而已。"马克摇了摇头。

"才不是，明明就是经验教训总结会……"本在马克走向体育馆中央的时候悄悄嘟囔了一句。蒂姆和汤姆在一旁偷笑，詹姆斯也笑了。

五分钟后，童子军成员在一块移动白板前盘腿坐好。富兰克林长官在白板上画了几条线，将上面分成四个区域。在最上面，他写下"露营回顾"，然后给四个区域加上标题，随后转身面向童子军成员。

露营回顾

哪些地方做得好？	哪些地方有待提高？
这次我们忘带了什么？	下次哪些东西不要带？

"好了，童子军。你们喜欢这次露营吗？"他问。

大部分人齐声回答："喜欢！"不过也有一些人抱怨："下雨了，太湿了！"

本只是安静地坐着，一动不动。

富兰克林长官看向本，问道："这是你第一次去露营，对吗？"

本点了点头。

"你觉得有意思吗？"

本有些犹豫地摇了摇头："还行吧，不是特别好玩儿。"

富兰克林长官将白板笔的笔帽盖上，双手放在身体两侧，说道："看来兴致一般啊，你是不是湿得最厉害的那个？"

本点了点头，脸也跟着涨红了。

"没关系，我们所有人都有可能在露营中弄湿或者弄脏，尤其是在下雨天。"富兰克林长官说道，"不过，你从中得到了什么经验教训吗？"

本感觉二十双眼睛正在看着他，他的脸更红了。终于，他小声说："别一下子把换洗衣服全都用了。"

富兰克林长官笑了："没错，这是很好的一课。并不是所有人都能学到的。"

本试探性地微笑了一下。

"我确定你是不会忘了这个教训的，对吧？"富兰克林长官温和地笑着说。

本点了点头，笑得更放心了。

"你们知道吗，对于新童子军来讲，你们的第一次露营是在雨天是件很幸运的事。你们知道为什么吗？"

富兰克林长官问。

有大约三分之一的童子军成员露出了疑惑的神情，剩下的则会意地微笑着。

詹姆斯举手提问："为什么我们是幸运的？天气又湿又冷，还很难生火。"

富兰克林长官看着坐着的孩子们，问道："你们大部分是不是都几乎没有弄湿？"

很多人在点头，有些人耸了耸肩，而本正尴尬地笑着，心想，别再提我了！

"在客观条件不好的时候，你会学到更多东西。淋湿的人已经知道被弄湿是什么滋味了，所以下次他们一定会尽量避免再被弄湿。那些保持干燥的人则学会了如何在雨天保持身体干燥。你们还学会了如何搭起做饭时用的帐篷，如何在下雨的情况下保持帐篷里的睡袋是干的。实际上，你们仅仅一个周末就学到了这么多东西。"富兰克林长官满意地点点头。

一位年龄大一些的童子军成员举起手。"我很同情那些只在好天气里露营过的人。他们以为自己知道了如

何露营，可一旦下雨或下雪，他们可能就不懂得如何保持温暖和干燥了。"

"没错，他们确实从露营中学到了东西，但是当遭遇坏天气时，他们会很快发现自己措手不及。"富兰克林长官在童子军前面踱来踱去。

他停在一个童子军成员面前，问他所在的小队："我们的座右铭是什么？"

"时刻准备着！"小队成员们大声回答。

"不错，但你是如何学会做好准备的呢？"他看着本问。

"通过被淋湿！"本喊道，脸上带着大大的笑容。

童子军们大笑起来，有一些人过来拍了拍本的肩膀。

"好了，我们这周末学到了什么？"童子军长官问。

"下雨天的露营是最好的露营！"大家齐声道。

"因为，如果你在下雨天可以保持干燥，那么在晴天露营就更简单了！"马克说着和本击了个掌。

"好的，我想大家已经迫不及待地想来白板上写东西了，对不对？"富兰克林长官微笑着打开白板笔的盖子。

"现在让我们继续进行露营回顾。这样我们就能更好地做准备，让下次露营变得更加有趣。"

"那个，跳跳哥？"马克在一旁插嘴道。

"怎么了，马克？"富兰克林长官问。

"关于露营回顾，本还有另外一个名字。"

瞬间，所有人的目光再次回到本身上，这让他感到有些紧张。

"哦？本，你管它叫什么？"富兰克林长官点头示意本来说。

"呃……是这样的……我管它叫……"本打起了结巴。

"他说这个叫经验教训总结会。"马克替本解释道。

富兰克林长官扬起了眉毛："经验教训总结，这也是你项目的一部分吗，本？"

本只是点了点头，没敢说话。

"好吧，这些年来我一直认为我们只是露营。现在我发现，其实我们是在做项目——露营项目！"富兰克林长官摇着头说道。

"你们知道吗，作为童子军的领队，我最幸运的事情就是在教你们的同时，也从你们这些童子军身上学到新的东西，"他摸着下巴，"你们知道这意味着什么吗？"

童子军们面面相觑，疑惑地看着富兰克林长官。

"老鹰小队再加一分，而且我想是时候换个标题了。"他说着抬手擦掉了白板上的标题，"从现在开始，露营回顾更名为露营经验教训总结会。"

几个童子军成员走过来拍了拍本的后背，本开心地笑了起来。

"现在，让我们来进行经验总结，回顾一下从露营中学到的东西，看看哪里做得好，这样下次我们一定能做得更好。之后，我们要练习烹饪技巧。练习结束后，让我们一起喝点热巧克力吧！"富兰克林长官说道。

"还有棉花糖！"本开心地笑了。

13

老鼠和本

十一月

周日	周一	周二	周三	周四	周五	周六
~~5~~	~~6~~	~~7~~	~~8~~	~~9~~	~~10~~	~~11~~
~~12~~	~~13~~	~~14~~	~~15~~	~~16~~	~~17~~	~~18~~
~~19~~	~~20~~	~~21~~	~~22~~	~~23~~	~~24~~	25
26	27	28	29	30	1	2
3	4	5	6	7	8	9

剩余天数:

9

周六早上，几个女孩儿聚在一起继续做科技节项目的实验。"让我们再试一次吧。"阿曼达说着拿起机器人，把它在迷宫外摆好。迷宫的入口处贴着一条胶带，阿曼达将机器人的前轮与胶带对齐。尽管关着灯有些黑，不过阿曼达还是借着从走廊照射进来的灯光摆好了机器人。"机器人就位了！"

"贝琪，你那边好了吗？"苏珊在另一个房间中喊道。

黑暗中，贝琪正站在迷宫入口的远端，右手上拿着一块秒表。"开始！"她大声喊道。

小机器人好像瞬间被注入了生命力，冲进了迷宫。它身上的灯照亮了周围的墙壁。

"你知道你们在作弊吗？"詹姆斯站在门口看着屋里说道。

机器人停了下来，随后苏珊拿着平板电脑从另一个房间出来了。"作弊？你什么意思？"

"呃……准确地说可能不是作弊，但是你们的实验方法有点儿问题。"詹姆斯说道。

阿曼达走到詹姆斯面前。她听到詹姆斯的话后很不开心。她们的实验已经做了好几天，几乎就要完成了。因此，她语气中略带不满地质问詹姆斯："你到底什么意思？"

突然被几个比他高的女生围住，詹姆斯感到有些手足无措。阿曼达最近个子长得很快。"呃……这个实验的目的是测试你们在看不到迷宫的情况下成功地走出迷

宫，对吗？"

苏珊点了点头。

"可是在你改变迷宫布局或者在贝琪计时的时候，你们都看到了迷宫，不是吗？即使你们试着不看它，轮到你们操作的时候难道不会或多或少的有些印象吗？"詹姆斯耸了耸肩。

"原来是爱丽丝帮忙更改迷宫的布局的……"阿曼达说，"可是她今天要写作业，所以没法过来了。"

"除了改迷宫，你们还需要有人计时，不是吗？"詹姆斯的语气有些奇怪。

"你到底想说什么？"苏珊有些恼火地问弟弟。

"呃……我可以帮忙，我的好朋友们马上也会过来，他们也可以帮忙。"詹姆斯赶忙解释道。

阿曼达凑近詹姆斯，上下打量着他，说道："我们能相信你吗？这可是个敏感性的实验，如果你测量得不好可是会影响我们的成绩的。"

"当然了！而且……"詹姆斯看着苏珊，"这个玩具也有我的一半不是吗？”

阿曼达刚想说些什么，贝琪突然上前一步，说道："不行。"

"啊？你说什么？"阿曼达有点儿猝不及防。

"为什么不行？"詹姆斯问，他看起来有些生气了。

"我说不行，"贝琪继续说道，"我们不想重新做所有的实验，现在说这个太晚了。我们已经记录下了实验每个部分的所有细节——包括谁做了什么。如果有任何奇怪的结果我们都可以解释。但是让我们重新开始的话是不可能的，绝对不可能。实验不需要是完美的，但我们要能够解释不同的结果。"

詹姆斯的脸涨红了。为了避免因为冲突而再次失去机器人，苏珊赶紧看着弟弟说道："我保证一定有办法让男生们也参与到我们的实验中来，不是吗？"

贝琪张开嘴刚准备说话，阿曼达打断了她："我有个完美的主意，不但不会产生任何问题，而且有可能让我们得到加分。"

"快说说。"苏珊努力寻找着各种避免詹姆斯再哭

闹起来的机会。

"我们已经把所有的观测结果都写下来了，也知道如何去记录这些东西，所以我们可以把它当作实验的常量之一。我们还有之前实验过的所有迷宫的结构图。但我们现在可以用一个新的变量——观测一些别的东西。所以为什么不让男孩儿们试试走迷宫呢？我们可以重新做一些之前的实验，然后比较一下男孩儿和女孩儿们的表现。"阿曼达解释道。

"另外……为了与之前实验保持一致，就像詹姆斯所说的，我们几个既然又搭了迷宫又做了实验，那我们也不用担心男孩儿们也会在他们不应该看到的时候看到迷宫。"阿曼达一口气把自己的想法说完了。

詹姆斯想了想，兴奋地说："你的意思是，我们也可以参加比赛？"

阿曼达笑了："没错！你们要做我们的实验对象了。不过别忘了，这是我们的实验。"

詹姆斯乐开了花："我迫不及待地想告诉本和蒂姆、汤姆兄弟俩了！"

半个小时后，本、蒂姆和汤姆围在詹姆斯身边，一起看着屏幕。"哥们儿，这也太酷了！"本一脸的兴奋。他们先从有迷宫的屋子里开始实验，可以从上面观察到迷宫。贝琪坚持要求他们准确地重复之前的实验条件，以便与女孩儿们进行对比。

"往后点儿，给我留点儿地方！"詹姆斯说着，试图同时看到平板电脑的屏幕和"小龙"机器人。过了一会儿，小机器人成功走出了迷宫，男生们都欢呼雀跃起来。

"该我了！该我了！"本喊道，他试图去够到平板电脑。

苏珊赶紧走过来，拿过平板电脑，说道："别抢，小心别把它摔了。贝琪那里有名单。贝琪，下一个该谁了？"

"该蒂姆了。"

蒂姆笑着接过苏珊递过来的平板电脑。接着，苏珊拿起机器人，把它摆放在迷宫的入口处。

"准备好了吗？预备——开始！"贝琪下令的同时开始计时。

"今天的实验太棒了！"阿曼达笑着看着男孩儿们说道，"我们明天继续，你们可不要迟到啊。"

虽然很累，但是男孩儿们感到很开心，拖着稍显疲惫的身体走上楼梯，朝门口的方向走去。女孩儿动作稍快一些，当男孩儿们刚坐下换鞋的时候，苏珊已经在向贝琪和阿曼达道别了。

苏珊走去洗手，准备吃饭。

本是最后一个站起来的，他的一只鞋的鞋带半开着，另一只的鞋带则是一团乱麻。

詹姆斯为其他几人开门，蒂姆和汤姆走了出去，詹姆斯也跟出门挥手道别。本走出了屋子，站在詹姆斯旁边。"机器人走迷宫比赛挺有意思的——但是盲走还是挺难的。"

詹姆斯点点头："是啊，明天还要继续比呢。我感觉贝琪肯定会很严格地监督我们的。"

"阿曼达也是。"本表示同意，他朝下走了一步后，又停了下来。

"怎么了？"詹姆斯问，"你忘了什么东西吗？"

"我只是在想，"本若有所思，"迷宫比赛是挺好玩儿的，不过你知道什么东西才真正属于迷宫吗？"

詹姆斯耸了耸肩。

"是老鼠！"本说着，大笑着往家走去。

14

花生酱和酸黄瓜

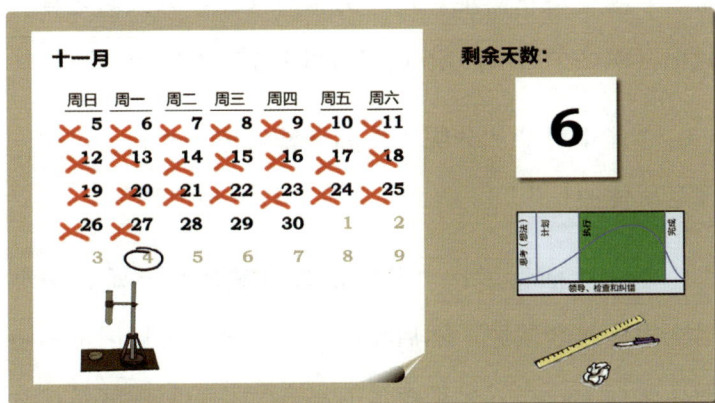

"不可能！"苏珊气得在地下室直跺脚，"怎么能让啮齿类动物进入迷宫呢，他们会到处大便的！"

"我们几个男生会负责清理的，"詹姆斯解释道，"我喜欢老鼠。"

苏珊仍然坚定地摇了摇头。

周二放学后，几个女生聚在苏珊家里，与男孩儿们一同继续做实验。他们正在等待所有男孩儿到齐。贝琪

仍然坚持把男生们叫"测试对象"，这让詹姆斯感到有些不高兴，不过他并没有抗议，他可不想因此失去这个得来不易的机会来好好玩儿一玩儿新玩具。

"嗯……我觉得这个主意可以进一步提升我们的实验。"阿曼达认真地说，"男生对女生，人类对老鼠。我很喜欢这个想法，没准我们能因此加分呢……"

"才不可能加分呢，"苏珊警告道，"只会产生一堆老鼠便便！"

爱丽丝插话了："其实清理老鼠屎并不难，只要用纸巾捡起老鼠屎，然后喷一些清洁剂，最后用纸巾擦干净就行了。我堂兄把老鼠放出去玩儿的时候就是这么做的。"

贝琪很害怕，说话声都打颤了："天啊，我可不想靠近老鼠，求求你们了！老鼠太恶心了！"

这时，门铃响了。詹姆斯走上楼梯去给其他"测试对象"开门。

不一会儿，四双脚出现在地下室的楼梯口。本是最后一个进来的，他的手里正拎着一个大笼子。

"快告诉我,老鼠是从哪儿来的?"阿曼达好奇地问,"咱们家可没有老鼠,你是从哪里搞到的?"

本满脸都是笑:"你还记得奥利弗吗?就是和我一起在万圣节比赛中获胜的那个,他家里有一只老鼠,我去他家的时候,和它玩过一会儿。奥利弗说可以把老鼠借给我几天,不过我们一定要好好照顾它。"

"哦!奥利弗!"阿曼达生气地叫了起来。奥利弗总是在班上揪她的头发。"我希望他的老鼠比他表现得好一些。"阿曼达双臂紧紧抱在胸前,"否则就让这只老鼠直接回家!"

"或者让咱们的猫来对付它?"苏珊厌恶地看着白色的小老鼠。

"猫咪进不了笼子,小老鼠不会有事的。"詹姆斯用安慰的口吻说道。

"是吗?"苏珊恐吓道,"那你可要看好它。"

"没问题!"詹姆斯笑了。他把脸凑近笼子,用手轻敲栏杆。"这个小家伙真可爱!"

贝琪站在房间的另一边,离老鼠远远的。她一只

手拿着记录板，另一只手则用笔不耐烦地敲打着。"好了好了，我们现在有老鼠了。但是要按照计划来，现在的测试对象还有六次实验要做，之后再换老鼠来做实验。"

"嘿！我们有名字！"汤姆一边走向另一个房间一边抗议道。

"好吧！测试对象一号，我的意思是汤姆，你是第一个。"贝琪坏笑着开始做记录，"别把老鼠留在这儿！你们把它带走，我害怕它！"

詹姆斯拎起小笼子，一边轻声安慰着小老鼠一边离开了房间。

"好啦！他们现在不在这里了，没有办法偷看，我们来摆迷宫吧。"苏珊说，"阿曼达，你能把下一轮实验的参照图片拿来吗？"

一小时十五分钟后，四个男孩儿结束了他们的"盲

走"迷宫实验，拖着疲惫的脚步回到了女孩儿们所在的房间。

本一边揉着眼睛一边打了个哈欠。他刚刚完成了最后一次实验。"在黑暗中盲走迷宫真的是太难了，而且很累眼睛。"

阿曼达耸了耸肩："这些实验我们几个也都做过，所以你们也必须做相同的实验。等贝琪绘制出所有实验结果的统计图，我们就能知道是女生做得更好还是男生做得更好了。"

詹姆斯打着哈欠舒展了一下身体，说道："我们现在可以用老鼠做实验了吗？"

苏珊不情愿地点了点头。

"所以我们要怎么做？"蒂姆边研究迷宫边问。阿曼达刚刚将迷宫还原成了最初的样子，即一号结构。

"让我想想。"詹姆斯小心地将笼子放在地上，"你们想用一模一样的方法重复实验，也就是说所有的实验条件都是相同的，对吗？"

爱丽丝点点头："是的，必须完全一样，否则实验

就不成立了。"

"好的，那么我们就像这样将笼子放在起跑线上行吗？"本一边将笼子挪到靠近迷宫起点的位置一边问。

"应该可以吧……"阿曼达点点头。但是她突然有一种不祥的预感，感觉少了些什么，但是一时又想不出来。

"贝琪，秒表准备好了吗？"本抬头看着远远站在房间另一个角落的贝琪。

贝琪点点头。

"你站那么远根本看不清老鼠什么时候进入和走出迷宫的。"本摇着头，"你得离得近一点儿，否则会影响计时结果的。"

贝琪不情愿地慢慢挪近了几步，停在迷宫入口的另一端。

"再近点儿。"本点头招呼贝琪过来。

贝琪又沿着迷宫的边缘靠近了几步，直到能看清入口为止。这时，老鼠的鼻子从笼子的栏杆中探了出来，胡须一颤一颤的。贝琪不禁打了个寒颤。

"看,它喜欢你,"本说道,"你准备好了就发令吧。"

贝琪点点头,一声令下:"3——2——1,出发!"

紧接着,发生了一连串的事件。

本打开了笼子门。

老鼠径直向迷宫的入口跑去。

就在老鼠马上到达入口的时候,它突然转向了左边。

老鼠向贝琪的右脚冲了过去,沿着她的裤子向上爬。

贝琪尖叫起来,手中的记录板掉在了地上。

老鼠也随之掉落到地板上,跑去寻找躲藏的地方。

除了阿曼达以外的三个女孩儿都尖叫着从房间跑了出去。

阿曼达揪住本的后脖领子把他拎了起来。

"你为什么要这么做?"她冲着本的脸大叫,"你

把一切都毁了！"

本强忍着脸上的笑意："什么？我什么都没做啊！我只是照着贝琪说的放老鼠出发了！"

"这不是本的错，"蒂姆也在边上帮腔，"不是他的错。"

"当然是他的错！这是他出的主意！他想要用这只蠢老鼠做实验，他……他……"阿曼达气得差点儿背过气去。

"它只是只老鼠。你为什么会认为它会直接跑进迷宫呢？那里看起来就像另一个笼子。"蒂姆说的很有道理。

阿曼达松开本的衣服。

本整理好T恤的领子，瞪着阿曼达："蒂姆说得对，这不是我的错。"

蒂姆接着说道："而且你可以增加一条新的观察结论：你不能指望一只自由的老鼠自己走进迷宫。"

阿曼达考虑了一下，说道："好吧，你说的或许有点儿道理。不过我们还要继续完成实验。快找找老鼠去哪儿了！"

男孩儿们和阿曼达在房间的各个角落寻找了十分钟，最后，他们在一个纸箱后面发现了瑟瑟发抖的老鼠。它还给男孩儿们留下了一坨需要清理的"礼物"。

"看到没？你们的尖叫声把它吓得都便便了。"詹姆斯说着轻轻地捧起仍在颤抖的小老鼠。

"管它呢，"阿曼达叹了口气，"反正你们答应过会将便便清理干净的，所以赶紧动手收拾吧。"

詹姆斯小心翼翼地将老鼠放回笼子里。值得庆幸的是，小老鼠并没有试图逃跑。阿曼达走到地下室的走廊上，冲楼上喊道："已经没事了，老鼠现在已经被关回笼子里了。"

爱丽丝和苏珊先走了下来，贝琪走在最后，她充满怀疑地看着笼子。

"你有一些观察结论需要记录下来，"阿曼达冲贝琪说道，"这是蒂姆的主意。"

蒂姆将记录板和笔交给贝琪，并向她讲述了自己

的想法。贝琪听完打了个哆嗦，不过还是把它记录了下来。

"为了不让老鼠再逃跑，我们需要封住从笼子到迷宫的路。但是，我们仍然需要让老鼠在起点线处起跑，对吧？"苏珊一边研究笼子和迷宫一边问。

"没错，我们要保持实验条件的一致性，"爱丽丝说，"不然的话它就比机器人有优势了，计时就不准确了。"

阿曼达耸了耸肩："好吧，我们需要想办法把两边封好，以免它再次逃跑。或许我们可以用备用的木板墙体。但是迷宫终点我们要怎么弄呢？"

"用一道墙把终点堵上。"蒂姆建议道。

"要是这么做的话，老鼠就不知道哪里是终点了，"爱丽丝说，"它和其他的墙又没有区别。"

"它只是一只老鼠。况且它怎么会知道它要去终点呢？"本问。

"是你要把老鼠带来的，你来想办法。"阿曼达气乎乎地说道。

"可以在终点放一块奶酪。"贝琪提了个建议，此时她还是与老鼠笼子保持着尽可能远的距离。

"不行，"本摇摇头，"没用的。"

"为什么没用？"贝琪一只手插着腰问道。

"它不喜欢奶酪，"本回答道，"奥利弗告诉过我，它可能乳糖不耐受或是其他什么的。"

阿曼达将双手伸向空中，说道："这是我听过最蠢的事。老鼠不喜欢奶酪，那它喜欢什么？"

"花生酱，"本认真地说，"配上酸黄瓜。"

"什么？？"苏珊一脸吃惊的样子，"把花生酱和酸黄瓜混合在一起？太恶心了！"

"不，不是混在一起，只是把它们放在同一个盘子里，或者把酸黄瓜放在花生酱上。具体怎么弄我忘记了，不过酸黄瓜一定要切成小块。"

"我还是想先用奶酪试试，"阿曼达满脸的疑惑，"它可是只老鼠啊，我的老天爷，哪有老鼠不喜欢奶酪

的！电视里都是这么说的！"

"是啊，不过如果它真的不喜欢奶酪，那这将是我们项目的另一个观察结果。"贝琪沉思着，"这样我们就不用向其他人解释我们为什么要用花生酱和酸黄瓜了。这实在太奇怪了。"

苏珊上楼去厨房拿来了一小块奶酪。他们把奶酪放在迷宫出口处并将出口用木板封好，然后用多余的木板在笼门和迷宫入口之间搭建了一个通道，接着打开了笼子门。

小老鼠小心翼翼地离开笼子，左闻闻右嗅嗅，慢慢走入迷宫。小老鼠在迷宫里四处游荡，偶尔闻一闻迷宫的边边角角。它走进过死胡同，转了不知多少个弯，甚至还回笼子喝过一次水。

在"赛跑"开始十五分钟后，小老鼠终于找到了奶酪。它围着奶酪块转了两圈，用小鼻子闻了三次，然后又给男孩儿们又留下一坨需要打扫的"礼物"。最终，小老鼠碰都没碰奶酪。它抬起头，充满期待地看着孩子们，胡须上下抽动着。

"看到了吧？我说什么来着。"本有些得意。

孩子们将奶酪换成一小瓶盖的花生酱和切碎的酸黄瓜，重新开始了实验。打开笼子门，小老鼠一路用鼻子在空气中嗅着，最终用一分五十四秒的时间完成了走迷宫。

小老鼠用两只前爪抱着一小块酸黄瓜，坐在那里开心地大快朵颐起来。吃完酸黄瓜，它又舔了好几口花生酱。

"天啊，我太震惊了，"贝琪叫了起来，"一只老鼠竟然比你们这些男生更聪明。"

"嘿！"詹姆斯感觉被冒犯了，"它比你们女生也要快好不好！"

在花生酱和酸黄瓜的激励之下，小老鼠跑得一次比一次快，即使在黑暗中也不例外。

六次实验过后，詹姆斯需要上楼补充更多的酸黄瓜了。

15

记下来！

第二天放学后，贝琪正在餐桌上整理着一大叠笔记。苏珊看到后说道："我们有好多实验观测记录了。"桌上摆着一大盆苹果，每个女孩儿面前都放着一杯水。

苏珊拿起一个苹果洗了洗，津津有味地吃着。

"我希望这些数据足够让我们取得一个好成绩了，"阿曼达说，"这对我很重要。贝琪，但愿你好好

观测实验并把它们仔细地记录了下来。"

贝琪停了下了手头的整理工作，盯着阿曼达，她的脸涨得通红。"我特别仔细地记录了，这可真是要谢谢你了。至于实验当中的观测，我们记录了所有计划内的东西。所以如果有什么遗漏的，也都是因为你最开始没计划到，当然现在也晚了。"

"我什么都没遗漏！"阿曼达拍着桌子站了起来。

"姐妹们！"苏珊赶忙出来打圆场，"这是我们的项目，我们也都同意了最初的计划。我确信我们有足够的素材来做出一份优秀的实验报告了。"

"哼！"贝琪气鼓鼓地继续整理着笔记。

阿曼达坐了下来，生气地咬了一口饼干。

贝琪慢慢平静了下来。最后，她抽出一张白纸，用铅笔和尺子在上面画了一些直线后抬起了头。

"好了，我看过了所有的实验结果，并标记了不同的组别以便于进行分析，分别是每个女孩儿、每个男孩儿还有老鼠。这是我们的九个实验对象。针对每个实验对象，我们有六种不同的实验安排，分别是：两种在房间内可以直接看到迷宫的、两种在房间外看不到迷宫且开着灯的，以及两种在房间外看不到迷宫且关着灯的。每个实验对象都在每一种安排下进行了三次实验。"贝琪停顿了一下，用笔轻轻敲打着桌面。

"我们进行横向对比的每一次实验都采取相同的迷宫结构，但纵向的每次实验都不同。我们拍了照片以确保男孩儿们和老鼠进行的实验与我们之前做过的保持一致。这样的话就是……9乘6乘3，等于……总共162次测试，也许还可以再加上我们最初试跑的几次。这样我们的科技节项目报告里就有大量的信息了。你同意吗阿曼达？"贝琪说着，挑起眉毛，瞟了一眼边上的阿曼达。

阿曼达盯着那一大摞笔记，看了看贝琪，说道："呃，是啊，确实是。对不起贝琪。"

贝琪点了点头，依次轻轻地敲了一下面前的四叠纸。"接下来，我们的第一个假设是，我们每走一次同样的迷宫就能比上一次更快，因为我们在学习着迷宫的走法并记忆着迷宫的结构。第二个假设是，即便迷宫结构变了，我们依然可以通过多次尝试取得进步。"

　　"之后，男孩儿们加入了——我们又增加了第三个假设，即女孩儿们比男孩儿们快，我们想通过更多实验来验证这个假设是否正确。"贝琪接着说道。

　　苏珊和阿曼达点点头，阿曼达又拿了一块饼干咬了一半。

　　"最后，又加入了人与老鼠的速度对比，作为测试的第四个假设。我认为人比老鼠聪明，所以我写的假设就是：男孩儿和女孩儿们会比老鼠更快。"

　　苏珊抿了一小口牛奶。

　　"对于每一轮，我们都记录了是谁在进行实验、花了多长时间，以及实验条件。并且，在每一轮后都拍了迷宫结构的照片，以确保每个人进行的实验是一致的。我们还对每一个意料之外的实验结果做了批注，包括老鼠在第一次实验时的逃逸事件。"贝琪的话音有些颤抖。

　　"太好了！把这些都写下来，打印一些照片，然后贴到项目展板上吧！"阿曼达兴奋地说道。

　　"呃……还不太行，"苏珊有些犹豫，"这些记录表并不能证明什么啊。"

阿曼达有些生气了："你为什么说它们没用？它们当然有用了！"

"我的意思是，现在这些只是一堆数字和笔记。还需要对它们进行一些处理。"苏珊解释道。

"比如呢？"阿曼达不满地绷着脸问。

"我觉得苏珊是想说，我们得画一些图表，也就是使用图表来展示实验结果，这样就可以通过不同的方式直观地对比结果了。"贝琪点着头说道。

"没错，比如对比男孩儿、女孩儿和老鼠的所有轮次的平均用时。然后以最短（最长）用时在女孩儿们与男孩儿们和老鼠之间比较之类的。"苏珊解释道，"我们可以做出几个酷炫的图。"

"只要能通过这些拿到高分就行。"阿曼达斜靠在椅子上说道。

"对，"贝琪说，"要把这些都做好，包括四个假设，以图表的形式展示的实验观测记录，实验中的照

片，还有实验结果——不论它们是否正确——以及我们对假设为何正确或为何不正确的分析。"

"嗯……我们可能需要两个展板，"阿曼达用手肘撑着桌子，"而且要把迷宫也纳入项目展示。"

"那老鼠呢？"苏珊问，"有些人就喜欢看老鼠。可以把其他的实验对象都带到实验展示上。"

"任何能让我们获得加分的都可以，"阿曼达热情高涨，"即便得再向奥利弗借一下老鼠也在所不惜。"

16

再见，老鼠

十一月

周日	周一	周二	周三	周四	周五	周六
5	6	7	8	9	10	11
12	13	14	15	16	17	18
19	20	21	22	23	24	25
26	27	28	29	30	1	2
3	4	5	6	7	8	9

剩余天数：

4

"为什么你不能再把老鼠借给我们了？"第二天阿曼达在数学课上问奥利弗。

"因为他生病了。你们肯定对他做了什么。我再也不借给你们了！"奥利弗气哼哼地答道。

"我们什么事都没做！"阿曼达带着哭腔说道，"就和本告诉你的一样，我们只是喂它吃了一些酸黄瓜和花生酱。"

"是吗？"奥利弗满脸都是怀疑，"我才不信呢，你肯定对我的老鼠做了什么，因为你不喜欢我。"

"呃……我……我……"阿曼达结巴起来，"小老鼠那么可爱，我们怎么可能伤害它，那也太残忍了！"

奥利弗仍然有些半信半疑："好吧，那你们到底给他吃了多少？"

阿曼达掰着手指计算起来："一共有九个不同的迷宫，每个迷宫跑三次，所以……这些天一共做了二十七次实验。小老鼠每次吃半片酸黄瓜和一点点花生酱。"

奥利弗跌坐在椅子上："天啊，我妈妈会疯掉的。"

"为什么？"阿曼达突然有种不祥的预感。

"因为哈罗德平常不会吃那么多东西。事实上妈妈不喜欢我喂它酸黄瓜和其他零食。妈妈说这对他不好，他现在太老了。"

"哈罗德是谁？"阿曼达一脸疑惑。

"哈罗德是我的老鼠的名字。"奥利弗说。

"哦，好吧，我们在本上给它的记录是'九号实验

对象，物种：老鼠'。"阿曼达有些尴尬。

"干得真漂亮！"奥利弗讽刺道，"还有，应该是'他'而不是'它'，哈罗德是个男孩儿。"

"当然当然，"阿曼达赶紧更正，"而且是个非常好的男孩儿。"

"算了，这或许就是哈罗德生病的原因吧。他原来从来没有吃过这么多酸黄瓜。我们只是时不时地在一些特别的时候给他吃薄薄的一小条。希望他没事。"奥利弗说完转头望向窗外。虽然他努力想避开，阿曼达还是看到他的眼眶湿润了。

阿曼达犹豫着用手轻轻拍了一下奥利弗的右臂："我也希望哈罗德没事。"

放学后，本和阿曼达正在客厅看动画片，这时电话响了。妈妈接起电话，然后冲本喊道："本，找你的。"

本从沙发上出溜下来，站起来伸了个懒腰，向厨房走去，他接过妈妈手中的电话。

"喂？"

"哦，奥利弗你好。"

阿曼达竖起耳朵，努力想要听清楚他们说什么，可惜她只能听到本说的话。

"什么，不会吧，真的吗？"

"我真的很抱歉。"

"我们不是故意的，我们只是……"

"奥利弗，对不起。"

"那一会儿见。"

本挂掉电话，缓慢地走回客厅，脸色苍白。

"怎么了？发生什么事了？"本坐下的时候阿曼达问。

"肯定是因为那些酸黄瓜。哈罗德从昨天晚上到今天早上一直都不太对劲。今天下午奥利弗回家的时候

发现笼子空了，他的妈妈将哈罗德放在了一个纸巾盒里！"

"这是什么意思？"阿曼达没明白。

"哈罗德死了！"本盯着地板，"是我们杀了他。"

"我们只是给他吃了一些酸黄瓜啊……"阿曼达很震惊，喃喃自语，"他真的很喜欢吃酸黄瓜啊……"

"他再也不能吃酸黄瓜了。"说着，泪珠顺着本的脸颊流了下来，"我真的很喜欢他。"

"奥利弗说，这只老鼠很老了，也可能他是老死的。"阿曼达试着找一个能让人接受的理由。

"是我们的错！就是我们的错！都怪我们！"本固执地扭过头不再看他的姐姐。

阿曼达瘫倒在沙发里，她的脑子乱七八糟的。"谋杀老鼠有罪吗？在警察逮捕我之前，我能完成科技节项目吗？可这只是个意外啊，警察应该会理解我的吧……"

"葬礼在半小时后。"本打断了她的思绪。

"什么？"阿曼达没反应过来。

"奥利弗在花园里选好了一个地方埋葬他，纸巾盒就是他的棺材。我的意思是埋葬哈罗德。"本低声说道，"我要去参加。"

阿曼达一下子不知该怎么回答了。

过了几分钟，她摇摇晃晃地站了起来走向厨房。"我去给其他人打电话，我们都应该参加。这是我们仅能做的了。"

那是一个可爱的地方，在花园的一角，周围都是小灌木。奥利弗的妈妈在两棵灌木之间挖了一个小坑，刚好够放下纸巾盒。一把小铲子此时正斜靠在栅栏上，表面还沾着泥土。

这是一场隆重的老鼠葬礼，参加的人很多，有奥利弗、奥利弗的妈妈、爱丽丝、苏珊、阿曼达、蒂姆、汤姆、詹姆斯和本。他们在长方形的小土坑前围成一个圈。

贝琪将一朵花放在小坟墓上，说道："我想他应该会喜欢品尝一下这个吧，他是个好老鼠。"

奥利弗说他想在下葬之前再说几句话。

"哈罗德是一只很好的老鼠，"奥利弗清了清嗓子，擦掉眼角的泪水，"他是个很棒的朋友，总是陪在我的身边。如果他不那么爱吃酸黄瓜的话……"奥利弗忍不住哭了起来。阿曼达伸出胳膊搂住他的肩膀，轻轻抱了一下奥利弗。

奥利弗的妈妈轻轻地将纸巾盒放入土坑中，然后用一只手在上面撒了点土。她在裤子上擦了擦，随后将手搭在奥利弗的肩膀上。"亲爱的，他的年龄已经很大了，三岁的老鼠相当于人类八十岁。他们通常没有办法活得更长了。"

詹姆斯拿起小铲子，用泥土盖住小盒子。然后，女孩儿们每个人都在小坟包前放上了一朵花。

贝琪是最后一个，她轻声说："小老鼠，再见了。"一滴眼泪掉落在坟前的花上。她转过头想对奥利弗说些什么，可此时的奥利弗早已哭着跑回了家。

17

展示时间到！

十一月

周日	周一	周二	周三	周四	周五	周六
5	6	7	8	9	10	11
12	13	14	15	16	17	18
19	20	21	22	23	24	25
26	27	28	29	30	1	2
3	4	5	6	7	8	9

剩余天数：

1

"我们总是拖到最后，"周日上午阿曼达抱怨道，"还有一大堆事情要做呢！"

"没问题的，"苏珊安慰道，"贝琪说她马上就能完成所有的图表了。"

两块可以折三折的项目展板平铺在苏珊家的餐桌上，苏珊昨天从她妈妈相机中打印出的一大沓照片也在上面。同时，餐桌上还摆放着很多工具，有剪刀、胶棒和一卷透明胶带。阿曼达也带来了写着四个假设，以及观察结果的实验记录。不过现在，她们要把这些资料整合到一起。

"一定要让展板看起来很漂亮，"阿曼达强调，"我们已经认真地做了那么多工作，可不能因为马虎大意而丢分。"

阿曼达看着苏珊："我希望贝琪可以把图表做得漂亮些，不过你知道的，她写字并不是班里最好看的。"

苏珊摇了摇头："贝琪一定没问题的，她知道这个项目有多重要。"

就在这时，门铃响了，苏珊走到门口去接贝琪。不一会儿，两个人一同来到厨房。贝琪将书包重重地放在桌子边缘，笑着从里面抽出了一个棕色的大信封。

"昨天晚上我本来正在手工绘制图表，结果我爸爸看到了，就教了我怎么用电脑来作图。我们将数据输入电子表格里，然后我爸爸用软件帮我生成了所有我们想要的图表。我甚至还可以再在其中加入其他的图片！"贝琪骄傲地说着，小心翼翼地将一沓纸从信封中抽了

出来。

"哇，这看起来太棒了！"苏珊叫了起来。

阿曼达一页页翻看着这些图表。看完后，她开心地望着贝琪："有了这些我们肯定会得'A'的，甚至有可能得'A+'！"

女孩儿们花了半个小时左右的时间整理她们的笔记、照片和图表，并将所有这些摊开在项目展板上，边比画着边研究哪种布局最好看。与此同时，阿曼达也忙着将笔记用大而整齐的字迹誊写到白纸上。

"就像我们做的其他项目那样，展示科技节项目的流程也是很重要的。我们或许也可用'思考、计划、执行和完成'这样的结构来展现，没准还能加分呢？"阿曼达说道。

"这么说你现在想得'A++'了。"苏珊耸了耸肩。"不过我觉得其他人应该不会这么做。"贝琪向苏珊眨了眨眼。

"好吧，让我们来从头到尾梳理一下，以确保所有的事情都已经展示清楚且没有遗漏了。"阿曼达边整理照片边说道。

"第一阶段是思考或者叫启动阶段。在这个阶段，我们想出了科技节项目的主题。因为我们已经选择好了题目，所以我觉得不需要用太大的篇幅来展示这一部分，用半页纸的空间画一个思维导图再放一些笔记就够了。

"接下来是计划阶段。这里可以稍微多写一点，展示一下实验的四个假设，以及我们为做实验和实验观测所做的准备。

"执行阶段是真正做实验的过程，这个阶段要详细地展开描述。我们不是准备了很多照片和写着观察记录的纸张吗？可以把它们剪成合适的形状，然后穿插着贴到展板上。

"最后的'完成'阶段，至少要用到展板三分之一的比例。贝琪打印的所有图表、观察结果和对实验的注解都要放在这里。针对之前的每一个假设，都要得出相应的结论来说明这个假设是否被证实。但如果证明了某个假设是错的，还需要给出我们认为的假设错误的原因。"

当阿曼达用她漂亮的字迹在白纸上誊写实验假设和结果时，贝琪把要贴在展板上的记录纸张修剪成了合适的形状。她将一些纸张剪出了波浪状或锯齿状的边。"这样看起来很酷。"

正在写字的阿曼达抬起头看了一眼，然后点了点头："看起来很不错，贝琪。"

苏珊则负责调整贝琪递给她的一片片纸张和照片在项目展板上的布局。

终于，女孩儿们完成了所有需要誊写或修剪的纸张和照片。苏珊将最后一张纸轻轻地摆在项目展板上。"搞定！你们看怎么样？"

"你需要考虑到折叠线的位置，如果你不想有记录纸张或照片被折的话就别在这个位置摆放。"阿曼达提醒道。

苏珊稍微移动了三张图片的位置，终于所有的折叠线上都没有东西了。"好啦！用胶水把它们粘好吧。为了以防万一，我们还有一些胶带，不过我觉得用胶水的话看起来会更整洁。"

在粘每一张纸的时候，三个女孩儿都分工合作，一个人负责粘，另一个人负责固定纸片的位置，最后一个人则负责保护周围的纸片不要挪动地方。

一个多小时后，三个女孩儿站起身来伸了个懒腰。由于她们一直弯着腰专注地工作，三个人都感到有些腰酸背疼。她们后退了几步欣赏着工作成果。

"哎呀，我们怎么把他给忘了！"苏珊叫道。

"忘了什么？在哪？你怎么现在才说啊，我们都已经把所有的东西都粘好了。"阿曼达有些生气。

"我们忘了什么？"贝琪问。她审视着两张项目展板，感觉所有的东西都齐了：假设、计划、实验过程、照片、结果，甚至连实验对象——也就是所有的男孩儿和女孩儿们的照片——都有。

"我们忘了哈罗德，他在哪？"苏珊问，"应该有他的一席之地。"她开始在照片堆中翻找，终于，她找到了一只小老鼠蹲着的照片。

苏珊拿起剪刀小心地剪裁好老鼠的照片，在照片背后涂抹了些胶水，并把它贴在了一个空白的位置。接

着，她拿起笔在照片下写了一句话。

贝琪探过身去看苏珊写了什么。"不错，"她点点头，"奥利弗会喜欢的。"

只见照片下写着一行漂亮的小字：

纪念老鼠哈罗德，迷宫竞赛的冠军。

阿曼达也走了过来："太好啦。让我们把它装好吧，明天就要进行展示了！"

18

怯场

十一月

周日	周一	周二	周三	周四	周五	周六
~~5~~	~~6~~	~~7~~	~~8~~	~~9~~	~~10~~	~~11~~
~~12~~	~~13~~	~~14~~	~~15~~	~~16~~	~~17~~	~~18~~
~~19~~	~~20~~	~~21~~	~~22~~	~~23~~	~~24~~	~~25~~
~~26~~	~~27~~	~~28~~	~~29~~	~~30~~	~~1~~	~~2~~
~~3~~	(4)	5	6	7	8	9

剩余天数：

0

体育馆里人头攒动，人们参观着每一个科技节的展台，这让阿曼达感到很紧张。至少有好几百人啊。阿曼达想。她感觉好像每个人都在看着她。

女孩儿们将迷宫放在桌腿之间的地板上，迷宫的一部分露在了过道上。贝琪和苏珊站在桌子的另一侧，盯着那些小孩子，不让他们碰任何东西。

"小龙"机器人和平板电脑一起放在桌子中央，一群小孩子对它非常感兴趣。一个五岁的小朋友试图伸手去拿机器人，贝琪看着他严肃地摇了摇头，于是小朋友只好收回手揣进口袋里。过了一会儿，他又故作轻松地试图接近桌子，在贝琪又一次的目光警告下，小朋友只好悻悻地走到另一个展台碰运气了。

"请大家坐到座位上！"莫尔迪瓦校长走上了主席台，"五分钟后我们将进行决赛的评比，请大家抓紧时间！"说罢，她走下主席台，和一群老师交谈起来。

人群渐渐离开展台，来到科技节颁奖舞台前的一排排椅子前坐下。

为了保证不让浑水摸鱼的小孩儿碰机器人和展品，贝琪和阿曼达最后才离开展台。她们来到第三排，坐在苏珊提前帮忙占好的座位上。

所有人都落座后，莫尔迪瓦校长重新回到主席台。"首先，我要对今晚所有到场的家庭和参与科技节展览活动的好孩子们表示欢迎。现在，我要向大家介绍今年科技节的组织者——菲利普斯老师。"

莫尔迪瓦校长走到一旁，示意一位身材高挑的金发

老师来到麦克风前。菲利普斯老师在主席台上站定，手里紧张地摆弄着演讲稿。

"呃……感谢各位的到来。这是我第一次组织学校的科技节，我感到非常荣幸。"她停下来看着手里的稿子。

"今年的科技节有很多很棒的创意，看到这么多……呃……聪明的孩子们取得了这么大的进步，我感到十分激动。"她说着将演讲稿翻到第二页。

"她看起来也很紧张，"阿曼达想，"至少不是只有我一个人那么紧张。"

"在这么多好的想法和精彩的展出中选出优胜者真的非常难。"她说着抬头看了看台下的人群。

她的手指轻轻在演讲稿上点了一下，继续说道："然而，总要有一个优胜者。虽然我很想让你们所有人都得第一名，但是我们只能选一个。"

她微笑着看着人群："下面我们有请闯入决赛的三个团队来到舞台上。"

她看了一眼在最前排坐着的孩子们："这三个团队

分别是……"她又翻了一页。

"苏西·史密斯和詹姆斯·哈里森的环保废物处理项目——'变废为宝'。"

当两个孩子站起身从自己的座位离开时,人群中响起了欢呼和掌声。他们穿过过道向颁奖舞台走去。

"接下来是詹姆斯·詹金斯、克莱德·帕金斯和奥利弗·温斯顿,他们的项目是关于全球变暖导致气候的变化,名字叫'冬天去哪儿了?'"

又是一轮欢呼和掌声,人群中甚至还传来了口哨声。三个男孩儿同样穿过过道来到舞台上,站在另外一组决赛选手的身边。

"最后几位闯入决赛的选手是你们几周前刚刚在这个舞台上看到过的几个女孩儿,她们是苏珊·卡特莱特、阿曼达·琼斯和贝琪·佩彻夫。她们的项目名字是'神奇的迷宫',旨在研究人类和啮齿动物在学习如何在不断变化的迷宫中找到路径时的表现。"

阿曼达感到胃部一阵缩紧。她呆呆地坐在座位上,直到苏珊拽了拽她的右胳膊。"快起来,该我们上台

了！"苏珊小声对阿曼达说，"大家都在看你呢！"

"大家在看我……大家在看我……"阿曼达这样想着，感觉胃更疼了，甚至有些恶心想吐。

"来吧！快点儿！"苏珊一边低声催促着，一边拉着阿曼达。终于，三个女孩儿登上台阶来到舞台上，站在了其他几位晋级决赛的同学身边。阿曼达懵懵地站在台上，以至于没有注意到奥利弗就站在她的身边，直到奥利弗对她低语："祝你好运。"

"什么？"阿曼达小声问，她晃了晃脑袋试图让自己清醒一点儿，"你刚才说什么？"

"我说，'祝你好运'。"奥利弗微笑着，用左手轻轻碰了碰阿曼达的右手。

阿曼达感到很疑惑。这不像奥利弗的风格，以前他可没这么友善。他拽她的头发，捉弄她，但是现在……"呃……谢谢，嗯，也祝你好运。"她小声回答。

菲利普斯老师开始讲话的时候，两个人不约而同地转头看向主席台。舞台上的灯光很耀眼，让人很难看清下面的观众。

"现在，让我们来恭喜我们的决赛选手。"菲利普斯老师向舞台上的八个孩子示意了一下。舞台下更加喧哗了，欢呼声、掌声、口哨声、助威声此起彼伏："奥利弗必胜！""加油，詹姆斯！""苏珊！苏珊！"

大家安静下来后，菲利普斯老师继续说道："在我们揭晓今晚最终的获胜者之前，首先，我想请每个组派一个代表来向大家讲述一下他们的项目。这三个项目都包含着一些令人印象深刻的科学原理，我希望他们可以趁这个机会和大家分享。"

台下又响起了一阵掌声和欢呼声。

"那么我们就从最后上台的一组先开始吧——苏珊、贝琪、阿曼达，请到麦克风前来。"菲利普斯老师一边示意几个女孩儿过来，一边走到一旁。

贝琪、苏珊和阿曼达走到聚光灯下，站在主席台前。苏珊用胳膊肘轻轻朝麦克风的方向推了推阿曼达。

阿曼达向前挪了两小步，然后站在那里，身体不自然地微微晃动。她盯着麦克风，灯光打在她的身上，数百人聚集在体育馆里，然后……

一片寂静。阿曼达张了张嘴却没说出一个词。终于，她磕磕巴巴地说道："呃……我们……项目……呃……谢谢……"贝琪赶紧将阿曼达轻轻地拽了回来，自己走到麦克风前。

"抱歉，这或许是实验的后遗症。阿曼达可能被小老鼠同化了。"贝琪说完，台下的观众都有礼貌地笑了。"大家不用紧张，这种情况不会传染的。"台下又传来一阵笑声。

贝琪继续向观众们讲述着她们的实验，与大家分享她们是如何为实验做计划，以及那些她们尝试证实的假设。慢慢地，阿曼达缓过神来，她盯着贝琪的身影。

贝琪——在观众面前讲话时是那么自信、自在、有条理。

贝琪——她是那个阿曼达从一开始甚至在实验之中都一直抱有怀疑态度的人。

贝琪——她最好的朋友，现在在舞台上简直就是个闪耀的宝藏，至少也是个令人骄傲的'A'！

贝琪说完后，从主席台前退了回来。观众们对她的演讲报以热烈的掌声和欢呼声。阿曼达抓住贝琪，给了她一个大大的拥抱。"谢谢，"她在贝琪的肩头小声说，"你刚刚的表现真是太棒了！"

贝琪以一个灿烂的微笑回应着阿曼达，小声说道："没事，这都是朋友该做的！"

三个女孩儿转身回到其他决胜队伍旁。奥利弗冲阿曼达微笑着眨了眨眼。

"这是什么意思？"阿曼达心想。

下一个上场的是奥利弗和他的团队。他们针对全球变暖带来的影响进行了一番精彩的演讲。他们发现冬天并不会完全消失——事实上，某些地方的冬天甚至更冷了，而夏天则更热了。"全球变暖的本质就是变化，"奥利弗说道，"但变化不只发生在某一个季节中。"他们赢得了观众热烈的掌声。

最后上场的是"便便军团"。别的孩子们之所以这么叫，是因为他们的项目着眼于处理各种废物——包括来自污水处理厂的废物。他们描述得非常形象，观众席上的孩子们不时发出"噫！""呕……""噗……"

的声音。当他们下台时，观众们的掌声都被"太恶心了！"和"便便军团！便便军团！"的呼喊声淹没了。

最后一组决胜队伍走下主席台，与其他队伍站在一起，观众们逐渐安静下来。菲利普斯老师回到主席台上，清了清嗓子。

到了揭晓冠军的时刻了。

19

紧张刺激

　　"获得第三名的是苏西·史密斯和詹姆斯·哈里森的项目——'便便军团'。啊，对不起，我的意思是'变废为宝'。请上前。"菲利普斯老师示意他们上前领奖。

　　菲利普斯老师给两个人的脖子上戴上了用绶带挂着的铜牌，并交给他们一人一张奖状。她依次与苏西和詹姆斯握手，并示意他们回到座位。"他们的项目做得棒极了，在这个学期的科学课中将得到'A'的好成绩。"

　　在观众们的掌声中，两人下台回到了座位上。

　　菲利普斯老师又清了清嗓子："获得第二名的三个人用硬科学完成了一个迷人的项目。"

　　她顿了顿，翻到另一页，然后看向观众席。

　　"请一定是奥利弗啊，请一定是奥利弗啊。"阿曼达想着闭紧了双眼。

"我很开心地宣布，获得第二名的优胜者是才华横溢的——阿曼达、苏珊和贝琪！"

人群爆发出热烈的欢呼，甚至有人激动地站了起来。

阿曼达拖着脚步走向领奖台，茫然地接受了授予她的银牌和一个小奖状。当三个女孩走下舞台，穿过一群孩子回到自己的座位上时，菲利普斯老师补充道："同时，她们这学期的功课得到了'A+'。干得漂亮！"

阿曼达向后靠在座位上，脑袋仍然昏昏沉沉，没有缓过劲儿来。"A+"。我得了"A+。""我们得了'A+'！"阿曼达激动地叫了起来，脸上绽放出开心的笑容。

"嘘！"坐在她左边的同学抗议道。

"那么，获得第一名的就是——詹姆斯·詹金斯、克莱德·帕金斯和奥利弗·温斯顿！"

人群变得沸腾起来，场馆中有一半的人都站了起来，大声鼓掌喝彩。

"他们将获得'A++'的成绩！"菲利普斯老师对着麦克风大声地宣布，不过她的声音几乎被人群的喧闹声淹没了。

让阿曼达感到难以置信的是，她发现她自己的双手也不由自主地在空中激动地鼓起掌来。

当阿曼达跟着人群开心地欢呼着"奥利弗！奥利弗！奥利弗！"的时候，贝琪惊讶地张大了嘴。

"这到底是怎样的魔力啊？"贝琪想。

20

热可可

颁奖典礼之后，一切回归了正常。当然，也并不是所有的事情。

参与项目的八位项目小伙伴按照惯例聚集在一起开经验教训总结会，回顾在这次项目中的可取之处和不足之处，展望在下一个项目中如何进步，以及需要做出什么改变。

厨房的餐桌上，在一大盘曲奇饼干和一碗棉花糖的中间，放着一摞纸和一支笔。

他们开始写下一些事情，不过写到一半就放弃了。

可取之处：

- 团队合作

- 原创主题

- 邀请爱丽丝帮忙研究机器人说明书

- 增加了更多的实验对象

- 实验过程中照了很多照片

- 把观测结果做成了很漂亮的图表

- 贝琪的好口才

下次需要改进的地方：

- 少给老鼠吃酸黄瓜

- 不要争吵！多多分享

虽然还需要继续完成列表，不过现在到了该庆祝获得科技节亚军的时候了！尽管道理上说，这是苏珊、贝琪和阿曼达的项目，但是每个人都觉得自己也是这个成功项目的一部分。

"嗨！你们的实验没有测试对象可不行，"詹姆斯笑容满面，"我们都帮忙了！"

与前几次不同，这次经验教训总结会的派对场地选在苏珊家，因为这次的项目主要是在这里进行的。

另一个不同点则是，这是他们第一次请到了一位特殊的嘉宾。

"奥利弗，我们干杯！"阿曼达笑着递给奥利弗一杯热巧克力和一大块棉花糖。

奥利弗是代表这次科技节项目的第九位参与者——哈罗德来参加派对的。

"没有他我们是无法完成项目的！"贝琪说着拿起自己的杯子与奥利弗碰杯。

"是啊，向小老鼠致敬！"苏珊也满脸的笑容。她嘴里的饼干都快塞满了。

奥利弗尴尬地苦笑着，眼睛又一次湿润了。

"嘿伙计们，不要再提奥利弗的伤心事了。他很想念哈罗德，我们又何尝不是呢。"阿曼达说着给了奥利弗一个拥抱并安慰道，"他真的是个好老鼠。"

"奥利弗，你知道吗？"阿曼达松开他，直直地盯着奥利弗的眼睛，"你也不是个坏老鼠。"

说完，阿曼达冲奥利弗的胳膊打了一拳。

"噢！你干吗啊？"奥利弗揉着酸疼的胳膊问。

"把你从思念老鼠的情绪中拉出来，我是不是成功了？"阿曼达将她的杯子放回桌子上，微微一笑，"想不想来场机器人比赛？第一个到地下室的可以先玩儿！"

阿曼达噌的一下跳起来，在桌边跃跃欲试地等着奥利弗。"奥利弗快来，我们去比赛！"

奥利弗将杯子放在桌子上，舔了舔嘴上的巧克力。他确认了身前没有障碍，突然一下翻过桌子，向走廊冲去。伴随着欢笑声，阿曼达和奥利弗以百米冲刺的速度跑下楼梯。

两个人几乎同时触碰到了小机器人。阿曼达轻轻拿起小机器人，将它放在迷宫的起跑线前。然后，阿曼达从架子上取下平板电脑，按下开机键，并将它递给了奥利弗。

阿曼达眼睛放着光："让我来教你怎么用，它可不像看起来那么简单。我们的实验结果最终表明，老鼠是跑得最快的，但女孩儿也比男孩儿快……"

"还好我今天代表老鼠！"奥利弗大笑起来，小机器人也随之启动了。

21

尾声

　　一周后的周六下午，奥利弗遇到了一件意料之外的事情。他的表妹一家来城里拜访他们，并且要留下吃晚饭。

　　泰贝莎比奥利弗小一岁，她带了一样东西给奥利弗看。她从背后拿出一个盖着布的小方盒。

　　"奥利弗，还记得上个月我们来的时候吗？我还叫莫利过来跟咱们一起玩的。"泰贝莎说着把盒子放在地上。

　　"我们两个玩的大富翁，然后莫利还跟哈罗德玩了一会儿。"她说着，慢慢地从一边把盖着盒子的布打开了一点。

　　"是啊，小泰，我记得。我赢了游戏。"奥利弗说。

　　"嘘！快看。"她示意奥利弗往布帘下面看。

奥利弗跪在地上向笼子里看去。里面是一只坐在一堆木屑上的胖老鼠。

他仔细一看，发现这只老鼠前面还有三个粉红色的蠕动着的小东西。

"哎呦，是老鼠宝宝！"奥利弗尽量压低了声音惊叫道。

"是啊，"泰贝莎也小声说道，"哈罗德当爸爸了。"

"能给我一只吗？"奥利弗问，"它们实在太可爱了。"

"现在还不行呢，"泰贝莎摇摇头，"它们还要再长大一些。妈妈说再有几周时间它们才能长到足够大。到时候可以送给你一只。"

奥利弗笑了："我都等不及了。我已经想好要给它起什么名字了。"

泰贝莎放下布帘，认真地看着表哥："我打赌你会叫它哈罗德——就像它的爸爸一样。"

奥利弗盯着天花板："不不不，哈罗德已经用过了。而且，我想到一个更好的名字。"

"那你会叫它什么呢？"泰贝莎好奇地问。

"皮克尔斯（和'酸黄瓜'发音相同）。就叫皮克尔斯。"奥利弗大笑着说。

下一本：《情人节灾难项目》

成功带来的最大的问题就是人们总会对你抱有更高的期望，阿曼达是这么想的。她盯着课桌上叠着的一张纸，盼望着它就这么消失掉。"我为什么要答应呢？"她对自己感到不解。"我一定是疯了！我们已经做了好几个项目了，这次他们又想让我做这个？"

阿曼达又小心地用笔尖戳了戳那张纸，仿佛那是一颗快要爆炸的炸弹。她弹了弹皱巴巴的纸边，那些可怕的文字就藏在里面，即便看不到，却也在嘲弄着她。

最后，她受不了了，放下铅笔，用颤抖的手握住那张纸。"我为什么要答应干这件事？我对这东西又了解多少呢？"

阿曼达痛苦地缓缓打开那张纸，再次读着那些可怕的文字，那些被她包揽下来的文字，描绘着她承诺要做的事。

"好的，莫尔迪瓦校长，行，没问题！这会很有意思的！"

皱巴巴的纸的最上方是用大大的粗体字写的抬头：

招募：学校情人节舞会组织者

阿曼达战栗着：这肯定会是一场灾难！

——

加入项目团队，一同开启小伙伴们的第四个大历险吧！他们将一起组织温斯基中学的情人节舞会。除了要解决这个迄今为止最大的项目所带来的挑战外，还会有一个古老的问题将要考验他们的极限。丘比特的神箭会射中项目小伙伴吗？或者更糟糕的是，丘比特会不理他们吗？

家长和老师注意：

下一本《情人节灾难项目》中的项目将会是迄今为止规模最大、最多变也是最复杂的项目。除了将舞会作为项目来进行规划之外，他们还要学习如何建立人际关系和提高他们的沟通技巧，因为他们将要与整个学校打交道。他们会学习如何积极地引导他人，以及如何在舞会上面对"校园霸王"。

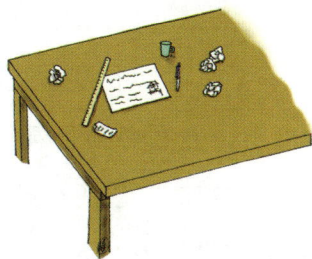

词 汇 表

收尾阶段（完成）——指项目的最后阶段，确定想做的事情已经都完成了。

并行任务——指需要同时进行的任务。

常量——指在实验或场景中不变的东西。

控制阶段（领导、检查和纠错）——这是指确定团队是不是按照计划进行工作，调整团队的注意力避免散漫或分心。确保团队成员获得他们完成任务所需要的工具和资源，还要保证大家合作顺利。项目经理会花很多时间在这些任务上。

关键路径——你在计算每个任务需要的时间的总和时，你的任务顺序图中需要最长时间的那条路径。

可交付成果——指在项目中需要完成的成果。完成成果的规模可大可小，但它必须是看得见的和可量化的。当一项关键任务结束时，它的结果一般会成为一项交付成果，例如，迷宫设计图、组装好的迷宫和最终的项目展板。

依赖关系——当一项活动B（或者任务）只能在另一项活动A（或者任务）完成之后才能开始的时候，B就有依赖关系。图示A→B表示A不能在B完成之前开始，因为B对A有依赖关系。

持续时间——指完成一项任务所需要的时间。如果这项任务还没有开始或者还没有完成，这就是一个估算的时间。如果这项任务已经完成了，你就能知道实际花费的时间，即实际上完成这项任务所花费的时间。

估算时间——你认为完成一项任务将需要的时间。

执行阶段——这是指项目的任务真正开始的时候，也就是大部分需要完成或建造的活动开始的时候。

支出——你所花的钱。男孩儿们需要花钱买露营时的食物，苏珊的爸爸需要花钱买木头和螺丝。

横道图（甘特图）——同时在一张图表上显示项目计划的任务、日程、资源和依赖关系。这是一种被广泛运用和非常有效的工具，用于显示项目各项活动和时间的关系的方法。

收入——你挣的钱，即到你手里的钱。比如孩子们在终极树屋项目中卖柠檬水挣到的钱。

启动阶段（思考/想法）——在项目的启动阶段，我们对想完成什么的想法，也就是我们想做什么（"来一起盖个树屋吧！"）。

经验教训总结会——在项目接近尾声时（如果是很长的项目的话，在项目进行中间也要做），团队成员在一起回顾和讨论一下哪些部分完成得好，哪些完成得不够好，还要讨论下次怎么能做得更好。

计划阶段（计划）——在项目的计划阶段，我们应该详细地明确需要做哪些事情，还要决定我们打算怎么做这些事情（我们应该做什么类型的实验，如何去完成）。

项目——项目是指一个暂时的活动，包括一个确定

的目标，还有开始时间和结束时间。

项目管理——项目管理是指把知识、技能、工具和技术应用于项目活动，来完成一个项目的所有需求。

需求——我们希望项目会有一个什么样的结果。老师们对科技节提出了一些需求。

资源——材料、工具、人力或者完成项目所需要的钱。"项目小伙伴"团队有八个人，他们用木头来建造迷宫，他们用工具来计时，他们还用了平板电脑和机器人：这些都是资源的一部分。男孩儿们还用了帐篷、绳子、杆子和防水布，以及炊事用具和每个人书包里所带的物品。

范围——指的是完成一个项目所包括的所有部分，在工作分解结构里面所需要涵盖的所有内容。一开始你可以有一个比较概括的工作范围描述，比如"盖一个树屋"或者"建一个鬼屋"，然后再进入细节。这样每个团队成员对于项目要完成的任务都有个清晰的认识。比如，"盖一个能容纳八个人的、带平台的多层树屋"或者"建一个包括车库、地下室和后院在内的鬼屋"。

顺序——事情发生的前后顺序。比如，字母表里A在B之前，B在C之前——这就是顺序（A→B→C）。

技能——知道如何完成一项任务的能力，比如爬树、打结等。

目标截止日期——指某项任务的完成日期，或者是整个项目的完成日期。孩子们要在某个特定的时间日期前完成科技节项目。

任务——一项具体工作或者活动，来完成项目的一个部分，比如设计或组装迷宫、记录实验结果或者制作最终的展板。

变量——这是指我们需要计划的那些不确定的事情。比如，每次实验实际花费的时间，机器人在开着灯的情况下电池持续的时间，每个人在完成不同的迷宫时的表现，等等。通常在最初的时候我们并不知道这些变数会是什么，而且这些变数有可能随着时间而改变。

愿景——对你想做的事情的远景的描述，是盖一个树屋、设计一个实验还是画一幅画或者做一件别的事情。

　　工作分解结构——树形结构的示意图，用于呈现需要完成的任务（可交付成果），把高层次的任务细分成小任务（有更多细节的）。

项目管理概念

　　这本书向孩子们介绍了一些基本的项目管理的概念（或者可以说，简化的项目概念）。

　　在前面的故事中，项目团队已经学习了项目管理的基本阶段。不论我们使用何种项目管理的术语或体系，这些阶段都是所有成功项目所必备的。在这本书的故事中，我们又强化了这部分概念。下面标明了项目阶段与本书章节的对应关系。

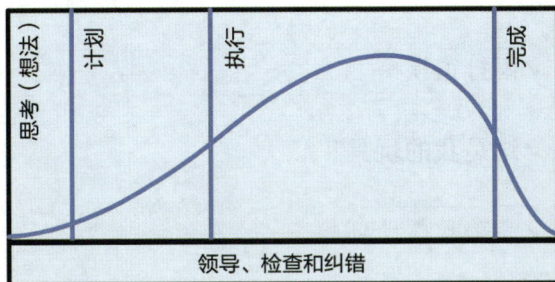

- 项目启动阶段（思考/想法）

  ✓相对而言

  ✓乐趣与游戏

  ✓布置作业

  ✓列队，注意！

- 项目计划阶段（计划）

  ✓科学之光

  ✓准备好了！

  ✓决定了，这是个好主意！

- 项目执行阶段（实施）

  ✓鞋湿了，到处湿漉漉的

  ✓雨打窗棂

  ✓这是我的玩具！

  ✓完美救援计划

  ✓老鼠和本

✓花生酱和酸黄瓜

✓记下来！

✓再见，老鼠

- 项目收尾阶段（完成）

✓展示时间到！

✓怯场

✓热可可

- 项目控制阶段（领导、检查和纠错）

✓完美救援计划

✓写下来！

✓再见，老鼠

✓展示时间到！

本书中，在开始做详细的计划之前，女孩儿们为想出一个既好又可行的创意而付出了诸多努力。她们的一个需求是想要得到一个非常好的成绩，因此她们想做一

个与众不同的项目。当她们确定了想法并且验证了它的可行性之后——试玩儿机器人以确定它是否满足在迷宫中行进的条件——她们便快速地形成了项目计划并明晰了要做的事情。

在团队成员探讨项目目标期间，有可能会出现犹豫不决和"胡思乱想"的情况，这在最终决定项目要做什么之前，都是常见的问题。不过，一旦项目愿景清晰后，项目的进展将比之前流畅很多。

在项目计划期间，项目组成员开展了一场头脑风暴，并在此基础上开发了一个简单的工作分解结构，明确了需要做的事情（任务）。

接下来，他们把各项任务按逻辑排序，明确任务之间的依赖关系。这个项目和树屋项目比较类似，由一系列按顺序串联的阶段组成。与之相对的是鬼屋项目，它是由一系列平行进行的任务链构成的。这些都在网络图中表示出来了（在本书故事中孩子们称之为气泡图。）

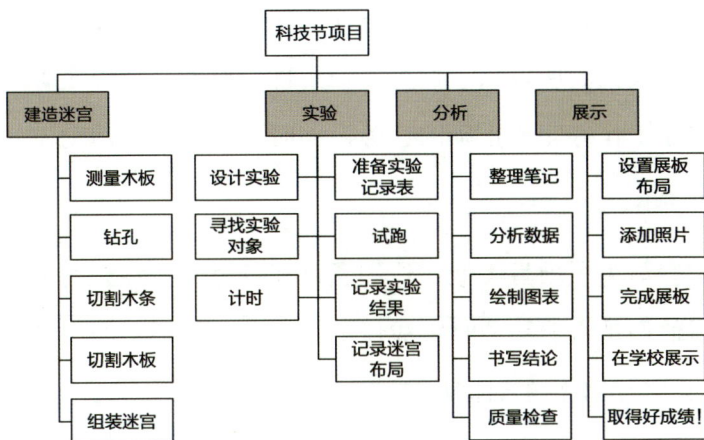

科技节项目

建造迷宫 | 实验 | 分析 | 展示

测量木板 | 设计实验 | 准备实验记录表 | 整理笔记 | 设置展板布局
钻孔 | 寻找实验对象 | 试跑 | 分析数据 | 添加照片
切割木条 | 计时 | 记录实验结果 | 绘制图表 | 完成展板
切割木板 | | 记录迷宫布局 | 书写结论 | 在学校展示
组装迷宫 | | | 质量检查 | 取得好成绩！

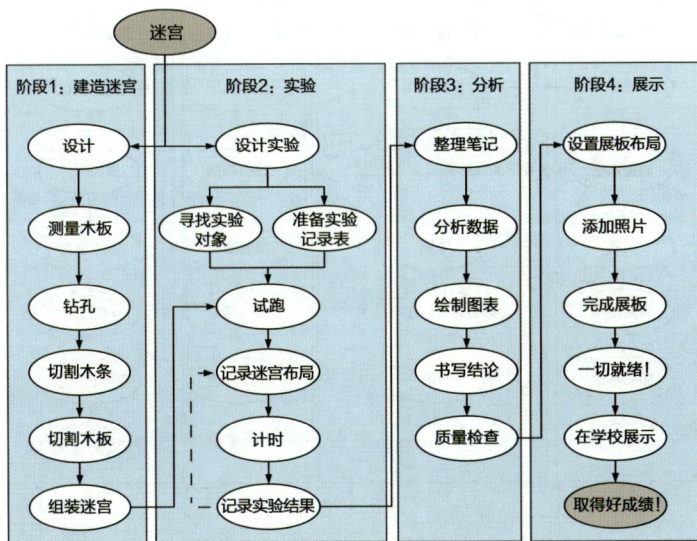

迷宫

阶段1：建造迷宫 | 阶段2：实验 | 阶段3：分析 | 阶段4：展示

设计 → 设计实验 | 整理笔记 | 设置展板布局
测量木板 | 寻找实验对象 / 准备实验记录表 | 分析数据 | 添加照片
钻孔 | 试跑 | 绘制图表 | 完成展板
切割木条 | 记录迷宫布局 | 书写结论 | 一切就绪！
切割木板 | 计时 | 质量检查 | 在学校展示
组装迷宫 | 记录实验结果 | | 取得好成绩！

在这个网络图中（有时候也被称为依赖性关系图）

可以明确地展示出哪些任务需要先做、哪些第二步做，以此类推。所以孩子们可以在正确的时间、按照正确的次序工作并完成正确的任务，同时又为下一个活动做好准备。

　　与鬼屋项目类似，他们通过任务时间估算来尝试判断他们是否能够按时完成任务。按照他们最初的估算，项目会在很短的时间内完成。

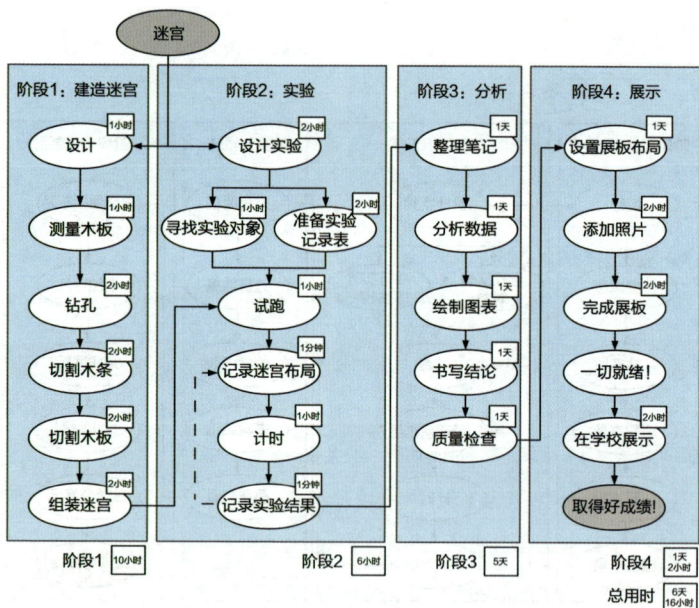

　　然而，他们考虑到项目中存在一些关键的变数，例

如每次实验实际花费的时间（不确定性估计）。同样，他们也不知道具体需要进行多少轮实验才能得到一个好的结果样本来分析。因此，虽然他们可能知道一轮实验所需的时间，他们仍然需要预留充裕的时间来完成不定数量的实验。他们只能采取在一段时间内尽可能多地做实验的方式，以把控进度，使不能按时完成项目的风险最小化。

这次，在爸爸的指导下（故事外），阿曼达在项目中引入了甘特图，用来展示和跟踪任务的状态。甘特图可以同时在一张图表上显示任务、时间、资源和依赖性。一张简单的甘特图可以有效地用于这个项目中，项目的阶段、任务、时间刻度和任务负责人都得到了清晰的体现。

女孩儿们遵循了在一定时间内尽可能多地做实验的方法，并发现她们仍有时间去增加更多的实验对象，从而可以获得更加丰富的数据样本，例如男孩儿和女孩儿对抗、人类和老鼠对抗等。当然，这也有望给他们带来更好的成绩。

科技节迷宫项目

任务	责任人	天数
迷宫项目	所有人	27天
阶段1：睡想迷宫	**所有人**	**6天**
设计	苏珊	1天
画画	苏珊	5天
钻孔	苏珊	4天
切割木条	苏珊	4天
切割木板	苏珊	4天
组装迷宫	所有人	1天
阶段2：实验		**16天**
设计实验	贝琪	1天
寻找实验对象	阿曼达	1天
准备实验记录表	贝琪	5天
试验	阿曼达	1天
进行实验		10天
记录迷宫布局	贝琪	10天
计时	贝琪	10天
记录实验结果	贝琪	10天
阶段3：分析		**4天**
整理笔记	贝琪	2天
分析数据	阿曼达、贝琪	2天
绘制图表	贝琪	1天
书写结论	阿曼达	1天
同侪检查	苏珊	1天
阶段4：展示		**2天**
设置展板布局	所有人	1天
添加图片	所有人	1天
完成展板	所有人	1天
一切就绪		0天
在学校展示	所有人	1天

234

男孩儿这边，童子军远足露营同样可以被看作一个项目。男孩儿们在露营计划阶段和露营后的回顾过程中，向他们的小队长及一名成年长官指出了这一点。

本书中的很多章节的最开始都展示着一张时间表（已经结束的日期在日历上打了"×"，旁边标注着剩余天数和当前项目阶段）。

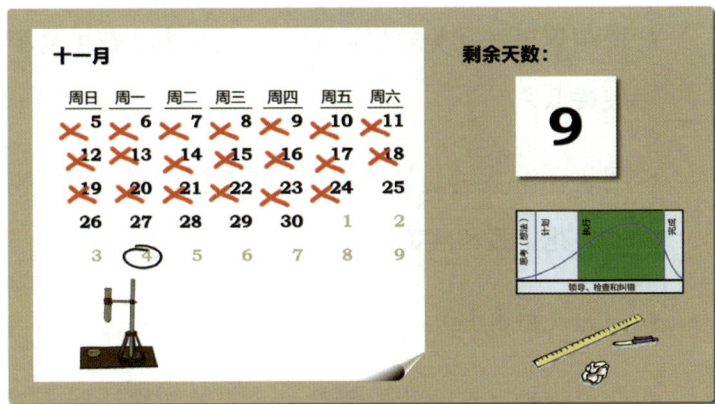

这种简单、日常的图示旨在帮助孩子们在阅读这本书时更多地意识到时间的流逝，并且有意为孩子们制造一点关于最后期限的焦虑——"只剩9天了"。无论年龄大小，当我们的任务有最后期限，并且时间的流逝清晰可见时，我们似乎都工作得更好。

故事中直接或者间接地复习到一些其他的项目管理概念，包括：

- 需求（布置作业／列队，注意！／科学之光／决定了，这是个好主意！）

- 估算/测量（雨打窗棂／这是我的玩具！／老鼠和本／花生酱和酸黄瓜）

- 资源管理（完美救援计划／老鼠和本／花生酱和酸黄瓜）

- 团队合作/人力资源管理（完美救援计划／老鼠和本／花生酱和酸黄瓜）

- 沟通（整本书）

- 变更管理（这是我的玩具！／完美救援计划／再见，老鼠）

- 风险管理（鞋湿了，到处湿漉漉的／再见，老鼠）

- 质量管理（记下来！／展示时间到！）

- 经验教训（热可可）

最后一点，工作分解结构有时可以以"产品"和"可交付成果"的形式出现，因此不会用到动词（也就是说没有具体的任务或者活动，只用名词或者名词短语来表示需要达成的结果）。

例如："桥梁""甲板""桁架""支撑物"等。

通常，在工作分解结构示意图中会同时运用高层级的可交付成果（名词）和低层级的主要任务（使用名词或动词），这样有助于与不同层级的团队成员沟通项目计划。有时也可以在高层级可交付成果中使用表示活动的词语。

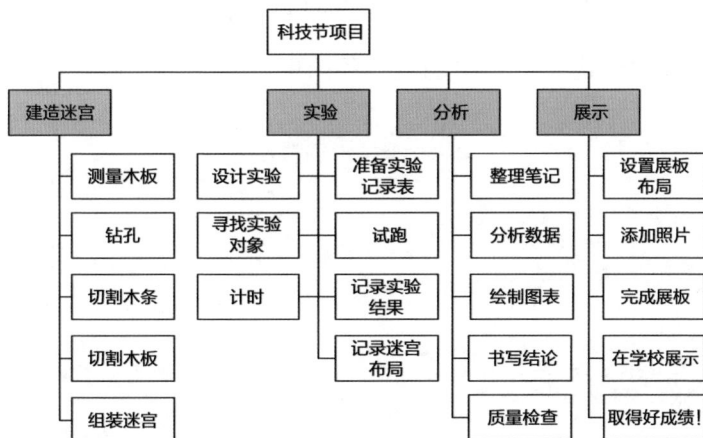

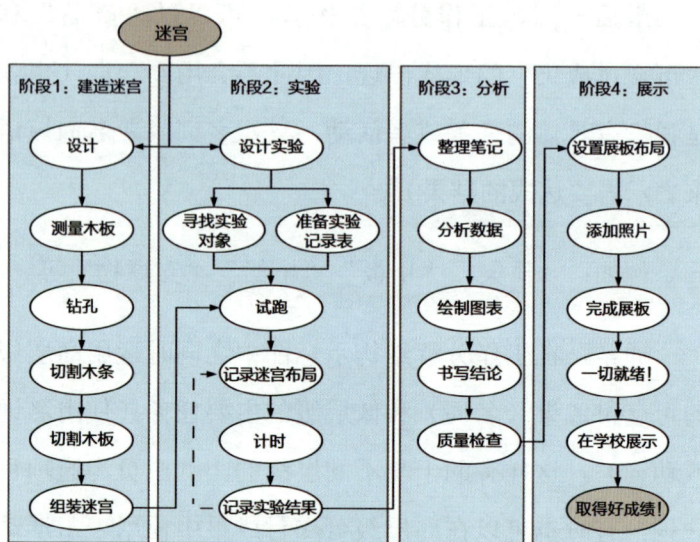

通常，最终形成的网络图和甘特图中会同时包含可交付成果和任务，因此每个项目可以自主决定是否在工作分解结构示意图中涵盖任务的更多细节。

Project Kids Adventure
青少年项目奇遇系列

情人节
宋难项目

The Valentine's
Day Project Disaster

〔加拿大〕加里·M. 纳尔逊（Gary M. Nelson） 著

刘叙 译 高屹 审

中国电力出版社
CHINA ELECTRIC POWER PRESS

图书在版编目（CIP）数据

青少年项目奇遇系列. 4,情人节灾难项目／（加）加里·M. 纳尔逊（Gary M.Nelson）著；刘叙译. —北京：中国电力出版社，2021.9
书名原文：Project Kids Adventure. The Valentine's Day Project Disaster
ISBN 978-7-5198-5877-3

Ⅰ. ①青…　Ⅱ. ①加…　②刘…　Ⅲ. ①项目管理－青少年读物
Ⅳ. ① F224.5-49

中国版本图书馆 CIP 数据核字（2021）第 153308 号

This book was first published in English in 2016 ,Copyright © by Gary M. Nelson.

本书英文版于 2016 年首次出版，版权归加里·M. 纳尔逊所有。

京权图字：01-2021-0583

出版发行：中国电力出版社
地　　址：北京市东城区北京站西街 19 号（邮政编码 100005）
网　　址：http：//www.cepp.sgcc.com.cn
责任编辑：李　静（1103194425@qq.com）
责任校对：黄　蓓　朱丽芳
装帧设计：九五互通　知行兆远
责任印制：钱兴根

印　　刷：三河市航远印刷有限公司
版　　次：2021 年 9 月第一版
印　　次：2021 年 9 月北京第一次印刷
开　　本：880 毫米 ×1230 毫米　32 开本
印　　张：44.125
字　　数：673 千字
定　　价：258.00 元（全 5 册）

推荐序

拥有自己的魔法杖

要是在真实的世界中也有魔法学校，要是我们能够拥有可以快乐地把自己想要做的事情做成的魔法杖该有多好啊！

但是，这样的魔法杖有吗？

有的，这样的魔法杖就是项目管理。

如果我们周边的小伙伴们不见得比我们聪明，但是他们比我们成绩好；如果我们周边的小伙伴们不见得比我们有能力，但是他们做成的事比我们多；如果我们周边的小朋友不见得比我们更善良，但他们比我们更受同学欢迎……那一定是他们无意中运用了项目管理这个魔法杖。

不懂项目管理的人总是强调勤奋刻苦、总是相信勤能补拙，他们不知道是我们的做事方式错了因此效果不

理想，他们不知道只有掌握了项目管理才能够做到事半功倍否则只会事倍功半。

我们在看其他故事书时，会被要求总结这些书的中心思想，会被要求把其中的优美段落背下来。这些对增长我们的知识是必要的，但这些都是别人的思想，都是别人的生活。这套书中讲述的项目管理故事却能够让我们一步一步地实现自己的目标，它的前提条件就是我们有正常的智商。当然，我们的知识越丰富，我们的其他技能越强，我们能够利用项目管理做成的事就越有价值。

本套书可以自己偷偷看，就像看一本魔法秘籍；也可以和爸爸妈妈一起看，毕竟有他们的帮助你的功力会增加得更快，而且你的魔法也会反过来帮助爸爸妈妈做成事情呢；更可以和朋友们一起看，大家可以组成团队来检验自己手中魔法杖的功效。

本套书就像一个魔法学校，第一本到第五本有不同的魔力等级，也有不同作用的魔法杖。魔法是需要一级一级修炼的。

对了，忘了告诉大家什么是项目管理了。项目就是我们想做成的一件事情，管理就是怎么和大家一起去定

目标、做计划、开展合作直到把这件事情做成。

对，就这么简单。让我们现在就进入这个项目管理的魔法学校去找到自己的魔法杖吧！

丁荣贵

山东大学教授

《项目管理评论》主编

译者序

  亲爱的读者朋友们，听到"情人节"你的第一反应是什么？缤纷的鲜花、轻柔的音乐、香甜的巧克力，还有那种充满激情的、让人心跳的感觉？总之，情人节的一切都应该是美好的，是温馨和浪漫的。灾难？情人节怎么会和灾难联系起来啊？出了什么意外吗？原来这一次我们的项目小伙伴真的遇到了大麻烦，原本轻松美好的情人节，居然变得刀光剑影!

  别紧张，这只不过是一个比喻，真的没有什么暴力事件发生。真正摆在两个刚刚升入中学的女生，以及他们还在上小学的朋友们面前的难题，是应校长要求（没错，就是那位总让人想起吸血鬼的女校长），组织一场中学的情人节舞会。时间紧迫，缺乏经验，不知从何入手，这还不算完，更大的挑战是，还有一个高年级的破坏者，无论明里还是暗里，总是想尽各种办法和手段要阻止他们成功地举办舞会！还有什么比一个破坏者更让人心烦的事情吗？

这还不算完，连神仙都要给小伙伴们出难题！那个长着一对小翅膀，到处射箭的胖孩子，对，就是丘比特，还总是在大家焦头烂额的时候偷偷射上一箭！我们的项目小伙伴能经受得住这多方面的考验吗？如此复杂的环境下，谁能始终保持一颗平静的心呢？捣乱的坏人，最后得逞了吗？一个接一个的想不到，情节反转再反转，快让我们和小伙伴们一起体验情人节心跳的感觉吧！

刘叙

中、美、加注册建筑师，项目总监

美国科罗拉多州丹佛Lantz-Biggio建筑事务所

赞 誉

　　这个故事从家长的视角、孩子的语言和专业人士对简单化和理解力的敏锐度出发，写得非常好。如果你希望你的孩子很自然地开始有项目管理的思维，这本书将是你家中的必备读物！作为一个作者、家长和项目管理专业人士，每一页读起来都非常享受。谢谢加里！

　　　　　　　　——费尔如斯·塔米米，获奖小说家和项目管理

　　　　　　　　　　　　　　　　　专业人士（PMP）

　　情人节灾难项目这个故事特别证明了，当运用正确的工具和遵循正确步骤的时候，学生们能达到我们意想不到的水平。项目管理、人力资源管理和时间管理的技能是可以通过学习来掌握的。加里·纳尔逊通过对人物

和场景的描述及故事线来讲解这些知识。不管你是青少年还是成年人，情人节灾难项目都是学习如何将一个想法变成现实的最有趣的途径。

——克里斯·贝塞，目的地想象公司教育联盟董事

通过读这本书你可以在学校举办一个有史以来最棒的情人节舞会——不过你要小心痘痘皮特。

——西恩纳·伯恩斯（10岁）

虽然大家都知道项目经理对待相关方要保持冷静和理智，不过当你只有12岁的时候做到这个是非常困难的——更何况还涉及情人节！项目小伙伴面临一个巨大的挑战——他们试图在交付一个项目（情人节舞会），吸引和影响相关方（学校所有的学生、老师和校长），以及保持头脑清醒，这一切都在丘比特的眼中。孩子们学到了很多教训，成年人也一样！

——托尼·万·克瑞肯，项目管理专业人士（PMP），文学硕士（MA）

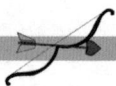

　　加里具有超乎寻常的能力，用简单易懂和有趣的语言来解释项目、项目管理和关键概念。他找到了一种非常有效的方式向年轻人讲解至关重要的生活技能，并且使他们渴望参与。不久我们都会问："那些孩子的项目怎么样了？"

——史蒂芬·诺萨尔，（美国）项目管理

协会（PMI）纽约市分会选举主席

献 词

本书谨献于罗娜——你永远是我的情人。

本书谨献于我的两个小儿子，里安姆（13岁）和丹尼尔（12岁）——我的传声筒和我所有书的故事审阅者——你们帮助我写出了本系列图书。

本书谨献于所有还记得他们的第一个情人节舞会的每一个人。

致 谢

　　项目小伙伴们并不是唯一随着这套书成长和发展的人；虽然马修的水平一直是高于在这本书中运用的漫画风格，在过去的几年里，他的水平又取得了明显的提高。没有什么是必须停止不变的，所以我们决定让项目小伙伴在这本书中通过插图的风格来"长大"一点儿。这是一个困难的决定，不过我希望是一件好事儿。我认为从现在开始的新的风格将有助于显示出项目小伙伴日渐成长的信心和能力。另外，你经常能听见孩子们说"我们不再是小孩子啦！"做得非常好，马修。

　　非常感谢我的校对：维基·伯恩斯、克里斯·彭伯顿和凯瑟琳·霍尔。我感激你们为给这本书添彩所做的一切。

我还要特别感谢利亚姆，一个萌芽期的艺术家，他凭着自己的能力在"19.甜蜜的报复"中画了配图。

加里·纳尔逊

项目管理专业人士（PMP）

新西兰汉密尔顿

2016年2月14日

Gary.Nelson@gazzasguides.com

关于插画师

我的名字是马修·弗若斯顿。我喜欢画画和打游戏，所以这两件事占用了大部分的业余时间。不过，我不干这两件事的时候，我会睡觉、吃饭和坐在那儿度过一天干另外一件恐怖的事儿——上学。我写这段话的时候住在新西兰，一个非常绿色的国家，尤其以友好的本地人和濒临灭绝的国鸟——奇异鸟（鹬鸵）而著名（很可惜奇异鸟不会飞）。不过我不是一直住在新西兰的，我出生在南非，在那里住了四年，所有我干的事情是其他小宝宝都干的：吃东西、哭、睡觉和给家长送礼物——脏尿布。

项目小伙伴

詹姆斯·卡特莱特

年龄：11岁

身高：57英寸（145厘米）

眼睛：棕色

头发：深金黄色

喜欢：漫画书，电子游戏，盖东西，营火，贝琪

厌恶：新鞋，蜘蛛，自己单独去舞会，吸血鬼

技能/优点：跑步，攀岩，游泳，音乐

本·琼斯

年龄：11岁

身高：59英寸（150厘米）

眼睛：棕色

头发：深棕色

喜欢：当头儿，巧克力

厌恶：姐姐，校园霸王

技能/优点：盖东西，指挥遥控机器人

蒂姆·奥瑞利

年龄：11岁

身高：56英寸（142厘米）

眼睛：绿色

头发：红色（卷发）

喜欢：画画，做计划

厌恶：校园霸王，不做计划

技能／优点：团队协作，做计划，横向思维

汤姆·奥瑞利

年龄：11岁

身高：56英寸（142厘米）

眼睛：绿色

头发：红色（卷发）

喜欢：电子游戏，露营

厌恶：木刺，爱争执的人

技能／优点：盖东西，团队协作

阿曼达·琼斯

年龄：12岁

身高：60英寸（152厘米）

眼睛：绿色

头发：深棕色

喜欢：团队协作，奥利弗，女孩儿手册

厌恶：专横的人，校园霸王

技能／优点：做计划，设定目标，领导力，写
作能力

苏珊·卡特莱特

年龄：12岁

身高：59英寸（149厘米）

眼睛：蓝色

头发：金黄色

喜欢：大自然，远足

厌恶：弟弟，固执的男生

技能／优点：做计划，沟通

贝琪·佩彻夫

年龄：12岁

身高：58英寸（147厘米）

眼睛：棕色

头发：棕色

喜欢：詹姆斯，奇普，巧克力

厌恶：大家一起争论

技能／优点：当着很多人说话，调解

爱丽丝·吴

年龄：11岁

身高：56英寸（142厘米）

眼睛：棕色

头发：黑色

喜欢：和其他人合作，画画，和她的朋友们玩儿

厌恶：乱七八糟，丘比特

技能／优点：画画和画草图，组织能力

其他小伙伴

查尔斯（奇普）·库珀

年龄：13岁

身高：63 英寸（160厘米）

眼睛：蓝色

头发：金黄色

喜欢：帮助别人，贝琪，足球

厌恶：被别人指手画脚

奥利弗·温斯顿

年龄：12岁

身高：60英寸（152厘米）

眼睛：蓝色

头发：金黄色

喜欢：老鼠，阿曼达，电脑

厌恶：人们仓促得出结论

皮特·约翰森

年龄：13岁

身高： 65 英寸（165厘米）

眼睛：棕色

头发：棕色

喜欢：组织事情，用自己的方式办事情

厌恶：固执的人，小孩儿

托德·摩根

年龄：13岁

身高：63 英寸（160厘米）

眼睛：棕色

头发：棕色

喜欢：电子游戏，和朋友们玩儿

厌恶：专横的女孩儿，叫喊

目 录

1

仓促的决定

"我都干了些什么啊？"周二的下午，阿曼达坐在树屋的"阅读室"呻吟着。实际上，阅读室就是树屋最低的平台，他们存放漫画书塑料盒子的地方。阿曼达斜靠在绳子做的栏杆上，脚在空中悬着。她头上另外的八个平台消失在树叶中。

阿曼达叹了一口气，重新又靠在她的胳臂肘上，用手梳着自己棕色的长发，一边仔细观察着迂回的绳梯和悬挂在她头上的平台。树屋还真是做得令人称赞——去年夏天她和三个好朋友——爱丽丝、苏珊和贝琪一起盖的。"好吧，也许不是全靠我们自己。"她叹了口气。男孩儿们的树屋被毁了之后他们也过来帮忙了，除了她弟弟，所有人都来了。本发了很大的脾气，然后从树上掉下来摔断了腿。和阿曼达一样，本也有着棕色的头发，不过阿曼达有着清澈的绿色的眼睛，不像本的眼睛是棕色的。

阿曼达努力想找到最高的平台，从她所在的制高点很难看见那层平台。第九层平台—— 她的平台，是在树的最上面。身体坐直之前她对自己笑了笑。阿曼达看了一眼放在装漫画书塑料盒子上面的一张纸，这个塑料盒子被当作他们的漫画图书馆。

"这全是你的错。"她把责任都推到了这张纸的身上。

那张纸没有理她。

"或者没准儿一开始是你的错，"她嘟囔着，朝着树屋四周看了看，"如果我们没有完成这第一个项目，我也就不会陷到这个烂摊子里了！"

她叹了一口气，拍了拍右手边的一块木板。"不是啦，我还是很高兴我们盖了你这个树屋。那个时候真的很好玩儿，而且我们也非常享受在树屋的时光。也轮到我做一件比本干得好的事情了。"

"你在跟谁说话？"一个声音从下面传上来。

"谁在那儿？"阿曼达一边问一边站了起来。她走到栏杆旁边往下看去。"哦，是你啊，蒂姆。你在这儿

干吗？"

"跟你一样，我想在树屋待一会儿。我已经把今天的作业做完了，所以我决定来这儿读会儿漫画书。"蒂姆回答道，"不过我不知道我是不是打扰你和树之间的对话了。"蒂姆摇了摇头。

阿曼达没有回答他，问道："汤姆呢？"

汤姆是蒂姆的红头发双胞胎兄弟，而且他们几乎总是在一起的。他俩总是互相完成对方开始的句子，起初你会觉得有些分神，不过习惯了就好了。蒂姆和汤姆比阿曼达小一岁，还都在上小学。

蒂姆摇摇头："他还在做他的作业。他昨天做完作业之前就打游戏，结果给自己惹了麻烦。现在他得完成这个星期的所有作业，晚饭后还要洗碗，所以现在就只有我一个了。"蒂姆说着开始顺着绳梯往上爬。

阿曼达等着蒂姆爬到绳梯最上面，走到阅读室这个平台上。

"嗯，你怎么样？中学还好吗？"蒂姆问。

阿曼达耸耸肩："中学还行吧，我觉得。我已经开始习惯了。"

"还，还有——奥利弗怎么样？"他问。

阿曼达脸红了："嗯，他挺好的，我猜。好像我真的在乎他似的。"

"啊，得了吧，你以前经常说你讨厌他，不过我听到的可跟你说的不一样了。"蒂姆说着，眨眨眼睛，"我跟你现在都不在一个学校了，这些都是我最近听说的。"

阿阿曼达的脸更红了："嗯，是，嗯，再说了，这也不关我的事儿。"

"所以你没有拉过他的手？"蒂姆问，他的眉毛抬了起来。

"嗯，是，是吧，也许，不过，但是……"

"不过什么？所以你现在喜欢他了，这可是大事儿。"蒂姆耸耸肩，"大家随时都会改变自己的想法的，即使是那些像奥利弗的人。"

"奥利弗怎么了？"阿曼达质问道。

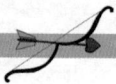

"噢！我猜他总是揪你头发杀死了你不少脑细胞吧？还是你忘了那段儿了？"蒂姆问，他小心翼翼地往后退了一步。

阿曼达在空中挥了挥手："哦，那个啊，那个都是过去的事儿了。他说他那么做只是为了引起我的注意，因为跟我一说话他就紧张。你肯定知道，男生有的时候真的是傻乎乎的，对吧？"阿曼达挑了挑左边的眉毛。

蒂姆耸了耸肩："没错，所有的人都可能会犯傻，不只是男生。"

"唉！"阿曼达喃喃自语着，"我不知道哪个更差劲——是争论一下人能有多傻呢，还是那个！"她指着塑料盒子上的那张纸。

蒂姆弯下腰去拿起那张纸。

"别碰它！"阿曼达喊道。

"太晚了。"蒂姆说着开始读那张纸上的字。阿曼达的肩膀沉了下去。

"所以到底是什么问题呢？"蒂姆读完了之后把纸

放了回去，问道。

阿曼达重重地坐在平台边上。蒂姆坐在她旁边，他的腿前后晃着，下意识地随着阿曼达晃腿的节奏。

阿曼达安静地坐在那儿有一分钟左右，然后回答道："你记得上个项目吗？那个科技展会，那个迷宫。"阿曼达眼睛盯着她的鞋带，随着脚前后地晃悠着。

"记得。"蒂姆点点头，"我也是试验的一部分，操控着机器人到处走挺酷的。"

阿曼达深深地吸了一口气。"嗯嗯，是啊，圣诞节假期之后，我们的校长，莫尔迪瓦校长在我上数学课的时候来找我。她让我跟她到走廊里去，说有事跟我说。我一开始还以为我惹了什么麻烦呢……"她停顿了一下，又看了下她的鞋带，"……实际上我当时根本不知道这个麻烦有多大！"

"我的意思是，为什么又是我？就因为今年我们做几个不错的项目，她就选上了我。"阿曼达叹了一口气，"第一，她说她想以她个人的名义祝贺我科技展览项目的成功，这让我感觉很不错，你明白吧？"

"然后，然后她完全换了一个话题，"阿曼达拿起了那张纸，摇晃着，"她设了一个陷阱，我发誓！在她说了所有这些好听的话之后我怎么好拒绝她呢？"

蒂姆轻轻拍了拍阿曼达的肩膀，说道："不会那么差劲啦，会有人帮你的，应该没事儿。你等着看吧。"

阿曼达扭身看了看蒂姆，还是一副没有被说服的样子。"我需要好多帮助。所以——你这回会帮我吗？"

蒂姆拍了拍阿曼达的肩膀，站起来摇了摇头："嗯，我不知道……这个是中学的事儿，不管喜欢不喜欢，我们这些男生还都在小学呢。我根本不知道怎么弄，特别是像这种事情。"

蒂姆顺着梯子往下爬的时候又冲着阿曼达喊道："不过别担心，我保证你会得到很多帮助的。祝你好运！"

"谢谢你什么忙也没帮！"阿曼达嘟囔着，把纸揉成一团。

当蒂姆的脚步声完全消失在树林的后面，阿曼达又慢慢地打开了纸团，在木板上把它抚平。

那些可怕的字句还在纸上，并没有因为被揉成一团而改变。

纸上用很大的粗体字写着：

招募：学校情人节舞会组织者

阿曼达耸了耸肩，把纸塞进了兜里。"这肯定是一场灾难！"

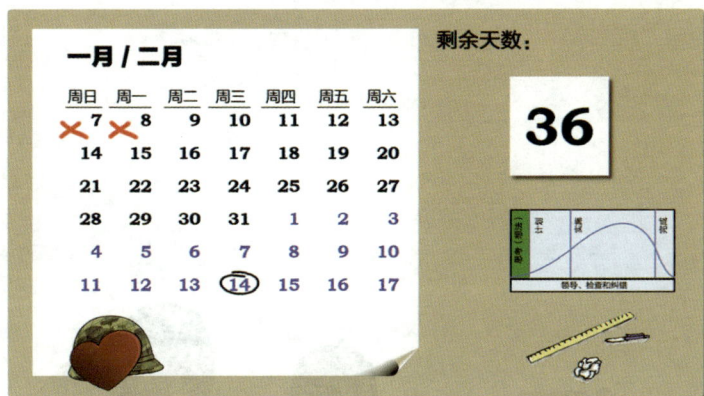

一月 / 二月

周日	周一	周二	周三	周四	周五	周六
╳ 7	╳ 8	9	10	11	12	13
14	15	16	17	18	19	20
21	22	23	24	25	26	27
28	29	30	31	1	2	3
4	5	6	7	8	9	10
11	12	13	⑭	15	16	17

剩余天数：

36

2

我也许应该说"不"

一月 / 二月

周日	周一	周二	周三	周四	周五	周六
✕7	✕8	✕9	10	11	12	13
14	15	16	17	18	19	20
21	22	23	24	25	26	27
28	29	30	31	1	2	3
4	5	6	7	8	9	10
11	12	13	⑭	15	16	17

剩余天数：

35

领导、检查和纠错

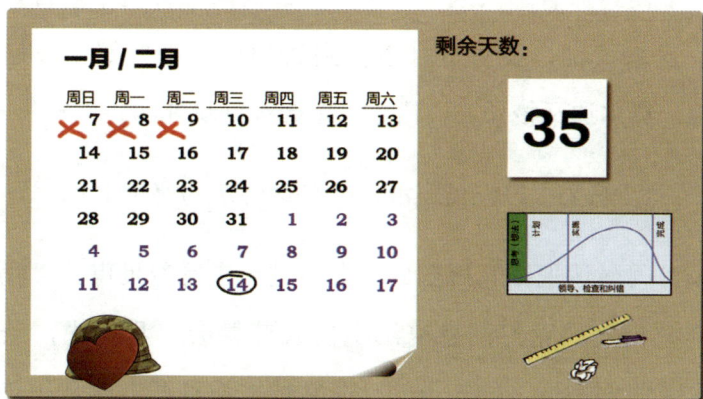

"我为什么没有说'不'呢？"第二天上午上课的时候阿曼达还在琢磨。

"成功带来的问题是别人期望你能做得更多。"她皱着眉头，"我肯定是疯了！完成了两个不错的项目，然后现在他们打算让我做这个？"

她盯着面前桌子上面朝下的被揉皱的纸，真希望它能就此消失。

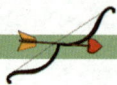

阿曼达小心翼翼地用铅笔尖捅了一下纸，仿佛有个炸弹会随时爆炸似的。她把纸从边上翻了过来，那些刚才被盖住的可怕的字马上就跳了出来，似乎在嘲笑她。

最终她再也忍不住了。阿曼达放下了铅笔，用颤抖的手使劲抓着那张纸。"我为什么要同意管这个项目？不管怎么说，我对这种事情到底知道多少？好，没问题，莫尔迪瓦校长！没错！一定会很好玩儿的！"

"怎么了？"贝琪滑进阿曼达旁边的座位上。

阿曼达把铅笔摔在桌子上转过头来看着贝琪。"我不敢相信我竟然同意来组织情人节舞会。我是说，圣诞节假期刚过，你知道的，非常忙，而且在之前是科技节，再之前是鬼屋。没完没了的，你明白吗？我确实需要休息一下，而且……"

贝琪摇了摇头，她的棕色长发马上落在了她的脸上。她把头发捋到耳朵后面，用深棕色的眼睛盯着阿曼达。"你只是在找借口。你知道你会做得很好的。而且我们都能把这件事做好的，因为苏珊和我肯定都会帮助你。"

"帮什么忙？"苏珊问，说着拉过阿曼达后面的一把椅子。她把书包塞在了座位底下，两个金黄色的小辫儿上下抖着。她越过阿曼达的肩膀看见了揉成一团的纸。"哦，好吧，行啊，当然了……呵，谢谢贝琪推荐我。你知道我还真想了想这件糊涂的事情……"

阿曼达在她的椅子上扭过身子，皱着眉说道："怎么，现在你不打算帮忙了吗？"

"什么啊，不是，我是说我会帮忙，不过一般不是都要先礼貌地问一下吗，你说呢？"苏珊有些慌乱地说，"当然了，我们会帮忙的，我们是一个团队啊。我就是不太喜欢被别人主动推荐，你知道吗？虽然我肯定怎么都会帮忙的。"苏珊咬着她的头发，"朋友之间必须要这么做的。"

阿曼达半转过身子，这样她能同时看见贝琪和苏珊。"那就这么开始了，我们就是神勇三蛟龙（电影名字）！不过像这么大的任务需要很多的帮助，就单说吹气球这一项——我光是想想就觉得喘不上气了。然后就是所有的飘带、装饰、点心、饮料、桌子、椅子、灯还有……"阿曼达停顿了一下，她的脸都憋得发红，有些喘不上气来了。

"……还有音乐？"贝琪补充道。

"没错！还有音乐，还有一百多件其他的什么我还不知道的事情，会把整个这件事儿变成一场可怕的、悲惨的、吓人的灾难，等到所有的事情都不对的时候，都会变成我的错！"阿曼达绝望地靠在椅子背上，"我们怎么可能做到这 ——这件事儿呢？"

贝琪和苏珊互相交换了一下眼神。一般不经常见阿曼达对做事情那么不确信。阿曼达通常都是更"管事儿"的角色。

"哦，我们会都搞清楚的。再说了，有时候重点不是在你知道多少事情。"贝琪安慰道。

"对，有时候是在于你认识谁。"苏珊点点头，"只需要找到谁原来做过这种事儿就好了。他们就可以告诉我们需要做哪些事情，然后我们只要做就可以了。"

阿曼达慢慢地抬起头来，努力咧着嘴笑了笑。"我想是吧……"她停了一下，"……不过你们得装得更自然一点儿，因为你们的笑容根本骗不了人。"

"如果你不知道什么事情的话，问就是了！"贝琪倒是挺有信心，"我们做其他项目的时候你不是就是这么做的吗，去问你爸爸。"

阿曼达低头看着她的桌子。"我不觉得他在这件事上能帮我们。他嘛，你知道的，岁数太大啦！他在咱们这么大的时候，情人节舞会估计都还没有呢。"

贝琪和苏珊只是点了点头。贝琪没觉得自己的父母有那么老，不过她现在不打算跟阿曼达争论这个。她好不容易刚刚开始表现得正常一点儿。

"好吧，课间休息的时候我们去找找，看谁组织了去年的舞会，然后用一百个问题来考问他们。"阿曼达长出了一口气。

"我会带上纸和笔。"苏珊认真地说道。

"我会想出一些好的问题来。"贝琪也很有把握地说道。

"那就课间休息的时候。"阿曼达又强调了一遍，然后小心地把纸叠起来放进了兜里。

3

痘痘皮特

剩余天数：

一月 / 二月

周日	周一	周二	周三	周四	周五	周六
✕7	✕8	✕9	10	11	12	13
14	15	16	17	18	19	20
21	22	23	24	25	26	27
28	29	30	31	1	2	3
4	5	6	7	8	9	10
11	12	13	(14)	15	16	17

35

实际上女孩儿们发现，找出那个她们需要知道的"谁"是件很困难的事儿。有一半的孩子听见她们说"情人节舞会"之后马上就掉头走开了。另外一半干脆假装不理她们。十五分钟之后，她们才找到一个总算愿意跟她们说话的人。

"哦，你们得去跟痘痘皮特聊聊。"一个金黄色头发的八年级的学生说道，"他组织了去年的舞会。恐怕那就是为什么大部分——至少是八年级的孩子们都不理

你们的原因吧。闲话早传开了，要是说现在整个学校都知道这件事了，我也不会感到惊讶的。"

"知道什么事儿？"阿曼达有点儿不耐烦地问道。

"皮特去年组织的情人节舞会。本来他可能今年还要负责组织这事儿，但是今年显然归七年级来组织了，你知道吗？这个傻主意是以前的校长提出来的，说是鼓励低年级的学生来扩展他们的视野。我很惊讶你居然会主动要求组织这件事儿。估计莫尔迪瓦校长跟你说了什么好话糊弄你，就是为了说服你来协调这辆要失事的火车。"那个八年级的说道。

阿曼达的脸马上变得苍白了。"你什么意思，失事的火车？"

苏珊和贝琪朝阿曼达靠近了一些。阿曼达看起来不太好，如果她要是晕过去了，她们两个想保证能扶住她。

"我的意思是，除了那些组织者，几乎没有人去舞会。那些去的人也只是因为皮特要求他们去。皮特在这件事情上特别强势和霸道。没错，他们确实装饰了体育馆，也干了别的应该干的事情，但是我可不觉得多有意思，你明白吗？"

阿曼达站直身子扬起了下巴。"看着吧，真正的问题是一帮傻乎乎的男生组织的舞会，这就是原因。不管男生们喜欢或者不喜欢，今年的舞会一定会很好玩儿的，你就等着看吧。"阿曼达回应道。

那个八年级的学生奇怪地看着阿曼达，说道："你知道吗，去年的时候当皮特听说前年舞会的情形，他说的跟你现在说的差不多，只不过前年的舞会是一个女生组织的。"

阿曼达惊讶地往后退了一步。"不管皮特是谁，我跟他绝对不一样。我是说，他觉得他是谁？对了，还有为什么你一直管他叫痘痘皮特？"

"因为我有很多青春痘。"一个声音从阿曼达身后传过来。阿曼达在那儿肆无忌惮地说的时候皮特已经从后面安静地走过来了。

皮特绕到前面来跟那个八年级的站在了一起。"如你所见，十三岁的时候是很烦的。不过别着急——很快

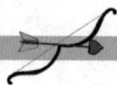

就轮到你了。至于我到底是谁……"他停顿了一下，用冷冷的和揣摩的眼光看着阿曼达。

"我是皮特·约翰森，我就是那个能告诉你我们去年所有做的事情，以及怎么来组织情人节舞会的人。当然了，也许确实没有很多人参加，但是我觉得我们从中还是学到了一两个经验教训的。不过，如果让我今年再做一次，我肯定会做得好得多。可是……校长没问我，问了你——所以呢，我只是在这儿给你一些建议。"皮特狡黠地一笑，"只要你对我礼貌一些，而且说求求你了，那就行。"

阿曼达站在那儿盯着他，嘴张得大大的。

"要不然，你就自己干吧，新来的小丫头！"皮特咧开嘴笑了。

"都靠你自己啦……"皮特和那个八年级的一起离开的时候又说了一遍。

"嘿，阿曼达，我的名字是阿曼达！"她冲着皮特的背影喊着，"而且我会需要一些帮助的！"

"你没说求求你。"皮特喊着，摇了摇头。

"求……"阿曼达咬着牙,"求求你啦!"

阿曼达能听见皮特在笑,然后冲她喊:"这还差不多!放学后到体育馆后面来碰头吧!"

阿曼达的肩膀沉沉地落下,看起来仿佛她要完全把自己缩在一起。贝琪把她的手放在阿曼达的肩上让她平静下来。

"我没事儿,我真的没事儿。"阿曼达喃喃地说道,"不过这件事比我想的要困难得多。"

上课铃响了。三个女孩儿赶紧跑去上下一节课,脚下的小石子被她们踩得嘎吱作响。

"我现在比任何时候都更有决心把今年的舞会办成学校最棒的情人节舞会。我是说,我怎么可能会比痘痘皮特办得更差呢?"

放学后三个女孩儿在体育馆后面等着皮特。她们在那里等了足足十多分钟,正打算离开的时候,皮特和其他两个男孩儿出现了。

　　"看见没，哥们儿？我就知道她会在这儿等着，即使我们来晚了。我是说，傻到一定程度自愿去组织舞会的人肯定迫切需要帮助，对吗，奇普？"皮特朝着他左边一个金发碧眼的男孩儿会意地笑了笑。

　　"你的意思是说，就像去年你必须得组织的那个舞会？"奇普眨眨眼睛。

　　"对！我是说不，不是那样的。我只是需要一点儿建议罢了，仅此而已。"皮特吼着。

　　"不对，我觉得你去年不只是需要一点点帮助，实际上你需要更多的帮助。"托德说道。他有着棕色的短卷发和深棕色的眼睛。

　　"随你怎么说，"皮特不屑一顾地挥了挥手，"重点是她需要帮助，而且比我们去年更需要帮助，因为她只是个女生。"

　　苏珊先跳了出来，问道："只是个女生？你什么意思啊！"

　　"我们去年根本不需要任何女生在我的组织委员会里。"皮特的话里充满了不屑。

"没准儿就因为这个去年才搞得一团糟。"贝琪低声地嘟囔着。

"男生们，女生们！"阿曼达喊着，"消停一下。我们来这儿是为了跟去年的情人节舞会组织委员会学习的！"阿曼达一边说，一边用眼神跟皮特示意，"而且我们可以确定我们不是走投无路了。实际上，我觉得今天能从你们这儿学到的最多的事儿估计是哪些东西今年应该避免出现。"

"那可说不定。"皮特小心翼翼地回答道，"没准儿我们不把所有知道的事情都告诉你。"

"无所谓啦，我们自己也能搞明白。"贝琪有些不服气。

"没准儿我跟你们随便瞎说一点儿。"皮特嘴里也不甘示弱。

"不过看起来你的朋友不会让你瞎说的。"苏珊幽幽地说道，"我们刚才都看见了。"

皮特终于扛不住了，说道："行吧！我们赶紧开始吧，看起来你们都已经是好朋友了。"

六个孩子一起走到最近的野餐桌子旁坐下，男孩儿坐在一边，女孩儿坐在一边。阿曼达盯着皮特，他坐在阿曼达的正对面，坐在两个男孩儿的正中间。苏珊朝托德点点头。贝琪朝奇普害羞地笑了笑。

"奇普这个名字很酷啊。"阿曼达先开口了。

"实际上全名是查尔斯，不过我喜欢别人叫我奇普。"他耸了耸肩，"这是个绰号，我觉得查尔斯听起来太闷了。"

苏珊拿出了便签本和两支铅笔。她在纸的顶部写下"情人节舞会"，然后坐好，她把铅笔稳稳地握着。

"那么就开始吧。"阿曼达清了清嗓子，"告诉我们组织情人节舞会都要做些什么，什么都不要落下——不管是好事还是坏事，我们需要知道全部。"

等他们都讨论完的时候，太阳已经挪到很远的另一边去了。他们坐的野餐桌子完全笼罩在了阴影里。苏珊已经写了十五页笔记，她的手都开始酸了。

六个孩子站了起来，阿曼达主动伸出了手。

皮特疑惑地看着，问道："这是干什么？"

"这是我的手，笨蛋。我想跟你握手表示感谢你们的帮助。"阿曼达冲皮特说道。

"哦——哦，行吧，这些是所有你能从我们这儿得到的了，所以好好利用吧。"皮特说着，小心地握了握阿曼达的手，"这之后就得靠你们自己了。"

孩子们往学校前面走的时候，托德和奇普一直在伸懒腰打哈欠。

"我很高兴能帮忙的。"和苏珊并排走的时候托德小声儿地说道，脚下的小石子被他们踩得咯吱咯吱响。

苏珊用口型无声地说了句"谢谢你"，这样皮特不会听见。

"我回头告诉你我的想法。"奇普对贝琪耳语着，"等课间休息的时候你再来找我。"

贝琪点点头。

阿曼达和皮特一直安静地走到学校前门。出了学校大门之后，阿曼达和女孩儿们朝右边走，奇普和托德一起过了马路。痘痘皮特自己朝左转，向家的方向走去。

4

暂时的疯狂

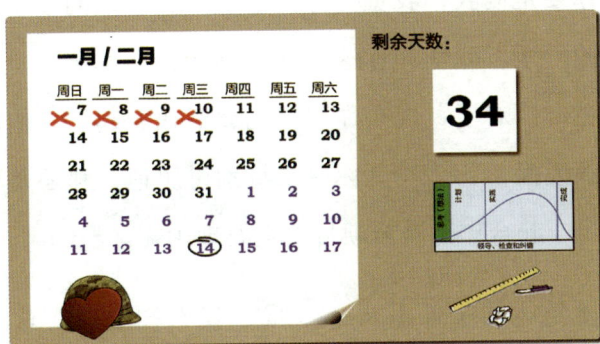

"我真不敢相信他们居然哄你上套儿了。"本帮着阿曼达摆饭桌的时候说道，"我是说，这个听起来像是一个吓人的大项目，组织整个学校的舞会，特别是情人节的舞会！你们女生记了多少笔记？十几页的事情你们都得干？这不可能啊！"

阿曼达叹了口气，然后调整了一下她放在桌子上的餐刀的角度，这样刀和在盘子另一边的叉子就互相平行了。她抬头看了弟弟一眼，耸了耸肩。"十五页，不过苏珊的字写得大。另外，我也不知道我为什么就答应这件事儿了。你觉得如果我说当时临时精神错乱了，这样就能从这件事儿里退出来了吗？"

本耸了耸肩："如果你还是小学生，这没准儿行。不过你要是问我，我觉得你们学校一大半儿的孩子都挺疯狂的，所以我估计你这招儿行不通。"本皱起了眉头又说道："对了，现在你跟奥利弗混在一起了，他以前一直都爱揪你的头发。你原来特别讨厌他，那还是我叫他跟我一起合作万圣节项目的主要理由呢。"

阿曼达伸了伸舌头："哦，我不知道，等认识他之后感觉他也没有那么讨厌。再说了，他还有点儿可爱。"

本假装自己要吐："看见我说什么了吧？疯狂，你大部分情况下都是这样！你要是拿暂时的精神错乱来当借口，肯定没戏！你任何时候都是疯疯癫癫的！"

"你就等着吧，明年就轮到你了，到时候你也一样的疯狂！"阿曼达笑着说。

"除非我留级，那样的话他们没准儿把我留在小学。实际上那样也挺值的——我挺喜欢当学校里的大孩子。"本一副期待的样子。

"看看，咱俩谁更疯狂？"阿曼达摇着头，"你要是打算留级，妈妈爸爸还不得杀了你！别做梦了，你命中注定明年就得上中学，就跟我一样。"

本嘟囔着把最后一个盘子在桌子上摆好。"咱们走着瞧，咱们走着瞧。"

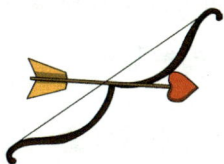

"她现在头都大了。"本一边说，一边用树枝戳着蚂蚁。他和詹姆斯、蒂姆和汤姆一起坐在学校操场旁边的野餐桌周围。离第一遍上课铃还有几分钟，本觉得他们需要互相交换一下信息，而不是去玩儿秋千。

"没错，那天在树屋的时候她都跟我说了。"蒂姆说道，"听起来是个大项目，她甚至都问我能不能帮忙。"

本的目光从蚂蚁身上抬起来看着蒂姆，说道："那

你怎么说的？"

"嗯，我跟她说这个实际上是中学的事儿。"蒂姆眼睛盯着桌子说道，"这件事儿我觉得有点儿别扭，你知道吗？如果是类似盖树屋什么的，我当然会帮忙，不过现在是舞会的事儿。"他打了个冷战，"我甚至都不知道怎么跳舞。"

"这种事儿估计我也不会想帮忙。"詹姆斯摇摇头，他把几根手指插进乱蓬蓬的金黄色头发里，以便保证自己的头发还是挺酷地乱着。

"不，我一点儿也不感兴趣。"汤姆说道。

"我也不知道……可能听起来有点儿奇怪，不过我真的有点儿担心她。"本说着，把他的眼光又转向了地面。蚂蚁已经在草的海洋中消失了。本把树枝扔在了石子地上。

蒂姆和汤姆互相交换了一下眼神。

"本居然为阿曼达担心？以前他很少站在他姐姐那一边啊。估计情况真的很糟糕。"蒂姆想。

"哦，我不知道……"詹姆斯不安地交换着两只脚站着，"我敢肯定她没问题。"

汤姆点点头，紧接着是蒂姆。

"我的意思是，她有苏珊和贝琪帮忙，她会搞定的。"汤姆试着说服自己。

"是啊，她根本不需要我们的。"蒂姆嘴上这么说，可他对自己说的话连一个字儿都不相信。

5

招新人

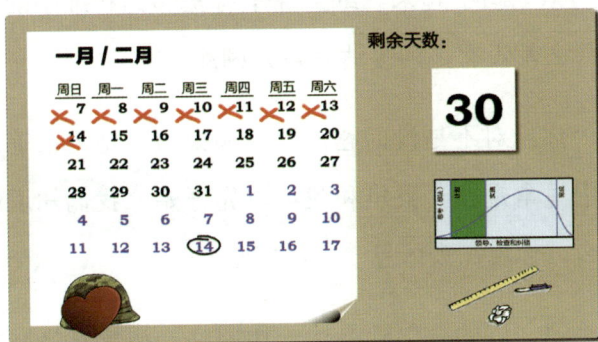

一月 / 二月

周日	周一	周二	周三	周四	周五	周六
✗7	✗8	✗9	✗10	✗11	✗12	✗13
✗14	15	16	17	18	19	20
21	22	23	24	25	26	27
28	29	30	31	1	2	3
4	5	6	7	8	9	10
11	12	13	⑭	15	16	17

剩余天数：

30

"好吧，我想我们最好现在就开始干。一整个周末已经过去了。"阿曼达叹了一口气，坐在餐桌旁的椅子上，拿起了一根铅笔。她的眼睛绕着桌子来回看，直到眼光落在她左边的一沓纸上。阿曼达轻轻地呻吟了一下，从那沓纸里抽出一张放在自己的面前。

"你没事儿吧？你今天在学校看起来就心不在焉的。"贝琪关切地看着阿曼达。

"嗯？什么？哦，没问题，不就是另一个项目吗，

033

只不过是星期一而已，没问题。"阿曼达耸耸肩，在纸上折断了铅笔的笔尖。

"就像我之前说的，我们需要把项目中要完成的每一项任务都过一遍。"阿曼达一边说，一边开始用断了笔尖的铅笔画了起来。纸上除了有些印记和细小的木屑以外什么都没有，阿曼达有点儿糊涂了。

"你绝对不是没问题。"苏珊说道。她把铅笔从阿曼达手里拿走。"贝琪和我可以先开始，我们知道应该干什么。你现在去休息一下，好吧？"

"嗯，好的。"阿曼达一边回答一边晃晃悠悠地从桌子旁边站起来，"我去外面待一会儿，没准儿脑子能清醒点儿。"

"听起来计划得不错。别担心，我们会给你留点儿事儿干的。"贝琪开着玩笑，但是被苏珊警告地瞪了一眼。

"一会儿见。"苏珊冲阿曼达说道。她看着阿曼达走下楼梯，走出了前门。

等到门完全关上之后，苏珊把头扭向贝蒂，说道：

"阿曼达看着很糟，我有点儿担心。"

贝琪努力地想笑一笑，但是没成功。"是啊，我也担心。现在一点儿都不像她。"

"好吧，不管喜不喜欢，不管她能不能干成，我们都要组织这个舞会。"苏珊一脸严肃地宣布。

"这样……让我们先复习一下一个项目的基本步骤，让咱们的脑子正常运转一下。任何项目的主要步骤都是思考、计划、实施、完成。领导、检查和纠错贯穿于整个项目。

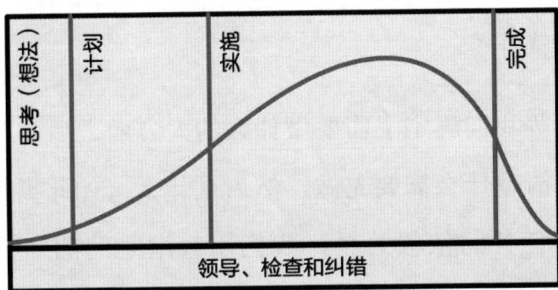

"不管一个项目或者一个问题看着有多大，我们都可以把它细分成比较小的、更容易控制的步骤。这些步骤可以是非常简单的，像咱们的第一个项目——树屋。

想法

```
                    ┌─────┐
                    │  树  │
                    └─────┘
        ┌──────────────┼──────────────┐
   ┌────────┐     ┌────────┐      ┌────────┐
   │  绳梯   │     │ 第一层  │      │ 第二层  │
   └────────┘     └────────┘      └────────┘
      ┌────────┐      ┌────────┐      ┌────────┐
      │  绳子   │      │  平台   │      │  平台   │
      └────────┘      └────────┘      └────────┘
      ┌────────┐      ┌────────┐      ┌────────┐
      │  梯级   │      │  栏杆   │      │  栏杆   │
      └────────┘      └────────┘      └────────┘
```

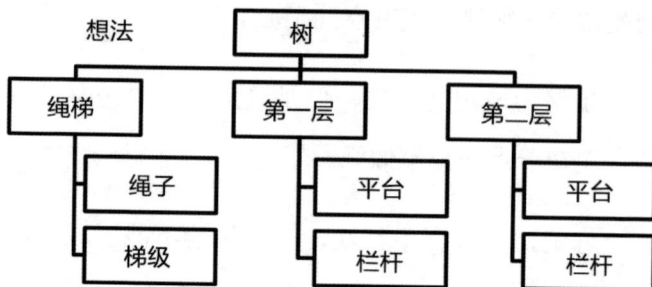

"它们也可以是更复杂一些的任务，像鬼屋或者是科技节项目。

"最主要的是，要问很多的问题，这样就能尽可能更多地知道所有需要计划完成的事情。即使现在我们并不一定对所有的问题都有答案，但是到需要的时候我们能应对就好了。

"等我们确定了需要做什么的大方向之后，接下来就要弄清楚什么需要先做，然后是什么，如此类推——这就是任务的依赖关系，我们用气泡之间的箭头来表示。有的情况下一个气泡，或者说一个任务，可能有多个依赖关系存在，我们在鬼屋和科技节的项目里都遇到过。

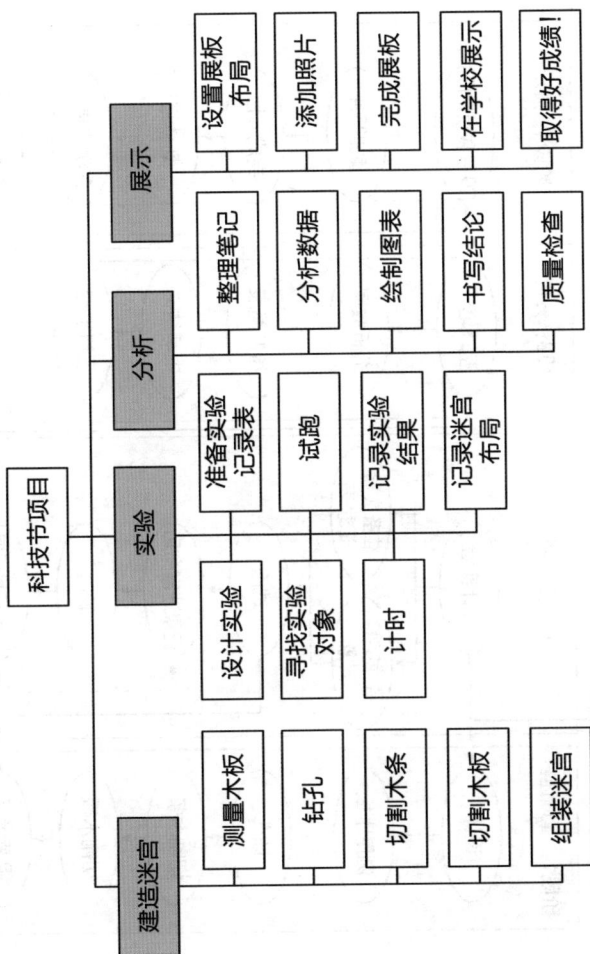

科技节项目

建造迷宫
- 测量木板
- 钻孔
- 切割木条
- 切割木板
- 组装迷宫

实验
- 设计实验
- 寻找实验对象
- 计时
- 准备实验记录表
- 试跑
- 记录实验结果
- 记录迷宫布局

分析
- 整理笔记
- 分析数据
- 绘制图表
- 书写结论
- 质量检查

展示
- 设置展板布局
- 添加照片
- 完成展板
- 在学校展示
- 取得好成绩！

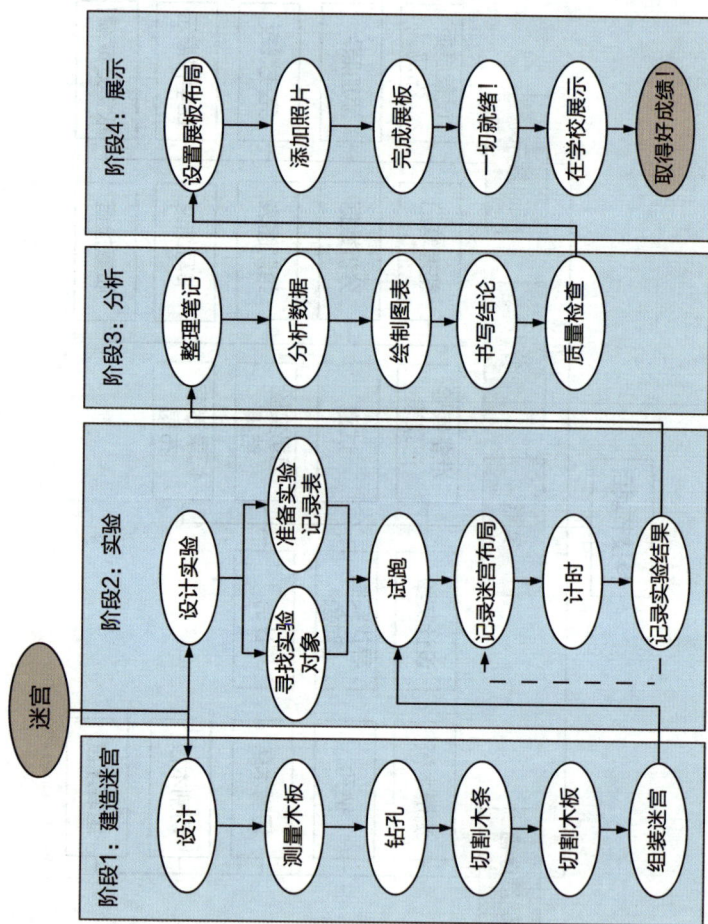

　　"等我们把这些都在纸上整理清楚之后，那些大项目、吓人的项目看起来就没有那么吓人了。嗯，至少在你搞明白要用多少力气才能把事情都做完之前，看起来没有那么吓人了。不过，即使到了那个时候，也要花很多努力才能完成，有些任务我们还可以寻找到相应的帮助。这样的话就不会感觉无法招架了。这就是阿曼达现在的问题，至少我是这么觉得。"苏珊长长地出了一口气。

　　"你说说我的问题究竟是什么？"阿曼达质问道，她正站在厨房的门口。苏珊和贝琪太专心了，以至于没听见阿曼达从楼梯走上来。

　　"哦，啊，并不是说你真的有问题……"苏珊嘟囔着。

　　"只是你看着有点儿……你应该知道的，完全招架不住了似的。好像你忘了你有朋友会帮助你，忘了怎么去管理一个项目，好让它看起来并没有那么巨大或者那么吓人。"贝琪解释道。

　　"哦，是吗？"阿曼达问，"好吧，我已经解决了

这个问题。我带来了救兵。他们正好从我家路过，所以我就叫他们进来了。"

"谁？蒂姆？汤姆？……詹姆斯？"贝琪充满希望地问，一边抻着脖子使劲往阿曼达身后看。耀眼的阳光从前门上的玻璃照进来，让她不得不眯起了眼睛。

"才不是呢，我们再也不需要那些小学生了。我带来了更好的人选。"阿曼达说着，动作夸张地站到了一边，"我带来了专家。"

三个人影从阿曼达身后走了出来。从窗户里射进来的阳光把他们的轮廓照得异常清楚。

"哦，是你啊。"托德拿了把椅子坐在餐桌旁的时候，苏珊说道。

"嗨，奇普！"贝琪打了个招呼。

奥利弗最后一个走进了厨房，他牵着阿曼达的手。

"再说一遍，"托德直截了当地问，"思考、计划，然后是什么？"

"思考、计划、实施、完成。"苏珊有些恼火了，"看见没？看看这些示意图。告诉你，这就是我们应该怎么做事情的方法！"

"不过这个到底能怎么帮助我们做事儿呢？"奇普问道，"我是说去年的时候，我们就直接干了，装饰了气球什么的，然后就把舞会开了。"

"等你试了这个办法之后，你就能看见什么事情会发生了。"苏珊解释道，"我们听到的都是去年的舞会如何糟糕。我们需要按照这个办法来做，这样才能保证我们比你和皮特上次做得好。"

"嗯，哦，也许吧……"托德把胳膊交叉在胸前，靠在椅子背上，"不过，嘿，我是说，我们做得也还行。有人来参加舞会，还有其他什么的布置。有音乐，有舞蹈，还有吃的。除了这些你还需要什么啊？"

"没准儿今年我们只需要再努力一点儿。"奇普说道，"奥利弗，你是怎么想的？"

奥利弗放开了阿曼达的手，坐直了身子。"嗯，什么？我怎么知道，我去年又不在这学校。你们为什么不按照女生们说的来做？她们以前用这个办法挺成功的。"

"就是，听奥利弗的。"苏珊说着把几张纸推到男孩儿的面前，"看见没？你们需要更有组织，以及简化任务，这样就能比较容易，而且还不会落下什么事情。"

"我们去年忘了准备饮料了。"奇普的脸颊有点儿红。

"看见没？我指的就是这个。"苏珊一副理直气壮的神情，把胳膊交叉在胸前，也靠在椅背上。

托德身子往前倾，来回看了看示意图和清单。"我不确定，这都是些气泡和线条，还有一些涂鸦。我没觉得多有组织性啊。"他皱起了眉头。

奇普拿了几张纸到自己面前，开始仔细读了起来。"嗯嗯，也许……我有点儿明白了，不过我觉得可能需要你们再解释一下。"

苏珊深吸了一口气。"我已经解释了啊。"她咬着牙说道，"你知道，这没那么难。我是说，就连我弟弟都明白这些东西。而且——"

　　在苏珊开始另一段长篇大论之前贝琪打断了她："我们非常愿意再解释一遍。就像苏珊说的，只要你开始实践了之后，这些都不复杂。没准儿只是跟平时想的稍微有点儿不一样。"

　　"什么，像个女生那样？"托德有些激动地从桌子旁边站了起来。他快走到厨房门口的时候转过来看着奇普说道："所以哥们儿，你跟我一起走还是怎么着？"

　　奇普刚要张嘴，看了看贝琪然后耸了耸肩。他慢慢地站起来，和托德一起站在厨房的门口。

　　"如果这意味着我必须要像你们那么想，我是不会帮你们的！"托德吼着，"我是说，到现在为止你们所做的只是羞辱我们，就像去年皮特干的一样。我受够了，而且我也犯不上再受这罪了！"

　　女孩儿们嘴张得大大地瞪着他们两个。

　　"我们可没有像你说的这样！把你的话收回去！"苏珊嚷着，脸颊更红了。

　　奇普耸了耸肩："对不起，贝琪。"然后转过身跟着托德下了楼梯。

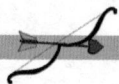

“去留由你，奥利弗！”托德在楼梯上回头喊了一句，“看来那些女生已经把你洗脑了。祝你好运！你绝对需要点儿好运气！”

然后，前门被"砰"的一下关上了，屋里立刻安静下来。

最终还是奥利弗打断了沉默："嗯，那么，午饭在哪儿，我快饿死了！"

6

第二小提琴

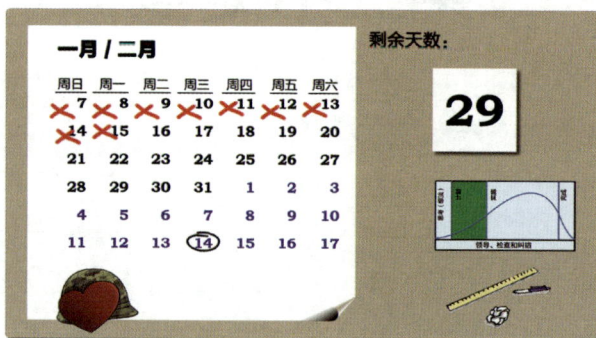

"好吧，我们接下来怎么办？"第二天午饭的时候，女孩儿们坐在体育馆边上的野餐桌旁，吃着三明治，苏珊问道。

"我不知道，我们就随便干点儿什么，然后希望能有用吧。"阿曼达耸耸肩，"我是说，大不了我们就按他们去年的法子干，反正也不会有多少人来参加舞会的。所以就算失败了，也没有多少人能亲眼看见。"阿曼达的眼光落在桌子上。

"我真不敢相信这是你刚刚说的。"贝琪看了一眼阿曼达，"阿曼达居然不想做计划了？真是疯了！"

听见"疯了"这个词，阿曼达的目光变得尖锐了。"别说那个字，别再说那个字了！听起来就像本说的一样！"

"哦，我只是打个比方而已。"贝琪答道。

"好吧，没准儿我就是疯了。"阿曼达嘟囔着。

"没有，你没疯……不过如果你觉得区区一个舞会就能打倒你的话，你没准儿是真的有点儿疯了。"苏珊说道，"我们只是需要做一个好的计划，然后再多请几个人来帮忙。"

"是啊，不过现在进展如何呢？"阿曼达自嘲地说，"咱们上次那个计划会议失败了，所有的专家都走了之后，我们都同意在学校里试试找其他人来帮忙。你找到几个人了，贝琪？"

贝琪别扭地挪了一下身子，说道："嗯，到现在一个人也没有。"

"你一共问了多少个人？"

"嗯，大概三十个……没准儿四十个？"贝琪想了想。

"唉，我问了大概五十个人，然后就得了个鸭蛋。"阿曼达叹了口气。

苏珊看着阿曼达，皱了皱眉。

"那就是一个也没找到啊。你怎么样，苏珊？你看起来好像认识学校里所有的人，你找到了几个帮手？"阿曼达盯着苏珊。

苏珊在那儿安静地坐了一会儿，她似乎突然对左脚的鞋带产生了极大的兴趣。

"苏珊，嘿！苏珊？"阿曼达跳了起来。

"嗯，好吧，算是开了个头吧，有一个。"苏珊答道，"不过——"

"不过什么？"阿曼达有些不耐烦了。

"有一个条件。"苏珊叹了一口气。

"什么条件？"阿曼达问。

"嗯，好吧，他想要亲吻……"苏珊嘟囔着。

"什么？！"阿曼达叫起来，旁边树上站着的两只鸟被吓得飞走了。"亲吻？"

阿曼达喘了几口气，让自己镇定下来。"那么，嗯，你答应了？"

"我答应什么？"苏珊反问道。

"亲他啊！"阿曼达嘶哑地一个字一个字地说道。

苏珊转脸看着旁边，脸颊开始变红。"啊，嗯，没有，你看……"

"为什么你不亲他？你知道我们需要帮助的！我们没希望了！没人想帮忙，而且舞会就在差不过一个月以后了，而你需要做的就是给他一个无关紧要的、一个小小的、傻傻的吻，然后就有人来帮我们啦！"

苏珊把脸转向她的朋友，脸上是冷冷的笑意。"嗯，这还不是全部。他要好几个亲吻，不是一个。他想我们每个人都给他。"

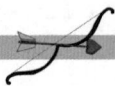

"哦！"阿曼达呆住了。

"哦！"贝琪也叫了起来，"那么，到底是怎么回事儿？他脸上都是痘痘还是什么？"

"不会吧，不可能是痘痘皮特，肯定不是他……"阿曼达嘟囔着。

苏珊摇着头，再也控制不住她脸上的笑容了。"照我看，还没有痘痘呢。实际上，他还是挺可爱的，那种特别的可爱之处。"

"所以……"贝琪突然不知道该说什么了

"……他的到底要什么啊？"阿曼达叹了口气，把双手伸到空中。

"好吧，他想要的几个'吻'，其实就是好时之吻巧克力，他要我和贝琪给他一袋，你要给他两袋，阿曼达。"苏珊简直憋不住笑了，"他说他特别喜欢好时之吻巧克力。"

"什么？"阿曼达的脸涨得通红，"你说什么？我还以为是哪个傲慢的小子想让我们女生都亲他呢！你觉得这好笑吗？"

"好吧，实际上……"苏珊咯咯地笑个不停。

"行啦，就算有点儿好笑吧。"贝琪说着戳了苏珊的胳膊一下，"嗯，确实有一点儿好笑。"

"得了吧，我真的不觉得。"阿曼达撇撇嘴，"行了行了，这个可笑的人到底是谁啊？我认识他吗？"

"当然啦，你认识。实际上，你非常了解这个人。"苏珊还是忍不住地笑着。

"哦……"阿曼达仿佛得到了提示似的笑了，"是不是奥利，你就想跟我们开个玩笑吧？"

"不是，比起了解奥利弗，你更了解这个人。"苏珊眨眨眼睛。

阿曼达拉下脸来："嗯，那还有谁？我想不出来还有谁了。"

苏珊笑得更厉害了："是本。"

阿曼达看起来一脸的糊涂："什么？科学课里那个

高个子小孩儿吗？"

"不是，你真傻，就是你弟弟啊。詹姆斯昨天跟我说了。男孩儿们都知道我们需要帮助，而且知道咱们在学校里找不到任何人愿意帮忙。"苏珊收住了笑容，"我们要付出的代价只有几包巧克力而已！"

"嗯……嗯……"阿曼达一时不知道该说什么了。

"我觉得这个办法可行，我们知道他们在项目上干得不错。"贝琪一下子来了精神。

阿曼达看着学校院子的另外一边，看着中学和她弟弟学校之间的分界围栏。"爱丽丝呢？你问她了吗？"

"还没有，如果我们都同意让男孩儿们来帮忙的话，我今天晚上就问爱丽丝。"苏珊恢复了严肃。

"哦，管它呢，为什么不同意。又不是找咱们学校不知道从哪里冒出来的人帮忙，那样没准儿更糟呢！"阿曼达也心动了。

"我们三个，加上爱丽丝、本、蒂姆、汤姆、詹姆斯和奥利弗"，阿曼达确认了一下，"我们九个人肯定能合作得很好。"

"嗯，阿曼达，关于奥利弗……"贝琪清了一下嗓子。

阿曼达转过头来看着贝琪："奥利弗怎么了？"

苏珊咳嗽了一下。"没什么，就是奥利弗现在对你来说是个分神的吸引物。贝琪和我说了这件事儿，我们都同意……"她停顿了一下，"……我们都觉得最好你只是邀请奥利弗参加舞会，而不是让他加入咱们的团队。"

"是啊，那天你们两个都坐在这儿的时候，他好像不知道怎么把你所有的脑细胞都吸走了似的。苏珊和我得干所有的活儿，奥利弗就吃了午饭，但是他根本就没怎么参与做计划，真的没有。"贝琪有些抱怨地说道。

阿曼达完全无语了。她来回看着贝琪和苏珊，她的嘴慢慢地动了动，但是什么也没说出来。

最后，她咽了一大口气说道："所以，你们俩在这件事上意见一致了？"

两个女孩儿都点了点头。

"所以你们觉得最好的情况是把奥利弗排除在咱们的团队之外？奥利弗，科技节的时候是他把他的老鼠借给我们的。奥利弗，他的老鼠当时是有可能因为被喂了太多的酸黄瓜而死掉的。奥利弗，我真的，真的……"她的声音渐渐变成了耳语，"……我真的，真的很喜欢他。"

说完这些，阿曼达把她剩下一半的三明治放进食品袋里，然后塞进了午餐包。她拉上拉链，从桌子旁边站了起来。

"好吧，那就这样吧。"阿曼好像做出了什么决定似的。

"怎么样？"贝琪问。

"你划清了界限，我自己也做了决定。从现在开始，我以后跟奥利弗一起吃午饭了。"阿曼达说完，就往操场的另一边走去。

阿曼达往奥利弗和他的朋友坐的长椅那边走，走到一半的时候她转过头来喊着："祝你们的项目好运，你们需要好运气。"

苏珊用手掌拍在自己的前额上，问道："他们家是怎么回事儿？为啥不论怎样都不能让她和本一起做同一个项目呢？"

"嗯，我们还算一起做过一回的——科技节的测试对象那件事儿……"贝琪提醒道。

"不，那不一样。"苏珊叹了口气，"实际上他没有帮着做那个项目；他只是个测试对象，实验里需要用来做数据。"

"我不觉得本是真正的问题，不管怎么说，这次不是。"贝琪盯着远处的阿曼达，她已经坐在奥利弗旁边，从午餐包掏出了压瘪的三明治。

奥利弗让阿曼达喝了一口他的果汁。

"不，根本就不是本的问题。"贝琪叹了口气。

7

酸葡萄

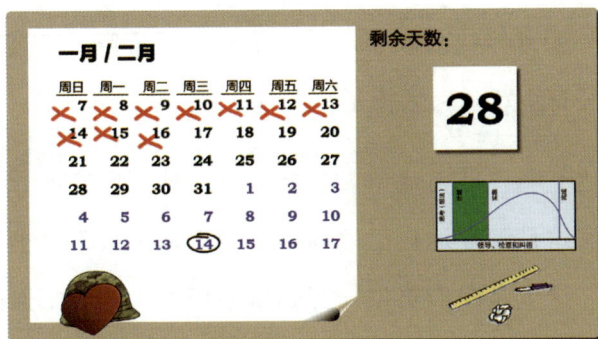

"让我把这个捋清楚一下。"大家坐在本家餐桌旁边的时候詹姆斯开口说道。

一盘刚烤的，还热乎的曲奇被放在桌子中央。还有八个小盘子和杯子；一块没动过的曲奇饼干在阿曼达的盘子里放着，很明显她缺席了。

"莫尔迪瓦校长让阿曼达来组织舞会。阿曼达把你们两个列为会帮助她的人，现在呢，还有所有我们男生，加上爱丽丝也都来帮忙了。但是现在阿曼达却离开

了这个项目了？她跟奥利弗去什么地方了？"詹姆斯说道，他的手指头在乱七八糟的头发里抓着。

"没错。"贝琪点点头。

"听起很简单哈。"詹姆斯鼻子里哼着。

苏珊身体往前倾着，眼睛里充满了希望。"真的？你已经有主意了？太棒了！"

"是啊，非常简单。只要放弃，然后回家就行了！说到底这是阿曼达自己的问题。你们两个只不过被卷进来了。这就是我们男生一开始就不想加入的一个原因。舞会等于麻烦，特别是情人节舞会。我听说几个朋友去了舞会，然后事情就开始乱了套，谁牵了谁的手吧，也许谁被亲了吧，然后——砰！所有的事儿都结束了。"詹姆斯一边说，一边在空中挥着他的手。

"我听说另外一个学校发生过这种事儿，特别糟。两个最好的朋友甚至最后都互相不说话了。我是说，看看！阿曼达开了头儿，然后她就走了，就因为她要跟奥利弗在一起，没准儿也不再跟我们说话了。真乱！"詹姆斯摇摇头。

　　"谁不跟谁说话了？"阿曼达问道。她一边说着一边滑进一把空着的椅子里，吃了一口曲奇饼干。

　　"嗯，哦，嗯——你？"詹姆斯说一时有点儿口吃了，"你怎么又回来了？"

　　"这个是情人节舞会计划的会议吧，不是吗？"阿曼达问道。她把嘴唇上的饼干渣顺手抹掉了。"我的意思是说，这是我的项目，不是吗？前几天你还说过这话呢。"

　　"你想干吗？"苏珊盯着阿曼达，"一开始，你让我们帮忙，然后为了奥利弗你把我们都抛弃了，现在所有舞会的事儿都扔给了贝琪、我还有其他的人！这到底是怎么回事儿？"苏珊越说越气。

　　阿曼达笑了笑，轻松地挥了挥右手，说道："啊，是，对不起。我只是脑袋暂时没有想清楚。我现在好了，准备好做项目了。"她点了点头。

　　贝琪不买账："你当时说得很清楚，你跟舞会没关系了，你也不想干了。要是我们也不想让你参加这个项目了呢？"

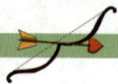

"我，嗯，那——你是什么意思，你不想让我一起来做项目吗？"阿曼达喘着气，"你怎么能这么说呢？"

"好吧，看看现在这情况。在这件事情上你一直都是忽冷忽热的，整个一个疯疯癫癫，一会儿特别热心，一会儿却又被完全击溃了的样子。"贝琪叹着气，"我们都不知道你下一分钟会干吗，我们需要一个沉稳可靠的人来领导这个项目。"

"对，我们觉得可能是因为奥利弗，你的脑子都跑到你手上去了，因为每次他一牵你的手，你脑子就想不清楚了。"苏珊一脸严肃，"他是把你的脑子压瘪了还是怎么的。"

阿曼达看了看桌子周围她的朋友们——或者至少说，这些人原来都是她的朋友。"你们都是这么想的吗？"

七个脑袋都慢慢地点了点头。

"哦，我知道了，我知道了。"她把头埋在自己手里开始哭了起来，"我应该怎么办啊？"

"别垂头丧气的，怎么啦？"蒂姆安慰道，"你知道，我们还是喜欢你的。"

"我，我知道，至少我猜是这样。"阿曼达吸着鼻子，"只是，你知道，奥利弗说我们再也不能在一起玩儿了。"

"什么？他为什么这么说？"苏珊一下子反应不过来了。

阿曼达抬起头来，眼睛红红的，说道："因为你们，因为这个——这个项目。他说我需要专心。我把什么都告诉他了，包括我那天跟你们说我想放弃项目的事情。"她抽着鼻子。

"他说我答应了莫尔迪瓦校长，我会组织一个舞会，所以我必须要做到。他说他不想为一个失败的舞会负责。他还说，我应该跟你们一起非常努力地完成这个项目。"阿曼达又抽泣起来。

"所以……"阿曼达使劲吸了一口气，"……他说我现在不能再跟他一起玩儿了。我应该在这儿——跟你们一起做项目。他还让我——他让我保证。"

"他让你保证什么？"贝琪有些担心地问道。

阿曼达的嘴唇轻轻地抿起来，露出一丝笑意。"他让我保证做到，然后他就会第一个排队去买票的。不是，实际上，是两张票——他一张，我一张。"

"但是我们得马上开始做起来才能让这件事变成现实。"她说着，在椅子上坐直身子，用手背擦了擦鼻子。

"所以，能不能让我回到项目上？行不行？我可以不做领头儿的，我只是想帮忙，让我干什么都行。"阿曼达的脸上满是期望和恳求。

"好吧，我觉得我现在比以前更喜欢奥利弗了。"本拍着阿曼达的肩膀，"我同意你回来。"

其他孩子也都一个一个地站起来拍拍阿曼达的背，或者给她一个拥抱。

爱丽丝是最后一个去抱阿曼达的。"欢迎你回来，你知道，我觉得我也喜欢他。而且他很勇敢，你明白的，他让你把更多精力都放在情人节舞会项目上。当然了，你也很勇敢。"

　　阿曼达抬起头看着爱丽丝，有些糊涂地问："为什么说他勇敢？而且为什么说我也勇敢呢？"

　　"因为……"爱丽丝一边把自己的黑色长发捋顺，一边走回自己的位子，"……情人节的时候任何事情都可能发生。任何事情！"

8

无畏的领导

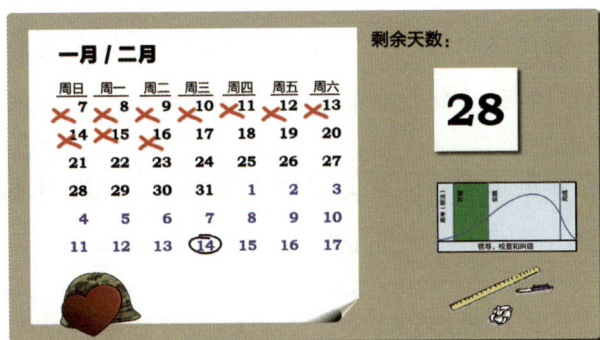

"好吧，时间在流逝而且留给我们的越来越少了，我们得开始做计划了。情人节不会因为谁而改期的！"苏珊搓着两只手说道。

阿曼达把嘴唇上最后的一点儿饼干渣也擦掉了。

"现在，阿曼达回来了，我们都非常高兴。"苏珊朝着阿曼达点点头，"我们又是一个完整的团队了。不过我们仍然需要一个带头人来跟踪所有的任务。所以我提议，任命一个最合适的人选，最合理的人选……"苏

珊吸了一口气，"当然，这个人就是……"

"蒂姆！"爱丽丝大声提议。

蒂姆的脸一下子红了。"什么？"

"嗯，什么？"苏珊结巴着。她本来是准备要自荐的，但现在这个提议让她非常吃惊。"为什么是蒂姆？我是说，他还没有上中学呢。"

"非常正确。"爱丽丝点了点头，"正因为他还没上中学，所以才应该是蒂姆。"

"你能不能解释一下？"贝琪慢吞吞地问，她把身子朝椅子前方倾了一下。

"好吧，这不很清楚吗？"爱丽丝扫视着桌子周围坐着的孩子们说道。所有人的脸上都带着困惑的神情，这告诉她理由并不是那么显而易见的。

"好吧，我们都知道蒂姆有很多好主意，而且他总是做笔记。"爱丽丝开始解释。

有几个人点了点头。

"而且他是一个极具逻辑思维的人，现在这对我们非常重要。我们需要有清醒的头脑来把事情做对，蒂姆是最好的人选，我一会儿会解释原因。"

爱丽丝深深地吸了一口气，她看着苏珊，又看了看贝琪，然后继续说道："不过第一，我必须得说我对你们两个有些担心。丘比特的箭已经射中了阿曼达。"她向阿曼达挤了挤眼。虽然阿曼达现在已经在专心地听了，但是脸上还有些走神的样子，仿佛还在想着别的什么事情。

"中学是个危险的地方。我是说，那儿都是十几岁的半大孩子，而且我们都知道他们多少都有点儿疯狂。他们的行为有些古怪，情绪高低不定，还有其他类似的情况。我的意思是，看看阿曼达，即使是现在，她的心思也只是勉强集中在这儿！"

爱丽丝坐直了身体，然后环顾了一下桌子周围。"看看阿曼达，再有几个月她就十三岁了！贝琪和苏珊，你们比她小不了多少。现在根本不知道你们什么时候也会开始失去理智！"

所有的男孩儿都点点头。"没错，阿曼达最近真的是表现得比较奇怪。"

"嗯，到现在为止苏珊还行……"詹姆斯在椅子上扭了扭身体说道，"但是还是需要防患于未然。"

他没有理会苏珊尖锐的目光。

"不过为什么不是你呢？嗯，为什么不是我们当中的一个呢？"詹姆斯问。

爱丽丝深吸了一口气，停顿了一下。"是这样，蒂姆是非常有逻辑性的，而且我们需要这个。"她解释道。

几个人都点了点头。

"他也非常有条理。"

更多的人点了点头。

"但是我们所需要关注的最重要的事情是，被丘比特的箭射中的那个人唯一致命的弱点——情绪。"她大声说道。

"我们需要一个基本上没有情绪波动的人。这样的话，我们就不会被丘比特所捕获而把项目搞砸。大家都扪心自问，你上次看见蒂姆因为什么事情不高兴了？"爱丽丝又环顾了一下桌子周围。

每个人都安静地坐在那里想着。

汤姆开了个头："嗯，那还是三年级的时候，有一次他被一个棒球打到了……"

本用胳臂肘撞了他一下。"那个不能算。"他压低声音说道。

"好吧，所以现在看来蒂姆是咱们最好的选择。他没有情绪波动，实际上他是战无不胜的。看看他！"爱丽丝指着蒂姆。

蒂姆安静地坐在那里，他不知道应该说点儿什么。他脸颊上的绯红还没有完全褪去。实际上，蒂姆看起来有些苍白。"嗯，谢谢，不过我不太确定，这……"

"……他就是咱们清醒的大脑，咱们的理智。他是咱们的史巴克先生（《星际迷航》的主角之一）。说到底，他是我遇到的最像机器人的一个人！"爱丽丝打断

了蒂姆，把胳膊交叉在胸前继续往下说道。

现在大家的目光都集中到了蒂姆身上。

"嗯，啊，朋友们，我不太确定这……"蒂姆真的不知道该说什么了。

"我选蒂姆！"詹姆斯说。

"我也是！"贝琪附和道。

"同意！"阿曼达也举起了手。

"蒂姆绝对是最好的人选。"本充满信心地说道。

"我同意！"苏珊也没意见了。

蒂姆慢慢地陷进他的椅子里面，大家一致选他当带头人——也就是项目经理。

等大家都表态完，又向蒂姆祝贺之后，蒂姆站了起来。

"谢谢，我想说，不管怎么样，看起来我已经没有选择的余地了。所以，既然已经决定了，现在就应该开始做项目了。正好，我也有几个想法，没准儿对我们有帮助……"

贝琪拿过来一张纸。

阿曼达递给她一根铅笔。

蒂姆清了清嗓子，说道："现在，咱们先来进行一下头脑风暴。你们觉得什么东西是每个情人节舞会应该有的？"

"巧克力！"

"气球！"

"飘带！"

"音乐！"

"反光球！"

"黑光灯。我们可以用万圣节用过的那几个。"

"门票！"

接下来的几分钟，贝琪为了跟上大家的思路飞快地写着。

"好的！下一步，咱们来看看你们和皮特、奇普还有托德开会记下的笔记。看看哪些跟我们现在的想法一致，再看看我们可以从去年的舞会学到什么经验教训……"蒂姆完全进入了角色。

两个小时实实在在的计划会议之后，团队稍作休息，准备吃午饭。

"三明治真棒，琼斯太太！"蒂姆拍着自己的肚子赞叹着，"谢谢！"

"不客气。"阿曼达的妈妈笑了，"嗯，我听见你负责组织这个舞会？这个舞会还是给中学准备的——祝贺你！"

蒂姆吃完最后一口三明治，咽了下去，又赶紧喝了一口牛奶，点了点头。"是的，谢谢！事情最后就变成这样了。不过我们的团队特别棒。"

"不错，祝你好运，我保证事情会进行得顺利的。"琼斯太太拍了拍蒂姆的肩膀。

"谢谢您，琼斯太太。"蒂姆笑了。

"好了，伙计们，继续工作吧。先看看我们现在有些什么了。"蒂姆招呼大家，"咱们对于计划已经有了一个好的结构，从痘痘皮特那里得到的笔记实际上非常有用，即便他的初衷并不是帮助我们。继续深入细节之前，先来看看我们刚才做的东西。

"第一，我们进行了头脑风暴，收集了很多想法。然后，我们分拣出了一些共同的主题，把所有的想法分组，比如娱乐、点心和饮料、装饰等。这就成为想做的事情的基础——我们的工作分解结构。

"下一步，我们研究了所有的想法，按照工作分解结构，把它们归类成组，有需要的时候我们就再加进去，比如最后的布置。请记住，任务就是行动，所以它们都应该是动词。有些任务在其他的任务之前发生，所以这就是它们之间的依赖关系。这些就是我们午饭前的成果。

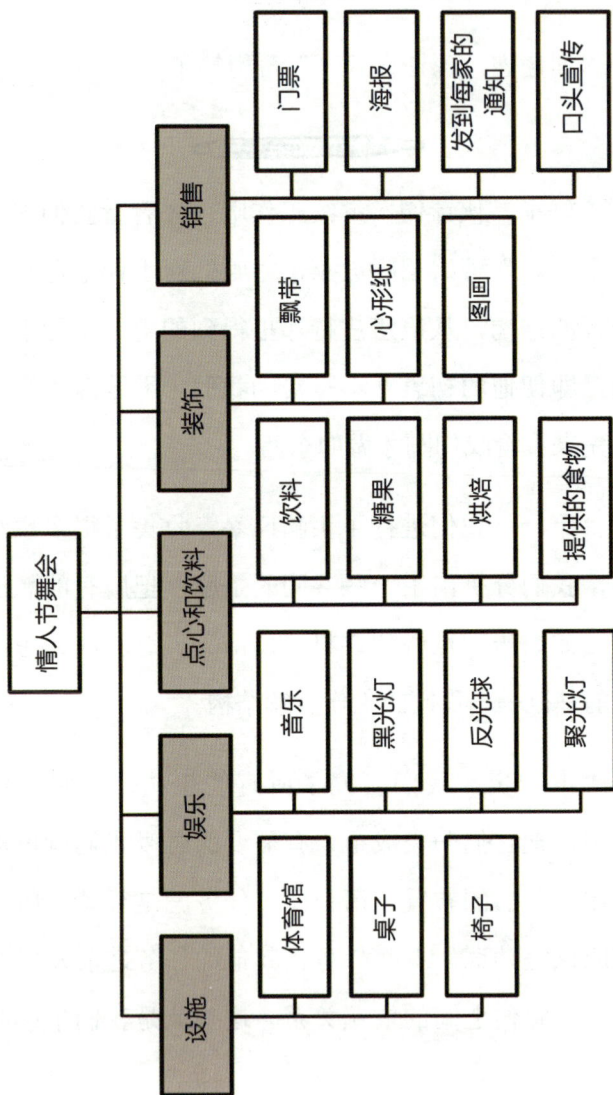

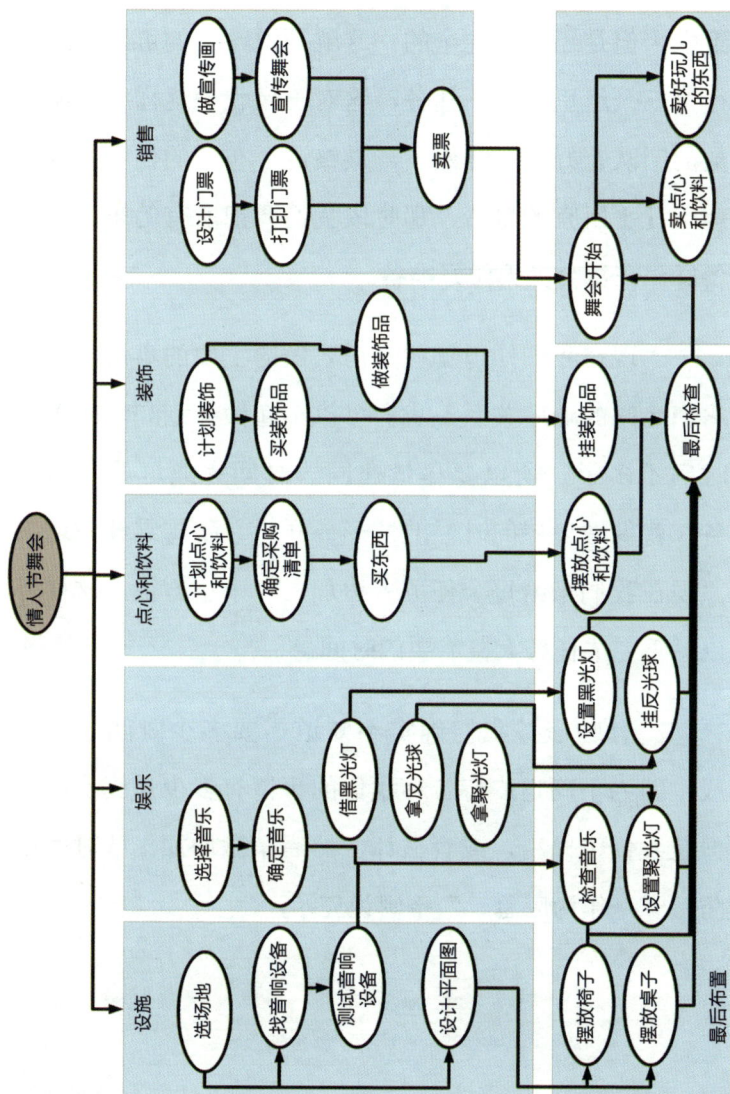

　　"这个项目没有太多的依赖关系存在于不同的任务组中，但是还是有几个的。这就是说，我们可以同时进行每一个组里的不同任务，这对于像我们这样有足够人数的团队有好处。当然了，最终这个布置的任务组要依赖于几乎所有的事情，那时候我们要把所有的东西都准备好，在舞会当天做好准备。

　　"现在我们知道哪些是需要做的主要的事情，以及它们之间的顺序关系，我们可以一起做计划和时间表。时间不多了，所以要尽量在同一时间完成尽量多的任务，就像做鬼屋的时候的情形一样。"蒂姆继续说道，"现在我们来给每个任务旁边加上一个小方块，这样可以写下完成任务大概需要的时间。

　　"有些任务我们确实不知道需要多少时间才能完成，因为不确定皮特告诉我们的事情有多少是真实的。但是我们可以猜，或者估计，然后稍微增加一些时间以防万一，作为应急。"蒂姆说完了。

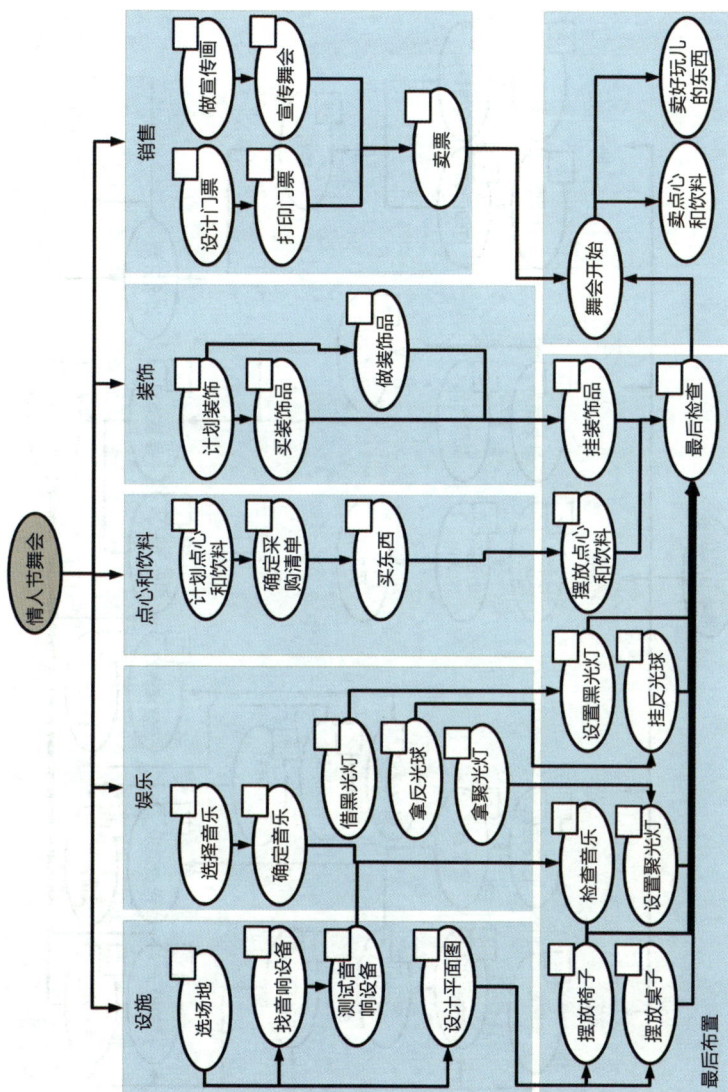

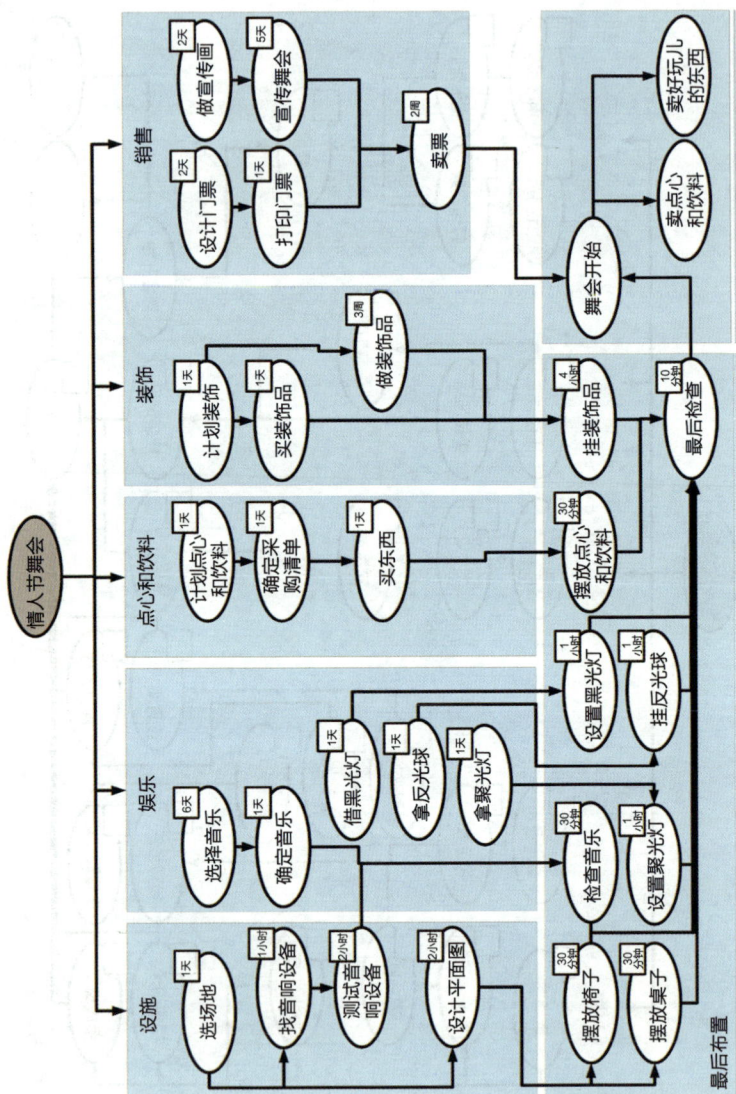

　　"虽然这个看起来并不像我们以前的项目那么复杂，但还是有很多工作需要完成。装饰和销售这两组需要的时间几乎是一样的，差不多要三周多，今天以后大概也就剩下那么多时间了。比较大的工作可能是做装饰品了。一旦一些海报完成之后，我们应该马上开始宣传舞会和卖票。其他任务组不会花费那么长的时间。但是，最后一天会有很多的工作要做，所以会比较困难，我们应该问问莫尔迪瓦校长，能不能提前一天开始一些布置工作，或者更早一些。"

　　蒂姆重新从一沓纸里抽出了一张空白的，又拿起了一支铅笔。"好，现在来看看我们怎么能把这些归结在一起。我们可以小幅度调整一些任务，然后画成这样的示意图，这样看起来就更像一个时间表了，然后我们可以给每个人分配任务。"蒂姆说完，然后涂写了几分钟。

情人节舞会

任务	负责人	时间	1周	2周	3周	4周	5周
情人节舞会	所有人	23天					
计划		6天					
场地		2天					
选场地		1天					
找音响设备		1小时					
测试音响设备		1小时					
设计平面图		1小时					
娱乐		7天					
选择音乐		6天					
确定音乐		1天					
借黑光灯		1天					
拿聚光灯		1天					
点心和饮料		15天					
计划点心和饮料		1天					
采购清单		1天					
买材料		16天					
装饰		1天					
计划装饰		1天					
采购装饰品		15天					
做装饰品		19天					
销售		2天					
设计门票		1天					
打印门票		5天					
做宣传画		2周					
宣传舞会		30分钟					
卖票		30分钟					
最后布置		30分钟					
摆放椅子		1小时					
摆放桌子		1小时					
检查音乐		30分钟					
设置聚光灯		4小时					
设置黑光灯球		10分钟					
摆放点心和饮料		2小时					
挂装饰品		0小时					
最后检查		2小时					
舞会		2小时					
舞会开始							
卖点心和饮料							
卖好玩儿的东西							

　　"这样，我觉得这个示意图能比较容易地看出我们需要做什么和什么时候做。我们可以提前完成一些任务。当然了，有一些东西，比如黑灯，只需要在舞会之前准备好就可以了。你们觉得呢？"蒂姆抬起头看着桌子周围。

　　每个人都在点头，特别是阿曼达。

　　"现在我们把所有东西都在纸上计划好了，所以看起来特别简单。"阿曼达叹了一口气，"真不知道我为什么被吓坏了。"

　　蒂姆挤挤眼睛，说道："好，下一步，需要给大家分配任务，然后就可以开始着手干了！"

9

无人区

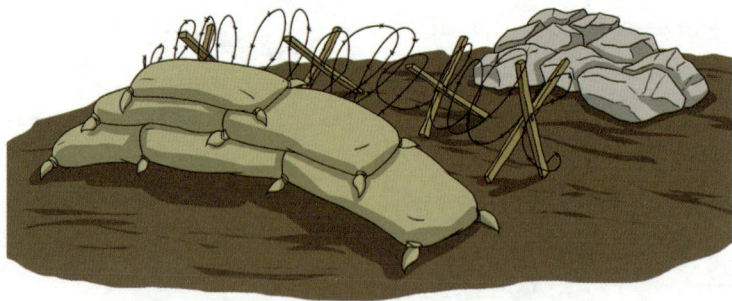

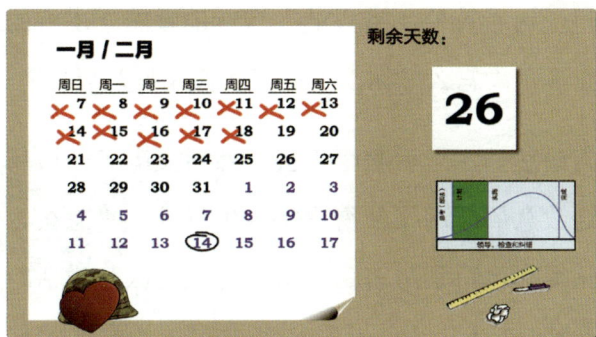

周五学校的午饭是辣火腿肠。阿曼达、贝琪和苏珊在远处的角落里找到一张桌子正打算开始吃饭。这时，她们发现在食堂另一边出现了一些骚动。

痘痘皮特正推开人群穿过食堂，径直朝着女孩儿们这边走过来。"嘿！看着点儿！"的叫喊声和巧克力牛奶盒子掉在地上的声音在他身后响起来。

阿曼达镇静地咬了一口她的腊香肠，慢慢地嚼着。她看见皮特把两个小男孩儿推到一边，因为他们正挡在

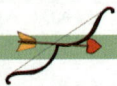

皮特向女孩儿们冲过来的路上。

皮特走到跟前，重重地捶在桌子上，搞得盘子都跳起来了，一点儿巧克力奶从盒子里溅了出来。"你觉得你在干吗？"他冲着阿曼达的脸喊着。

阿曼达看着他，嘴里继续慢慢地嚼着。皮特的脸愈发的红了。"怎么，你都不打算回答我吗？哈！"

阿曼达嚼完之后咽了下去，然后又喝了一口巧克力奶。这故意的慢动作使得皮特更生气了。"怎么？你是不是觉得自己特别厉害啊？甚至都懒得跟我说话？你，你——你一个七年级的？"

"没有礼貌。"阿曼达平静地说道。

她的回答让皮特很吃惊。"什么？啊？你说什么？"

阿曼达在大腿上擦擦手，身子向前倾，使劲儿瞪着皮特。"嘴里都是吃的东西的时候说话没有礼貌，"她说道，"就像推开别人和把别人的午饭打翻到地上一样没有礼貌。我觉得，不是，我很确定，你欠那几个小孩儿一个道歉，还有要赔人家的午饭。"

"你觉得你是谁，小丫头？你敢这么跟我说话？在你干了那些事情之后——"他提高了声音并转向了食堂里的其他的孩子。大家都停下来不动，瞪眼看着这场闹剧。

"在你干了那些事情之后——把我们的舞会外包给小学生来干？"皮特质问着，他的手指在阿曼达面前晃着。

"叛徒！"他叫着，"你现在惹了大麻烦了，我刚从校长办公室出来，而且，而且……"他从自己的肩膀望过去，"……而且她现在就在这儿！"

刚刚屋子里的吵闹声现在一下子变成了几乎听不见的耳语，随着莫尔迪瓦校长慢慢地走进食堂，周围瞬间变得死一般的寂静。她前面的路马上被孩子们仓促地躲开而空了出来。她朝着女孩儿们走过来的时候，高跟鞋发出的哒—哒—哒声是食堂里唯一的声音。皮特得意扬扬地看了三个女孩儿一眼，然后站到了旁边，给走过来的校长空出地儿。

莫尔迪瓦校长走到桌子前面停了下来。她依次看着

三个女孩儿，然后看了皮特一眼，皮特得意扬扬的笑容马上消失了。"请跟我来，"她说道，"就现在。"

阿曼达很快站起来，她突然觉得脑子里空洞洞的。苏珊和贝琪也跟着站了起来，把椅子推到桌子下面。她们的午饭盘子还留在桌子上。

莫尔迪瓦校长勾勾她的手指头说"跟我来"，然后就穿过食堂往回走去。女孩儿们乖乖地绕过桌子跟着校长穿过安静的人群。皮特本来在她们后面跟着，莫尔迪瓦校长转过身来的时候，他还是一脸的自鸣得意。"不，你——留下，"她命令道，"我稍后再跟你谈，年轻人。"

莫尔迪瓦校长扶着门让三个女孩儿通过。食堂的门自动合上之前，阿曼达听见人群里议论的声音马上又响起来了，比之前的声音更高。

女孩儿们惴惴不安地坐在莫尔迪瓦校长桌子的对面。莫尔迪瓦校长在桌后来回走了几步，然后终于坐了

下来，把她的椅子往前拉了拉。

"确实是这样吗？"她问道。她严厉的眼神在三个女孩儿之间来回扫视。"舞会现在是由一个小学生在组织吗？"

"嗯，这样，大概，也许……"苏珊开口却有些结巴。

"也许？"莫尔迪瓦校长咧嘴笑的时候露出了她白色的尖尖的牙齿。"没有'也许'，只有'是'或者'不是'，到底是哪个？"

"现在我还是不敢确信她说她不是个吸血鬼到底是不是真的，有时候她真的很像一个吸血鬼。"贝琪心想。

阿曼达身子朝前倾着："也是也不是。我们是在组织舞会，但是我们需要一些帮助。"

莫尔迪瓦校长身子往后靠在椅背上，说道："请解释一下。"

阿曼达叹了一口气："是这样，我们本来是想从咱们学校找人帮忙的，我们真的试了。我们大概问了有

一百多个人——所有的人都拒绝了。"

贝琪开口说道："对，没有人愿意帮忙。他们都听说了去年的舞会，显然那是个失败的例子。"

莫尔迪瓦校长又把身子往后靠了靠，手指压在她的嘴唇上。"对，我听说了，去年的舞会是在我来这儿之前举办的。"

她把椅子前后摇了几次，然后突然向前倾，把胳臂撑在桌子上。"我还以为那只是一个谣言呢。去年组织舞会的那个男孩儿，他叫什么名字？"

"痘痘皮特。"阿曼达脱口而出，"我是说，他叫皮特·约翰森。"

"我知道了，他就是那个来找我谈话的孩子。"莫尔迪瓦校长说着点点头，"刚才在食堂的那个男孩儿。"

苏珊也点点头："对，就是他。"

"有意思，他跟我建议应该让他来组织今年的舞会。"莫尔迪瓦校长觉得很有趣。

"但是现在我不这么想了。我会跟他谈的。现在，跟我说说那些帮助你们的小学生。"

苏珊和阿曼达互相交换了一下眼色，但是贝琪先开口了："莫尔迪瓦校长，你记得鬼屋吗？"

校长的脸上露出了一个灿烂的笑容。"记得，我非常喜欢那个鬼屋，特别是那个棺材。"

"是这样的。"贝琪深吸了一口气，停顿了一下接着说道，"就是他们几个和我们一起做的鬼屋，这次还有阿曼达的弟弟也来帮忙了。"

莫尔迪瓦校长放松下来，她靠在椅背上，两只手朝上张开。"啊，不错，非常好啊！我们的计划就是想让年长的孩子和年幼的孩子一起合作，现在自然而然就发展起来了，是吧？如果舞会能像鬼屋搞得那么好的话，那就太棒了！"

她整理了一下前面的一小沓纸，嘴咧得更大地笑着。"行，我批准了。你们三个继续和那些小学生们一起准备吧。如果需要任何东西你们都可以来找我。"

苏珊、贝琪和阿曼达从椅子上站起来向门口走去。

她们正打算离开校长办公室的时候，听见莫尔迪瓦校长喊道："等一下！"

她们以为莫尔迪瓦校长突然改变了主意。阿曼达小心翼翼地转向校长："是，校长？"

"你们需要得到威金斯小学詹金斯校长的批准，这样那些小学生们就可以在午饭时间到这儿来帮助你们。"她说道，"有很多工作需要做，你们不太可能都要等到下学以后再做。他们需要批准之后才能穿过围栏到中学这边来，所以我会给你们写一封信给詹金斯校长。今天下学以前你们过来取一下。"

"谢谢，莫尔迪瓦校长！"阿曼达咧嘴笑着，然后她们离开了校长办公室。

女孩儿路过秘书办公室的时候，发现痘痘皮特正坐在走廊的椅子上。

"你在这儿干吗呢？"阿曼达问。

"我在这儿等着把我们学校的舞会夺回来。"皮特傻笑着，但是他脸上洋洋得意的笑容马上就减弱了，因为他发现女孩儿们实际上正在冲他微笑。也许事情不像我计划的那样，他心想。

贝琪冲皮特点点头："校长现在就会见你。"

皮特慢慢地站起来朝着校长办公室的方向走去。

"没错，她正想找你谈话呢。"苏珊说道。

皮特扭过肩膀看着女孩儿们，咽了一下口水。

10

敌人的战线后面

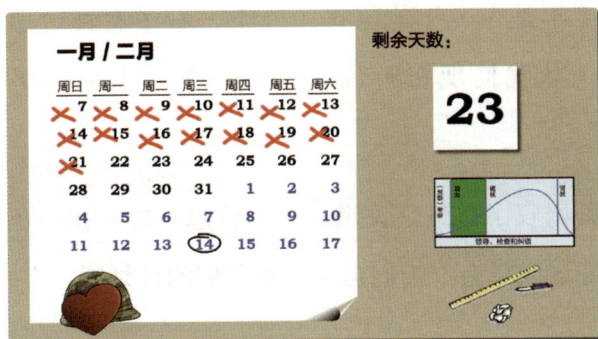

"体育馆空的时候显得更大啊。"詹姆斯朝四外看着。他们来检查中学的体育馆，为下一步计划做准备。

"我的意思是说，这回需要很多的装饰来充满这个地方。"他说着，把学校的通行证深深地塞进裤子后面的兜里。小学的詹金斯校长很高兴他们来中学帮忙，但是他们每次过来帮忙都需要在学校的办公室先领一张通行证。

"嗯，没准儿我们只需要装饰一半的空间。"本建

议道，他环顾着体育馆的四周。

"不行，我们应该好好做。"蒂姆对这个建议皱起了眉，"另外，阿曼达说要把这个舞会办成这几年来最棒的情人节舞会。"

"不是……"他停顿了一下，看了看舞台那边，"……从我们现在听说的，做到最好也不是那么难啦。"

蒂姆叹了口气，说道："不管怎么样，我们还是想组织好这次舞会，咱们再来看看我们的计划吧。"

"我们必须向痘痘皮特证明，我们可以做得很好。"贝琪说道。

"他特别烦人。"一提到皮特，苏珊就一肚子气。

"他就知道欺负别人，没什么特点还头脑简单！"阿曼达直接给皮特下了定义。

"所以，"詹姆斯忍不住搓着自己的两只手，"咱们从哪儿开始啊？"

情人节舞会

任务	负责人	时间
情人节舞会	所有人	23天
计划	所有人	6天
场地		2天
选场地	所有人	1天
找音响设备	詹姆斯	1小时
测试音响设备	詹姆斯	1小时
设计平面图	贝琪	1小时
娱乐		7天
选择音乐	苏珊	6天
确定音乐	阿曼达	1天
借黑光灯	本	1天
拿反光球	本	1天
拿聚光灯	汤姆	1天
点心和饮料		15天
计划点心和饮料	爱丽丝	1天
采购清单	爱丽丝	1天
买材料	莫尔迪瓦校长	
装饰		16天
计划装饰	所有人	1天
采购装饰品	莫尔迪瓦校长	15天
做装饰品	所有人	
销售		19天
设计门票	爱丽丝	2天
打印门票	莫尔迪瓦校长	2天
做宣传画	贝琪、爱丽丝	5天
卖票	所有人	2周
最后布置		1天
摆放椅子	本、汤姆	30分钟
摆放桌子	本、汤姆	30分钟
检查音响	詹姆斯	30分钟
设置黑光灯	汤姆、蒂姆	1小时
设置聚光灯	汤姆、蒂姆	1小时
挂反光球	詹姆斯、本	1小时
摆放点心和饮料	女孩儿们	30分钟
挂装饰品	女孩儿们	4小时
最后检查	所有人	10分钟
舞会		2小时
舞会开始	所有人	0小时
卖点心和饮料	轮班	2小时
卖好玩儿的东西	轮班	2小时

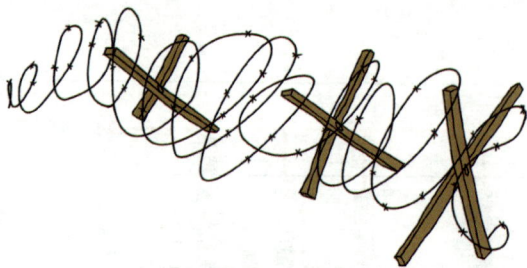

接下来，孩子们花了三十分钟时间在体育馆里来回走着，挑选合适的地方来挂装饰品，还数着脚步测算房梁之间的距离。

"好吧，音乐应该设在舞台上，所有的颁奖也应该设在这里。"蒂姆审视着他写字夹板上的纸，然后指着舞台说道。

蒂姆走到体育馆看台的这一侧。"学生可以坐在看台上，环绕着桌子，我们可以把食物和饮料安排在这儿。"他把最上面的一张纸翻过去，夹在了夹板的后面。

"我们打算怎么定价来着？"蒂姆问苏珊。

"嗯，莫尔迪瓦校长说这个舞会应该也有一点儿筹款的目的。所以……门票是两美元，饮料或者果汁五十美分，玛芬蛋糕一美元，曲奇饼干五十美分。"苏珊读着一张皱巴巴的纸说道，"我们也可以卖点儿其他东西，比如荧光棒，不过，得先进点儿货。"

"嗯，那样的话我们需要看看预算。"蒂姆说道，"去年有多少预算？"

"五百美元。"阿曼达答道。

本吹了一声低低的口哨。"这可不少钱啊，如果他们都有这么多钱了，干吗还要做筹款活动？"

贝琪摇摇头说："没那么多钱，尤其是对办舞会来说。再说了，去年他们只筹集了三百美元，所以他们实际上是亏了。"

"哦！"本脸上的笑容消失了，"这可不好。"

"可不是，糟透了。"阿曼达叹了口气，"所以这就是为什么莫尔迪瓦校长今年只给我们四百美元经费的原因。"

"啊！"汤姆叫了起来，"那更糟了！"

"她说等我们准备好了所有需要的东西的清单，

她还要看一下，清单里要把最重要的东西列在前面。她说，"阿曼达环顾了一下大家，"如果所有的东西超过四百美元，我们只能挑最重要的东西买。"

"祸不单行啊！"詹姆斯有些绝望了，"听起来我们已经完了！"

"不是，那也不一定，"爱丽丝说道，"我们只是需要更有创造性。还记得我们盖树屋的时候干什么来着，然后我们就能买更多的钉子和其他的东西了？"

每个人都点了点头。

"对，所以我们只是需要做类似的事情，不过这次可能不一定非要卖柠檬水了。"爱丽丝还是挺有信心的。

"我们可以烤曲奇饼干，然后拿来卖。"苏珊建议。

"对，没准儿我们可以做一些在舞会上卖。不过，咱们的妈妈得先掏钱来做饼干，然后才能在学校卖了挣钱。如果只是几盘子饼干的话倒是无所谓，要是几百块饼干就行不通了。应该还有什么更好的主意。"爱丽丝说道。

"蒂姆，你做完清单了吗？"她指了指写字夹板问道。

"快了。"蒂姆答道，"大部分都已经完成了。"

"那我们来看看需要些什么东西吧。"爱丽丝走过来看向蒂姆的写字板。

"好吧，来看看。"她一边说一边读着清单。

音乐

飘带

气球

蝴蝶结

心形纸

饮料

果汁

杯子

盘子

玛芬蛋糕

曲奇饼干

巧克力

荧光棒

奖品

"嗯，"爱丽丝点点头，"有些东西我们必须得买，比如饮料、做果汁的东西，还有荧光棒、巧克力和用来做装饰的材料。"

"有些东西我们可以自己做，比如松饼和曲奇，虽然需要做很多工作。"贝琪指着清单说道。

"他们已经有了扩音设备，我们只需要把音乐接上就可以了。"詹姆斯对刚刚看到的音响设备印象深刻。

阿曼达点点头说："对，那样行……"

"要是没有人来怎么办？"汤姆问，"去年就是这个问题，而且我们也不知道今年会来多少人。如果没有人愿意来的话，你们觉得要不要找几个自愿的？如果没有人来，所有的曲奇和装饰有可能都被浪费了。看起来我们还是冒着很大的风险的。"

"这没问题，我可以帮着把剩下的都吃了。"本满脸都是笑。

詹姆斯朝着他皱皱眉："除非你先买下来。"

本也皱起了眉："哦，对，当然了。不过要是已经掉在地上了，你就不能卖了。"

"不可能发生那种事的，我们会看着你的。"阿曼达警告着自己的弟弟。

"嘿，就是开个玩笑啦。"本把自己的两只手举在了空中说道。

"哼——哼。"阿曼达对本可不放心。

蒂姆静静地站在旁边看着其他人。最后，他说道："我觉得我有个办法能解决这两个问题。"

蒂姆把最上面一张纸翻过来，然后抚平了放在写字板上。"实际上是三个问题。"

蒂姆用手指数着："第一，也是最重要的一个，是要保证大家会来。我们需要大家真正想来。第二，我们不想做或者是买太多的东西，如果只有几个人来，那样

就都浪费了。再说了，我们根本没有足够的钱买清单上所有的东西。这样就引出了第三个问题：我们要让大家帮助我们，免费给我们提供我们想要的。"

阿曼达把手高高举到空中，说道："唉！我们已经试过问别人了，可失败了，没有人想帮忙，这就是为什么你们五个在这儿的原因！"

蒂姆笑了笑，点了点头。"正确。你问别人能不能帮忙，没起到作用。但是我们不是要问别人能不能帮忙，我们是要说服别人来帮忙，让他们都察觉不到。"

"怎么做？"苏珊很困惑，"我是说你能怎么做，一个小学生，怎么能说服那些中学的孩子来帮忙？"

"哦，我不是那个意思。"她赶紧又解释道，"我的意思是说，你确实只是个小学生，你知道我什么意思吧。"

蒂姆咧嘴一笑："没错，如果我去问他们能不能帮忙，他们肯定会觉得非常可笑。"

"但是，我想的是用一个办法解决所有这些问题，还能减少风险。不管怎样，他们都会不可抗拒地要来帮助咱们！"蒂姆一边信心满满地说着，一边在写字板上做着笔记。

"所以，你的绝妙的主意到底是什么？"贝琪问。

"举办一场比赛"，蒂姆抬起头，"实际上是两场比赛，都有奖品的那种。"

蒂姆环顾了一下他的朋友们，说道："女生们付给咱们的好时巧克力，你们都还没吃呢，对吗，伙计们？"

本盯着地板，脸颊绯红。"嗯，实际上，我可能已经开了一包了。"他低声嘟囔着。

蒂姆摇了摇头："所以我们还剩下三包巧克力，外加一些散的。"

蒂姆转向阿曼达："你妈妈做的曲奇非常棒，你觉得你能不能请她帮我们烤一些？"

"嗯，行，没问题，她喜欢烘焙。应该不是问题。不过，"她抓了抓脑袋，"我还是看不出来这怎么能帮助咱们。你说什么样的比赛？"

蒂姆深深地吸了一口气："这样，一个比赛是帮着准备点心——我们可以举办一个烘焙比赛。奖品会发给做得最好的饼干、松饼，或者是其他什么。"

"另外一个比赛可以帮助咱们把体育馆搞得更漂亮。我们可以举办一场最佳情人节装饰比赛，然后把参赛的作品都挂在体育馆里。我们可以在舞会的时候才宣布获胜者和奖品，这样他们就必须得来参加舞会了。"蒂姆笑了笑。

"好主意，"苏珊点点头，"不过我们怎么才能让他们确实去烤饼干和做装饰品呢？"

"这样，"蒂姆退后了几步，"我们可以向参加烘焙比赛的人保证你们女孩儿会提供亲吻。"

"什么！为什么！你这臭小子……"阿曼达举起了拳头，朝着蒂姆挥舞着，直到贝琪把手按在阿曼达的肩膀上。

"嗯，亲吻，好时的亲吻巧克力，记得吗，阿曼达？"贝琪眨眨眼睛。

"什么？哦，对。"阿曼达说着，慢慢地放下了胳膊，"不错啊，对不起啊蒂姆！"

"所以……"蒂姆继续说道，"……每场比赛我们都会提供奖品，但是只有在舞会上才能颁奖。我们甚至可以试试找到什么人愿意捐赠奖品。这样大家就会为我们提供烘焙的食物来参加竞赛，我们还可以卖这些东西。而且参加了烘焙比赛和装饰比赛的人，应该会想来舞会看看到底谁赢了。"

"即使有些人对一场比赛不感兴趣，"蒂姆补充道，"没准儿会对另外一场比赛感兴趣。最棒的是，如果你们校长同意的话，我们根本就不用自己装饰体育馆了。"

"啊？我们怎么能做到这一点？"苏珊一时没想明白。

"如果能有参赛者来做装饰，把他们的名字标注在他们的作品旁边，把所有的作品都贴在体育馆里用来让大家在舞会之前评判——那样的话，体育馆就几乎都布置好了——我们甚至不用动一根手指头。"

"嗯，我们还是要做一点儿装饰的，用一些彩带和气球什么的——这些都很便宜，做起来也很快。"贝琪说道，"如果一些装饰品集中在一个主题上的话，还需要把它们摆放的地方调整一下。不过这听起来真是个好主意。"

"这个主意太好了，蒂姆！"苏珊叫了起来，"你是怎么想出来的？"

蒂姆低头看了看写字板，然后抬起头，脸颊上泛着一丝红色。"嗯，实际上，这是前几天我听我爸说这种事儿来着。"

"如果你有一个大的挑战不能完全靠自己的力量解决的话，你可以找很多人来一起做。这样每个人可以帮你一点点儿。有时候这个办法可以用来筹集资金，有的时候可用在像我们这样的事情上。"他指着看台说道。

"他把这个叫群体资源（众包）或者什么类似的名字。每个人都帮一点儿忙，同时每个人都获得一小部分的回报。有些时候也可以用抽奖的形式。"蒂姆笑了笑。

"这主意太酷啦，蒂姆！"爱丽丝连连拍手，"现在我们最大的问题都解决了，往下继续会很顺利的！"

"不对，这还有一个问题——一个很大的问题。"阿曼达朝着蒂姆走近了一步，瞪着眼睛俯视着他。

"什么？什么问题？"蒂姆嘴里咕哝着。

"如果我们告诉所有人，我们女生会提供一个亲吻给烘焙的参赛者，那你的意思就是说男生都会烤曲奇饼干，女生就都会去参加装饰比赛了。"阿曼达说道。

"那就不对了。要是女生带曲奇饼干来，或者是男生打算做装饰怎么办呢？"她把胳膊交叉在胸前。

"不行，我们得公平，我们需要同样获得亲吻的机会。如果是女生的话，你们其中的一个男生要提供一个吻。所以我们不会宣传说谁会提供亲吻，只提及我们会提供。"阿曼达瞪着蒂姆说道。

"听着挺有道理的。"蒂姆表示赞同。他又往后稍微蹭了一下。

"除非，当然了，有的女生可能不想要巧克力，而要求你们勇敢的领导送出一个真正的亲吻。"阿曼达皱

着眉，"记着，这都是你的主意。"

蒂姆的脸变得通红："嗯，啊，是啊，估计到不了那一步吧……"

"嘿，你们忘了件事儿。"爱丽丝打断了他们。

"什么事儿？"蒂姆问。

"你说了要用好时的亲吻巧克力，但是阿曼达妈妈烤的饼干呢？我们用那个做什么？"爱丽丝提醒道。

"哦！"蒂姆眼睛亮了起来，"那些是给咱们布置体育馆的时候吃的。你知道，干活儿很容易饿啊！"

11

斗争计划

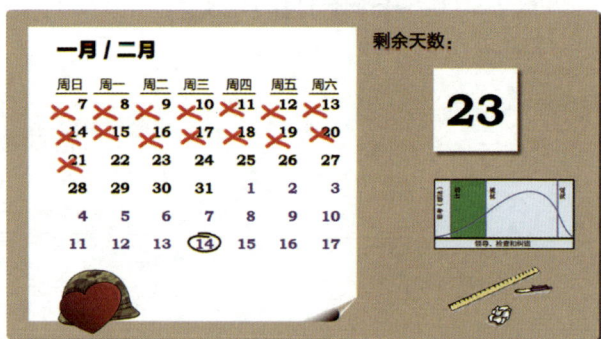

"别白费劲了。"下午痘痘皮特在走廊里遇到阿曼达的时候满脸的怒气，"我不会让你们得逞的。"

阿曼达停下来转向皮特："什么？你在威胁我吗？莫尔迪瓦校长准许我的朋友帮我们的。她已经批准了，所以你也别白费劲了！"

皮特狡猾地笑了笑，左边脸上的一个最大的青春痘似乎更强调了他的态度。"嗯，咱们走着瞧吧……"他说完吹着口哨走开了。

阿曼达怒视着他，使劲攥着拳头。"啊啊啊，我真讨厌你啊！"她对着皮特的背影发出嘘声，然后继续朝她的科学课教室走去。

走到桌子边，阿曼达使劲把书包扔在地上，还是满脸的怒容。

"怎么了，阿曼达？"贝琪问道。

"我讨厌他！"阿曼达咬着牙说道。

"谁？奥利弗？"苏珊问，她扬起了眉毛，"没维持多久哈。我是说，就因为他让你多花时间在准备舞会上，而不是跟他一起……"

阿曼达挥挥手打断了苏珊："不是，不是，奥利弗没事儿，至少我觉得是。是那个以大欺小的皮特。他刚才威胁我，说他要给咱们的舞会捣乱。"

"啊……"这让贝琪有些紧张，"你要不要去告诉校长？"

"说什么呢？她知道皮特想组织今年的舞会，但是校长已经跟他说不行了，还说了两次了。她估计也就是

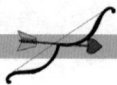

会说皮特嫉妒或者什么的，不会有什么用的。"

"他说他到底要干什么？"苏珊问，"如果知道他具体说了什么，你也许可以告诉校长，这样校长可以阻止他。"

阿曼达叹了一口气："没有，只是很含糊的威胁。"

"这样啊，也许他就是想让你担心，实际上他可能什么都不会做。"贝琪宽慰道。

"对，他没准儿就是跟你玩心眼儿，想让你糊涂。"苏珊表示同意。

"也许吧，"阿曼达点点头，"也许。我觉得这像他能干出来的事儿。"

"对，估计是。"贝琪也表示同意，"别为这件事儿担心了。"

"不过我们最好还是留意一下他，以防万一。"苏珊多少有些紧张。

贝琪和阿曼达都点了点头。

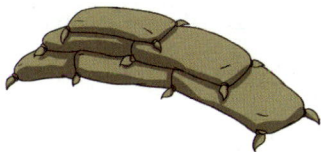

"所以，校长觉得咱们的想法怎么样？"蒂姆使劲嚼着一块曲奇饼干问道。

放学后八个孩子在阿曼达家集合，继续讨论他们的计划。

"嗯，"阿曼达皱着眉，"她说她觉得这是一个有趣的想法，她还说这个办法绝对可以帮助我们解决预算的问题。"

"但是……"爱丽丝开口说道。

"但是，"阿曼达继续说道，"她也说了这么做可能对我们来说有些困难。"

阿曼达慢慢地环顾着桌子周围，说道："她说，要是没有人参加烘焙竞赛，或者没有人参加装饰比赛呢？我的意思是说，如果我们准备了食物并且装饰了体育馆，是，没准儿他们有可能愿意来参加真正的舞会了。但是如果他们就不愿意来呢？"

“不过他们肯定会来的！”爱丽丝说道，“这个想法特别好！完全有道理！”

“是啊，我们当然觉得这是一个非常好的想法，因为它能帮助我们，而且我们仔细想过了。”阿曼达说，“但是我们需要说服学校其他的人也认为这是一个好的想法。”

本挠了挠自己的脑袋：“好吧，那我们应该怎么做呢？莫尔迪瓦校长有没有什么建议能帮助我们的？”

阿曼达叹了一口气：“是，算是吧。她说我们需要做的非常简单，但同时也非常困难。”

“这怎么能同时又简单又困难呢？”詹姆斯被搞糊涂了。

“是这样的，我们需要说服他们做这些——带曲奇饼干来舞会，做装饰品和亲自来参加舞会。但是现在，我们知道几乎没有人对这些感兴趣。”阿曼达有些沮丧地说道。

“最困难的部分是让大家改变想法，为了做到这一点，我们需要学习如何影响大家，给大家一些动力使他们愿意去做这些事情。"

"没准儿我们现在就应该放弃了。"苏珊咕哝着，"我们之前跟大家谈的时候，就听到一些毫不迟疑的'不'。"

"不过等一下，那些好时巧克力和奖品呢？"爱丽丝问，"那些算是动力吧，对不对？"

"也许算是一点儿，但是她说这些还远远不够。"阿曼达愁眉苦脸地说道，"不，我们还需要做些别的。我的意思是说，我们还是可以做这些的，不过我们需要先激励大家，然后希望有一些人能愿意做这些事儿。"

"嗯……"蒂姆开口问道，"她给没给什么提示能帮助我们的，关于怎么激励大家？"

"这是个非常好的问题，"厨房门口传来了一个声音，"我没准儿可以帮忙。"

"嗨，琼斯先生！"爱丽丝叫道。

"嗨，爸爸！"阿曼达和爸爸打了个招呼。爸爸走到桌子旁边轻轻地拍了拍她的肩膀。

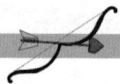

"嗯，你们这些孩子这次在做什么项目呢？"他笑着问。

"情人节舞会。"蒂姆答道，"我们负责组织。"

琼斯先生抬起了眉毛："好家伙，这可是个大项目啊！你们打算怎么组织这个项目呢？"

"说来话长，爸爸，不过我们真的需要一些帮助。"阿曼达说道，"你今天过得怎么样？"

爸爸有些心不在焉的样子，他朝着起居室那边看着。"哦，我觉得还行。和几个承包商有些问题，不过我都能处理。"阿曼达的爸爸是当地一家建筑公司的项目经理，在树屋和鬼屋的项目上帮助过阿曼达和她的朋友们。

"实际上，我们好像遇到了相同的问题，你们和我。"

"是吗？我们怎么会碰到相同的问题呢？"阿曼达问道，"你做的项目都很大啊。"

"好吧，我是无意听到的，你们的问题是想让学校里别的孩子们也想参加什么活动，"他说道，"是这样吗？"

"对，想让他们来参加舞会。"蒂姆答道，"可是现在看来根本没有人对这个有兴趣。"

"哦，如果是这样的话，我的问题跟你们的不完全一样，不过我的项目上有一些事情确实需要有人马上就做完。我遇到的麻烦是怎么找到合适的人去做这些事儿。"他皱着眉说道。

"不过你可以就告诉他们，让他们去做，不行吗爸爸？"阿曼达问，"你是头儿，对不对？"

"按理说我是可以这么做的，但是我不喜欢经常这么做。最好是和团队一起讨论，这样大家都理解我们需要完成什么和为什么需要完成这些任务。这样处理，每个人都会尽一份力，每个人都会觉得自己是团队的一员，他们接受任务的时候一般都会比较高兴地去做。这种情况下大家通常都会很努力地工作，因为他们理解为什么这些工作很重要。"

"但是爸爸，学校的其他孩子不是我们团队的一部

分。他们根本就不想帮忙，所以爱丽丝和男生们才来帮我们。"阿曼达说着叹了口气。

"没错，如果他们不是你的团队的一部分的话，这就是完全不一样的情形了——他们是项目的相关方，也就是说如果事情进行得顺利，他们就会在乎你的项目的结果，也就是舞会，因为他们会愿意参加。"

"嗯……"阿曼达很失落，"可现在他们一点儿都不在乎。"

"他们只是需要有合适的动力。但是你们需要知道非常重要的一个事实是，在某些人身上起作用的一些动力有可能在另外一些人身上没有作用。"

贝琪从桌子上拿过一张白纸，阿曼达递给爸爸一支铅笔。

"你们看，这儿有两种形式的动力——内在的和外在的……"阿曼达的爸爸说道。

阿曼达打断了他："对不起，爸爸，你能不能用通俗简单的词汇？"

爸爸笑了笑，说道："当然可以，让我们先来画一张图。"

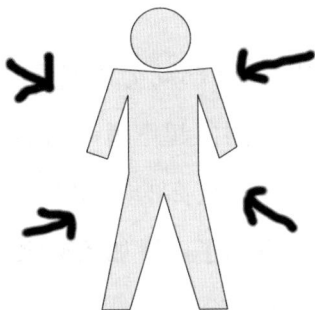

"外在的，或者说外部的东西是指这是一种来自外界的动力。"他解释道，"这可以指的是收到奖励、高工资或者奖金，有机会做有趣的事，类似像这样的情况。"

"所以，给参赛者提供奖品或者亲吻都是这种外在的形式。"爱丽丝觉得自己听懂了。

琼斯先生扬起了眉毛，疑惑地看了看阿曼达："亲吻是怎么回事儿……"

阿曼达脸红了："只是巧克力的亲吻，你知道的，好时的巧克力。"

"嗯，好吧。"琼斯先生皱了皱眉，"好吧，因为简单，人们都愿意使用外部动力，因为每个人都能看得见，有些人认为这是唯一一种可以激励大家的办法。"

"但是，实际上外部动力不是最强的一种激励方式。它可能在一定时间内起作用，比如说你希望工资能涨上去。但是当你获得更高的工资之后，很快你就会觉得这是理所当然的事儿了，增加的薪水就不会像之前那样能给你带来动力了。"

"所以，如果大家做了什么事情，我们给了他们巧克力，等他们吃掉了巧克力，他们就不再觉得有什么动力可以支持他们继续做下去了吗？"詹姆斯问。

"对，差不多就是这个意思。"琼斯先生点点头，"得到更多的钱或者更多巧克力的期望可以再次刺激人们去做事情，但是这不是长久之计。而且一旦他们得到了之后，激励他们做得更好的动力通常马上就会消失了。"

"或者吃掉巧克力之后。"汤姆插嘴道。

"对，或者在吃掉巧克力之后。"琼斯先生朝汤姆点点头。他从盘子里拿了一块曲奇咬了一口。"嗯……
或者如果别人有更好的曲奇饼干，你就有可能被吸引过
去，试着去得到更好的饼干。"

"所以，爸爸，什么是更好的激励形式呢？哪种
形式更有效或者持续的时间更长？"阿曼达迫不及待地
问道。

阿曼达的爸爸把纸翻过来，拿起一支铅笔画了一个
小人儿，又在小人儿的身上画了一个小小的心形。

"好吧，最有力的激励形式是内在的，或者说内
部的，指的是动力来自内心。当你有了内部的动力之
后，你做任何事情都是因为你非常非常想做，就是有人
会给你更好的曲奇饼干，你也不太容易被说服而改变想
法。"他说道，然后吃了最后一口曲奇饼干，顺手抹掉

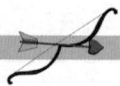

了嘴唇上的饼干渣。

"这是最有力的激励形式，但是要想改变一个人确是最难的。"

"所以……如果谁真的不想帮忙或者不想参加舞会，我们给多少巧克力或者曲奇饼干都没有用吧？"蒂姆一边做着笔记一边问道。

"是的，为了得到曲奇饼干，他们有可能会干些你们想让他干的事儿，或者会说些你想听的话，但是得到饼干之后他们就会继续干他们自己想干的事情了。"琼斯先生笑着说道。

"那我们应该做些什么才能搞清楚怎么让大家非常非常想帮助我们，而且也会来舞会呢？"蒂姆的眉头拧成了一个疙瘩。

"从心里激励他们，但是我们应该怎么做呢？你又不能跑到一个人的脑袋里面去。"苏珊实在想不明白了。

"没错，我们不可能钻到别人脑袋里去。但是我们可以想一想什么东西对别人是非常重要的，然后让他们能看到，如果他们帮助你做你想做的，他们也同时可以获得他们想要的。"琼斯先生解释道。

本滑倒在椅子上，说："但是爸爸，我们怎么可能知道他们想要什么呢？这些想法都在他们的脑子里啊，不是吗？"

爸爸点点头："非常对，不过很多很多年以来一些聪明的人已经找出了一些共通的事情，可以从内心里激励人们。"

阿曼达用手指敲着桌子，说道："爸爸，你开始像莫尔迪瓦校长了——让我越听越糊涂。你能不能给我一些我们能用的？"

"没问题，宝贝儿。我这就打算告诉你们。"他说着，把纸翻到背面开始写：

接受

认可

挑战

好奇

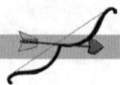

控制

竞赛

合作

目的

乐趣

"还有很多不同的事情可以作为内部的激励，这些只是一些比较常见的。大部分人希望被接受——他们希望别人喜欢他们，或者认可他们所做的事情。"阿曼达的爸爸解释道。

"我们学校大部分的孩子都希望这样。"苏珊感觉看到了些希望。

琼斯先生点点头，说道："有些人喜欢接受挑战，可以是学一项新的技能，管理一项非常复杂的事情或者制作什么新东西。但是这些都是因为他们想做，不是因为什么人告诉他们要去做。这些通常与好奇心和学习新事物有很强的联系。"他用手指敲着那张纸。

"这里面没有什么能帮助我们的。对我们来说让他们来帮忙倒是个挑战，但是我觉得他们一点儿都不好奇。"阿曼达叹了口气。

爸爸笑着说："是吧，不试试怎么知道呢。没准儿你会发现有些什么东西他们会感兴趣的。"

"比如说一个秘密？"詹姆斯问。

"对，差不多是那么回事。"琼斯先生点头答道。

"那单子上其他的呢？"蒂姆指着纸问道，"'控制'是怎么回事儿？"

"哦，'控制'是比较微妙的一个。几乎所有人都想对发生在他们身上的事情有控制权。"琼斯先生解释道。

"比如我们什么时间上床睡觉吗？"本问，"我能不能晚睡半个小时，爸爸？"

爸爸笑着说："不行，你不能晚睡。不过这是一个很好的例子。人们喜欢能够控制，但是他们并不能像自己希望的那样控制所有的事情。有的时候控制欲会让人们表现出不好的一面，比如像老板一样到处去管别人。那些觉得控制不了自己或者他们周围环境的人通常会试

着去管别人。"

一个想法突然跳进了阿曼达脑子里。"你是说，比如校园欺凌？"

"对，就像校园欺凌。"爸爸点点头，"很多校园霸王都是因为无论是在学校还是在家里，他们都觉得不能控制发生在他们自己身上的事情，所以他们就试着去控制别人。这并不是个借口，但是有的时候可以解释他们欺凌行为的原因，而有的时候解决问题的第一步就是理解事情发生的原因。"

阿曼达点点头："我们学校就有一个真正的校园霸王，他还想接管组织舞会呢。"

爸爸皱着眉："嗯，有什么办法可以让他帮助你们吗？"

"不可能的，琼斯先生。"苏珊摇摇头，"他组织了去年的舞会，但是非常差。每个人都说他爱指使别人，而且几乎没人去参加舞会。我们可不希望他帮忙——他没准儿还会把事情搞砸了。"

"他已经在试着把我们的舞会搞砸了。"阿曼达小声嘟囔着。

"好吧，很遗憾你没有办法改变他，但是你们可以试着躲开他。使人们改变自己的行为是非常困难的一件事，尤其是这种校园霸王。我建议你们现在盯住他就好了。"爸爸建议道。

"为什么同时有竞争和合作呢？这两个不是对立的吗？"蒂姆指着纸上写的又问道。

琼斯先生点点头："是的，它们可能是对立的——但不总是这样。如果你在一个团队里工作，你就是在合作，但是你的团队又有可能与另外一个团队竞争，所以合作和竞争就会在同一时间发生。或者也许没有竞争，只是团队中的一部分人打算一起做些新的东西，这也可能是非常有益的。"

"我觉得有道理。"爱丽丝点点头，表示同意。

"但是有时候你还可能和你自己竞争——比如试着比上次的比赛跑得更快，类似这样的情况。"琼斯先生补充道。

"另外一个非常强大的激励就是有一个明确的目

标——你非常坚信什么东西一定可以做到。它可以是一个非常大的想法，或者是你想做一个项目的首要原因。成千上万的人将他们的一生都致力于一个他们自己非常坚信的目标。"爸爸说道。

阿曼达抬眼看着爸爸："爸爸，你有的时候真是想得太多了。我们只是想让孩子们都来参加舞会和烤些饼干，不是要拯救地球什么的。"

"哦，对。"爸爸用手把一缕乱了的头发抚平，"好吧，不过你知道我是什么意思就行了。这个单子里最后一项是乐趣。很多人做事情只是简单地为了享受乐趣，比如看体育节目或者是运动、散步，和朋友们聚会，做手工什么的。"

"还有打电子游戏！"汤姆补充道，他的手指在空中比画着打游戏机的样子。

琼斯先生笑着说："没错，打电子游戏也是。不过要等到你把家庭作业都做完之后。"他说着指了指本。

本叹了口气："啊，爸爸……"

"再回头说一下控制——不是所有的控制都是不好

的。有很多不错的人能把事情干完就是因为他们能用温和的态度来影响其他的人做事情。善于有影响力的人能使别人愿意去做事——实际上他们并不告诉别人去做什么。这种人通常也非常善于沟通，做项目的时候，沟通也是一个非常重要的技能。"

"这就是我们想做的，爸爸。"阿曼达来了精神，"我们想成为有影响力的人和擅长沟通的人。不过我们应该怎么做呢？"

"这样，首先，如果跟你说话的人尊重你，或者知道你通常会有好的想法，这些都会有所帮助。这样可以有助于他们在一开始的时候就听你说话。"他停顿了一下。

"那样很难啊，爸爸。我的意思是这是中学——我们才七年级。更糟的是，他们已经在嘲笑我们让小学生来帮助我们了。有没有什么别的办法可以试试呢？"阿曼达问。

"好吧，能讲一个好故事通常也是有帮助的。"他眨了眨眼睛。

"我们不可能给学校里的孩子们讲睡前故事，爸爸！这太傻啦。"阿曼达有点儿泄气。

琼斯先生咧嘴一笑："不，我指的故事是描绘一幅你心中的远景的图画，让他们也能感到兴奋。如果你能让这种想法进入他们的头脑中，他们就非常有可能想帮助你，或者至少愿意去按照你说的去做了。"

"怎么听着好像鬼鬼祟祟的。"詹姆斯皱着眉，"他们怎么能知道你不是让他们去做什么坏事儿呢？"

"是的，有的时候这种情况确实会发生，如果真的发生了，就会非常糟糕。但是你们不是这种情况，对不对？和他们说的时候总是应该实话实说，这是非常重要的，因为别人很快就可以发现你是不是在说谎。"他摇摇头说道。

"另外，他们会自己决定是不是喜欢你说的。你告诉他们并不意味着你要通过催眠来让他们对你想做的事情着迷。"

"这是个好主意！"本一下子来了精神，"我们可以给他们催眠，然后他们就会去烤饼干、做装饰、参加舞会，还有……"

"那肯定不会管用的。"蒂姆打断了他。

"为什么不能？"本很不服气，"我在生日聚会上得到了一个催眠戒指，应该管用的！"

"那就是个不值钱的塑料戒指，上面贴了些会转的贴画。"汤姆撇撇嘴，"那个不是真正的催眠戒指。"

"但是我可以学真正的催眠术，我是说应该很好玩儿而且……"本还是不死心。

"谁也不能催眠谁。"苏珊肯定地说道，"不能在我们学校里做那种事儿。现在情况已经够糟的了，我们可不希望半个学校的人觉得自己是鸡一样跑来跑去的。"

"……但是那样真的会很好玩儿的。"本小声嘟囔着。

爸爸笑着说："对不起，我的孩子，就像你朋友说的，这恐怕真的行不通。即使有用，这也不是一个好主意。不行，你得让他们自己真的想做这件事，自发地

想做。"

阿曼达叹了一口气："这样啊，我们走投无路了。我的意思是，我们怎么能让整个学校的学生都相信这些事情呢？我说过的，现在学校里有一半儿的人都在嘲笑我们呢。"

"啊，这样啊，我想那你们最好还是放弃了吧。"爸爸也叹了口气。

"什么？爸爸，不行！你不能这么说，我是说你本来应该帮助我们的，你答应的！"阿曼达气馁地大叫起来。

琼斯先生研究了一下纸上写的内容，然后环顾了桌子周围的孩子们，他脸上的表情变得严肃了。"你们真的不想让我透露我最大的秘密了？是这样吗？"

"要！要！求求你，爸爸！"阿曼达叫着，她几乎有些生气了。

"好吧，如果你们坚持……"爸爸说着，又在纸上写下了另外一个词：拥护者。

"拥护者，嗯？这个是什么意思？"爱丽丝不太明白。

"让我想想，怎么来给中学生解释这个词，"琼斯先生琢磨了一下，"好吧，你们学校里哪个孩子最让大家仰视？"

阿曼达哼了一声："仰视？喊！所有个子高的呗，这还用问。"

爸爸摇摇头："不是，我指的是另外一个意思，就是大家都尊敬他。"

"反正绝对不是我们。"苏珊小声嘟囔着。

"嗯，是那些特别酷的孩子吗？"贝琪猜测道。

"对，这种孩子可以算是的。"琼斯先生表示同意，"不过没准儿还有其他类型的。你能不能想想大家有问题的时候都在班里问哪些孩子？"

"哦，对，科学课上的萨曼萨，数学课上的亚当。"苏珊说道，"他们很聪明的。"

"不错，这是另外一类受到仰视的孩子。还有没有

其他被别人尊敬的孩子呢？"琼斯先生追问道。

"嗯，还有托德和奇普……"贝琪看着琼斯先生，"他们比较擅长体育活动什么的，还有他们在课间的时候总是讲笑话。好多孩子都喜欢和他们在一起玩儿。"

"好，听起来你们开始明白'拥护者'是怎么回事儿了。现在，这些小孩儿——酷的、聪明的，其他小孩儿喜欢跟着一起玩儿的——如果你们能很好地把他们利用起来，这些就可以成为你们的拥护者。"琼斯先生笑了。

"不过到底什么是一个拥护者呢？"苏珊还是有些糊涂，"我的意思是，他们能做些什么呢？"

"能做什么？他们能让你们工作起来更轻松啊。"琼斯先生笑着说道。

孩子茫然地互相看了看，然后都转向了琼斯先生。

"你是什么意思？他们怎么能做到这一点呢？"蒂姆问道。

"这样，如果你们能说服这些孩子，这些一小部分的拥护者，说服他们接受你们的想法是好主意，然后他们就可以帮助你们去说服其他的孩子，很多很多其他的孩子——说服他们接受你们的主意是好主意。"琼斯先生笑着解释道。

"对啊！比如参加烘焙比赛和装饰比赛，或者一开始就计划来参加舞会……"汤姆恍然大悟。

"别急，让我来捋一下思路。"贝琪慢慢地说道，"我们只要跟这些孩子谈谈——酷的、聪明的，还有所有你说的其他拥护者，然后他们就会去告诉其他的孩子去做那些事情？这听起来真简单啊。肯定是还有什么诀窍在里面。"

"没错，你们还是需要先说服这些孩子。首先他们必须要对你们的做法认可，要不然他们就不会去和其他的人说了。你们必须先有好的影响力来说服他们。这样就不用试着去影响整个学校的每个小孩儿，而是由这些拥护者们帮助把消息传播得更快。"琼斯先生用他的手指敲着人形中间的心。

"因为其他的孩子对这些拥护者非常仰慕，尊敬他

们，也就通常会听从他们所说的话，甚至，很多孩子还愿意跟随这些拥护者一起做一样的事。如果你的拥护者是第一批去参加装饰比赛或者烘焙比赛的人，那么很多其他的孩子也就会愿意参加了。"

"不过你们还是必须要准备讲述一个好的故事。这是可以做到的，而且当讲故事奏效的时候，这个办法会非常管用的。"琼斯先生很有把握地说道。

"如果不奏效怎么办，爸爸？"阿曼达还是有些不放心。

"那样啊，我想如果你搞砸了的话，那么这些孩子可能会告诉其他的孩子不要做你们想让他们做的事。这就是这些拥护者的力量——很多人在乎他们是怎么想的。"琼斯先生说道，"对你有利，或者有害。"

"好吧，那我们绝对不能把这件事儿搞砸了。"蒂姆看着小伙伴们，"我们需要好好准备，然后挑最适合的人选去谈话。我的意思是说，最合适的一个人。"

"这个人是谁呢？他们现在不太可能听我们之中任何一个人的话，因为我们还在小学。"爱丽丝叹了口气。

"苏珊。"贝琪坚定地说道，"苏珊几乎认识学校里一半的学生，而且其中有一些真的比较听她的话。"

琼斯先生笑着说："所以，没准儿已经有一个潜在的拥护者在你们中间了。"

苏珊却摇摇头："我可不是谁都认识。"

"不用全认识，你至少可以跟一些比较酷的孩子和至少一半的聪明孩子谈一下，我们两个可以去跟托德……和奇普去说一下。"贝琪的脸有些发红，"我觉得他们会听我们的。"

"我们要搞清楚需要说什么。"蒂姆说着拿起一支铅笔又拿过了一张纸。

"谢谢你，琼斯先生。你帮了我们的大忙了。如果我们能够让一些拥护者站在我们这一边，这对我们会有很大的帮助的。"蒂姆又变得信心十足了，"这不仅能让很多孩子来参加舞会，而且还能帮我们省下很多的时间和经费！"他拿出一张时间表然后做了一些调整，把装饰的责任人改成"学校"然后加了一行"带烘焙的点心"。

情人节舞会

任务	时间	负责人
情人节舞会	23天	所有人
计划	6天	所有人
场地	2天	所有人
选场地		所有人
找音响设备	1小时	所有人
测试音响设备	1小时	詹姆斯
设计平面图	1小时	贝琪
娱乐	7天	
选择音乐	6天	苏珊
确定音乐	1天	阿曼达
借黑光灯	1天	所有人
拿反光球	1天	本
拿聚光灯	1天	汤姆
点心和饮料	15天	爱丽丝
计划点心和饮料	1天	爱丽丝
采购清单	1天	莫尔迪瓦校长
买材料	1天	莫尔迪瓦校长
装饰	16天	所有人
计划装饰	1天	莫尔迪瓦校长
买装饰品	1天	所有人
做装饰品	15天	
销售	19天	爱丽丝
设计门票	2天	莫尔迪瓦校长
打印门票	1天	贝琪
做宣传画	2天	所有人
宣传舞会	5天	
卖票	2周	所有人
最后布置	1天	
摆放椅子	30分钟	本、汤姆
摆放桌子	30分钟	本、汤姆
检查音乐	30分钟	詹姆斯
设置音乐光灯	1小时	蒂姆
挂黑光灯	1小时	汤姆、蒂姆
挂反光球	1小时	詹姆斯、本
摆放点心和饮料	30分钟	女孩儿们
挂装饰品	4小时	女孩儿们
最后检查	10分钟	所有人
舞会	2小时	
舞会开始	0小时	所有人
卖点心和饮料	2小时	轮班
卖好玩儿的东西	2小时	轮班

贝琪仔细地检查了一下，说道："看起来是个很不错的计划！"

"好，那我们只需要把它付诸实施了。"阿曼达也振作了起来。

"要有信心！"苏珊已经跃跃欲试了，"我的意思是，还能难到哪儿去？"

12

因为是我说的

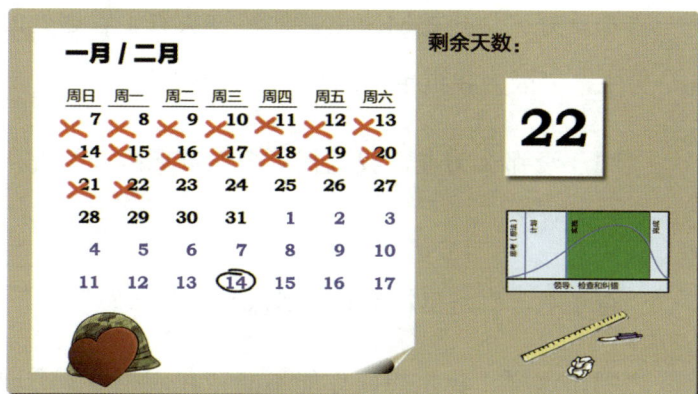

第二天休息的时候，苏珊走到体育馆门旁站着的几个男生那边。"嘿，托德，我能跟你说几句话吗？"

"嗯，没问题，苏珊。"他一边答应着一边冲另外几个男生点了点头，"我一会儿再跟你们聊。"

当他俩走到离那几个男孩儿大约十几步远的地方，苏珊停了下来。

"嗯，什么事儿，苏珊？"托德问，"你不会又

是要我们来帮你们做计划吧？是吗？上次可真不怎么样！"

苏珊的脸颊有些发红："嗯，不是，不是那个啦，不是……"

"那就好。"托德回应道，他转过头看了看远处的几个男生，"因为我再也不想介入那件事儿了。"

"嗯，没那么糟啦，我觉得……"苏珊刚开始说，脸就又红起来了。

"得了吧，真是挺糟的！你到底想说什么？"

"嗯，这样，我是想问你能不能帮我们……"苏珊的语气有些犹豫。

"帮你们什么？"托德打断了她，"上次你们对我可真够过分的，我凭什么还要帮你们？"

苏珊的脸更红了，她的手也开始微微发抖。"别说了！关于那天的事儿，我向你道歉，不过我们现在非常需要你的帮助！"

托德耸耸肩，说道："我看不出来。你让我错过了斯丹告诉我们他的新电子游戏，为什么我应该帮助你们？"

托德转身朝着那几个男生的方向走去。

"因为是我说的！"苏珊冲着他的背影喊着。

"你这招儿只有你在三年级的时候才管用，我们都不是小孩子了，告诉你吧——就算你和他们在一起我也不管！"托德扭头大声喊着，那几个男孩儿也大笑起来。

苏珊跺着脚走了，努力不让自己的眼泪流下来。

当苏珊跺着脚从转角过来的时候，贝琪正在体育馆旁边等着，她差点儿被苏珊踢倒。

"哇噢！"贝琪惊叫了一声，"你怎么了？

苏珊深吸了一口气，然后把刚才跟托德的对话向贝琪简单复述了一遍。

"那就这样吧，也许我们不应该从托德开始。"贝琪说道，"我的意思是，你上次对他的确比较无礼。你没准儿应该先挑一个比较酷的小孩儿试试。"

苏珊垂头丧气地说道："我失败了。这个舞会简直

就是一个行走的灾难，从一开始到现在，我刚刚又把它搞得更糟了。"

"没关系啦，让我们来看看怎么能把它搞定。"贝琪说着，转过去悄悄看了一下。

"现在没必要跟托德继续说了，我是说他现在很生气，还在为以前发生的事情生气——另外，估计他也很怀疑我们是不是在背后议论他。"苏珊叹了口气。

"不，我不是说托德。怎么看他都有点儿猪头的意思。我们去跟一个更明白道理的说吧。"贝琪说着，又绕过转角看了看。

她往后退了几步，用手指梳了梳自己的头发，又拉了拉上衣。"我现在看起来怎么样？"

"你看着像贝琪啊，"苏珊嘟囔着，"你还能像别的什么人吗？"

"不是，我是说我看着可以吗？我的头发不太乱吧？或者还有其他什么不合适的。"

"哦，没有，你看着挺好的。"苏珊耸了耸肩。

"那好，那就祝我好运吧。"贝琪说着，绕过体育馆转角，然后径直向男孩儿们走去。

苏珊在他们视线之外等着，时不时绕过转角悄悄看一下。她看见贝琪朝奇普走过去，简单跟他说了几句，然后他们两个人走到操场另一边的午餐桌子旁坐下了。大概五分钟之后，贝琪朝奇普挥了挥手，然后朝苏珊这边走回来，脸上挂着大大的微笑。

等贝琪走出男孩儿们的视线，苏珊把她拉到墙边问道："怎么样，你都说什么了？"

"我觉得我们的单子上可以算是有了一个支持者了。"贝琪笑着说道，"可能很快就会有更多的了，等着瞧吧。"

"你是怎么做的？阿曼达的爸爸还说我已经是咱们团队的支持者，因为我几乎认识每一个人！"苏珊摇摇头。

"是啊，你可能认识很多小孩儿，但是也许你不知道怎么跟他们说话比较合适。"贝琪耸耸肩。

苏珊皱了皱眉，问道："那你是怎么做的？你说什么了？"

"嗯，我去问奇普，想跟他说几句话，就像你问托德那样。"贝琪解释道。

"然后呢?"苏珊越来越好奇了。

"嗯，还没等他张口，我就先感谢他之前愿意帮助我们，即便最后我们没有合作成功。"贝琪说，"上次我并没有冲他吼，这也许也有点儿帮助吧。"

"好吧，你做得对，但是接下来你又说了什么？"苏珊叹了一口气。

"我跟他实话实说。我说咱们关于让一些孩子参加做装饰和烤饼干的比赛什么的，这些都是为了让他们有兴趣参加舞会。他说这个想法很有趣，不过……"贝琪的声音渐渐低了下去。

"不过什么？你急死我了！"苏珊叫了起来，她用前脚掌使劲碾着地上的石子。

"他问我为什么？他问为什么就算没有什么人真的打算去舞会，我们却还是这么努力？"

"那么你是怎么说的？"苏珊追问道。

"我告诉他……"贝琪停顿了一下，"……我跟他说我从来就没有去过情人节舞会，所以我非常想参加。"

"所以这就说服他了？"苏珊真有点儿难以置信，"这连我都说服不了，虽然我已经在帮着组织舞会了！"

贝琪脸红了："啊，我还没说完呢。我告诉他我想……跟他一起去舞会。"

"噢！"苏珊好像明白了。

"耶！"贝琪看着地面叫了一声，她的脸颊飘着一缕红色。

"那他说了什么？"苏珊追问着。

"他说他会很高兴跟我一起去舞会的。"贝琪抬起头，脸上满是欣喜。

"好啊，你运气不错。"苏珊说道，"你怎么知道他会同意呢"？

贝琪皱了皱眉，说道："我之前也不知道。我是

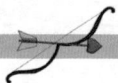

说，我喜欢奇普，但是你知道的，我觉得他也喜欢我，可我并不确定，所以我想试试。这也是为什么我把他叫到野餐桌那边。这样的话，即使他拒绝了我，别的男生也不会听见。"

"所以，你舞会那天有约会啦，真棒！"苏珊瞪着贝琪，"不过支持者的事情怎么样了？"

贝琪笑着说："噢，那个也算是搞定了。现在奇普想和我一起参加舞会了，而且他也希望那将是一个很棒的舞会。所以他会去跟其他的孩子们说这件事儿，他也将是第一个带些饼干去参加比赛的。"

"那装饰比赛呢？"苏珊继续追问道，"你记得说那个了吗？"

贝琪又低头看着地面，说道："对，那个装饰比赛的事儿我也说了。"

"所以呢，他也会做些装饰品，然后说服其他的孩子吗？"苏珊还有些不放心。

"不是。"贝琪摇了摇头。

"啊！为什么啊？"苏珊语气里有些抱怨，"他愿意跟你一起去舞会但是不想为舞会做任何装饰吗？"

"不是的，他不是不参加做装饰。"贝琪抬起头来看着苏珊，她的脸颊红红的，"是我们一起做。奇普和我放学后去手工教室开始做第一个装饰——我们一起去。"

"噢！噢！"除此之外苏珊再也说不出别的什么话了。

从这以后，事情开始变得容易起来了。贝琪和奇普午饭的时候去找了一些挺酷的小孩儿，告诉他们今年的舞会会比去年的好得多。

"但是你去年也帮着组织舞会了，可最后还是不怎么样啊。"约翰还是有些不放心。他是个高个子的八年级学生，在篮球队里打球。

"没错，但是今年的管理团队不一样了，而且今年的组织者有很多规划项目的经验。"奇普说着朝贝琪眨眨眼睛。

"嗯……"约翰皱着眉，一副若有所思的样子。

"而且去年是男生组织的，今年有很多女生在帮忙。"奇普补充道，"女生知道更多关于情人节还有感情之类的东西，所以一定会更好的。我已经准备去参加舞会了。"

"嗯……"约翰点点头，"我不知道……但是我相信你，奇普。如果你说今年有戏，那我想应该会不错的吧。"

奇普松了一口气，说道："没错，而且我自己也会去帮忙的，这才能确保是最棒的舞会。现在，还有两件事情你能帮我去搞定其他的小孩儿……"

十分钟后，贝琪和奇普向食堂的方向走去。贝琪一边笑一边说道："我真不敢相信你能说服他们每个人都带一盘饼干、做两个装饰品，而且还去跟其他的孩子说！"

奇普笑着说："他们大部分都是我从一年级就认识的。有一半跟我在一个足球队里好几年了——约翰也是，直到今年他想试试篮球，然后就太忙了。我们都互相帮忙，就这么简单。"

"你这帮朋友真不错。"贝琪发自内心地佩服。

"没错，他们都够朋友。"奇普感觉挺自豪，"不过现在我们一定要确保舞会成功，要不然他们得跟我没完了！"

苏珊跑去跟几个聪明的孩子碰头。贝琪觉得应该比较安全，因为苏珊没跟他们吼过——至少最近没有。

苏珊先去跟亚当说，跟他大概说了一下他们是怎么组织舞会的。

"所以今年的舞会肯定特别棒，你绝对应该去。"苏珊说道，"保证比去年好很多。"

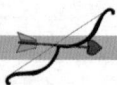

"我不知道，我也没去过。"亚当回应道，"不过听你说起来应该挺好玩儿的。"

"而且我们还要举办最佳烘焙和装饰品比赛，有很酷的奖品，会在舞会最后颁发，你绝对应该参加。"苏珊露出灿烂的笑容，"像你这么聪明的人肯定也能烤出最棒的饼干，或者做出最好的装饰品。我觉得赢家几乎就是你了。"

亚当低头想了一下。

"两个。"他开口说道。

"嗯，对不起，什么意思？你是说你会带两盘饼干或者是两个装饰品吗？"苏珊问。

"除了两个，还有两个。"亚当的神情有些奇怪。

"还有两个什么？"苏珊开始有些气馁了。

"我可以帮你去跟其他孩子说，不过我想要两块曲奇饼干。"亚当解释道。

"没问题。"苏珊松了一口气，"我可以给你烤曲奇饼干。"

"请做巧克力曲奇饼干。"亚当点点头，很认真地说道。

"就这些？"苏珊问。

"不是，我说了两个——还有两个。"亚当摇摇头，"我想要两块曲奇饼干……还有两支舞……跟你跳。"亚当说的时候，挑起了一边的眉毛。

"噢！"苏珊的脸红了，"噢！嗯，好，没问题，我想。你——你是约我一起参加舞会吗？"

亚当认真地看了看苏珊，说道："不是，我在那儿等你。我只想跟你跳两支舞，如果你跳得好的话没准儿跳三支……你知道吗，我妈妈去年让我去上舞蹈课了。"

苏珊刚要翻白眼，但是及时制止了自己。"听起来不错，亚当——我都等不及了。那现在，咱们先去跟谁说呢？"

13

绿眼的怪兽

"你说你要跟谁去舞会？"詹姆斯用手指指着贝琪质问道。她正忙着写笔记，苏珊正跟大家说着这几天找支持者发生的各种事情。

贝琪从她正在写字的纸里抬了一下眼睛。"奇普。"

"但是——但是为什么啊？"詹姆斯使劲摇着头，"我还以为上次苏珊冲他们嚷嚷之后，奇普和托德都很明白地说他们不再跟咱们有什么关系了。你为什么还去

问他啊？"

"我只跟托德嚷嚷了。"苏珊纠正詹姆斯。

"你是只为了舞会才这么做的吗？"詹姆斯坚持问道，"我是说，为什么你不问其他人?"

贝琪把笔放在桌子上，然后直接看着詹姆斯说："因为我喜欢他。"

"不过你喜欢很多人。你也喜欢我，对不对？"詹姆斯的语气有些不确定。

"是啊，没错。"贝琪在空中挥挥手，"这怎么了？"

"嗯，是，我……"詹姆斯说不下去了。

"怎么？你是想约我去舞会吗？"贝琪问。

詹姆斯脸朝下盯着桌子，他的脸颊慢慢变红了。

"我，噢，嗯，好吧，我知道了。"贝琪突然有些不知所措，"你真的想？"

詹姆斯慢慢地点了点头，眼睛还是直盯着桌子，一小颗泪珠从鼻子旁边流了下来。他在泪珠滴到桌子上之前用手背揉了揉鼻子。

"噢，天啊，詹姆斯，对不起，我不知道。我是说，我不知道我们可以邀请中学以外的人参加舞会。"贝琪解释道，"我是在去年的规定里看到的。"

蒂姆和爱丽丝隔着桌子交换了一下眼神。有麻烦了……

"不过我们已经在帮你们了！"詹姆斯的语气很坚决，"规定根本就无所谓了，我们反正都会在那儿的，不是吗？"

阿曼达把手举在空中，说道："等一下，我们可能有一个问题。"

"什么问题，阿曼达？"苏珊把头转了过来。

"我刚想起来，校长允许小学的爱丽丝和四个男生帮助我们组织舞会，但是……"阿曼达停顿了一下。

"但是什么？"爱丽丝问。

"……但是我们不知道他们是不是允许在舞会那天

来这儿！"阿曼达说道，"要是他们只被允许帮着我们组织，但是舞会当天不能来呢？我们三个人不可能把所有的事情都干了，尤其是贝琪现在还要跟奇普约会。"

"什么？好像你不会跟奥利弗在一起似的！"苏珊毫不示弱，"这样就剩我一个人管整个舞会了，这不公平！"

"没准儿有人会约你呢。"汤姆插话道，"谁知道呢，有可能会发生啊。"

苏珊冷冰冰地瞪了一下汤姆："我——会——让——你——知——道——什——么——人——会——约——我！"

"什么？就两支舞？你如果跳得好呢，没准儿是三支。"本一脸幸灾乐祸的表情，"这听着可不像约会，倒像是约了去看牙医什么的。"

"谁告诉你的？"苏珊嚷起来，她的眼睛绕着桌子转了一圈，然后锁定了贝琪。

贝琪慢慢地咽了一下唾沫，然后拿起了她的笔。"我觉得这个也许很重要，你知道，就像学习怎么跟别人打交道的经验教训一样。所以我写在项目笔记里了。咱们每个人都可以看项目笔记的。"

"我真是很惊讶本除了漫画书还看别的。"苏珊不高兴地说道，"这个倒是读得挺快。"

"嘿！我还读带插图的小说呢。"本赶紧为自己辩护。

"对，漫画，还有图画小说，随便什么吧，都一样。"苏珊嘟囔着，"我的意思是，那些是隐私。"

"如果是写在项目笔记里的，"本一本正经地把胳膊交叉在胸前，"那就是公开的记录。"

"那样的话，有些人一开始就不应该把这些写进去。"苏珊一边说，一边又狠狠地盯着贝琪看了一眼。

贝琪只是耸耸肩，然后在一张纸的角上画了一朵花。

"我们下次别再出这种错了吧。"蒂姆小声说道。

爱丽丝点了点头。

"不再出什么错？"苏珊深深地吸了口气，"项目笔记吗？可这回已经太晚了。"

蒂姆摇了摇头，手在身前挥了挥。"不，我是指——所有的事儿。不管男生们和爱丽丝能不能在舞会当天去跟你们在一起，因为……"他停顿了一下，"……你们三个还是都要帮忙组织的，不管有没有约会。"

贝琪正要张嘴说话，但是蒂姆把手举得更高了。"没错，你可以跳几支舞，但是我们还是需要你帮忙的。这里最大的问题是，你们所有的人都要停止争论和互相找茬。我们还有很多事情要做，我们需要大家一起合作，所以你们必须停止互相找茬！"

桌子周围的人突然都陷入了寂静。苏珊的嘴张着，詹姆斯眉毛抬得高高地盯着蒂姆，甚至连阿曼达都说不出话来了，尽管蒂姆说的时候连声音都没有提高。

爱丽丝打破了沉默："看见没？这就是为什么这回得是蒂姆当项目的领导。你们其他人都因为这些傻傻的情人节的东西乱了思绪。这个叫丘比特的怪物好像是个看不见的魔鬼罗宾汉或者其他什么的，埋伏在那里，然后等待时机攻击我们。"

"更像一个僵尸慢慢地吃掉你的脑子。"汤姆小声说道。

"没错，不管怎么样，你们明白我的意思就好。我们必须当心，要不然它就会蹑手蹑脚地靠近，然后抓住你。先是阿曼达，然后是贝琪，苏珊属于侥幸脱险，现在连詹姆斯也受到影响了。没有一个人是安全的！"爱丽丝的表情很严肃。她看了看蒂姆，蒂姆冲她点了点头作为回应。

"好啦！现在我们来听听蒂姆要说什么。"爱丽丝冲蒂姆笑了笑，然后站到了一边。突然，她一脸恐惧地向四周望着。

"啊！不！不要！难道还有我吗！不！"爱丽丝大叫着。

蒂姆的眉毛皱了起来，问道："怎么啦？"

爱丽丝把双手放在桌子上深吸了两口气。"没事儿……没事儿。我只是用词不当，肯定是个意外。对，

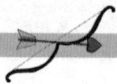

就是这样。"她小声地跟自己说着，然后摇了摇头。

蒂姆的眉毛放下来了，他拿起了身前的一张纸。"好吧，这样，我很高兴这些事儿都过去了。阿曼达——周一你的第一项任务是去校长办公室，搞清楚我们能不能在舞会当天去现场组织。"

他在纸上记了一下，点点头，然后看了看大家。"现在，我们有多少装饰品了？"

14

谣言四起

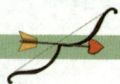

一月 / 二月

周日	周一	周二	周三	周四	周五	周六
7	8	9	10	11	12	13
14	15	16	17	18	19	20
21	22	23	24	25	26	27
28	29	30	31	1	2	3
4	5	6	7	8	9	10
11	12	13	14	15	16	17

剩余天数：

14

"事情进展得非常不错。"阿曼达咬了一大口她的三明治说道，然后把三明治放回了饭盒。她嚼完了之后抬起手背擦了一下嘴。

她右手攥拳然后伸出一根手指，说道："第一，莫尔迪瓦校长很高兴地批准了爱丽丝和其他男生在舞会当天也能出席——因为他们一直帮着组织舞会。她说这绝对顺理成章。"

苏珊点点头。贝琪低头盯着桌子嘟囔着："我不想……"

阿曼达摇着头，伸出第二根手指，说道："现在已经无所谓啦。第二，购物清单已经完成，也是按照优先顺序排列的。我今天上午已经交给莫尔迪瓦校长了。"

"第三，拥护者的事情似乎很有效果，这要感谢贝琪和苏珊。我们已经有十个装饰品挂在手工教室了，我看见还有另外几个也已经开始做了。干得漂亮！接下来只需要提醒大家烘焙的事情。还需要贴出些海报，莫尔迪瓦校长说我们可以做些小册子让学生们带回家。"

"我可以干这个，奇普画画很好，我们可以在下学以后做。"贝琪的脸又红了。

阿曼达点头说道："谢谢贝琪。第四，苏珊，音乐选得怎么样了？"

苏珊笑着说："非常好！"

"那么，你已经选了多少首歌了？"阿曼达问。

苏珊有些犹豫，说道："嗯，实际上，我也不知道。"

贝琪转过身来盯着苏珊："你什么意思，你不知道？你到底选了音乐没有？"

苏珊耸耸肩："实际上不是我，我安排詹姆斯去选了。"

"你让一个男生去选情人节舞会的歌儿？"阿曼达摇摇头，"我希望你知道你在干吗……"

苏珊脸红了："我还以为这是一个作为管理者的好做法，你知道的，委派任务和工作。"

"没错，是，确实是，不过音乐这个任务比较重要，如果我们想让大家真的跳舞的话。"阿曼达叹了一口气，"不过你是负责音乐的，你不能随便就把这个任务安排给别人。你必须确保詹姆斯把这件事儿干好。"

苏珊把两只手放在野餐桌上，说道："所以你的意思是如果音乐不好的话就是我的责任，即使并不是我选的？"

贝琪点点头："没错。"

"但是那不公平！"苏珊发着牢骚，"如果詹姆斯选的音乐不好，为什么是我的责任？"

"因为蒂姆是分配你负责音乐。"阿曼达耸耸肩，"所以你需要提供好的音乐。每个人都要对自己的工作负责。"

"但是……但是……"苏珊有点儿口吃了，"好吧，这样，如果每个人都会因为音乐不好而责怪我的话，那我还是自己干得了。"

"不行，现在再说这个已经太晚了。"阿曼达说道。

"不过为什么？我只要把这个任务从詹姆斯那儿接过来就是了，很简单啊！"苏珊有些不服气。

"你得给詹姆斯一个机会。"贝琪插话道，"他因为我跟奇普去舞会已经够不高兴的了，如果你又要把这个任务从他那儿拿回来，他没准儿就会退出，不再帮我们了。"

"再说了，这也不是一个好的领导者应该做的。"阿曼达接过了话，"我爸爸也这么说过。当你把一项任务交给某个人去完成，你就不能再把这个任务要回来，

除非是万不得已，比如那个人完全搞砸了，或者他们的做法有可能会伤害到人身安全。你必须要让他们试着去完成任务，去学习，这样他们下一次才能够做得更好。再说了，我们已经知道光靠咱们三个女生是不可能把所有的事情都做完的，我们需要爱丽丝和男生们。所以他们也需要完成各种任务。"

苏珊交叉起胳膊，重重地把前额放在桌子上。"那我该怎么办啊？"她带着哭腔喊道。

阿曼达拍拍她的后背，说道："这样，你可以让詹姆斯先多筛选一些音乐，这是比较困难的一部分。为了让这个任务容易些，也许你可以告诉他去找什么类型的音乐。"

"然后呢？"苏珊从头发下面露出眼睛看着阿曼达。

"然后……然后你让詹姆斯把音乐带来让你来批准。"阿曼达说，"这样的话，詹姆斯就会把大部分繁重的工作完成，你对音乐的质量做一些控制——你知道的，适当再选一些他推荐以外的歌曲，或者如果某种类型的音乐不够，你可以让詹姆斯再多找些来。"

苏珊抬起头坐直了身体，说道："我想这样可行，应该不会太糟。"

"没问题，应该没事儿，但是……"贝琪停顿了一下。

"但是什么？"苏珊问。

"……但是绝对不能冲詹姆斯吼，"贝琪很认真地盯着苏珊，"你需要激励他完成选择音乐的工作，冲他吼是没有用的。"

"吼？你什么时候看见我吼他了？当然了，他是我弟弟，你总得冲他们喊点儿什么，对不对？比如他要是搞砸了或者烦我或者……"苏珊快速地瞟了一下两个女孩儿。

阿曼达和贝琪交换了一下眼神，然后同时脱口而出："不许吼！"

"行啦！又不是说我会对每件事情都大喊大叫……"

"不，能，吼。"贝琪毫不让步。

"反正在舞会结束之前不许冲他吼。"阿曼达补充道。

"闭嘴。把你嘴拉上拉链。就是不行。"贝琪很坚决地冲苏珊摇摇头。

苏珊深吸了一口气，然后呼了出来。"不知道为什么，我觉得音乐这部分应该是最简单的。但是我会试着不跟詹姆斯大喊大叫，或者等到舞会之后再说。"

阿曼达摇摇头："你得比这个做得更好。实际上，这一段时间你跟谁都不能大喊大叫。看看你对托德干的好事。"

苏珊把手摊开，说道："好，好，我知道啦。不能大喊大叫。苏珊，你只能微笑——和——温柔：这可不容易！"

贝琪咧嘴笑着说："重要的事情很少有容易的。"

"你听说了吗？"数学课上一个男生冲着贝琪耳语道。

"听说什么了，凯文？"贝琪小声问。

"不会再有给舞会做的装饰品了。"凯文小声说。

"什么？为什么没有了？"为了尽量不引起老师的注意，贝琪使劲压低了声音。

"好像是因为美术老师很不高兴，因为她所有的纸和胶水什么的都被用光了，她上课都不够用了。"凯文冲她点点头，"这下玩儿完了。"

"但是……但是……"尽管贝琪的声音很小，可她还是没敢再往下说，因为老师正朝着他们这边皱着眉。

"下课以后到走廊里跟你说。"凯文朝着门的方向点了点头。

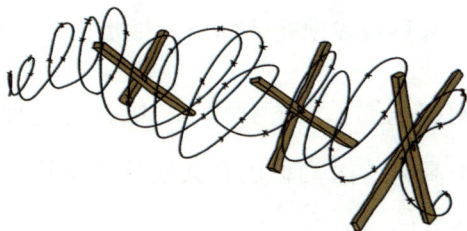

铃响的时候贝琪第一个冲出了教室。等凯文从教室里刚一出来，她就抓着凯文的胳膊，把他拽到一个柜子旁边。"你说的纸和胶水都没有了到底是怎么回事儿？"

凯文先整理了一下自己的衬衫，然后说道："我听说的就是这些。你知道的，学校的经费今年很紧张，只有那么多的胶水和纸张来用——还有颜料什么的。根本就没有富余的东西给什么舞会做装饰品。因为教学更重要。"

"噢，对了，而且参加烘焙比赛的人也不多，因为很多人对花生、大麦和糖什么的过敏。"凯文补充道，"不过这都是他们说的。"

"这些都是听谁说的？"贝琪追问道。

凯文耸耸肩："每个人啊，而且整个学校都在说这件事儿。我估计肯定是真的。"

"那怎么只有我现在才知道？"贝琪咬着牙问道。

凯文别扭地挪了一下身体："嗯，是这样，大家都不想让你不高兴，因为你还有其他的女生那么努力地想把这次舞会办好……"

"所以，不跟我们说就是为了让我们感觉不错？"贝琪满脸的不高兴，"那现在我们该怎么办？"

"嘿，我也不知道该怎么办啊！"凯文说着，不由往后退了几步，"我告诉你是因为我喜欢你，而且……"

"而且什么？"贝琪努力压低自己的声音。

"啊，是，真的没什么。我只是想……"凯文突然变得结结巴巴了。

"你到底想说什么？"贝琪追问着，她的声音又高了起来。

"我……实际上……我想也许你没准儿愿意跟我一起去舞会。"凯文含糊地答道。

"对不起，我已经有人一起去了。"贝琪摇摇头。

"这跟我听到的不一样。"凯文辩解道。

"你听说什么了，凯文？"贝琪的话音变得尖锐了。

"嗯……嗯，大家都在说奇普实际上很想跟凯特琳一起去，但是你出乎意料地先问的他，所以他就被困住了，只好同意了……"凯文说着，脸憋得通红。

贝琪倒靠在旁边的柜子上，她抓着一把锁来让自己站好。"什么？真的？"

"……所以我想如果他真的想和凯特琳去的话，你没准儿想跟……我一起去？"凯文终于把话说完了。

贝琪觉得脑袋发蒙。"奇普……凯特琳？他什么都没说过啊，他看起来挺高兴啊……我是说，我们一起做了两个装饰品而且一切……不过你说……他……她……真的吗？"

凯文充满希望地看着贝琪，说道："那么……你想不想跟我去？"

"啊，什么？"贝琪觉得有点儿晕，"你说什么？"

"我是说，你想不想跟我一起去舞会？"凯文小心地问道，"你觉得怎么样？"

贝琪的视线都开始模糊了。"现在不行，凯文，让我自己待会儿。我需要想想——而且得跟苏珊和阿曼达说一下——就现在！"

"但是……但是……我只是想帮助你而且……"就在凯文结结巴巴地说着的时候，贝琪跺着脚沿着走廊出去了。

"不是随便什么人都会告诉你的，我告诉你只是因为我喜欢你而且……啊，唉……"凯文的声音在空空的走廊里慢慢变弱。

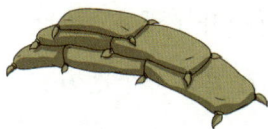

"我们有麻烦了。"贝琪走进社会调查课的时候说道。

"是，我也很遗憾听说了奇普的事儿。"苏珊回应着。

"什么，你也知道了？"贝琪惊讶地张大了嘴，"学校里除了我还有谁不知道吗？"

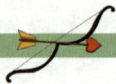

"装饰品的事儿和烘焙的事儿真的很让我担心。"阿曼达也是神色凝重。

苏珊在阿曼达的胳膊上拍了一下："嘿！先替贝琪想想。其他事情可以等一下。"

"哎哎！你们可以等到放学之后再聊天。"安德森老师说道，他是社会调查课的老师。"社会调查课，不是说你们就可以在课堂上社交（英文的社会和社交是一个词）。"

苏珊和阿曼达互相交换了一个假笑，然后打开了她们的课本。贝琪也打开了课本，但是她完全不能专注到内容上。她的心思在另外一个地方。

15

解毒药

一月 / 二月

周日	周一	周二	周三	周四	周五	周六
7	8	9	10	11	12	13
14	15	16	17	18	19	20
21	22	23	24	25	26	27
28	29	30	31	1	2	3
4	5	6	7	8	9	10
11	12	13	14	15	16	17

剩余天数：

13

第二天早上学校突然通知有一个特殊集会。学生们陆续地走进体育馆。阿曼达对着贝琪耳语道："我们今天为什么要开会？原本不是要到下周五吗？"

贝琪耸耸肩，穿过了大门。体育馆里面充满了对今天这个突如其来的集会的各种猜测。

"我听说有个摇滚歌手在这儿呢，也许他们到学校来了。"贝琪左边的一个男孩儿说道。

"才不是呢，我听说是一个宇航员，好像是带来了月球上面的什么岩石。"他旁边的一个女孩儿很有把握地说。

"没准儿是那个牙医又回来了，打算给咱们每人一张游乐园的门票？"另外一个男孩儿满是希望地猜测着。

贝琪摇摇头。只要你随便转个方向，就能听到有人在讲自己听说了什么不同版本的故事。"他们不可能都对，当然了，不过万一哪个是真的呢……还有，他们嘴里说的'他们'又是谁呢？"

贝琪坐在地板上向体育馆里看了看。最后几个班级正在一边往里进，一边在找地方坐下。通常八年级是最先进来的，所以坐在看台上。贝琪注意到奇普冲她轻轻地挥了挥手，但是她决定不理他。"反正他实际上是想跟凯特琳去舞会的。"她想。

校长走上主席台的时候体育馆后面的灯暗了下来。她通常都是笑眯眯地跟所有的学生说话，可是今天好像有什么事情不对劲。校长走上台阶的时候，没有一道来自牙齿的白色闪光。因为她的嘴唇紧紧地闭在一起，几

乎都要看不出来了。

莫尔迪瓦校长快到主席台的时候，屋子里马上静了下来。她轻轻拍了拍麦克风，确定是开着的。音箱传来的尖叫声在屋里回响着，就像指甲在黑板上划过，这让阿曼达直起鸡皮疙瘩。

莫尔迪瓦校长用她的目光前后扫视着体育馆，好像在找什么人。大约经过了一分钟的不安的沉寂，仿佛她已经跟所有的人都有了目光接触之后，莫尔迪瓦校长轻轻地咳了一声。

她停顿了一下，然后在脸上挤出了一个笑容。这不算是一个笑容，阿曼达坐在第十二排都能看见的就是校长尖尖的牙齿。阿曼达哆嗦了一下，回想起他们第一次看见莫尔迪瓦校长时候的情景。

"我今天想跟你们所有的人谈一谈。"莫尔迪瓦校长开口说道，"只是一个词，但是非常重要。"

校长头上高高的屏幕上显示出一个词：谣言。

她转回头看了一下，确保每个人都能看见。"这是个可怕的词。它会破坏很多事情、很多人和很多关系。"

她看着所有人，说道："有多少人知道什么是谣言？"

大概有一半的学生举起了手。

"我知道了，那么你们是不是也知道谣言就像病毒一样？"

体育馆里发出一阵嗡嗡的声音，学生们都在低声地说话。

"她什么意思啊，谣言就像病毒？像感冒似的吗？你能感染谣言吗？"苏珊皱着眉小声嘟囔着。

校长又拍了拍麦克风，室内又安静了下来。"是的，谣言就像病毒一样，对不对？可能它跟着凉和感冒还不完全一样，倒是更像电脑病毒，不过是在人群中发生的。但这是非常危险的，因为它改变了人们的行为处事。"

更响的嗡嗡声充满了体育馆，校长敲了两次麦克风大家才静下来。

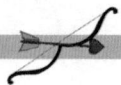

"没错，谣言就像大脑里的病毒。你听见了一个谣言，如果你相信了，你用脑子想了，然后又把它告诉你身边的每个人。很快，每个人都被感染了。"莫尔迪瓦校长说着，用长指甲敲着主席台的侧面。她朝主席台的一边示意了一下，一个穿着白色衣服的矮个子丰满女人从椅子上站起来，走上台阶，手里拎着个红白两色的塑料箱子。

"现在看起来谣言在整个学校里蔓延着，所以我们需要消灭它们，就现在。你们都需要对这些谣言有免疫力。"

苏珊抻着脖子试着去看那个矮个子的女士。"是护士吗？她拿着什么东西？"

那个穿白衣服的女人走近主席台的时候，放慢了脚步，然后停在主席台前面。她的两只手在身后拿着那个塑料盒子，很耐心地站在那里，等着校长讲话。

"一个谣言就是一个骗人的消息，对不对？这个消息听着挺有道理的，但是它不是真的。有个人，"她扫视了一下体育馆里的人，继续说道，"这个屋子里有个人或者是有一些人散布了谣言。而其他的人一直在传播谣言。"

"这跟爸爸说的一样，他说支持者可以帮助散播消息——好的或者是坏的，"想到这儿阿曼达战栗了一下，"真是个可怕的东西！"

莫尔迪瓦校长轻轻地咳嗽了一下。"对，谣言是错误的信息，而且还有一个名字……"她停顿了一下，然后抬高了声音以示强调，"谎言。谣言就是谎言。我不会包容这种行为。在我的学校里，现在不会，将来也不会。"

"另外……"莫尔迪瓦校长示意那位穿白色衣服的女士走近些，"……所以，史密斯老师在这儿要帮助我们所有的人。虽然我很想给你们每一个人都扎一针来保护你们不受谣言的侵扰，但是没有这种疫苗。不过，我们有这个。"

莫尔迪瓦校长站到了一边，史密斯老师走到主席台前。她把那个塑料箱子放到台子上，"砰"的一声从侧面打开了箱子。她打开箱子盖，拿出了几样东西，然后

冲着麦克风说道："我是史密斯老师，美术老师和学校的兼职护士。我听到一些流传的谣言，感到非常难过，我打算在这里解释一下。第一，因为没有纸张、胶水和颜料了，所以不再允许做装饰品了。"她一边说，一边用一只手拿着几张纸和胶棒，另一只手拿着几管颜料和笔刷。

"这绝对不是真的。每年我们都会计划像舞会这样的活动，还有另外一些其他的富有创造力的项目。我们有足够的材料。实际上，"她注视着学生们接着说道，"我们的材料很充足，而且我希望你们每个人都为舞会做一个装饰品。我觉得这是一个棒极了的想法，而且为艺术表现和创造力提供了一个极好的机会。我非常期待在舞会那天晚上在体育馆看到你们的作品，而且我也会很愿意作为这次比赛的评委。"

"第二，有人传播了一个谣言说由于食物过敏，不会再有舞会的烘焙比赛了。这也不是真的。虽然我们要求烘焙的食物不能带有花生，因为有些学生对花生有高度的过敏反应，甚至不能靠近任何带花生的制品。虽然有的学生对麸质不耐受，但是这些都可以通过表明烘焙的成分而很容易地解决。"

她朝看台这边的学生看了看然后笑了。"现在，至于一些人对糖过敏——当然了，学术上是有可能的，但是这不是不能举办烘焙比赛的原因。你们当中的一些人可以带一些无糖的食物来，然后贴上标签。所以请随心所欲地做任何你想做的吧，我很想买一些你们亲手做的点心。"

史密斯老师把东西放回塑料箱，然后又"啪"的一声扣上了箱子。她朝莫尔迪瓦校长点了点头，然后走下主席台回到自己的位子上。

莫尔迪瓦校长重新走回讲台上。"正如你们所见，这两个谣言都是假的。我相信还有其他的谣言在学校里流传，我要强调的是，这些谣言必须马上停止。如果你不确定你听到的一些事情，可以问我本人或者问一位老师。至于其他人，对你听到的事情要小心，要一直保持诚实。"

她扫视了底下的学生几秒钟，皱了皱眉。"要一直诚实，要不然那些谎言就会冲上来抓住你，对不对？当

我发现谁还在用谎言和谣言毒害我的学校，记住，我会确保你受到的惩罚会很严厉的，是最严厉的！"

校长转身离开讲台，停了一下，她又转回到麦克风前。"噢，对了，还有一件事。我期待在舞会上看到你们——所有人。虽然有人企图搞破坏，但是我们有一些工作非常努力的孩子们在为你们组织一个非常出色的舞会。我希望你们都支持他们，而且支持学校的活动。但是最重要的，是好好玩儿，对不对？"

说完这些，校长走下主席台，体育馆里的灯又亮了起来。随着几百个孩子开始试着找出谁是最先开始散布的谣言，体育团里很快就从嗡嗡声变成了喊叫声。几乎所有的孩子都在讨论。

所有的孩子，除了一个人，这个人静静地站在一根大柱子的阴影里。他慢慢地退进了阴影，最后你只能看见一个长满青春痘的大鼻子。

16

一个轻轻的吻

一月 / 二月

剩余天数：

13

周日	周一	周二	周三	周四	周五	周六
~~7~~	~~8~~	~~9~~	~~10~~	~~11~~	~~12~~	~~13~~
~~14~~	~~15~~	~~16~~	~~17~~	~~18~~	~~19~~	~~20~~
~~21~~	~~22~~	~~23~~	~~24~~	~~25~~	~~26~~	~~27~~
~~28~~	~~29~~	~~30~~	~~31~~	1	2	3
4	5	6	7	8	9	10
11	12	13	⑭	15	16	17

"好了，真是解脱了。"贝琪长长出了一口气，"我刚跟奇普说了，整个凯特琳的事儿就是个谣言，跟装饰品和烘焙的事情一样。"

"是啊，有人真是特别想让舞会办砸。"阿曼达皱着眉，"而且我觉得我知道那个人可能是谁……"

"算了，随他去吧。如果皮特还想干别的坏事儿的话，他肯定会被发现的。再说了，现在学校每个人都警惕着谣言，所以下回他再这么干就没用了。要是他用其他手段的话，都得更直接才行，现在学校都密切关注着破坏舞会的行为，所以根本没戏。"苏珊说道。

"没错，我觉得也是。"阿曼达悬着的心也慢慢放下了。

"让我们专心完成这个项目吧，这样舞会就能顺利进行了。"贝琪充满了信心，"再说了，今天是第一天卖票！"

"对啦！"阿曼达笑了，"奥利弗说他会第一个去排队卖票。我都等不及了！"

"奥利弗现在怎么样？"苏珊问，"自从他跟你说要你专心组织舞会之后你都没怎么提过他。"

阿曼达皱着眉说道："是啊，他对承担责任的事儿特别严肃，而且我很确定他不想让我分神。"

"那之后你跟他说过话吗？"贝琪问。

"嗯，好像，没有。"阿曼达答道。

"一次都没有吗，即使课间的时候在走廊里？"苏

珊皱起了眉头问道。

"嗯，没有，就像我说的，他对舞会对学校有多重要很认真……"阿曼达小声说。

"哈，要是我的话，我还是会至少一个星期跟他说几次话的。像爱丽丝说的，丘比特正在咱们这儿晃悠的时候，什么事情都有可能发生。"贝琪一边说一边坚定地摇摇头。

"应该没事儿，你看着吧。"阿曼达虽然嘴里这么说，可心里却真的没那么有信心。

售票是在午饭时间过了一半的时候开始的，有三张桌子摆在体育馆外面的走廊里。

为了做好接待很多人的准备，整个项目团队都在那儿帮忙。他们没有失望。已经准备好的一包好时巧克力放在地上，准备送给提前就带来烘焙食物的或者提前交装饰品的人作为奖励。

就像他承诺的那样，奥利弗站在绳子后面，排在了第一个。大概有五十个小孩儿排在他后面。"你卖给他票吧。"阿曼达碰了碰贝琪，"要是我卖给奥利弗我们自己的票，我会感觉怪怪的。"

"好，阿曼达，没问题，"贝琪笑了，"你可以卖给奇普我们的票，和你一样的理由。"

阿曼达点点头，然后走到售票的桌子前，把绳子拿掉了。"你好奥利弗，我想你了。"

"你好阿曼达，我也想你了。"他笑了笑，然后停顿了一下，"你是不是应该站在桌子后面？"

"啊？噢，对，卖票！"她大声说着，轻轻地跳到桌子后面坐下了。

奥利弗朝阿曼达走过来，他把钱攥在手里。

"我给你拿票。"贝琪说着，朝阿曼达点点头，"两张，对吗？一共是四美元。"

奥利弗飞快地皱了一下眉，但是很快就恢复到他平

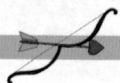

常的笑脸。他从贝琪手里拿了两张票离开了桌子。

"再见，奥利弗！"阿曼达冲他喊着，脸上露出灿烂的笑。

奥利弗转过头来说道："噢，谢谢你，阿曼达，再见。"

奥利弗快要到走廊转角的时候，一个苗条的金黄色头发的女孩儿朝他跑过来。她从奥利弗手中抽出一张票然后很快地在他脸颊上亲了一下。"谢谢你奥利弗！"她说道，然后又跑回走廊另一边看不见了。奥利弗慢慢地跟在她的后面。

阿曼达的脸马上变化了无数种颜色。"什么？怎么回事儿，他干吗了？为什么那个女孩儿拿走了我的票？"

她转向贝琪问道："他为什么那么做？为什么你卖给他两张票，但是他没给我留一张？"

贝琪同样也很震惊，但是她很快就恢复过来了。"嘿，别怪我，我只是在这儿干活呢。再说了，你让我卖给他票的，我怎么知道他打算怎么用这些票？"

阿曼达陷进椅子里，都没有注意到站在她面前的学生，他正挥舞着钱想引起她的注意。

终于，她收了钱然后递给那个学生两张票，连看都没看人家。"我的意思是说，他怎么能这么做？他一直都是冲我微笑啊！"

"没准儿爱丽丝是对的，她确实是提醒过你，什么事情都有可能发生。"苏珊说道。

"你这话一点儿忙也帮不上。"贝琪叹了口气，"你没看见阿曼达不高兴吗？"

"是啊，我看见了，但是现在有几乎一百个学生打算买票，队现在已经排得更长了！"苏珊摇摇头，用两只手同时从两个学生手里拿钱和递票，"我们这儿需要帮手！"

午休的时间很快就过去了，他们也开始把卖票的东西收拾起来。贝琪一直希望能看见奇普，但是他始终没出现。"他没准儿还在因为我忽视他而生气呢。"贝琪

嘟囔着，"我希望他能赶紧想开了。"

"是啊，至少他没来给别人买票。"阿曼达低声吼着。

"是啊，不过，肯定是有什么别的原因吧。"苏珊小心翼翼地说道。

"噢，我不知道，不过看起来很明显啊。"阿曼达依旧气鼓鼓的，"看起来他都等不及走出我的视线，他故意让我看见他把我的那张票给了那个女生。"

"嗯，不过看起来好像是那个女生从他那儿拿走的。我不确定他真的把票给了那个女生。"贝琪冲阿曼达说道。

"你到底是站哪边的？"阿曼达激动地喊了起来，"我是说，她拿走了我的票，奥利弗把票给她了，他们让我把这一切都看在眼里，在我看来这已经很清楚了。"

"什么事儿很清楚了？"詹姆斯问。

"唉，毛头小子！好像你会明白似的。"阿曼达叹了一口气，"奥利弗买了两张票，他自己一张，我一张。他把我的那张票给了另外一个女孩儿，就当着我的面。他这是告诉我他不想跟我一起去舞会，他想跟那个女孩儿去。这不是很清楚吗？他只是不想说出来而已，但是事实在这儿摆着啊。"

"没准儿有什么别的情况呢。"蒂姆说着，揉了揉自己的下巴。

"好吧，爱丽丝是所谓的专家。"汤姆说道，"你怎么想的？"

爱丽丝来回换着左右脚站着，停了一下开口说道："嗯，我可不是什么专家，不过现在看起来他好像是跟你吹了。"

"啊啊啊！！"阿曼达叫起来，"啊啊啊！"

"我不想说这个，你是我姐姐，不过我希望你们说的都是错的。"本说道，"你没准儿误解了呢，你怎么没去问问奥利弗？"

阿曼达狠狠地盯着他，说道："都看见他把我甩了，那我还应该去问吗？当着大家的面问？他是什么都没说，不过什么都已经说出来了。现在没什么好说的了。"

"他是想让我在舞会前就离他远远的吗？这绝对没问题——绝对没问题！"

17

面对音乐

一月 / 二月

剩余天数：

2

一周很快就过去了。每天午休的时候票都卖得很快，大家报名参加装饰品比赛，烘焙的食物也开始交上来了。看起来几乎整个学校都会来参加舞会。

根本不用担心把装饰品先保留好，参加比赛的学生都已经把他们的作品挂在体育馆的墙上了。舞会举行前一周体育馆就不举行任何球类活动，这样墙上的装饰品就不会被损坏了。

校长提供了一个可以上锁的柜子来暂时存放烘焙的点心，不过很快就装不下了。距离舞会还有两天，他们估计需要另外一个柜子来保存糕点。

奇普买了舞会的票之后，贝琪松了一口气。实际上，他还多买了几张票。"有几个男生中午要被罚站，没法来买票，我是替他们买的。"贝琪很高兴，因为她没看见奇普把票给其他可爱的女孩儿。"可怜的阿曼达。"她想。

很显然，痘痘皮特没有出现。他当然还在学校，不过他似乎一直躲着舞会的组织者们。

"太好了！"阿曼达一边想着，一边把票递给一个有雀斑的红头发学生。"他没有再制造麻烦或者是蛊惑别人来威胁我们，这样我就很高兴了。"

"四百五十七。"爱丽丝合上笔记本说道，"到现在为止很不错了，我觉得这肯定是有史以来卖票最多的一次——离舞会还有两天呢。"

"装饰品进行得怎么样了？"苏珊问。

爱丽丝打开笔记本翻了几页。"有一百八十九个参赛的，太棒了！这回没准儿学校的胶水和纸张真的都要被用完了。"爱丽丝朝着苏珊眨眨眼睛。

"得了吧，老师们早就说了，不用担心那个。再说舞会已经开始挣钱了，都还没算上卖糕点的钱呢！"苏珊咧嘴笑着，"只要他们愿意，可以去买更多的胶水和颜料。"

"别忘了把你的黑灯带来，就是咱们在鬼屋用的那些。"詹姆斯提醒道。

"对了，莫尔迪瓦校长说学校也有几盏，我们可以在舞会的时候用。"阿曼达答道，"已经有以前舞会用过的彩色的聚光灯，所以我们不用买这些了。学校也有反光球，后勤的老师会在舞会当天把这些灯和反光球挂起来的。"

蒂姆从桌子上拿起写字板翻看着。"好，事情看起来进展得还不错，不过我们以前也说过。"

詹姆斯哼唧着："别那么消极。"

蒂姆摇着头："不是消极，只是想实际一些。每个项目都会有些意想不到的事情发生，这还是我们第一个

碰到有人一直想捣乱的项目呢。"

蒂姆看着爱丽丝："我是说，除了你的狗之外。不过我们不能就因为一次就责备一条狗破坏了鬼屋。毕竟它只是一条狗。"

"如果皮特是条狗的话，他就是条杂毛狗。"阿曼达有点儿生气。

"那根本不是一个品种。"爱丽丝纠正道，"你是想说哈巴狗还是斗牛犬？"

"不是啦，就是杂毛狗。他就是坏。根本就无所谓是哪种狗。"阿曼达越说越生气，"就是那种难看的狗！"

"我喜欢猫。"贝琪插嘴道，"猫一般不咬人，而且它们也不像狗那样臭臭的不好闻。"

蒂姆把写字板上的纸整理好。"好吧，就说到这儿吧。我们现在得回到学校去了。我们可不想因为回去晚了被罚站。舞会的日子马上就要到了，要是我们不能来帮忙的话可怎么办？"

"音乐选得怎么样了？"女孩儿们从学校一起往家走的时候阿曼达问。

"什么？噢，我得问一下詹姆斯。"苏珊答道。

阿曼达抬起了眉毛，问道："你是按照我建议的去做的吗？你看过音乐的单子了吗？"

"噢，当然了，看了几次，也听过了。詹姆斯干得不错，实际上，我也让他再多选几首歌以防万一。而且我还让他找一些慢的音乐。你知道他以为慢音乐是什么意思吗？"苏珊忍着笑说道。

"不知道，他怎么想的？"阿曼达问。

"他以为就是把一首歌放慢一半的速度，你知道，就像DJ做的特效那样。"苏珊咧嘴笑了起来。

"啊？真的？"阿曼达摇摇头，"我们可警告过你，让男生来选情人节舞会的音乐太不靠谱！希望你能把这事儿搞定。"

"是，你说得没错。"苏珊点点头，"我妈给他放了几首曲子做例子。他假装恶心地吐了半天才说他能干这件事儿。"

"这么说其他的音乐还都不错？"阿曼达问。

"对，都挺好的，是大多数孩子喜欢的流行歌曲，应该没问题。"苏珊点点头，"我今天晚上跟詹姆斯再看一下慢歌选得怎么样了。"

"嗯，还有两天就举行舞会了，所以你们要赶紧完成这件事儿了。"阿曼达说，"我们可都靠你们俩了。"

苏珊咯咯笑了："不用担心，一切尽在我掌握之中。"

"你什么意思，你说你找不到任何适合跳舞的慢节奏音乐？"坐在餐桌旁的时候苏珊质问道，"你答应我去找一些的！"

"是，没错，是有不少老的歌曲，比如去世的人写的歌，或者那些能让你听睡着的歌，我觉得我们不想要这种歌儿吧。"詹姆斯解释道，"我觉得我们想要那种，你知道的，现代的，不沉闷的。"

"所以，你到底找没找？"苏珊有些生气了，"还是你一直在计算机上打游戏？如果是那样的话，我会告诉爸妈的，你知道只能在周末的时候打游戏！"

詹姆斯坚定地摇了摇头："我没打游戏，而且我真的找了。不过看起来没什么人给十二岁的孩子写慢歌儿。我让妈妈听了几首更现代的歌儿，但是她都说不行，不适合小孩儿。"

苏珊把最后一把叉子摆在桌子上，然后手撑在胯上问道："那我们现在应该怎么办呢？"

"只要交给我就行了，姐，我心里有数。"詹姆斯点点头，"你只需要相信我。"

苏珊不由得打了个冷战。

"你怎么回事儿？"苏珊拖着脚步走进英语教室的

时候，贝琪问她，"你看着就像刚被卡车撞了似的。"

"真要那样没准儿还好点儿！"苏珊叹了一口气，把书包扔在桌子上，"我没怎么睡觉。"

"怎么啦？"贝琪问。

"音乐。"苏珊哼了一声。

"音乐？昨天晚上邻居又把音乐放得声音很大吗？我没听见啊。"贝琪没明白。

"不是，是詹姆斯。"苏珊嘟囔着。

"詹姆斯放音乐来着？你爸妈没听见吗，没让他把音乐停了吗？"贝琪还是没搞清楚到底发生了什么。

"是舞会的音乐。没有慢节奏的。詹姆斯说他有主意。"苏珊叹了一口气。多说几个字都让她觉得特别累。

"你能不能别再嘟囔了？要不，噢，说句整话也行，好让我能听得懂。"贝琪有点儿着急了。

就在这个时候，阿曼达走了进来，坐在了贝琪另外一边的椅子上。"怎么回事儿？"

"阳光灿烂小姐现在懒得说话，说她昨天晚上都没怎么睡觉。"贝琪嘟囔着。

"怎么回事儿，苏珊？"阿曼达问。

苏珊挤了挤闭得紧紧的眼睛，然后打了个哈欠。她深深地吸了一口气，说道："找不到给咱们这个岁数小孩儿的慢节奏音乐。都是些老曲子。那些现代一点儿的我妈妈听了之后都否决了。所以呢，詹姆斯说他有个主意。他说我必须相信他，但是他又不告诉我他到底打算怎么做。"苏珊说着，又打了个哈欠。"我整个晚上都在担心，勉强睡了一会儿。詹姆斯不知道在计算机上干什么事儿也干到很晚，不过他的门是锁着的。"

贝琪不太确定地笑了笑。"噢，其他的事情看起来都还在正轨上——所有的食物、装饰、饮料，还有体育馆也准备就绪了。老师会在舞会之前评审装饰品和烘焙食物。舞会的五百三十张票差不多都卖完了，除非咱们再印点儿票。莫尔迪瓦校长打算再买一些咱们的清单上的东西，荧光棒什么的，所以我觉得可能就是音乐这块

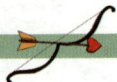

儿还没搞定。"

"没错。"苏珊的语气中充满了懊恼，"这还是最重要的部分。是成就一个舞会还是一个漫长的、充满着别扭谈话的夜晚。谁会花钱来这儿啊？要是他们要求退钱怎么办？"

阿曼达还真没有考虑过这个问题。"嘿，贝琪，咱们在票上印了'不退款'了吗？"

贝琪看起来有点儿不高兴。"嗯，没有，我不记得我们印了。但是他们不会要求退票吧，他们会吗？"

"那么B计划呢？"阿曼达问。

"我不知道咱们还有B计划，"苏珊抬抬眼，"B计划是什么？"

"如果实在不行的话，跳慢舞的时候可以由我们来唱。"阿曼达说道。

"谁——我们？除非你打算退两倍的票钱，谢谢了！我唱歌可不怎么样。"贝琪叹了一口气，"只有狗会跟着我叫几声。"

"没准儿它只是想跟着歌儿哼唱呢？"苏珊眨眨眼睛。

"我没觉得，要不然它不会用它的爪子捂住耳朵的。"贝琪摇摇头，"我试过几次，但是它每次都这样。"

阿曼达哼了哼，然后大笑起来。"对不起贝琪，那可太搞笑了……"

贝琪的脸红了。"这一点儿都不好笑。"

苏珊突然咯咯地笑起来，然后用手擦了擦笑出来的眼泪。"好玩儿——这个，我觉得这个真的好玩儿。"

"不是，这个——"贝琪一开口，也无所谓地笑了起来，"好吧，也许是有点儿好笑。"

"真好笑——你很擅长演讲之类的，我真高兴咱们上回的项目不用咱们唱歌。啊……"阿曼达脸朝着天空，开始假装唱起歌来。

"别唱了！"贝琪一边说，一边尽量不让自己笑出来，"别唱了！"

"没准儿你家的狗说的就是这个！"苏珊笑得怎么都闭不上嘴。

"我放弃了！"贝琪笑着，然后也放声笑起来。

阿曼达花了好几分钟才让自己停下来。"好啦，这个很明确了，舞会上不能唱歌，我们只能希望詹姆斯能找到合适的音乐。看起来我们没有太多可以选择的，而且剩下的时间也不多了。"

贝琪点点头，说道："是啊，我们能干的也就这些了。去问问詹姆斯需不需要帮忙，不过先保证你今天晚上睡个好觉，好不好？明天晚上的舞会我们需要你保持清醒。"

18

爱我……或者不爱

剩余天数：

0

一月 / 二月

周日	周一	周二	周三	周四	周五	周六
7	8	9	10	11	12	13
14	15	16	17	18	19	20
21	22	23	24	25	26	27
28	29	30	31	1	2	3
4	5	6	7	8	9	10
11	12	13	(14)	15	16	17

情人节，二月十四日，阿曼达和贝琪一起去上数学课的时候一直忙着聊天。两个人聊得很投入，以至于苏珊拍了阿曼达三次她才意识到。

"噢！怎么了？"阿曼达一边用手揉着肩膀一边问。

苏珊什么也没说，只是指了指阿曼达的桌子。阿曼达转过来顺着苏珊的手指看过去。她的桌子中间摆着个信封，信封的上面是一盒系着一个大蝴蝶结的巧克力。

"我在想这是谁给你的？"贝琪问。

"我不知道，而且我也不在乎。"阿曼达说着，跺着脚走到桌子前拿起了盒子和信封。她径直走到老师的讲台旁边，把两样都扔到了垃圾桶里。"没准儿是他给的。"

苏珊耸耸肩，然后走到垃圾桶旁边。她把盒子捡了出来。"你确定你不想要这个？这个看起来很不错呢……"

阿曼达坚决地摇摇头，说道："你拿走吧，我不在乎。我不想要奥利弗的任何东西。我讨厌他！"

"你也许有点儿过激了吧。"贝琪说着，帮着苏珊解开了蝴蝶结，"再说了，你只知道你看见了的，没准儿你误会了呢。"

阿曼达又摇摇头，说道："我知道我看见什么了。"

"要是卡片被别人看了呢？"苏珊一边说着一边打开了巧克力盒子，"噢，这些看起来挺贵的。是那种花式的巧克力，里面还有焦糖的夹心呢。"

一丝惊慌掠过阿曼达的脸上，她赶紧跑到垃圾桶旁边把信封捡了出来。"你说得对，谁都不能看这个，我一会儿再扔。"她把信封塞进了自己的书包然后拉上了拉链。

"你确定不想吃点儿？"贝琪问。她的嘴唇上沾满了巧克力。"真的特别好吃。"

阿曼达还是摇摇头："不吃，没准儿他在里面下毒了呢。"

苏珊一下呛着了，把嚼了一半的焦糖吐到了自己手里。"什么？不会，不会吧？大家不会这么干吧，会吗？我是说，这才中学啊！"

"这些巧克力什么问题都没有，嗯嗯嗯——嗯嗯嗯，真好吃！"贝琪继续嚼着巧克力，舔着嘴唇说道。

"但是这巧克力从哪儿来的是个问题。"阿曼达嘟囔着。

"在我看来，如果他不喜欢你，他就不会给你买各式各样的巧克力了。"贝琪吃得很满意，"再说了，你确定是他送的吗？"

"我……"阿曼达有点儿口吃了，"……我……我是说……还会有谁呢？"

"我不知道，可你现在是整个学校的名人啊。"苏珊说着，又拿起一块薄荷巧克力，"贝琪邀请奇普一起去舞会之后还有人想邀请她呢，也许你有一个秘密的仰慕者呢？情人节的时候很多奇怪的事情都会发生的。"

"真的？你这么想？"阿曼达笨拙地拉开书包的拉链。她把信封拿出来仔细看了看上面的字迹。她叹了一口气，然后把信封又扔回了书包里。"唉，看着像奥利弗的字迹。"

"太糟了。"苏珊说着，把最后一块巧克力塞进嘴里，"巧克力真好吃。"

"说到巧克力，"阿曼达换了个话题，"你收到了什么了吗，贝琪？"

"噢，我今天还没看见奇普呢，不过我给他准备了一张卡和两卷心形的糖。"贝琪耸耸肩，看了看阿曼达书包里露出来的信封，"不过没有你的那张卡大。嘿，奥利弗肯定真的很喜欢你。没准儿你应该跟他说说话。"

阿曼达叹了一口气，说道："我不知道该怎么做。也许你是对的。"她把空盒子拉到自己面前，然后捡起来几个巧克力的渣子。

"你说得对，这巧克力真不错。你们两个非要那么快就都吃完了吗？"阿曼达抱怨着看着苏珊和贝琪，"简直就跟吸尘器似的。"

"不能让机会溜过去啊！再说了，谁知道你多快就会明白过来了啊？"贝琪心满意足地舔着手指。

阿曼达又叹了口气，说道："好吧，现在太晚了。等你收到奇普的，别忘了也给我吃点儿啊。"

贝琪抬起眉毛，然后耸耸肩，说道："行，没问题！看他给我什么东西吧。"

早上过去得很快，很多人在教室和走廊里交换卡片和糖果。午饭钟一响，三个女生径直地去了体育馆。爱丽丝和男生们已经在体育馆大门那里等着了，小学的午饭铃声比中学的要早响几分钟。八个孩子很快地干了起来，摆桌子和椅子及挂飘带，詹姆斯在测试音响设备。

"今天下午体育馆里所有的课都取消了，所以我们可以把东西都布置好。午饭后后勤的老师会把反光灯和黑灯挂起来，他还会在体育馆四周的墙上放一些彩色的聚光灯。下学后，我们会把烘焙的食物摆出来，之后老师们就可以评审装饰品和点心了。"阿曼达说道。

"装饰品和点心放在这儿没事儿吗？"蒂姆有点儿担心，他的前额出现了几道皱纹。

苏珊点了点头："嗯，校长说评审之后他们会把体育馆锁起来的。我们把点心什么的摆好之后就可以马上回家了，为晚上做好准备。所有的东西都会非常安全的。"

爱丽丝笑着说："这真是好消息，我们不用担心有任何麻烦了。"

"说到麻烦，谁最近看见皮特了？"詹姆斯问。

"好像谁说他今天可能是病了。"苏珊答道。

"我希望他能很快好起来。"贝琪对谁都是那么善良。

"这是你的真心话吗？在他干了所有那些事儿之后？"阿曼达皱起了眉道。

贝琪叹了一口气："对不起，是我下意识说的。不过，我还是希望他病得不太厉害。"

"噢，如果他真的生病了，对咱们来说倒是个好消息。"苏珊正说着，上课铃响了，"至少他给咱们制造麻烦的机会小了。"

"好啦，该回去上课了，我们晚上见！"本挥挥手。

下午的课一眨眼的工夫就过去了。数学、社会科学、英语——最后下课铃终于响了。铃声还没有停，学生们已经涌到了走廊里，很快地从柜子拿了自己的东西之后就跑出了学校大门。看起来几乎所有的人都打算去舞会——连那些没买票的也都开始犹豫了。

阿曼达、贝琪和苏珊在锁着点心的柜子旁边集合了。阿曼达看了看走廊周围，最后几个学生也慢慢地走出了学校大门。

"嗯……咱们把这么多的点心都摆到体育馆里吗？有好多盒子要搬呢。"阿曼达有点儿发愁。

"都搞定啦！"奇普一边喊着，一边从拐角处推着两辆厨房用的手推车走了过来，他一手推了一辆。"有了这两辆车点心一会儿就能摆好啦。"

"眼光不错嘛，贝琪。"苏珊说着，轻轻地用胳膊推了一下她，"可爱，而且还有想法！"

贝琪看着苏珊没说话，她走到奇普那里帮着推车。有一辆的轮子松动了，老是往左边歪。

"谢谢，贝琪。"奇普咧嘴笑了。

阿曼达哼了一声，然后打开了柜子的锁。很快，第一辆推车就装满了点心。

快装满了的时候，贝琪主动要求和奇普一起把第一辆车先推到体育馆。"如果有人装车，同时有些人来回

把点心送到体育馆的话，应该能干得更快一些。"

阿曼达点点头，递给苏珊两个装饼干的塑料盒子。苏珊把盒子堆在第二辆推车的下面一层，现在盒子有三层高了。

两分钟之后，奇普从拐角推着空车冲回来了。"可以运第二辆车啦！"

苏珊把最后一个盒子放在车的最上面，然后向奇普点了点头。"你得放慢点儿速度，点心碎了我们可负担不起。"她警告道。

来回运了几次之后，他们开始从下一个柜子里把饮料拿出来。等最后一车装满了，伙伴们都一起回到体育馆帮助贝琪摆东西。

"马上就要四点了。"阿曼达说着，把最后一瓶饮料放在桌子下面，"我现在去跟校长说他们可以开始评审了。你们三个现在就回家去做准备，离舞会开始也只有一个半小时了。"

"现在没有什么事情再会出问题了。"阿曼达关上家里的门自言自语地说。她脱了鞋，走上楼梯走进了厨房。本正坐在那儿提前吃晚饭。他已经换好了舞会的衣服，刚洗过梳好的头发还湿着。

"你看着不太一样啊。"阿曼达看了弟弟一眼。

本突然停住了。他右手拿着的叉子看着像一个武器。"你这么说什么意思？"

"怎么？噢，没什么。我是说，你看起来很不错。不太像……平时的时候。"阿曼达说着，往后退了一步。

本瞪着姐姐，脸上显出生气的样子。

"我的意思是说，你很整洁，而且看起来为舞会做好了准备，我就是这个意思。"阿曼达赶忙解释道。

本嘟囔了句什么，然后把叉子放在桌子上。"你最好快点儿，晚饭再有十五分钟就好了。"

"我得赶紧洗个澡,忙着摆点心搞得我们一身汗。"阿曼达说着走出了厨房。

"好主意,因为你都有味儿啦!"本在她身后喊着,他给自己的玻璃杯里倒了些水。

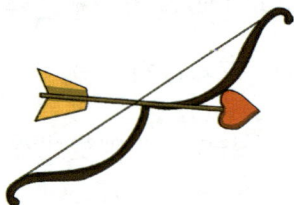

"你们两个在舞会上好好玩儿。"阿曼达往楼梯下走的时候,琼斯太太说道。本已经在人行道上等着了,他示意着让阿曼达快点儿。

"我们会的,谢谢妈妈!"阿曼达说着赶紧走过去跟上她弟弟,本已经穿过马路往公园那边走了。"嘿,等等我!"

本放慢了脚步,不过没有停。阿曼达赶上了他,然后碰了他胳膊一下,说道:"嘿,舞会之前我们不应该出汗的。"

本嘟囔了一句什么,然后继续按他平常的速度走着。"所有的东西都准备好了？"他问道。

"放心吧，装饰、食物和饮料都准备好了，校长说他们评审之后就会把东西都锁起来，应该也没有问题。"阿曼达伸出左手的手指，一条一条数着，"而且皮特今天好像是病了还是怎么，所以现在我们要做就是享受一下舞会啦！"

这之后他们两个都一直安静地走着。两人穿过学校的前院走到大门前，脚下的圆石子被踩得发出很大的声音。他们走到楼里，看见一大堆穿戴好的孩子们三三两两地在聊天。阿曼达和本穿过拥挤的走廊走到体育馆门前。

"刚刚好。"蒂姆他们已经到了，"我们还担心你们是不是要晚了呢。你们是最后到的。"

"有些人要先洗个澡，要不然身上有味儿。"本话音没落，胳膊就被戳了一下。

"我们现在就等着校长来开门了。"蒂姆信心满满地说道。

"最好快点儿来开门。"苏珊也有点儿等不及了。走廊里的说话声越来越大，不安分的孩子们开始向体育馆大门这边靠拢。一排老师站在边上让孩子不要离门太近。

"劳驾，劳驾！"一个熟悉的声音响起来。一会儿，他们看见莫尔迪瓦校长从人群里走了过来。随着她接近体育馆，人群在她前面散开来，在体育馆门前留出了一片空。

"一个非常美好的夜晚，是不是？"莫尔迪瓦校长一边从兜里掏出一串钥匙一边微笑着说道，"我对你们所做的事情非常满意。一个非常好的项目，对——一个非常好的项目。"

贝琪咧嘴笑了，冲着奇普点了点头。

莫尔迪瓦校长摸了一会儿钥匙，直到找到了体育馆的那把。她把手举起在空中，孩子的说话声渐弱直到大家都安静下来。

"孩子们，你们所有人都支持学校也支持舞会的组织者，我为你们感到高兴。"莫尔迪瓦校长大声说道，"现在，我希望你们有一个非常美丽的夜晚。"

说完，她示意阿曼达上前。她把钥匙交给阿曼达，笑着说："我觉得你应该来为舞会开门，是不是？你们这些孩子工作得非常努力。"

阿曼达接过来，慢慢地把钥匙插进了锁里。她转动钥匙，直到听见锁头打开。阿曼达慢慢地把钥匙从锁里拔出来，然后递给了莫尔迪瓦校长。

阿曼达越过肩膀朝苏珊看了看。"好像什么也没有！"她把门推开的时候小声对苏珊说道。

体育馆里的灯是关着的。屋里一片黑暗，只有几束从走廊照进来的光。阿曼达走进黑暗里，往左边走了几步，摸索着找到了开关的位置。她打开了所有三个开关。

主席台上的灯闪了几下慢慢地亮起来。几个彩色的反光球开始慢慢地转动，向其他方向投射着灯光。

但是，每个人能看见的只有一个聚光灯照着地面的中间。

装饰品凌乱地散落在房间里。

在所有这些东西之间，灯光在一个人的身后打出长长的影子，痘痘皮特站在那里。

19

甜蜜的报复

　　"哈！"皮特喊着。他的手插在胯上，两条腿叉得很开，下巴挑战似的朝外仰着。"现在没有装饰品的话，看看你们是不是还能开这个傻乎乎的舞会！"

　　阿曼达的眼睛发红了。"怎么回事儿？谁？你怎么能这么干！你从哪儿出来的？你今天不是生病在家吗！"

　　"他病得正合适。"奇普说着，朝着皮特走近了一步，一边用右手的拳头打在左手上，"不过还没到他应该病的份儿上呢。"

　　一只又冷又瘦的手抓住了他的肩膀，把他拉了回来。"等一下，小伙子。"莫尔迪瓦校长摇了摇头，话里充满了威严。她转向走廊里的孩子们，大家都抻着脖子想看看到底发生了什么。几个女孩儿惊讶地捂住了自己的嘴，几个男孩子攥起了拳头。

校长说话了："我非常抱歉,现在看起来有个人破坏了我们所有的装饰品。"她看了一眼屋子里唯一的一个人影,"我稍后会跟他处理这件事儿的。"

"但是我们现在咱们办呢?"阿曼达呜咽地说道,使劲忍住眼泪。

"我给你看我们应该干什么。"奇普咆哮着。莫尔迪瓦校长已经松开他了。

这回抓住他的是一只小而温暖的手。奇普回头惊讶地看见贝琪在抓着他。"别这样。"她摇了摇头。贝琪松开了他的胳膊,拉住了他的手。"跟我来。"

奇普随着贝琪走进体育馆。她在屋子里慢慢地走着,直到她弯下腰用另一只手捡起了一个装饰品。"我们的。"

她拉着奇普走到附近的墙,然后用一点儿掉下来的

胶带把装饰品贴到了墙上。她忽略了皮特的存在，带着奇普在屋子里走着，继续找下个一装饰品。

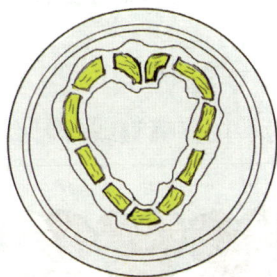

　　贝琪将第二个装饰品固定到一个柱子上的时候，回头往门口那儿看了看。几个小孩儿也走进了体育馆，他们也在绕着屋子慢慢地走着，眼睛在地上找。每个人的目光都绕开了皮特。

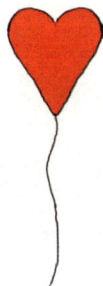

　　随着第三个小孩儿捡起了装饰品，皮特脸上的傻笑开始消失了。他看见越来越多的小孩儿走进体育馆，在

地上找着。"我的""我们的""我的"在体育馆里此起彼伏，更多的装饰画被捡起来贴回墙上和柱子上。每一个人都忽视了皮特——仿佛他根本就不存在一样。

皮特脸上没有一丝笑意了，他挥舞着手。"嘿！我还在这儿呢！你们不打算嚷嚷或者怎么着吗？"

孩子们继续在体育馆里来回走着，无视皮特。贝琪和奇普走上了舞台，他们找到了最后一张装饰画，也修补好了。詹姆斯已经在舞台上了，正在把他的MP3接到音响设备上。过了一会儿，音箱里传出了节奏欢快的音乐，把皮特的声音淹没了。

随着装饰画都被捡了起来，地面上空出了很大一块空地。慢慢地，两三个孩子开始跳舞了，然后是五十个，然后是一百多个孩子在整个体育馆里跳起舞来。

除了体育馆的中央，皮特自己站的地方，被留出了一个空白的大圆圈。每个人都继续无视他。

只有那个高个子，手很骨感的女士，示意他离开了体育馆。

阿曼达在点心台子那里卖曲奇饼干的时候，有个人从后面拍了一下她的肩膀。她回头一看，很惊讶地发现奥利弗站在自己身后。

"你想干吗？"她大声地质问道，试图压过音乐的声音。

"你没等！"他也冲着她喊着，用手围在嘴边形成一个喇叭状。

"什么？"阿曼达喊着，音乐声更大了。

"我们能谈谈吗？"奥利弗喊着，指了指体育馆的门。

阿曼达耸耸肩，轻轻地在苏珊的肩膀上拍了一下，然后站了起来。奥利弗等着她清理了桌子，然后他们一起慢慢地朝体育馆大门那边走去。

当他俩来到走廊里，把门关上之后，吵闹的音乐

声马上就消失了。阿曼达转过来对着奥利弗，手叉在胯上。"你到底想干吗？"

奥利弗看起来很受伤。"你没等。"

"你什么意思，我没等？等什么？"阿曼达质问着。

"你没有收到我的卡吗？"奥利弗慢慢地问，"如果谁要是拿了我送你的卡片，我会把这个人找出来的……"

阿曼达挥挥手："没错，我收到了，所以呢？"

奥利弗看起来更糊涂了，然后有些不高兴的样子。"我去你家了，可是你已经走了。我跟你说我会去找你的，我写在卡里了。"

"你为什么要这么做？"阿曼达气哼哼地问。

"为什么——因为我们是要一起去舞会的啊！"奥利弗结结巴巴地说着，"你收到巧克力了吗？你喜欢吗？"

阿曼达哼唧着："是啊，我收到巧克力了，都被贝琪和苏珊给吃了。"

"那些不是给她们吃的，是给你的！"奥利弗皱着眉说道。

阿曼达盯着地面，咬着牙说道："我没想吃，我正生气呢。"

"为什么？"

"你知道为什么！"阿曼达冲他喊道。

"不，我不知道。"奥利弗满脸的惊讶和委屈，他的眉毛皱得更厉害了。

"哦。你太傻了吧？"阿曼达深深地吸了一口气，"我——生——你——的——气——是——因——为——你——把——我——的——票——给——了——一——个——金——黄——色——头——发——的——女——孩——儿！"

"噢！"奥利弗往后退了一步，"噢！那个啊，那个……那个什么都不是啊。"

"什么都不是？！"阿曼达龇着牙，"我看见你给

她票了，而且她还亲了你！"

"什么？不可能，我是说，是，她是在我脸颊上亲了一下，不过不是我要求的啊，而且……再说，那也不是你的票啊，那是她的票！"

阿曼达深深地吸了一口气，她的脸开始涨红起来。

"我不用买你的票啊，舞会的组织者不是免票的嘛。你都不需要票啊。校长没跟你们说吗？"在阿曼达爆发之前，奥利弗赶紧补充道。

阿曼达一下怔住了，她看着奥利弗的眼睛。"嗯，那个……好像是，不过不管怎么样，你为什么要给她买票呢？我是说，她亲你了，而且这一切我都看见了！"

"杰西卡非常想去舞会，对吧？但是她奶奶刚刚去世，他们家那天下午要出远门去参加葬礼，而且一直要到今天才回来。可她不想错过舞会，所以她把钱给了我，这样在她走之前我能帮她买票。"奥利弗慢慢地、深深地吸了一口气。

阿曼达眨了两次眼睛。"哦。"

奥利弗两只脚来回蹭着。"是啊。"

"所以她亲你是因为……"阿曼达嘟囔着。

"谁知道啊，她奶奶去世之后她的情绪一直都很容易激动，我觉得她可能是因为有人能在那个时候帮她所以很高兴，你明白吗？"

"所以……你并不是喜欢她？"阿曼达慢吞吞地问。

"是啊，嗯，你说的也对，我想我确实挺喜欢她的，她家和我家是朋友，不过她更像是一个妹妹而已，"奥利弗看着阿曼达，"我们几乎是一起长大的，你知道，从我们很小的时候。"

"哦哦。"阿曼达明显地松了一口气，她用手遮住了自己的脸开始哭起来，"我真是一个又尖刻又令人讨厌的人！"

"什么？哦，不，这只不过是个误会，真的，任何人都有可能会犯这样的错误的。"奥利弗一边说着，一边有些不自然地轻轻地拍着阿曼达的肩膀。

"不是，这都是我的错，我把你推开了，我当时特别生气……我都没把你的卡片打开呢。我本来把它给扔了，但是后来我想别人没准儿会打开看，那样就更糟了，所以我就把它塞进我书包里了……"

"扔了？啊？算了，我猜你想……算了，现在已经无所谓了。"奥利弗撇了撇嘴。

"我非常抱歉，奥利弗。"阿曼达说着，紧紧地抱了一下他，"你能原谅我吗？"

奥利弗也小心地抱住了她："嗯，当然了，我们去吃点儿饼干然后去跳舞吧。"

阿曼达放开了奥利弗，用手背擦了擦脸。她冲奥利弗羞涩地笑了笑，然后摇了摇头。

奥利弗皱了皱眉："什么？说了这么半天，你还不想和我跳舞吗？"

阿曼达又摇了摇头："不是，我想去吃饼干，也想跳舞。不过首先，我们需要先干另外一件事。"她拉着奥利弗的手开始引着他沿着走廊朝着学校办公室的方向走去。

"嗯，我们现在去那儿？"奥利弗问。

"我们去请莫尔迪瓦校长把手工教室打开。我们还没有一起做一个情人节的手工呢。"

"噢！"奥利弗长长地出了一口气。

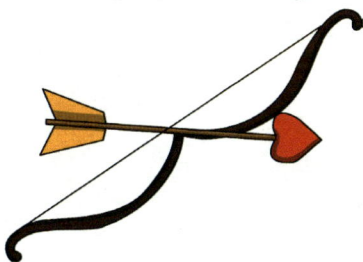

20

甜点而已

一月 / 二月

周日	周一	周二	周三	周四	周五	周六
7	8	9	10	11	12	13
14	15	16	17	18	19	20
21	22	23	24	25	26	27
28	29	30	31	1	2	3
4	5	6	7	8	9	10
11	12	13	(14)	15	16	17

"舞会非常不错，"第二天下学后，大家都在蒂姆和汤姆家集合，准备做经验教训总结的时候苏珊说道，"亚当确实跳舞跳得非常不错。"

"是啊，很显然，你也跳得不错，因为我看见你和他一起跳了四次。"贝琪笑着说。

"对啊，他不是还给你买了蛋糕和一杯饮料吗？"阿曼达的脸上露出了一个顽皮的笑容。

237

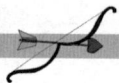

苏珊脸红了："是啊，但是我也给他买了一个玛芬蛋糕，所以扯平了。"

"嗯——噢，"贝琪和阿曼达一起摇了摇头，"所以你喜欢他，嗯？"

苏珊试着挤出了笑容，说道："嗯，是吧，我觉得他还不错。至少跳舞还行。"

本和汤姆假装要吐。

"说到跳舞，"贝琪插嘴说道，"我是不是看见你跟蒂姆跳舞来着，爱丽丝？"

爱丽丝脸红了："是，嗯，看当时的样子应该那么做，你知道吧？得做一个榜样，好引导大家都一起去跳舞，仅此而已。"

"嗯——啊，"贝琪眨眨眼，"不过那个时候已经有很多人在跳舞了。所以——蒂姆怎么样？"

"他跳得还行，尤其是考虑到他说他不知道怎么跳舞。"爱丽丝害羞地瞥了蒂姆一眼。

"跟机器人似的。"苏珊也笑了，"我看见他一会儿微笑一会儿又大笑。我还看见他抓着你的手了！"

"劳驾，机器人男孩儿在此。那个不过是在单脚转的时候，你知道的，转圈！我得抓着她的手让爱丽丝转圈。那个是舞蹈的一部分，懂吧？"蒂姆咳嗽了一下。

"对，史巴克先生（《星际迷航》里的角色）——或者我应该叫你瓦伦提诺？"阿曼达眨了眨眼，"看起来你实际上研究过那个舞步。"

"嗯，是吧，我跟我妈妈一起练习过一点儿，不过跟爱丽丝跳更容易，因为她的个子跟我接近，你知道吧——完美匹配——我是说……"蒂姆开始变得结结巴巴的，脸颊上的红晕甚至掩盖了雀斑。

"那只是跳个舞而已，就这样，我们只是朋友。"爱丽丝语气坚定。

"没错。"蒂姆跟着点了点头。他用手把一块饼干掰成两半，把一块递给了爱丽丝。"只是朋友。"

爱丽丝也点点头接过了半块饼干。"只是朋友。"

"我的天啊！"本哼唧着。

"好吧……不管怎么说……"贝琪摇着头说道，"我觉得詹姆斯选音乐的任务确实完成得很不错。"

詹姆斯得意地笑了。

"嘿！我是选音乐的负责人。"苏珊抗议道，"那个是我的事儿，难道不应该谢谢我吗？"

阿曼达摇摇头："有功则赏。你在质量控制上做得好，但是詹姆斯把音乐选出来做得也非常好。特别是那些'慢'音乐。那个主意实在是太聪明了。"

苏珊看了一眼詹姆斯，说道："好吧，我得承认他说的'相信我'那些话真的让我很担心，不过詹姆斯还是圆满地完成了。我是说，谁能知道你能把一首歌拉成四倍唱——然后和其他正常速度的歌组合起来，这样也能行得通？"她摇了摇头。

"这部分你真是做得很棒！"爱丽丝朝着詹姆斯点点头。

贝琪也表示同意："没错，真的很酷。而且我也很高兴看见你和奥利弗把事情说清楚了——我是说，哎呦，你把事情搞清楚了！"贝琪说着，阿曼达用胳膊肘撞了她一下。

"好吧，我们开始把学到的经验教训都写下来吧，看能不能在比萨送到之前完成。"蒂姆赶紧换了话题。

"对！"爱丽丝说着，把纸和笔准备好了，"我们都学到了什么呢？"

"真的学到了不少东西。"詹姆斯深有体会，"组织舞会确实很难，不过最难的部分还是人。"

"没错，阿曼达爸爸说的拥护者，还有学习怎么影响别人，这些都很重要。"苏珊说道。

"只要你按照正确的办法来做，而且真诚地来对待——不过那些谣言真是差一点儿把所有的事情都搞砸了。"贝琪还是心有余悸。

"烘焙和手工比赛非常有作用。"阿曼达朝着蒂姆点点头，"不过那些都是在我们争取到了一些拥护者帮助我们之后才开始奏效的。"

"那个牙医又给我们提供了更多的超级游乐园的票，真是不错。"本叹了一口气，"我真是希望我能赢

几张票。"

"我们是不能参加任何比赛的，因为我们是舞会的组织者。"爱丽丝解释道，"要不然看起来像我们作弊了似的。"

"所以说呢……如果你实话实说，大家通常是会帮助你的，而且他们也理解和同意你想做的事情。"汤姆补充道。

阿曼达点点头："是，跟这些比起来，计划和组织什么的似乎相对比较简单。要不是我们有了那支持者的帮忙，这些都要泡汤了——当然舞会还是会照常开的，只不过可能没什么人会参加。也许真的可能演变成一场灾难了。"

"别忘了，我们仍然需要把事情分解成小任务。"蒂姆咳嗽了一下，"这样我们可以很好地控制这些小任务，而不至于抓狂。这是每次都需要做的。"

本笑着说："我们有很多疯狂的人在这个项目小组里——为爱——疯狂……噢！"

阿曼达和贝琪慢慢地把她们的手放到桌子上面。

"但是最重要的是，你要知道准确的信息，而且跟别人接触的时候方法要到位。"苏珊叹了一口气，"不要冲别人嚷嚷——永远不要，因为你不知道什么时候就有可能需要他们的帮助了。"

"而且你还必须准备好承担一定的风险。"贝琪补充道，"我实际上也不确定奇普是不是会同意。真是有点儿害怕呢。"

"我很高兴我同意了。"奇普朝着贝琪笑了笑，"这次的舞会比去年的好玩儿多了。"

"而且……你必须得尝试，而不是匆忙就下结论，对不对，阿曼达？"奥利弗问，脸上一副严肃的表情。

阿曼达脸红了："是，我对那件事非常抱歉，奥利弗。"

奥利弗笑着说："我也是，也许下一个项目我们可以一起做。"

阿曼达看着桌子边她的朋友们。

"只要不是另外一个舞会，我同意。"苏珊大声说道。

蒂姆和汤姆耸耸肩。本点点头。詹姆斯朝着奥利弗竖起了大拇指。

爱丽丝点点头："奥利弗，你可以的。我愿意和你一起做下一个项目。"

"那奇普呢？"贝琪问，"这个项目他也做得很努力。他也应该能被允许跟我们一起做下一个项目吧。当然，如果他想的话。"

奇普倒是有些谨慎，说道："我们先看看是什么样的项目吧。"

"没有你我们不可能做好这次的项目，"阿曼达笑了笑，"第一支持者！你帮助我们获得了这次舞会的成功，我们欠你好多呢！"

"我打算吃第一块意大利香肠比萨。"奇普笑着说。蒂姆和汤姆的爸爸正把几盒热腾腾的比萨盒子放在了餐桌上。"开吃啦！"

"皮特真是糟糕。"贝琪开始吃第四块比萨饼的时候突然冒出这么一句会话。

"是啊，不过，今年要他收拾所有的垃圾还算是不太厉害的惩罚啦，"爱丽丝抽抽鼻子，"他做的事情真是，真是太差劲了。"

"是啊，也许吧，不过这还不是他受到的唯一的惩罚。"奇普补充道。

"为什么，校长还让他干吗了？课后留校？"苏珊嘲笑地说，"那也没什么啊！"

奇普摇摇头："不是，我是说整个学校都在惩罚他。现在没人跟他说话了——除了老师之外，但是我想老师估计必须得跟他说话。你想想，这个真的很可怕。"

"那又怎么样？"阿曼达耸耸肩，"他活该。"

贝琪摇摇头："没错，他欺负人，而且他做了那么多很差劲的事情。不过这并不说明他实际上就是那么邪恶吧。"

苏珊不同意："我认为他就是很坏。"

"那些校园霸王通常都是有各种理由才会那样做

的，也许他们在家里被摆布，或者他们被其他孩子欺负。有的时候他们只是想引起大家的注意罢了。"贝琪解释道。

"无所谓啦，现在谁也不会去注意他啦，所以他最好很快适应现在的情形。"阿曼达一想到皮特气就不打一处来。

"有时候被别人吼比没人跟你吼感觉还要好点儿。现在这个情况，每个人都无视他，好像他根本不存在一样。如果你周围的每一个人一点儿都不理你——而且没完没了，一直这样，你会觉得怎么样？"

苏珊坐在椅子上不舒服地挪动了一下。"嗯……我可不喜欢那样，我觉得。时间长了真挺难受的。"

奇普也点点头："我也同意皮特应该接受惩罚，有时候我仔细想过，他做的事情和被他伤害到的那些人。"

贝琪深深吸了一口气，说道："我觉得……几个星期，也许就差不多了。我不是说收拾垃圾的事儿，我是说大家无视他的事儿。那个不能再继续了，要不然他没准儿真的会变邪恶了。"

苏珊挑起眉毛说道："那你建议大家怎么不无视他？大家现在都很生他的气。"

"我不知道我们怎么能让大家干什么，我是指我们：我们必须得跟他说话。分析一下为什么他表现得这么坏。而且也许……"贝琪皱起了眉。

"也许什么？"阿曼达好奇地问。

"……也许，只是也许，我们没准儿最后还能成为朋友。"贝琪说道。

"好像我们愿意跟他做朋友似的！"阿曼达有点儿不屑。

"世事难料啊。"爱丽丝摇摇头，"奇怪的事情也发生过的。看看你跟奥利弗吧——你还恨他来着呢！"

奥利弗扬起了一边的眉毛。

"但是那个不一样！"阿曼达据理力争，"他只是想让我注意他！"

"那么皮特怎么就不一样呢？"贝琪问，"我们不知道他表现这么坏的原因，有可能也是一样的原因呢？"

"我不知道……"阿曼达嘟囔着。

"我觉得我们应该找找原因。"蒂姆开口说道。他看了看奇普。"他不是一直这么坏吧，我的意思是说，你原来还是他的朋友，对吧？"

奇普点了点头："是，我们过去是朋友——现在也是，我觉得。他实际上大部分时间都没那么坏。"

"所以说还是有点儿希望的。"贝琪说道。

奇普耸耸肩："我想任何时候希望都是存在的。"

蒂姆也点点头："那就这样吧，在日历上注明两个星期。"

"标上那个干吗？"苏珊皱着眉问道。

"开始我们的下个一项目。"蒂姆宣布。

阿曼达抬起了眉毛问道："什么？什么下一个项目？"

　　"看看我们能不能拯救一个校园霸王。"蒂姆的表情很认真，"我觉得值得试一试。"

　　"我也这么想。"贝琪也变得严肃起来。

　　奇普也点点头："算我一个。"

　　"我觉得这次我们学到很多关于怎么跟大家合作的经验。我们没准儿会需要更多的帮助，但是我想我们可以做这件事。"爱丽丝说道。

　　阿曼达举起双手说道："我放弃！我觉得根本不可能！"

　　"嗯，也许没可能，但是你知道大家都怎么说？"贝琪问。

　　"说什么？"阿曼达皱皱眉。

　　"亲近你的朋友，"贝琪说道，"但是更要亲近你的敌人。"

下一本：《复活节霸王转型项目》

    项目小伙伴们这次真的有很多事情要做了。在皮特·约翰森几乎破坏了情人节舞会之后，你可能觉得项目小伙伴们应该很高兴那是最后一次看见痘痘皮特了，所以为什么他们又要去和他打交道了呢——他们希望能做到什么呢？

    一个小小的想法自然而然地发展了下去，而另外一个却因为停滞不前而被中途放弃了。他们发现他们努力地想回答一个简单的问题：他们真的能拯救一个校园霸王吗？……还有，他们真的应该去试试吗？

    答案在一个意想不到的地方……而且甚至连复活节的兔子也不能帮助他们。

家长和老师注意：

"青少年项目奇遇系列"的下一本书将要看到孩子们同时应对几个相互关联的项目。

在小心地调查痘痘皮特的欺凌行为的时候，他们发现自己置身于远远超出学校和他们的圈子之外的境地里。

词 汇 表

问责（承担最终审核责任）——对一项任务负责的人要确保任务顺利完成。苏珊需要对蒂姆负责，来完成音乐的选择，但是苏珊把给舞会选音乐的任务指派给了詹姆斯，这样詹姆斯对选音乐负责，但是苏珊对詹姆斯选的音乐必须要进行质量控制从而保证音乐选择得当。

注意：如果分配给你一项任务，那么你在有责任完成任务的同时，还要对结果负有责任（比如，任务完成得很好）。你可以分配需要完成任务的责任（比如，就像一个领导把任务指派给某个人），但是你不能把对任务结果的问责（最终对工作任务的审核责任）分派给其他人。

领头人——一个领头人（有时候被称为拥护者）相

信你想要做的事情，而且积极地寻找机会来帮助你和你为之努力的目标。

一个成功的倡导者通常对一个群体或者多个群体的人有一定的影响力，而且可以帮助你向更广泛的群体传递消息，尤其是当你的想法在初期受到一定阻力的时候。这个倡导者可能在某方面非常擅长，也可能很有趣，所以大家喜欢跟随他。

这些倡导者可以利用他们的人际网络来向更多的人传递信息，使他们参与进来。当你试图改变人们的想法（比如，变更管理），拥有这些拥护者是非常重要的——在这个项目中，要改变其他孩子对参加舞会的想法，制作更多的手工和准备烘焙点心。

倡导者的相反面是反对者。

反对者——倡导者是积极地帮助宣传某件事情，而反对者是试图阻止这件事情的发生，或者使进行项目的人陷于困难的境地。这个故事中的痘痘皮特显然是一个反对者，而且试图干扰舞会的进行，甚至尝试阻止舞会发生——除非由他来组织舞会。

预算——预算是指你计划用在项目上的花费。这可以包括一些收入，但是大多数情况下预算是指为了项目成功而计划需要花的钱。拿舞会这个项目来说，项目小伙伴们对于他们组织舞会需要买哪些东西有很多想法，但是他们需要的钱超出了校长给他们的钱。于是他们按照重要性对清单上的每一项进行排序——这样最重要的东西会先买，然后依照顺序进行，直到没有钱为止。

变更管理——说服人们尝试新的东西，做不同的事情，或者对于那些需要很多努力的事情改变想法。人们一般并不喜欢变化，但这是每天生活的一部分。变更管理是任何涉及人的项目的一个非常重要的部分。情人节舞会项目中，孩子们开始学习到变更管理的一些方面。他们需要和相关方（学校所有的孩子们）接触来试着说服他们去参加舞会，做装饰手工和参与烘焙点心的活动。

收尾阶段（完成）——指项目的最后阶段，确定想做的事情已经都完成了。

并行任务——需要同时进行的任务。

控制阶段（领导、检查和纠错）——这是指确定团队是不是按照计划进行工作，调整团队的注意力避免散漫或分心。确保团队成员获得他们完成任务所需要的工具和资源，还要保证大家合作顺利。项目经理会花很多时间在这些任务上。

关键路径——你在计算每个任务需要的时间的总和时，任务顺序图中需要最长时间的那条路径。

众包（群体资源）——从很多人那里分别获取小的支持，来帮助你实现大的目标。可以是集资，或者是为舞会举行烘焙和装饰手工活动。众包通常引入一些小的感谢形式来给予提供帮助的人（比如好时的亲吻巧克力），有的时候也有较大的礼物抽奖或者奖品。

委派——这涉及让其他人来帮助你完成一些事情。大多数的项目中，你不可能一个人完成所有的任务，所以你需要分配（委派）部分工作给其他人。有效的委派是一种优秀的领导技能，但是你也要保证任务顺利完成，所以应该将任务委派给你认为能够胜任该任务的人。比如，因为爱丽丝擅长画画，项目中大部分的画图任务都是委派给她的。

（另见：问责和责任）

可交付成果——这指的是你的项目试图实现或者完成的结果——一项工作的成果。可小可大，但必须是你能看得见或者可以衡量的。当你完成一个关键任务时，这时的成果往往就是一个可交付成果。可交付成果的例子可以是：音乐选择、装饰手工、点心、饮料、票、宣传单等。

依赖关系——当一项活动B（或者任务）只能在另一项活动A（或者任务）完成之后才能开始的时候，B就有依赖关系性。图示中（A→B）表示B不能在A完成之前开始，因为B对A有依赖关系。

持续时间——指完成一项任务所需要的时间。如果这项任务还没有开始或者还没有完成，这就是一个估算的时间。如果这项任务已经完成了，你就能知道实际花费的时间——实际上完成这项任务所花费的时间。

估算时间——你认为完成一项任务需要的时间。

执行阶段（实施）——这是指项目真正的任务开始的时候，也就是大部分实际建造活动开始的时候。

支出——你所花的钱。组织舞会需要在装饰品，还有舞会上出售的点心和饮料上花一些钱。

外在（外部的）激励——这是来自外部的因素激励你做出某种行为。外部的激励通常包括奖励，比如承诺食物、金钱、自由时间、特殊的活动等。外部的激励是大家都能看得见的。外部的激励因素也可以和惩罚相关——比如做一些事情来避免引起麻烦（比如，"做这个，要不然我就去告状！"）。

外部的激励通常产生暂时的效果，而且人们可能会在得到奖励之后又回到之前他们做事的常态。（见"11. 斗争计划"中对激励的详细讨论。）

横道图（甘特图）——同时在一张图表上显示项目计划的任务、日程、资源和依赖关系。这是一种被广泛运用和非常有效的工具，用于显示项目的各项活动和时间关系的方法。

收入——你挣到的钱，到你手里的钱。学校从卖舞会票挣到的钱（舞会之前）和从卖点心和饮料挣到的钱（舞会中）。

影响——影响是一种对其他人能起作用的能力，它可以影响他们的行为，他们如何思考和他们会做什么。通常孩子（和一些成年人）会效仿有影响力的偶像的行为和活动，比如父母、摇滚明星等。

注意：有正面和负面两种形式的影响。负面影响可以是试着说服某人去做一些坏事或者不健康的事情，比如偷窃或者抽烟；而正面影响通常是好的，比如教育你去帮助别人，诚实，有规律地锻炼，等等。

启动阶段（思考／想法）——在项目的启动阶段，我们对想完成什么的想法——我们想做什么（"来一起盖个树屋吧！"）。

内部的（内在的）激励——这是一种可能激励你做出某种行为的内在因素。内在因素是不可见的，不过通常在你实现一个目标或者把某一件事情干得很棒的时候，会让你感觉很好（一种满足，或者"温暖"的感觉）。

内在的激励远比外在的激励更强大而且维持的时间也更长。（见"11.斗争计划"中对激励的详细讨论。）

经验教训总结会——在项目的尾声（如果是历时很

长的项目，在项目进行中间也要做），团队成员在一起讨论哪些部分完成得好，哪些完成得不够好，还要讨论下次怎么能做得更好。

激励——以某种方式行动或做某些事情的理由。项目小伙伴需要想出办法来激励学校里其他的孩子愿意去参加舞会。

计划阶段（计划）——在项目的计划阶段，我们应该详细地明确哪些事情需要做，还要决定我们打算怎么做这些事情（"组织舞会我们需要做什么，我们打算怎么做？"）。

项目——项目是指一个暂时的活动，包括一个确定的目标，还有开始时间和结束时间。

项目管理——项目管理指把应用知识、技能、工具和技术用于项目活动，来完成一个项目的所有要求。

项目发起人——这是一个希望项目实现，而且批准项目继续进行的人。发起人通常会给项目提供指导原则，其中可能包括预算、工作范围和其他的因素。项目发起人是你项目上的一个关键的决策者。就情人节舞会

来说，这是孩子们第一次为其他人做的项目，莫尔迪瓦校长做最终的决定（她可以帮助项目的进行，决定预算是多少，舞会在哪里举行，当舞会票销售情况很好的时候增加预算来买需要的东西）。

质量控制——这是每个项目中一个重要的部分，能够帮助确保你所交付的或者修建的任务按质量要求完成，保证安全，等等。树屋项目中，家长们在安全审查中对树屋进行了质量控制检查，孩子们也对每一层进行了检查，以保证足够安全地开始继续向上盖另外一层。情人节舞会项目中，苏珊对音乐的选择进行了质量控制。

需求——我们希望项目会有一个什么样的结果。老师们对科技节提出了一些要求。

责任——被分配了一项任务的人要对这项任务负责。这有可能是他们要独立完成的一部分项目工作，或者他们作为团队的一部分，与别人一起完成。詹姆斯对选择音乐负责，这是因为苏珊给他委派了这项任务，詹姆斯也接受了。但是这项任务最初是蒂姆分派给苏珊的，所以苏珊要对确保音乐选择的质量负责。

注意：如果分派给你一项任务，那么你既要对完成这项任务负责，也要对任务的结果承担责任（比如，任务顺利完成）。你可以把完成任务的责任委派出去（比如，把一项任务指派给某个人，就像负责人做的那样），但是你不能将对这个任务结果承担的责任也分派给其他人。

资源——完成一个项目所需要的材料、工具、人力和财力。项目小伙伴的团队有八个人，他们用木板来做迷宫，他们用工具来测量时间，他们有一个平板电脑和机器人可以用在科技节项目上——这些都是资源的例子。

风险——有可能发生在项目上的某些事情。这些事情可能是好的，也可能是坏的，但并不会绝对发生。它们有可能会发生，或者有可能不发生——这就是我们会给每个风险进行一个可能性的衡量——通常是"非常有可能发生""有可能会发生""也许会发生""也许不会发生"和"根本不可能发生"。如果一件事情绝对会发生（百分之百确定），这件事情就被称为问题。

风险也会带来一定影响，例如风险发生的时候，事情是变好还是变坏。如果是一个负面的（坏的）风险，所造成的影响可能会是"非常坏"到"实际上没那么坏"之间。需要指出的是，一个积极的风险也可以被称

为机会，它意味着一些好的事情可能会发生——这样的影响可能是"非常好"到"有点儿好"之间。

谣言——一个被互相传递的故事，但是也可能不是真的事实，或者可能完全是一个谎言。谣言可以是相对无害的（我听说摇滚明星要来了！）或者是被故意用来伤害别人的。不要制造谣言！如果你不知道你听说的是不是完全是真的，就不要传下去。

范围——这指的是完成一个项目所包括的所有部分，在项目工作分解结构里面所需要涵盖的所有内容。一开始你可以有一个比较概括的工作范围描述，比如"盖一个树屋"或者"盖一个鬼屋"，然后再进入细节。这样每个团队成员对于项目要完成的任务都有个清晰的认识。比如，"盖一个能容纳八个人的、带平台的多层树屋"或者"做一个包括车库、地下室和后院的鬼屋"。

顺序——事情发生的前后顺序。比如，字母表里A在B之前，B在C之前——这就是顺序（A→B→C）。

技能——如何完成一项任务的知识，比如爬树、打结等。

相关方——对你的项目感兴趣，有可能被项目所影响到，或者从项目的结果中获得收益的人是相关方。每一个有可能来参加舞会的孩子都是一个潜在的相关方。校长也是一个相关方，因为她是舞会项目的发起人，而且她希望舞会能够成功。

目标截止日期——指某项任务的完成日期，或者是整个项目的完成日期。孩子们需要在一个确定的日期之前把舞会的每件事都准备好。

任务——一项具体工作或者活动，来完成项目的一个部分——比如做装饰品、选择音乐、卖票等。

变量——这是指我们需要计划的那些不确定的事情——比如有多少人会来参加舞会、做装饰手工或者带点心来。通常在最初的时候我们并不知道这些变量会是什么，而且这些变量有可能随着时间而改变。

愿景——对你想做的事情的远景描述，盖一个树屋、设计一个试验、画一幅画或者别的。

工作分解结构——树形结构示意图，用于呈现需要完成的任务（可交付成果），把高层次的任务细分成小任务（有更多细节的）。

项目管理概念

　　这本书向孩子们介绍了一些基本的项目管理的概念（或者可以说，简化的项目概念）。

　　阿曼达的爸爸引导她理解每个成功的项目都会经历的基本的阶段，虽然使用的术语不同，但是概念是相同的。每一本书中这些概念都得到了加强。

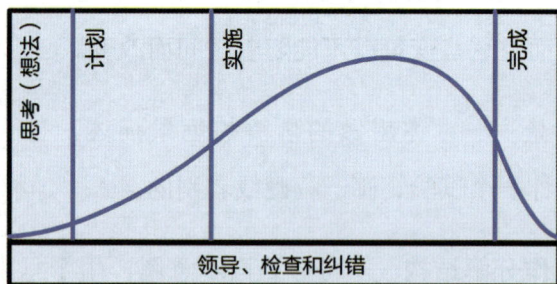

　　所有的章节都可以直接归纳入项目阶段：

- 初始阶段（思考 / 想法）

  ✓仓促的决定

  ✓我也许应该说"不"

  ✓痘痘皮特

  ✓暂时的疯狂

- 做计划（计划）

  ✓招新人

  ✓第二小提琴

  ✓酸葡萄

  ✓无畏的领导

  ✓无人区

  ✓敌人的战线后面

  ✓斗争计划

- 实施（执行）

  ✓因为是我说的

- ✓ 绿眼的怪兽

- ✓ 谣言四起

- ✓ 解毒药

- ✓ 一个轻轻的吻

- ✓ 面对音乐

- ✓ 爱我……或者不爱

- 收尾（完成）

  - ✓ 爱我……或者不爱

  - ✓ 甜蜜的报复

  - ✓ 甜点而已

- 项目控制（领导、检查和纠错）

  - ✓ 第二小提琴

  - ✓ 招新人

  - ✓ 酸葡萄

  - ✓ 无畏的领导

✓无人区

✓斗争计划

✓解毒药

✓面对音乐

计划

在计划阶段，孩子们进行了头脑风暴，然后做出了一个简单的工作分解结构，列出哪些是需要完成和提交的。

下一步，他们把各项任务按逻辑排序，明确人物之间的依赖性。这个项目和鬼屋项目比较类似，有些平行进行的任务链。这些都在网络图（在故事中孩子们称之为气泡图）中表示出来了。

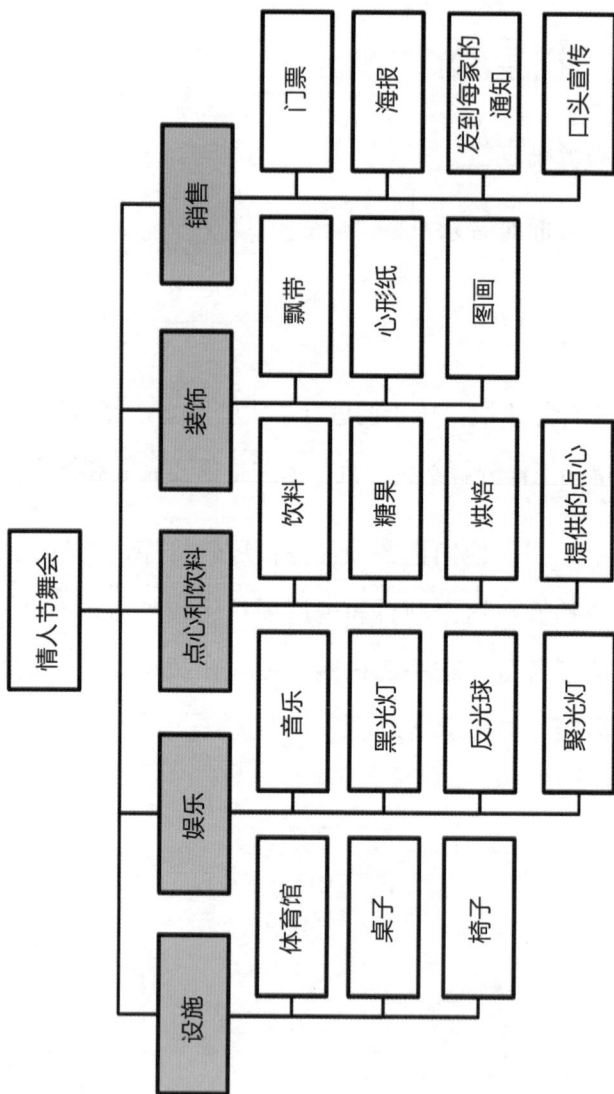

情人节舞会

设施
- 选场地
- 找音响设备
- 测试音响设备
- 设计平面图

娱乐
- 选择音乐
- 确定音乐
- 借黑光灯
- 拿反光球
- 拿聚光灯

点心和饮料
- 计划点心和饮料
- 确定采购清单
- 买东西

装饰
- 计划装饰
- 买装饰品
- 做装饰品

销售
- 做宣传画
- 宣传舞会
- 设计门票
- 打印门票
- 卖票

摆放椅子
摆放桌子
检查音乐
设置聚光灯
设置黑光灯
挂反光球
摆放点心和饮料
挂装饰品
最后检查

最后布置

舞会开始
- 卖好玩儿的东西
- 卖点心和饮料

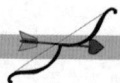

在这个网络图（有时候也被称为依赖性关系图）中哪些任务需要先做，哪些第二步做，依次类推，显示得很清楚。所以孩子们可以在正确的时间，按照正确的次序来进行正确的任务，同时又为下一个活动做好准备。

他们使用了任务时间估算来看他们是否能够按时完成任务，以及哪一条是最长的相互依赖的任务链——这被称为关键路径。

然后蒂姆画了甘特图来帮助更好地视觉化任务和跟踪任务，他们在之前的项目用过这个计划工具。甘特图在一张图上显示任务、进度、资源和依赖性。任务组、时间表和每个任务由谁领头这些信息在甘特图中都非常清楚地看得到，这使得一张简单的甘特图非常有效地被运用到了这个项目中。箭头用于指出哪些不是很明显的顺序。（注意：如果把所有的依赖性都用箭头来表示，那么孩子们所用的甘特图的可读性就非常差了，所以省略了一些箭头。）

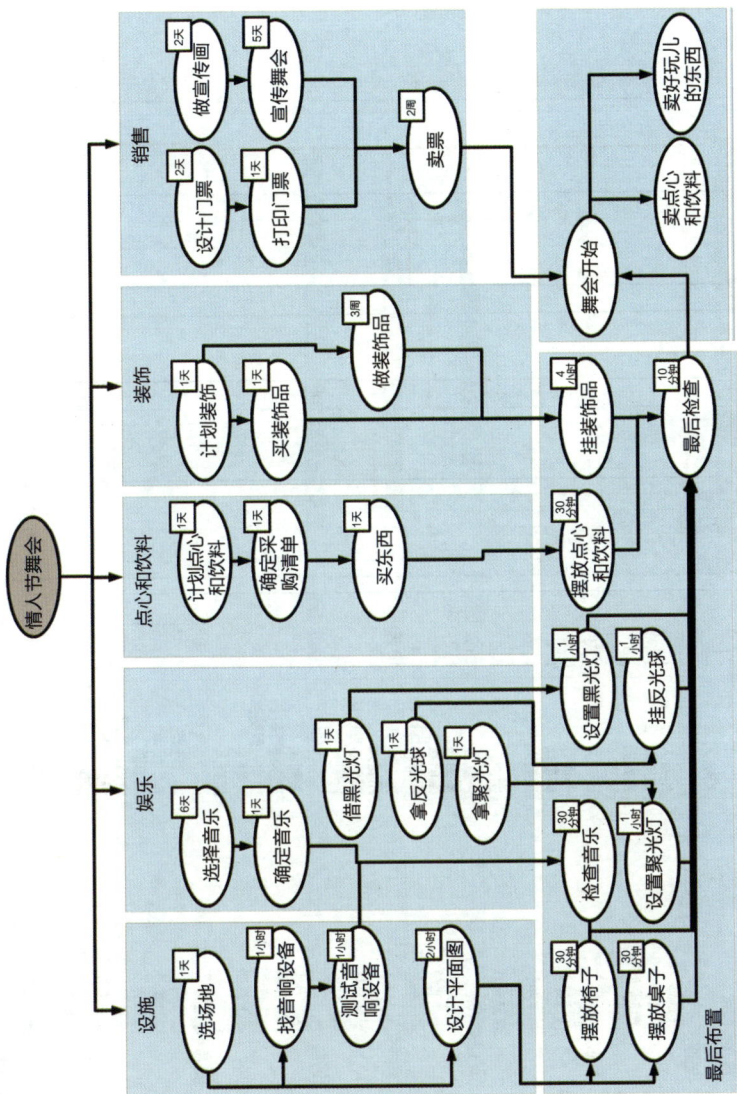

情人节舞会

任务	负责人	时间
情人节舞会		
计划	所有人	23天
场地	所有人	6天
选场地	所有人	2天
找音响设备	詹姆斯	1小时
测试音响设备	詹姆斯	1小时
设计平面图	贝琪	1小时
娱乐		7天
选择音乐	苏珊	6天
确定音乐	阿曼达	1天
借黑光灯	所有人	1天
拿反光球	本	1天
拿聚光灯	汤姆	1天
点心和饮料		15天
计划点心和饮料	爱丽丝	1天
采购清单	爱丽丝	1天
买材料	黄尔迪瓦校长	1天
装饰		16天
计划装饰	所有人	1天
买装饰品	黄尔迪瓦校长	1天
做装饰品	所有人	15天
销售		19天
设计门票	爱丽丝	1天
打印门票	黄尔迪瓦校长	1天
做宣传画	贝琪、爱丽丝	2天
宣传舞会	所有人	5天
卖票	所有人	2周
最后布置		1天
摆放椅子	本、汤姆	30分钟
摆放桌子	本、汤姆	30分钟
检查音乐	詹姆斯	30分钟
设置聚光灯	汤姆、蒂姆	1小时
挂反光球	汤姆、蒂姆	1小时
挂装饰品	詹姆斯、本	1小时
摆放点心和饮料	女孩儿们	30分钟
挂饰品最后检查	女孩儿们	4小时
最后检查	所有人	10分钟
舞会		2小时
舞会开始	所有人	0小时
卖点心和饮料	轮班	2小时
卖好玩儿的东西	轮班	2小时

甘特图时间刻度：1周、2周、3周、4周、5周（每周含 周日 周一 周二 周三 周四 周五 周六）

这个项目有几个平行任务链，最后布置阶段之前，每个任务组都是独立完成的，所以一切进行得很顺利。在最后的布置阶段，所有的东西都要在舞会开始之前放置到位。

跟踪时间

这本书还在每个章节中引入了视觉时间表（一张日历显示出被划掉的过去的日子、倒计时和当前项目阶段）

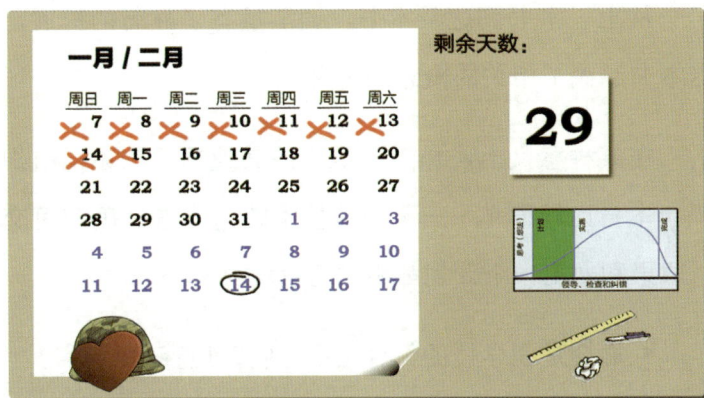

这个简单、熟悉的视觉形式是用于帮助孩子们增强时间随着项目进行而流逝的意识，并且有意地给孩子们增加一些截止时间的焦虑心情——"只剩下29天了！"不管对青少年还是成年人来说，一个截止日期和视觉上

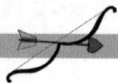

的时间表都能帮助每个人更好地完成工作。

聚焦于人际关系管理

这个故事中重点强调了人际关系（而且不仅仅是男孩儿和女孩儿情人节的那种关系）。学习如何与人打交道是生活中一项非常重要的技能，这里还明确地强调了人际关系、项目相关方和变更管理的方面，以及随着故事深入这项技能的提高。

从上一本书到这一本书，词汇量有了显著的扩展，这本书涵盖了相关的概念和定义。

在某种意义上，相对于他们的其他项目来说，组织舞会本身比较简单——至少从技术的角度看，确定可交付成果和做出一个计划都相对简单。

- 舞会是在学校的体育馆举行吗？检查。

- 需要提供点心和饮料？检查。

- 音乐？检查。

- 售票和宣传单？检查。

- 装饰手工？检查。

- 参加者？噢嗯……

为了使这个项目生存下来，并且完成一个成功的舞会，项目小伙伴们被迫去学习所有的"软技能"和术语。这些技能集中于如何与人打交道，影响人，以及使一些特殊的人（拥护者）参与，帮助说服所有人来参加舞会。不只是来参加舞会，还要做装饰品和烘焙点心，由此来帮助（免费）项目并使项目进行得更顺利。

挑战

项目小伙伴面对的主要障碍是，由于去年舞会举办得非常失败，其他孩子对舞会极度不感兴趣（不是漠不关心，而是完全没有兴趣）。他们意识到这一点，虽然他们实际上也可以单单组织一个"舞会"，这样的话有非常大的风险——几乎没有人参加。在这里引入了第二个，但是涉及项目预算的重要的风险（花在食物上的钱有可能被浪费，由此导致较低的收入/支出平衡，而舞会实际上应该是为学校集资的）。

孩子们找到了一些非常有创意的解决方案（如果他

们成功的话），可以通过最佳烘焙大赛来降低成本风险和食物浪费的风险，同时希望提高学生们参加舞会的兴趣（动机），看看他们是否获胜。第二个想法是为了减少委员会的工作量，同时也提高学生的兴趣水平，通过让学生创造和挂起装饰品来评判。这两种想法都使用了众包的概念。

不幸的是，校长指出，虽然这两个主意都很好，但是可能其本身并不能足够地激励其他学生参加舞会、做装饰品或者参加烘焙比赛。

项目小伙伴们需要学习一整套新的"软技能"和概念来应付这些障碍，包括：

- 相关方管理（谁是相关方，如何能使他们参与到项目中来，管理预期，等等）。

- 人际关系管理（如何与不同的人融洽相处）。

- 影响其他人的活动和行为。

- 理解激励的因素（内在的和外在的）。

- 其他的沟通技能和方式方法（不管我们的岁数有

多大，我们总是会在这方面变得越来越好）。

- 利用拥护者来引入正面的变化和有效地与大众沟通，同时更好地激励相关方并提高他们的参与力度。

他们也学习到更多的领导力知识（委派、责任和问责）。

不幸的是，他们还有其他的问题，从一个小小的亲吻引起的误解到……

破坏力量

孩子们同时还要抵御"破坏的力量"，来自八年级的校园霸王"痘痘皮特"，他去年组织了舞会但是没有成功。痘痘皮特不愿提供去年舞会的信息，而且一直试图破坏舞会项目小组的各种努力。由于大家对舞会抱绝对负面的态度，以至于中学里没有任何学生想帮助女孩儿们。当女孩儿们不得不召集在上小学的项目小伙伴来帮忙时，皮特的第一个举动是"告诉校长"。

当他试图重新夺回组织舞会的控制权失败之后（而

且更糟的是，小学的学生被允许帮忙一起组织舞会），皮特采用了像传播病毒一样的形式来传播恶意的谣言，旨在迫使舞会组织小组放弃希望（没有装饰品，没有烘焙点心）。但是，谣言还更加隐秘化，其中一个谣言是为了破坏一个小组成员和一个关键的拥护者之间的关系。校园霸王皮特全面地攻击舞会的组织——使用负面形式的"拥护"来散布谣言。（这就着重说明了你所要传递信息的重要性和道德价值，因为不真实的信息能够散布得非常快——通常比真实的、诚实的信息更快。）

校长关于谣言的讲话之后，皮特的活动转到了"地下"，我们也不怎么看见或者听到关于痘痘皮特的事情了——直到最后的时候，完全公开的破坏行为。

有了校长（他们的发起人）的支持，加之与生俱来的倔强和非常强的独创性，项目小伙伴们能够在每一次这种接近灾难的破坏行为中恢复过来，继续推进项目向前进行。

其他概念

故事中直接或者间接地涉及一些其他的项目管理概

念，包括：

- 变更管理（斗争计划/因为是我说的/谣言四起/恶意中伤/甜蜜的报复）。

- 成本/预算（敌人的战线后面）。

- 估算/测量（敌人的战线后面/谣言四起）。

- 领导力（无畏的领导/面对音乐）。

- 经验教训（甜点而已）。

- 需求（招新人/斗争计划）。

- 资源管理（敌人的战线后面）。

- 风险管理（敌人的战线后面/谣言四起/甜蜜的报复）。

- 相关方管理（痘痘皮特/无人区/敌人的战线后面/斗争计划/因为是我说的/一个轻轻的吻/爱我……或者不爱）。

- 团队合作/人力资源管理（仓促的决定/我也许应该说"不"/暂时的疯狂/招募新人/酸葡萄/无畏的领导/敌人的战线后面/绿眼的魔鬼/面对音乐）。

Project Kids Adventure

青少年项目奇遇系列

复活节霸王转型项目

The Easter Bully Transformation Project

〔加拿大〕加里·M. 纳尔逊（Gary M. Nelson） 著

刘叙 译 高屹 审

中国电力出版社

CHINA ELECTRIC POWER PRESS

图书在版编目（CIP）数据

青少年项目奇遇系列. 5，复活节霸王转型项目 /（加）加里·M. 纳尔逊（Gary M. Nelson）著；刘叙译. —北京：中国电力出版社，2021.9
书名原文：Project Kids Adventure. The Easter Bully Transformation Project
ISBN 978-7-5198-5877-3

Ⅰ. ①青… Ⅱ. ①加… ②刘… Ⅲ. ①项目管理－青少年读物 Ⅳ. ① F224.5-49

中国版本图书馆 CIP 数据核字（2021）第 155331 号

This book was first published in English in 2017，Copyright © by Gary M. Nelson.

本书英文版于 2017 年首次出版，版权归加里·M. 纳尔逊所有。

京权图字：01-2021-0583

出版发行：中国电力出版社
地　　址：北京市东城区北京站西街 19 号（邮政编码 100005）
网　　址：http://www.cepp.sgcc.com.cn
责任编辑：李　静（1103194425@qq.com）
责任校对：黄　蓓　郝军燕
装帧设计：九五互通　知行兆远
责任印制：钱兴根

印　　刷：三河市航远印刷有限公司
版　　次：2021 年 9 月第一版
印　　次：2021 年 9 月北京第一次印刷
开　　本：880 毫米 ×1230 毫米　32 开本
印　　张：44.125
字　　数：673 千字
定　　价：258.00 元（全 5 册）

推荐序

拥有自己的魔法杖

要是在真实的世界中也有魔法学校，要是我们能够拥有可以快乐地把自己想要做的事情做成的魔法杖该有多好啊！

但是，这样的魔法杖有吗？

有的，这样的魔法杖就是项目管理。

如果我们周边的小伙伴们不见得比我们聪明，但是他们比我们成绩好；如果我们周边的小伙伴们不见得比我们有能力，但是他们做成的事比我们多；如果我们周边的小朋友不见得比我们更善良，但他们比我们更受同学欢迎……那一定是他们无意中运用了项目管理这个魔法杖。

不懂项目管理的人总是强调勤奋刻苦、总是相信勤能补拙，他们不知道是我们的做事方式错了因此效果不

理想，他们不知道只有掌握了项目管理才能够做到事半功倍否则只会事倍功半。

我们在看其他故事书时，会被要求总结这些书的中心思想，会被要求把其中的优美段落背下来。这些对增长我们的知识是必要的，但这些都是别人的思想，都是别人的生活。这套书中讲述的项目管理故事却能够让我们一步一步地实现自己的目标，它的前提条件就是我们有正常的智商。当然，我们的知识越丰富，我们的其他技能越强，我们能够利用项目管理做成的事就越有价值。

本套书可以自己偷偷看，就像看一本魔法秘籍；也可以和爸爸妈妈一起看，毕竟有他们的帮助你的功力会增加得更快，而且你的魔法也会反过来帮助爸爸妈妈做成事情呢；更可以和朋友们一起看，大家可以组成团队来检验自己手中魔法杖的功效。

本套书就像一个魔法学校，第一本到第五本有不同的魔力等级，也有不同作用的魔法杖。魔法是需要一级一级修炼的。

对了，忘了告诉大家什么是项目管理了。项目就是我们想做成的一件事情，管理就是怎么和大家一起去定

目标、做计划、开展合作直到把这件事情做成。

　　对，就这么简单。让我们现在就进入这个项目管理的魔法学校去找到自己的魔法杖吧！

丁荣贵

山东大学教授

《项目管理评论》主编

译者序

　　经历了情人节舞会项目的起起伏伏，小伙伴们的战斗值又提高了。以前都是被动地接受项目，这一回他们要自己主动做项目了！还记得那个让人讨厌的痘痘皮特吗？那个在情人节舞会项目中，到处给小伙伴们出难题、搞破坏的校园霸王，没错，他终于受到了应有的处罚。可是，善良的小伙伴们高兴之余却发现这个处罚可能太严厉了，他们不想让皮特承受这种过分的痛苦。

　　既然没有人喜欢霸凌，能不能让校园霸王转变呢？可以和校园霸王做朋友吗？神奇的项目管理工具在前面的一系列挑战中给小伙伴们提供了有力的帮助，可是要彻底改变一个人，一个校园霸王，项目管理还有用吗？就在大家不知如何开始的时候，就在复活节前，可怜的蒂姆住院了。然而没想到的是，医院里的一次偶遇，把一切都改变了：小伙伴们要解决的问题，从转变校园霸王，一下子变成了拯救朋友的生命！

可爱的孩子们第一次直面生死，他们要从死神手里把自己的朋友抢回来！如此严肃而重大的事情，他们能做到吗？生死攸关的大事，项目管理神奇的工具能够再次发挥神奇的作用吗？痘痘皮特，那个让人讨厌的校园霸王居然成了这场与死神较量的项目的发起人，他真的能够被改变吗？让我们赶快进入项目小伙伴的世界，和他们一同经历那些惊心动魄、催人泪下的感人故事吧！

刘叙

中、美、加注册建筑师，项目总监

美国科罗拉多州丹佛Lantz-Biggio建筑事务所

在这个非常动听的故事中，加里达到了他的顶峰，他运用他的智慧带领我们，为我们讲解了项目的关键阶段。作为一个刚刚十几岁的孩子的父亲，我认为复活节霸王转型项目这本书是向我儿子介绍重要的生活技能的一个非常有价值的资源。

——约翰·亚伯拉罕，（美国）项目管理协会（PMI）英国分会主席

加里·纳尔逊用这本书提醒我们项目对社会能起到改造的作用。

我们孩子的这一代是数字化的一代，拥有更多的社交媒体和从未有过的大量的信息资源。他们也面临着对社会关注的热点问题的挑战。但是他们需要开发沟通、

合作、创造性、关键性思考，以及所有项目管理的技能，这样才能成为一个团队来实现他们的项目，他们的理想。

大项目和小项目都有其对社会的影响。帮助一个人这样的一个好主意可以对你周围的环境产生多种影响。

——卡尔斯·J.帕姆林卡，项目管理专业人士（PMP），演讲听众

想找到一些像加里写的这样的书是非常难的。通过故事来抓住每个人的想象力，并且用间接和直接的语言来向孩子们讲解管理项目的科学，这不是一个轻松的任务，但是加里在这方面非常精通。

类似加里在前几本书中讲述的一样，在这本新书里，年幼的读者们被一步一步地引入一个历险故事中，而不仅仅是被委派的一个项目。乐趣和学习完美地融入整个过程之中，孩子们和他们的家长都会享受这段读书的旅程。

——罗伯特·托勒多，工商管理硕士（MBA），项目管理专业人士（PMP），阿尔法顾问服务首席执行官，服务顾问（SA），（美国）项目管理协会（PMI）教育基金会前主席

讲故事的艺术是一种非常强大的、教授新概念的方法。加里在新书中运用非常自然的手法涵盖项目管理基本概念，这让我感到非常吃惊。文中的语言很容易理解，这对于概念的记忆非常有好处。总而言之，对于目标读者来说，这是一本非常好并且非常有趣的书。

——发哈迪·阿曼德，项目管理专业人士（PMP），

（美国）项目管理协会（PMI）巴基斯坦

卡拉奇分会主席

献 词

本书谨献于伊萨贝莉亚·卓治，她开启了勇敢的探险，组织了葡萄牙第一个翻译志愿者团队，给"青少年项目奇遇系列"赋予了新的生命。

本书谨献于皮尼豪，他在很多方面为这本书的问世提供了帮助。

本书也献给黛安·弗若姆，你知道这一切都是因为你才发生的。

致 谢

　　"青少年项目奇遇系列"的这第五本书对我来说是非常特殊的。很多人介入了这本书的出版。一本写给孩子的书通常不会达到这种国际化志愿者合作的境界。有些事情值得在这里抒发一笔：

- 这是第一本（但不是最后一本！）英语和葡萄牙语两个语言版本同时出版的项目管理儿童图书，这是艾瑞斯和（美国）项目管理协会（PMI）葡萄牙分会志愿翻译者努力的成果。我对所有人表示感激——为你们的翻译，以及你们等待我完成英文版修改时候的耐心，你们需要等我完成之后才能寄给你们更多章节来翻译。

- 这本书的评论家来自三个大洲的四个国家，离我居住和写作的新西兰非常遥远。

- 我欠艾瑞斯（在葡萄牙）一个人情，在马修（前几本书的插图画家）转型之后，她介绍给我一个新的艺术家。

- 我想在此介绍拉斐尔·席尔瓦（本书出版时她17岁），他是一个非常出色的学生艺术家。要同时理解两种不同的语言和我糟糕的字迹来为每章创作艺术作品并不是一件容易的事情。我对最后的成果非常满意，我希望你同意我的感受。我认为书中的插图和封面设计都非常棒。

关于国际志愿者合作的几点：

- 当这本书被翻译成葡萄牙语的时候，第一本书《终极树屋项目》的翻译工作也正在进行——都是志愿者在工作。很快你就会看到不是一本而是两本西班牙版本的书出版（欧洲大陆和中美洲版本），此后会有本系列的其他书陆续出版。其他语言的翻译工作也已经开始或者正在考虑阶段——大家可以从网站上获得最新的进展。

- 项目管理是一种通用的语言——无论你的年龄和你每天在生活中使用哪种语言，所有的概念都有其应用。（美国）项目管理协会教育基金会（PMIef）与上百个项目管理协会分会协作，运用十几种语言来向全世界传递对社会有益的计划——我很高兴能通过本系列图书来做出我自己的贡献（虽然是比较小的贡献）。

- 注意：如果你（或者你所在地的项目管理分会）愿意翻译任何一本书，请使用下面的电子邮件直接联系我。

再次感谢我坚定的校对者维基·伯恩斯和克里斯·彭伯顿，尽管有些故事有时候会让你哭。我觉得那还是有道理的——我在写有些章节的时候也哭过，但是为了写作这些都是值得的。

还有黛安，这绝对都是你的责任，但是我心怀感激。谁能想到2012年在温哥华的一段闲话会产生出这样的灵感和国际化的合作呢？

蝴蝶效应还在继续。

谢谢！

加里·纳尔逊

项目管理专业人士（PMP）

新西兰汉密尔顿

2017年3月

Gary.Nelson@gazzasguides.com

关于插画师

　　我叫拉斐尔·席尔瓦，葡萄牙人。小时候，我发现表达自己是件非常困难的事情，这也是我开始画画的原因，这样大家可以理解我。即使在表达能力正常之后，画画也没有离开我——实际上，我觉得我画画的水平提高了很多！好吧，我不是最好的也不是最差的，但是我画得还不错，而且我也很喜欢。我也喜欢看电影，最喜欢的电影毫无疑问是《魔戒》。我与父母和妹妹住在里斯本。我在一所高中学习设计。我还有很多想说的……但是没有时间了，我得去画画了！

项目小伙伴

詹姆斯·卡特莱特

年龄：11岁

身高：57英寸（145厘米）

眼睛：棕色

头发：深金黄色

喜欢：漫画书，电子游戏，改东西，营火，贝琪

厌恶：新鞋，吸血鬼，蜘蛛，自己单独去舞会，吸血鬼

技能/优点：跑步，攀岩，游泳，音乐，做网站

最喜欢的项目：为情人节舞会选音乐

本·琼斯

年龄：11岁

身高：59英寸（150厘米）

眼睛：棕色

头发：深棕色

喜欢：当头儿，巧克力

厌恶：姐姐，校园霸王，做计划

技能/优点：盖东西，指挥遥控机器人，告诉别人该干什么

最喜欢的项目：科技节项目（因为有老鼠！）

蒂姆·奥瑞利

年龄： 11岁

身高： 56英寸（142厘米）

眼睛： 绿色

头发： 红色（卷发）

喜欢： 画画，做计划

厌恶： 校园霸王，不做计划

技能/优点： 团队协作，做计划，想新主意

最喜欢的项目： 情人节舞会项目

汤姆·奥瑞利

年龄： 11岁

身高： 56英寸（142厘米）

眼睛： 绿色

头发： 红色（卷发）

喜欢： 电子游戏，露营

厌恶： 木刺，爱争执的人

技能/优点： 盖东西，将人举高，团队协作

最喜欢的项目： 可怕的鬼屋项目

苏珊·卡特莱特

年龄：12岁

身高：59 英寸（149 厘米）

眼睛：蓝色

头发：金黄色

喜欢：大自然，远足

厌恶：弟弟，固执的男生

技能 / 优点：做计划，沟通，举重的东西，导航

最喜欢的项目：科技节项目（还有可爱的老鼠）

阿曼达·琼斯

年龄：12岁

身高：60英寸（152 厘米）

眼睛：绿色

头发：深棕色

喜欢：团队协作，奥利弗，女孩儿手册

厌恶：专横的人，欺凌者，有秘密的弟弟

技能 / 优点：做计划，设定目标，领导力，写作能力，打绳节

最喜欢的项目：拯救夏洛特

贝琪·佩彻夫

年龄：12岁

身高：58英寸（147厘米）

眼睛：棕色

头发：棕色

喜欢：詹姆斯（有点儿），奇普，巧克力

厌恶：大家一起争论

技能/优点：当着很多人发言，当调解人，
攀岩

最喜欢的项目：终极树屋项目

爱丽丝·吴

年龄：11岁

身高：56英寸（142厘米）

眼睛：棕色

头发：黑色

喜欢：和其他人合作，画画，和她的朋友们
玩儿

厌恶：乱七八糟，丘比特，蜘蛛

技能/优点：画画和画草图，组织能力

最喜欢的项目：可怕的鬼屋项目

其他小伙伴

查尔斯（奇普）·库珀

年龄：13岁

身高：63英寸（162厘米）

眼睛：蓝色

头发：金黄色

喜欢：帮助别人，贝琪，足球

厌恶：被别人指手画脚

夏洛特·约翰森

年龄：10岁

身高：48英寸（122厘米）

眼睛：蓝色

头发：金黄色

喜欢：电子游戏，交新朋友，上电视

厌恶：一直都病着

皮特·约翰森

年龄：13岁

身高：65 英寸（165厘米）

眼睛：棕色

头发：棕色

喜欢：组织事情，用自己的方式办事

厌恶：固执的人，小孩儿

托德·摩根

年龄：13岁

身高：63英寸（160厘米）

眼睛：棕色

头发：棕色

喜欢：电子游戏，和朋友们玩儿

厌恶：专横的女孩儿，叫喊

奥利弗·温斯顿

年龄：12岁

身高：60英寸（152厘米）

眼睛：蓝色

头发：金黄色

喜欢：老鼠，阿曼达，电脑

厌恶：人们仓促得出结论

目 录

1

霸王交给你们了

二月 / 三月

周日	周一	周二	周三	周四	周五	周六
✗18	19	20	21	22	23	24
25	26	27	28	1	2	3
4	5	6	7	8	9	10
11	12	13	14	15	16	17
18	19	20	21	22	23	24
25	26	27	28	29	30	31
1						

项目
1. 痘痘皮特不是霸王

"这根本就不可能，"阿曼达宣布道，"你不可能让一个校园霸王发生转变！"

阿曼达把头发从她的绿色眼睛旁边撩开，这样她就能更仔细地看着她的弟弟。他们俩都继承了爸爸的深棕色头发和淡褐色皮肤，但是本的硬头发总是朝上顶着，这让妈妈觉得很气馁。本比阿曼达小一岁，现在十一岁，但是他的个头儿已经开始赶上姐姐了。

温柔了。"

"我觉得也是。"本嘟囔着，"你听——她说的这个到底是什么意思：亲近朋友，但更要亲近敌人！"

"我觉得她的意思是说我们要留意皮特，这样他就不会再给我们制造更多的麻烦了。"阿曼达做了个鬼脸，"我猜这就是说我们不能只是无视他，但是我真不觉得我们能感化他，校园霸王就是校园霸王，就这样。"

"蒂姆觉得还是值得试一下的。他甚至做了一个计划。他打算放学之后跟咱们一起看一下那个计划。"本说着，把碗举到嘴边，把最后一点儿牛奶喝了，"他说他们放学后都会到这儿来。"

"行吧，咱们下学后跟蒂姆聊聊。不过我还是觉得这个主意比较傻。"阿曼达有点儿不情愿的样子，"就让这事儿过去吧，让校园霸王……嗯，就这么消失吧，或者随他的便！"

本只是摇了摇头。

"蒂姆在哪儿？"本在上课前问汤姆，他正走到操场的秋千旁边。

"他不舒服，今天早饭也没怎么吃。妈妈说他有点发烧，所以他今天在家待着了。"汤姆前后悠了几下秋千才说话。他用力地把腿往前和往后使劲儿，这样比詹姆斯悠得更高。

"啊，对我来说看一天电视听起来不错啊，没准儿我明天也会生病……"本嘟囔着。

"你妈妈在这种事情上可聪明了。"詹姆斯说道，他的脚趾头都踢着秋千最上面的横杆儿了。

本皱了皱眉："是，我觉得你说得对。不过也许蒂姆今天能在计划上多花点儿时间。今天晚上他还来吗？"

远处传来了第一遍上课铃声。

汤姆把脚拖在地上让秋千慢下来。"到时候看吧，我想，还是取决于他自己觉得怎么样。"

"要是依着阿曼达，咱们肯定都不会去尝试这个转变霸王的主意。"本耸耸肩，"她真是特别不喜欢痘痘皮特。"

"没错，嗨，所有中学的孩子估计都这样，咱们小学里至少也有一半不喜欢他。"詹姆斯一边蹲下系鞋带一边说，"不过贝琪觉得这件事情很重要，应该去试试，因为她还是觉得是因为自己起的头儿。"

"还有蒂姆。"汤姆点点头，"一开始也是他的主意，提出来去试试，所以我们就等着看他有什么计划吧。"

"蒂姆和汤姆在哪儿？"本打开前门的时候问。詹

姆斯和他姐姐已经在他们家门口台阶上等着了。他们两个都长着金黄色的头发和蓝眼睛，不过苏珊的头发长，梳成了两条辫子。鸟窝是对詹姆斯头发的最好形容了，而且还是小鸟儿们开完一个大派对之后留下一堆脏碗碟的那种鸟窝。

"我不知道，我还以为他们会比我们先到呢。"苏珊答道，"他们住得比我们离你们家更近。"

"哦，没准儿他还病着呢。"本叹了一口气，"噢，等一下，他们来了。"

只见汤姆肩上背着一个书包，蒂姆在他后面跟着，像往常一样慢慢地走着。

"你感觉怎么样？"本一边问，一边给双胞胎把着门。詹姆斯和苏珊已经走进了厨房，阿曼达正忙着在那儿把东西收拾好。

"还行，谢谢。"蒂姆答道，"我妈给我吃了点儿药，我现在觉得比早上好多了。可能就是感冒什么的。"

本捂住了自己的嘴："别冲着别人咳嗽，没准儿你还是应该在家待着。"

蒂姆摇摇头："不用啦，我不咳嗽，我甚至都不流鼻涕——我就是有点儿发烧所以觉得不舒服。你放心吧！"

本跟在两个男孩儿后面走进厨房，和其他人一起坐在桌子旁边。一盘装着新鲜巧克力饼干的盘子摆在桌子正中间。汤姆抓了一块嚼了起来。

蒂姆做了个鬼脸："我没准儿一会儿再吃，给我留一块，行吗？"

"没问题，蒂姆。"阿曼达笑了笑，然后从盘子里拿了一块饼干用纸巾包了起来。

门铃响了，阿曼达走过去开门。

"对不起，我来晚了。"贝琪说。她脱鞋的时候长长的棕色头发散落了下来。"我妈坚持要我完成一半作业之后才能走。有些社会调查的作业要花好长时间来做研究，不像做数学作业那么快。我跟爱丽丝刚聊过，她今天晚上也是困在家里做作业了，所以就我们这些人了。还有，噢——嘿，蒂姆！"她笑了笑，"我听说你今天不在学校，你觉得好点儿了吗？"

"我这会儿没事儿，谢谢！"蒂姆说道，"在家待着倒是给了我更多的时间想了想咱们下一个项目。"

"所以你想出什么来了？"贝琪高兴地问。

蒂姆正哼唧的时候，汤姆从书包里掏出一叠纸递给他。蒂姆把几张纸来回换了下顺序，接下来把纸分成了四小叠。他拿出了一支铅笔，在手指上转了几圈，然后咬住了一头儿。

蒂姆慢慢地环顾了一下桌子周围坐着的孩子们，确定大家都在注意听。

"所以……"贝琪追问着。

蒂姆深深地吸了一口气，然后慢慢吐出来。

"所以……"他又摇了下铅笔，"所以……这个事儿成功不了……"

"啊！"阿曼达叫了起来，"看吧，我说什么来着？我都说过了不成！"

蒂姆盯着阿曼达然后清了清嗓子："……我想说的是，这件事儿成功不了，除非我们每个人都相信我们能做到。"

阿曼达的脸颊红了起来。

2

有一个愿望的时候⋯⋯

二月 / 三月

周日	周一	周二	周三	周四	周五	周六
✗18	19	20	21	22	23	24
25	26	27	28	1	2	3
4	5	6	7	8	9	10
11	12	13	14	15	16	17
18	19	20	21	22	23	24
25	26	27	28	29	30	31
1						

项目

1. 痘痘皮特不是霸王

"这个项目跟我们以前做的所有项目都非常不同。"蒂姆继续说道。

詹姆斯哼了一下，说道："是啊，你以前听说过把一个校园霸王转变过来的例子吗？这没准儿是全世界第一例呢。我们对这种事知道多少？如果我们需要帮助的话，我们能去问谁呢？"

"也许我爸爸可以。"阿曼达建议道，她想帮忙。

情人节舞会之后她不想让别人觉得自己不是一个好的团队成员。"他知道很多关于激励和与其他人一起合作的事情。"

"也许吧，"詹姆斯耸耸肩，"不过他知道多少关于校园欺凌的事儿？我们要不要跟心理治疗师或者心理学家或者别的什么心理学方面的人谈谈？"

"我认识一个长得像精神变态（英文心理治疗师和精神变态的词根是一样的）的人。"本朝着苏珊吹着口哨，指着阿曼达说道。

苏珊把一根手指按在自己的嘴唇上，然后摇了摇头。

汤姆盯着桌子底下说道："我觉得我们有足够的信息可以开始干了，然后等需要更多帮助的时候，我们再去问问。要不然我们的项目可能永远都不会开始了。"

蒂姆把放在自己面前的纸抚平，然后抬起眼睛看了看桌子周围的朋友们。

"对，可以开始头脑风暴了。我们知道我们想做的——转变一个校园霸王，那就是痘痘……我是说皮特·约翰森，不会变成个恶魔——或者说至少不会更坏。"蒂姆说着，朝着贝琪点了点头。

"但是为了达到这个目的，我们需要了解校园霸王都干了些什么，而且更重要的是，他们为什么会这么干。只要我们理解了这些，就应该不难解决这个问题。然后，哇，再没有校园霸王啦！对不对？"蒂姆又朝着桌子四周坐着的伙伴们看了看。

"不太可能那么简单吧。"詹姆斯有些犹豫，"如果是那样话，大家都可以转变校园霸王，那根本就没有什么校园霸王了。"

"也对，也许我们就从我们现在知道的开始着手——我们知道校园霸王都干了些什么。"蒂姆说道。

他们花了几分钟写出了一些想法。蒂姆重新看了一遍单子。

- 捉弄别人

- 他们总是想干什么就干什么

- 拿小孩儿的午饭钱

- 冲别人发号施令

- 破坏事情

- 传播谣言

- 伤害别人

- 让别人觉得不舒服

- 不停地干这些事情

"好，开始得不错。接下来想想，一个人做出欺凌的行为是由哪些原因引起的呢？"蒂姆不太舒服地在椅子上挪了一下，"我觉得我们现在可能并不太清楚，不过先看看我们能想出些什么来，然后也许阿曼达的爸爸能帮咱们看看。"

贝琪主动要求做笔记，她把大家的想法都写了下来：

- 在家捣乱

- 觉得生气

- 觉得好像他们不能控制事情

- 被其他人欺凌

- 想看起来比较强硬

- 想引起别人的注意

- 想控制别人

- 看了不好的电视剧或者电影

"等一下，"苏珊开口说道，"即使我们完全搞明白了皮特为什么会变成一个校园霸王，我们不是还要去跟他谈谈，来说服他，让他转变过来吗？我是说，这不像舞会——一个舞会本身不能去选择开还是不开，但是皮特是一个人。"

阿曼达皱起了眉头。

苏珊摇了摇头："……皮特是一个人，不管我们怎么试着说服他，他还是可以选择继续欺凌别人的，那样的话我们的努力就有可能都白费了。"

"我们不试试的话就不会知道结果是什么样的。"蒂姆坚持道。

"没错，不过我们到底应该怎么做呢？如果我们一上来就开始对皮特态度好，开始跟他说话而且还试着跟他做朋友的话，你不觉得皮特会起疑心吗？"苏珊摇摇头，"绝对的，他虽然只是个八年级学生，但是他又不傻——他能看穿我们想要干什么的，尤其是当一些办法不管用，我们每个人又都继续用另外的方法来试的时候！"

"没准儿他的记性特别差呢？"詹姆斯满怀希望地说。

苏珊摇摇头："那只是你的希望。你知道他会看穿咱们的，特别是我们努力想表现得很聪明的时候。我也不想说这个，不过没准儿阿曼达是对的。不管咱们再怎么努力，这件事儿可能还是成不了。"

阿曼达皱起了眉："噢，我不知道，蒂姆似乎让我改变了一些我的想法……"

"我想……"蒂姆说着，脸开始变红了。他深深地吸了一口气。

"什么？蒂姆？你在想什么？你还有没有什么别的

好主意吗？"阿曼达急切地问道。

"我觉得我需要看医生！"蒂姆说着捂着肚子倒在了椅子上。

3

探视时间

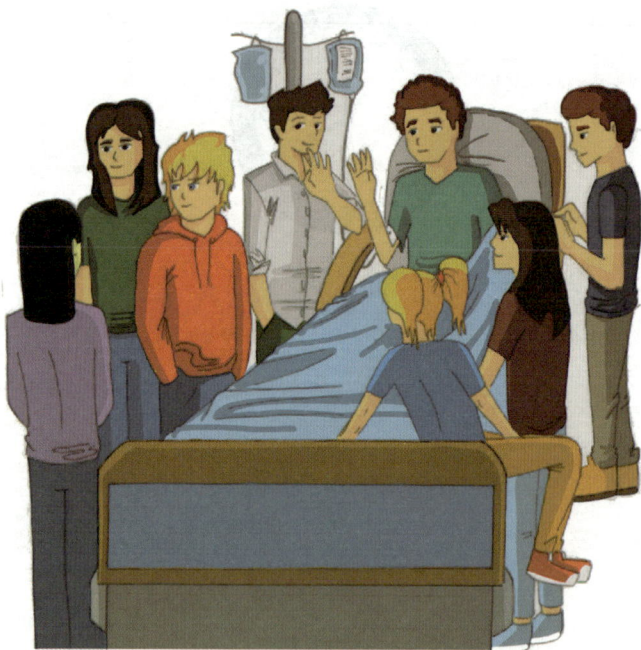

"阑尾炎，大夫这么说的。"第二天早上在学校汤姆打着哈欠说，他昨天晚上没怎么睡觉。

"那个传染吗？"本紧张地问，他突然不安起来，"我是说，看起来好像特别疼。"

"是，是挺疼的，不过那个不传染。"汤姆答道。

"哦！我是说，不传染还不错。蒂姆现在怎么样？"本问。

"我觉得他现在好多了——他做了手术,把阑尾切除了。他的阑尾破了,所以手术时间比较长,因为破了之后还需要把里面清理干净。"

本哆嗦了一下:"哎呀!"

"我们能去医院看他吗?"詹姆斯问。

汤姆点点头:"没问题,探视时间是四点到八点,而且他们说汤姆估计还得在那儿住几天。今天放学后我爸爸会带我去医院。妈妈昨天晚上一直陪着蒂姆来着。他应该会很高兴看见你们的,不过……"汤姆把头向一边歪着说道,"我觉得最好我们不告诉他你以为阑尾炎传染。现在这个时候他也许不觉得这个特别好笑。"

"以后他可能会觉得这个好笑的。"本嘟囔着。

"我觉得我们都应该今天放学之后去看他,让他高兴高兴。"詹姆斯说,"我保证爱丽丝能在做作业之前去看蒂姆——我可以在休息的时候跟她说。"

爱丽丝和她的爸爸妈妈是最后到的医院。蒂姆在病床上坐着，周围都是他的朋友。

"······然后我就问汤姆，你觉得那个传染吗？"本正说着。

汤姆摇了摇头，不过蒂姆笑了，小声说道："哈哈，这个笑话不错，本。"

本也咧嘴笑了笑，把头转向汤姆："看见了吗？我跟你说他会觉得这个好笑的吧。"

汤姆耸了耸肩。

"那么，他们还要你在医院待多久？"爱丽丝朝前探了探身子，轻轻地拥抱了一下蒂姆。

"一两天，也许三天，取决于检查的结果。"蒂姆答道。他一边让自己坐得更直一些，一边做了个鬼脸。

"希望你能通过检查，应该比在学校简单吧，嗯？"本试着开玩笑，但是没有人笑。他妈妈捏了一下他的胳膊肘。

"是，还得休息几天，不过真的特别无聊。也没有电视，你能盯着那墙看多久啊。"蒂姆指着儿童病房墙上用来装饰的卡通人物。"装饰"这个词用在这儿都有些过分，墙上的图画都很旧也开始脱漆了，米老鼠有一半的头都不见了。

"是啊，这儿可不是什么好玩儿的地方。"阿曼达表示同意。

"是啊，不过我想我还算是幸运的。"蒂姆点点头，"几天以后我就可以回家了。看其他人病的程度，这儿的有些小孩儿要待好几个星期或者更长时间。我听护士说可能有些小孩儿要在医院里过复活节呢——包括一些现在已经在这里住院的。"

"但是——但是，到复活节还有好几个星期呢！"贝琪有些惊讶，"为什么不让这些小孩儿回家呢？"

蒂姆耸耸肩，因为疼缩了一下身体。"有些小孩儿病得挺厉害的，他们每天或者隔几天就要做检查。"

"这可是个过复活节的特殊地方。"詹姆斯哼唧着,"我敢保证复活节的兔子都不可能躲开这些医生和护士。再说了,你在哪儿藏蛋啊?这儿什么东西都有轮子。"

"嗯……"爱丽丝一副若有所思的样子,"嗯,如果那些小孩儿不能回家过复活节的话,你猜猜我们能干些什么!"

"什么?"苏珊问。

"我们可以把复活节给孩子们带到这儿来啊。当然得是正经的复活节——得有装饰品、彩蛋和……"爱丽丝停顿了一下,"……和复活节兔子。"

"这听着比转变校园霸王的项目简单多了。"阿曼达笑了。

"是啊,这个不会太难,而且还能帮助很多小孩儿,而不只是一个小孩儿。"苏珊也表示同意。

"这是个好主意。"詹姆斯点点头,"算我一个——特别是如果我们会准备巧克力的话。"

"……那是给住院的孩子们的。"苏珊提醒他。

"但是如果巧克力掉在了地上，他们是不会想吃的……"詹姆斯狡黠地眨眨眼。

"……那你也不能吃，小伙子。"詹姆斯的妈妈站在他身后说道，"你都想象不到医院的地面上会有多少细菌，什么都有可能沾染上！"

"我保证他们会把地板擦得非常干净的。"詹姆斯坚持道，"所以大家就不会病得更厉害了。"

"那也不行，不能从地上捡起来吃，你又不是一条狗。"詹姆斯的妈妈毫不让步。

"但是狗不吃巧克力。"詹姆斯还不死心。

"你知道我说的是什么意思。"妈妈瞪了他一眼。

"他也不是一只兔子。"本插嘴道，"说说吧，我们打算怎么把复活节兔子弄到这儿来？兔子又没有电话号码，打个电话就能来。"

爱丽丝使劲瞪着本："不错，不过你知道圣诞老人是有助手的，我保证复活节的兔子肯定也不介意有人帮助它。实际上……"她用手指比成了一个方块，把本的脸放在中间，"……我觉得要是加上个毛茸茸的耳朵和浓密的尾巴，你看起来就挺不错的。"

"别打我的主意，我才不想变成…….."本抢着说，他的脸开始变红了。

"……兔子？"爱丽丝接过了话茬，"真正的兔子是不会受伤的。我们只需要给你找到道具服装，再说了，这是在做好事啊！"

本的脸更红了，不过他没说话。

"现在有请复活节兔子……孩子们请注意，这个医院再也不会和以前一样啦——啊！"詹姆斯说的时候本碰了他的胳膊一下。

接下来的两天蒂姆恢复得非常快。爱丽丝放学后去探望他，他看起来好多了。

"其他人都已经回家了。"蒂姆一边说，一边喝着床边医院托盘里的饮料盒子，只剩最后几口巧克力奶了。

"噢，是，对不起我来晚了。"爱丽丝说道，"我得先把作业做了，明天要交了。"

蒂姆晃了晃手里的牛奶盒子："没事儿。实际上大家都一起来的时候还真是又吵又热闹。就一个人来看我挺好的。看见你真好，爱丽丝。"

爱丽丝的脸有点儿红。这时她爸爸轻轻地从屋里走到走廊去了。"嗯——你现在没事儿了？"

蒂姆点点头："没错！我恢复得特别好，他们说医生做了最后检查签字之后，我今天晚上就可以回家了。他们叫我'模范病人'，还说希望有更多像我这样的病人什么的 ——不过我想医院估计并不愿意大家都到这儿来吧，除非生病的时候必须要来。你明白他们是什么意思。"

爱丽丝点点头："嗯——那你什么时候回学校？"

蒂姆耸耸肩："下个星期某个时间吧，我想。我还是要休息一下慢慢来，我可不想把缝好的线崩断，绝对不想。"他抬了抬眉毛，"我爬过的树跟本和詹姆斯爬过的几乎一样多，但是我靠自己就能爬上去。"

爱丽丝笑了："那样的话你就有很多的时间可以计划复活节装饰和其他什么事儿了，对吧？或者你也可以看看电视？"

蒂姆皱了皱眉："为了不让我的功课落下，我妈已经让汤姆把作业给我带回家了。我想我得看看做完这些作业之后还能剩下多少时间。"

由远及近的脚步声从走廊里传来，然后在门外停住了。他们能听见纸在写字板上被翻来翻去及写字的声音。

"我想可能是医生来了。希望是，我等不及要回家了。"蒂姆的语气里透着期盼。

爱丽丝的爸爸走进屋里向爱丽丝示意了一下。

"我明天去你家看你吧。"爱丽丝说着，握了握蒂姆的手。

"谢谢你爱丽丝，明天见。"蒂姆说话的时候医生走了进来。

爱丽丝和爸爸离开了房间，蒂姆朝他俩挥手再见。

一个小时之后，蒂姆的妈妈帮他系好鞋带，他把一切都准备好了，就等着回家了。妈妈把大提包的拉链拉好，用左手拎着。她的右手拿着一袋蒂姆的朋友来看他的时候带来的甜食。

"除非你在家待着的时候把这些糖果和巧克力都吃掉，我可真不想让你去看牙医。"妈妈说道。

"噢，妈妈，我保证我会刷牙的。"蒂姆说道。

"……还要用牙线。"妈妈扬了扬眉毛，又强调了一句。

"好的，妈妈。"蒂姆叹了口气。

"大家都准备好了吗？"爸爸问，"护士说你现在可以回家了，不过一个星期左右我们还要带你回来检查一下缝的针怎么样，而且看看你是不是恢复了。"

"好的，爸爸。"蒂姆说着，开始慢慢地朝门口走去。

蒂姆的父母在走廊前面领路，医院的路就像迷宫一样。蒂姆看见另外一家也正往外走，走在他们的前面。那是一个高个子的男孩儿和他的父母在一起。他的父母看起来很伤心，蒂姆看见那个男孩儿在抹眼泪。他们三个人走得很快，在拐角处超过了蒂姆的父母。

那个男孩儿在拐角处转身的时候，蒂姆看见了他的侧脸。

"痘痘皮特在这儿干吗？"蒂姆小声地自言自语道。他路过皮特一家刚出来的病房门口时，看了看门旁写着的名字：夏洛特·约翰森。

蒂姆扬起了眉毛。"她是谁？"

4

神秘女孩儿

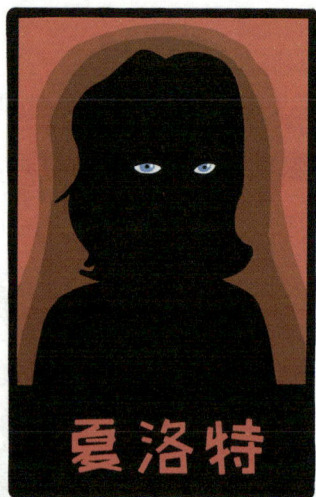
夏洛特

"谁是夏洛特啊？"第二天上午课间的时候，本问。

汤姆耸耸肩："蒂姆也不知道。不过她肯定是皮特的家里人，所以他们才那么伤心。蒂姆猜也许是他的姐妹，或者表亲，他也不确定。"

"嗯……"詹姆斯猜测着，"她也可能是姑姑、阿姨啊，可以是任何人。"

"那就不会在儿童病房了，她肯定是个小孩儿。"汤姆摇摇头。

"对，那样的话范围就小了，我想。"詹姆斯改口道，"她有可能在高中、初中或者是我们学校，不过要是在咱们年级的话咱们就应该认识她了，对吧？所以她应该年龄更大，或者是更小。"

"你们在说谁？"爱丽丝问道，她正好走到男孩儿们的背后。

"昨天晚上蒂姆在医院看见皮特了。他们一家人从一个病房出来的时候都在哭。我们想试着搞清楚病房里住的是谁。"汤姆解释道。

"她叫什么？"爱丽丝问。

"夏洛特。夏洛特·约翰森。"

"嗯……我们学校里有好几个夏洛特，我去问问。"爱丽丝一边说，一边穿过操场向另一边走去，"午饭的时候见。"

当天晚些时候，爱丽丝走到野餐桌旁边挤在汤姆和詹姆斯之间。"我可能有答案了。"

詹姆斯扬起眉毛："哦？她是谁？"

爱丽丝深深地吸了一口气，说道："是这样，学校的秘书说有个叫夏洛特·约翰森的女孩儿在五年级，不过她已经很久没来上学了。"

"为什么不上学？"本问。

"秘书说夏洛特病得很厉害，而且说她一直在住院。听起来好像就是她。"爱丽丝说道。

"她说没说夏洛特得的是什么病？"詹姆斯问。

"秘书不会说的。"爱丽丝摇摇头，"她说这是隐私，我们必须得问她的家里人。"

"那就是说……"詹姆斯开了头。

"……不管我们愿不愿意，我们都得跟痘痘皮特说话。"汤姆接上了詹姆斯的话，"放学以后到我家集合吧。詹姆斯，你让苏珊问问，看看其他女生能不能来。"

詹姆斯点点头。

"回到起点了。"蒂姆说道。大家都坐在客厅里，这样蒂姆可以坐得更舒服一些。

"我不知道咱们应不应该问，他们会不会觉得我们好管闲事。"苏珊有些犹豫，"我的意思是，这关我们什么事儿吗？"

贝琪点点头："这确实是私事。"

"不过皮特呢？如果咱们真的想帮助他的话，你们不觉得他应该知道我们关心他吗？"蒂姆问道。

汤姆想了想，说道："嗯，你确实在医院看见他了，所以如果问的话也不算太奇怪……"

"但是他没看见我。"蒂姆特意强调，"只是我看见了他。"

"好吧，我觉得咱们当中得有个人去跟他说话，还不能弄得很奇怪。"阿曼达开口说道，"也许贝琪应该去。"

"为什么是我？"贝琪叫了起来，"我不知道该说什么啊！"

"你肯定能想出说该什么的，你挺擅长说话的。"阿曼达冲她点点头。

"跟全校讲话，没问题，不过我真不知道该怎么跟一个校园霸王一对一地说话。"贝琪耸耸肩。

"我们怎么都得开个头儿。"苏珊说道，"他午饭的时候要收拾垃圾；你可以周一的时候去跟他说话。"

"真是个好主意！"贝琪嘟囔着。

"你肯定没问题的！"阿曼达笑着，"我看好你！"

周一天气晴朗，不过贝琪的情绪却很低沉。她慢慢地吃着三明治，一边嚼一边往操场方向看着。终于，她合上了午饭包，一边叹气一边站了起来。"祝我好运吧！"她朝着苏珊和阿曼达说着，然后朝着痘痘皮特走过去。

贝琪找到皮特的时候，他正把一个小桶里的垃圾倒到体育馆旁边一个大垃圾桶里。

"嗨，皮特。"贝琪笑着说。

痘痘皮特疑惑地看着她："你想干吗？"

"我就想过来打个招呼。"贝琪依旧满脸笑容。

"啊，你是有什么事儿吧？"皮特嘟囔着，"你肯定是有事儿才到这儿来的。"

"你为什么这么想啊？"贝琪一边说着，一边强迫自己保持微笑而又不装得太厉害。

"因为如果我是你，我肯定是有事儿才会来的。"皮特反驳道。

"是吧，但是我不是你。"贝琪辩解道，"我只是想告诉你我关心你。"

"你为什么关心我？"皮特皱着眉，"别忘了我毁了你们的舞会。"

"你只是差点儿毁了舞会。"贝琪嘴里说着，脸上仍旧保持着微笑。

"好吧，随便你怎么说啦。"皮特回应道，"打败你们这些人挺费劲的。"

"那又不是什么比赛，你知道的。"贝琪尽力让自己表现得正常。

"对你们来说也许不是，"皮特摇摇头，"不过我真的特别想再组织一次舞会。"

贝琪捡起一块锡纸包装纸，扔进了皮特的桶里。"不过为什么呢？莫尔迪瓦校长说只能让七年级的干才行，而且你去年已经组织过一次了。现在该轮到别人了。"

"但是这件事就不应该是这样的。我是说，我非常需要组织那个舞会。"皮特说着，用夹子从地上夹起一块已经变成棕色的香蕉皮，然后扔进了垃圾桶。

"但是为什么呢？"贝琪追问道，她直直地盯着皮特。

"你真的想知道吗？真的？"皮特反问道，他站得笔直。

"是，我真的想知道。"贝琪认真地说道。

"哼，得了吧。你跟其他人一样，就是想另外找个理由来笑话我。"

"我发誓，我不会那么做的。"贝琪摇摇头，"拉钩儿吧。"

"那是小孩儿才干的。"皮特不屑地笑着，"不过我想我可以告诉你，还能有什么更差劲的事情发生呢？"

"就是说嘛。"贝琪点点头。

皮特深深地吸了一口气，慢慢地吐了出来。他认真地看着贝琪，然后说道："我需要再组织一次舞会，因为我需要把它改过来。我想让它比去年的更好。那次所有的事情都乱成一团了，而我只是……想……改正一些事情，所有的事情。因为所有的事情都不顺利。"

"但是现在，我失去了我的机会。"他叹了一口气，戳着草丛里的一块薯片，"你们团队组织了舞会，尽管我试着想阻止它，把舞会夺回来，但是我所听见的，大家都说是个很棒的舞会。现在什么都晚了。"

"谁是夏洛特？"贝琪突然问。

"啊？什么？你什么意思？"皮特质问着，他的脸突然僵硬得像个面具一样，"你是在套我的话吗？让我跟你说话，敞开了跟你说，然后你突然跳出来……是吗？"

"不是！我不是这个意思，真的！"贝琪辩解着，她的脸颊开始变红了。

"是，绝对是。"皮特说道，"你就跟其他人一样。"

"不是，我发誓，我不是。我真的想知道。我关心你，真的。"她张开双臂说道。

"实际上也已经无所谓了。"皮特低声说着，"只是另外一件也是我改变不了的事情，还是一件最重要的事。"

贝琪定了定神，说道："谁是夏洛特，皮特？为什么你这么不高兴？"

皮特静静地站了很长时间，一直盯着地面看着。当他抬起头来的时候，眼泪从他的脸上流了下来。"夏洛特是我妹妹，她病得特别厉害。她有可能不行了。"

说着，皮特掩住了他的脸，绕过体育馆的转角跑开了。

"你什么意思啊，什么叫她不行了？"贝琪叫喊着，但是皮特已经跑远了。

贝琪盯着体育馆的转角看了半天，但是皮特并没有再出现。她叹了一口气，捡起了皮特扔下的垃圾桶和戳棍，继续捡起了垃圾。

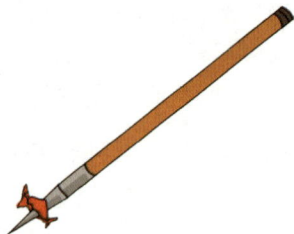

5

困难的问题

二月 / 三月

周日	周一	周二	周三	周四	周五	周六
18	19	20	21	22	23	24
25	26	27	28	1	2	3
4	5	6	7	8	9	10
11	12	13	14	15	16	17
18	19	20	21	22	23	24
25	26	27	28	29	30	31

项目
1. 痘痘皮特不是霸王
2. 装饰医院
3. 帮助拯救夏洛特

"噢，那就能说明一点儿问题了。"蒂姆沉思着。大家在放学后都到蒂姆家集合了。

"你什么意思？"苏珊问道。

"阿曼达爸爸讲过的激励，记得吗？"蒂姆说。

"不记得了，你提醒我们一下。"詹姆斯摇摇头。

"他说，当人们觉得对任何事情都失去控制的时候，他们的表现就可能很差。"蒂姆说道，"这有可能是一些人表现出欺凌行为的原因。也许这就是皮特的原因。"

"所以说皮特变成一个校园霸王是因为他妹妹病了？这可不是个说得通的理由。"阿曼达没想明白。

"嗯，也许是部分原因吧。"贝琪说道，"他确实说他想试着改变一些事情。他想试着办好舞会，也许想对去年没成功的舞会做个补偿。"

"但是这还是说不通。很明显，他去年组织舞会的时候就是个混混儿。"苏珊说，"他怎么能通过变得更差劲来弥补自己混混儿的身份呢？"

蒂姆摇摇头："我不知道，也许这些事情之间都有关系。他妹妹病了多久了？"

爱丽丝耸耸肩："我也不太确定，不过我听说去年的时候她就基本没上学。"

汤姆开口说道："所以，皮特有可能是因为他妹妹去年生病开始变成混混儿的，或者更早。"

"好吧，你以为他会学到什么。"詹姆斯哼了哼。

"也许事情比这些还要复杂。"蒂姆顿了一下，"最后皮特说什么了？"

"他说……他说她可能不行了。不过这什么意思啊？周一上学不行？舞会已经结束了，再说他妹妹也太小了，所以应该不是这件事儿吧。"

阿曼达碰了贝琪的胳膊一下："不是啦，傻瓜。他说他妹妹病得很厉害，对吧？所以她有可能不行了。"

贝琪的脸马上变得很苍白："不会，这不可能，我是说这种事儿不会真的发生吧，是不是？——她还只是一个小孩儿啊。"

"想试着改变这个，"本说道，"怪不得他一团糟呢。"

"但是她不会……死吧？"贝琪小声地说着。

"要是我们能帮上忙的话应该不会吧。"蒂姆若有所思地说道，"应该有什么事情我们能帮上忙的。"

"但是我们能做什么呢？"苏珊问，"我们只是一帮小孩儿。如果大夫都不能治好她，还能指望我们做什么呢？"

"什么事儿？我也不知道，不过我们会想出来的。"蒂姆的语气变得坚定了，"我们必须想出来。"

"我们从一个非常难的项目变成了一个不能实现的项目——我们不能治好病人！"苏珊不同意蒂姆的说法。

蒂姆摇摇头："你还没试过，所以才会觉得不可能——或者是你做的努力还不够。"

苏珊的眉头皱得更紧了。

"另外，你说错了。"蒂姆加了一句。

"哪儿错了？"苏珊问。

"我们不只是一帮小孩儿。"蒂姆说道，"我们是一个团队，而且我们同心协力的话，谁知道我们能实现什么？"

"我需要帮助，爸爸，不过我不知道从哪儿开始

说。"当天晚饭的时候阿曼达对爸爸说道。她的爸爸是当地一家施工公司的项目经理，以前帮助孩子们做过项目。

"怎么了，孩子？你们现在在做另外一个项目吗？"他一边问，一边给自己舀了一勺豆子。

"是，嗯，不，也不是，不过也是，实际上不是一个项目，我觉得是三个，也许吧，我不知道。整个事情让我很迷惑！"她说着，把一块腌牛肉塞进嘴里，很快地嚼着。

"慢点儿吃，不然你要呛着或者硌着牙了，享受一下你的晚饭，好不好？嚼好了，咽下去，然后再告诉我。"爸爸摇摇头。

阿曼达慢下来，爸爸耐心地等着她把一嘴的食物咽下去。

"好吧，你说的三个项目是怎么回事儿？这可真不少呢。"他问道。

"我就是这么说的啊。"本插嘴道。他把一块腌牛肉分成两块，往自己盘子里放了一块。"好吃！"

　　阿曼达花了一些时间想怎么回答，最后才开口说道："第一个项目是关于痘痘皮特，我是说皮特·约翰森。"

　　"皮特是你们的项目？"爸爸抬起了眉毛问，"这是一个什么项目？"

　　"我以前跟你说过，他在学校欺负别的小孩儿。贝琪和蒂姆有了这个头脑简单的想法，觉得我们可以转变他。"阿曼达解释道。

　　"嗯，有意思。这事儿有难度，不过不是不可能。这个项目需要很小心地进行。"爸爸说着，把盘子里的豆子和土豆泥混在一起。

　　"嗯——噢，不过我不觉得这个行得通。"阿曼达摇摇头。

　　"嗯……那现在跟我说说其他的项目。"爸爸示意她继续。

　　"嗯，第二个呢，实际上挺简单的，就是装饰医院的儿童病房，这样呢，那些复活节的时候还要住在医院的孩子就不会错过过节了。"阿曼达说道。

"这听起来是在做一件好事啊。"爸爸说，"这个主意从哪儿来的？"

"是蒂姆住院的时候我们想出来的。医生和护士都很和蔼，其他的事情也都不错，但是那儿终究不是个好玩儿的地方，你知道的。"阿曼达说着，用叉子叉起了一小块腌牛肉放在嘴里仔细地嚼着。

"好吧，这个听起来并不算太难——但是要记住你们需要经过医院的同意才行，但是我觉得他们应该会喜欢这个主意的。"爸爸点了点头。

"是，而且我们打算安排复活节的兔子，还有复活节找彩蛋活动。"

"是吗？谁来当复活节兔子？"爸爸问道。

"本。"阿曼达笑着说，"我们已经选好了兔子耳朵和其他的东西了。"

"我都还没说同意呢。"本嘟囔着。

"嗯，我觉得这是一个好主意。"爸爸说，"我会看看我能不能找到合适的兔子衣服给你，我也回去买些巧克力彩蛋。"

本的脸红了起来。"我不想……"他哼唧着。

"啊，这可是在做好事儿。"阿曼达甜甜地笑着。

"我也同意。"爸爸咧嘴笑了，"你穿几号的衣服，14号？"

"噢，爸爸……"本的脸更红了。

"我保证，你穿兔子衣服会很可爱的。小孩儿会喜欢的。"阿曼达说着，用她的胳膊肘轻轻推着本。

本把一块肉塞进嘴里，假装没听见她说话。

"那第三个项目是什么？"爸爸继续问道。

阿曼达的肩膀垂了下去："第三个根本是不可能完成的。"

"是什么呢？"爸爸一边问，一边把他的手搭在阿曼达的肩膀上，"到现在为止你解决了大多数你项目中的问题呢。"

阿曼达盯着自己的盘子，用叉子挤压着几颗无辜的豆子。

"这回不一样的，爸爸。皮特的妹妹在住院，她病得很重。每个人都想帮助她好起来。"她说道。

"噢，那这有什么问题吗？"爸爸问，"听起来是一件非常好的事情，一件关心别人的事情啊。"

"是，但是她病得很厉害。我们想让她恢复得更好，可是即便是大夫也做不到。"阿曼达一边说，一边使劲地压着四颗豆子，"这根本不可能！"

"我不觉得你的伙伴们指的是治好她的病，宝贝儿——其他的孩子可能只是想帮忙。当你想帮忙但是无能为力的时候，确实是非常困难的情形。"爸爸安慰着她。

"我觉得也是，但是我们能做什么呢？"阿曼达带着哭腔说道。

"这个很难说。她得的是什么病？"爸爸问。

"我们不知道，只是知道情况不好。皮特跟贝琪说她可能撑不下去了。"阿曼达说着，把豆子都堆在一起塞进了嘴里。

"噢，是吗。"爸爸皱了皱眉，"也许你们只需要做朋友。"

阿曼达哼了一下："这个我也不知道。皮特是个校园霸王，记得吗？贝琪去跟他说话的时候，他对我们特别有疑心。"

"这样啊，也许你们可以和他妹妹变成朋友。"爸爸建议道。

"但是我们都不认识她！"

爸爸皱起了眉："现在我就糊涂了，你说你和其他的孩子想帮助她，但是你们都不认识她，这是不是有点儿奇怪啊？"

阿曼达朝着本看了看，希望他能帮忙解释，但本只是耸了耸肩。

"这都是跟皮特有关的，我觉得，也许吧。我就知道这些了。"阿曼达说，"蒂姆和贝琪似乎对这件事有更多的想法。"

"嗯，听起来还真是有很多情况啊。也许让她参与医院的复活节装饰和找彩蛋的活动没准儿就足够了。"爸爸建议道。

"也许，爸爸，也许吧。"阿曼达点点头。

"但是我还是要提醒你们。"这时候，爸爸脸上的笑容消失了。

"什么？"阿曼达问，她的眉毛挑了起来。

"你们要问问自己，为什么想要转变这个男孩儿皮特。因为……"他停顿了一下，看了看本和阿曼达，"……一个人不是一个项目。如果你们真的想转变一个欺凌者，而且可能还要帮助他的妹妹，你们必须真心地关心他。要不然的话，你们可能会把事情搞得更糟，特别糟。"

阿曼达沉默了。本也只是盯着自己的盘子看着。

"在开始做任何事情之前，你们必须仔细地想清楚。你——还有你所有的朋友们——是不是真的关心皮特和他的妹妹？你们准备好做他们的朋友了吗？因为这才是最关键的事情。"

阿曼达和本在沉默中吃完了他们的晚饭。

晚饭后阿曼达帮助清理了桌子，和本一起安静地洗碗碟。

阿曼达换完睡衣，刷了牙，上床之后，她盯着天花板看了很长时间。

"我们真的关心痘痘皮特吗，那个校园霸王，那个破坏舞会的人?……我真的想做这件事情吗？"

问题没有得到答案之前，她就在不安中睡着了。

6

她长什么样?

二月 / 三月

周日	周一	周二	周三	周四	周五	周六
18	19	20	21	22	23	24
25	26	27	28	1	2	3
4	5	6	7	8	9	10
11	12	13	14	15	16	17
18	19	20	21	22	23	24
25	26	27	28	29	30	31

项目
1. 痘痘皮特不是霸王
2. 装饰医院
3. 帮助拯救夏洛特

　　"所以我们到底打算做什么？"第二天午饭的时候阿曼达问。贝琪和苏珊跟她一起坐在野餐桌旁边吃着三明治。

　　贝琪一直看着操场远处的皮特在那里捡垃圾。她又看了几秒钟之后才转过身来对阿曼达说道："你什么意思？"

　　阿曼达耸耸肩："我昨天晚上跟爸爸说了说咱们的

项目，可是我现在越来越糊涂了，你明白吗？"

苏珊拍了拍她的肩膀："记住，我们都会在这儿帮忙的，我们会同心协力的。不是所有的事情都落在你一个人身上，而且这些实际上是蒂姆和贝琪的项目，你只是需要帮助他们。现在还有什么问题吗？"

"是，嗯，这些我都知道，而且谢谢你，但是我得跟一个大人说说这些事儿，你知道吧？因为我还是不确定我们是不是应该做这些事情。"阿曼达还是有些犹豫。

"嘿，你说你会帮忙的。我知道你不喜欢皮特，但是就像蒂姆说的，这件事必须是我们都相信的情况下才可能实现的。"贝琪在一旁给她鼓劲儿。

"是啊，现在不能后退了。"苏珊点点头。

"不是，我是认真的。爸爸说除非我们有很好的理由来做这件事情，要不然我们可能会把皮特搞得更糟——还有他妹妹。没准儿是他家所有的人。"阿曼达垂下了肩膀，"他说我们需要很仔细地想想我们为什么要做这件事儿。他……"

阿曼达把鞋杵进桌子下面的小石子堆里。"……他说，我们要是没有准备好做朋友，和皮特真的做朋友，我们就不应该开始。我昨天晚上一直在想这件事儿。"

"噢，"苏珊好像明白了什么，"我以为你只是不喜欢皮特。"

阿曼达把两只手攥成拳头沮丧地举在空中。"没错！我讨厌他！或者说……至少我觉得原来讨厌他。可现在我不知道了，我就是不知道。"一滴眼泪开始从她的左眼流了出来。

贝琪拍了拍她的肩膀："也许我们应该取消这个转变校园霸王的事儿。"

阿曼达用手擦了擦她的脸："真的？你真是这么想的吗？"

贝琪深深地吸了一口气："是，我觉得是。再说了，现在我们有更重要的事情要考虑。"

"什么事儿？"阿曼达问。

"帮助夏洛特，尽量做我们能做的。"贝琪答道。

"但是爸爸说的那些事儿怎么办？"阿曼达摇了摇头，"我跟他说我们都不认识夏洛特。"

"只是还没认识她而已。"苏珊说道，"但是我们怎么都需要去医院问问做装饰的事情。"

"再说了，不管你对皮特怎么看，你都应该会关心一下他的妹妹。"贝琪说。

"但是我们真的不……"

"你想不想帮助夏洛特？"

阿曼达刚一起头就被贝琪打断了。

"嗯……想？"阿曼达犹豫着，"但是……"

"没有但是。即使对没有见过的人，你也是可以关心人家的，就像电影明星对那些第三世界国家挨饿的儿童一样，对不对？"贝琪说，"这只是人的本性。"

"我想是吧……"阿曼达慢慢地说道。

"更好的是，你就要跟她见面了——就今天晚上。"贝琪说道。

"什么？真的？怎么回事儿？"阿曼达赶忙问。

"我们去医院问复活节装饰的事儿，到时候直接去就是了。我们今天放学之后去。"贝琪直截了当地说道。

女孩儿们在五点半左右到了医院。前台的护士笑着迎接了他们。"有什么我可以帮忙的吗，小姑娘们？"

阿曼达向她解释了他们想为那些复活节还要住在医院的孩子们做的事情。

"我觉得这真是一个好主意，孩子们。可以让那些住院的孩子高兴高兴。"护士说。

女孩儿们都咧嘴笑了。

"但是，"护士补充道，"我还是需要问一下我的主管。能不能给我你们的电话，这样我可以联系你们？"

阿曼达在一张纸条上写下了她的名字和家里的电

话，然后递给了护士。

"现在，还有什么事情我今天可以帮到你们的吗？你们的朋友怎么样了——是叫吉姆吗？"

"蒂姆，"苏珊纠正道，"他恢复得挺好的。他还在家休息，不过他哥哥每天都把家庭作业给他带回去。"

"这可不太好——我是说家庭作业啦。"护士说着，眨了眨眼睛，"休息对他的恢复是非常重要的。"

"是的，女士。"贝琪点点头。

"那好，晚安，我想你们大概想回家吃晚饭了吧。"护士笑了笑，转向了她桌子上的电脑。

"嗯，走之前，我们还有另外一件事儿。"阿曼达咕哝着。

"什么事儿？"护士问，她又转向阿曼达。

"嗯，是这样，我们实际上想看看我们的另外一个朋友。"阿曼达说，"她的名字是夏洛特，夏洛特·约翰森。"

"噢，"护士说着皱了皱眉，"非常抱歉，但是她走了。"

"什么？"贝琪叫起来，她的脸变得煞白，"她不能走！她还那么小！"

"你是说——噢，不是，亲爱的。她不是走，她是回家了。"护士解释道，"今天下午她家里人接她回家了。"

"噢！"贝琪长出了一口气，她的脸色慢慢地回转过来，"噢，噢。那好。"

"也许你们可以明天去她家看她。"护士建议道，"我保证她会喜欢有人来看她的，或者也许你们可以在学校看见她。她今天看起来好了很多。"

女孩儿们互相交换了一下眼色。

"是的，谢谢，我们会的。"阿曼达说道，"您帮了我们不少忙，怎么称呼您？"

"维斯普，"护士说着，伸出手来握了握阿曼达的手，"梅利·维斯普，很高兴认识你，希望在复活节的时候能看到你们。"

阿曼达握了握她的手:"我也很高兴认识您,我们以后见。"

女孩儿们往出口走的时候,苏珊用胳膊肘碰了碰阿曼达:"现在我们该干吗?"

"我不知道。"阿曼达耸耸肩,"我们也不能到皮特家然后说让我们看看你妹妹吧。"

"如果我们幸运的话也许能在学校看见她。"贝琪说。

"她在上小学。"阿曼达摇摇头,"再说了,我们都不知道她长什么样子。"

7

回到图画板上

二月 / 三月

周日	周一	周二	周三	周四	周五	周六
~~18~~	~~19~~	~~20~~	~~21~~	~~22~~	~~23~~	~~24~~
~~25~~	~~26~~	~~27~~	28	1	2	3
4	5	6	7	8	9	10
11	12	13	14	15	16	17
18	19	20	21	22	23	24
25	26	27	28	29	30	31

项目

1. 痘痘皮特不是霸王

2. 装饰医院

3. 帮助拯救夏洛特

"我们这回的项目都很棒啊。" 苏珊低声嘟囔着，"第一个项目我们都不知道怎么开始。简单的这个呢，要等着批准了才能干。第三个呢，是要帮助一个我们都没见过的人，而且我们也不知道她到底需要什么帮助！"

孩子们都坐在蒂姆和汤姆家的客厅里。他们都是放学之后来这里打算做些计划的，直到听到了女孩儿们从医院带来的消息。

"现在，也不是那样啦。"贝琪说，"那个护士挺亲切的，她说这是个好主意，她只是需要去问她的主管来确认。"

"是，是这样，不过要看咱们的运气了，谁知道呢？"苏珊摇了摇头，"万一有个什么麻疹暴发，然后他们就把儿童住院处关了不让探视了呢？"

"别这么说，这一点儿都不好笑。"蒂姆说道，"那个只在几年前发生过一次。"

"对不起，我只是有点儿泄气，你知道吧？"苏珊叹了一口气。

"我相信阿曼达会有些什么东西能帮助咱们，她爸爸懂的很多。"蒂姆说道，"你有什么想法，阿曼达？"

阿曼达从沙发上站起来伸展了一下身体，说道："嗯，这样，我们可以就这件事问问他，但是他有时在家也说他工作上项目的事情。让我想想……"

蒂姆挥了挥手："好吧，让阿曼达想一会儿，我觉得我们需要回到最基本的事情上来。不管事情看起来有多迷惑或者多复杂，把事情简化总是对我们有帮助的。"

阿曼达坐了下来。

"但是——但是我们什么都不知道啊！"本说道，"这是个问题。"

蒂姆点点头："是，我知道。爱丽丝，你把咱们原来做项目写的那些纸带来了吗？"

爱丽丝弯下身把书包拉链拉开。她从书包里拿出一个塑料的夹子，从里面拿出一叠纸递给了蒂姆。

"谢谢爱丽丝。"蒂姆笑着说。爱丽丝点点头。

"现在，每个项目，或大或小，都有四个主要的阶段，我们把它们叫作……"蒂姆开始说了起来。

"是的，我们都知道——想法、计划、实施、完成。"苏珊把他打断了，"不过现在这些怎么能帮助我们呢？"

贝琪举起了手："等一下，让蒂姆说完。"

蒂姆笑了笑，然后举起了一张纸，说道："我觉得如果复习一下项目的基本概念的话，也许会对我们的想法有些帮助。现在，这儿就是项目的各个阶段。

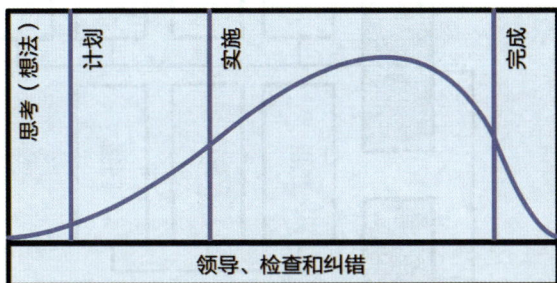

"就像苏珊说的，"蒂姆皱了皱眉，"每个项目都是从想法开始——想想我们要做什么，或者想解决什么问题。而且我想你们都会同意，现在有几个问题。"

每个人都点了点头。

"然后在做任何事情之前，我们要先做计划。"蒂姆继续说道。

苏珊开始打起哈欠来。

"我们都知道，需要使用工作分解结构来把大的事情分解成小的、相对简单的事情。"蒂姆说着，又举起了另外一张纸，"这个就是我们在舞会项目做的。"

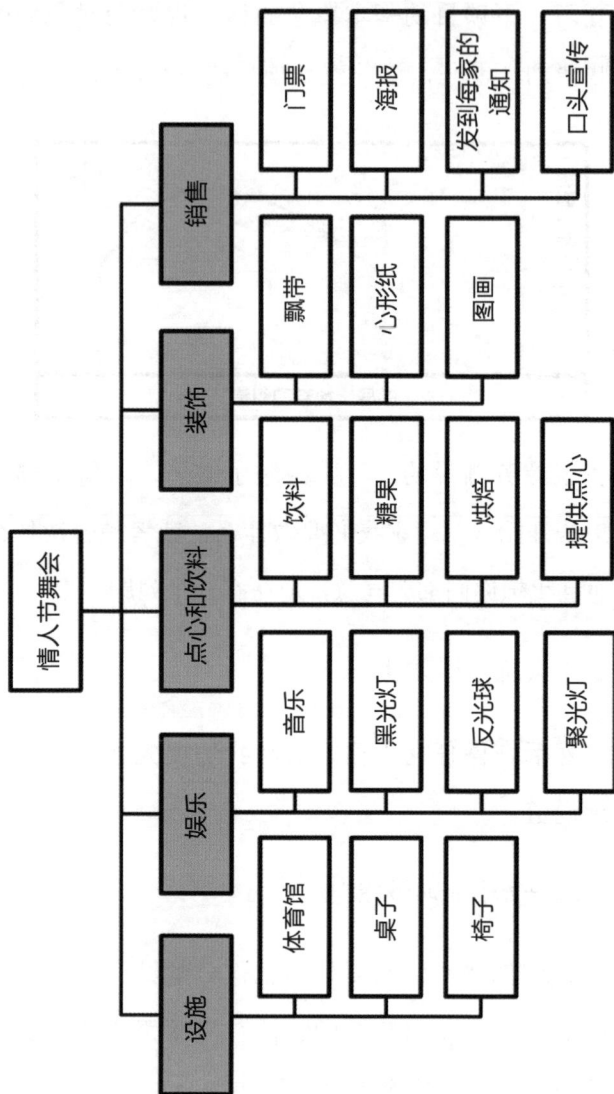

"所以我们来看一下现在的情况。第一，欺凌的问题。或者至少说，我们想试着转变皮特。"蒂姆伸出手指来数着。

阿曼达举起了手："但是……"

贝琪示意她别出声，阿曼达又把手放下了。

蒂姆伸出第二根手指继续说道："第二，我们想给医院里的孩子们在复活节的时候做些好事儿。这件事实际上还算简单，只要能得到医院的同意。"

"我不想当那个兔子。"本嘟囔着。

蒂姆没理他。"第三，我们想帮助皮特的妹妹。不是，"他看了看屋里的人，"不是因为——或者是说不管——事实上她是皮特的妹妹，不管是什么问题，只是因为对一个小女孩儿来说，病得这么厉害很不公平。"

"但是我爸爸说……"阿曼达又要插话。

贝琪点点头："阿曼达是对的。即使我们有三个项目，并且每个项目都是一个好主意，但是也许我们不应该做这些项目。"

"什么？"苏珊有些激动，"我们要做项目！做项目是我们的长项啊！"

"我们只是刚刚开始越做越好，"贝琪纠正她，"我们并不是所有事情的专家，但是阿曼达的爸爸是。阿曼达，你还记得你刚才本来要说什么来着吗？"

阿曼达慢慢地搓着自己的两只手，然后又在膝盖上擦着。"嗯，是，贝琪实际上说出了一些我想说的。我的意思是，我爸爸说总是有很多大家想做的项目，而且有很多非常好的项目。但是……"

"但是什么？"苏珊问。

"……嗯，有的时候你手里有好几个项目但是你一次只能做一个。他说同时做三个项目对我们小孩儿来说太多了。"阿曼达一边说，一边玩着沙发上几根松开的线头。

"另外他还说，你们需要非常小心地选择要做的项目。为了做到这点，你们需要问问自己，为什么想做这些项目，还有，这些项目有多重要 ——这样就可以帮助你们考虑应该优先做哪个项目了。这样也会帮助我们确定做一个正确的项目——为了正确的理由。"

"但是贝琪说我们什么都做不了。"苏珊不服气地说。

贝琪的脸开始红了。"嗯,这跟我说的不完全一样。我觉得阿曼达说得更好——在开始做之前需要想想我们想做哪些项目。"

"而且要从为什么开始。"阿曼达说道,"我们需要想想这些项目会帮助什么人,还有我们做这些项目的动力是什么。 比如,我们有些人想转变皮特的欺凌行为,对不对?"

"只是一部分人吗?"贝琪皱起了眉头,"我以为我们大部分人都想呢,也许只是除了你。"

"是,不过,我自己也还拿不准。首先你需要问问自己,你们为什么想转变皮特。"阿曼达微微皱了皱眉。

"这不是很明显吗?"贝琪说回应道,"这样他就不会再欺负别人了。"

阿曼达笑了："是，但是为什么呢？谁会从中受益呢？"

贝琪有些犹豫了："嗯，每个人都会受益，不是这样吗？"

"也许是，也许不是，他并不是欺负学校里的每一个人。"阿曼达继续说道，"但是为什么你们没有挑其他人呢？为什么你们就单单想转变皮特呢？学校里还有很多其他的校园霸王啊。"

贝琪突然无话可说了。

"你觉得你应该对没人跟皮特说话这件事负责吗？你觉得他会因为你而变得更差吗？"阿曼达追问道。

"也许吧，是，我觉得是。"贝琪答道，"我想改变这个情况，让大家都开始跟他说话，这样他就不会变得更坏了。不过是蒂姆建议我们真的去转变皮特的。"

阿曼达转过头看着蒂姆："为什么？"

蒂姆也开始脸红了："我……我不知道。就是听起来不错。我想也许如果我们能阻止他不再欺负别人的话，他就不会是个问题了。"

"嗯，"阿曼达点点头，"也许我问这些问题听起来有些疯狂，不过我们这么做真的会帮助皮特吗？似乎听起来我们帮助皮特转变是因为能让我们自己的日子好过一点儿。"

"你这么说的话，听起来好像有点儿自私。"爱丽丝说道。

"是啊，这就是我在想的。那天晚上我跟爸爸说了这些之后几乎一夜都没有睡着。首先我想的是，我真的能和皮特做朋友吗？然后我又想，我们是谁？凭什么就想改变他？要是他就愿意当校园霸王呢？要是他根本不知道该怎么做呢？还有，要是……"她摇了摇头，"要是这并不是他的错呢？"

每个人都安静地盯着阿曼达。

"我们不应该就因为我们想皮特变得不一样，因为他对我们来说是个问题，就想转变他。"阿曼达摇摇头。

"不，我们应该是真的关心皮特，我们才能做这件事，而且是我们想帮助他。这件事不应该是关于我们。我觉得，这是我爸爸想跟我说的……"

"……这也是为什么我不想做这个项目的原因。"阿曼达继续说道，"因为如果我做了，也只是为了一个错误的理由。"

屋子里寂静了有几乎一分钟，直到汤姆开口说道："不过听起来似乎你是在乎的，那为什么你不想做呢？"

阿曼达摇了摇头："我不知道。也许我开始有一点儿在乎吧。但是老实说，我还没有准备好做他的朋友，我不想假装，因为那样的话就像在说谎，所以这个项目不能把我算在内。你们其他人可以自己决定是不是想继续做这个项目，还有为什么要做。"

蒂姆看了看客厅里的大家，说道："好吧，这个很……有意思。不过阿曼达说的有道理。如果基于不自私而只是想帮助皮特，并且不是因为别的理由的话，还有谁愿意转变皮特吗？"

贝琪慢慢地举起了手，但是又落在了自己的大腿上。

蒂姆点了点头，然后在一张纸上记下了些东西。"好吧，那就这么决定了——我们不打算转变皮特了。不过要是医院同意的话，是不是大家都愿意在医院做复活节装饰这个项目呢？"

七只手很快都举了起来。"好吧，包括我，全部通过。"蒂姆说道。

"最后，我们还想不想帮助夏洛特呢？"蒂姆问，"……为了正确的理由——只是帮助她？"

每个人都点了点头。

蒂姆又记了下来。"好，太好了。一个容易的项目，一个有挑战性但是我们有非常好的理由来做的项目。第一，让我们先做个头脑风暴，看看复活节装饰和找彩蛋活动我们需要做些什么。"

蒂姆的妈妈从厨房走进客厅。"嗯，你们大概还有十分钟的时间，然后我觉得该是你的朋友们回家的时候了。你们可以改天再一起讨论要做的事情。很快就是晚饭的时间了，而且你也需要休息一下，蒂姆——你看起来脸有点儿红。"

"好的，妈妈。"蒂姆答道，"来吧，我们只有十分钟了！"

几分钟之后，蒂姆开始读纸上记下的大家的各种想法。"好，干得不错。贝琪、苏珊和阿曼达，也许你们可以跟皮特谈一下，搞清楚他妹妹到底得了什么病，这样我们可以想想怎么能帮助她。"

阿曼达皱起了眉。不过苏珊开口了："没问题，贝琪能干这事儿。"

贝琪使劲儿瞪了苏珊一眼："嗯，我们看吧，也许这回该轮到你去说了。"

孩子们开始离开客厅的时候，蒂姆笑着说："对不起我还起不来，汤姆会送你们出去的。"

"没关系蒂姆，我们希望你赶紧好起来。"爱丽丝回答道。

汤姆回到客厅帮着蒂姆从沙发上站起来。"真不公平，我不能跟你比赛谁先到餐桌那儿了。"蒂姆眨了眨眼睛说道。

蒂姆咧嘴笑了："也许下个星期就可以了。"

8

处境危险

二月 / 三月

周日	周一	周二	周三	周四	周五	周六
18	19	20	21	22	23	24
25	26	27	28	1	2	3
4	5	6	7	8	9	10
11	12	13	14	15	16	17
18	19	20	21	22	23	24
25	26	27	28	29	30	31

项目
1. 痘痘皮特不是霸王
2. 装饰医院
3. 帮助拯救夏洛特

"嗨，皮特！"第二天午休的时候，贝琪走到皮特跟前打了个招呼。

"你想干吗？"皮特一脸的不高兴。他用带尖头的棍子把一张糖纸插了起来。

"我想为那天的事情跟你说对不起。"贝琪说。

"嗯。"皮特哼了一声。

"我也想问问关于夏洛特的事情。"贝琪试探地说道。

皮特转过头来盯着她:"你想问什么?你为什么要问?你为什么关心这事儿?你根本都不认识她。"

贝琪把鞋尖儿插进地上的小石子里。"你记得蒂姆得了阑尾炎住院的事儿吗?"

"不,我不记得。这个跟我妹妹有什么关系?"皮特反问道。

贝琪把她的鞋尖儿从石子堆里抽出来,鞋上沾了不少褐色的泥土。"是这样,蒂姆那天从医院回家的时候,他看见你了。"

"好管闲事的小人。"皮特低吼着。

"不是!不是这样的。"贝琪摇摇头,"他看见你从夏洛特的病房里出来,然后他看见你和你的父母都很伤心。不是,"她赶紧接着补充道,"他不是那会儿就知道她是你妹妹。他只是更关心你。"

"噢,是吗?蒂姆关心我?那个小学生?我觉得你在撒谎。"皮特一脸不屑地笑着。

贝琪抽了抽鼻子："你爱信不信。就因为你是一头猪，你根本不懂得关心别人！"

皮特火了："猪，啊？你倒是真的很关心我啊！"

贝琪的脸红了："对不起，我是脱口说出来的。我的意思是，有时候很难跟你交流，你知道的。"

皮特耸耸肩："没错，我就擅长这个。你要是太好说话的话，大家就会利用你。"

贝琪用手捋了一下头发，把它弄直。"啊，跟你说话就像……像……"

"像什么？"皮特追问着，"捡垃圾？"

"不！不是！就是挺难的。"贝琪叹了一口气。

皮特笑了："看见没？目的达到了。"他转过身去继续捡垃圾。

贝琪绕到他身前正对着他。皮特想捡起一包薯片的包装，但是贝琪正踩在上面。

"躲开。"他命令道。

"不，"贝琪的语气也变得很坚决，"我也可以变得很难打交道。"

"没错，你肯定行。"皮特说着，弯下腰使劲去拽那个袋子，结果把袋子撕成了两半。他把手里的一半扔进了小垃圾桶。"你要是愿意的话，就留着那一半吧。"

贝琪抬起了脚。皮特飞快地插上了另外一半包装。"看见没？你也没那么难对付。"

"你真是不可救药！"贝琪气哼哼地说道，"我们只是想帮忙而已。"

"帮谁？"皮特问，"我很怀疑你们想帮助我。"

"你说得对。"贝琪点点头，"我们没想帮你。"

贝琪的话让皮特很惊讶。"噢。那你们想帮谁？"

"你妹妹。"贝琪答道，"不过我们得知道她得了什么病，这样我们才好帮忙。"

皮特摇了摇头："这儿没有什么你们可以做的，谁都不能。"一滴眼泪在他的眼眶里转悠，他的手垂在了身旁。

"不许再跑开了！"贝琪赶紧说，"我保证肯定有我们能做的事情，绝对的。"

皮特不停地把棍子戳进地面。"你不能，所以你最好还是放弃别问了。"

"我不相信。"贝琪摇摇头，"你为什么不告诉我们她到底怎么了？你说她病了，到底什么问题？"

皮特要往前走，但是贝琪把手放在了他的肩上。皮特开始抽泣，把桶和木棍都扔在了地上。他用手捂住了脸。

"她得了肝硬化。"皮特终于说话了。

"你再说一遍？"贝琪追问道。

"肝——硬——化。"皮特从嘴里挤出了这几个字。

"这听起来好像没那么糟啊。"贝琪慢慢地说道，

"就是很奇怪。"

"就是说她的肝开始长疤，然后有一部分就失去功能了。这种情况会越来越厉害，然后她就需要一个新的肝。你不会在哪个地方正好有个备份的肝脏吧？有吗？"皮特质问着。

"那你能不能买一个新的？"贝琪问。

皮特盯着贝琪，好像是他刚发现一个外星人站在自己的面前。"你没办法去买一个肝脏，这又不是一个汽车零件。得有一个人捐出一个肝脏。"

贝琪耸耸肩："那好，所以我们只是需要找到一个捐赠者。那能有多难吗？"

皮特摇摇头："这不像她需要一个肾，那样的话可能会稍微容易些，因为每个人都有两个肾，而且即使只有一个也能够活着，所以还不是那么要紧。但是每个人只有一个肝脏。"

"所以你只能捐一个，如果……"贝琪的声音渐渐低了下去，眼睛睁得很大，"噢，好可怕啊！"

皮特伤心地摇摇头："是啊，这让你觉得很自私，希望能有人帮助自己的妹妹。而且还得大小合适，大人的肝脏太大了，因为她只有十岁。这就是说……"他的声音也慢慢低了下去。

"噢，不！"贝琪说道，她的眼中充满了泪水，"那样真是更糟！"

皮特用木棍在小石子堆上画着一个"×"，然后又用鞋子把它抹掉了。"还有一个办法，你可以找到一个捐助者，但是夏洛特必须足够健康。"

贝琪充满希望地抬起头来："那是什么办法？"

皮特耸耸肩："她可以从某个人身上进行部分肝脏移植。"

"但是那个捐赠者会怎么样？"贝琪捂着自己的眼睛问，"难道那个人不需要全部的肝脏吗？"

"嗯，肝脏似乎挺神奇的，你知道？捐赠者的肝脏能在两周左右重新长回来。"皮特说。

"噢！"贝琪又振作了起来，"所以为什么我们不能在夏洛特身上用这个办法呢，去除一部分她的肝脏，然后就会长出新的一部分来。"

皮特摇摇头："首先你得有一个健康的肝脏，如果肝脏已经病变了就不行了。"

"那部分移植的肝脏会怎么样呢？"

"如果移植手术成功的话，移植过来的肝脏会在两周左右长到正常大小。"皮特说道。

"这听起来真的像是魔术。"贝琪有些激动了，"那么为什么你们没有试试这个办法呢？"

皮特皱着眉说道："这必须找到匹配的肝脏。通常他们会找到某个家庭成员来捐赠部分肝脏，但是我们的都和夏洛特的不匹配。"他抽了一下鼻子又说道："这很少见，但也是会发生的。"

"噢。"贝琪盯着地面，"……这可真不好。"

"是啊。"皮特应和着，"不好，一点儿都不好。这次没准儿是夏洛特最后一个复活节了。她已经等着移植手术超过一年了，而且她的病每天都在加重。"

"不过还是有什么事情是我们可以做的吧。"贝琪气馁地用脚在地上来回扭着，使劲踩着脚下的小石子。

"除非能很快找到一个捐赠者，要不然我们什么也做不了。"皮特叹了口气。

"我们可以试试，"贝琪说着，很快地抱了一下皮特，"我们会非常努力的。"

"我不觉得有什么可能，不过谢谢你们愿意试一试。"皮特说着，眼睛里又充满了眼泪。

"还不到放弃希望的时候。"贝琪说道，虽然她心里没觉得有那么自信。她最后拍了皮特的肩膀一下，然后转身去找其他的女孩儿了。

"肝衰竭，而且她需要一个肝脏捐助者？"苏珊大声地说，"这可真是一件很严重的事。"

"是啊。"贝琪使劲儿地揪着自己的头发。

"但是如果我们能尽快找到一个捐助者的话,她就会好起来了?"阿曼达问。

"皮特说是这样的,但是我们没有多少时间了。"贝琪说。

"嗯,"阿曼达点点头,"至少我们还算有个好消息。"

贝琪瞥了她一眼:"什么好消息?"

"至少我们现在知道问题到底是什么了,而且还知道解决办法是什么。我们需要别人的帮助来实现这件事——需要很多的帮助。"阿曼达说,"但是我们可以努力。"

"如果你把这些叫作好消息的话,我觉得也行。"贝琪慢慢地说,"我会给爱丽丝打电话,然后今天放学后我们在蒂姆家碰头。再怎么说,这件事比家庭作业更重要。"

9

不可能完成的任务

"我们需要找到什么？"蒂姆尖声地叫了起来，嘴巴张得老大，"肝脏？就是妈妈做菜的那个？"

"嗯，是，不过不是，唉，真恶心。夏洛特需要人的肝脏。"贝琪皱着眉，"不是牛的。"

"有时候我们也吃猪的肝脏。"汤姆冒出了一句。

"听着，"阿曼达打断了他们，一边在屋里踱着步子一边说道，"这不是件容易的事情，但是我们需要做的非常简单。"

她伸出手指来: "第一，我们需要找到一个捐助者，最理想的是，这个人能捐出部分的肝脏来。"

贝琪在她的椅子上来回蹭着，说道: "我可不喜欢另外一个可能。"

"第二，夏洛特需要做移植手术，这样她才能好起来。"

"就这些？"本有些出乎意料，"听起来好像很简单啊。"

"是这样的，"阿曼达补充道，"就像我说的，这不会很容易。医生们已经找了很长时间了，但是到现在他们都没有找到一个合适的。"

"那我们怎么能做得到呢？"汤姆问，"我们还只是小孩儿呢。"

"没错。"爱丽丝说道，"这正是为什么我们也许能做到的原因。孩子总能想出很多疯狂的想法。大人们年纪大了就会被固定在一定的思维模式里，他们也不像孩子那么有创造性。所以对我们来说也许能想出什么他们都还没有试过的办法。"

"听着挺有道理。"詹姆斯开口说道,"大多数医生有多大,咱们年龄的四倍或者五倍?"

"至少是,"爱丽丝点点头,"就是非常老啦。他们也许非常聪明,但是他们不像我们这么机灵,而且现在我们需要的是更机灵。"

"还得快,"苏珊补充道,"别忘了这个。"

"对,"蒂姆慢条斯理地说道,"所以我们需要很多人都意识到这个问题,让很多人都来帮助我们找到一个捐助者。"

"对,有点儿像咱们在组织舞会的时候用的群体资源(众包)什么的,不过这次有些不一样。"爱丽丝补充道,"我们需要找到一个肝脏,而不是烘焙点心或者装饰手工。"

"你们得保证用词非常准确,因为我保证我们不想要一卡车的牛肝被送到我家来。"詹姆斯哆嗦了一下。

"啊，你要是习惯了的话也没那么糟啦。"蒂姆眨了眨眼。

"都用洋葱一起炒！"汤姆下意识地舔着自己的嘴唇。

詹姆斯假装做出呕吐的样子。

"所以现在我们应该干什么？"苏珊打断了他们的胡闹。

蒂姆搓了搓手："每个人要找什么东西的时候大家都会去什么地方，我们就去那儿。"

"哪儿？图书馆？"本问。

"不是，我们需要用互联网。"蒂姆说，"我爸爸为他的工作做了一个网站，我们可以问他我们怎么能为这件事建一个网站，而且能吸引大家的注意力。"

"好主意！"爱丽丝叫了起来，"太棒了！"

"谢谢。"蒂姆的脸有些红了。"而且，我知道我还要在家里再待几天，我可以马上把这件事做起来。"

"你忘了点儿什么事儿。"阿曼达开口说道。

"什么？"蒂姆问。

"在开始做任何事情之前，我们需要一个计划。"阿曼达提醒道，"我们还是需要把事情细分成小任务，然后写下来，这样就不会落下什么事情了。我们这回只有一次机会，所以需要把事情做对。而且这个项目还有些特别的事情需要做，我听爸爸说过几次。"

"是什么？"汤姆问。

"一个沟通计划。"阿曼达说，"要搞清楚我们需要说什么，应该怎么说，以及希望哪些人会读到我们要说的内容，这样我们的网站和其他的渠道就可以传递正确的信息了。"

"我真高兴你能全力投入项目中了。"蒂姆冲着阿曼达点点头，"不再像以前那样分神了。"

阿曼达摇摇头："我们需要很多的帮助，所以我打算让奥利弗加入咱们。"

本翻了翻白眼。詹姆斯发出了轻轻的亲嘴的声音。

阿曼达没有理他们俩。

"那我也可以去问奇普，他肯定会很高兴能帮助皮特的妹妹的。"贝琪说。

"这次，人越多越好。"蒂姆说道，"我们有很多事情要做，但是却没有很多的时间了。"

"我觉得我们不应该在这个项目上用'截止日期'这个术语。"苏珊提醒大家，"我想我们应该暂时用另外一个词，比如完成日期或者别的什么词。"

"同意，"蒂姆点点头，"让我们保持得积极一些吧。现在，该是头脑风暴的时候了——我们需要做些什么？"

"研究肝脏疾病。"爱丽丝脱口而出。

"更多地了解夏洛特。"贝琪说道。

"做项目计划。"蒂姆还是那么有条不紊。

"搞清楚怎么做一个沟通计划。"阿曼达强调道。

贝琪很快地写着，以跟上大家提出来的想法。等伙

伴们都说完了,她写下了这些内容:

- 研究肝脏疾病
- 更多地了解夏洛特
- 项目计划
- 沟通计划
  - ✓说什么
  - ✓怎么说
  - ✓谁会读到这些信息
  - ✓怎么能让大家读到
- 建立网站
- 告诉每个人——提高大家的认知度
- 群体资源?
- 想出有创造力的想法
- 社交媒体?
- 找到一个捐赠者
- 移植

"非常好,"蒂姆满意地说,"现在我们需要阿曼达把这个单子给她爸爸检查一下,然后看我们有没有遗落什么重要的事情。我知道咱们一般都是自己干,但是这次很重要,所以我们要保证把事情都做对了。"

"阿曼达的爸爸真的很聪明，"爱丽丝表示同意，"他不像有些爸爸很古板的。"

阿曼达笑了："我会把你说的告诉他的。"

"你敢！"爱丽丝的脸红了。

阿曼达眨了眨眼睛："嗯，我想我也许不会说吧。"

"好啦，明天放学之后我们还在这里完成我们的计划吧。有些事情我们可以马上开始做了。"蒂姆说道。

"阿曼达——你去跟你爸爸和奥利弗说。"

"苏珊，你做一些使用社交媒体的研究，然后明天告诉我们。贝琪也可以找些东西来看，还要叫奇普明天来。"

"我会跟爸爸说说网站的事情，汤姆晚上也可以帮我干点儿事儿。你们在学校的时候我还可以干些事情。"蒂姆说道。

"那我呢？"本问。

蒂姆盯着本看了几秒钟。"本，你的有些主意特别奇怪。我们没准儿就需要这个，所以你就想想什么奇怪的主意吧。"

"爱丽丝，你做一些对肝脏的研究，这样我们可以在网站上提供一些信息。"

"我也可以帮着做这件事。"詹姆斯也不甘示弱。

"听起来不错。"蒂姆很满意，"现在，我们都有很多事情要做，而且已经是晚饭的时间了。"

"你们晚上吃什么？"爱丽丝从沙发上站起来的时候问。

蒂姆眨了眨眼睛，说道："你知道的——跟洋葱炒在一起的。"

"真恶心！"詹姆斯瞬间就明白了。

"真不靠谱。"苏珊瞪了蒂姆一眼。

汤姆舔了舔自己的嘴唇。

10

新的希望

"我爸爸说咱们列的单子是个不错的开始。"阿曼达坐到沙发上说。

奥利弗正给大家分发阿曼达的妈妈给大家带来的曲奇饼干。

"谢谢,奥利弗。"詹姆斯从袋子里挑了一块曲奇。

奥利弗咧嘴笑了:"很高兴能帮忙。"

"不过，他还是增加了几件他觉得我们需要考虑的事情。"阿曼达补充道。

"我们问他问对了。"蒂姆笑了，"我们忘了什么事情？"

"嗯，他说我们需要加几件事情。"阿曼达一边说一边在一张空白纸上写起来。

- 相关方——他们是谁？

- 医院方面的主要联系人、捐赠者注册机构等

- 用来联系的电子邮件

- 讲一个故事

- 时机——提高紧迫感

- 行动号召——大家应该做什么？

- 还有什么大家可以帮忙的？

"看起来还好，"蒂姆点点头，"我以为我们可能会遗落得更多呢。"

"嗯，"阿曼达咧嘴笑了，"他对我们自己想出来

的这些事情已经很惊讶了。他说我们要是这样一直做下去的话，他没准儿要把所有的项目都交给我们做了！"

"好啊，不过得以后了。"苏珊也笑了，"现在我们得帮助夏洛特。"

"谁是拿棍子的人？"爱丽丝问，"我的意思是，这个跟棍子有什么关系？"（爱丽丝以为阿曼达的爸爸说的是拿着棍子的人。"相关方"这个英语单词的前面一半跟棍子这个词发音类似。）

阿曼达摇摇头："我爸爸说的是一个老的说法啦，意思就是说谁在这个项目上有利益或者说有可能被我们所做的事情影响到。夏洛特和她的家人是最主要的，不过捐赠人也很重要，还有医院和其他什么人。对这件事情关心的人和想帮忙的人也是相关方，比如说那些打算去告诉更多的人的人——这也非常有帮助。"

"联系细节和一个电子邮件地址都有道理，不过他说的'一个故事'是什么意思啊？"詹姆斯还是有些糊涂，"虽然我们还没有跟她见面，但是夏洛特是一个真实的人。所以我们不能编一个故事，那样做是不对的。"

"你说得对。"阿曼达点点头，"我爸爸的意思是说你需要把重要的信息以一种特别的、人们感兴趣的方式来告诉大家，而且让他们愿意了解更多的信息，或者愿意来帮忙。"

阿曼达把两只手放在桌子上："这也是我们需要让每个人都能了解现在就做些事情是多么的重要——而不是以后。因为夏洛特需要尽快有一个新的肝脏。"

蒂姆点点头："好，我们明白'行动号召'是什么——请参与捐赠！"

每个人都点了点头。

"所以，"蒂姆说，"我们需要想一想怎么能让很多人都来帮忙。但是现在，每个人都完成各自的任务了吗？"

"嗯，我昨天晚上学到很多关于肝脏的知识……"爱丽丝说。

"我也是。"汤姆笑着，又舔了舔自己的嘴唇。

"别再闹了！我是认真的。"爱丽丝皱着眉，"我们找到了对网站很有帮助的信息。"

"好。"蒂姆戳了一下汤姆的肋骨。

"我也找到了一些东西，"詹姆斯说，"我们可以一起看一下。"

"太好了！"蒂姆点点头，"我跟爸爸说了做网站的事情。他说我们需要一个域名和网站主机，不过他说他可以付钱。"

"真棒！"本很兴奋。

"是啊，这可帮大忙了。"阿曼达也很高兴。

蒂姆点点头："不过他说做这些事情之前我们需要先给网站起一个名字。"

"噢，我知道！"爱丽丝叫道，"我们可以叫'为了孩子们的肝脏'！"

詹姆斯摇摇头："听起来好像你想要小孩儿们吃肝脏一样。恶心，不好。"

　　"有件事情我爸爸也说过，就是我们的沟通形式需要非常小心，这也包括怎么取名字。网站的名字需要很清楚，而不是让人觉得迷惑，还要能吸引人。"阿曼达认真地说，

　　"嗯，"本想了想，"叫'我们现在就需要一个肝脏'怎么样？"

　　贝琪摇摇头："听着像在下命令。"

　　"那么，'给我们你的肝脏'肯定是不行了。"汤姆嘟囔着在一张纸上划掉了几个字。

　　蒂姆笑了："嗯，这个估计不行。"

　　"嘿，我们到底想要干吗？"苏珊问，"我是说，真的，越简单越好。"

　　"是，"本慢慢地说道，"我想我们是希望治好夏洛特，对不对？"

　　每个人都点点头。

　　"所以我们为什么不叫这个呢？"本建议道，"'拯救夏洛特'，或者也许叫'帮助拯救夏洛

特'？"

"好！"阿曼达第一个表示同意。

"真不错！"苏珊也举起了手。

"看，我说什么来着？"蒂姆很满意，"得靠本想出这些不一样的主意来。"

"干得漂亮！"奥利弗也表示同意。

"说你呢，你不是应该把奇普带来的吗？"爱丽丝看着贝琪问道。

"嗯，是，他会晚点儿来，他需要先办几件事情。"贝琪答道。

"我还忘了什么了吗？"蒂姆想了想，"噢——苏珊，关于使用社交网络，你找到什么了吗？"

苏珊拿出了自己的笔记。"嗯，有很多选择，不过有可能最好还是集中用其中的几个网站。"苏珊说道。

"有道理，要不然真的会混淆的。"蒂姆点点头，"所以，你的建议是什么？"

苏珊又看了一遍她的笔记。"嗯，脸书是肯定的，还有推特，另外还有一些以图片为主的网站。不过你要是想向更多的人传递信息，最好的途径看起来是油管。"

"但是那就需要做一个视频了。"贝琪说。

"当然，我们可以做一个短的视频。"阿曼达回应道，"那会很有意思的。"

"视频里需要有夏洛特的。"苏珊说，"这可能是个问题，我们到现在都还没有见过她呢。我们都还没有让皮特知道我们在计划些什么。"

"这些都是小细节啦。"蒂姆挥了挥手。

"哇！"阿曼达叫了一声，"我可不这么想。爸爸说我们需要想着咱们的相关方——那些我们想帮助的人，或者会被这个项目影响到的人。所以我们肯定需要跟夏洛特和皮特说，而且要尽快。"

蒂姆脸红了："嗯，是，我想你是对的。我本来是想我们需要先多做一些计划。现在还没有多少细节可以跟他们说呢。"

阿曼达耸耸肩："没错，不过别忘了我们做这件事是为了谁。"

"对。"蒂姆表示同意，"嗯，还有什么吗，苏珊？"

苏珊别扭地在椅子上挪了挪身体。"嗯，是，是还有件事。我们好像有一个问题——一个大问题。"

每个人都转过来看着她。

"什么问题？"蒂姆问。

苏珊清了清嗓子："嗯，是，为了使用社交媒体的网站，我们需要注册一个账号。"

"没问题，只要注册一个就可以了。"詹姆斯不以为意。

"但是大多数这些网站要求的最小年龄是十三岁。"苏珊解释道，"我只有十二岁，贝琪和阿曼达也是。"

"不管怎么样，就差那么一点儿。"阿曼达说。

　　"这有什么大关系？"詹姆斯觉得无所谓，"就把你说大一岁呗。"

　　苏珊摇摇头："我不能这么做。"

　　"为什么不行？"詹姆斯不太理解。

　　"因为那样就是在撒谎。"苏珊解释道，"你想啊，撒谎本身就不对，要是很多人都到我们的网站上来，然后发现我们只有十一二岁，你觉得这个时候会发生什么？要是那些人里面有警察呢？"

　　"嗯，不过不管我们多大，我们都还是可以做自己的网站的。"蒂姆说道。

　　"可是那样的话谁会来看咱们的网页呢？你也不能在大街上到处喊'来访问我们的网站吧！'"贝琪皱起了眉，"需要很多的人传递我们的信息。我们需要借用社交媒体的力量。"

　　大家安静地坐了几分钟，互相看着。突然，门铃响了。汤姆站起来去开门。

　　"哦，嗨，奇普。"汤姆打着招呼。

"对不起，我走错了。我先去了阿曼达家了。"奇普解释道。

他走进客厅看了看屋子里。"嘿，为什么大家都这么安静啊？"

"我们遇到了一个问题。"蒂姆开口道，"我是说除了夏洛特。我们本来在说用社交网站，但是我们之中没有一个达到注册账户的年龄要求。"

"还有，"蒂姆看着苏珊继续说道，"我们被提醒不能撒谎，也就是不能把我们的年龄说大一岁。第一，撒谎这件事就不对，而且，如果我们这样注册账户的话，信息是公开的，要是大家发现我们在年龄上说谎了怎么办？他们也许觉得整个事情和夏洛特就是一个笑话！"

"你们需要多大才行？"奇普问。

"十三。"蒂姆摇摇头。

奇普咧着嘴笑了："好，那问题就解决了，我已经十三了！"

"我觉得咱们已经有了自己的宣传联络官！"阿曼达的眉头舒展开了。

蒂姆呼出一大口气："终于搞定了。实际上所有的帖子不需要你一个人来写，只要由你把帖子贴在网站上，我们就合法了。"

"别忘了这是社交媒体，"苏珊补充道，"我们每个人都可以更新咱们自己的网站。"

"好了，现在看起来是个好时机，开始做计划和分配谁干什么吧。"蒂姆建议道。

蒂姆拿出了一张纸和一支笔开始画了起来。"我们已经有了一个很好的清单，列出了要做的事情，现在我们需要一个框架。"

蒂姆画了几分钟，然后把纸转到其他孩子面前让他们看。"这是这个项目的工作分解结构，我觉得也可以说怎么组织这件事。"

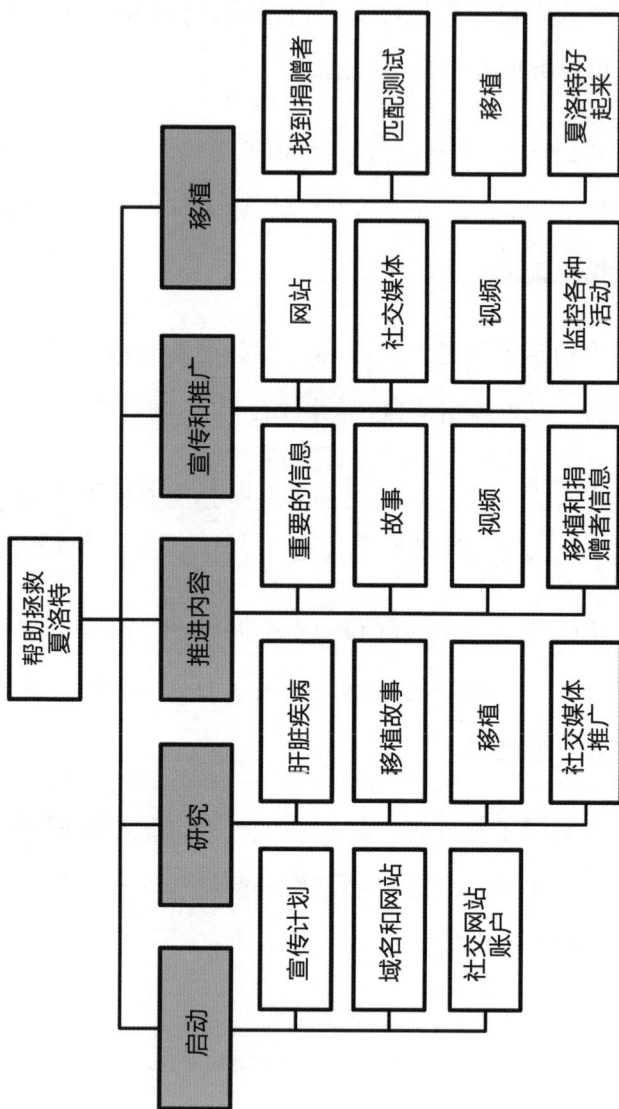

"如果想一想的话，看起来有些事情可以在同时一起干起来。我们需要很多帮助，因为我们没有很多时间。"蒂姆解释道。

阿曼达点点头。

"为了方便使用，我们需要把这些任务列出先后顺序，这样就知道应该按照哪些顺序来做。我们可以把这些任务改用动词表达，毕竟项目是要做出来的。"

"而且，每个任务都需要一个人来认领，"蒂姆继续说道，"一些情况下，有些工作可能需要别人帮忙。为了避免混淆，每项任务只能由一个人来负责。"

蒂姆摇着铅笔说："还有些事情在结尾的时候可能不好控制——比如捐赠者的匹配和移植。"

"肯定是啊。"詹姆斯表示同意。

蒂姆皱了皱眉："但是大部分的事情我们都可以自己做，而且有一些已经开始了。有些任务我会先加上负责人的名字，这样保证大家都有任务做，但是如果需要的话可以再调整。"

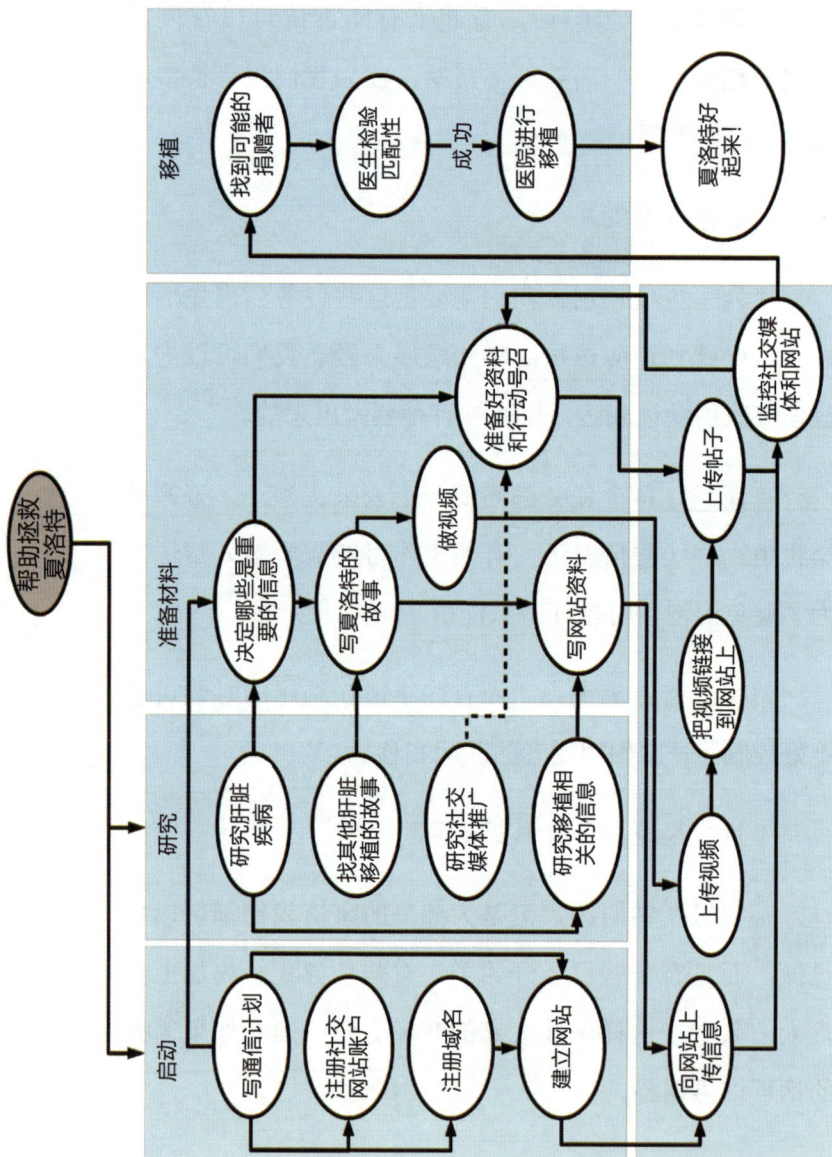

每个人都点了点头。蒂姆又做了些笔记，又看了一遍清单。

- 跟皮特说——贝琪

- 安排跟夏洛特见面 ——贝琪

- 注册域名和网站托管服务——蒂姆的爸爸

- 准备宣传计划 ——阿曼达

- 建立网站 ——蒂姆

- 注册社交网站账户——奇普

- 更多的研究工作——詹姆斯和爱丽丝

- 写上传网站的资料——苏珊

- 做视频——詹姆斯

- 社交媒体内容——詹姆斯、爱丽丝

- 社交媒体上传信息——奇普

- 网站更新——蒂姆

- 监控社交媒体和网站——汤姆

- 别出心裁的主意——本

"好了，现在咱们有计划了。"蒂姆信心十足。

"一个不错的计划，我觉得。"本也挺满意。

"每个人都知道下一步要做什么了吗？"蒂姆问。

每个人都点了点头。

"为什么总是我去跟校园霸王打交道？"贝琪有些不情愿。

蒂姆咧嘴笑了："因为这是你的强项啊。"

贝琪叹了口气，摇摇头。"有些强项真不是什么好事啊。"

蒂姆挤了挤眼睛，把铅笔放在桌子上。"好！晚饭后的第一件事，我去跟爸爸说关于开始建立网站的事情。明天是周六，所以你们明天上午都可以过来。"

"我希望你家没有肝儿了。"詹姆斯打了个冷战。

"没了，只有香肠。"蒂姆说道，"不过谁知道香肠里面有什么？"

11

龙争虎斗

二月 / 三月

周日	周一	周二	周三	周四	周五	周六
~~18~~	~~19~~	~~20~~	~~21~~	~~22~~	~~23~~	24
~~25~~	~~26~~	~~27~~	~~28~~	~~1~~	~~2~~	3
4	5	6	7	8	9	10
11	12	13	14	15	16	17
18	19	20	21	22	23	24
25	26	27	28	29	30	31

项目
1. 痘痘皮特不是霸王
2. 装饰医院
3. 帮助拯救夏洛特

"我有一个新闻。"蒂姆开门的时候笑着说道。

"什么新闻？"詹姆斯问。他和苏珊是最早到的。

"我们已经有了我们想要的网站了，我是说，域名。"蒂姆答道，"我们搞到了www.helpsavechalotte.org。"

"太棒了！"苏珊兴奋地叫了起来。

120

"是啊，"蒂姆也很高兴，"而且我也已经开始做网站了。不多，不过开了个好头儿，现在只等着詹姆斯和爱丽丝的资料了。等我们做好了视频之后，就可以链接到网站上去了。"

"听起来真不错。"苏珊说道，"不过做视频你不需要夏洛特吗？"

汤姆跑去开门了。本和阿曼达跟在汤姆后面走上楼梯。汤姆刚坐下，门铃又响了。

"咱们等几分钟，这样我可以同时把新消息告诉所有的人。"蒂姆说。

贝琪和爱丽丝走进了起居室在沙发上坐了下来。汤姆在走廊里等着，门铃又响的时候他又消失在楼梯下面了。

奥利弗走进了房间。然后大家听见汤姆叫道："你来这儿干吗？"

"我邀请他来的。"奇普说着走进了客厅。

汤姆跟在这个意想不到的来访者后面，那个人正找个地方坐下来。

"都坐满了哈，啊？每次都这样。"他哼了一声，两腿交叉低下身，背靠墙坐在了地板上。

阿曼达都不知道该看哪儿了。她的眼睛满屋子转着——哪儿都看了就是不去看这个不速之客。

"嗯，你还好吗，皮特？"贝琪终于问出了一句，打破了古怪的沉寂。

"我还不错。我不知道为什么要来这儿，不过奇普说我应该来。"皮特说着，四周环顾着房间，"哈，房子不错。"

蒂姆还是瞪着他，直到他突然想起手里还拿着几张纸。蒂姆低头看了看，紧张地整理了一下。"嗯，谢谢，我妈妈装饰的屋子。"

皮特瞪着蒂姆："那么，请告诉我，我为什么要来这儿？"

蒂姆的脸马上红了起来，而且开始结结巴巴的了："嗯，我，好，嗯，我们想，你知道的，我们不是有个，嗯，主意……"

阿曼达把话接了过来："皮特，我们有一个帮助你妹妹的计划。我知道做起来会很困难，但是我们打算非常努力地试一下，而且有很多人会帮助我们。不过我们还没有把计划完全做好。"阿曼达说着，看了一眼奇普。

奇普耸了耸肩："你说我们没有太多时间了，所以还等什么呢？"

皮特用手搓着自己的脸，深深地吸了一口气。"告诉我……这是个什么计划。这样我可以想一想。"

贝琪给皮特简要地讲了讲他们计划做的事情，网站、社交媒体和他们打算如何进行这些事情。"而且我们也打算做一个视频，跟你妹妹一起，这种信息是最有效的。"

皮特马上摇摇头："不行，这不行。"

"但是——但是为什么不行？"阿曼达有些激动地说道，"我们只是想帮忙，而且视频确实是一个好主意啊。"

皮特把胳膊交叉起来。"你这么想一下，"他开口说道，"比如我跟你说圣诞节的时候我会送你一辆自行车或者一匹小马，非常好的那种。"

"但是结果呢，根本什么都没有发生。那你会觉得怎样？"他问道，"夏洛特已经经历了很多事情了，我的意思是非常多的事情。这可比一辆自行车这种事儿大多了。她的希望已经破灭过很多次了，每次都是他们以为找到了一个捐赠者，但是到最后都没成。我不想再看见她失望了——每一次这种情况发生之后她似乎都会病得更厉害。所以不能有视频。我都不想让她知道这件事。"

"什么？"爱丽丝小声说，"一点儿都不告诉她吗？"

皮特摇摇头："除非我们非常确定能找到捐赠者了。"

"能不能，嗯，我们能不能拍几张照片？"蒂姆试探地问，"我们也可以用照片来代替视频。"

皮特想了想："也许，嗯，可以。什么样的照片？"

蒂姆卷着手里已经被攥得很紧的纸。"嗯，好的，她生病之前的，也许？还有，嗯，如果可以的话，最近的。"

"行，我觉得我可以找到这些。"皮特点点头，"但是还有一件事。"

"什么事，皮特？"贝琪问道。

"我需要检查一下你们在做的事情，网站、社交媒体还有视频什么的。在你们上传这些东西之前都要先经过批准。"他挥了挥手，"这样你们就不会把事情搞砸或者把夏洛特的事情说错了。"

"嗯，但是……"阿曼达刚要说什么。

"没有但是，"皮特很坚决，"必须得让我看，要不然你们什么也不能做。她是我妹妹，我的家人，你们都不认识她。"

"但是我们没准儿很快就认识她了。"阿曼达说道，"我们能不能见她？"

皮特摇摇头："我不觉得这是个好主意。你们其中哪一个没准儿说漏了嘴，又让她憧憬起来。"

"我们要是都不认识她的话，我们怎么告诉别人她的故事，怎么让大家关心你妹妹，又怎么让大家帮助她呢？"阿曼达挫败地把手攥成拳头上下晃着。

"我不知道。"皮特哼了一声，"但是我不打算冒险。"

"那谁能告诉我们她是什么样的？"爱丽丝皱着眉问。

"只有我了。"皮特说着，从地板上站了起来，"你们只有靠我。"

皮特朝着楼梯走去，又转身回来面对着大家说道："别搞砸了，我还指望着你们呢。"

他又想了想，又加上一句："如果你们真的搞砸了的话，我永远都不会原谅你们的。"

说完，皮特走出了客厅，砰的一下关上了门。

"他进屋从来就不脱鞋。"汤姆这才注意到。

"那个已经不重要了。"蒂姆叹了口气，"我现在觉得帮助一个非洲村庄里挨饿的孩子都比这件事容易多了。"

"如果都不能让我们见她的话，她没准儿就在非洲。"阿曼达有些无可奈何。

"好吧，等皮特带照片来的时候，至少我们能知道她长什么样子。"贝琪还没忘了给大家鼓鼓劲儿。

"你也能看见非洲小孩儿的照片。"阿曼达无可奈何地说道，"但是他们看起来都不是那么真实。所以我们的问题是需要让大家觉得夏洛特很真实，这样他们才会踊跃地来帮忙！"

"我刚意识到一件事。"蒂姆手里的纸掉在了地上。

"什么？我希望不要是另外一个问题。"苏珊有些紧张地说道。

蒂姆耸耸肩："恐怕是。记得情人节舞会吧？嗯，莫尔迪瓦校长是咱们项目的发起人——需要做大的决定的时候我们都去找她。"

"是啊，怎么了？"阿曼达问。

"嗯，我刚想出来谁是咱们这个项目的发起人。"蒂姆说着，他的声音低下去，几乎都快听不见了。

阿曼达扬起了眉毛："谁？"

"痘痘皮特。"蒂姆叹了口气说道。

"这怎么可能呢？"贝琪问。

奇普耸耸肩："别看我！"

12

和校园霸王的面谈

二月 / 三月

周日	周一	周二	周三	周四	周五	周六
~~18~~	~~19~~	~~20~~	~~21~~	~~22~~	~~23~~	~~24~~
~~25~~	~~26~~	~~27~~	~~28~~	~~1~~	~~2~~	~~3~~
~~4~~	5	6	7	8	9	10
11	12	13	14	15	16	17
18	19	20	21	22	23	24
25	26	27	28	29	30	31

项目

1. 痘痘皮特不是霸王

2. 装饰医院

3. 帮助拯救夏洛特

周一上午贝琪去上数学课的时候遇到了皮特——是正巧遇上。"对不起，皮特。"她小声儿说着，然后往后退了一步拿出了自己的笔记本。

皮特盯了她几秒钟，然后从他的书包里拿出了一个白色的信封。"我希望你知道你在干吗。"他一边说，一边把手里拿着的信封紧紧贴在自己的胸前。

"嗯哦，是，我们也是这么想的。"贝琪边说边研究着那个信封，"那是什么？"

"夏洛特。你们想要的照片。我偷偷从家里拿出来的，因为我也不想让爸爸和妈妈知道。特别是妈妈，她经历了太多事情了。"皮特说道，"爸爸，嗯，他已经不再想提这件事情了。"

"这确实是件让人难过的事情啊。"贝琪发自内心地说道。

皮特绷着脸看着她，不过他的表情慢慢放松下来了。"很多人都这么说，不过他们都不了解到底是怎么一回事儿。"

"你说的对，我也不知道。"贝琪摇摇头，"而且我也不想假装知道。"

皮特左右晃着，紧紧地捏着信封的一角。最后，他深深地吸了一口气然后把信封交给了贝琪。"这些是我能找到的最好的照片了。"

贝琪小心地从他手里接过信封，说道："我们会很小心的。"

她打开了信封看了一下第一张照片，说道："她真可爱。"

皮特把手插进兜里："你看看下一张。"

贝琪抽出了第二张照片。"哦！"她惊叫了一声，赶忙用手捂住了嘴。

"是啊。"皮特说着，转身要走。

"等等！"贝琪把他叫住。

"干吗？"皮特问，"我得去教室了。"

"我们需要了解更多关于夏洛特的事情，你知道的，这样我们才能写关于她的故事。你说过的，我们都要问你，"贝琪说道，"因为你不让我们见她。"

皮特叹了一口气："没错，我是这么说的，不是吗？好吧，你知道午饭的时候你能在哪儿找到我。"

说完，皮特在拐角处走开了。

走廊里几乎都空了。贝琪朝着她的教室快步走去，开门的时候铃声正响起来。

贝琪很快地吃完了午饭然后去找皮特。她在图书馆外面见到了他。

"我还以为得到处找你呢。"贝琪说道，"我已经走了大半个学校了。"

皮特一脸假笑着说道："哪儿都有垃圾啊。你准备做笔记的东西了吗？"

贝琪点了点头，拿出了一支笔和几张纸。

"我们能坐下说吗？"贝琪指了指附近的一张野餐桌。

"行吧，反正垃圾也不会乱跑。"皮特答道，"不过只能有几分钟，要不然我就有麻烦了。"

贝琪点点头："我们会很快的。"

皮特没有坐下，反而慢慢地绕着野餐桌走着，用棍子戳着地面。"这样就算他们看见我也不会觉得有多奇怪了。"他说道,"所以,你想知道什么?"

贝琪深深吸了一口气:"嗯,很多东西,我觉得,不过首先告诉我们她喜欢什么,还有她是怎么得病的。"

皮特点了点头。他开始讲他妹妹的时候,贝琪迅速地在纸上写着。一两分钟之后,皮特不再来回踱步了,他坐在了贝琪的对面。看起来他有很多要说的,直到铃声响起来的时候他才停下来。

"我们能不能放学以后再聊一会儿?"贝琪问,她翻着手里的几张纸。几张纸都写满了,她不得不在空当的地方挤着写。整理笔记估计得花点儿时间。

皮特慢慢地点点头:"我觉得行。"

"我会多带点儿纸的。"贝琪笑了笑,"你想在哪儿碰头?"

"就这儿吧。别晚了。"

"对不起，我来晚了。"汤姆开门的时候贝琪说道，"我去收集夏洛特的情况了。"

汤姆点点头："没问题，不过曲奇饼干都没有了。"

"没关系，我收集了好多很好的素材，可以用来写夏洛特的故事。"贝琪拂了一下肩膀上的头发，"还有照片。"

贝琪坐在沙发上，然后开始在书包里翻找。她拿出一个信封小心地打开，把里面的照片拿出来给大家传看。

"可爱的小孩儿。"詹姆斯说。

"这张照片里她看着特别不一样了。"苏珊指着一张照片说道，"脸色有点儿黄。"

"当你的肝出问题的时候就会那样的。"贝琪解释道。

"关于小孩儿得肝病，我们也做了很多的研究，包括病情会有什么发展。很多情况下都会好起来的，但是有些会恶化，像夏洛特一样。实际上每年有上千的孩子会得这种病。"爱丽丝的语气变得严肃起来。

贝琪扬起了眉毛："真吓人啊！"

詹姆斯点点头："更吓人的是每年有很多这样的小孩儿需要肝脏移植……"

"……但是都没能成功。"爱丽丝的眼神暗淡了下来。

"这太可怕了。"贝琪抽了一下鼻子，眼角涌起了泪花，"听起来对夏洛特来说概率也不是很大。"

詹姆斯摇摇头："是不大，但是我们还是要试试。我爸爸说，你要是不试试的话就肯定失败了。"

贝琪擦了擦眼睛然后把一叠纸递给蒂姆："嗯，这些也许能帮忙。皮特说了很多，所以我们应该有不少好东西可以写出来上传到网站和社交媒体上。"

蒂姆快速地翻看着："哇，真是有很多故事在里面啊。"

贝琪点点头："是啊，要不说皮特真是碰到了大麻烦呢。"

阿曼达小心地把纸从蒂姆手里拿过来看了看："奥利弗和我可以用这些资料来写夏洛特的故事。"

本刚要翻白眼，就被阿曼达发现了。"嘿，你什么意思？"

"听起来好像你还真是要干事儿呢。"本傻笑着说道。

阿曼达晃了晃脑袋："是，我们会干事儿的。你知道吗？奥利弗英文得了A呢，这说明他水平不错吧，是不是？"

爱丽丝耸耸肩："反正皮特最后都要检查一下的。"

蒂姆点点头，在他的写字板上做了笔记。"这个倒是提醒了我，需要在周末的时候把网站开通。我们时间不多，几天之内就要把内容都准备好。如果我们能邀请皮特周六上午来这儿的话，你觉得你能把东西准备好给他看吗？"

"我们没有选择。"阿曼达答道，"时间在一分钟一分钟地过去啊。"

爱丽丝点点头："我们已经搜索到了很多有用的信息了——不过可以先从基本的开始，然后慢慢加入更多的资料。"

"关于夏洛特的故事也一样，我们可以先完成重要的部分，稍后再增加其他内容。"爱丽丝补充道。

"谁来做视频？"蒂姆问。

"詹姆斯上次音乐的任务完成得不错，"苏珊说，"没准儿他也能做出好的视频。"

"而且我也可以帮忙。"本插嘴道。

"网站还有很多事情需要我做，而且汤姆可以跟我一起干。"蒂姆说。

"我已经注册了社交媒体的账号了，"奇普说道，"就等着发帖子了。"

"好，接下来就是最重要的部分了——也许你和苏珊还有贝琪可以一起想想帖子的内容和时机什么的——
这些都是沟通计划的一部分。"蒂姆说道。

　　"我妈妈给我提供了一些通常宣传计划需要的几
个部分的例子。"苏珊说着从书包里拿出了几张纸，
"这些可以帮助你组织项目需要的各种形式的信息，以
及信息针对的是谁，这样你准备的时候就能做到心中
有数。"

宣传计划

内容	听众	方法	时间	次数

　　"这看着真不错，苏珊。"蒂姆称赞道。

　　"我们应该复印一下我的笔记，这样阿曼达和奥利
弗用的时候，我们也可以同时用这些资料。"贝琪说。

　　"一会儿我们可以用我爸爸的复印机来复印。"蒂
姆表示同意。

　　"看起来进行得不错。"蒂姆说道，"贝琪，麻烦
你邀请皮特周六到这儿来，我们给他看准备好的东西。
现在，大家干起来吧！"

13

瓶中信

之后的几天孩子们都努力地干着。他们讨论想法，看哪些事情行得通，哪些是最重要的信息，还有应该怎么来讲故事，这些都是大家在课间休息和午饭时候唯一的话题。

"我跟我妈妈说了说。"苏珊说道，"她在公司做很多宣传的工作，而且很多都是在互联网上的。"

阿曼达点点头："那她说什么了？"

苏珊把两只手交叉在一起放在腿上："嗯，记得莫尔迪瓦校长说过'简单'但是'困难'吗？"

"啊——哦，记得……"阿曼达心里想着。

苏珊把手放在野餐桌上："嗯，就有点儿那个意思。问题是我们现在有很多关于肝脏疾病和关于夏洛特的信息。妈妈说需要保证我们传递的信息既简单还要非常短。要不然别人是不会读的。"

贝琪皱皱眉："那我们应该怎么做呢？跟皮特聊完我都已经写了十页关于夏洛特的事儿了。"

"再加上我们做的所有的研究，我们还要写上需要大家帮忙的内容。"阿曼达有些为难。

苏珊看着两个正在荡秋千的小孩儿说道："是啊，这些内容我们都需要写。"

阿曼达把手伸向空中："啊！那我们怎么能把这些都做到呢？"

"妈妈说我们要分层次来做。"苏珊解释道，"最

开始的时候要做到很短、很简单——只是几句话，也许
更少。照片非常好，因为能吸引大家的注意力，让人们
继续读下去。"

"没错，但是然后呢？"奥利弗问，他也加入了午
饭时间的讨论。

"这样你就能吸引他们去读下一个部分，也就是有
更多细节的部分。不过还是那句话：不能太长，也许就
几百字。"苏珊说。

"我们现在大概已经有几千字了。剩下的怎么
办？"贝琪问。

"层次，是吧？"苏珊解释道，"就像洋葱一
样。"

奥利弗笑了："或者说像个史瑞克（形容身体皮肤
一层一层的）？"

"第一层要非常小，如果可以的话包括照片。然后
讲一个简要的故事来提供一些细节，但是仅限于重要的
细节。"苏珊继续说道，"如果大家被我们吸引了，还
想继续读下去，就可以再长一些了。问题在于如果一开

始就提供很多细节的话，很多人就不会读下去了。人们的注意力不能集中很长时间。"

"嗯？你刚才说什么？"奥利弗有些走神，他一边看着操场上被踢来踢去的一个足球一边问。

阿曼达戳了他的肋骨一下。"啊！"

"这就是我正说的。"苏珊说道。

"所以呢，一些社交网站的东西，必须要短，特别短，有些可以长一些。你需要传递给人们信息，而且他们愿意继续读下去。不管信息的长短，都要保证他们能想出办法来帮助我们。"苏珊说道。

"听着挺简单，"阿曼达点点头，"那困难的部分是什么呢？"

"把重要的信息写得很短，但是要吸引人。"苏珊说道，"这个非常难，不过妈妈说这是一个非常重要的技能。"

"你的意思是说，比如'着火了！快跑出去！'"奥利弗也变得认真起来，"而不是解释火是怎么着起来的，或者家里有多少东西容易着火，说'哦，看，这个东西正着起来了，快要烧着你了，你是不是想现在就跑出去呢？'"

"没错。"苏珊笑了，"你说到点儿上。"

"那么，我们到底要传递什么样的信息呢？"贝琪问。

"我们可以说几个关键信息，"苏珊继续道，"或者用不同的形式传递同一个信息。"

"我挺喜欢'给我们一个肝脏'，"奥利弗说道，"这个挺简单的。"

"不行，听起来太像是歹徒或者是海盗说的了。这样不会让别人想帮忙。"阿曼达摇摇头，"没准儿还让人家觉得生气。"

"但是'帮助拯救夏洛特'没说出什么来，"奥利弗坚持道，"从哪儿把她拯救出来？需要把她从一个邪恶的巫婆那里拯救出来吗？"

"别傻了。"贝琪笑了，"不过我明白你什么意思。"

"妈妈说形象化有利于人们理解内容，所以说照片是很好的一种形式。"苏珊建议道。

"我们肯定可以找到一张肝脏的照片。"贝琪说，"而且我们已经有了夏洛特的照片。"

"要不我们用这些照片和这些文字'帮助拯救夏洛特，她需要一个新的肝脏，希望你能够捐助'？"阿曼达问。

"也许，不过捐助什么呢？钱？鲜花？"贝琪还是觉得没说出重点。

"我还是觉得'给我们你的肝脏'最简单。"奥利弗说，"这个没准儿可行。"

苏珊摇摇头："听着太霸道了。"

"这倒提醒我了。"阿曼达突然说道，"我们明天上午几点和皮特碰头？"

苏珊看了看她的笔记，说道："九点。"

阿曼达点点头："这样，把咱们的想法都写下来，然后给皮特看，让他来决定喜欢哪些，不喜欢哪些。这也许能给咱们节约点儿时间。"

"写哪些？"贝琪问，"社交媒体的东西、网站还是别的？"

"所有的！"阿曼达挥挥手。

贝琪拿出一叠纸，拿好了铅笔。"好，咱们开始头脑风暴吧！"

周六上午九点，皮特和奇普准时到了。汤姆引着他们到客厅，其他的孩子已经在那里等着了。这回他们给皮特留了一张舒服的椅子。詹姆斯和本盘着腿坐在地板上。

"这是给你留的。"汤姆示意着空的椅子。

皮特有些疑惑地坐了下来，他慢慢地靠在椅子背上，好像随时准备在座位上发现什么恶作剧似的。

"这是怎么回事儿？"他问道，"为什么让我坐最好的位子？我以为你们都不喜欢我呢。"

"嗯，啊，这样，你看……"蒂姆又开始结巴了。

阿曼达开口说道："让你坐在地板上不太好，再怎么说你也是这个项目的发起人。"

"啊？什么发起人？"皮特皱着眉。

"意思是你需要做重要的决定，因为夏洛特是你妹妹。"詹姆斯解释道。

"什么？这么说我就像个头儿一样？"皮特坏笑着，"这活儿我干过。"

其他的孩子们都有些担心地互相看了看。"让一个校园霸王来管着我们？"

"啊，嗯，不是。"蒂姆恢复了他平时的声音，"你并不能指挥我们该干什么。"

皮特的笑容消失了："哦，也就是听起来好听啊！那你们到底是什么意思？"

蒂姆身子往前倾了一下："就像你说的，你要最后确定我们写的关于你妹妹的内容。"

皮特点点头："对，因为她是我妹妹，还有啊，为什么最小的小孩儿在这儿管事儿？"

本生气了："我们不是小孩儿。"

"是吗，你又没多大，我呢，大概，比你高一头？"皮特坏笑着。

阿曼达打断了他："别那么没礼貌。蒂姆是我们当中第一个提出来要帮助你妹妹的。这是他的主意，我们一起做这件事。而且，没错，如果你想这么说的话，他就是管事儿的。他是这个项目的项目经理。"

皮特笑了："你们这几个中学生就这么心甘情愿让一个小学生当头儿？"

三个女孩儿都点了点头。奇普伸出了大拇指。

"哈，"皮特打趣地说道，"好吧，不过这看起来还是有点儿傻。"

"怎么，你不想让我们帮助你妹妹吗？"贝琪的语气中有些挑战地说道，她的脸红了起来，"那样的话你就真把自己变成一个可怕的人了。"

皮特一下僵住了，他嘴张了一半，想说点儿什么合适的，却又不知道说些什么才好。他看着周围的人，慢慢地合上了嘴，摇摇头说道："我不是这个意思，我爱我的妹妹。"

"所以就让我们来帮助她吧。"贝琪冲他说道，"也就是说，你也要帮忙，因为你说的你要看所有的东西。还有……你要听我们的——我们所有人——包括那些小孩儿。"贝琪的表情很坚定。

"反正看起来就是不太对劲儿。"皮特叹了一口气，"好吧，告诉我你们想写点儿什么东西吧。"

接下来的一个小时，皮特轮流听了每个孩子的想法。过了一会儿，他开始慢慢地摇头，直到最后叫了起来："停！"然后捂住了自己的耳朵。

"怎么啦？"苏珊问。

"想法太多了！"皮特说道，"我脑子都满了。我都记不住了。"

"是，因为我们有很多人，所以你就会听到很多的想法。"蒂姆解释道，"这是个简单的数学问题。"

"是，我知道，但是我的意思是，这些想法都那么不一样，我不知道该怎么选择。"皮特说道，"这么多想法，又都不一样，我没法做决定。"

爱丽丝点点头："嗯，我觉得你说得也对。那你有什么建议吗？"

皮特沮丧地摇摇头："没有，我跟你说，我没法选择。我不知道怎么做才能简单一些。我以前从来没有做过这种事情。"

"啊哈！"汤姆叫了一声。

"怎么了，汤姆？"蒂姆问。

"这需要简单，特别简单——好像，你知道的，比如亲吻？"汤姆说道。

"别再说亲吻了，包括好时巧克力或者别的什么东西。"阿曼达用警告的口气说道。

"不是，就像保持简单，真笨！"汤姆也不知道该怎么解释了。

"这是我妈妈说的。"苏珊接过话，"我们传递的信息要简单，而且要互相说得上话，这样内容就不会彼此冲突了。"

"啊，"汤姆试探地问，"就像同时说停和走吧。"

"差不多吧。"苏珊点点头。

皮特打断了他们："我只需要传递一个主要的信息，明白吧，然后你们可以决定其他的怎么写。"

"嗯，我们是想救你妹妹。"本说道，"你的主要信息不就应该是帮助拯救夏洛特吗？我们的网站已经定好了名字了，其他的事情也都已经准备好了。"

"哦，但是为什么呢？大家都不认识她，或者说为什么她需要帮助呢，或者怎么帮助呢？"皮特反问道。

"是啊，我建议的是'给我们你的肝脏'。"汤姆抢着说。

皮特扬起了眉毛："这听着像我说的话，不过不行，太霸道了。"

贝琪也点点头："跟你说了这个不行。"

汤姆把手压在自己大腿下面："我只是想帮忙啊。"

"这个怎么样……"爱丽丝开口了。

"什么？爱丽丝？"蒂姆问。

"嗯……"爱丽丝慢慢地说道，"……詹姆斯和我不是做了很多研究吗？每年有很多像夏洛特这样的小孩儿得肝病需要做移植，所以这也许不只是夏洛特的事儿。"

"不过你们说的是要帮助夏洛特。"皮特嘟囔着。

爱丽丝把身子往前倾了一下："是的，不过如果人们知道不光是夏洛特一个人需要帮助，而是很多像她一样的孩子都需要帮助的话，我们传递的信息就会更强。"

"但是那样的话，别人也有可能会用夏洛特需要的肝脏啊。"皮特摇摇头。

"那种情况可能正在发生，就现在，任何地方。"爱丽丝强调道，"问题是没有太多人知道这件事有多么严重。除了你的家人、医生和我们，有可能根本没有别人知道夏洛特的情况。”

“我觉得也是……”皮特若有所思地说道。

“所以这可能有用，而且会帮助夏洛特，因为很多人都会知道她的情况——并且也许还能帮助到其他肝脏生病的孩子们。”爱丽丝说道，“知道这件事的人越多，夏洛特就越有可能得到一个肝脏。而且如果能有其他的孩子也能进行肝脏移植，这样不是也非常好吗？”

皮特笑了——这次是真的笑了，而不是假装的也不是做鬼脸。“我觉得，这没准儿真的可行。”

“必须保证传递正确的信息才能奏效。”苏珊强调道，“我们需要保证信息的简洁，然后还要增加更多层次的信息让大家读下去。”

“已经有了很多资料和很多想法，我们需要想办法把这些东西融合起来。”詹姆斯说，“需要一个点子、一个什么东西来吸引大家而不会让他们觉得无聊。”

詹姆斯盯着蒂姆看了半天：“实际上，没准儿需要稍微搞笑一点儿。”

皮特马上站了起来，他脸涨得通红，挥舞着拳头："还搞笑？我妹妹都奄奄一息了！"

詹姆斯缩进了沙发里。

"别急，让我们先听听詹姆斯要说什么。"阿曼达伸出胳膊拦着皮特。

詹姆斯瞥了一眼皮特涨红的脸，然后坐在了地板上："我并不是说这件事好笑，像一个笑话。"

詹姆斯慢慢地把目光从皮特的脸上挪开："我的意思是说，有的时候比如广告什么的，被意想不到地转变一下意思，反而更容易被人记住——一种不同形式的有趣，而不是那种哈哈的好笑。"

皮特慢慢地松开了他的拳头。

"而且我知道应该怎么开头儿，"詹姆斯继续说道，"现在，我觉得我们应该这么做……"

14

直奔主题

"真聪明！"皮特拍着詹姆斯的后背叫了起来。

詹姆斯吓了一跳。这一下拍得有点儿重。"哦，啊，当然了，不客气。"

"这个跟各种形式的信息都匹配啊，甚至包括短视频。"苏珊也很兴奋。

"尤其跟视频合拍。"奇普也表示同意。

"嗯，实际上，我们也得感谢蒂姆和汤姆。"詹姆斯说道，"我那天晚上就想这事儿来着，然后这个想法突然就跳进我脑子里了。"

"没错，挺逗乐，还有些谐音，又传递了我们想说的，全占了。"贝琪说道，"也达到了言简意赅的目的，吸引了人们的注意力，让别人想继续深入了解下去。干得好，詹姆斯。"

詹姆斯的脸红了："是啊，'孩子们也许讨厌吃肝儿，但是他们都需要一个健康的肝脏'听起来像是个好的开头，你知道吧。然后就可以开始解释有肝病的孩子们需要什么帮助了。"

蒂姆咯咯笑了："嗯，也许大部分孩子都不喜欢吃肝儿，不过汤姆和我还是挺喜欢的。"

"是，不过你们两个是怪胎。"本眨了眨眼睛。

汤姆舔着自己的嘴唇："真喜欢啊，跟洋葱一起！"

皮特哆嗦了一下："真恶心。"

"好吧，现在我们有主题了，接下来有很多事情要做，加上网站、社交媒体和视频都要做。"蒂姆说道，

"现在我们可以用这个主题来对所有的资料分组了。"

"还要分层次。"苏珊提醒道。

蒂姆点点头。

"而且如果我们能让它们像一个故事那样循序渐进的话，估计会很不错的。"本建议道。

"另外，这些研究资料很容易找到，所以大家不会觉得这些东西是编造的。"爱丽丝补充说。

孩子们又花了一个多小时讨论所有的想法，蒂姆做了笔记。最后，蒂姆举起了手，另一只手放在了肚子上。

"对不起，蒂姆，我们让你干得太多了吧？"贝琪关心地问，"你伤口疼吗？"

蒂姆摇摇头："不是，我不疼，就是有点儿累了。不过我觉得现在是时候看看咱们的宣传计划进展到哪儿了。苏珊？"

苏珊拿出了一张纸递给蒂姆："这是我们写的，我们需要哪些形式的信息，针对的听众，在哪儿发帖子，以及什么时候和多长时间更新。"

宣传计划

内容	听众	方法	时间	更新频率
短信息，网站链接	公众	社交媒体	网站就绪之后	一天几次
		网站	建立网站的时候	最初的版本然后按需更新
短信息，视频链接	公众	社交媒体	网站就绪之后	一天几次
媒体信息	公众	社交媒体	网站就绪之后	一天几次
		网站	建立网站的时候	最初的版本然后按需更新
研究	公众	网站	建立网站的时候	一次
视频	公众	油管	视频完成之后	一个视频一次
移植信息	公众	网站	建立网站的时候	一次

苏珊又拿出一张纸，说道："这是展示咱们宣传计划的另外一种方法，有点儿像图画似的。也显示出需要监控哪些方面，这样我们可以把信息修改得更好。"

"网站应该包涵大部分的信息，再用几页来提供更多的细节。我们可以从网站链接到视频，社交媒体也可以同时链接视频和网站。"苏珊说道。

"我们想在社交媒体上发多少帖子都可以——非常短的在推特上发，短的或者中等长度的在脸书上发，可以增加更多的网页来提供更多的细节，但是我们还是需要让主页的信息短小精炼。"

"我们要把所有的事情都做对。"蒂姆点点头，"不过视频和社交网站应该是最一开始能吸引大家注意力的。如果网站、视频和所有的帖子都互相联系在一起，我们就有希望能找到一些捐赠者，不管他们是在哪个平台上先看到的。"

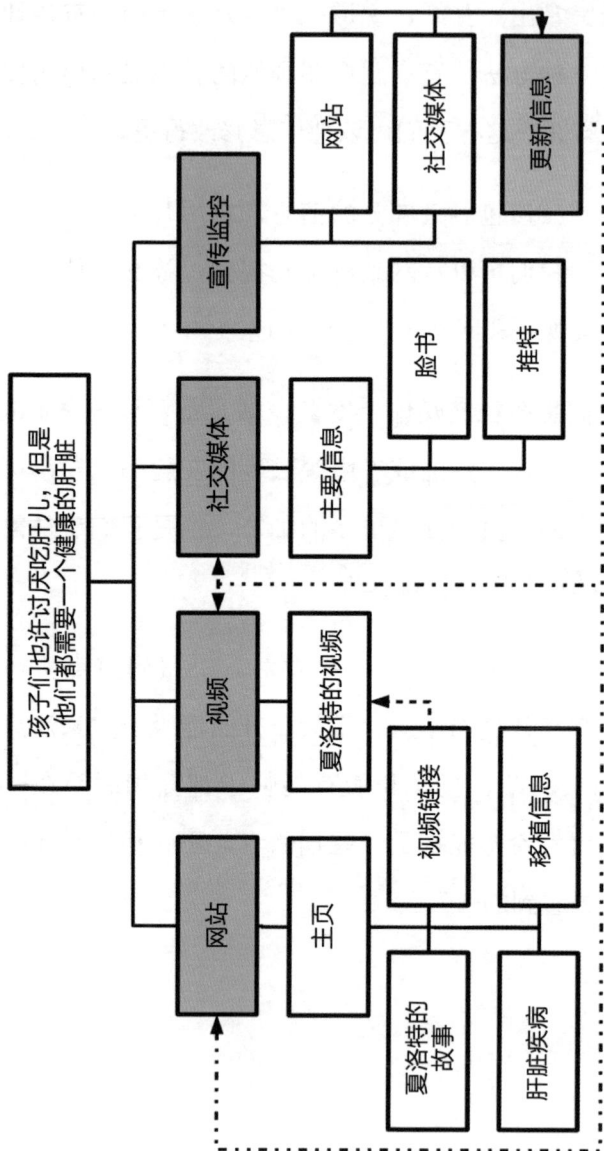

　　"而且我们一定要监控发出的信息是不是被大家读了，"汤姆说道，"要尝试各种形式的信息，因为有的可能比其他的形式更有效，如果有些信息没有吸引到读者的话，我们可以很快地调整。"

　　"这些想法听起来都很不错，现在需要干起来了——这个周末我们要完成很多任务。周一放学后咱们再碰头。"蒂姆说着，慢慢地从桌子旁边站起身来把朋友们送出了大门。

　　周一放学后大家再聚在一起的时候，除了蒂姆，几乎每个人看起来都很累。

　　"你看起来好多了，几乎完全休息好的样子。"苏珊盯着蒂姆，试探地说道。她的眼睛下面有了黑眼圈。

　　蒂姆点点头："我本来想把很多网站的东西都做好，但是妈妈说我还在恢复阶段，所以让我午睡了好几次。我告诉她只有小孩儿才睡午觉呢，而且我都是假装睡，你知道，这样她才不会追着我让我睡觉……"

蒂姆深深地吸了一口气："……不过估计她还是对的，周六下午我突然醒过来的时候天快黑了，而且还差点儿错过了晚饭。不过周日我只午睡了一个小时。我还是做了不少事儿的，你知道的，这件事非常重要。"

贝琪笑了："我们不会告诉别人你像小孩儿一样睡午觉的，别担心。"

"我可不保证。"汤姆眨了眨眼睛。

蒂姆耸耸肩："无所谓啦，只能说我的脑子会更清醒一些，我会把网站的内容都搞定。你今天晚上也要好好休息。每个人都把自己的部分准备好了吗？"

奇普点点头："社交媒体的账户已经可以随时启用。汤姆和我也搞清楚应该怎么来跟踪所有的帖子了。"

贝琪拿着一个U盘："我已经把皮特说的都敲出来了，而且也试着组织了一下语言，这样用在网站或其他媒体上会比较方便。"

蒂姆笑着拿过了U盘："谢谢！"

"我用皮特拿来的照片、笔记和咱们的主题信息做了一个短视频。"詹姆斯说。

"在哪儿呢？"蒂姆看着詹姆斯空空的两只手。

"我今天晚上就上传，这个会后奇普会到我那儿去。我把链接用电子邮件给你发过去。"詹姆斯说道。

蒂姆点点头。

爱丽丝递给奇普一个亮紫色的U盘，把另外一个印着独角兽的淡蓝色U盘给了蒂姆。"这些是一大堆网站上可以用到的研究资料，还有可以贴在社交媒体上的资料。你真是猜不到要花多长时间才能简化所有的内容。"她摇着头说道。

苏珊点点头："妈妈说过，这的确挺难的。"

蒂姆看了看桌子周围的小伙伴，说道："虽然可能不太完美，但是我觉得我们有了一个好的开始。我们真的也没有时间来把事情做得完美了，我只希望这些都足够好，之后我们可以继续调整。现在，在我妈妈又要让我睡午觉之前，我得把资料都放到网站上！"

"我需要在奇普回家以前帮我一下。"詹姆斯说着和大家一起从桌子旁站起来。

"只要蒂姆告诉我网站就绪了，我就可以开始写帖子了。"奇普说道。

汤姆送他的朋友们到大门口，等着大家把鞋都穿上。不到一分钟他朝着走下楼梯的本和阿曼达挥挥手，关上了门。

"我们现在该干吗了？"和姐姐一起走到人行道上的时候本问道。

"现在，我们让蒂姆、詹姆斯和奇普今天晚上做他们的事情，然后我们等着看看会发生什么吧。"阿曼达答道。

本无聊地把一块小石头踢到阿曼达前面："我不喜

欢等。"

阿曼达叹了一口气，用左脚把小石头踢回给本："我也不喜欢等。"

他们一路上再也没说话，每个人的脑子里都思绪万千。

15

时而加快，时而等待

"已经过去两天了，"阿曼达抱怨着，"为什么我们什么也没有听到？"

"耐心点儿，"苏珊安慰道，"妈妈说互联网上的事情有可能开始得比较慢，你可能得试着用不同的写法，直到有效为止。"

"我们再来检查一下吧。"贝琪说，"要确保网站运行正常。"

"半个小时以前我刚检查过,不过欢迎你再检查一下。"蒂姆冲贝琪说道。

贝琪在蒂姆的电脑上输入了网站地址:www.helpsavecharlotte.org。

"看,还在那儿呢吧?"蒂姆说,"爸爸设置了一个网页访问计数器,这样我们可以看看有多少个来访者。"

曼达扬起了眉毛:"那么我们现在有多少了?"

蒂姆在键盘上敲了几秒钟:"一百五十个。"

"那还不错。"贝琪挺满意。

"让我再来看一下。"蒂姆说着,又敲了几下,"嘿……计数器现在显示一百五十一个!"

"哇!这么快!是从哪儿来的?"贝琪赶忙问。

蒂姆皱了皱眉:"嗯,这儿,是咱们。"

"哦,"贝琪有些失望,"还有别人吗?"

蒂姆往下翻着网页:"嗯,我觉得有不少人是其他国家的。但是这帮不上多少忙，太远了。"

"别担心，其他人也会开始看的，特别是现在我们有了社交媒体什么的。奇普知道怎么能设定时间来发帖子，这样就不会仅限于放学前后了。"蒂姆说道，"我们也可以试试不同形式的帖子，来看看哪些最能吸引别人的注意力。"

"这不错，不过如果有人想帮忙的话，他们应该怎么联系我们或者是医院呢？"本问。

"啊，他们当然会给我们发电子邮件的。"蒂姆答道。

"我们有电子邮箱吗？"本问。

"当然有了！"蒂姆冲本说道，"奇普注册了一个。"

"我们的邮箱是什么？我在网站上没有看见邮件地址啊。"

蒂姆很快地打开主页："我确定有一个，应该是……"

"没有啊，这儿也没有。"本盯着网页，"最好赶快加上！"

"一百五十二。"汤姆在边上说道。

"先停一下！"蒂姆叫道，他需要更新一下网页。

16

夏洛特的网

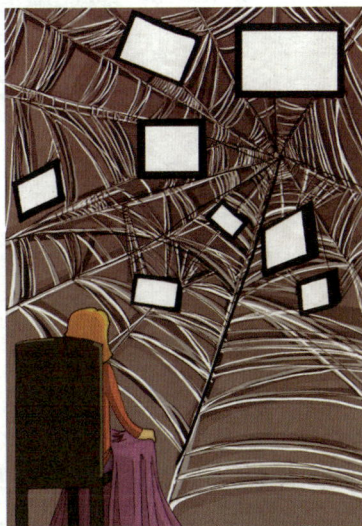

"知道吗，你漏掉东西了。"

蒂姆抬起头来，他正忙着吃午饭。一个小女孩儿站在野餐桌的另外一头。"你说什么？"

"你漏掉东西了。"她重复着。

蒂姆眯着眼睛看着她。小女孩儿身上的什么东西看起来有些眼熟，但是他从来没见过她。"你是谁？"

174

"我是夏洛特。"

"哪个夏洛特?"蒂姆说着,他有些慌张。

"我就是那个真的夏洛特,你视频里的那个。"她说道,"那些是我的照片。"

"什么?怎么回事儿?但是皮特说⋯⋯"他声音低了下去。他注意到小女孩儿实际上是靠在桌子上而不是站着,而且她看起来似乎很累,脸色也发黄。

"我哥哥也不能什么事都替我做主。"她说道,"当你生病在家的时候就会有很多富余的时间,而且我也已经看电视看烦了。我作业做得很快,所以也在网络上找些东西看。"

"但是你不是还是很小吗?我是说,网络上有很多不好的东西。你不应该⋯⋯"

她挥了挥手:"妈妈通常跟我一起看的,所以没问题。而且我经常找那些东西看,你知道的。"

蒂姆摇摇头:"对不起,我不知道。"

夏洛特叹了一口气,摇了摇头说道:"男生还真是傻。肝脏啊，你知道的。"

蒂姆快速点点头说道："哦，对，当然了。但是你在学校干吗？"

"我喜欢学校，"她直截了当地说道，"但是最近我不能经常来。"

"但是——但是难道你现在不是应该在家吗？"蒂姆着急地说道，"我是说，你生病了，不是吗？"

她小心地在野餐桌的另一边对着蒂姆坐了下来。"是，不过今天是一个好的日子。"她说道，"我什么时候都可以来学校，只是有的事我不能做，比如体育课和跑步。"

蒂姆放下了三明治："所以你看了那个视频？"

她点点头："对，还有那个网站。"

"所以，嗯，啊，那个——你是怎么想的？"他试探地问。

"网站挺好的。'孩子们也许不喜欢吃肝儿，但是他们都需要一个健康的肝脏'，这个想法我非常喜欢，挺吸引人的。"她咧嘴笑了。

"那个是詹姆斯的主意。"蒂姆答道。

"那个视频也很好，但是漏掉了一个重要的东西。"她继续说道。

蒂姆马上在脑子里过了一遍视频的内容。他以为他们已经把所有重要的信息都包括在内了。"我们漏掉什么了？"

"我。"夏洛特答道，"你的视频里应该有我。"

"但是 ——我们有你的照片。"蒂姆解释道。

"真实的更好啊。"她摇摇头。

"但是——但是皮特说，你不应该知道这件事。我们现在要有大麻烦了！"蒂姆有些着急，"他说要保护你！"

"我不是个小孩儿了，你知道的。"夏洛特认真地说道，"我不需要保护。"

"但是你只有十岁！"蒂姆坚持着。

"我马上就十一岁了。而且你们也只有十一岁上下吧。"夏洛特有些不服气。

"马上就十二岁了。"蒂姆纠正道。

"无所谓啦,"夏洛特摇摇头,"不管怎么样,所以,你计划把这些东西放在互联网上——关于帮助有肝病的孩子的内容——然后希望全世界每个人都读到它,除了我?"

"谁知道呢?"蒂姆小声地说着,他用手扶住了头。

"妈妈看见了,爸爸也看见了。"夏洛特说。

"我们死定了。"蒂姆嘟囔着,把头垂在了桌子上。

"不,你别担心,他们都喜欢那些内容,而且他们喜欢你们想要做的事情。"夏洛特伸过手来摸了摸蒂姆的手。蒂姆抬起头来。相比蒂姆苍白而带有雀斑的皮肤,夏洛特的手显得更黄了。

"所以你应该来。"她说道。

"来哪儿？"蒂姆问，他很快地朝操场四周张望着。

"到我家来，下学后。你们所有的人。"她说着慢慢地从桌子旁站了起来，"来说说话。"

她递给蒂姆一张纸片："这是我家的地址和电话。"

"你去哪儿？"蒂姆问。

"我该回家了。"夏洛特说着，看起来似乎更疲惫了，"妈妈在那边的车里等着我。"

"但是——我以为你说今天来学校是因为你身体感觉不错。"蒂姆有些失落。

"我只能支撑半天，"她说道，"即使是在我觉得还不错的日子。妈妈今天根本不想让我来，是我坚持的。"

"但是——但是为什么呢？"蒂姆问。

"因为我要跟你说话。"她说着，露出一个悲伤的笑容。

"我能——我能帮你吗？"蒂姆一边问，一边飞快地从桌子旁边站起来。

"你已经在帮我了。"她答道。

"我是说，要我陪你一起走到你妈妈的车那儿吗？"

"哦，那太好了。"夏洛特点点头。

蒂姆站到她身边，不确定应该做点儿什么。夏洛特伸出手来拉住了他的胳膊，轻轻地靠在他身上。

他们慢慢地走到车那里，夏洛特一直靠在蒂姆的胳膊上。那是蒂姆从来都没有走过的，最长的也是最短的距离。

"放学后见。"蒂姆说道，"我会给其他的人打电话的。"

"我很期待看见你们。"她说着系上了安全带。妈妈关上了夏洛特这边的车门，也坐进车里。

夏洛特透过车窗挥着手。蒂姆也挥着手，直到车子开过转角，他才慢慢地走回到了野餐桌和他吃了一半的午饭那里。

"这件事我还是有点儿拿不准。"蒂姆一边去按门铃一边说道。其他的孩子们都站在他身后的门口台阶上。他们先在蒂姆和汤姆家集合，这样就可以一起过来。

"我也是。"阿曼达低声附和着，"不过精灵已经从瓶子里出来了。"（意思是：事情已经发生了。）

门铃似乎格外的响，门开的时候蒂姆吓得跳了起来。

"正等你们呢。"皮特低吼着，慢慢地开了门，他的胳膊却挡住了门口。

没有人敢动。皮特个子很大——而且看起来很生气。

突然，皮特的肩膀垂落了下来，胳膊也落到了身体旁边。他的脸耷拉着，不再生气了，反而更像是伤心。"赶紧进来吧，妈妈和爸爸在客厅里等着呢。"

蒂姆小心地走进门里，皮特很快地把手放在蒂姆的胸膛上。"我很久没有看见夏洛特像现在这样了。"

"怎么了？她没事儿吧？"蒂姆很快地问道，他低头看见一只大手抓着他的衬衫。

"她又充满了希望。"皮特叹了一口气，抚平了蒂姆衬衫上的皱纹，放下了手。"但是我不想看见她又受伤。"

"我们会尽力的。"阿曼达说道，她紧跟在蒂姆后面。

孩子们都进来之后皮特关上了门，然后引着大家走进了客厅。他很快地向他的父母介绍了孩子们。

"很高兴见到你们，约翰森先生和约翰森太太。"本说道，其他的孩子都跟着点点头。

"还有你，已经见过了夏洛特。"皮特盯着蒂姆说。

"嗨，蒂姆。"夏洛特挥挥手。

蒂姆朝她微笑了一下，问道："你没事儿吧？"

"现在还好。"夏洛特点点头，"谢谢你们能来。"

皮特指着屋子里的沙发和椅子："大家都坐吧。"

约翰森先生清了清嗓子："你们这些孩子想做的是……是……"

"是非常好的事。"约翰森太太抽了一下鼻子，用纸巾擦了擦潮湿的眼睛，"真的是非常好。"

"我觉得是很酷。"夏洛特拉着她印着外星入侵者的T恤衫的衣服边儿说道。

约翰森先生把手放在他妻子的肩膀上。"是，非常好 ——而且很酷，就像夏洛特说的。我有一些问题，很多问题，比如你们怎么有的这个想法，你们是怎么做到这些事情的——我是说，你们还都是孩子——还有，为什么？你们以前从来没有见过夏洛特……"他停顿了一下，吸了口气，"……不过最重要的问题是，我想——

我们能帮上什么忙吗？"

蒂姆两边的眉毛都惊讶地扬了起来，瞥了一眼皮特。皮特冲他点点头。

"嗯，我不知道，我们只是想尽可能帮助夏洛特，你知道的，然后我们进行了头脑风暴，有了一些想法，有人帮我们，然后我们就开始了……"蒂姆结结巴巴地说着。

"这不是约翰森先生问的意思。"爱丽丝打断了蒂姆。

蒂姆点点头："对不起，是。不管怎样，我们在做很多和这个项目有关的事情——网站、视频、社交媒体什么的 ——还有夏洛特说，她想帮助我们做视频……"

约翰森先生看着夏洛特，挑起了眉毛："你确定你想做这个？"

夏洛特点点头："我想帮忙。"

"我们需要得到你们的允许。"阿曼达说道，她朝着夏洛特的父母点点头。

"你的脸看起来完全不一样了。"约翰森太太说道。

"我知道。"夏洛特的语气很坚定。

"这件事有可能行不通。"约翰森先生有些犹豫。

"但是也有可能可行。"夏洛特坚持道。

"大家都会知道你生病了。"约翰森太太说,"每个人。"

"要的就是这样,妈妈。"夏洛特答道,"但是这不光是为了我。"

爸爸挑起眉毛:"那是为了谁?"

夏洛特叹了口气,把手压在腿下面:"所有其他的孩子,爸爸,所有像我一样生病的孩子。这样的孩子有成千上万呢。所以即使这次帮不了我,我也可以帮到其他人——其他的孩子。我的努力不会浪费的。我想帮忙。"

约翰森先生把头转向一边，他的女儿手里拿着纸巾。皮特咬着嘴唇使劲盯着地面看着。

约翰森太太的表情僵住了："我不知道……"

"求求你，爸爸。我们没有那么多时间了。 我想做这件事。"夏洛特坚持着。

约翰森先生叹了一口气："你的话听起来可不像是个十岁大的孩子说的，你知道吗？"

夏洛特在座位上轻轻地颠了一下："所以我可以做这件事了？"

约翰森太太转过去看着她的女儿，她的女儿看起来脆弱又脸色发黄。"让她做吧，斯丹。"

约翰森先生缓缓地看着屋子里的每一个人，目光最后落在了皮特的身上。"皮特？"

皮特慢慢点了点头。

"好吧，看起来答案是可以。"约翰森先生说道，"不过我们需要监督一下。夏洛特最近很容易就会疲倦。"

夏洛特看着她的爸爸："哦，爸爸，我没事儿，会很好玩儿的，就像我上了电视一样。"

约翰森太太看了看旁边房间，电视还开着，不过被静音了。她叹了一口气摇摇头："就像上电视一样。"

约翰森先生在座位上朝前倾了一下："嗯，既然现在决定了，告诉我其他的细节吧——你们是怎么开始的，你们这些孩子怎么能这么有组织又很迅速地做事情的，你们怎么知道关于夏洛特的事情的，所有这些都请告诉我吧。"

蒂姆从他的阑尾开始讲了起来，然后他在出院那天是怎么注意到皮特一家也在那个时候离开医院的。阿曼达讲了讲他们是怎么开始项目的，还有蒂姆怎么做这个项目和复活节项目的计划的。

没有人提到秘密的"转变校园霸王计划"——特别是皮特还在屋子里，再说他们已经放弃了那个项目。

约翰森先生对孩子们给所有的项目做计划很感兴趣，还问了很多问题，大家都很高兴地做了回答。

而夏洛特对鬼屋项目和从棺材里跳出来的吸血鬼更

感兴趣。当詹姆斯听故事的中间又哆嗦了一下的时候，夏洛特笑了 ——明朗清丽的笑声让皮特也露出了微笑。

"你想让谁跟你一起在视频里出现呢？"詹姆斯问。

"你指的是什么？"夏洛特反问道。

"应该像是一个采访，你和另外一个人，那个人可以问你问题。"詹姆斯解释道，"我是摄像的那个人。"

"哦！"夏洛特说道，"那个简单。"

詹姆斯挑起眉毛："那个人是谁呢？"

"蒂姆。"夏洛特答道，"我想让蒂姆采访我，他挺可爱的。"

爱丽丝听到这儿抬起了眉毛。

17

灯光，相机……

"我应该微笑吗？"夏洛特问。

"啊？"詹姆斯正在把相机对准夏洛特，夏洛特坐在一张摆了很多坐垫的椅子上。

本正忙着把灯开了又关，帮着詹姆斯调试灯光。

皮特拿着一盏台灯走进屋来，把灯接到夏洛特旁边。本把灯打开，正好照在了夏洛特的脸上。她眯起了眼，用手把眼睛挡上。

贝琪把灯关上了。"这又不是审讯。"她把灯转向天花板然后又打开开关，"看见没？这样好多了，她身后也没有影子了。"

"那么，我可以吗？"夏洛特问。

"你可以什么？"阿曼达反问道，她一直在看着弟弟调试灯光。

"微笑。我该不该微笑？"夏洛特问，她看起来有些担心，"如果我笑的话，大家也许不会相信我病了。"

阿曼达拍拍她的肩膀："除非真的病了，要不然没人的脸色会这么黄的。他们会相信你的。只要做你自己就好了，你想笑就笑吧。"

夏洛特脸上显出了一个明亮的笑容："那就好，我不喜欢生气的脸。"

"你怎么做到这么高兴呢？"阿曼达问。

"嗯，你们都在这儿，而且这件事很让我兴奋。我要成为视频明星了！"夏洛特显得很开心。

皮特向前探了探身子，又摇了摇头："她通常都特别开心，大多数情况下都让我发疯。即使她病得很厉害的时候，她还是会笑。"

"总归比哭好吧。"夏洛特说道，"再说了，我还得平衡一下那个坏脾气的呢。"

"谁是坏脾气的？"阿曼达明知故问。

"皮特就是坏脾气！"夏洛特咯咯地笑了。

皮特轻轻地抓住她挠了她一下。"我是怪兽皮特。"他低声咆哮着。

夏洛特笑得更厉害了，然后停下来喘着气。

"嘿，别把她累着了，"约翰森太太警告道，"不然还没等他们开始我们就得暂停了。"

"对不起，妈妈。"皮特小心地把被他弄乱的夏洛特的头发拂顺。

夏洛特把她的小手放在皮特手上："你是个好哥哥。"

"有的时候是。"皮特一边站起身来一边嘟囔着。

夏洛特笑着看着皮特向厨房那边走去。"他不总是坏脾气的。"她小声对阿曼达说道，"一般都是在我身体不好的情况下。"

阿曼达点点头："我觉得我们准备好了，詹姆斯，你搞定相机了吗？好，其他人——请都到厨房去，然后保持安静。蒂姆，你在这儿。"

客厅里的人都慢慢离开了，只剩下了夏洛特、阿曼达、蒂姆和詹姆斯。

"你准备好了吗？"阿曼达问夏洛特。

"如果我说错了怎么办？"夏洛特突然感到有些担心。

詹姆斯摇摇头："那样的话我们只要重新录说错的部分就是了。我们会剪辑视频的，放心吧没问题。"

"你准备好了吗，蒂姆？"见蒂姆在夏洛特旁边坐下，阿曼达问道。他们两个人在堆了很多坐垫的椅子里看着都显得很小。

蒂姆点点头。

"好，我们现在从十开始倒计数。"詹姆斯说道，"不用担心。如果有什么错误的话，我们都可以重新录。我现在把镜头先推向你，蒂姆。"

夏洛特点点头，然后深深地吸了一口气。

蒂姆看起来努力让自己在大椅子里显得自然一些。

"准备好了？10——9——8——7——6——5——4"詹姆斯说着，用手指无声地倒数着最后的三个数。

蒂姆微笑了一下，正对着相机开口说道："嘿，我是蒂姆·奥瑞利，今天我有一件重要的事情跟大家说。你有可能已经听我们说过，'孩子们讨厌吃肝儿，但是他们都需要一个健康的肝脏'。"

蒂姆瞥了一下腿上放着的笔记："每年，全世界有成千上万的孩子患肝脏疾病，而且他们中间的很多人都需要移植手术，但是很多人都没有机会做到。"

詹姆斯把镜头往后拉，使蒂姆和夏洛特都出现在屏幕中。

"今天我和夏洛特 ·约翰森在一起，她十岁了，饱受肝脏疾病带来的痛苦，而且非常需要进行肝脏移植——有成千上万的孩子像她一样。"

夏洛特笑了笑然后开始讲述她自己的故事。

整个周末詹姆斯努力想把视频完成。周一放学之后，他把做好的视频带到了皮特家。皮特开门让他进去的时候，其他的孩子已经在那儿等着了。詹姆斯把电脑包从肩膀上取下来递给了皮特。

"嗨，詹姆斯。"夏洛特打着招呼。她坐在电视的正对面。"要不要爆米花？"

"啊？"詹姆斯一愣，"哦，好，谢谢。"

汤姆递过去一个碗的时候皮特摇摇头说道："她就好像要看电影似的，我觉得有点儿傻，不过妈妈说没事儿。"

"永远不要拒绝爆米花。"詹姆斯点点头,抓了一小把爆米花塞进嘴里。

詹姆斯走到电视前,打开了皮特在地上放好的电脑。皮特告诉他应该把线接到电视的什么地方。几分钟之后,大家都在客厅里坐好了。约翰森夫妇站在门口,不太放心地互相看着。

"大家都准备好了?"詹姆斯问。

"准备好啦!"夏洛特叫喊着。

詹姆斯笑着按了一下按钮。视频开始在大电视上播放。

之后的几分钟,大家都在安静地看着视频,只能听见嚼爆米花的声音。

"我喜欢!"夏洛特笑着说,"我看起来还没那么黄,是不是?"

"你看起来棒极了,夏洛特。"蒂姆称赞道。

"视频不是很长。"爱丽丝注意到了细节。

"不必太长,只要有足够的时间传递信息就可以了。"苏珊说道，"短点儿其实更好。"

"蒂姆也做得很棒。"贝琪夸赞道。

"我只希望可以奏效。"皮特由衷地说道。

每个人都点点头。

"孩子们，你们做得非常好。"约翰森先生小声说，"我觉得你们把要说的内容说得非常清楚了。现在让我们希望每个人都跟我们想的一样吧。"

"他们会的。"约翰森太太抽泣起来，"他们必须这么做。"

约翰森先生把他的手揽在妻子的腰间，约翰森太太靠在了他的肩膀上。

"那么，我们可以把这个视频发出去了吗？"蒂姆问。

约翰森先生点点头："是的，请尽快发出去吧。"

"好，这样的话最好现在就去上传。谢谢你们的爆米花。"阿曼达说着站起身来。其他的孩子也都从坐的位子上站起来伸着懒腰。

"谢谢你们约翰森先生和约翰森太太。"贝琪说道。

"不，要谢谢你们。"约翰森太太答道，"这个真的很神奇！"

"我都等不及在网络上看到这个视频了。"夏洛特兴奋地叫着。她从椅子上站起身来送孩子们出门。"你们会收到很多点击率的，等着瞧吧！"

蒂姆一边系鞋带一边抬起头来朝夏洛特笑着："上百！上千！"

皮特摆弄着夏洛特的头发笑着说道："谢谢伙计们。"

"还有女孩儿呢。"夏洛特纠正他。

"祝我们好运吧！"爱丽丝说着，最后一个离开了皮特家。

"好运！"夏洛特喊着，她突然觉得自己很渺小，又觉得疲惫起来。"该睡个觉了。"她打着哈欠，不过仍然挥着手直到皮特关上了门。

门关上之后蒂姆又抬手挥舞了几秒钟，然后转过身来和汤姆一起回家了。

18

开拍!

"有一千个访问者？"第二天上午课间休息的时候本一边使劲地悠着秋千一边说道，"哇！奇普昨天晚上才传到网上的。这几乎是其他视频一周访问量的两倍！"

詹姆斯耸耸肩："互联网是个神秘的东西。你永远不知道会发生什么。"

"有点儿像个许愿池。"汤姆插嘴道。

"也不完全是，不过我们还是希望很多人能看这个视频，这样我们就能帮助夏洛特找到一个新的肝脏了。"蒂姆说道。

爱丽丝点点头。

"那么我们现在干什么呢？"本问。

詹姆斯放慢了荡秋千的速度："奇普已经计划好在社交媒体上发帖子的时间了，现在我们就是等待，看看会发生什么。"

"但是我们还是应该做点儿什么吧。"本坚持着，"我们应该忙乎点儿什么事情，要不然我无聊得要发疯了。"

"我有一个疯狂的想法。"爱丽丝说着，朝着教室那边看了看。

"什么想法？"本焦急地问。

"你应该专心上学，而且做好你的家庭作业。"爱丽丝一本正经地说。

"但是那个不好玩儿！"本撇了撇嘴。这时上课铃响了。

爱丽丝眨了眨眼睛，然后向教室走去。

"现在怎么样了？"放学了，本看着姐姐问道。他的书包被随意地扔在走廊的中央。

"嘘，我在看呢！"阿曼达回应道，"别指望有多大变化，每个人都在上学或者上班呢。"

"啊！"阿曼达突然叫了一声，她的嘴大大地张着。

"怎么了？让我看看！"本说着，把阿曼达的肩膀扳了过来。

"哇！这是真的吗？"本吹起了口哨。

"看起来是真的。"阿曼达点点头。

"一万的访问量？"本叫了起来，"太疯狂了！"

"这可是好消息，"阿曼达也很兴奋，"这件事情没准儿真的能成。"

厨房的电话响了起来。本走过去，但是妈妈先接了起来。"你的电话。不过先把你的书包放好，我差点儿被绊了个跟头。"

本拿起电话，用两只手抓着话筒，慢慢地走回到阿曼达身边。"是，哇！但是怎么会这么快就有这么大的访问量呢？大家不是应该都在学校或者在上班吗？"

阿曼达用手指在空中画了一个圆圈，又绕着圈画了几次。本的眼睛睁得大大的。

"哦，其他的国家，对了！"本盯着阿曼达说道。

"还有时区。"阿曼达补充道，"这些人可以在世界上任何一个角落。"

"我一直以为互联网就是，就是在这儿呢。"本说道，"哦，对不起，詹姆斯，我跟阿曼达说话呢。"

本在电话里听了一会儿，说道："是啊，真是非常酷。有些事情真的要发生了。"他停了一下继续听着，然后说："好，詹姆斯，我们明天见。"

本挂了电话说道："詹姆斯和苏珊都非常兴奋。"

"互联网无处不在啊。"阿曼达感叹道。

"可是其他国家的人没办法帮助夏洛特。"本有些失望。

"谁知道呢？不过可以帮助别的地方的小孩儿啊，就像夏洛特说的。"阿曼达点点头，"看，又增加了一百五的访问量了。"

本摇了摇头，笑了。

第二周开始的时候，蒂姆和汤姆在放学后顺道去了夏洛特家，两个人都异常兴奋。"十五万的访问量了！"皮特开门的时候蒂姆吹起了口哨。

皮特点点头，不过没说话。他看起来一副筋疲力尽的样子。

"怎么了？"蒂姆问。

"糟糕的一晚。"皮特说着，示意他们两个人到楼上去，"轻一点儿，她在睡觉。"

蒂姆和汤姆蹑手蹑脚地走进黑暗的客厅，看见夏洛特躺在沙发上，盖着一条毛茸茸的毯子。他们转向厨房方向走的时候听见轻轻的说话声。

"蒂姆？"

蒂姆转身慢慢地走进客厅："你不是在睡觉吗？"

夏洛特用胳臂肘把自己撑起来："我已经半醒了，我听见你们进来了。"

"对不起。"蒂姆说着，脸红了。

"没关系。"夏洛特笑了，"看见你和汤姆真好。其他的人在哪儿？"

"在家吧，我猜，他们也许晚点儿过来。"蒂姆耸了耸肩。

"嘿，六万访问量，真不错，是吧？"夏洛特笑了笑，让自己向后靠在垫子上。

"现在有十五万了。"蒂姆摇摇头说道。

夏洛特的眼睛睁得大大的,问道:"我睡了多长时间了?好几天?"

蒂姆笑着说:"也许只是几个小时。现在访问量攀升得很快。"

"哇!"夏洛特说着,把手放在了前额上。

蒂姆坐到沙发的角上,以免碰到夏洛特的腿。"是,太酷了!你今天怎么样?"

"没那么好,"夏洛特情绪有些低落,"昨天晚上我不得不去医院,不过他们今天早上就让我出院了。"

"怪不得皮特看起来特别疲劳。"蒂姆说,"嘿,你没事儿吧?"

夏洛特挤出一个笑容:"一会儿来一会儿去的,有的时候很疼。"

蒂姆顺着沙发挪过去拉着她的手:"要我给你拿什么东西吗?"

夏洛特摇摇头："不用——不过你能把灯打开吗？我反正一时半会儿也不会再睡觉了。"

蒂姆放开了她的手站了起来。他越过夏洛特打开了她头后面的一盏灯。有一本漫画书夹在了垫子中间。蒂姆拿起来递给了夏洛特。

"谢谢。"她说着，把书翻开。

蒂姆坐回沙发边上，看着夏洛特："哇，你看着有点儿发绿。我以为你的脸色应该会发黄。"

"如果我没生病的话，我不应该是这两个颜色中的任何一种。"夏洛特叹了口气。

蒂姆用手拍了自己脑袋一下："对不起，你说得对。但是我是说，你为什么看起来发绿呢？"

夏洛特愁眉苦脸地说道："当你的胆红素太高的时候就会这样。"

"胆——什么？"蒂姆问，他提高了声音。汤姆在角落里露了一脸，然后又消失了。

"胆——红——素。"夏洛特一字一句地说道，

"它能说明你的肝脏是不是在工作。如果血液中的胆红素太高了,脸色就会发黄,如果更高的话,你的脸色就会显出暗绿色。"

"哦,"蒂姆看起来很担心,"那就不好了。"

"没准儿我就变成绿巨人了!"夏洛特眨眨眼睛。

"胡科特(迪斯尼电影里一种绿色的人)。"蒂姆试图微笑一下。

"对,就那个。"夏洛特轻轻拍了拍蒂姆的手。

"你过来看看这个。"皮特把脑袋探进客厅,示意蒂姆跟着他出来。

蒂姆站起来,夏洛特也想起身跟着。皮特摇摇头说道:"我们一会儿就回来了。"

蒂姆跟着皮特走出客厅,不过没过两分钟他就慢慢地走回来,一脸茫然地坐了下来。

"你没事儿吧?"夏洛特关切地问。

蒂姆点点头。

"怎么回事儿？"夏洛特戳着蒂姆的胳膊问道。

蒂姆的嘴张着，但是什么话也没说。他又试了试，声音有点刺耳："三。"

"三什么？"夏洛特问。

"三十万访问量！"蒂姆说道，他的眼睛睁得很大。

"什么？真的？"夏洛特摇着头，"我们不是做梦吧？"

蒂姆摇摇头。

过了几分钟汤姆又从角落里探出头来说道："四！"

"这到底是怎么回事儿？"夏洛特真的糊涂了。

"我不知道。"蒂姆说着，厨房里的电话响了，"有大事儿了。"

皮特挥舞着电话冲进了客厅喊道："打开！打开！"

"打开什么？"蒂姆问。

"电视！现在就打开！"

蒂姆去拿旁边桌子上的遥控器，结果不小心把遥控器掉在了地上。他往前冲了一步想去捡遥控器，皮特抢先捡了起来。

"在哪个台？等一下，好的。"皮特说着焦急地换着台。

突然，蒂姆和夏洛特互相看着。

"这是我们俩！"夏洛特叫了起来，"就跟那天一样，笔记本在哪儿？"

皮特摇摇头，这时图像变成了电视解说员。

"我们刚刚了解到这位年幼的女孩儿正受到肝病的折磨，需要移植手术。有上千的孩子像夏洛特一样——"

"这是我！"夏洛特眼睛睁得大大地叫了起来，"我上电视了！"

"受肝病的折磨需要靠移植才能过上正常人的生活。遗憾的是，即使现在部分肝脏移植也是可行的情况下，也只有少数人接受了移植手术。"

蒂姆困惑地摇摇头。

"他们所传递的'孩子们可能讨厌吃肝儿，但是他们都需要一个健康的肝脏'在互联网上掀起了波澜。更多的细节，请访问他们的网站www.helpsavecharlotte.org。这个网站是由夏洛特学校的朋友创建的，但是正如夏洛特自己说的，这不光是为了她自己，也是为了所有患肝病的孩子们。让我们再来看一遍视频。"

屏幕上又开始播放他们刚刚看过的视频，就在这个客厅里，就是在几天前他们第一次看的。

"嗨，我是蒂姆……"电视里的视频开始了。

"我——们——上——电——视——啦！"夏洛特哇哇地叫了起来，抓着蒂姆的手在垫子上跳上跳下。

"这是怎么回事儿？"约翰森太太一边用毛巾擦着手一边问道，"你又在看那个视频了？多看几遍也帮不上忙，你应该休息。"

"不，妈妈，看！"夏洛特指着电视的方向。

现实让约翰森太太慢慢地坐在了沙发的边上。"这是第三频道啊！"

夏洛特点点头。

电话响了起来，皮特跑去接电话。他回到房间的时候两眼有些迷茫。

"还有第六频道，第十二、十五和六十四频道。"

"一百万。"汤姆从角落里露出头来叫道。

"我要给你爸爸打电话。"约翰森太太说着迅速地站了起来，湿毛巾落在了沙发上。

"……斯坦，你现在坐着吗？"她在电话里说道，"嗯——啊，这样，你多快能回家来？"

夏洛特使劲地攥着蒂姆的手，脸上露出了灿烂的笑容。蒂姆也轻轻地握着她的手。

19

孤胆英雄

　　"我们现在有个问题了。"第二天午饭的时候蒂姆说道。

　　"怎么啦？事情看起来进行得很不错啊，似乎每个人都在谈论夏洛特和视频。"本说道。

　　"但是还没有人提出捐助。"蒂姆看起来很担心。

　　"也许还没有，不过会有的，看看有多少人知道这

215

件事了。"汤姆说道，"我保证会有的。"

"我只是希望能很快发生。"蒂姆嘟囔着。

"就是这个问题？"詹姆斯咬着自己的三明治问道。

"啊？ 哦——不是，还有一个。"蒂姆说着，拿水瓶喝了一口水。

"到底是什么问题？"本有些着急了。

"是这样，我们还有另外一个项目要操心，对不对？"蒂姆提醒道。

本挥挥手："我们已经放弃那个转变校园霸王的事儿了，记得吗？那个太难了。"

蒂姆点点头："是，但是我是说另外那个项目。我们一直都关注在夏洛特身上，几乎把别的孩子都忘了。"

詹姆斯也有些糊涂了："夏洛特说这也能帮助其他孩子的。"

蒂姆把两只手抓在一起，说道："不是，我是说其他的孩子——在医院里的——在这儿的。记得吗？那些复活节的时候还要住在医院里的孩子？这个周末就是复活节了，但是咱们还什么都没干呢！”

詹姆斯把手掌拍在前额上：“咱们怎么把这事儿给忘了呢？”

“我猜是因为太忙了吧。”本耸耸肩，“不过现在还不算太晚，对吗？”

蒂姆摇摇头：“不，女孩儿们都承诺了的，而且医院也期待着我们做这件事呢。”

“我们现在还是有点儿时间的。直到真的有什么事情跟夏洛特相关的发生之前，所有的事情还都在进行中呢。”汤姆的手在空中挥舞着。

“是，不过……”本有些犹豫。

“没有‘但是’。”蒂姆强调着，“今天放学后到我家做紧急计划吧。”

本嘟囔着，不过还是点了点头。

“这应该不算太难，我们只需要把几件事组织好，然后去商店买点儿糖果，再在家里找些装饰品出来。”

"是，"本说，"我知道，但是……"

"但是什么？"蒂姆问。

"我不想当复活节的兔子，"本苦着脸，"我会看起来很傻的。"

"你爸爸说他会给你买服装的，那样的话我或者汤姆穿就太大了。"蒂姆看着本，"你比我们俩个子都大。"

"也比我个子大。"詹姆斯挤了挤眼睛。

"呃，"本哼了一声，"那衣服估计你们谁穿都合适，我保证。"

"只要合适就行，"蒂姆摇摇头，"不管怎么样，放学以后我们碰头把细节搞清楚。时间应该不会太长。"

男孩儿们花了大概二十分钟，头脑风暴了医院复活节项目他们需要做的事情。这回詹姆斯把每件事情都写了下来，写完之后又做了工作分解结构。

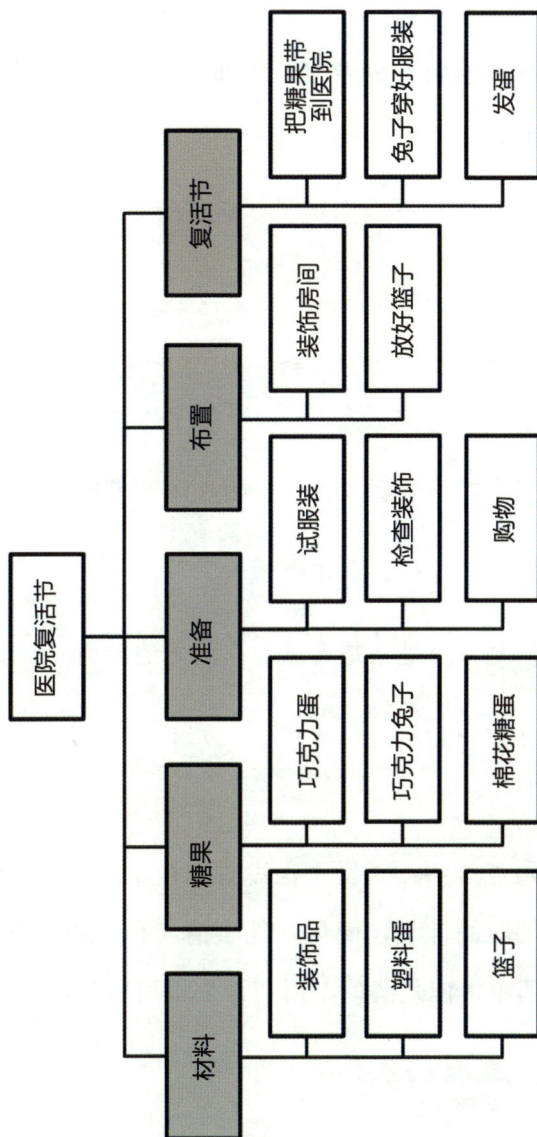

医院复活节

材料
- 装饰品
- 塑料蛋
- 篮子

糖果
- 巧克力蛋
- 巧克力兔子
- 棉花糖蛋

准备
- 试服装
- 检查装饰
- 购物

布置
- 装饰房间
- 放好篮子

复活节
- 把糖果带到医院
- 兔子穿好服装
- 发蛋

"看起来不错，詹姆斯。"蒂姆点点头，"我们应该能从家里找到不少能用的装饰品，只需要去给孩子们买些糖果了。"

"本，你爸爸给你买了复活节兔子的服装了吗？"詹姆斯问。

本的脸红了起来："是，我来之前我妈还让我试来着。"

"怎么样，合适吗？"蒂姆咧嘴笑着问。

"有点儿痒痒。"本嘟囔着。

"但是大小是不是合适？"汤姆追问道。

"你穿更合适。"本哼了一声，"不过呢，还算合适吧。"

蒂姆点点头："反正也没时间换了。现在我们来做个简单的时间计划，简化几件事情，有些细节需要列出个购物清单，但是清单不用在计划里写出来。"

医院复活节

任务	谁	时间
医院复活节		
准备		
确认医院批准	阿曼达	5天
准备服装	本	2天
检查我们现有的装饰品	所有人	1天
买装饰品	詹姆斯	1天
买糖果	蒂姆	1天
布置		
装饰房间	所有人	2天
分派篮子	所有人	1天
复活节		
带糖果去医院	所有人	1天
扮好兔子	本	1天
发蛋	本	1天

甘特图：第 1 周（周日、周一、周二、周三、周四、周五、周六）与第 2 周（周日、周一、周二、周三、周四、周五、周六）

"非常简单，不过重要的是，我们不要忘了任何事情。本，你姐姐去跟医院确认我们是不是可以做装饰，你知道不知道医院同意了没有？"

本点点头："是，她说医院很期待这件事呢。"

"好，每个人今天晚上回家都去找找有什么装饰品可以用，明天必须是购物的日子。后天就是复活节前的周五了——我们需要把东西都布置好！"蒂姆说着，摇了摇头，"我们真是差一点儿就错过了，真要是忘了的话就糟透了！"

"你今天见过皮特吗？"贝琪在上数学课之前问阿曼达。

阿曼达摇摇头："没有，但是他有可能走另一个走廊去上课了。"

"那我们放学以后去他家一趟吧。"苏珊说，"这样我们也可以看一下夏洛特。"

贝琪按了三遍门铃，只听见铃声在屋子里面的回音。

"没有人在家。"她叹了一口气。

"也许他们出去买东西了。"苏珊猜测。

"不会的，夏洛特病着呢，总会有人在家陪着她的。"阿曼达摇摇头。

"我预感不好，"贝琪说着拿起了书包，"我们去医院看看吧。苏珊，你家离这里最近，也许你妈妈能开车送咱们过去。我们在你家给自己的妈妈打电话说一下吧。"

苏珊点点头，她赶快跟上了贝琪的脚步。

三十五分钟之后，女孩儿们和詹姆斯一起到了医院，卡特莱特夫人跟在孩子们的后面。

阿曼达走到护士台前。

"我能帮你做什么事吗，年轻的女士？"护士笑着问，"哦，是你，你现在就来装饰房间了？"

阿曼达摇摇头："还没，我们明天来。请问能告诉我夏洛特·约翰森在哪个房间吗？"

护士在计算机上输入了名字，然后看了看屏幕。

"她在七号房间。不过要安静，她可能在睡觉。她不太好。"护士说道。

阿曼达点点头，冲着护士勉强笑了一下说了一声"谢谢"。

到了七号房间的门口，他们都停住了，阿曼达站在最前面。她突然非常紧张。"如果有什么不好的事情发生了呢？如果她——"

"哦，来吧，我们进去吧。"苏珊说着，被阿曼达轻轻地推了一下。

阿曼达在门口犹豫着，直到听见苏珊急促的呼吸声。

"怎么回事儿？"阿曼达耳语着，跟着苏珊和贝琪的后面走了进去。詹姆斯走到了床边。

夏洛特躺在病床上，看起来非常小，一些管子从她盖的被子下面伸出来。一根长长的塑料管接在她的手腕上，另一头连着一个挂在床边金属杆上装着透明液体的塑料袋。

"没有看起来的那么糟啦。"夏洛特声音微弱地说道，"这些都是特效，所有这些管子什么的。它们会把我变成一个机器人，这样我就会一直活着。"

皮特坐在床的另一头摇摇头。"不太好。"他用嘴型无声地说道。

"医生怎么说？"贝琪问。

约翰森太太坐在那里抓着夏洛特的手，抬头往上看着没说话，只是摇了摇头。

"晚期了。"皮特的声音很空洞。

"那她什么时候可以回家？"詹姆斯问，他抓着被子的一角。

约翰森太太摇摇头："她现在哪儿也不能去，除非有一个新的肝脏。"

阿曼达脸色马上变白了："但是我们一直很努力啊！她都上电视了！应该有什么人能救她！"

约翰森太太又摇摇头："生活不总是如你所愿的。你不能换台，你不能重来，英雄也不是总能赢。生活不是电视。"

"不，"阿曼达叫了一声。"不，肯定还有别的办法！"她跑出了房间。

……她差一点儿撞上了一个正要来看夏洛特的医生。

"医生，我需要跟你谈谈。"她说着，抓着医生的手把他拽到走廊上。

"什么事儿？"他问，脸上的笑容凝固了。

"我想捐赠。"阿曼达说道。

"捐什么？"医生笑着问。

"我的肝脏。"阿曼达的语气很坚决。

"你当然想。"他说着，拍了拍阿曼达的肩膀，然后往门口走去。

"我是认真的。"阿曼达一边说一边拉住医生的手。

医生若有所思地看着阿曼达："你不是开玩笑吧？"

阿曼达使劲地点点头："我们一直特别努力地帮助她，她上了电视还有别的媒体，不过都没有奏效。但是一定有别的办法。这不公平！"

医生慢慢地把手从阿曼达的手中抽出来。他把两只手放在阿曼达的肩膀上看了她一会儿，想着怎么跟她说。"你知道为什么你不能捐赠你的肝脏，"他说道，"特别是，如果你们做了研究的话。"

阿曼达的脸红了，说道："不是我整个的肝脏，我知道我还是需要一部分的。我只是想捐赠一部分，肝脏还会长出来的对吗？"

医生把手从阿曼达的肩膀上拿下来，然后往后退了一步，把阿曼达从上到下打量着。他用笔敲着自己的嘴唇说道："如果你是十八或者十九岁……"他停顿了一下，咬着笔头。

"……但是你不是。你还不够大，再说了你年龄还太小，这样很冒险。"他说，"而且你还需要和夏洛特匹配，就是说我们还要做测试……"

"那让我做测试吧！"阿曼达坚持着。

"我们不会做的。"医生摇摇头，"你还太小了。"

"但是如果我们不做些什么的话夏洛特会死的。"阿曼达的话音明显地颤抖着。

"你们已经为夏洛特做得很好了，也是为了很多像她一样的孩子们。你应该为此感到高兴，"他说道，"我们还是接到了很多电话。"

"什么？"阿曼达睁大了眼睛，"有一些捐助者了吗？"

医生犹豫着："我实际上不应该再多说了。"

"为什么不？"阿曼达哭喊着，"我们需要知道！"

医生叹了一口气，身体倾向阿曼达小声地说道："我们有六个可能的捐赠者了。"

"那为什么你不能用其中的一个？"阿曼达的语气中充满了质问。

"因为……"他说着瞟了一眼七号病房的方向，"……因为其中没有一个跟夏洛特匹配，我们都已经做过测试了。"

"但是——但是为什么你什么都没有说？"阿曼达小声地问。

"除非我们能找到一个匹配的，否则是不应该说的。"医生回答道，"这个时候再让她失望只能把情况变得更糟，或者恶化得更快。我以前见过这样的例子。"

他深深地吸了一口气然后慢慢地吐出来："对夏洛特来说最难过的是，我们现在已经匹配了其他三个像夏洛特一样的孩子，这是我们没有想到的。这几个家庭回到医院来了。你们这些孩子做了一件真正惊人的事情。

我们只是没有找到跟夏洛特匹配的。希望很快能找到吧。"

说完，医生朝七号病房走去，留下阿曼达一个人在走廊里。

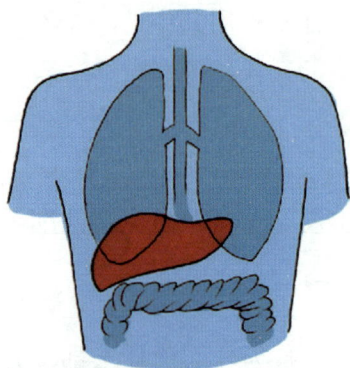

20

复活节前的周五

"起来啦！"本一边叫一边摇着阿曼达的肩膀。

"啊？干吗？"阿曼达含糊地答应着，一边擦去了嘴角的口水。他们昨天很晚才从医院回来，之后阿曼达睡得很晚，一直盯着天花板，试着想出能帮助夏洛特的办法。她肯定是早上四点之后才终于睡着的，四点的时候她记得看过一次表。

"我们今天要去医院！"本说道，"快点儿起来，去吃早饭。"

"去干吗？夏洛特那儿有什么消息了吗？"

本耸耸肩："我不知道，不过我们今天要去装饰房间。今天是复活节前的周五，学校放假，我们要去医院把东西都布置好，记得吗？"

阿曼达点点头，她的脑袋开始渐渐清醒起来。"是，对，我记得。你手里有咱们准备好的装饰品了吗？"

"都在这儿呢。"本答道，他手里拿着一个塑料袋。

阿曼达打着哈欠点点头："给我几分钟，我马上准备好。"

她很快地穿好衣服走进了厨房，给自己倒了一碗麦片。倒牛奶的时候，两块麦片从碗边上飘了出去。她马上吃了起来。

阿曼达从家里出来的时候本已经在门外台阶上等她了。

"本带了装饰品，我刷了牙，就这些，对吧？"阿曼达在脑子里检查了一遍。

"你今天打算当小丑啊？"本坏笑着。

"什么？"阿曼达没明白。

"你的头发，"本说，"睡觉的时候压得太厉害吧？"

"什么，哦，糟糕！"阿曼达赶紧把手伸进头发里，试着把头发梳直。

"该走啦！"他们的爸爸在车里喊道。

"没时间弄我自己了。"阿曼达嘟囔着。

"那得花好多时间。"本挤挤眼睛。

这使他在上车之后肋骨上被阿曼达用胳膊顶了一下。

"表现好点儿，你们两个。"琼斯先生从后视镜里看着他们俩强调着，"我可不想把你们俩留在医院。"

他们到了医院的时候，其他孩子已经开始装饰儿童病房了。

"我们要不要先去看看夏洛特？"阿曼达问。

"没时间了，他们说我们只有一个小时布置装饰品，之后医生就要查房了。"本说道，"我们之后再去看她吧。"

"好……"阿曼达跟着本走进了房间。护士们也在帮忙把小车挪到一旁，这样他们好把装饰品挂在墙上。

"你们为了这些生病的孩子做了一件非常好的事情。"一个护士说，"那些假期还要住院的孩子会很感激的。"

阿曼达点点头，把一个颜色鲜艳的复活节彩蛋宣传画挂在了墙上。

"我说，你是不是上电视的孩子们其中的一个，是不是你？"另外一个护士问蒂姆。

蒂姆正好没在看她，詹姆斯拍了拍他的肩膀才引起他的注意。

"啊？什么？哦，是，我是。我是其中的一个。"蒂姆回答道。

"另外一个，那个女孩儿——她在这儿，是不是她，梅利？"第一个护士问。

"她之前在这儿。"另外一个护士答道。

"之前？"阿曼达想了一下，她把手里的装饰品扔下，赶紧朝着七号病房跑过去。等她跑到病房，发现房间已经空了。夏洛特睡过的床也已经不见了。

阿曼达扑倒在地上哭了起来。

"嘿，怎么了？"玛丽说着走进了房间，蹲下来看着阿曼达的脸。

"我们来得太晚了！"阿曼达小声说着，"她已经走了！"

玛丽把手放在阿曼达的肩膀上，说道："不，我觉得你来得正好。今天上午早些时候他们找到了和夏洛特匹配的捐助者。一个小时前他们带夏洛特去做手术了。"

"我们能看她吗？"阿曼达问，她把眼泪从眼睛里眨出来。

玛丽摇摇头："她还要再做几个小时的手术呢，这是个大手术。你还是先去把装饰做完吧。手术以后她还需要恢复几个小时，等可以看她的时候我会告诉你们的，不过估计要明天了。如果你想，我可以给你家打电话。"

玛丽站起来向阿曼达伸出手说道："她会没事儿的，你要有信心。"

阿曼达抓着玛丽的手慢慢地站了起来。护士轻轻抱了阿曼达一下，然后引着她走出房间。"咱们来装饰屋子吧，好不好？"

阿曼达跟着玛丽回到她们之前正装饰的屋子里，她的脸上露出了一丝紧张的微笑。

"我受不了了。"阿曼达嘟囔着，她一上午已经在客厅掸了四次灰尘了。昨天一整晚她都在床上翻来覆去，一直很担心。连着两个晚上都没怎么睡觉，她的脾气开始变得很坏。"他们应该现在就有消息了，为什么还没打电话啊？"

本坐在沙发上看着卡通片，瞥了阿曼达一眼。"为什么你就不能坐下来，你来回走尘土更多了。"

阿曼达倒在沙发上，鸡毛掸子还握在她的右手里。"什么都不知道的时候，就安静地坐着什么都不干太难了。因为咱们不是病人亲属，所以探视时间过了，他们就不让咱们在医院过夜。我知道我们不是她家里人，但是我们现在很亲近，对不对？"

"我们得有耐心。"本说着，递给阿曼达一个塑料盘子，"要不要曲奇？"

"我吃不下，"阿曼达摇摇头，"我胃很不舒服。"

"别说我没给你吃啊。"本说着，把最后一块曲奇塞进了嘴里。

电话铃响的时候，阿曼达像弹簧一样飞跑到厨房。妈妈已经在她之前拿起了电话。

"是，我是琼斯太太。"

阿曼达心不在焉地玩着桌子上的纸巾。电话里不管在说什么她都觉得用了很长时间。

"哦。"

"我知道了。"一个皱眉。

"哦。"

"嗯——啊。"

"谢谢你打电话过来。有更多消息的时候请给我们打电话。"妈妈说着挂上了电话。

阿曼达已经焦虑地上蹿下跳了。

妈妈朝着阿曼达转过身，深深地吸了一口气，然后慢慢地吐出来："她又进手术室了。"

阿曼达的肩膀猛的垂了下来。

"他们说不是很严重，需要再增加一个引流管。你们应该明天可以去看她。"

阿曼达的脸明亮了起来，使劲地抱了抱妈妈。

放开了妈妈之后，阿曼达的肚子开始叫了："嘿，妈妈，我能吃曲奇吗？我饿坏了！"

琼斯太太点点头："你知道曲奇在那儿，不过不能超过两块。"

她停顿了一下又想了想，说道："不，你可以吃三块，你应得的。"

"谢谢妈妈！"阿曼达笑着朝着食品柜走去。

那天晚上，阿曼达的头一碰到枕头就睡着了。

21

复活节

"你拿了那包彩蛋了吗？"苏珊站在正系鞋带的詹姆斯旁边问道。

"是，在门边上。"詹姆斯答道，"你记得带篮子了吗？"

"哎呀！我得去拿一下。"苏珊说着又跑上台阶去了厨房。

"哼，你们女生不是比男生更有条理吗？"詹姆斯哼唧着系好了左脚的鞋带。

"妈妈让我们给夏洛特带一张卡片。"苏珊说着，手里拿着一摞篮子。一个粉色的信封从最上面的篮子边缘露了出来。

"上面写些什么？"詹姆斯问。

苏珊耸耸肩："就是一张写着'希望你尽快恢复'的卡片。他们没有'好消息！你做了移植手术'那种，你得自己做。"

詹姆斯站起来拿过装复活节彩蛋的袋子："我保证她看到这张卡也会高兴的。"

外面传来的汽车喇叭的嘀嘀声。

"别把我们丢下！"詹姆斯叫着跑向了汽车。苏珊跟在他后面关上了身后的门。

当他们到医院的时候，儿童病房里有很多人了。家里人都来探视不能回家的孩子。七号病房里的人似乎更多，但是詹姆斯和苏珊姐弟俩还是从一群大人和大孩子之间挤了过去。

推推搡搡了半天他们终于挤到了夏洛特躺着的病床前，大家都围在床边，还有很多气球和卡片。

"我们给你带了点儿东西。"詹姆斯说道。

"是一张卡。"苏珊纠正道，"我们给你带了一张卡，还有，你可以第一个拿复活节彩蛋。"

詹姆斯从包里找出了包得最好看的一个彩蛋，苏珊递给他那张卡片。詹姆斯身体前倾把两样东西都递给了夏洛特。

"谢谢你们！"夏洛特说着，把彩蛋放在小桌上。她打开了卡片，笑着，然后挨着巧克力彩蛋放在了桌子上。

"你看起来好多了，"苏珊说，"脸色没有那么黄了。"

"他们说过一两天我会更好的。"夏洛特说道，"不过我已经感觉好多了。"

詹姆斯点点头："他们找到了跟你匹配的肝脏，我们特别高兴。"

"这些都要谢谢你们——你们所有的人。"夏洛特笑着说。

"其他人在哪儿？"詹姆斯问。他朝着屋里张望着。屋里大部分的人他都不认识。

"他们已经来看过我了。我想他们肯定是去布置复活节找彩蛋的活动了。"

詹姆斯举起手里的包："我们最好也去给他们帮忙了。真高兴事情进行得很顺利——你看起来的确好多了！"

夏洛特点点头，她一边忍着打哈欠一边说道："我还是觉得挺累的，他们说我需要好好休息，直到病养好，直到其他部分的肝脏长出来。"

"我们一会儿再来看你。"苏珊说着，向人群挥挥手，跟着詹姆斯离开了房间。

"都在这儿呢。"苏珊把篮子递给阿曼达。

"谢谢。"阿曼达顺手把篮子跟其他东西一起放在台子上。

"什么时候隆重登场啊？"苏珊问。

"你指什么？"阿曼达没明白。

"你知道的，他——"苏珊说着，用手比画着兔子的样子。

"对，"阿曼达点点头，"随时都会出现，本大概二十分钟之前去换衣服了。"

"装饰得很不错。"苏珊称赞道。

"我觉得孩子们都很喜欢。"阿曼达信心满满。

"我只是希望能剩下些巧克力。"詹姆斯盯着巧克力彩蛋咽了咽口水。

"你在家里还有好多呢。"苏珊摇摇头，"这些都是给这里的小孩儿的。"

忽然，他们被大声的呼叫声打断了。

"肯定是本来了。"阿曼达说道，"他能让大家尖叫起来。"

苏珊只是摇了摇头。

他们从走廊的边上望过去，只见一个穿着巨大的复活节兔子服装的人正慢慢地沿着走廊走过来，给大家分发着彩蛋。兔子在一个坐轮椅的小男孩儿前面蹲下来，把篮子递给他看。小男孩儿挑了一个彩蛋，脸上露出欣喜的笑容。

"我就知道他肯定会做这件事儿的。"阿曼达笑着，"看见没？他还挺享受的呢。"

"我保证他很高兴做这件事。"本站在阿曼达后面说道，"不过我还是喜欢就站在这儿看看。"

阿曼达嘴张得老大："什么？谁？那？……那个人

是谁？"

"应该是真的复活节兔子。"本开心地笑了。

"不，这不可能……可能吗？"詹姆斯小声嘀咕着。

阿曼达把手指插进头发，努力想着。

等到复活节兔子靠近他们的时候，他俯身小声地说道："这比搞定舞会可感觉好多了，是不是？"

阿曼达眼睛睁得大大的。"……皮特？"她小声儿地嘟囔着。

兔子的大耳朵上下跳着。

"你在这儿干吗呢？"阿曼达小声问，"本应该是扮成兔子的。"

"就这件事我还能帮忙做了。"皮特小声回答道，"我是说，本特别紧张。我去找他的时候，他只是抓着衣服在那儿站着。再说了，这衣服我穿着挺好的，是不是？"

阿曼达摇摇头笑了："我想看着是不错……兔子皮特！"

詹姆斯哼了一声。

复活节兔子点了点头，跳着跑开了。

22

比萨时间

"我们再怎么感谢你们都不够。"约翰森先生说着,把几盒热腾腾的比萨放在厨房桌子上。手术几周之后,夏洛特出院了,所有的孩子都被邀请到她家来。

"皮特说你们在完成每个项目之后都有类似的庆祝活动。"约翰森太太一边说,一边把玻璃杯摆在桌子上,"是啊,我们确实有点儿事需要庆祝一下!"

"我爸爸管那个叫吸取经验教训,就是我们要回顾一下项目,看看哪些地方做得好,哪些地方能在下一次做得更好。"阿曼达说道。

"那也是个派对。"本说着偷偷打开最上面的一个盒子,"好吃!意大利香肠的,我最喜欢了!"

"趁热吃吧!"皮特说道。厨房马上被从客厅过来的孩子们挤满了。

"谢谢，约翰森先生和约翰森太太。"爱丽丝说。

"不客气，孩子们！"约翰森太太开心地笑着。

"我想要一块奶酪的比萨饼。"夏洛特说道，她坐在桌子的另外一头。

蒂姆拿了一块比萨放在纸巾上递给她。

"谢谢，蒂姆！"夏洛特笑了。

"你的胃口确实好了不少。"约翰森先生很高兴，"不过慢慢来，好吗？"

"好的，爸爸。"夏洛特很快地捏了一下蒂姆的手。

蒂姆的脸马上红了。

爱丽丝盯着比萨饼上的蘑菇，假装没看蒂姆。

比萨饼几分钟之后就被消灭了不少。约翰森先生把空盒子摞起来的时候，孩子们跟着皮特走进了客厅。

皮特帮着夏洛特在一张椅子上坐舒服，其他的孩子各自找了个地方坐下来。

贝琪坐下的时候已经准备好了写字板和笔。

阿曼达正要俯下身去坐在地上的时候，皮特拉住了她的手。

"嗯……干吗？"阿曼达问。

"你可以坐在沙发上。"皮特说道，"我想坐在地上。"

"哦，谢谢皮特。"阿曼达同意了。

等大家都坐好，蒂姆开始说道："好了，第一件我想说的是我们成功地完成了两个项目。"

夏洛特咧嘴笑了。

蒂姆继续说道："我觉得复活节兔子和医院的装饰效果都非常好。"

"孩子们看起来都很喜欢。"奇普说。

"本绝对喜欢，"阿曼达看了本一眼，"因为他不用穿兔子服装了。"

"兔子皮特做得非常好。"苏珊笑着说道。

詹姆斯哼哼着。

"实际上，我还真是觉得挺好玩儿的。"皮特也承认，"能为那些小孩儿做点儿事情感觉挺好的。"

"而且一点儿巧克力都没剩下。"詹姆斯叹了一口气。

"本来就不应该有剩下的。"苏珊瞥了一眼詹姆斯。

"但是他把最后的巧克力给了护士和医生。"詹姆斯争辩道，"他们都不是小孩儿！"

"他们应该得的，他们为那些孩子们做了很多事情。"皮特解释道。

"我想是吧……"詹姆斯耸耸肩。

"好吧，即使我们差点儿把这个项目给忘了，不过这绝对是最简单的一个项目了。"蒂姆说。

"就是些装饰、巧克力和服装，这些东西在医院都很容易组织。"蒂姆补充说道。

"而且也很成功。"汤姆也挺满意。

"我们应该每年都做。"贝琪提了个建议。

"这是个好主意。"爱丽丝点点头。

"把巧克力发出去……"詹姆斯叹了口气。

"嘘!"苏珊瞪了她弟弟一眼。

蒂姆把手举起来:"最重要的,让我们都非常高兴的是,另外一个项目获得了巨大的成功。"

"我也很高兴!"夏洛特也叫了起来。

蒂姆笑了:"这绝对是一个艰巨的任务,而且我们都不知道是不是可行。但是到现在为止我们已经知道,有六个孩子做了移植手术——这个消息实在是太棒了。"

"而且你还上了电视。"爱丽丝笑着说。

蒂姆有点儿别扭地转转身子:"不是我啦,那只是个小视频。总而言之,我们学到了些什么?"

"嗯,恰当地宣传比较难?"奇普试探地说道。

"就像洋葱一样。"汤姆打了个比方。

"闻起来呛鼻子!"詹姆斯笑了。

贝琪摇摇头:"你得考虑你想传递的信息,要分出层次，从最短和最简单开始，然后再逐步增加细节。"

"需要做计划。"爱丽丝开口说道，"甚至比舞会的项目还要做得更细。"

"不要放弃，"夏洛特认真地说道，"我很高兴你们都没有放弃。"

"有的时候需要非常地有耐心。"本补充道。

"当你有一个好的团队的时候，你就会想出很多很棒的主意。"皮特也加了进来。

"要想清楚你究竟是在帮助谁—— 有的时候不仅限于一个人。"蒂姆说道。

贝琪多花了几分钟，确保把每个人说的都记了下来。

"好，就这些吧，我觉得——两个项目都完成得非常好。"蒂姆总结道。

"嗯，还没完呢。"贝琪慢悠悠地说。

"什么？我们忘了什么事儿吗？"蒂姆问。

贝琪点点头："我们比两个项目还要多。"

阿曼达僵住了。

爱丽丝用嘴型无声地说："不。"

"我们放弃了的那个项目，记得吗？"本小声提醒道。

皮特困惑地看着周围的伙伴们："到底怎么回事儿？"

蒂姆缩进了沙发。

"贝琪，我觉得这不是个好主意。"苏珊摇摇头。

贝琪也有些犹豫了。

阿曼达还僵在那里，不过她的眼睛恳求贝琪停下来。

"嗯，这样，我觉得我需要说出来，"贝琪坚持道，"因为我觉得不管怎么说我们做到了。"

阿曼达突然活过来了似的，说道："你什么意思？"

"给你一分钟，好好想一下。"贝琪扬起眉毛说道。

爱丽丝盯着地毯看了半天，然后慢慢地抬起头："她说得对。"

皮特摇摇头，看起来有些气恼："谁能告诉我到底是怎么回事儿？"

贝琪看了看蒂姆，他慢慢地俯身向前，然后深深地吸了一口气。

"嗯，是这样，你看，皮特，这些事情都是从另外一个项目开始的。但是我们很早的时候就觉得实际上是做不到的。"蒂姆开口说道，"所以我们就放弃了。不管怎么样，另外两个项目都更重要。"

"那个项目到底是什么？"皮特坚持要问个明白。

贝琪把笔放下，说道："嗯，啊，你知道，我们本来想试着转变一个校园霸王。"

苏珊用两只手捂住了眼睛。

"所以……"皮特犹豫着，他的脸慢慢地红了起来，"……究竟谁是那个校园霸王？"

整个房间顿时陷入了尴尬的沉寂中。

"就是你，是不是，皮特？"夏洛特小声地说。

皮特咬着牙齿。

"你在学校曾经是个霸王？"她执着地接着问。

皮特直呼出一口气然后垂下了头："也许吧。"

"但是为什么呢，皮特？"

"我不知道。"他的声音变低了。

"他跟我们说他都办不成。"阿曼达说道。

"到底怎么了？"夏洛特看着贝琪问道。

"嗯，他搞砸了两场舞会，我觉得。"贝琪说道，"我们不知道其他的事情。"

夏洛特摇摇头："不是，我是说你们的项目，所以你们做了什么？"

"我们做了什么？"贝琪好像在问自己。

"你们转变了他吗？"夏洛特追问道。

"我觉得是。"贝琪慢慢地点点头。

"但是你们当时决定放弃那个项目。"夏洛特摇摇头。

"是的。"蒂姆说道。

"所以你们是怎么做的呢？"夏洛特问，"我是说，如果你说你们不打算这么做。"

贝琪看了看皮特，他还低头盯着地毯。"我正在想到底是怎么回事儿。我觉得是因为几件事情。还有，也许是因为我们并没有刻意去做。"

夏洛特期待地看着贝琪。

贝琪耸耸肩："嗯，第一件事是关心。"

皮特抬起头，问道："为什么你们会关心我？"

贝琪皱起了眉头："实际上不是这样的，或者说一开始不是这样的。是关心你关心的事情。"

"夏洛特。"皮特轻声说道。

"对。"贝琪点点头。

"那另外一件事情是什么呢？"皮特问。

贝琪看着蒂姆。

"我觉得贝琪想说的是，因为你很沮丧，所以你有可能表现得像一个霸王。"蒂姆说道，"你沮丧，是因为你不能搞定任何事情。没搞定舞会，也没能帮助……"

"夏洛特。"皮特低声说道。

"因为我你变成了一个霸王？"夏洛特摇着头说道。

皮特耸耸肩："我那个时候并不知道为什么。我只是，陷住了，你懂吗？我好像不能动，无论我试图怎么努力，可还是什么都做不成。"

"但是你帮助我治好了病。"夏洛特说，"谢谢你的朋友们。"

皮特的眼睛睁得大大的："朋友们？"

"男生就是傻乎乎的。"夏洛特摇摇头，"这儿的每个人都是你的朋友，也是我的朋友，我觉得迄今为止最好的朋友。"

蒂姆用力点点头。

"所以咱们的校园霸王消失了？"夏洛特看着贝琪。

"我觉得是。"贝琪笑了，"早就不见了。"

"所以！"夏洛特拍拍手，"那这就是一个好的结局了？我们有了很多很棒的新朋友，我每天都在恢复得更好——还有很多其他的孩子也是，谢谢这里的每个人——包括你，皮特，不过不能再做欺凌的事儿了。"

皮特摇摇头。

"怎么？"夏洛特瞪大了眼睛，"你还是想继续当你的校园霸王？"

"不，不是的！"皮特使劲地摇了摇头。

"这不是一个结束……这是一个新的开始！"

词 汇 表

问责（承担最终审核责任）——对一项任务负责的人要确保任务顺利完成。以拯救夏洛特整个项目为例，有很多任务需要完成，有些需要多人共同执行，这些人其中的一个就是这项任务的"主要"负责人。

注意： 如果分配给你一项任务，那么你在有责任完成任务的同时，还要对结果负有责任（比如，任务完成得很好）。你可以分配需要完成任务的责任（比如，就像一个领导把任务指派给某个人），但是你不能把对任务结果的问责（最终对工作任务的审核责任）分派给其他人。

倡导者——一个倡导者（有时候被称为领头人）相信你想要做的事情，而且积极地寻找机会来帮助你和你为之努力的目标。

一个成功的倡导者通常对一个群体或者多个群体的人有一定的影响力，而且可以帮助你向更广泛的群体传递消息，尤其是当你的想法在初期受到一定阻力的时候。这个倡导者可能在某方面非常擅长，也可能很有趣，所以大家喜欢跟随他们。

这些倡导者可以利用他们的人际网络来向更多的人传递信息，使他们参与进来。当你试图改变人们的想法的时候（比如，变更管理），拥有这些倡导者是非常重要的。在情人节灾难项目中，是要改变其他孩子对参加舞会的想法，制作更多的手工和准备烘焙点心。

倡导者的相反面是反对者。

反对者 ——倡导者是积极地帮助宣传某件事情，而反对者是试着阻止这件事情的发生，或者使进行项目的人陷于困难的境地。情人节舞会项目中的痘痘皮特显然是一个反对者，而且试图干扰舞会的进行，甚至试图阻止舞会的举行——除非由他来组织舞会。

预算 —— 预算是指你计划在项目上的花费。这可以包括一些收入，但是大多数情况下预算是指为了项目成功而计划你需要花的钱。这个故事里预算并不是需要担心的一个方面，只涉及网站的主机和域名的费用，汤姆的爸爸为项目提供了赞助。

变更管理——说服人们尝试新的东西，做不同的事情，或者对于那些需要很多努力的事情改变想法。人们一般并不喜欢变化，但这是每天生活的一部分。变更管理是任何涉及人的项目的一个非常重要的组成部分。

尤其是当你试图让别人做一些大多数人都认为很难的事情，比如奉献自己的一部分（真的是自己的一部分），通过捐献器官或器官的一部分来帮助另一个人的时候。

收尾阶段（完成）——指项目的最后阶段，确定想做的事情已经都完成了。

沟通计划 ——这是一种确保你为正确的受众准备了正确的交流方式，并在正确的时间或以正确的频率发送出去的方法。

并行任务——需要同时进行的任务。

控制阶段（领导、检查和纠错）——这是指确定团队是不是按照计划进行工作，调整团队的注意力避免散漫或分心。确保团队成员获得他们完成任务所需要的工具和资源，还要保证大家合作顺利。项目经理会花很多时间在这些任务上。

关键路径——在计算每个任务需要的时间的总和时，你的任务顺序图中需要最长时间的那条路径。

群体资源（众包）——从很多人那里分别获取小的支持，来帮助你实现大的目标。可以是集资，或者是为舞会举行烘焙和装饰活动，或者是为了获得帮助而传递一个重要的信息。在这本书中，他们运用了群体资源（众包）这个概念，试图使大家意识到需要肝脏移植的孩子们渴望获得帮助。并不是要每个人都捐赠，但是传播信息的人越多，找到匹配的捐赠者的概率就越大。

委派——这涉及让其他人来帮助你完成一些事情。大多数的项目中，你不可能一个人完成所有的任务，所以你需要分配（委派）部分工作给其他人。有效的委派是一种优秀的领导技能，但是你也要保证任务顺利完成，所以应该将任务委派给你认为能够胜任该任务的人。比如，因为爱丽丝擅于画画，项目中大部分的画图任务都是委派给她的。

（另见：问责和责任）

可交付成果——指的是你的项目试图实现或者完成的结果，即一项工作的成果。成果可小可大，但是必须是能看得见或者可以衡量的。当你完成一个关键任务时，这时的成果往往就是一个任务交付成果。任务交付成果的例子可以是：沟通计划、需要传递的信息、视频等。

依赖性——当一项活动B（或者任务）只能在另一项活动A（或者任务）完成之后才能开始的时候，B就有依赖性。图示A→B表示B不能在A完成之前开始，因为B对A有依赖性。

持续时间——指完成一项任务所需要的时间。如果这项任务还没有开始或者还没有完成，这就是一个估算的时间。如果这项任务已经完成了，你就能知道实际花费的时间——实际上完成这项任务所花费的时间。

估算时间——你认为完成一项任务所需要的时间。

执行阶段 ——这是指项目真正的任务开始的时候，

也就是大部分实际建造活动开始的时候。

支出——你所花的钱。组织舞会需要在装饰品及舞会上出售的点心和饮料上花一些钱。

外在（外部的）激励——这是来自外部的因素激励你做出某种行为。外部的激励通常包括奖励，比如承诺食物、金钱、自由时间、特殊的活动等。外部的激励是大家都能看得见的。外部的激励因素也可以和惩罚相关，比如做一些事情来避免引起麻烦（比如，"做这个，要不然我就去告状！"）。

外部的激励通常能产生暂时的效果，而且人们可能会在得到奖励之后又回到之前他们做事的常态。

横道图（甘特图）——同时在一张图表上显示项目计划的任务、日程、资源和依赖性。这是一种被广泛运用和非常有效的工具，用于显示项目的各项活动和时间关系的方法。

收入——你挣到的钱，到你手里的钱。学校从卖舞会门票挣到的钱（舞会之前）和从卖点心和饮料挣到的钱（舞会中）。

影响——影响是一种对其他人能起作用的能力，它可以影响他们的行为，他们如何思考和他们会做什么。通常孩子（和一些成年人）会效仿有影响力的偶像的行为和活动，比如父母、摇滚明星等。

注意：有正面和负面两种形式的影响。负面影响可以是试着说服某人去做一些坏事或者不健康的事情，比如偷窃或者抽烟；而正面影响通常是好的，比如教育你去帮助别人、诚实、有规律地锻炼等。

启动阶段（思考/想法）——在项目的启动阶段，我们对想完成什么的想法，即我们想做什么。（"来一起盖个树屋吧！"）

内部的（内在的）激励 —— 这是一种内在的，可能激励你做出某种行为的因素。内在因素是不可见的，不过通常在你实现一个目标或者把某一件事情干得很棒的时候，让你感觉很好（一种满足或者"温暖"的感觉）。

内在的激励远比外在的激励更强大而且维持的时间也更长。

一个成年人捐献器官的意愿通常需要非常高层次的

内部激励。

经验教训总结会——在项目的尾声（如果是历时很长的项目，在项目进行中间也要做），团队成员在一起讨论哪些部分完成得好，哪些完成得不够好，还要讨论下次怎么能做得更好。

激励——以某种方式行动或做某些事情的理由。孩子们必须非常努力地构思他们的信息，这样人们才会有意愿去帮助夏洛特。

计划阶段（计划）——在项目的计划阶段，我们应该详细地明确哪些事情需要做，还要决定我们打算怎么做这些事情。（"为了帮助夏洛特，我们需要做什么，以及我们应该如何做？"）

项目——项目是指一个暂时的活动，包括一个确定的目标，还有开始时间和结束时间。

项目管理——项目管理指把应用知识、技能、工具和技术用于项目活动，来完成一个项目的所有要求。

项目发起人——这是一个希望项目实现，而且批准项目继续进行的人。发起人通常会给项目提供指导原则，其中可能包括预算、工作范围和其他因素。项目发起人是你项目上的一个关键的决策者。

在这个故事中，皮特无意之间变成了项目发起人，因为孩子们想帮助他的家庭。他为了保护自己的妹妹而要求对所有的信息严格控制，他成为任何信息对外发布之前的最后决定人。

需求 —— 我们希望项目会有一个什么样的结果。例如，老师们对科技节提出了一些要求。

责任 ——被分配了一项任务的人要对这项任务负责。这有可能是他们要独立完成的一部分项目工作，或者他们作为团队的一部分，与别人一起完成。情人节舞会项目中，詹姆斯对选择音乐负责，这是因为苏珊给他委派了这项任务，詹姆斯也接受了。但是这项任务最初是蒂姆分派给苏珊的，所以苏珊要对确保音乐选择的质量负责。

注意：如果分派给你一项任务，那么你既要对完成这项任务负责，也要对任务的结果承担责任（比如，任务顺利完成）。你可以把完成任务的责任委派出去

（比如，把一项任务指派给某个人，就像负责人做的那样），但是你不能将对这个任务结果承担的责任也分派给其他人。

质量控制——这是每个项目中一个重要的部分，能够帮助确保你所交付的或者修建的任务按质量要求完成、保证安全等。树屋项目中，家长们在安全审查中对树屋进行了质量控制检查，孩子们也对每一层进行了检查，以保证足够安全地开始继续向上盖另外一层。情人节舞会项目中，苏珊对音乐的选择进行了质量控制。

资源——完成一个项目所需要的材料、工具、人力和财力。项目小伙伴的团队有八个人，他们用木板来做迷宫，他们用工具来测量时间，他们有一个平板电脑和机器人可以用在科技节项目上：这些都是资源的例子。

风险——有可能发生在项目上的某些事情。这些事情可能是好的，也可能是坏的，但并不绝对会发生。它们有可能会发生，或者有可能不发生——这就是我们会给每个风险进行一个可能性的衡量——通常是"非常有可能发生""有可能会发生""也许会发生""也许不会发生"和"根本不可能发生"。如果一件事情绝对会发生（百分之百确定），这件事情就被称为问题。

风险也会带来一定影响，例如风险发生的时候，事情是变好还是变坏。如果是一个负面的（坏的）风险，所造成的影响可能会是"非常坏"到"实际上没那么坏"。之间。需要指出的是，一个积极的风险也可以被称为机会，它意味着一些好的事情可能会发生——这样的影响可能是"非常好"到"有点儿好"之间。

谣言——一个被互相传递的故事，但是也可能不是真的事实，或者可能完全是一个谎言。谣言可以是相对无害的（"我听说摇滚明星要来了！"）或者是被故意用来伤害别人的。不要制造谣言！如果你不知道你听说的是不是完全是真的，就不要传下去。

范围——这指的是完成一个项目所包括的所有部分，在项目分解结构里面所需要涵盖的所有内容。一开始你可以有一个比较概括的工作范围描述，比如"盖一个树屋"或者"盖一个鬼屋"，然后再进入细节中。这样每个团队成员对于项目要完成的任务都有个清晰的认识。比如，"盖一个能容纳八个人的、带平台的多层树屋"或者"做一个车库、地下室和后院都能容纳的鬼屋"。

顺序——事情发生的前后顺序。比如，字母表里A在B之前，B在C之前——这就是顺序（A→B→C）。

技能——如何完成一项任务的知识，比如爬树、打结等。

相关方 —— 对你的项目感兴趣，有可能被项目所影响到，或者从项目的结果中获得收益的人是相关方。皮特、夏洛特和他们的家庭是重要的相关方，因为最终的结果将直接影响到他们。其他的相关方是医院、潜在的捐赠者，以及所有关心如何帮助夏洛特的人。

目标截止日期——指某项任务的完成日期，或者是整个项目的完成日期。孩子们需要在一个确定的日期之前把在医院举办的复活节活动的每件事都准备好。

任务 —— 一项具体工作或者活动，来完成项目的一个部分，比如搜索信息资料、建立网站、写材料等。

变量——这是指我们需要计划的那些不确定的事情，比如有多少人会来参加舞会、做装饰手工或者带点心来。通常在最初的时候我们并不知道这些变量会是什么，而且这些变量有可能随着时间而改变。

愿景 ——对你想做的事情的远景描述，是盖一个树屋、设计一个试验、画一幅画或者别的。

工作分解结构——树形结构的示意图，用于呈现需要完成的任务（任务交付），把高层次的任务细分成小任务（有更多细节的）。

项目管理概念

　　这本书向孩子们介绍了一些基本的项目管理的概念（或者可以说，简化的项目概念）。

　　阿曼达的爸爸引导她理解每个成功的项目都会经历的基本的阶段，虽然使用的术语不同，但概念是相同的。随着孩子们在之前的项目中积累的经验，在每本书中，这些概念都又得到了加强——经常复习这些基本知识总是有好处的。项目都有四个阶段，除此之外还有一个贯穿整个项目的"阶段"，就是"领导、检查和纠错"。

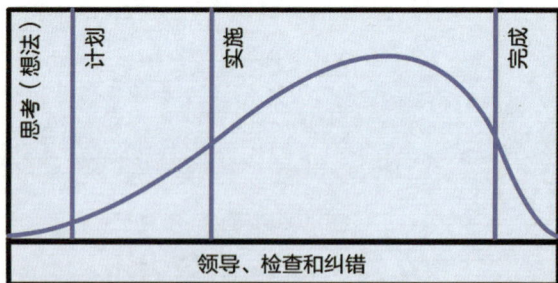

所有的章节都可以直接归进项目阶段：

- 初始阶段（思考、想法）

  ✓霸王交给你们了

  ✓有一个愿望的时候……

  ✓探视时间

- 做计划（计划）

  ✓神秘女孩儿

  ✓困难的问题

  ✓她长什么样？

  ✓回到图画板上

  ✓处境危险

  ✓不可能完成的任务

  ✓新的希望

  ✓直奔主题

  ✓孤胆英雄

- 执行（干活）

✓龙争虎斗

✓和校园霸王的面谈

✓瓶中信

✓直奔主题

✓时而加快，时而等待

✓夏洛特的网

✓灯光，相机……

✓开拍！

✓孤胆英雄

✓复活节前的周五

- 收尾（完成）

  ✓复活节

  ✓比萨时间

- 项目控制（领导、检查和纠错）

  ✓霸王交给你们了

  ✓困难的问题

✓回到图画板上

✓不可能完成的任务

✓瓶中信

✓直奔主题

✓夏洛特的网

✓孤胆英雄

✓比萨时间

计划

在计划阶段孩子们对每个项目都进行了头脑风暴，然后做出了一个简单的工作分解结构，列出哪些是需要完成和提交的。虽然他们没有完成"转变霸王皮特"的计划，但是他们为拯救夏洛特做了详细的计划。

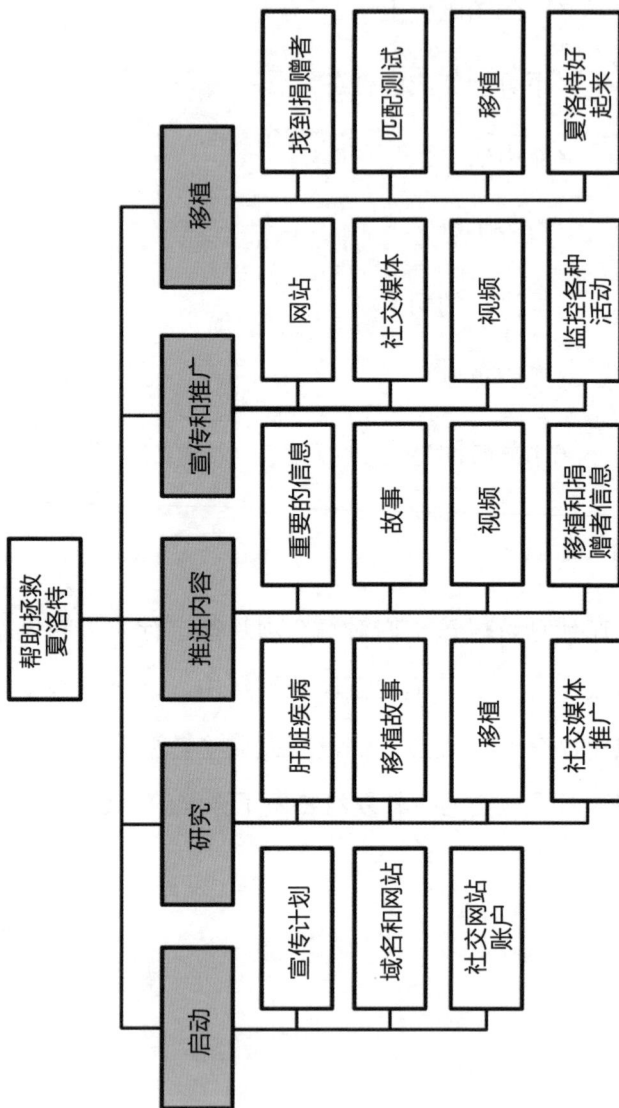

下一步，他们把各项任务按逻辑排序，明确任务之间的依赖性。这个项目和鬼屋及情人节舞会项目比较类似，有些平行进行的任务链。这些都在网络图中表示出来了。

在这个网络图中（有时候也被称为依赖性关系图）哪些任务需要先做，哪些第二步做，依次类推，显示得很清楚。所以孩子们可以在正确的时间，按照正确的次序来进行正确的任务，同时又为下一个活动做好准备。

在之前的书中他们还使用了任务时间估算来看他们是否能够按时完成任务，以及哪一条是最长的相互依赖的任务链；这被称为关键路径。

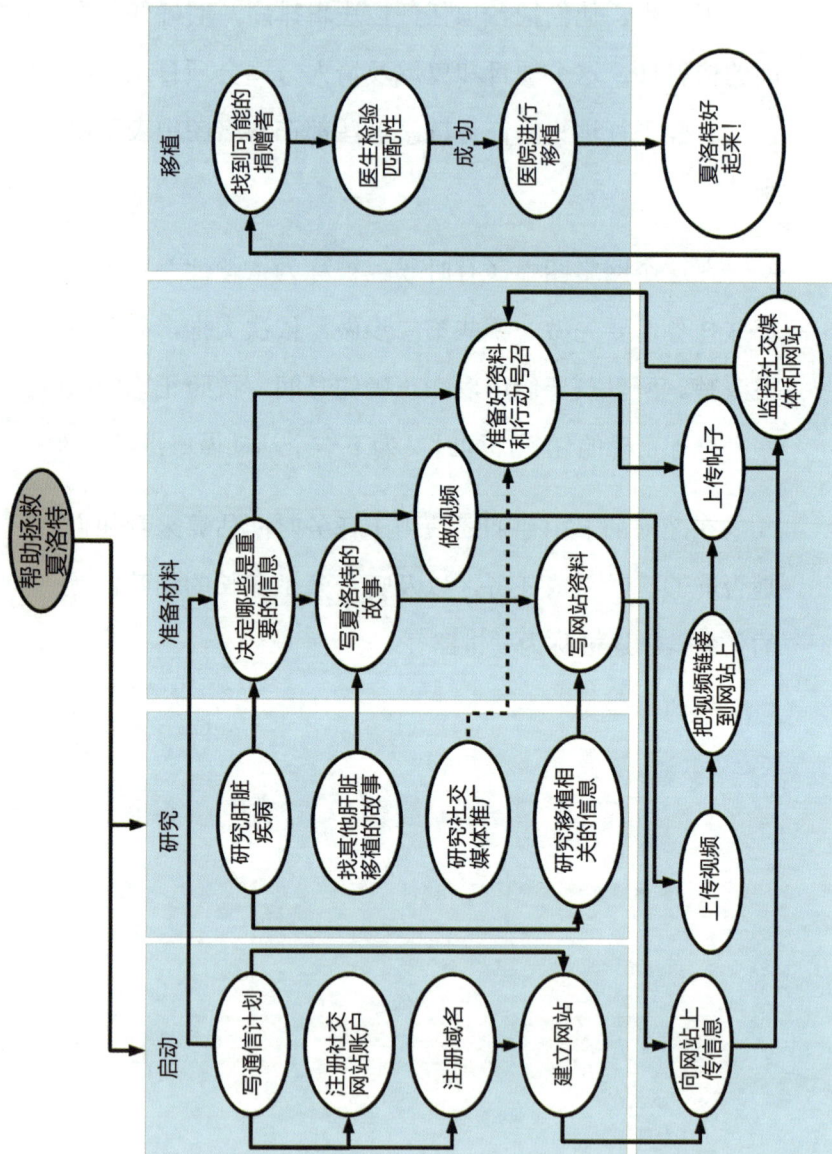

移植

找到可能的捐赠者 → 医生检验匹配性 →（成功）→ 医院进行移植

夏洛特好起来!

帮助拯救夏洛特

准备材料

决定哪些是重要的信息 → 写夏洛特的故事 → 做视频

准备好资料和行动号召

写网站资料

研究

研究肝脏疾病

找其他肝脏移植的故事

研究社交媒体推广

研究移植相关的信息

启动

写通信计划

注册社交网站账户

注册域名 → 建立网站

向网站上传信息

上传视频 → 把视频链接到网站上 → 上传帖子

监控社交媒体和网站

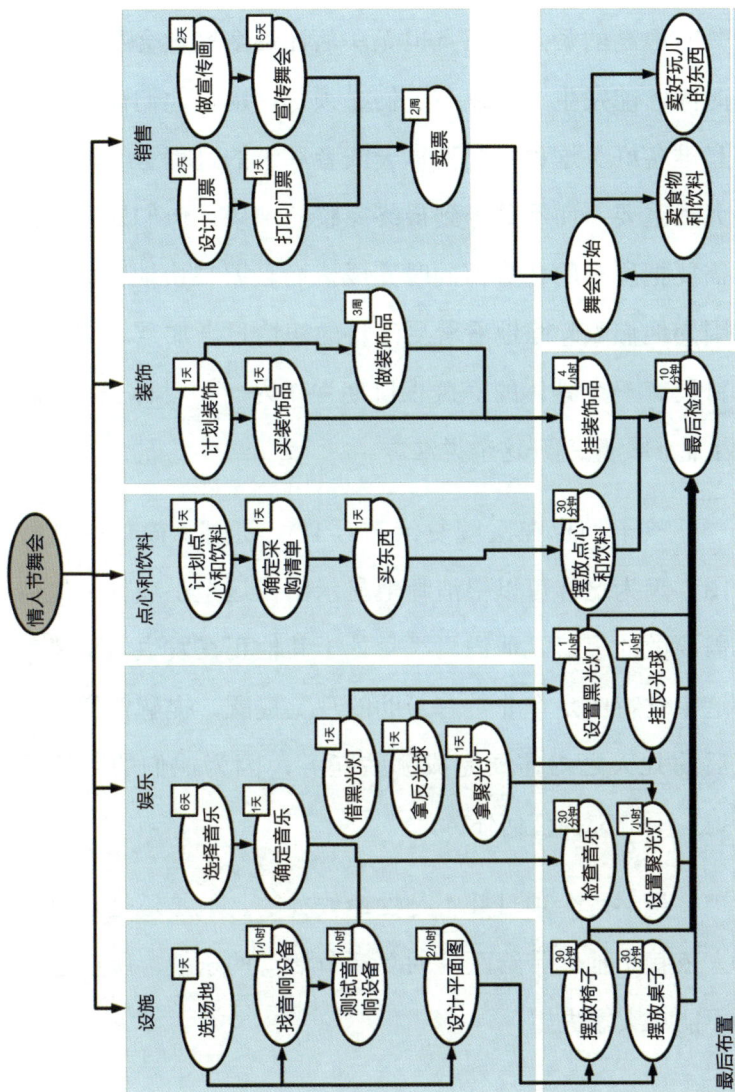

但是这个故事中的重要的项目（帮助拯救夏洛特）具有很高的紧急性而且也无法估计事情究竟会花费多长时间才能发生，所以孩子们必须尽快地把他们需要的信息准备好。这种情况下每天或者周末的进程总结汇报就尤为重要，而不是等到最终完整的结果。他们知道他们需要把所有的任务都同时完成，而且要很快地完成——因为他们眼睁睁地看着夏洛特的病情日渐加重。这个项目没有一个具体的"截止日期"作为一个目标——实际上他们尽量避开这个说法。

孩子们也在医院复活节项目上使用了简单的甘特图，因为这样可以很清晰地显示出在这个小项目上他们需要做的事情。他们已经身处于其他正在发生的事情，这个甘特图是个非常有帮助的视觉提醒，提醒他们在之后的几天之内需要完成哪些任务，因为他们的时间紧迫，不能漏掉任何任务。

虽然这个项目并不是性命攸关的，但是还是有很多人依赖于他们带给医院的复活节活动的乐趣，所以他们不能让大家失望。

医院复活节

任务	谁	时间
医院复活节		
准备		5天
确认医院批准	阿曼达	2天
准备服装	本	1天
检查我们现有的装饰品	所有人	1天
买装饰品	詹姆斯	1天
买糖果	汤姆	
布置		2天
装饰房间	所有人	1天
分派篮子	所有人	1天
复活节		1天
带糖果去医院	所有人	1天
扮好兔子	本	1天
发蛋	本	

第 1 周							第 2 周						
周日	周一	周二	周三	周四	周五	周六	周日	周一	周二	周三	周四	周五	周六

跟踪时间

这本书还在每个章节中引入了视觉时间表（一张日历显示出被划掉的过去的日子，倒计时和当前项目阶段）每个项目都加入了这样的时间表。

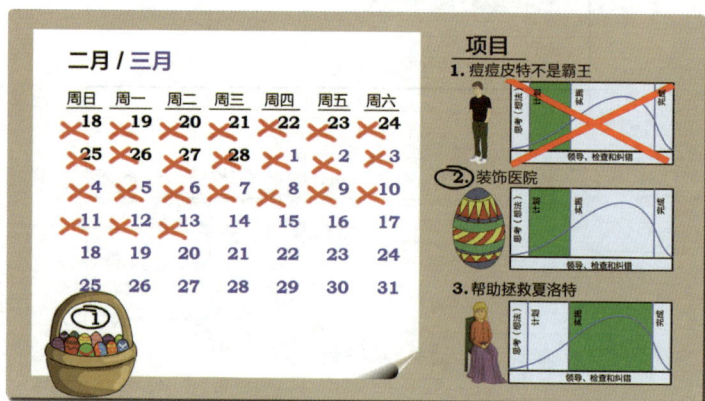

这个简单、熟悉的视觉形式是用于帮助孩子们增强时间随着项目进行而流逝的意识。

但是，这个故事有些不同，孩子们同时进行三个互相关联的项目，不过其中只有一个项目有一个确切的截止日期（装饰医院）。

其他的两个项目——转变欺凌者和帮助拯救夏洛特都没有设置一个具体的截止日期。转变欺凌者在进一步发展下去之前就被孩子们放弃了。如果这个项目继续下去的话，是可以有一个目标截止日期的。

帮助拯救夏洛特的项目并没有一个清晰的最后截止日期（实际上孩子们并不希望有这样一个日期！）。帮助夏洛特这个项目有非常高的紧迫性，这促使孩子们尽快完成各项任务。

孩子们的最终目标是帮助夏洛特找到一个捐赠者——而且要尽快——但是他们并不知道这件事确切在什么时候会发生。由于这些原因，孩子们没有使用最终的截止日期，而是用一系列短期的里程碑来跟踪项目。

注意： 当你有多个相互关联的项目时，我们称之为项目集。项目小伙伴们开始学习了一些项目集管理的概念。

在现实生活中，许多项目看起来都很简单，但其他项目一开始就非常混乱和不可预测。

特别是当人们在焦虑情绪之下做事情的时候，可能会没有计划，不知如何下手。这时，有一个项目框架会非常有帮助。你并不需要在每个项目中使用所有的计划工具。项目的规模越大、越重要，你越会愿意使用更多的工具来保证项目的顺利进行，确保不遗漏任何重要的事情。

挑战

在这个故事中，项目小伙伴们面临一系列不同的挑战和未知数。一开始，他们不知道如何——是不是能够——转变校园霸王皮特，然后他们很快发现这实际上需要有皮特的参与才能完成，这使事情变得更复杂了。

如果你想转变一个欺凌者，你不能只是对这个人做一些事情，你必须和这个人一起做，而且这个人必须愿意跟你一起经历整个过程。考虑到如果孩子们突然对皮特表示友好的话，他很有可能会怀疑孩子们的动机，所以他们的起点就已经不理想了。当然，最终在皮特身上发生了神奇的转变。有时，当你放弃一件自己想做的事情而去做另外一件完全不同的事情的时候，神奇的事情就会发生。

很快做好决定之后，一个小项目看起来是相对简单就可以完成的（装饰医院，以及给住院的孩子带去复活节兔子和彩蛋），但是处于高度焦虑之中的孩子们差点儿把这件事忘了。设置好一个提醒机制是非常重要的，这样你不会忘记眼下并没有做的任务。

孩子们也被迫受限于他们有限的能力之中——试图同时进项三个项目是很困难的，尤其是当一个或多个项目带有很多未知和不易处理的因素。优先某个项目——决定他们应该做哪个项目和为什么做——这些都是非常有价值去学习的。你不可能总是什么都做，但是你可以选择把时间放在更重要的事情上，并努力把这些项目做成功。

夏洛特的项目是迄今为止最具挑战性的。相对于孩子们做过的所有的项目来说，这个项目是最重要、最困难的，也是有更多未知因素的项目。当他们听说关于夏洛特的事情之后他们想帮助她，但是并不知道任何的细节——夏洛特的身体是哪里出问题了，她需要什么，甚至不知道她长什么样子。然后当他们知道这些消息之后，孩子们并没有被允许见到夏洛特——这些都极大地限制了他们为了帮助她所能做的事情的有效性。在这种挫败下很多人可能已经放弃了，但是孩子们坚持了下来，去帮助一个他们开始并不认识的人，即使他们并不知道这件事最后能否成功。

但是你必须去尝试，对不对？

医疗信息

肝脏疾病及相关慢性病是非常真实的，而且可以发生在成年人或者孩子身上。实际上每年有成千上万的孩子需要不同情况的器官移植手术，肝坏死、肾衰竭或者其他问题。

遗憾的是，并不是所有的孩子都能按时接受移植。你可以联系所在地区或者国家级的器官捐赠机构或者移植团体，通过捐赠你的时间、金钱或者通过其他方式来尽一份力。

夏洛特肝功能逐渐恶化的症状并不是肝脏疾病的唯一形式，却是比较常见的一种。较高的胆红素指数是非常真实的——随着指数的增高，皮肤和眼睛会开始变黄，当胆红素指数达到危险的高数值而且肝功能恶化的时候，皮肤会显现出暗绿色。我亲眼见过这种情况在一个我亲近的人身上出现过。

其他概念

故事中直接或者间接地涉及一些其他的项目管理概念，包括：

- 沟通（宣传）（瓶中信/直奔主题/时而加快，时而等待/灯光，相机……）

- 变更管理（瓶中信/直奔主题/复活节前的周五）

- 领导力（新的希望/直奔主题/孤胆英雄）

- 经验教训（回到图画板上/比萨时间）

- 要求（霸王交给你们了/回到图画板上/新的希望/直奔主题/孤胆英雄）

- 资源管理（不可能完成的任务/灯光，相机……）

- 风险管理（困难的问题/回到图画板上）

- 相关方管理（神秘女孩儿/处境危险/龙争虎斗/和校园霸王的面谈/直奔主题/夏洛特的网/灯光，相机……/复活节前的周五/复活节）

- 团队合作/人力资源管理（霸王交给你们了/新的希望/直奔主题/孤胆英雄）